Finanzas municipales

Finanzas municipales

Manual para los gobiernos locales

Catherine Farvacque-Vitkovic
y Mihaly Kopanyi

Editores

GRUPO BANCO MUNDIAL

CONTENIDO

Capítulo 8. Logro de una mayor transparencia y rendición de cuentas: Medición del desempeño de las finanzas municipales y cimiento de las bases para las reformas

Recuadro

Gráfico

Mapa

Cuadro

PRÓLOGO

Finanzas municipales: Manual para los gobiernos locales toma partido. Se pone del lado de los alcaldes y de los gestores municipales. Son escasas las publicaciones sobre finanzas municipales dirigidas tan directa y pragmáticamente a las autoridades decisorias y al personal financiero a nivel local. El contenido y los mensajes principales de esta obra procuran responder a las inquietudes y a las cuestiones que enfrentan diariamente las ciudades y los municipios en la administración de sus finanzas. Los municipios han afirmado claramente que necesitan tener acceso a los conocimientos mundiales y que quieren formar parte de una comunidad de prácticas más amplia. El mismo equipo del Banco Mundial que intervino en la elaboración del manual también ha creado un programa complementario de aprendizaje electrónico titulado *Municipal Finances—A Learning Program for Local Governments* (Finanzas municipales: Programa de aprendizaje para los gobiernos locales). La presentación en línea de este programa por el Banco Mundial y sus asociados ayudará a difundirlo a una cantidad aun mayor de interesados y a crear una plataforma para una comunidad de prácticas más amplia.

Finanzas municipales: Manual para los gobiernos locales asume una posición. Mucho se ha aprendido sobre lo que da resultados y lo que no, pero cada vez que hablamos de finanzas o entablamos un debate sobre políticas o preparamos un proyecto, tendemos a reinventar la rueda. En ocho capítulos, en esta obra se pasa revista a las lecciones aprendidas sobre relaciones intergubernamentales; finanzas de las áreas metropolitanas; gestión financiera, de los ingresos, de los gastos y de los activos públicos; financiamiento externo, y medición del desempeño de las finanzas municipales. Abarca temas tales como la descentralización, la transparencia y la rendición de cuentas, y aborda temas menos explorados como la gestión de activos, la capacidad crediticia, la respuesta frente a crisis financieras y los mecanismos de presentación de informes a los diversos niveles de gobierno y a los representantes de la sociedad civil.

Finanzas municipales: Manual para los gobiernos locales hace un llamado a la acción. No solo aporta conocimientos de avanzada en muchas cuestiones técnicas, sino que también guía a los gobiernos locales en el laberinto de los instrumentos existentes. En particular, presenta un marco para la autoevaluación de las finanzas municipales para ayudar a los municipios a evaluar su situación de una manera honesta y pragmática, sacar conclusiones y seguir avanzando con las reformas. En las sociedades democráticas, donde los sistemas de gobierno abierto y el libre acceso a los datos se han convertido en normas aceptadas, una gran cantidad de medios sociales está preparada para recoger las voces de la ciudadanía, que exige rendición de cuentas y transparencia por parte de sus autoridades gubernamentales. Es esencial que los gobiernos locales estén preparados para presentar y expresar de la manera más auténtica posible su situación financiera y económica actual, los obstáculos con que tropiezan y sus perspectivas para el futuro.

El mundo actual dará forma a las ciudades del mañana, y las ciudades actuales darán forma al mundo del mañana. La tarea de poner en orden las finanzas municipales es una meta urgente e inmediata. Esperamos que las lecciones y propuestas presentadas en este manual sean un paso en la dirección correcta.

Ede Jorge Ijjasz-Vásquez
Director superior del Departamento de
Prácticas Mundiales de
Desarrollo Urbano, Rural y Social
Banco Mundial

Abha Joshi-Ghani
Directora, Intercambio de
Conocimientos y Aprendizaje
Banco Mundial

AGRADECIMIENTOS

En primer lugar, deseamos agradecer a todos los autores de los artículos de este libro, que dedicaron una enorme cantidad de tiempo y energía a este trabajo. Su diligencia y su paciencia con las numerosas solicitudes, revisiones y preguntas de los editores, y su capacidad profesional fueron clave para el éxito de esta empresa.

Agradecemos especialmente a Christine F. Kessides, gerente del Instituto del Banco Mundial, y a Abha Joshi-Ghani, directora del Instituto del Banco Mundial, por su apoyo y orientación. Queremos agradecer también a nuestros revisores por sus valiosos consejos y constructivos comentarios, en especial a Jonas Frank, Matthew Glasser, Tony Levitas, Lili Liu, Gabor Peteri, Hiroaki Suzuki y Víctor Vergara, así como a Stephen Hammer y Sameh Naguib Wahba, del Banco Mundial. También nos han resultado sumamente útiles las numerosas conversaciones mantenidas con colegas, pares y expertos regionales dentro del Banco Mundial y de otras instituciones. Nuestra interacción con numerosos municipios y profesionales de gobiernos locales de todo el mundo nos ha permitido aprender "desde las trincheras". Son demasiados como para mencionar a cada uno.

Hemos contado con el apoyo profesional y técnico de Sabine Palmreuther, Sheila Jaganathan, Maya Brahmam y Chisako Fukuda, del Instituto del Banco Mundial, y de Jeffrey N. Lecksell, cartógrafo del Banco Mundial. Sawdatou Wane y Brett Beasley nos han brindado un importante apoyo.

Agradecemos, asimismo, a la División de Publicaciones y Conocimientos del Banco Mundial, en especial a Patricia Katayama, Rick Ludwick y Nora Ridolfi, por su orientación profesional.

Manifestamos nuestro reconocimiento a María Lourdes Lacouture Peñaloza, Maria Emilia Freire y Víctor Vergara, quienes contribuyeron a la revisión de la versión en español de esta obra.

Por último, expresamos nuestro agradecimiento al Gobierno austríaco, que colaboró con el financiamiento de algunas partes de este trabajo en el marco de la Alianza sobre Cuestiones Urbanas del Banco Mundial y Austria, y al Servicio de Asesoramiento para Infraestructura Pública y Privada (PPIAF), que generosamente financió la traducción al español de esta obra.

Catherine Farvacque-Vitkovic y Mihaly Kopanyi
Editores

Dedicado a Patrick Farvacque: su amor por las matemáticas y su contribución a las finanzas municipales fueron una fuente de inspiración.

ACERCA DE LOS EDITORES

Catherine Farvacque-Vitkovic tiene más de 25 años de experiencia en el Banco Mundial, para el que ha trabajado en muchas regiones y en unos 30 países. Como especialista principal en desarrollo urbano, ha dirigido la preparación y ejecución de un gran número de proyectos de desarrollo y gestión municipal en todo el mundo y ha recibido numerosos premios a la excelencia. Es autora y coautora de varios estudios sectoriales y libros, como *Crest 1650-1789: La Ville et Son Evolution; Reforming Urban Land Policies and Institutions in Developing Cities/Politiques Foncières des Villes en Développement* (Reforma de las políticas y las instituciones relativas a las tierras urbanas en ciudades en desarrollo); *The Future of African Cities, Challenges and Opportunities for Urban Development/L'Avenir Des Villes Africaines, Enjeux et Priorités* (El futuro de las ciudades africanas, desafíos y oportunidades para el desarrollo urbano); *Street Addressing and the Management of Cities* (Identificación de domicilios y gestión de las ciudades); *Building Local Governments' Capacity* (Fortalecimiento de la capacidad de los gobiernos locales), y *Municipal Self-Assessments, A Handbook for Local Governments* (Autoevaluaciones municipales: Manual para los gobiernos locales) (de próxima aparición). Está muy interesada en traducir las enseñanzas derivadas de la experiencia y los saberes más avanzados en productos de conocimiento aplicables, y en la actualidad dirige el desarrollo y la implementación en todo el mundo de un programa de aprendizaje electrónico sobre gestión de la tierra, planificación urbana y finanzas municipales.

Mihaly Kopanyi es consultor especializado en finanzas municipales. Antes de retirarse del Banco Mundial, en 2011, fue asesor en finanzas municipales y copresidente del Grupo Temático sobre Finanzas Municipales, y trabajó en 30 países. Sus principales áreas de especialización incluían las finanzas intergubernamentales y los intermediarios financieros. Ha escrito o editado una docena de libros y numerosos artículos (el más reciente de los cuales se titula "Financing Municipalities in Turkey" [Financiamiento de los municipios en Turquía]), y participa en la elaboración del programa de aprendizaje por Internet sobre finanzas municipales del Instituto del Banco Mundial. Tiene sendos doctorados en Política de Precios y en Logística. Fue profesor y presidente del Departamento de Microeconomía de la Universidad de Budapest. Entre sus estudios de posgrado se incluyen cursos en la Escuela Wharton y en la Universidad de Stanford.

PRINCIPALES COLABORADORES

Mats Andersson es especialista en desarrollo urbano y gestión metropolitana, finanzas municipales, gestión de proyectos, desarrollo institucional y capacitación en estas áreas. Entre sus clientes figuran diversos organismos multilaterales y bilaterales de desarrollo, instituciones financieras, gobiernos e institutos de investigación. Entre 1994 y 2007, se desempeñó como especialista en gestión urbana y finanzas municipales en el Banco Mundial, responsable por el desarrollo de proyectos, el financiamiento y los programas de asesoramiento dirigidos a China y Europa central y oriental. Asesoró también a clientes de Suecia, Canadá, África oriental y América Latina. Tiene títulos de magíster obtenidos en Suecia y Estados Unidos, y es consultor de gestión certificado de la Asociación Canadiense de Consultores sobre Gestión.

Robert D. Ebel es consultor internacional y ex economista principal del Instituto del Banco Mundial. En el curso de su labor en dicho organismo, actuó como representante técnico del Banco Mundial en las Consultas de Paz de Sudán (2002-05) y trabajó para la Unión Africana como asesor técnico en las Consultas Intersudanesas de Paz sobre Darfur (2006). Entre 2006 y 2009, fue oficial financiero principal adjunto para el Análisis de Ingresos y economista principal del Gobierno de la ciudad de Washington.

Maria E. (Mila) Freire es consultora internacional especializada en economía urbana y finanzas públicas. Ocupó diversos cargos en el Banco Mundial, entre los que cabe mencionar el de asesora principal de la Red de Desarrollo Sostenible y gerente del Programa Urbano para América Latina, y fue miembro del equipo que elaboró el *Informe sobre el desarrollo mundial 2009: Una nueva geografía económica*. Entre sus publicaciones recientes figuran *Urban Land Markets* (Mercados de tierras urbanas) (2009), *Cities and Climate Change—An Urgent Agenda* (Ciudades y cambio climático: Un programa urgente) (2011) y *Financing Slum Upgrading* (Financiar la mejora de los barrios marginales) (2013, Instituto Lincoln de Políticas sobre Tierras). Mila tiene un doctorado en Economía de la Universidad de California, en Berkeley. Enseña economía urbana en la Universidad Johns Hopkins de Baltimore, Maryland.

Hernando Garzón es economista. Obtuvo su doctorado en la Escuela Maxwell de la Universidad de Syracuse (1988) y se incorporó al Banco Mundial como especialista en finanzas intergubernamentales en 1989. Fue funcionario del Banco y en la actualidad trabaja como consultor internacional. Se ha dedicado ampliamente a la descentralización fiscal, las finanzas intergubernamentales, las finanzas urbanas y los fondos de desarrollo municipal. Su amplia experiencia internacional en economías emergentes y en desarrollo abarca 36 países de todas las regiones. Entre sus publicaciones más recientes para el Banco Mundial figuran "Municipal Finance and Service Provision in West Bank and Gaza" (Finanzas municipales y prestación de servicios en la Ribera Occidental y Gaza) (2010) y "City Finances of Ulaanbaatar" (Finanzas municipales en Ulaanbaatar) (2013).

Olga Kaganova es científica investigadora principal de NORC, de la Universidad de Chicago, y es una experta reconocida internacionalmente en tierras fiscales y gestión de activos. Asesora a organizaciones donantes y gobiernos sobre una amplia gama de áreas, desde las políticas nacionales hasta medidas para mejorar el desempeño de las propiedades municipales. Trabajó en 30 países y asesoró a los Gobiernos de Chile, la República Árabe de Egipto, Etiopía, Kosovo y Kuwait, así como a los del estado de California (Estados Unidos) y de las ciudades de Bishkek, Ciudad del Cabo, Moscú, La Meca, Ulaanbaatar, Varsovia y Laibin. Publicó dos libros y numerosos trabajos, y es asesora del Foro Ejecutivo Nacional de Canadá sobre Propiedad Pública y profesora adjunta de la Universidad de Clemson.

Lance Morrell tiene más de 35 años de experiencia profesional en gestión financiera en el sector público y el privado. Después de retirarse del Banco Mundial, con más de 22 años de experiencia en proyectos en Asia oriental y África, fundó FEI Consulting, LLC, y continuó trabajando en proyectos de gestión financiera y fortalecimiento institucional en todo el mundo. Antes de incorporarse al Banco Mundial, se desempeñó como tesorero y contralor de división en empresas de primera línea. Es contador público certificado y contador certificado en gestión global.

Abdu Muwonge es economista superior en la Unidad de Sector Urbano y Agua del Departamento de Desarrollo Sostenible en la Oficina Regional de Asia Meridional del Banco Mundial. Antes de entrar en el Banco, trabajó en el Centro de Investigaciones sobre Política Económica de Uganda. Fue docente de Economía y Estadística en la Universidad de Makerere y en la Universidad de Ciencia y Tecnología de Mbarara, en Uganda. Tiene una maestría en Economía de la Universidad de Dar es Salaam y una maestría y un doctorado en Finanzas Públicas de la Escuela Andrew Young de Estudios sobre Políticas de la Universidad Estatal de Georgia.

Anne Sinet es especialista internacional de primera línea en finanzas de los gobiernos locales y municipales y en organización institucional de Francia y los países en desarrollo. Su experiencia laboral incluye un cargo en la gerencia superior del DGCL (el Ministerio del Interior de Francia); fue asociada superior en tres consultoras privadas de Francia y ha realizado numerosas consultorías para el Banco Mundial, la Unión Europea, el Banco Europeo de Inversiones, el Banco Asiático de Desarrollo y organismos de cooperación franceses. Ha participado en numerosas iniciativas de análisis financieros y fiscales de gobiernos locales en más de 50 países y es autora o coautora de varios manuales y libros basados en investigaciones.

Rama Krishnan Venkateswaran es especialista principal en gestión financiera del Banco Mundial. Su amplia experiencia en finanzas municipales incluye trabajos en Sri Lanka, Bhután, Nepal, India, Ghana, Uganda y Swazilandia. Ha trabajado con la Secretaría de la Alianza de las Ciudades en el Grupo de Trabajo sobre Finanzas Municipales. Antes de incorporarse al Banco Mundial, trabajó con el Gobierno de India y ocupó cargos de jerarquía en diversos gobiernos locales, entre los que figura el de funcionario administrativo principal de un distrito. Tiene una maestría en Gestión de Política Económica de la Universidad de Columbia y una maestría en Contabilidad de la Universidad George Washington. Es contador público certificado y gerente financiero gubernamental acreditado.

Introducción

Catherine Farvacque-Vitkovic

Desde Detroit hasta Lahore, la mayoría de las ciudades del mundo enfrentan problemas financieros. Las quiebras, los déficits presupuestarios, las debacles financieras, la falta de mantenimiento de la infraestructura, el deterioro de la calidad de los servicios, la desaparición de barrios enteros, la creciente pobreza urbana y una exclusión social cada vez mayor son titulares comunes y constituyen el desafortunado destino que espera a muchos gobiernos locales. La mayoría de los países ha iniciado un proceso de descentralización, con diversos grados de avances y éxitos. Cabe señalar que, en casi todos los casos, la transferencia de responsabilidades del gobierno central a los gobiernos locales no se ha visto acompañada de la pertinente transferencia de recursos. Entre las cuestiones pendientes más importantes se encuentran las siguientes dos necesidades: a) aclarar la distribución de responsabilidades entre los niveles de gobierno, y b) reforzar la base de recursos de los gobiernos locales. Con algunas reformas se procura esclarecer las responsabilidades sin abordarse los problemas financieros. Con otras se asignan a los gobiernos municipales nuevas responsabilidades que ellos no están bien preparados para encarar. Al mismo tiempo, los municipios se están volviendo cada vez más dependientes de las transferencias intergubernamentales, que se han venido reduciendo con el tiempo, en parte debido a la presión fiscal generada por la desaceleración económica mundial.

En la actualidad, en la mayoría de los países, los presupuestos municipales son suficientes para cubrir los costos operativos de las ciudades, pero no para financiar las inversiones de capital tan necesarias. A tal fin será necesario que las ciudades hagan un uso más eficaz de los recursos propios y que también tengan acceso a los mercados de crédito. Una cuestión clave es de qué manera los gobiernos locales pueden ampliar su base de recursos más allá de las transferencias. Los responsables de los asuntos municipales tienen interés en usar e integrar los nuevos instrumentos e ideas en materia de gestión financiera para controlar los costos, identificar nuevas fuentes de ingresos y mejorar la recaudación de impuestos locales. Además, los gobiernos locales tienen posibilidades de acceso a grandes fuentes de financiamiento externo, aunque suelen no saber cómo aprovecharlas (por ejemplo, el financiamiento de la Unión Europea para Europa sudoriental). Los municipios solicitan apoyo para planificar y ejecutar inversiones prioritarias y preparar proyectos financiables. Para los gobiernos locales que se encuentran en mejor situación financiera, aumentar su solvencia y acceder a mercados de capital con disciplina y control abren oportunidades de cambio profundo. En todos los casos, las mejores prácticas de gobierno y los mecanismos reforzados de rendición de cuentas se han tornado fundamentales para el gobierno municipal y la gestión municipal adecuados.

El Banco Mundial ha participado en un gran número de proyectos de desarrollo urbano y municipal. En un informe del Grupo de Evaluación Independiente (IEG) de 2009 se señaló que, desde 1988, se ejecutaron más de 190 de proyectos de ese tipo, y en él se llegó a la conclusión de que "de las tres dimensiones de la gestión municipal —planificación, financiamiento y prestación de servicios—, la del financiamiento era la que reportaba mejores resultados". En dicho informe también se señaló que los proyectos de desarrollo municipal ejecutados por el Banco Mundial en África fueron los que registraron el mejor desempeño, y en este libro examinaremos cómo la introducción de instrumentos específicos ayudó al logro de este resultado. Las enseñanzas aprendidas en el terreno revelan que, si bien las reformas a nivel macroeconómico son difíciles de implementar, a nivel de gobierno local puede hacerse mucho cuando existe la voluntad política de una mayor rendición de cuentas del uso de los fondos públicos y cuando las reformas relativas a la generación de ingresos se vinculan claramente con gastos e inversiones visibles en la infraestructura y la prestación de servicios. Esto se basa en el entendimiento de que a) la gestión estratégica de las finanzas municipales es crucial para asegurar la sostenibilidad a largo plazo de la infraestructura y los servicios locales, y b) el aumento de la presión y las restricciones fiscales derivadas de la desaceleración financiera y económica mundial exige respuestas cada vez más complejas de los gobiernos locales en lo que respecta a la movilización y el uso de recursos financieros.

En este contexto se observa tanto una sensación de urgencia como la gran oportunidad para ejecutar programas de fortalecimiento de la capacidad de los gobiernos locales. A pesar de las presiones financieras a las que se ven sometidos los gobiernos locales de todo el mundo, son muchas las buenas prácticas que deben compartirse y muchos los fracasos de los que hay que aprender. Este manual se basa en estas prácticas y su finalidad es ayudar a los funcionarios municipales a mejorar su gestión financiera aún en los medios económicos más difíciles.

¿Qué cabe esperar? Breve reseña de los objetivos y el contenido del manual

Objetivo: Este manual es un componente de un programa más amplio promovido por el Banco Mundial titulado *Municipal Finances—A Learning Program for Local Governments* (Finanzas municipales: Programa de aprendizaje para los gobiernos locales). Es una publicación complementaria de un producto de ciberaprendizaje proporcionado por el Banco Mundial y otros asociados. Su finalidad es reforzar los conocimientos y la capacidad de los gobiernos locales. El programa adopta la perspectiva de los gobiernos locales y proporciona herramientas e instrumentos prácticos para mejorar la gestión y la transparencia de las finanzas locales.

Capítulo 1: Finanzas intergubernamentales en un mundo descentralizado. Escrito tanto para responsables de las finanzas municipales como para encargados de formular las políticas, el capítulo 1 sienta las bases para la labor desarrollada en los siete capítulos siguientes. Abre con un análisis de por qué "poner en orden las finanzas municipales" es fundamental para alcanzar los objetivos nacionales más amplios de crecimiento económico, estabilización macroeconómica y, en el caso de algunos países, cohesión nacional entre poblaciones diversas. Después, en ese capítulo se resumen las consideraciones principales de otras estructuras de gobierno, así como los interrogantes fundamentales relacionados con el papel que debería caber a los municipios en los sistemas de ingresos y gastos de un país. Dicho capítulo termina con el examen de la función de la política de transferencias de gobierno a gobierno, y de los instrumentos para garantizar la rendición de cuentas entre los diversos niveles de gobierno y entre los municipios y sus ciudadanos.

Capítulo 2: Gobierno y finanzas de las áreas metropolitanas. En este capítulo se describen la tendencia de las ciudades a crecer y los desafíos que encaran los gobiernos locales interdependientes en las zonas metropolitanas más grandes. Se presenta a los lectores una reseña de los modelos de gobierno y las cuestiones relativas a las finanzas municipales en las ciudades metropolitanas de todo el mundo. En lo que respecta a las finanzas municipales, el capítulo se centra en los aspectos que son peculiares a los municipios que son parte de aglomeraciones interdependientes más grandes. El capítulo contiene varias descripciones de casos.

Capítulo 3: Gestión financiera municipal. En este capítulo se presentan los componentes básicos de la gestión financiera municipal y se sienta la base conceptual de los capítulos siguientes acerca de la mejora de la gestión del gasto y la evaluación del desempeño. En él se analizan los conceptos fundamentales de la preparación del presupuesto, la contabilidad, los informes financieros y la auditoría, y sus aplicaciones en el contexto del gobierno local a través de estudios de casos y conjuntos de problemas simples. El objetivo del capítulo es permitir al lector entender bien los procesos cruciales de la gestión financiera municipal y vincularlos de manera práctica con los objetivos más amplios de mejorar la transparencia, la eficiencia y la eficacia de las finanzas de los gobiernos locales.

Capítulo 4: Gestión de ingresos locales. En este capítulo se examinan las principales fuentes de ingresos de que disponen los gobiernos locales, los problemas comúnmente asociados con ellas, y los principales desafíos que encaran los funcionarios encargados de las finanzas municipales. Se establece cuáles son las fuentes más promisorias de ingresos. Se respalda el fortalecimiento de la capacidad institucional local al destacarse las distintas funciones y responsabilidades de la autoridad de recaudación de ingresos fiscales, incluida la descripción de las principales funciones de la administración de dichos ingresos. Se analizan los principales problemas y desafíos vinculados con las funciones de gestión de los ingresos fiscales, y se brindan orientaciones a los responsables acerca de cómo lograr que la administración y la recaudación de dichos ingresos sean más eficaces y eficientes. Se muestra cómo realizar el análisis de las tendencias de los ingresos fiscales, incluido el estudio de los distintos planteamientos respecto de la previsión de dichos ingresos. Por último, se tratan los principales desafíos que plantea la economía política para la gestión de los ingresos, se describe cómo aplicar las estrategias de movilización de ingresos, y se examinan los impactos de la política de ingresos fiscales.

Capítulo 5: Gestión de gastos locales. En este capítulo se presentan ideas cuyo propósito es fortalecer la capacidad de los administradores de los gobiernos locales, los miembros del consejo de administración local, los jefes de departamento y el personal de finanzas para gestionar y controlar el gasto, a fin de que puedan prestarse los servicios locales de manera eficiente y eficaz, y de que pueda reducirse al mínimo la carga impositiva que pesa sobre los ciudadanos. Mediante la gestión y el control de los gastos y el desarrollo de procedimientos para hacer el seguimiento y la evaluación de los resultados, los funcionarios públicos serán más capaces de reducir al mínimo la carga impositiva que recae sobre la población y prestar al mismo tiempo los niveles aconsejables de servicios.

Capítulo 6: Gestión de activos locales. En este capítulo se demuestra por qué los activos físicos (tierra, edificios, infraestructura, etc.) y las empresas son importantes para el bienestar local. Se presentan un marco y un conjunto de instrumentos prácticos para mejorar la gestión de activos y para vincularla con la gestión financiera. También se presentan orientaciones para los gobiernos locales acerca de quién debería hacer qué y cómo empezar un programa de mejora de largo plazo. Se recomiendan maneras de encontrar ahorros adicionales y generar más ingresos a partir de los activos, y se presentan instrumentos para el análisis financiero de los activos. Se exponen más detalladamente muchas cuestiones técnicas porque esos pormenores técnicos son cruciales para la gestión eficaz de los activos (por ejemplo, cómo aumentar el atractivo de las tierras municipales para los inversionistas o cómo inducir la competencia en las subastas de tierras). Por último, en el capítulo se analizan instrumentos más avanzados de gestión de activos, como las políticas de tierras, el financiamiento basado en la transacción de tierras, la estrategia relativa a las tierras, las alianzas público-privadas y las empresas de propósitos especiales.

Capítulo 7: Gestión de recursos externos. En este capítulo se analiza cómo los gobiernos locales pueden acceder a recursos externos para financiar programas de desarrollo local. En él se examinan los tipos de recursos externos de que disponen los gobiernos locales —desde donaciones o transferencias no reembolsables hasta empréstitos y alianzas público-privadas—, se analiza cómo garantizar la contracción de empréstitos en condiciones de disciplina y control, y se muestra la importancia de un programa participativo de inversiones de capital que sirva de orientación para la elección de programas prioritarios, así como de garantía de su financiamiento. Se usan estudios de casos para ilustrar las experiencias y las estrategias. Al terminar de leer el libro, los lectores podrán evaluar qué opciones de financiamiento serán más adecuadas para su gobierno local.

Capítulo 8: Logro de una mayor transparencia y rendición de cuentas. Medición del desempeño de las finanzas municipales y establecimiento de las bases para las reformas. En este capítulo se procura definir qué significa realmente la medición del desempeño. ¿Estamos haciendo lo correcto? ¿Lo estamos haciendo bien? Primero, el capítulo se centra en las enseñanzas aprendidas de las prácticas de medición del desempeño en los países desarrollados y de las experiencias en ese ámbito, y en él se evalúa cómo adaptar la medición del desempeño a la situación de las ciudades en desarrollo. Segundo, en dicho capítulo se examinan los cuatro mecanismos principales de presentación de informes usados comúnmente para medir el desempeño de las finanzas municipales: a) supervisión estatal, b) análisis del riesgo por parte de los asociados financieros, c) seguimiento financiero interno por parte de los funcionarios municipales y d) presentación de informes a los ciudadanos. Tercero, también se brindan orientaciones detalladas para llenar una autoevaluación de las finanzas municipales con los siguientes propósitos: a) evaluar la situación financiera de la ciudad y b) identificar las medidas específicas destinadas a mejorar las prácticas de gestión financiera, la movilización de ingresos locales, el gasto público, la gestión y el mantenimiento de los activos públicos, la programación de inversiones y el acceso al financiamiento externo. Al terminar de leer el libro, los lectores podrán usar la plantilla de autoevaluación de las finanzas municipales para su ciudad y aplicar las conclusiones de la evaluación en sus actividades cotidianas y en su programa de reforma de mediano plazo. Para su comodidad, los usuarios pueden descargar la plantilla en formato Excel del sitio http://siteresources.worldbank.org/EXTURBAN DEVELOPMENT/Resources/MFSA-Template.xlsx.

CAPÍTULO 1

Finanzas intergubernamentales en un mundo descentralizado

Abdu Muwonge y Robert D. Ebel

En el *Informe sobre el desarrollo mundial: En el umbral del siglo XXI*, se llega a la dramática conclusión de que dos fuerzas están configurando el mundo en el que se definirán y se implementarán las políticas de desarrollo. La primera es la *globalización*, la integración constante de los países del mundo. La segunda es la *localización*, la autodeterminación política y la devolución de las finanzas (Banco Mundial, 2000). Lo que se denomina "localización" a menudo se menciona como "descentralización", la distribución de funciones intergubernamentales del sector público entre varios tipos de gobiernos, centrales y subnacionales. Además, si bien a primera vista las dos tendencias parecen contrarias, en realidad, son complementarias, ya que generalmente son producto del mismo conjunto de factores externos.

La complementariedad entre la globalización y la localización tiene varios fundamentos. Por ejemplo, los avances en la tecnología de la información y las comunicaciones facilitan la divulgación de los conocimientos internacionales que permiten a los grupos locales eludir a las autoridades centrales en su búsqueda de mejoras de la eficacia gubernamental. También ha influido el surgimiento de organizaciones e instituciones locales, nacionales y supranacionales, por ejemplo, redes de la sociedad civil y otras redes de ciudadanos, regímenes de libre comercio, alianzas en pos de los *objetivos de desarrollo del milenio*, y, en algunos casos, una moneda común.

Este capítulo está organizado en tres secciones. En la primera, se describe el "panorama general" de las finanzas intergubernamentales al establecer la distinción entre la descentralización política y fiscal, y luego se identifican modelos alternativos o variantes de gobierno descentralizado. Luego se incluye una revisión de lo que se ha aprendido a partir de estudios empíricos recientes sobre los resultados económicos y fiscales de la descentralización. En la segunda sección, se aborda el tema clave de las transferencias del gobierno central a los gobiernos locales, su diseño, sus usos y sus resultados previstos. El capítulo termina con una serie de conclusiones.

Reseña sobre las finanzas intergubernamentales

En cualquier lugar del mundo que se observe, se lleva a cabo o se analiza la implementación de alguna clase de descentralización. El término "descentralización", complejo y poco preciso, engloba —y puede englobar— una amplia variedad de definiciones, principios y mecanismos. Por ende, resulta útil comenzar por especificar algunos términos.

Descentralización política

La descentralización política se refiere a los acuerdos en virtud de los cuales la legitimidad legal del gobierno local se reconoce explícitamente en la constitución nacional o a través de decisiones legales y administrativas. En la mayoría de los países, la descentralización política incluye disposiciones que establecen: a) elecciones locales; b) una división de las responsabilidades o competencias referentes al gasto entre los tipos de gobiernos; c) una autoridad fiscal subnacional propia (por ejemplo, municipal); d) normas y reglamentaciones relacionadas con el endeudamiento y la gestión de la deuda a nivel local, y e) un estatus especial para las ciudades capitales (Slack y Chattopadhyay, 2009). En gran parte del mundo postsocialista y en desarrollo, este proceso es dirigido y legislado a nivel central, es decir, "de arriba hacia abajo". Si bien el impulso político hacia la descentralización del Estado puede reflejar una reacción "desde abajo" a muchos años de amplio control del gobierno central (Bird, Ebel y Wallich, 1995; Swianiewicz, 2006; Regulski, 2010) y, en algunos casos, incluso una "reacción desde arriba", por ejemplo, a fin de generar confianza en un nuevo sistema de gestión, y aunque el gobierno central haya comenzado la descentralización en los niveles más bajos (Smoke y Taliercio, 2007), lo que ocurre generalmente es que la autoridad central gestiona el proceso de descentralización. Esto es válido incluso cuando el resultado político es tal que a los gobiernos subnacionales, al menos por ley, se les otorga un alto grado de autoridad política y fiscal (recuadros 1.1 y 1.2).

Descentralización fiscal

Si bien la decisión de descentralizar es política, el beneficio económico y financiero procede de un sistema bien diseñado de *descentralización fiscal*, es decir, la distribución intergubernamental de las responsabilidades referentes al gasto y al financiamiento entre los diversos tipos o niveles de gobierno, de forma tal que guarde armonía con el marco político.

Preguntas para cualquier entorno intergubernamental

Con respecto a la descentralización fiscal, se deben plantear cuatro preguntas fundamentales:

1. ¿Qué tipo o nivel de gobierno lleva a cabo qué actividad (asignación de gastos)?

2. ¿Qué tipo de gobierno es responsable de obtener cuáles ingresos (asignación de ingresos)?

3. ¿Cómo se pueden resolver los desequilibrios fiscales entre el gobierno central y las unidades subnacionales, y entre las jurisdicciones subnacionales, cuando los argumentos a favor de descentralizar los gastos son casi siempre más importantes que aquellos para descentralizar la generación de ingresos (función de las transferencias intergubernamentales)?

4. ¿Cómo se abordarán los calendarios de ingresos y pago de los gastos de capital (endeudamiento y deuda)?

En este capítulo, se aborda solamente la tercera de estas cuatro preguntas, el tema de las transferencias intergubernamentales. Las dos primeras preguntas y la cuarta se abordan en los capítulos subsiguientes de este libro. Es conveniente realizar un breve resumen antes de continuar con los detalles de las transferencias intergubernamentales.

Asignación de gastos. La directriz fundamental para determinar qué tipo de gobierno tiene la responsabilidad de cuáles funciones en materia de gastos es el *principio de subsidiariedad*, es decir, que las responsabilidades públicas generalmente deben ser ejercidas por las autoridades más cercanas a los ciudadanos, y que la asignación de una responsabilidad a otra autoridad debe basarse en consideraciones acerca de la magnitud de la tarea y los requisitos de eficiencia (Oates, 1972; Yilmaz, Vaillancourt y Dafflon, 2012; Marcou, 2007). Otras consideraciones incluyen la presencia de externalidades (los efectos secundarios de las actividades de gastos más allá de los límites jurisdiccionales legales), las economías de escala (costo unitario de producción),

Recuadro 1.1 Economía política de la reforma de descentralización: Nepal

La estructura de gobiernos locales de un país depende de varios factores complejos, entre los que se incluyen la historia, la política, el potencial económico, las constituciones y las leyes. Nepal es un ejemplo de la complejidad implícita en el establecimiento y la administración de los procesos de descentralización, así como también en la transición correspondiente. Durante toda su historia moderna, Nepal tuvo un sistema unitario de gobierno. Antes de 1951, no se tenía muy en cuenta, o no se consideraba en absoluto, el empoderamiento de los gobiernos locales. Si bien se introdujo una serie de reformas políticas en la década de 1950, recién en la década de 1980 se llevaron a cabo algunas iniciativas tendientes a descentralizar el poder. El sistema actual de gobiernos locales se basa en diversas normas. En la década de 1950, se habían promulgado dos leyes que establecían unidades de gobierno local: la Ley de Municipios de 1953 y la Ley de Aldeas de 1956. Tras el retorno del país al gobierno autocrático en 1960, esas leyes fueron reemplazadas por la Ley *Panchayat* de Ciudades de 1962 y la Ley *Panchayat* de Aldeas de 1962.

Durante el período 1981-82, se dictó la Ley de Descentralización, y se asignaron algunas responsabilidades a los órganos locales en la planificación y la asignación de recursos a nivel local. En 1990, se restauró la democracia multipartidista y se ratificó la quinta constitución del país, en la que se incluía la descentralización como elemento fundamental de la democracia. En 1991, se aprobaron tres leyes, la Ley del Comité para el Desarrollo de Distritos, la Ley del Comité para el Desarrollo de Aldeas y la Ley de Municipios, mediante las cuales se crearon órganos locales compuestos por funcionarios elegidos. Estas leyes fueron criticadas por no haber proporcionado autonomía suficiente a los gobiernos locales; los órganos locales carecían de facultades suficientes para decidir sobre gastos e impuestos, y la sociedad civil, las

organizaciones no gubernamentales (ONG), los grupos desfavorecidos y el sector privado no fueron incluidos de forma explícita en la estructura de gobierno local.

En 1999, el Parlamento aprobó la Ley de Autogobierno Local. Esta ley, que fue considerada un hito en Nepal, sentó las bases del autogobierno local al aumentar la devolución de las facultades administrativas, fiscales y judiciales a los órganos locales. La asignación actual de responsabilidades referentes al gasto en Nepal se basa fundamentalmente en dicha ley. Hasta 2011, la estructura de gobiernos locales de Nepal estaba dividida en 75 distritos, 58 municipios y 3913 comités de desarrollo de aldeas (CDA). Estas jurisdicciones corresponden a 5 regiones de desarrollo y 14 zonas administrativas. Un CDA está formado por 9 distritos, y los municipios constan de 9 a 35 distritos. Las autoridades de los municipios y los CDA se eligen de forma directa. Oficialmente, los tres órganos locales son autónomos, es decir, que no hay entre ellos una relación jerárquica impuesta por ley. En la práctica, los gobiernos del nivel distrital tienen una cierta función de supervisión sobre los municipios y las aldeas, y algunos recursos que se utilizan para financiar programas de municipios y aldeas se encauzan a través de los distritos.

Si bien se suponía que la Ley de Autogobierno Local debería ser la base de la descentralización fiscal, en realidad, no se implementó la mayor parte de los elementos principales de la ley. En las zonas locales, la mayoría de los servicios públicos son brindados por organismos ejecutivos de los ministerios del gobierno central. En algunos casos, están desconcentrados en la zona local. Los gobiernos locales brindan servicios, pero solo en cantidades limitadas. En general, Nepal sigue siendo un Estado mayormente centralizado, y apenas un 6 % del gasto público total es efectuado por los gobiernos locales.

Fuente: Sharma y Muwonge, 2010.

Recuadro 1.2 Polonia: La descentralización política en un sistema de múltiples niveles

La estructura de gobiernos locales de Polonia es el resultado de dos olas de reformas de descentralización. La primera ola fue en 1990, cuando se introdujo el sistema de gobierno local a nivel de las *gminas* (comunas). La reforma de los gobiernos locales fue una de las principales prioridades del primer gobierno poscomunista, que se formó en septiembre de 1989. Una serie de preparativos rápidos pero intensivos permitió la aprobación de la nueva Ley de Gobiernos Locales en marzo de 1990, que fue seguida por las elecciones locales en mayo de 1990 y una descentralización radical de las reglamentaciones financieras en enero de 1991. En la reforma de 1990, se introdujo el gobierno local elegido solamente a nivel de las *gminas*; la administración del Estado continuó gestionando los niveles superiores de las divisiones territoriales. En 1999, durante la segunda etapa de la reforma, se introdujeron dos nuevos niveles de gobiernos subnacionales elegidos: *powiat* (condado) y *voivodship* (región).

En la actualidad, hay tres niveles de gobiernos territoriales: casi 2500 municipios; 315 condados, más 65 ciudades con estatus de condado, y 16 regiones. Tanto en el nivel de los municipios como en el de los condados, los autogobiernos locales son la única forma de administración pública. Las funciones del Estado central, como el registro de nacimientos y matrimonios, son realizadas por los gobiernos locales como funciones delegadas financiadas con transferencias específicas. A nivel regional, la estructura es dual: el autogobierno elegido y un gobernador, designado por el primer ministro, con su propio aparato administrativo. Sin embargo, las funciones del autogobierno y las administraciones regionales del Estado están claramente separadas, y no hay subordinación jerárquica entre ellas.

Fuente: Swianiewicz, 2006.

---

y la capacidad de administrar e implementar la función (entre las numerosas exposiciones acertadas sobre la pregunta de la asignación de gastos, se encuentran la de Martínez-Vázquez, 1999, y la de Dafflon, 2006). En el capítulo 5 de este libro, Morrell y Kopanyi analizan en detalle las prácticas de gastos de los municipios.

Asignación de ingresos. Una de las directrices para la implementación de un sistema bien diseñado de descentralización fiscal es el principio de que "las finanzas siguen a las funciones" (Bahl, 1999a; Bahl y Martínez-Vázquez, 2006; Smoke y Taliercio, 2007). Luego de asignar las responsabilidades por los gastos, la siguiente pregunta es: ¿qué unidad de gobierno recaudará cuáles ingresos? Esta pregunta sobre finanzas es tan importante y compleja como la función de gastos. De hecho, se puede sostener que no se cuenta con un sistema de descentralización fiscal a menos que los gobiernos subnacionales (por ejemplo, los locales) tengan autonomía para determinar (y, en muchos casos, recaudar) sus propios ingresos. Para obtener las mejoras en la eficiencia derivadas de un sistema de descentralización bien diseñado, los gobiernos locales deben ser capaces de generar ingresos de fuentes propias (Jensen, 2001; Ebel y Weist, 2007). No se debe interpretar que la asignación de ingresos a diferentes tipos de gobierno implica que los fondos provenientes de cada tipo de impuesto se deben destinar a un solo tipo de gobierno. No hay motivos para asignar los ingresos derivados de una tasa o un impuesto determinado a un gobierno, siempre que el uso superpuesto de la tasa o el impuesto no cause desigualdades inaceptables ni distorsiones económicas, ni complique el cumplimiento de los contribuyentes y la administración de los ingresos. Estos problemas generalmente pueden evitarse al asignar un impuesto determinado a más de un tipo de gobierno (McClure, 1999). Las numerosas obras escritas sobre este tema son analizadas y aplicadas a los municipios por Garzón y Freire en el capítulo 4 (véanse también Ebel y Taliercio, 2005; Bird, 2011a, y Smoke, 2008).

Transferencias intergubernamentales. Una vez que se ha distribuido la asignación de gastos e ingresos entre los diferentes tipos de gobierno, resulta muy claro que no existe una razón *a priori* por la cual, para los gobiernos subnacionales (por ejemplo, municipales), la suma de los gastos equivaldrá al posible flujo de ingresos. En casi todos los casos, habrá un desequilibrio financiero entre el gobierno central y los subnacionales (desequilibrio vertical), así como también entre los gobiernos municipales (desequilibrio horizontal). Esa es la razón por la que los sistemas descentralizados también deben establecer un mecanismo de transferencias intergubernamentales, casi siempre de la autoridad central a la local. El problema de los desequilibrios y la forma de abordarlos se analiza más adelante..

Endeudamiento y deuda. ¿Qué sucede con los calendarios de ingresos para pagar los gastos de capital? ¿Cómo se financia la infraestructura, por ejemplo, escuelas, caminos y carreteras, y sistemas de abastecimiento de agua y transporte? De este modo, surge el cuarto problema que enfrenta una sociedad descentralizada: la función del endeudamiento y la gestión de la deuda a nivel local. ¿Cómo se pueden estructurar los calendarios de ingresos destinados al gobierno local para pagar los gastos de capital? La "regla de oro" del financiamiento de capital es que, tanto por razones de eficiencia como de equidad, el pago de bienes de capital debe distribuirse a lo largo de su vida útil. De ello se infiere que se debe establecer un mecanismo de financiamiento para que las generaciones futuras que saquen provecho del gasto de capital actual en infraestructura paguen los beneficios derivados del uso de dicha infraestructura. Se debe permitir a los gobiernos locales que soliciten préstamos y contraigan deudas que se financien a lo largo del tiempo, si su situación financiera es sólida.

Existen principios y normas para analizar todo esto, proceso que se estudia dentro del tema de la gestión de la deuda subnacional (Canuto y Liu, 2013). Se plantea un problema importante cuando los gobiernos locales que forman parte de una jerarquía intergubernamental unitaria se convierten en una fuente de pasivo contingente. En estas circunstancias (típicas), es posible que el gobierno central deba imponer límites u otros controles a los préstamos contraídos localmente. Este y otros temas relativos a la gestión de la deuda son analizados por Kaganova y Kopanyi en el capítulo 6 y por Freire en el capítulo 7 (para obtener material adicional, véanse Rangarajan y Prasad, 2012; Wong, 2013; Peteri y

Sevinc, 2011, y Canuto y Liu, 2013; también se ofrece información útil en el sitio web sobre el endeudamiento y la deuda subnacional del Grupo Temático del Banco Mundial, www.worldbank.org/subnational).

Las tres D: Desconcentración, delegación y devolución

El término "descentralización fiscal" abarca tres mecanismos o variantes diferentes, cada uno de los cuales ocupa un lugar en el sistema financiero intergubernamental de un país. Estos son la desconcentración, la devolución y la delegación. Un interrogante clave en materia de política es cuál de las tres variantes puede decirse que domina las finanzas públicas de una nación.

Desconcentración. La desconcentración a veces se denomina *descentralización administrativa*. Implica un proceso mediante el cual se establecen oficinas regionales de los ministerios centrales en jurisdicciones locales, a fin de determinar el nivel y la composición de los bienes y servicios locales que se han de proporcionar. La desconcentración *con autoridad* significa que las oficinas regionales de los ministerios tienen ciertas facultades para tomar decisiones independientes, aunque generalmente dentro del marco de las directrices del gobierno central. La desconcentración *sin autoridad* se produce cuando se crean oficinas regionales sin facultades de tomar decisiones independientes. En cualquiera de los dos casos, cuando las oficinas desconcentradas prestan servicios (como educación, servicios de salud, abastecimiento de agua o transporte), es probable que los residentes locales no tengan injerencia en el alcance o la calidad de los servicios y la forma en que se prestan (recuadro 1.3).

Devolución. La devolución se encuentra en el otro extremo de la línea de las "tres D". En la devolución, se establecen autogobiernos locales independientes que tienen la responsabilidad de prestar un conjunto de servicios públicos y la autoridad para fijar impuestos y tasas para financiarlos. Estos gobiernos tienen mucha flexibilidad para seleccionar la combinación y el nivel de servicios y, en algunos casos, facultades plenas para generar sus propios ingresos. Con la devolución, los ciudadanos tienen la capacidad de utilizar su gobierno local para expresar sus preferencias acerca de la combinación y el nivel de servicios públicos que desean (demanda) y, a la vez, tener en cuenta su costo (oferta). El resultado de una devolución que permite la toma de decisiones a nivel local es un uso "más adecuado" (más eficiente) de los recursos limitados que el que se produciría si las decisiones relativas a las políticas locales de impuestos y de gasto se tomaran en una capital lejana. Cuando cada localidad toma las decisiones locales, toda la sociedad se beneficia desde el punto de vista financiero. En la jerga técnica, se ha incrementado el bienestar social. Los beneficios en materia de eficiencia o bienestar derivados de la descentralización pueden ser especialmente significativos en los países con un alto grado de diversidad económica, demográfica y geográfica.

Delegación. La tercera variante, la delegación, generalmente se considera como un mecanismo intermedio entre la devolución y la desconcentración. Se la puede caracterizar como una relación mandante-mandatario entre un nivel alto de gobierno (mandante) que asigna a un gobierno local (mandatario) la responsabilidad de cumplir ciertas funciones locales (por ejemplo, educación, distribución de agua, clínicas), que pueden o no estar financiadas mediante transferencias del mandante al mandatario. Cuando la autoridad principal, más alta, no paga por las responsabilidades delegadas, es decir, cuando se crea un *mandato sin financiamiento*, es posible que se establezca una relación central-local controvertida y se generen contiendas jurídicas (si la localidad tiene derecho legal a recurrir a la vía judicial), incentivos para realizar "trucos" en el presupuesto local e incluso conflictos.

Sin embargo, cuando va acompañada de financiamiento, la delegación puede mejorar la eficiencia si permite a las unidades del gobierno subnacional administrar los programas de prioridad nacional de manera tal que reflejen mejor las circunstancias económicas, sociales y financieras locales. En el marco de tales mecanismos, el gobierno central puede establecer niveles mínimos o estándares de servicios y, en realidad, es probable que lo haga. No obstante, si las decisiones cotidianas específicas sobre la prestación de servicios se toman en el nivel local, surge la oportunidad de encontrar formas nuevas, creativas y quizá

Recuadro 1.3 Egipto: Desconcentración con autoridad limitada

La República Árabe de Egipto tiene cinco tipos de gobiernos locales: provincia, *markaz*, ciudad, distrito y aldea. Está conformada por 26 provincias, dirigidas por gobernadores que son designados por el presidente. La provincia es la principal unidad de prestación de servicios en Egipto. Puede ser simple y completamente urbana (sin *markaz* o aldea), o bien compleja e incluir comunidades urbanas y rurales. Las provincias son gobiernos locales desconcentrados, sin facultades para formular políticas; simplemente siguen las instrucciones del gobierno central.

El *markaz* es la unidad de gobierno local de segundo nivel en las provincias complejas. Un *markaz* está formado por una ciudad capital y otras ciudades y aldeas, y funciona como el gobierno central para la jurisdicción. Está dirigido por el jefe del *markaz*, que es designado por el primer ministro. Cada provincia tiene, al menos,

una ciudad. Las ciudades pueden estar divididas en distritos. El distrito (*hay*) es la unidad de gobierno local más pequeña de las provincias urbanas. Los distritos se dividen en secciones (subdistritos) o vecindarios (*sheyakha*). Los jefes de las ciudades y los distritos son designados por el ministro de desarrollo local. La aldea (*qariya*) es la unidad de gobierno local más pequeña de las provincias rurales. Las responsabilidades de las aldeas respecto de los servicios varían según su tamaño. Las más grandes forman parte del sistema de gobierno local y tienen responsabilidades en la prestación de servicios. Las más pequeñas, denominadas aldeas "satélite", no se consideran unidades de gobierno local y no tienen responsabilidades en la prestación de servicios. Estas últimas forman parte de una aldea o de un *markaz*. El jefe de la aldea es designado por el gobernador.

Fuente: Amin y Ebel, 2006.

más económicas de prestar tales servicios. Como se analizará en la sección siguiente, el diseño de las transferencias fiscales intergubernamentales y el grado y la naturaleza del seguimiento central influirán en el equilibrio que se establezca entre la toma de decisiones en el nivel central y local en las esferas de responsabilidad delegadas.

Sistemas unitarios, federales y confederados

Existe una amplia variación en la forma en la que los sistemas intergubernamentales están estructurados en el mundo, lo que intensifica la complejidad de la descentralización. Se pueden distinguir tres sistemas de gobierno: *unitarios, federales* y *confederados*. Lo que intensifica la complejidad es que, en la práctica, cada uno de estos sistemas presenta diversos grados de las tres D.

Sistemas unitarios. Un sistema unitario es aquel en el que el gobierno central tiene la autoridad otorgada constitucionalmente (en algunos casos, la autoridad es otorgada por una monarquía absoluta o una teocracia) no solo para determinar qué poderes políticos se asignan a sus unidades integrantes (gobiernos subnacionales, incluidos, desde luego, los municipios), sino también para crear, eliminar o modificar los límites de las jurisdicciones subnacionales. En estos casos, pueden existir diversos tipos de gobiernos subnacionales, por ejemplo, municipios, pero no son soberanos, sino que son representantes del Estado central.

Hay numerosos ejemplos en todo el mundo. En África, Burkina Faso, Egipto, Ghana y Uganda tienen sistemas unitarios. Entre los ejemplos de Asia oriental y el Pacífico, se incluyen Tailandia, Japón y la República de Corea del Sur. En Europa y Asia central, el Reino Unido, Ucrania y todas las repúblicas de Asia central son ejemplos de sistemas unitarios. En América Latina, tales sistemas incluyen a Colombia y Perú. Algunos ejemplos de Oriente Medio y Norte de África son Egipto, Jordania, Arabia Saudita y Túnez. En Asia meridional, se pueden mencionar Bangladesh, Sri Lanka y Bhután. Pero un sistema unitario puede no ser lo mismo que un sistema centralizado. Por ejemplo, a China se la ha caracterizado como federal y descentralizada (Wong, 2007; Bahl, 1999b). Indonesia es un caso de un Estado unitario que ha descentralizado su sistema fiscal de forma tal que actualmente los gobiernos subnacionales son los principales prestadores de servicios, representan un tercio del gasto público y gestionan la mitad de todas las inversiones públicas (Ellis, 2010).

Sistemas federales. En un sistema *federal*, las decisiones del sector público son tomadas por diferentes tipos o niveles de gobierno que son mutuamente independientes (Griffiths con Nerenberg, 2005; Ahmad y Brosio, 2006; Boadway y Shah, 2009). Aunque mucho menos numerosos que los Estados unitarios, hay varios ejemplos: en África, Etiopía, Nigeria y Sudán del Sur; en Asia oriental y el Pacífico, Australia, Malasia y los Estados Federados de Micronesia; en Europa, Austria, Bélgica y Alemania; en América Latina, Brasil, México y Saint Kitts y Nevis; en Oriente Medio y Norte de África, Iraq y los Emiratos Árabes Unidos, y en Asia meridional, India, Pakistán y Nepal. Algunas constituciones de Estados federales son muy categóricas en cuanto a que no existe jerarquía alguna entre ciertos tipos de gobiernos (por ejemplo, el gobierno central de Pakistán respecto de las cuatro provincias; el gobierno central de Estados Unidos y los 50 gobiernos estaduales). Otros países son constitucionalmente federales, pero están más centralizados que descentralizados (Etiopía, Malasia, Sudán).

Confederación. Una confederación generalmente es un sistema de estados basado en un tratado, en el que un gobierno central débil actúa como el agente de las unidades miembros, habitualmente sin facultades independientes importantes en materia de gastos e impuestos (Wallich y Zhang, 2013). A lo largo de la historia, han existido algunos mecanismos de este tipo (por ejemplo, Suiza como la Confederación Helvética, durante el período 1815-48). El mejor ejemplo actual es Bosnia y Herzegovina (en el recuadro 1.4, se explica la situación de Bosnia). Sin embargo, incluso en ese caso, el gobierno central ha cobrado mayor peso en el ámbito fiscal, ya que ha sido autorizado a aplicar un impuesto nacional al valor agregado (IVA) a partir de enero de 2006.

¿Es conveniente descentralizar o no?

Tres pasos nos ayudan a abordar el interrogante de por qué algunos Estados permanecen sujetos a la autoridad central, tanto a nivel político como fiscal, mientras que otros avanzan hacia la descentralización. El primer paso es estudiar las razones por las cuales tantos países continúan manteniendo sectores públicos centralizados. El segundo es examinar los argumentos teóricos y prácticos que se formulan convencionalmente para respaldar la descentralización, y la forma en que la teoría de las finanzas públicas aborda el interrogante. El tercero es analizar el impacto de la descentralización, es decir, las pruebas empíricas.

¿A qué se debe la preferencia por la centralización?

En el *Informe sobre el desarrollo mundial 1999-2000* (Banco Mundial, 2000), se observó que muchos países en desarrollo aún están centralizados, a pesar de la tendencia identificada hacia la localización. Existen tres argumentos que respaldan la centralización:

La falta de capacidad local. Un argumento que se formula a menudo en los países en desarrollo es que los gobiernos locales no tienen capacidad para ser autónomos. Este argumento se esgrime, en la mayoría de los casos, cuando surge el debate acerca de los méritos de otorgar a localidades como los gobiernos municipales la facultad para generar sus propios ingresos o para solicitar préstamos. En un país con una larga tradición de centralización, la observación de que los gobiernos locales carecen de la capacidad necesaria para ser autónomos probablemente sea tanto cierta como tautológica. Tal como han demostrado los gobiernos locales de varios países recientemente descentralizados, el fortalecimiento de la capacidad para gobernar es un proceso de aprendizaje práctico (Thomas, 2006). Parafraseando en líneas generales el ensayo de Amartya Sen "La democracia como valor universal", un país no tiene que ser considerado "apto" para ser descentralizado, sino que los gobiernos se tornan capaces al ser descentralizados (Sen, 1999).

Así, por ejemplo, a principios de la década de 1990, durante el mandato del alcalde Gabor Demszky, el municipio de Budapest solicitó un préstamo en el mercado de eurobonos, no porque no pudiera solicitar un préstamo a fuentes húngaras, sino para demostrar que la ciudad era lo suficientemente solvente para hacerlo. Como escribe Demszky, en 1991 el "triste estado de Budapest era un auténtico reflejo de 40 años de dictadura" y, por ende, sus "ciudadanos eligieron seguir otro camino" (Demszky, 2003).

Recuadro 1.4 Confederación de Bosnia y Herzegovina

En virtud del Acuerdo de Dayton-París (1995), la ex República Yugoslava de Bosnia y Herzegovina contiene ahora dos entidades: la Federación de Bosnia y Herzegovina y la República Srpska. Estos son dos gobiernos y órganos administrativos separados de hecho, con amplias facultades para aprobar leyes, aplicar impuestos y gobernar en general. Sarajevo es la capital de Bosnia y la capital de la federación. Banja Luka es la capital de la República Srpska.

La federación contiene 10 unidades de nivel intermedio (cantones) y aproximadamente 80 municipios. Los cantones tienen sus propias legislaturas, sus propias leyes básicas y constituciones, y sus propios gobernadores y ministerios. Las cuestiones financieras y presupuestarias que afectan a los municipios de la federación se delegan a los cantones, o bien son compartidas por varios departamentos de los ministerios federales. En la constitución de la Federación de Bosnia y Herzegovina, se definen las funciones de cada nivel de gobierno y se otorga a los cantones todas las facultades que no se delegan expresamente en la federación, como la planificación del uso de la tierra, el desarrollo de empresas locales y el desarrollo económico local. La República Srpska tiene una estructura administrativa centralizada y su propio ministerio de gobierno local para regular y entablar diálogos con sus municipios (aproximadamente 60, incluida una ciudad independiente, Brcko); la federación no tiene un ministerio de esta clase.

Fuente: Fox y Wallich, 2007.

A este respecto, es importante destacar dos lecciones sobre la forma en que un país se torna capaz de ser descentralizado. En primer lugar, "descentralizar el Estado central" no implica desmantelarlo. Una descentralización satisfactoria también supone fortalecer la capacidad del gobierno central para ser intergubernamental (Kopanyi et ál., 2000; Pallai, 2003). En segundo lugar, para lograr una reforma satisfactoria del sector público, se requiere mucho más que hacer hincapié en la capacidad individual (por ejemplo, burocrática): también se debe vincular la capacidad organizativa, institucional e individual con los resultados previstos en términos de desarrollo (Thomas, 2006).

Garantizar que se cumplan las funciones del gobierno central. El segundo argumento es que, en un sistema unitario o federal establecido, el gobierno central puede imponer su precedencia respecto del gobierno subnacional, ya que las prioridades del Estado nación deben prevalecer. Tales prioridades incluyen garantizar la defensa nacional, conducir la política exterior, proteger las fronteras nacionales y gestionar la estabilización macroeconómica. Este argumento contra la descentralización amplia es común en los países de ingreso bajo y mediano que, en general, no están económicamente diversificados y que, por lo tanto, están más expuestos a las fluctuaciones de los precios internacionales de los productos básicos, a los desastres naturales y a los costos de la carga de la deuda. Como resultado, el gobierno central conserva un control estricto de los principales instrumentos tributarios y de endeudamiento (Tosun y Yilmaz, 2010).

Legado. El argumento a favor de la concentración del poder político y fiscal en el gobierno central a menudo se basa en la persistencia de los métodos antiguos: "el viejo estilo es mejor". Esto se observa, especialmente, en gran parte del continente africano, donde décadas de colonialismo dieron lugar a una tradición profundamente arraigada de autoritarismo vertical (Ndegwa, 2002; Commins y Ebel, 2010). Como reflejo del legado del colonialismo, en la *Carta Africana para la Participación Popular en el Desarrollo y la Transformación* (la Declaración de Arusha de 1990) se expuso que África presenta una "excesiva centralización de poder e impedimentos para la participación efectiva de la abrumadora mayoría... con respecto al desarrollo social, político y económico".

Desde luego, África no es el único lugar donde predomina el apego al viejo estilo. A pesar de la tradición de autonomía local presente en gran parte de Europa, la gestión de orden y control aún caracteriza a varias antiguas repúblicas soviéticas, en particular, las de Asia central. Durante los últimos dos años, también se ha observado una recuperación del poder por parte del gobierno central de Hungría (Barati-Stec, 2012). En Oriente Medio, se ha mantenido el control autoritario por medio de un sistema arraigado de oligarquía política, que da como resultado lo que Tosun denomina "excesiva centralización", un modelo antiguo que se está cuestionando en toda la región. El mundo espera para ver si el final de este cuestionamiento será más de lo mismo o si surgirán sociedades más pluralistas y autónomas (Tosun, 2010; Tosun y Yilmaz, 2010).

¿Por qué es conveniente descentralizar?

El hecho de que en gran parte del mundo se esté llevando a cabo alguna forma de descentralización demuestra la importancia de dicho proceso. Existen, al menos, cuatro factores que explican la tendencia hacia la descentralización:

El vínculo con la globalización. La conclusión del *Informe sobre el desarrollo mundial 1999-2000* de que las tendencias de comienzo del siglo XXI hacia la globalización y la localización se han reforzado está respaldada por investigaciones más recientes. Estos trabajos incluyen un modelo de "separación", que señala una "demanda de autonomía local por parte de las regiones del interior, que se eleva con el incremento de los ingresos nacionales, la mayor cantidad relativa de población del interior y el aumento de la población nacional" (Arzaghi y Henderson, 2005), además de estudios de casos sobre el crecimiento de las organizaciones de ciudadanos que "ya no se apoyan en las medidas verticales para mejorar el gobierno" (McNeil y Malena, 2010).

Dicho esto, no solo las tendencias, sino también los ciclos se aplican a los países, independientemente de su grado de desarrollo económico (Bird, 2011b). Por ende, un período de reforma intergubernamental puede ser seguido por una recuperación política de las autoridades centrales que revierta las reformas logradas en años anteriores. Es probable que estos cambios de dirección se produzcan de forma más rápida y profunda en los Estados unitarios que en los federales; estos últimos, si están bien establecidos, otorgan a los gobiernos subnacionales las facultades constitucionales para recaudar sus propios ingresos.

De hecho, actualmente se está produciendo una recuperación central cíclica en Estados unitarios. En efecto, en el informe de Ciudades y Gobiernos Locales Unidos de 2011 sobre el gobierno local en África, se concluye que "la descentralización fiscal está sufriendo las consecuencias de la difícil situación financiera actual de la mayoría de los países de África", y que "si bien en los países africanos la generación de ingresos ha aumentado gradualmente desde comienzos de la década de 2000, tras cuatro décadas de estancamiento, las perspectivas no son muy prometedoras" (Yatta y Vaillancourt, 2010). Se ha emitido una advertencia similar con respecto a algunas iniciativas de descentralización recientes de Europa en vista de "la gravedad y el carácter repentino" de la crisis fiscal que ha interrumpido un largo período de crecimiento constante de los recursos de los presupuestos locales (Regulski, 2010).

La política y la "reacción desde abajo". La segunda explicación se remite al punto anterior, que señala que, si bien la decisión de descentralizar es política, una vez que se toma esa decisión, las reformas económicas y fiscales son las que generan un cambio en los mecanismos fiscales intergubernamentales. Centrándose en África, América Latina y la Eurasia poscomunista, Kalandadze y Orenstein (2009) citan 17 casos —no todos los cuales han tenido éxito, hasta ahora— de revoluciones electorales blandas y populares "desde abajo" surgidas desde 1991.

El argumento de la eficiencia económica. Para los economistas, el principal argumento a favor de la descentralización está relacionado con las mejoras de la eficiencia, es decir, los "beneficios en materia de bienestar general" que se derivan de los mecanismos intergubernamentales bien diseñados (Oates, 1972, 1997; Yilmaz, Vaillancourt y Dafflon, 2012). El argumento de la eficiencia que respalda el gobierno descentralizado es el siguiente: debido a que las preferencias respecto del nivel y la combinación de bienes y servicios públicos locales son diferentes en las distintas jurisdicciones, y dado que los costos locales de producción y distribución de bienes y servicios también varían, el bienestar general de toda la sociedad aumentará si las decisiones sobre el conjunto de bienes y servicios que deben proporcionarse en las distintas localidades son tomadas a nivel local (por funcionarios locales elegidos libremente, es de suponer), y no por un funcionario central (quien quizá tome decisiones sobre la base de un conjunto de parámetros determinados en el nivel central o para satisfacer incentivos burocráticos).

Baste pensar, por ejemplo, en un conjunto de bienes y servicios locales, como la atención primaria de la salud y la educación. Ahora supongamos que los costos de producción de tales servicios son iguales en todo el país. Las comunidades tienen diferentes preferencias y necesidades respecto de la combinación de servicios que han de brindarse. Por lo tanto, al distribuir un presupuesto público de un tamaño determinado, cabe esperar que la comunidad Y, con una gran proporción de población joven, exprese una preferencia marcada por la educación, mientras que la comunidad E, con una población predominantemente envejecida, tendrá una mayor necesidad de contar con clínicas. En el caso de un presupuesto determinado, la correspondencia descentralizada entre costos y preferencias da lugar a un uso eficiente de los recursos públicos. Al no tener clínicas poco utilizadas en la comunidad Y, ni aulas vacías en la comunidad E, la sociedad en general obtiene un "aumento de bienestar". Este "principio de correspondencia", según el cual la prestación de los servicios públicos debe ser efectuada, en la medida de lo posible, por el tipo de gobierno que está más cerca de la gente, se refleja en el "principio de subsidiariedad" de la Carta Europea de la Autonomía Local (Marcou, 2007).

La construcción de la nación. En algunos países, la descentralización ha sido una estrategia para fomentar la cohesión nacional y distender las tensiones si la sociedad está fragmentada por razones de etnia, religión, idioma, dotación de recursos naturales u otras condiciones. Se han documentado numerosos casos en los cuales el uso práctico del principio de subsidiariedad por parte de un Estado nación ha generado una mayor cohesión y ha contribuido a reducir las tendencias secesionistas en una región determinada. Entre los casos históricos, se incluyen los de Alemania, Bélgica, Canadá, España, la Federación de Rusia, India, Indonesia, Sudán y Suiza. En el recuadro 1.5, se brinda más información sobre Sudán (véanse también Bird y Ebel, 2007; Bird y Vaillancourt, 2010).

En octubre de 2012, el gobierno central de Filipinas, encabezado por Benigno Aquino, suscribió un acuerdo de paz con el Frente Moro de Liberación Islámica que servirá como marco para poner fin a un conflicto de cuatro décadas en la región sur de Mindanao. En el acuerdo, se prevé que para 2015 un nuevo gobierno autónomo local de la región habrá colaborado con el gobierno central para resolver los problemas relacionados con la distribución de la riqueza proveniente del petróleo y la minería de minerales, y que el gobierno central continuará gestionando cuestiones tales como la moneda, la aduana, la defensa nacional y la política exterior. Como han demostrado las consultas sobre la paz realizadas en Sudán (2002-05), se necesitará tiempo, buena voluntad y políticas acertadas para que esto dé resultado. Todavía está por verse qué papel desempeñará la oposición al acuerdo de paz de un grupo rebelde rival, el Frente Moro de Liberación Nacional, pero si el acuerdo da resultado, será porque la descentralización dio resultado (Bauzon, 1999; Wallich, Manasan y Sehili, 2007).

Descentralización: Nuevas enseñanzas y resultados

El argumento presentado anteriormente es la respuesta a la pregunta "¿por qué es conveniente descentralizar?". Pero ¿da resultado? ¿Cumple la descentralización con sus promesas teóricas? Si bien medir la descentralización es difícil (Ebel y Yilmaz, 2003), a continuación se resume lo que se sabe empíricamente sobre la relación entre la autonomía fiscal descentralizada y el logro de los objetivos económicos y fiscales generales de una nación:

- *La fuerte correlación entre la descentralización y el crecimiento* del producto interno bruto (PIB) per cápita respalda el argumento de que, a medida que las personas tienen un nivel más alto de instrucción, disponen de más información sobre su gobierno y están más conscientes de los problemas que afectan sus vidas, se incrementa su deseo de tener más cerca el control de las funciones del gobierno.

- *La desoladora trayectoria macroeconómica* del orden y el control centralizados en Europa central y oriental ha quedado bien documentada (Bird, Ebel y Wallich, 1995). Por el contrario, los países desarrollados están relacionados con sistemas maduros de descentralización y grados de autonomía fiscal (por ejemplo, Akai y Sakata, 2002).

- Si, según sostiene la teoría, *la descentralización mejora la eficiencia* en la asignación de servicios públicos, esto debería manifestarse en forma de crecimiento económico. Y, de hecho, las pruebas respaldan la teoría. Martínez Vázquez y McNab (1997) verificaron dicha relación en lo que se refiere a los ingresos del presupuesto. Ebel y Yilmaz (2003) llegaron a una conclusión similar —tanto si la variable de descentralización se determina a partir de una definición restringida o amplia de los ingresos (una definición amplia incluye transferencias sin restricciones)— con respecto a la tasa de crecimiento del producto per cápita real. Una conclusión similar en relación con

---

Recuadro 1.5 La construcción de la nación mediante la descentralización en Sudán y Sudán del Sur

Luego de la firma del Acuerdo General de Paz de 2005, el Gobierno de Sudán del Sur ha hecho importantes progresos en lo que respecta a la infraestructura y los servicios básicos. Sin embargo, la mejora del acceso de las comunidades locales a estos servicios es una tarea enorme. A fin de ampliar el acceso a los servicios públicos básicos, se puede descentralizar la autoridad. La descentralización también puede ayudar a generar cohesión nacional para mantener unido el Estado. Además, si se implementa debidamente, puede empoderar a los ciudadanos para que exijan cuentas a las autoridades locales.

Fuente: Zoellick, 2009.

la autonomía de los ingresos afirma que "la descentralización de los gastos con ingresos centralizados parece constituir un obstáculo para el crecimiento económico" (Meloche, Vaillancourt y Yilmaz, 2004). Imi (2005) llegó a la conclusión de que, en un conjunto mixto de países desarrollados y en transición, la descentralización "especialmente en lo que respecta a los gastos es fundamental para el crecimiento económico".

- En cuanto a la estabilidad macroeconómica, se ha comprobado que la autonomía de los ingresos subnacionales mejora la posición fiscal de los gobiernos subnacionales, pero que la dependencia de las transferencias intergubernamentales puede empeorar esa posición fiscal (Ebel y Yilmaz, 2003).

- Las conclusiones sobre *la relación entre la descentralización fiscal* y el tamaño del sector público son decididamente mixtas: en un estudio sobre Estados Unidos, que es un sistema federal maduro, no se encontraron pruebas de que exista una relación entre estos elementos (Oates, 1985), mientras que otros estudios sugieren que, en los países postsocialistas en transición, la proporción de gastos del sector público respecto del PIB nacional disminuye con el aumento de la autonomía fiscal subnacional (Ebel y Yilmaz, 2003).

Una vez que se han presentado la definición, los fundamentos y las conclusiones académicas sobre los resultados de la descentralización, es necesario abocarse a la ardua tarea de ejecutar las reformas intergubernamentales (Kopanyi, El Daher y Wetzel, 2004; Barati-Stec, 2012; Martínez-Vázquez y Vaillancourt, 2011). El primer paso consiste en responder de manera adecuada las cuatro preguntas fundamentales, planteadas anteriormente, sobre 1) la asignación de ingresos, 2) la asignación de gastos, 3) el diseño de las transferencias intergubernamentales, y 4) el endeudamiento y la asignación de deuda. Las tareas relacionadas con los cuatro aspectos fundamentales recaen en los funcionarios de finanzas y planificación del gobierno central, las organizaciones de la sociedad civil, y los profesionales municipales de finanzas, cuya cooperación mutua es recomendable. Sin duda, surgirán tensiones entre los organismos de ejecución, pero en una sociedad abierta y pluralista, tales tensiones pueden ser saludables para el sistema en general (Soros, 2006; Eaton, Kaiser y Smoke, 2011; Smoke, 2013).

Transferencias intergubernamentales

En la sección siguiente de este capítulo, se abordan algunos aspectos seleccionados del tema de las transferencias intergubernamentales, entre los que se incluyen los fundamentos de las transferencias, su clasificación entre los niveles de gobierno, los elementos de un diseño adecuado e inadecuado de las transferencias, el entorno institucional en dicho diseño, la igualación fiscal, y ejemplos prácticos de transferencias basadas en el desempeño y contratos municipales.

Tales transferencias son un elemento necesario de cualquier sistema bien descentralizado, ya que se producirán dos tipos de desequilibrios financieros, *vertical* y *horizontal*, que deberán resolverse. El "desequilibrio vertical" se refiere a las diferencias entre los gastos y los ingresos propios de diferentes tipos o niveles de gobierno. Entre gobiernos del mismo tipo o nivel, por ejemplo, municipios, esa diferencia se denomina "desequilibrio horizontal" (Bird, Ebel y Gianci, 2007; Boadway y Shah, 2009).

En esta sección, se abordan los aspectos financieros de las relaciones intergubernamentales que inciden considerablemente en la naturaleza, el alcance y la profundidad de la descentralización. Los aspectos financieros generalmente se miden a través de a) la distribución de ingresos y gastos entre los niveles de gobierno: el gobierno central; el nivel intermedio, es decir, el estado o la provincia, y los gobiernos locales (por ejemplo, municipios); b) la asignación de las funciones de prestación de servicios públicos entre los distintos niveles, y c) los ingresos "de fuentes propias" de los niveles de gobierno subnacional, es decir, los ingresos que pueden recaudar u obtener independientemente y utilizar según su criterio (Jensen, 2001; Blöchliger y Petzold, 2009; Blöchliger y Rabesona, 2009).

En los niveles más bajos de gobierno, a menudo surge una deficiencia de ingresos como resultado de la discordancia entre los medios para generar ingresos y las necesidades de gasto, lo que se denomina "déficit fiscal vertical". Un gobierno nacional puede tener más ingresos de los que justifican sus responsabilidades referentes al gasto directo e indirecto, mientras que los gobiernos regionales y locales pueden tener ingresos inferiores a sus responsabilidades de gasto. Un desequilibrio fiscal vertical se produce cuando este déficit fiscal vertical no se aborda adecuadamente mediante la reasignación de responsabilidades, a través de transferencias fiscales u otros medios. En general, a los gobiernos centrales de los países en desarrollo se les asigna la facultad de recaudar los flujos de ingresos más sólidos, como los derechos aduaneros, el IVA y el impuesto sobre la renta de las personas físicas y de las sociedades. En el cuadro 1.1, se muestra el desequilibrio vertical de Pakistán, donde el Estado federal recauda el 90 % de los ingresos públicos, pero gasta solo el 67 %. En cambio, los niveles subnacionales recaudan alrededor del 10 % de los ingresos, pero representan el 33 % del gasto público.

En muchos casos, las asignaciones de gastos e ingresos en una nación descentralizada desde el punto de vista fiscal producen desequilibrios horizontales debido a las diferentes capacidades fiscales y necesidades de gasto de los gobiernos subnacionales. En consecuencia, las transferencias intergubernamentales desempeñan una función crucial, tanto verticalmente (al permitir que los gobiernos locales cumplan con sus responsabilidades asignadas) como horizontalmente (al mantener las disparidades interregionales en niveles aceptables).

Las necesidades de gasto dependen de la asignación de funciones. Por ende, en los países donde los municipios tienen pocas responsabilidades, sus necesidades de gasto son relativamente bajas. Por ejemplo, los municipios de Jordania prestan principalmente servicios de manejo de residuos sólidos, servicios viales y algunos servicios administrativos; la proporción del gasto público del sector municipal, inferior al 5 %, es pequeña según los parámetros internacionales (Dillinger, 1994). En el otro extremo, cuando los gobiernos locales prestan la mayoría de los servicios locales, que incluyen la atención básica de salud, la educación primaria, la red de protección social, la infraestructura, el abastecimiento de agua y la eliminación de residuos sólidos, sus necesidades de gasto y su proporción en el gasto público son mucho más altas. En Hungría, la proporción local del gasto público era aproximadamente del 12 % en 2012.

Tipos de transferencias entre los niveles de gobierno

Las transferencias intergubernamentales se pueden clasificar, en líneas generales, en dos categorías principales: *transferencias para fines generales* (también denominadas "incondicionales") y *para fines específicos* (también denominadas "condicionales" o

"reservadas") (cuadro 1.2). La fuente de las transferencias, o el "fondo para las transferencias", puede ser el presupuesto general del gobierno central y puede incluir una proporción de impuestos específicos. Por ejemplo, en Turquía, el 11,5 % de los ingresos provenientes del IVA y del impuesto sobre la renta de las personas físicas y de las sociedades se destina al fondo para las transferencias que se asignan a los gobiernos locales (Peteri y Sevinc, 2011). En el recuadro 1.6, se muestra un ejemplo de las diversas transferencias que un gobierno local puede recibir y cómo se reportan en un estado financiero típico.

Transferencias para fines generales

Las transferencias para fines generales no tienen condiciones vinculadas con la naturaleza de los gastos del receptor. Por ende, los municipios tienen libertad para ejercer sus facultades normativas discrecionales en el uso de este tipo de transferencias (cuadro 1.2). Las *transferencias sectoriales incondicionales* son una forma de transferencia para fines generales. Proporcionan apoyo al presupuesto sin condiciones impuestas, en una esfera amplia, pero específica, del gasto subnacional. En muchos países, las transferencias para fines generales se basan en una fórmula, lo que significa que se asignan en función de factores específicos, por ejemplo, población y área de jurisdicción como medidas representativas de la cobertura de servicios. Algunos ejemplos de países con transferencias incondicionales son Alemania y Sudáfrica. Recientemente, organismos internacionales como el Banco Mundial han brindado apoyo para operaciones de gobiernos locales mediante transferencias incondicionales en Bangladesh, Ghana, India, Tanzanía, Uganda y otros países en desarrollo.

Transferencias para fines específicos

Las transferencias para fines específicos, también denominadas "condicionales" o "reservadas", financian

Cuadro 1.1 Desequilibrios verticales en Pakistán

	Ingresos (%)	Gastos (%)
Nacional	90,2	67,1
Provincial	4,9	28,8
Local	4,8	4,1
Todos los niveles	100	100

Fuente: Shah, 1998.

actividades o programas específicos u ofrecen incentivos para que los gobiernos las lleven a cabo. Pueden ser de índole regular u obligatoria, o bien pueden ser discrecionales o ad hoc. En las transferencias condicionales, generalmente se especifica el tipo de gastos que se pueden financiar con dichos fondos ("condicionalidad basada en los insumos"). Pueden ser gastos de capital, gastos de operación específicos, o ambos. En las transferencias condicionales, también se puede exigir el logro de ciertos resultados en la prestación de servicios ("condicionalidad basada en los resultados"). La condicionalidad basada en los insumos generalmente se considera invasiva e improductiva, mientras que la que se basa en los resultados puede promover los objetivos del otorgante y, a la vez, preservar la autonomía local.

En las transferencias condicionales, se pueden incorporar disposiciones de contrapartida; es decir, se puede exigir que los municipios financien un porcentaje específico del gasto con sus propios recursos (cuadro 1.2). Los requisitos de contrapartida pueden ser ilimitados, es decir que el gobierno central u otro gobierno de nivel más alto iguala cualquier nivel de recursos que el municipio proporcione, o bien, pueden ser limitados, es decir que el otorgante iguala los fondos municipales solo hasta un máximo previamente especificado. Los requisitos de contrapartida fomentan un mayor control y sentido de pertenencia respecto de los gastos financiados mediante transferencias. Los subsidios de contrapartida limitados garantizan que el otorgante tenga un cierto control sobre los costos del programa de transferencias.

El gobierno central exige los pagos de contrapartida como una señal del compromiso de los municipios de contribuir al mantenimiento de los activos establecidos. Es posible que se exija a los municipios que financien un gasto específico hasta un nivel determinado, por encima del cual el gobierno central o del estado proporciona los recursos adicionales necesarios. Este tipo de subsidios de contrapartida plantea un problema de equidad, ya que los municipios con abundantes recursos propios pueden cumplir con los requisitos de contrapartida y, por ende, obtienen importantes transferencias del gobierno central. En cambio, a los municipios más pobres puede resultarles difícil cumplir con los requisitos de contrapartida para financiar ciertos gastos, especialmente en los países en desarrollo.

Como se muestra en el cuadro 1.2, en algunas transferencias condicionales no se exigen fondos de contrapartida locales, solo se requiere que los fondos se utilicen con un fin determinado. Estas se denominan "transferencias condicionales sin fondos de contrapartida". Para un cierto nivel de asistencia, los municipios quizá prefieran las transferencias incondicionales sin fondos de contrapartida, que les brindan la máxima flexibilidad para lograr sus propios objetivos. Dado que tales subsidios aumentan los recursos sin influir en las modalidades del gasto, permiten que los municipios optimicen su propio bienestar (Shah, 2007).

Impuestos compartidos

Se plantean varios interrogantes en materia de políticas con respecto al tema de los impuestos compartidos entre los niveles más altos de gobierno y los municipios.

Un principio básico de las finanzas intergubernamentales establece que el financiamiento (asignación de ingresos y transferencias intergubernamentales) debe seguir a las funciones (responsabilidades en materia de gastos). Lo ideal, desde el punto de vista de la rendición de cuentas, sería que cada unidad de gobierno pudiera recaudar de sus propias fuentes los ingresos que necesita para financiar sus gastos. Sin embargo, como se señaló antes, a excepción de los gobiernos locales que tienen abundantes ingresos, es probable que se produzcan diferencias entre las asignaciones de gastos y de ingresos, por varios motivos. Esto da lugar a otra forma de transferencia del gobierno central al gobierno local, la *participación en los ingresos*.

Base tributaria compartida. Los acuerdos de participación en los ingresos pueden ser de dos tipos. En el primer tipo, el gobierno que genera ingresos (por ejemplo, la unidad de gobierno central o de nivel intermedio) determina la base tributaria, y el gobierno receptor (por ejemplo, el municipio) le agrega a eso su propio "impuesto adicional", un impuesto local extra que se aplica sobre la base de ingresos, mediante una tasa determinada por el municipio. En dicho acuerdo, el gobierno local o, generalmente, la autoridad central administra y recauda los ingresos para todos los gobiernos que tienen participación en la base tributaria. La participación en la base tributaria, en la cual el gobierno central "desocupa" una parte de la base tributaria total para brindar a un gobierno subnacional la

Cuadro 1.2   Clasificación de las formas de transferencias intergubernamentales

	Condicionales			Incondicionales
	Ilimitadas, con fondos de contrapartida	Limitadas, con fondos de contrapartida	Sin fondos de contrapartida	
Descripción	Con fondos de contrapartida: Por cada euro (u otra unidad monetaria) que el gobierno subnacional (GSN) recibe del gobierno otorgante (por ejemplo, el gobierno central), el receptor debe gastar una cierta cantidad de fondos propios en la actividad para recibir la transferencia. Esta "contrapartida" generalmente se expresa como un porcentaje del monto de la transferencia. Con una transferencia "ilimitada", no hay un "tope" para la cantidad de fondos de la transferencia. El costo de la transferencia depende de la cantidad de fondos de contrapartida que aporta el receptor.	Si la transferencia es "limitada", el gobierno otorgante establece un límite máximo para la cantidad de fondos que se transfieren.	El otorgante suministra una suma fija de dinero con la condición de que se la destine a un bien público. No se exige una parte porcentual ("contra-partida") del receptor.	Se otorgan a los efectos de la igualación o para áreas funcionales básicas. Los fondos se pueden utilizar a discreción del receptor.
Objetivo de la transferencia	Fomentar el gasto en la producción de bienes o servicios que tengan externalidades sociales o interjurisdiccionales positivas.		Fomentar el gasto en un sector prioritario para el país. Las restricciones sobre su uso las diferencian de las transferencias incondicionales.	Incrementar la capacidad general de gasto. Puede tener un objetivo específico de igualación (desequilibrio horizontal), o ser una forma de corregir el desequilibrio vertical.
Ejemplo	No hay un tope o monto máximo para la cantidad de fondos, siempre que el grupo receptor (que puede ser un GSN o un grupo definido de personas) reúna las condiciones (por ejemplo, la medida de las necesidades) para recibir la transferencia. Por ende, la transferencia se convierte en un "derecho". Las transferencias que tienen como fin brindar a las personas acceso a una red de protección, a la vivienda o a servicios de educación general-mente se estructuran de esta manera.	La mayoría de las transferencias categóricas (gestión ambiental, vivienda, tratamiento por abuso de sustancias) tienen un cierto límite sobre el costo que asume el otorgante (limitadas). Otro ejemplo son las transferencias basadas en el desempeño (estas pueden no tener fondos de contrapartida).	Desarrollo comunitario, capacitación laboral, transporte. Donaciones de capital.	Una transferencia de igualación tiene como fin abordar el desequilibrio horizontal de un receptor. Las transferencias sectoriales incondicionales tienen un propósito designado, que se define en términos generales. "Sectorial" se refiere a una categoría tal como salud, educación, transporte o abasteci-miento de agua.

(continúa en la página siguiente)

Cuadro 1.2 *(continuación)*

	Condicionales			Incondicionales
	Ilimitadas, con fondos de contrapartida	Limitadas, con fondos de contrapartida	Sin fondos de contrapartida	
Efecto en el gasto público	El gobierno otorgante (por ejemplo, el gobierno central) establece las condiciones de la contribución de contrapartida, pero el receptor puede aceptar o no dicha contribución. Por lo tanto, si bien el gobierno central influye marcadamente en el posible monto del gasto, la cantidad real se determina de forma conjunta.	El otorgante y el receptor determinan conjuntamente la cantidad total del gasto. Sin embargo, todo esto se termina cuando se alcanza el tope establecido por el otorgante. El tope es la forma en la que el gobierno central controla su propio presupuesto, es decir, en algún momento, el receptor ya no tiene derecho a la transferencia.	El otorgante entrega al receptor un monto fijo de transferencia con una condición sobre su uso. Si la comunidad desea consumir menos del bien público de lo que establece la condición de la transferencia, la transferencia afecta el comportamiento del GSN. De lo contrario, esto es similar a una transferencia incondicional.	El otorgante establecerá un límite máximo para el monto de la transferencia. Mientras la comunidad desee consumir, al menos, una cantidad del bien público equivalente al monto de la transferencia, el hecho de que la transferencia sea condicional o incondicional es irrelevante.
Fungibilidad	Fungibilidad significa que el dinero se puede utilizar para otros fines, además del propósito designado. Por ende, los nuevos fondos provenientes de transferencias del gobierno otorgante pueden reemplazar el gasto propio del receptor que se hubiera destinado a la actividad designada en ausencia de la transferencia. Es decir, la transferencia "libera" los otros fondos del GSN que se habrían utilizado para el propósito designado de la transferencia en ausencia de esta última. Una estrategia que los gobiernos otorgantes pueden utilizar para reducir el grado de fungibilidad es exigir un mantenimiento de esfuerzo previo a la transferencia. En reconocimiento de que todos los fondos de las transferencias tienen cierto grado de fungibilidad (esto se aplica especialmente a las transferencias incondicionales y de contrapartida), el otorgante establece que el GSN debe mantener el respaldo propio para un programa determinado, equivalente al respaldo brindado en algún año anterior. Este año previo puede expresarse como un monto de financiamiento absoluto o como un porcentaje de los ingresos totales disponibles para el GSN.			
Otros comentarios	El precio relativo de los bienes públicos disminuye.	El precio relativo de los bienes públicos disminuye.	No se producen cambios en los precios relativos de los bienes públicos que superen la transferencia.	No se producen cambios en los precios relativos de los bienes públicos en comparación con los bienes privados.

Fuente: Los autores, adaptado de Ebel y Peteri, 2007.

opción de determinar su propia tasa impositiva, lo que generalmente se denomina "superposición tributaria", es especialmente habitual en América del Norte. El mérito de la superposición es que preserva la autonomía fiscal local y, a la vez, minimiza el costo de la administración tributaria local.

Participación en la recaudación de ingresos. En el segundo tipo de acuerdo, se especifica que una proporción de los ingresos generados a nivel central debe compartirse entre el gobierno central y los gobiernos subnacionales. La división tributaria central subnacional puede ser determinada por una comisión constitucional, decidida mediante un acuerdo entre el gobierno central y los gobiernos subnacionales, o más comúnmente, establecida por una medida parlamentaria directa que permite al gobierno central ejercer el control del presupuesto central. La estructura de estos acuerdos de participación en los ingresos (o, como se mencionan en algunos informes estadísticos, acuerdos de participación en los "impuestos", en lugar de "ingresos") varía de un país a otro en el tipo de ingresos compartidos, los procedimientos para establecer la división entre el nivel central y el local, la frecuencia de los cambios de fórmulas, y en cuanto a si la participación se basa en el origen (derivación) o la ubicación geográfica, o incorpora algún grado de igualación horizontal (Blöchliger y Rabesona, 2009).

Independientemente de cuestiones tales como la estructura y el proceso de la participación en los ingresos recaudados a nivel central, en cuanto a la clasificación, los ingresos compartidos evidentemente no son ingresos "locales propios". Para que un ingreso se clasifique como "de fuentes propias" se requiere, como

mínimo, un cierto grado de autoridad para establecer la tasa impositiva o el nivel de un cargo o importe no tributario (Jensen, 2001). Incluso con este entendimiento, los lectores deben estar atentos a las complicaciones en la forma en que se mencionan las políticas de participación en los ingresos en los documentos financieros. A los efectos de la presentación de informes, "lo que se considera *coparticipación impositiva* en un país puede considerarse una *transferencia intergubernamental* en otro", lo cual hace que "los dos mecanismos financieros subcentrales de coparticipación impositiva y transferencias intergubernamentales sean difíciles de separar" (Blöchliger y Petzold, 2009).

Al igual que sucede con las transferencias, los ingresos compartidos implican un compromiso del gobierno central de abordar el desequilibrio vertical. Aun así, sin embargo, el compromiso puede cambiar con el tiempo. En Hungría, el impuesto sobre la renta de las personas físicas se recauda a nivel central y se redistribuye parcialmente al nivel local. En 1990, el 100 % del impuesto sobre la renta de las personas físicas se redistribuyó a su origen; en 2006, solo el 8 % se redistribuyó por origen, y entre el 20 % y el 25 % se distribuyó mediante una fórmula a otros municipios. Para 2011, esa proporción de derivación del 8 % se había eliminado (Barati-Stec, 2012). En algunas ocasiones, un gobierno central, provincial o, como en el caso de Lima (Perú), incluso un gobierno local bien establecido puede recaudar ciertos impuestos en nombre de otros gobiernos y devolver los fondos a ese gobierno luego de deducir una comisión por el costo de la recaudación (Mikesell, 2003).

La participación en los ingresos es una característica de varias federaciones, tanto de países desarrollados como en desarrollo (Rao, 2007). Entre los países de la Organización para la Cooperación y el Desarrollo Económicos (OCDE), algunos ejemplos son Austria (donde las participaciones en el impuesto sobre la renta de las personas físicas y de las sociedades, el impuesto sobre el patrimonio y el IVA son determinadas por el Parlamento nacional cada cuatro años) y Alemania, donde la división de ingresos del impuesto sobre la renta de las personas físicas y de las sociedades y del IVA del gobierno central es establecida por el Parlamento nacional (el Bundestag que representa al gobierno central) con el consentimiento de los gobiernos locales y de los estados (Blöchliger y Rabesona, 2009). En Australia se asignan a los estados todos los ingresos provenientes del impuesto sobre los bienes y servicios, según una fórmula de igualación o "relatividades". Los pagos de igualación a los estados se reducen en un monto proporcional a la participación en el impuesto sobre los bienes y servicios que reciben. En efecto, este mecanismo simplemente garantiza una fuente de pagos de igualación.

Las crecientes necesidades de ingresos de los gobiernos locales de economías "de transición" recientemente descentralizadas han dado lugar a la participación en los ingresos en varios países postsocialistas, además del caso ya mencionado de Hungría (cuadro 1.3). De este modo, en la Federación de Rusia, el gobierno central actualmente comparte con las oblasts (provincias) la totalidad del impuesto sobre la renta de las personas físicas, una parte del IVA y una parte del impuesto sobre la renta de las sociedades. Asimismo, en Rumania, los gobiernos locales tienen derecho a los impuestos sobre las empresas y los dividendos aplicados por el gobierno central a las empresas de propiedad local. En estas economías, el gobierno central puede reducir su déficit al reducir las participaciones de los gobiernos locales cuando se incrementan las presiones fiscales a nivel central, como ocurrió en Hungría.

Otra característica de las economías en transición es que los impuestos generalmente se comparten en función del lugar donde se obtienen, en parte debido a las fuertes nociones de los gobiernos subnacionales acerca del derecho sobre la fuente de los ingresos y del derecho principal sobre los fondos tributarios generados en sus jurisdicciones. Pueden surgir problemas cuando los gobiernos locales recaudan ingresos que deben enviar al gobierno central tras retener sus participaciones en virtud de coeficientes predeterminados o establecidos por contrato.

En Indonesia, aunque la mayor parte de los impuestos compartidos se basa principalmente en el principio de derivación, en el caso de los impuestos relacionados con la pesca y la propiedad, se utiliza el criterio adicional de "partes iguales". La participación nacional del 9 % en el impuesto sobre la propiedad es, en realidad, una comisión para compensar a la administración fiscal nacional por la recaudación y la administración del impuesto. Cabe destacar que para distribuir los fondos del impuesto sobre la renta de las personas físicas, la base es el lugar de trabajo, y no el lugar de residencia, criterio que se utiliza casi de forma universal. Además de los acuerdos de participación en los ingresos nacionales, los gobiernos locales tienen participación en los cuatro impuestos provinciales: el impuesto sobre los automóviles (30 %), el impuesto sobre la transferencia de vehículos (30 %), el impuesto al consumo de combustible (70 %), y el impuesto sobre la extracción y el uso de aguas subterráneas (70 %). Sin embargo, sus contribuciones a los ingresos locales totales son relativamente bajas. En 2009, el 84,5 % de los ingresos del petróleo es percibido por el gobierno central, y el 15,5 %, por los gobiernos subnacionales. En el caso de los ingresos provenientes del gas, el 69,5 % corresponde al gobierno central, y el 30,5 % a las regiones. Los gobiernos subnacionales reciben un 0,5 % adicional de los ingresos provenientes del petróleo y el gas, que se destina específicamente al aumento del gasto local en la educación primaria. La participación en los ingresos provenientes del petróleo y el gas se introdujo para resolver las reclamaciones de las provincias con abundantes recursos, que plantearon que, aunque ellas afrontaban los costos de desarrollo y las consecuencias ambientales de la explotación de recursos, solo el gobierno central obtenía los beneficios.

Transferencias basadas en los resultados

Las transferencias condicionales basadas en los resultados y sin contrapartida se pueden utilizar si el objetivo es permitir que el gobierno receptor aborde las prioridades del gasto central (por ejemplo, cuando el gobierno central determina que existen beneficios "externos" o "secundarios" netos para una región multijurisdiccional o para el país en su conjunto), o cuando el objetivo es la rendición de cuentas sobre los resultados. Las transferencias basadas en los resultados

Cuadro 1.3 Participación en los ingresos (impuestos) en países de Europa sudoriental

País	Impuesto	Porcentaje de participación local
Bulgaria	Impuesto sobre la renta de las personas físicas	50
Croacia	Impuesto sobre la renta de las personas físicas	52
	Impuesto sobre bienes inmuebles	60
Eslovenia	Impuesto sobre la renta de las personas físicas	50
Macedonia	Impuesto sobre la renta de las personas físicas	3
Montenegro	Impuesto sobre la renta de las personas físicas	10
	Impuesto sobre bienes inmuebles	50
	Recursos naturales	30
Rumania	Impuesto sobre la renta de las personas físicas	77
Serbia	Impuesto sobre la renta de las personas físicas	40
	Impuestos sucesorios	100
	Impuesto a la transferencia de inmuebles	100
Turquía	Todos los impuestos nacionales recaudados	5

Fuente: NALAS, 2008.

respetan la autonomía y la flexibilidad presupuestaria locales, a la vez que proporcionan incentivos y mecanismos de rendición de cuentas para mejorar la prestación de servicios. Las transferencias basadas en los resultados también pueden empoderar a los ciudadanos al aumentar sus conocimientos sobre el vínculo entre el financiamiento mediante subsidios y el desempeño en la prestación de servicios (como en los casos de Canadá y Chile, que se describen más adelante). Estas transferencias imponen condiciones basadas en los resultados que han de lograrse y, a la vez, permiten flexibilidad en el diseño de los programas y los niveles de gastos para cumplir con tales objetivos. Además, dichas transferencias ayudan a las ciudades a volver a centrar la atención en la cadena basada en los resultados y en el marco de prestación de servicios más eficaz.

A fin de cumplir con los objetivos de la transferencia, un funcionario municipal examina la cadena basada en los resultados para determinar si cabe esperar que las actividades del programa tengan los resultados deseados o no (véase el gráfico 1.1). Para ello, se debe realizar un seguimiento de las actividades y los insumos del programa, incluidos los insumos intermedios (recursos utilizados para producir los resultados), los resultados (cantidad y calidad de los bienes y servicios públicos producidos, y el acceso a ellos), los efectos directos (consecuencias a mediano y largo plazo de la prestación de servicios públicos para consumidores y contribuyentes o avances en el logro de los objetivos del programa), el impacto (objetivos del programa o consecuencias a largo plazo de la prestación de servicios públicos) y el alcance (el número de personas que se ven beneficiadas o perjudicadas por un programa). Este enfoque administrativo refuerza la identificación y la rendición de cuentas en forma conjunta del mandante y el mandatario para el logro de objetivos comunes al destacar términos de mutua confianza. De este modo, en la elaboración de informes internos y externos se abandona el énfasis tradicional en los insumos para adoptar un enfoque centrado en los productos y los efectos directos, especialmente aquellos productos que permiten obtener resultados.

Un ejemplo de un sistema de subsidios basados en los resultados es el programa de transferencias para la salud de Canadá (Shah, 2007). El programa ha permitido que las provincias de Canadá garanticen el acceso de todos sus habitantes a la atención médica de alta calidad, independientemente de sus ingresos o de su lugar de residencia. Otros ejemplos comprenden las transferencias por alumno para todas las escuelas de Chile, que incluyen un subsidio adicional del 25 %

Gráfico 1.1 Cadena de resultados en educación

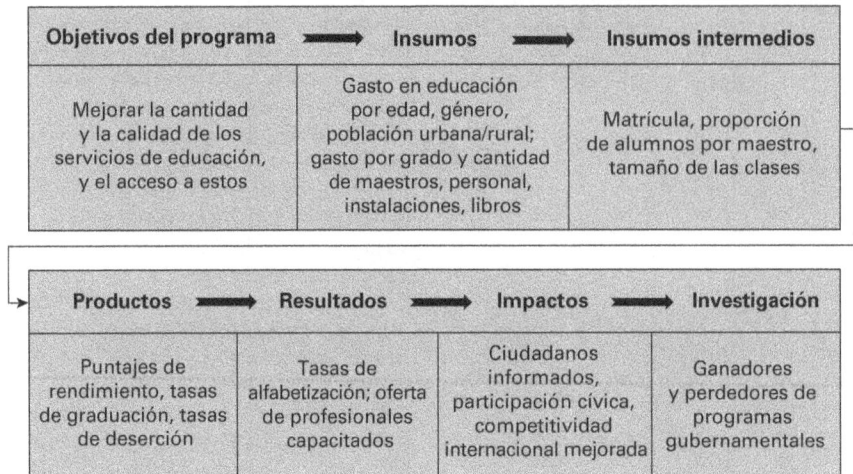

Objetivos del programa ➡	Insumos ➡	Insumos intermedios
Mejorar la cantidad y la calidad de los servicios de educación, y el acceso a estos	Gasto en educación por edad, género, población urbana/rural; gasto por grado y cantidad de maestros, personal, instalaciones, libros	Matrícula, proporción de alumnos por maestro, tamaño de las clases

Productos ➡	Resultados ➡	Impactos ➡	Investigación
Puntajes de rendimiento, tasas de graduación, tasas de deserción	Tasas de alfabetización; oferta de profesionales capacitados	Ciudadanos informados, participación cívica, competitividad internacional mejorada	Ganadores y perdedores de programas gubernamentales

Fuente: Shah, 2007.

como una bonificación salarial para los maestros de las escuelas con mejor desempeño (González, 2005); una transferencia del nivel central para que los gobiernos municipales subsidien el uso de servicios de abastecimiento de agua y alcantarillado entre los pobres de Chile (Gómez-Lobo, 2001); transferencias centrales per cápita para la educación en Colombia y Sudáfrica, y subsidios por alumno otorgados por el gobierno federal a los estados para la educación secundaria y a los municipios para la educación primaria en Brasil (Gordon y Vegas, 2004).

El entorno institucional en el diseño de las transferencias

El diseño de las transferencias intergubernamentales no es una tarea simple. El gobierno central puede optar por encargarse de esta tarea o bien puede delegarla a una entidad independiente. Un organismo independiente puede participar en el diseño y la aplicación de los mecanismos fiscales. Dicho organismo puede tener verdaderas facultades decisorias o simplemente brindar asesoramiento. Los recursos fiscales de un presupuesto central provienen de distintas fuentes: en parte, de los impuestos sobre los ingresos generados en los municipios. Una pregunta clave es cómo asignar la parte que les corresponde a los municipios. Es

recomendable transferir recursos a los municipios sobre la base de una fórmula clara, como en los ejemplos incluidos en el recuadro 1.7, que resumen las fórmulas de transferencias de Sudáfrica y Arabia Saudita. La fórmula de Sudáfrica es compleja e incluye transferencias de ingresos generales, transferencias para fines de desarrollo y un factor de igualación de las diferencias de capacidad fiscal. La fórmula de Arabia Saudita asigna solamente transferencias para fines de desarrollo, a la vez que tiene en cuenta las necesidades generales (medidas por población y superficie) y las necesidades de infraestructura (medidas por costo y deficiencia de infraestructura).

Las fórmulas de transferencias están sujetas tanto a la ciencia como a la política, ya que los resultados de los estudios analíticos a menudo se ven desestimados por consideraciones políticas. Por este motivo, algunas fórmulas cambian año a año y terminan incluyendo una docena de variables (como en Jordania) que suelen ser redundantes, incongruentes y contrapuestas, y menoscaban la eficacia del sistema de transferencias. En el diseño de las transferencias, es habitual la creación de una comisión de subsidios independiente, un foro intergubernamental o un foro intergubernamental con participación de la sociedad civil. La comisión de subsidios puede ser permanente, como en Australia o Sudáfrica, o puede reunirse periódicamente, como en India, donde proporcionan asesoramiento fiscal sobre las relaciones entre los gobiernos locales y de los estados. Debido a que las comisiones fiscales de la India solo brindan asesoramiento, es posible que sus recomendaciones no siempre se adopten. En un caso, en Kerala, casi todas las recomendaciones de la comisión fiscal han sido adoptadas por el gobierno del estado (véase Shah, 2007).

Recuadro 1.7 Fórmulas de las transferencias fiscales de Sudáfrica y Arabia Saudita

En Sudáfrica, se utiliza una fórmula de participación equitativa para proporcionar transferencias del gobierno central a los gobiernos locales. El monto de la transferencia se determina de la siguiente forma:

$$\text{transferencia} = (SB+D+I-R)\pm C,$$

donde SB es el componente de servicios básicos, D es el componente de desarrollo, I es el componente de apoyo institucional, R es la corrección de la capacidad de recaudación de ingresos, y C es un factor de corrección y estabilización.

El componente de servicios básicos tiene como fin permitir que los municipios brinden servicios esenciales (abastecimiento de agua, saneamiento, electricidad, recolección de residuos y otros), incluidos los servicios básicos gratuitos para las familias que ganan menos de R 800 (alrededor de US$111) por mes. (Desde el 1 de abril de 2006, se ha incluido como servicio básico el cuidado de la salud ambiental). Dado que, por su naturaleza, la salud ambiental es un servicio que se brinda a todos los habitantes de un municipio, este subcomponente se calcula sobre todos los hogares, no solo los pobres. Para cada servicio básico subsidiado, existen dos niveles de apoyo: un subsidio total para los hogares que reciben servicios del municipio, y un subsidio parcial para los hogares sin acceso a los servicios, que actualmente es de un tercio del costo del subsidio destinado a los hogares que reciben servicios.

El componente de desarrollo se estableció en cero cuando se introdujo la fórmula actual, el 1 de abril de 2005.

Fuentes: Shah, 2007, y los autores.

El componente de apoyo institucional complementa el financiamiento del municipio para los costos de administración y gobierno. Este componente es importante para los municipios pobres, que por lo general no pueden recaudar ingresos suficientes para financiar los costos básicos de administración y gobierno.

La corrección de la capacidad de recaudación de ingresos permite obtener recursos adicionales para financiar el costo de los servicios básicos y de la infraestructura administrativa. En este método, se utiliza la relación entre la capacidad de recaudación de ingresos demostrada por los municipios que presentan información y los datos municipales objetivos proporcionados por el organismo sudafricano de estadísticas para estimar la capacidad de recaudación de ingresos de todos los municipios.

En 2009, el Gobierno de Arabia Saudita introdujo una fórmula de transferencia a fin de distribuir los subsidios para fines de desarrollo, ya que los gobiernos locales deben cubrir sus gastos de operación con ingresos de fuentes propias. La fórmula adoptada asigna los fondos del conjunto de recursos para el desarrollo de forma tal que la transferencia se basa en un 35 % en la población, un 20 % en la superficie, un 10 % en el índice de costos de construcción y un 35 % en el déficit (brecha) de infraestructura. La fórmula se expresa con más exactitud de la siguiente forma:

$$0,35^*(Pob_i/\textstyle\sum Pob) + 0,20^*(Sup_i/\textstyle\sum Sup) + 0,10^* ICC_i + 0,35^* Def.\, inf_i$$

La fórmula es clara y simple, pero se necesitan datos detallados para estimar el índice de costos de construcción y de la brecha de infraestructura.

Otros países, como Canadá y Alemania, tienen foros intergubernamentales o comités federales-provinciales que negocian el diseño del sistema de transferencias fiscales. Otra opción es el uso de comités intergubernamentales y de la sociedad civil, con igual representación de todas las unidades integrantes, presidido por el gobierno federal, para negociar cambios en las relaciones fiscales entre el nivel federal-provincial y el local. En Pakistán, por ejemplo, las comisiones de finanzas de nivel provincial diseñan y asignan las transferencias fiscales provinciales-locales. Las adjudicaciones de dichas comisiones se basan en una regla de participación en los ingresos entre el gobierno federal y los gobiernos provinciales. Cada provincia tiene la facultad de crear una fórmula para distribuir su asignación entre los gobiernos locales.

En India, la función esencial de las comisiones de finanzas de los estados es determinar la transferencia fiscal del estado a los organismos locales en forma de participación en los ingresos y transferencias. Desde la octogésima enmienda a la constitución, introducida luego de una recomendación de la Décima Comisión de Finanzas (1995-2000), un porcentaje determinado de todos los impuestos de la Unión se ha distribuido a los estados. Muchas comisiones de finanzas estaduales también han adoptado este sistema porque permite que los gobiernos locales tengan, de forma automática, una participación en los sólidos impuestos y gravámenes estaduales. Este sistema también ofrece transparencia, objetividad y certeza intrínsecas. Los gobiernos locales pueden anticipar, al comienzo de cada ejercicio económico, su participación en el fondo divisible. El sistema permite que los gobiernos locales consideren la economía en su conjunto para crear sus propios presupuestos anuales, y les proporciona incentivos para que generen sus propios recursos y movilicen fondos adicionales.

Igualación fiscal

Como se señaló anteriormente, las asignaciones de gastos e ingresos en una nación descentralizada desde el punto de vista fiscal generalmente producen desequilibrios horizontales debido a las diferencias entre los gobiernos subnacionales en la capacidad de generar ingresos y las necesidades de gasto. El diseño de la descentralización a menudo también produce desequilibrios verticales a favor del gobierno central, debido a

que las fuentes de ingresos tributarios rara vez están tan descentralizadas como las responsabilidades referentes al gasto. Para superar estos desequilibrios y lograr otros objetivos de política, los subsidios de igualación y otras transferencias intergubernamentales se han convertido en elementos clave de la reforma de las finanzas intergubernamentales en todo el mundo (Martínez-Vásquez, 2007).

La igualación puede realizarse para garantizar un cierto nivel básico (mínimo) de prestación de servicios locales, junto con el objetivo más general de igualar la capacidad fiscal de los gobiernos subnacionales. Es esencial determinar si una transferencia realmente *iguala* todos los municipios con diferentes dotaciones económicas y financieras (disparidades fiscales). Es posible que el gobierno central no se comprometa con una igualación plena por varios motivos. En primer lugar, es posible que los recursos centrales sean insuficientes para hacerlo. En segundo lugar, la igualación plena podría castigar a los que han obtenido los mejores resultados y crear incentivos para que los gobiernos locales atrasados soliciten transferencias. En tercer lugar, podría resultar difícil elaborar una fórmula que iguale verdaderamente a todos los municipios.

Los funcionarios responsables de formular políticas en los países desarrollados y en desarrollo enfrentan obstáculos considerables con la introducción y la reforma de los subsidios de igualación y otras transferencias intergubernamentales. Uno de los obstáculos es la falta de un marco claro —tanto en las publicaciones sobre la descentralización como en los detalles registrados sobre las prácticas internacionales— para considerar numerosas cuestiones complejas. Por ejemplo, ¿se deben considerar las necesidades de gasto de capital de los gobiernos subnacionales como parte de los subsidios de igualación? ¿Las comisiones de subsidios independientes son la organización institucional preferida para implementar los subsidios de igualación? ¿Cuál es la relación adecuada entre los elementos de transferencias condicionales e incondicionales del sistema? ¿Se deben tomar medidas para igualar las diferencias en la capacidad fiscal, o en las necesidades de gasto, o en ambas? ¿Y cómo se pueden medir tales diferencias cuando los datos son limitados? (Vaillancourt, 2002; Box y Martínez-Vázquez, 2004; Hofman y Guerra, 2007). La igualación de la capacidad fiscal, cuando no se realiza correctamente, puede crear un incentivo para que las regiones actúen de forma estratégica a fin de influir en el tamaño de sus transferencias, lo que genera ineficiencias en la provisión de bienes públicos locales.

La mayoría de los gobiernos de Asia oriental desean brindar servicios equitativos a su población y, por lo tanto, se interesan en la distribución de los recursos fiscales entre los gobiernos subnacionales que prestan los servicios. Países como Indonesia han incluido la equidad fiscal subnacional como un objetivo específico en la constitución. Las constituciones de otros países, como Filipinas o China, incluyen firmes compromisos con la igualdad en el acceso a los servicios, y la prestación de muchos de los servicios se devuelve a los gobiernos subnacionales (Hofman y Guerra, 2007).

Muchos de los sistemas de subsidios de igualación de los países de Asia oriental tienen características ventajosas. En todos estos sistemas, la distribución de los recursos se basa en una fórmula, y en la mayoría, el conjunto de recursos que se han de distribuir también se determina en función de una fórmula. En algunos países, el sistema de igualación tiene en cuenta la capacidad de generar ingresos y las necesidades de gasto, mientras que en otros (Tailandia y Filipinas) solo se consideran las necesidades de gasto. El volumen de los fondos que se distribuyen difiere considerablemente de un país a otro. En Indonesia y Filipinas, los subsidios de igualación constituyen la mayor parte de las transferencias del nivel central al local, mientras que en Tailandia y China predominan las transferencias para fines específicos. Además de los subsidios de igualación, la distribución de transferencias para fines específicos a veces incluye elementos de igualación. Sin embargo, en otros casos, esas transferencias no se destinan a las regiones pobres e incluso pueden tener un efecto contrario a la igualación.

En Indonesia, el subsidio de igualación, denominado *Dana Alokasi Umum* (DAU), se ha convertido en una parte clave del sistema fiscal intergubernamental. El financiamiento para el DAU está integrado por el 25 % de los ingresos del gobierno central después de la coparticipación impositiva con las regiones. El 10 % del DAU se destina al nivel provincial, que desempeña un papel relativamente menor en los servicios públicos, y el 90 % se envía a los gobiernos locales. En conjunto, este subsidio financia alrededor del 70 % del gasto de los gobiernos locales y el 50 % del gasto de los gobiernos provinciales. El DAU se distribuye según una fórmula que tiene en cuenta la capacidad de generar ingresos y las necesidades de gasto. La capacidad de generar ingresos se define

como los ingresos potenciales de fuentes propias, más la participación en los ingresos tributarios, más el 75 % de la participación en los ingresos procedentes de los recursos naturales. Las necesidades de gasto se definen en función de la población, la tasa de pobreza, la superficie y el índice de costo de construcción como indicador de las circunstancias geográficas. Además de la asignación basada en la fórmula, una parte del DAU se distribuye según los patrones de gasto anteriores, en general, para abordar los efectos transitorios que se produjeron en la descentralización de 2001. Por último, se incluye un monto global por región. El nuevo sistema de subsidios para fines específicos, el *Dana Alokasi Khusus* (DAK), aún es pequeño en comparación con el sistema de subsidios generales (alrededor del 3 % de los subsidios totales), pero también incluye un elemento de igualación a través del financiamiento de contrapartida obligatorio: las regiones con escasa capacidad fiscal pagan el mínimo del 10 % de fondos de contrapartida, mientras que aquellos con capacidad fiscal alta aportan hasta el 50 % en fondos de contrapartida.

En China, se destina un monto ad hoc a las transferencias para las 16 provincias más pobres, que se distribuye de modo tal de lograr la igualación. Si bien en la reforma de los impuestos compartidos de 1994 se introdujo un esquema de igualación basado en una fórmula, este aún se encuentra en un estado "de transición", con fondos limitados. Dicho esquema utiliza variables tales como el PIB provincial, el número de alumnos por maestro, la cantidad de funcionarios públicos y la densidad poblacional. El esquema sigue siendo pequeño, y cada provincia beneficiaria recibe de él solo una fracción de sus necesidades fiscales determinadas por la fórmula de asignación de transferencias. En 2001, el esquema de igualación representaba solo el 3 % del total de transferencias del gobierno central.

Los mecanismos de igualación reducen las disparidades fiscales subnacionales, pero incluso con tales mecanismos, persisten las diferencias. Esto puede deberse a numerosos motivos:

- Las necesidades de gasto pueden variar considerablemente, por ejemplo, debido a las grandes diferencias en los costos entre los gobiernos subnacionales o a la asimetría en la descentralización; en otras palabras, algunas regiones logran mejores resultados que otras.

- El énfasis del gobierno central en la movilización de ingresos. La igualación excesiva o mal diseñada puede reducir los incentivos para movilizar ingresos propios, en detrimento de los ingresos tributarios generales del gobierno en la economía.

- Las desigualdades entre las regiones pueden provocar la migración hacia zonas con mejores perspectivas económicas.

- Es posible que las regiones pobres tengan menos capacidad para administrar el dinero que las ricas, o que estén menos preocupadas por la reducción de la pobreza que el gobierno central.

- Las regiones ricas también son poderosas, y no les agrada perder frente a las más pobres. Es difícil para el gobierno central fijar impuestos y redistribuir recursos de las regiones ricas (Hofman y Guerra, 2007).

Diseño de las transferencias

La gestión financiera de los gobiernos locales se facilita si las transferencias se diseñan y se implementan de forma eficaz y simple, mediante el uso de una fórmula básica que incluya datos de fácil acceso. Las siguientes directrices serán de utilidad para el diseño de las transferencias:

- *Claridad en los objetivos de las transferencias.* Los objetivos de las transferencias deben ser claros y precisos.

- *Autonomía.* Los gobiernos subnacionales deben tener total independencia y flexibilidad para establecer las prioridades.

- *Ingresos suficientes.* Los gobiernos subnacionales deben tener ingresos suficientes para cumplir con las responsabilidades asignadas.

- *Capacidad de respuesta.* El programa de transferencias debe ser lo suficientemente flexible como para adaptarse a los cambios imprevistos en las situaciones fiscales de las ciudades.

- *Equidad (justicia).* Los fondos asignados deben ser directamente proporcionales a los factores de necesidad fiscal e inversamente proporcionales a la capacidad fiscal de cada jurisdicción.

- *Previsibilidad.* El mecanismo de las transferencias debe garantizar la previsibilidad del volumen total del conjunto de fondos y de las asignaciones de los gobiernos subnacionales mediante la publicación de proyecciones a cinco años de la disponibilidad de fondos.

- *Transparencia.* La fórmula y las asignaciones deben difundirse ampliamente, a fin de lograr un consenso lo más amplio posible acerca de los objetivos y la operación del programa.

- *Eficiencia.* El diseño de las transferencias debe ser neutral con respecto a las decisiones de los gobiernos subnacionales relativas a la asignación de recursos a diferentes sectores o tipos de actividad.

- *Simplicidad.* La asignación de transferencias debe basarse en factores objetivos sobre los cuales las unidades individuales tengan poco control. La fórmula debe ser fácil de comprender, para no recompensar la gestión de transferencias.

- *Incentivos.* El diseño debe proporcionar incentivos para una gestión fiscal sólida y desalentar las prácticas ineficientes.

- *Alcance.* Todos los programas financiados con transferencias crean ganadores y perdedores. Debe tenerse en cuenta la identificación de los beneficiarios y de aquellos que se verán perjudicados para determinar la utilidad y la sostenibilidad generales del programa.

- *Salvaguarda de los objetivos del otorgante.* La mejor forma de salvaguardar los objetivos del otorgante es incluir condiciones de la transferencia que especifiquen los resultados que han de lograrse (transferencias basadas en resultados) y brindar flexibilidad a las ciudades para el uso de los fondos.

- *Asequibilidad.* El programa de transferencias debe reconocer las limitaciones presupuestarias de los otorgantes.

- *Un solo foco de atención.* El programa de transferencias debe centrar la atención en un solo objetivo.

- *Rendición de cuentas sobre los resultados.* El otorgante o el gobierno de nivel más alto debe rendir cuentas por el diseño y la operación del programa. El municipio también debe rendir cuentas al otorgante y a sus ciudadanos por la integridad financiera y los resultados, es decir, las mejoras en la prestación de servicios.

Diseño inadecuado o perjudicial de las transferencias

Las transferencias pueden percibirse como mal diseñadas o perjudiciales en función de lo siguiente:

- Se puede generar un *síndrome de dependencia* cuando los gobiernos locales siempre saben que alguien pagará sus cuentas.

- Se puede perder la *autonomía* en la toma de decisiones sobre ingresos y gastos, especialmente cuando las transferencias son condicionales o están impulsadas por un patrocinio político.

- La *sostenibilidad* puede ser escasa cuando no se han incorporado mecanismos de sostenibilidad, de modo que las transferencias cumplen objetivos a corto plazo y no contribuyen al fortalecimiento de un sistema de transferencias fiscales intergubernamentales. Esto suele ocurrir con las transferencias ad hoc que se basan en el patrocinio político (por ejemplo, asignaciones especiales para cada miembro de la Asamblea provincial de Pakistán). Un problema conexo surge cuando no se ha instaurado un mecanismo para sostener la operación y realizar el mantenimiento de las inversiones establecidas mediante las transferencias ad hoc.

- El *fortalecimiento de la capacidad* se ve menoscabado cuando las transferencias se basan en sistemas verticales que no estimulan a los gobiernos locales a desarrollar sus sistemas de cumplimiento. En algunas ocasiones, los requisitos administrativos y de cumplimiento son muy laboriosos, y es posible que los datos necesarios no estén disponibles, lo que contribuye a los elevados costos de transacción en el uso de las transferencias. El problema se agrava cuando se cuenta con escasos recursos humanos para manejar las enormes demandas de los niveles más altos en materia de presentación de informes.

- Los *"subsidios para déficits"*, transferencias específicas para financiar déficits de los gobiernos municipales, son muy negativos y crean incentivos nocivos, salvo que se establezcan condiciones muy estrictas.

- La *rendición de cuentas* se ve frustrada cuando las transferencias no están acompañadas por mecanismos de seguimiento que garanticen que los funcionarios locales sean capaces de rendir cuentas con integridad sobre el uso de los fondos.

Inquietudes sobre los datos con relación a los subsidios de igualación fiscal

Se necesitan más datos para el debate sobre desigualdades fiscales y relaciones fiscales intergubernamentales en general. Si no se cuenta con más información exhaustiva sobre la magnitud actual de las desigualdades y su evolución a lo largo del tiempo, el debate sobre qué nivel de desigualdad es aceptable o deseable puede basarse en fundamentos débiles y en la voluntad política. La mayoría de los países en desarrollo carecen de muchos datos fiscales subnacionales. En los niveles de gobierno inferiores al primer nivel subnacional, la información es incluso más escasa. Los datos sobre los diferenciales de la prestación de servicios también son esenciales para evaluar las disparidades interregionales en el acceso a los servicios. Para obtener datos de mejor calidad se deben establecer sistemas de seguimiento en el gobierno, labor que demanda cuantiosos recursos. Indonesia, por ejemplo, ha logrado mantener una base de datos de información fiscal subnacional en el gobierno central que, respaldada por leyes que exigen a las regiones presentar informes, contiene datos sobre la mayoría de sus 410 gobiernos locales. En China, en el nivel de origen se dispone de los datos necesarios, pero la agregación de información en cada nivel de gobierno implica que el gobierno central cuenta con pocos datos relevantes sobre la situación fiscal en los niveles subnacionales. En algunos países, para obtener datos de mejor calidad, se requieren ajustes en los sistemas contables y las clasificaciones presupuestarias. Asimismo, se necesita un análisis más profundo de los datos, a fin de sentar las bases para el debate sobre políticas. En definitiva, los países deberían procurar examinar periódicamente los resultados y los avances de sus sistemas fiscales intergubernamentales, incluidas las disparidades fiscales y las disparidades en la prestación de servicios. Por ejemplo, siguiendo el ejemplo sumamente exitoso de Sudáfrica, Indonesia ha comenzado a preparar estudios fiscales intergubernamentales; tales informes permitirán que los responsables de las políticas evalúen su sistema fiscal intergubernamental de forma periódica.

En resumen, independientemente de que se desee una mayor o menor igualación fiscal, hay un amplio margen para mejorar el diseño de los sistemas intergubernamentales. La mayoría de los países debe identificar un objetivo más general para el sistema de igualación en su conjunto. El gobierno central debe determinar sus objetivos y prioridades en materia de igualación (es decir, niveles de ingresos, capacidad fiscal, necesidades de gasto, ingresos por persona disponibles) dentro de una evaluación factible del entorno político. Los objetivos de los subsidios de igualación a menudo son poco claros, por lo que algunos de ellos presentan características de las transferencias para fines específicos. Un objetivo más general sería procurar que cada gobierno local pudiera brindar, al menos, un nivel mínimo de bienes y servicios públicos.

Sistemas de transferencias basadas en el desempeño en el mundo en desarrollo

Los gobiernos locales reciben transferencias en forma de subsidios para fines generales basados en una fórmula, o bien, basados en criterios tales como la población, la pobreza o la lejanía, o algún tipo de condiciones de desempeño. Como se mencionó anteriormente en la sección sobre tipos de transferencias, los sistemas de transferencias basadas en el desempeño se utilizan para promover reformas en materia de gobierno y desarrollo institucional, como la gestión financiera, la transparencia y el compromiso y la participación de los ciudadanos. En esta sección, se resumen las condiciones para obtener transferencias intergubernamentales basadas en diversos criterios de desempeño.

Acceso a transferencias basadas en el desempeño

El acceso a algunas transferencias de un nivel más alto de gobierno (gobierno central, del estado o de la provincia) depende del desempeño general en esferas tales como ejecución del presupuesto, movilización de ingresos y prestación de servicios. Estas transferencias basadas en el desempeño a menudo complementan las

transferencias básicas que se asignan a los gobiernos locales independientemente de sus iniciativas o mejoras. En el recuadro 1.8, se presenta el ejemplo del sistema de medición de condiciones mínimas y del desempeño (MCMD) de Nepal, que proporciona incentivos para mejorar los servicios locales básicos. Entre otros programas similares con medidas de desempeño financiados por el Banco Mundial, se incluyen el Programa de Desarrollo de los Gobiernos Locales de Uganda, el Proyecto de Gobiernos Locales y Prestación de Servicios de Kerala, el Proyecto de Fortalecimiento Institucional de Bengala Occidental y el Proyecto de Apoyo al Gobierno Local de Bangladesh.

Las transferencias que se asignan condicionadas al desempeño de un municipio se sustentan en una fórmula lógica que tiene en cuenta factores tales como la población y la superficie. En general, las transferencias se asignan en función de las cifras históricas o de alguna fórmula simple. Por ejemplo, la fórmula de Nepal se basa en la población (50 %), la superficie (10 %), la pobreza (25 %) y el esfuerzo tributario (15 %). Los municipios deben seguir cumpliendo con las condiciones básicas o mínimas para acceder a las transferencias. El cumplimiento se traduce en el acceso a las transferencias, y el incumplimiento, en la falta de acceso. Las condiciones mínimas incluyen las salvaguardas para reducir los riesgos fiduciarios a niveles aceptables. Por ejemplo, un gobierno local puede ser considerado en condiciones de obtener transferencias en función de las auditorías sin objeciones, la preparación de informes financieros trimestrales regulares y las pruebas de procesos de planificación participativa.

Una premisa fundamental de las transferencias basadas en el desempeño es que generarán un comportamiento deseado en las autoridades municipales, quienes se preocuparán por los resultados. Es importante destacar que el debate en el ámbito académico acerca de si las transferencias inducen un aumento de la movilización de ingresos sigue sin resolverse. Sin embargo, desde una perspectiva operacional, el proceso tiene el objetivo de dejarles en claro a las autoridades municipales que "nada es gratis". Como se señaló anteriormente, en las transferencias basadas en el desempeño se dejan de contemplar solo los insumos y se adopta la noción de que las autoridades municipales son responsables por las mejoras de los resultados, procesos y efectos directos. Es probable que los municipios respondan a los objetivos del gobierno

Recuadro 1.8 Medición de condiciones mínimas y del desempeño

Los objetivos del sistema de MCMD son incrementar las transferencias a los gobiernos locales de todo el país e introducir incentivos para mejorar el desempeño local y el cumplimiento de las normas de gestión, sobre la base de 35 parámetros medidos.

Los fondos de estas transferencias generales e incondicionales tienen el fin de ayudar a los autogobiernos locales a brindar más bienes y servicios públicos, y atender más eficazmente las necesidades y prioridades de los ciudadanos. También se prevé que el aumento de las transferencias sectoriales incondicionales sea un incentivo para el empoderamiento y que incremente la participación de los ciudadanos en el gobierno local. Las condiciones mínimas y las mediciones del desempeño se vinculan con las transferencias para el desarrollo para mejorar el

desempeño en las esferas esenciales, como la planificación, la gestión financiera, el buen gobierno y la transparencia.

Las condiciones mínimas actúan como salvaguardias para garantizar que se cumplan las funciones críticas de los órganos locales (por ejemplo, la aprobación oportuna del presupuesto y el programa anual). El Ministerio de Desarrollo Local ajusta anualmente las transferencias para los órganos locales en función de la puntuación que obtienen en la evaluación de la MCMD. Los órganos que cumplen con las condiciones mínimas y obtienen una puntuación alta en las medidas de desempeño reciben donaciones de capital adicionales, y aquellos que no cumplen con las condiciones mínimas no las reciben.

Fuente: Gobierno de Nepal.

---

central verificando que pueden demostrar los resultados de los programas, de modo de ser recompensados con transferencias ulteriores más altas. Por ende, las transferencias basadas en el desempeño bien diseñadas pueden generar beneficios tanto para el gobierno central como para los municipios. No obstante, varias dificultades, entre las que se incluyen los problemas en la disponibilidad de datos, la capacidad insuficiente a nivel municipal, el acaparamiento por parte de las élites, la corrupción y la falta de compromiso, pueden impedir la concreción de transferencias basadas en el desempeño bien intencionadas.

Objetivos e indicadores de mejora del desempeño

Los gobiernos locales generalmente deben demostrar mejoras en la gestión de las finanzas públicas para acceder a las transferencias basadas en el desempeño. En algunos casos, también se tienen en cuenta otros indicadores, como género, pobreza y cuestiones ambientales. El proceso implica asignar

ponderaciones y calificaciones a un conjunto de indicadores que se consideran en un entorno determinado. Por ejemplo, en algunos casos, se puede atribuir mayor peso a la planificación y la presupuestación, y en otros, se puede hacer hincapié en la movilización de ingresos. Se trata de una decisión consciente basada en el deseo de proporcionar incentivos a los gobiernos locales para lograr un cambio de comportamiento en un indicador determinado. La calificación está a cargo de un equipo de profesionales (idealmente, con una opinión independiente), y los puntajes se comunican al gobierno central y a los gobiernos locales con la antelación necesaria para que se puedan tomar decisiones acerca del siguiente ciclo de asignación de transferencias. En el cuadro 1.4, se incluyen ejemplos de indicadores y los objetivos correspondientes.

Consideraciones sobre los datos

Para concebir y establecer un sistema de transferencias adecuado, es fundamental contar con los datos fiscales necesarios. En general, una fuente importante de datos es el presupuesto municipal, que proporciona un resumen de los patrones de ingresos y gastos anuales. Es posible que haga falta aportar otros datos (cuantitativos o cualitativos), de modo tal que los municipios deberán demostrar al gobierno central el logro de un puntaje determinado para obtener la transferencia. Un ejemplo es el requisito de condición mínima de que los municipios lleven a cabo un proceso de planificación participativa, con actas bien documentadas, y tengan un plan anual de buena calidad vinculado con el plan de desarrollo quinquenal. Los municipios son calificados según este criterio —por ejemplo, de una calificación baja de 1 a un máximo de 10— como parte de la evaluación en la que se busca determinar si cumplen los requisitos para obtener la transferencia.

Esta combinación de datos cualitativos y cuantitativos puede utilizarse para analizar diversas cuestiones de políticas públicas en el municipio y tomar decisiones fundamentadas sobre la gestión de ingresos y gastos, y orientar a los gobiernos locales en la planificación de inversiones. En el análisis de Farvacque-Vitkovic y Sinet incluido en el capítulo 8, se ofrecen consejos a los profesionales locales sobre la recopilación y la estructuración de datos municipales, informes financieros y coeficientes de desempeño para cumplir con los criterios de desempeño (autoevaluación de las finanzas municipales) y orientar a los gobiernos locales en sus actividades cotidianas y su programa de reformas a mediano plazo.

Por lo tanto, un efecto directo de las transferencias basadas en el desempeño, directas o indirectas, puede ser el surgimiento de un nuevo conjunto de datos fiscales en el nivel de los gobiernos locales. Durante el

Cuadro 1.4   Indicadores de resultados seleccionados aplicados a las transferencias basadas en el desempeño

Esfera de finanzas municipales	Objetivos	Ejemplo de indicadores
Planificación	• Extensión del horizonte cronológico • Selección del proyecto	• Plan de desarrollo a 5 años • Plan de inversión de capital renovable a 3 años
Presupuestación	• Puntualidad • Credibilidad	• Entrega en la fecha convenida • Diferencia entre el presupuesto de mitad del período y el real
Gestión de gastos	• Eficiencia • Puntualidad de la gestión de los contratos • Sostenibilidad de las operaciones y el mantenimiento • Control (autoridades que regulan activos, gastos)	• Porcentaje de gastos efectuados puntualmente • Planes de adquisiciones implementados en la fecha especificada • Registro de activos creado o actualizado • Cumplimiento de los procedimientos de adquisiciones
Gestión de ingresos	• Esfuerzo fiscal	• Mejora porcentual en la recaudación de ingresos interanual
Presentación de informes Supervisión y seguimiento	• Puntualidad y precisión • Auditoría • Revelación de información • Satisfacción de los ciudadanos	• Estado financiero anual • Divulgación del informe de auditoría • Resolución de las preguntas de la auditoría • Divulgación de los estados financieros anuales • Pruebas de que se han efectuado las reuniones consultivas

proceso, se mejoran las capacidades de organización, a medida que los funcionarios municipales se preparan para acceder a las transferencias disponibles y crean formatos simples de datos fiscales. En algunas ocasiones, los gobiernos locales ni siquiera se dan cuenta de que están creando una base de datos fiscales simple y adecuada. En otros casos, quizá se necesite apoyo para diseñar estados financieros simples y fáciles de usar, listas de verificación de registros de activos e informes actualizados sobre la prestación de servicios. Si estos se realizan correctamente y se guardan en formatos electrónicos, los gobiernos locales podrán crear un historial de registros sobre la gestión de las oficinas y de la información (véanse también los capítulos 3 y 8). En India (por ejemplo, en Kerala, Bengala Occidental, Tamil Nadu y Karnataka), una serie de iniciativas de gobierno electrónico ha transformado la manera en que los municipios recaban los principales datos fiscales y de prestación de servicios, gracias, en parte, a la revolución de las tecnologías de la información y las comunicaciones que experimentó el país.

Distorsiones en la medición del desempeño

Diversos acontecimientos y prácticas pueden distorsionar las iniciativas tendientes a mejorar el desempeño de los gobiernos locales.

Los *mecanismos de transferencias* ad hoc, que los autores clasifican como mecanismos y prácticas de transferencias que deben evitarse, son transferencias a los municipios que se asignan sin un objetivo claro del gobierno central y no se basan en una fórmula o un proceso decisorio preciso. A menudo, están impulsadas por un patrocinio político y, si coexisten con un sistema de transferencias razonablemente adecuado, todo el esquema puede verse sometido a distorsiones y a juegos sucios entre los municipios. Un ejemplo de ello son las asignaciones especiales que los miembros de la asamblea provincial tienen en Pakistán, el "paquete de subsidio personal". Estos fondos se otorgan a los miembros elegidos de las asambleas provinciales y nacionales para distribuir, en gran parte, a su propia discreción, entre los proyectos de su circunscripción política. Otro problema que plantea este tipo de financiamiento es que suele menoscabar la autonomía de los gobiernos locales.

Los *acontecimientos imprevistos* también pueden hacer que el gobierno central otorgue transferencias (generalmente, condicionales) para fines específicos.

Por ejemplo, los terremotos, los huracanes y las inundaciones graves pueden destruir infraestructura y bienes, así como también provocar muertes en muchas localidades. Actualmente, se espera que muchos gobiernos locales formulen e implementen estrategias de reducción del riesgo de desastres. Tales gobiernos cumplen una función esencial en la provisión de socorro de emergencia y la evaluación de los daños. Cuando se produce un desastre natural, es posible que el gobierno central realice transferencias en respuesta a dicho acontecimiento.

En lo que respecta a la *participación en los recursos naturales*, se puede crear un programa de transferencias para compensar a algunos gobiernos locales y regiones en función de la abundancia de recursos (o de su ausencia). Esta clase de sistema de transferencias puede recomendarse para promover la equidad entre las autoridades locales de un país. En Pakistán actualmente se observa un intenso debate político al respecto debido a que las provincias menos urbanizadas, como Baluchistán, que están dotadas de abundantes recursos naturales, reciben porcentajes injustamente bajos de las transferencias que se asignan conforme a la cantidad de población o la zona urbanizada. Estas provincias demandan una participación más equitativa en función de los ingresos que se originan en sus recursos naturales, pero que generalmente perciben las provincias industrializadas que venden los productos procesados. En Sudáfrica se desarrolla un debate similar con los inversionistas multinacionales (Haysom y Kane, 2009).

Contratos municipales

Los contratos municipales son otro instrumento clave basado en el desempeño. En un contexto de aumento de la descentralización y mayor participación de los gobiernos locales y las comunidades, el contrato municipal ha surgido como un instrumento útil para facilitar la selección, la implementación y el financiamiento de la infraestructura y los servicios urbanos, y para dar impulso a la reforma de la gestión municipal. Muchos países de Europa han adoptado el sistema de contratos municipales. En Francia, los contratos municipales se introdujeron inicialmente a título experimental en la década de 1980. Durante la década de 2000, se firmaron 247 contratos municipales, con la participación de 2000 municipios, para beneficio de proyectos intermunicipales (2000 millones de euros en inversiones). En los Países Bajos, se adoptó la fórmula de contratos en su política de "ciudades grandes". En el Reino Unido, se adoptó una forma original de política de alianzas basada en una "alianza local estratégica" que reunió a las partes interesadas locales (la sociedad civil, el sector privado y los gobiernos locales) a los efectos de identificar y financiar proyectos vecinales. Actualmente, en el Reino Unido, se está ampliando la utilización de contratos municipales más allá del objetivo inicial de renovación urbana. En Suecia, Bélgica, Alemania y Canadá, también se ha experimentado con diversas formas de contratos municipales. Un contrato municipal generalmente es un acuerdo consensual y vinculante, basado en el desempeño, entre un municipio y el gobierno central por un período de cuatro o cinco años. Suele incluir un plan de inversiones prioritarias, un plan de mantenimiento municipal y un programa de ajustes o reformas municipales. En el Norte de África, se han utilizado contratos municipales en Túnez y Marruecos. En África al sur del Sahara, se han implementado numerosos contratos municipales con el apoyo del

Banco Mundial y la Agencia Francesa de Desarrollo en países como Senegal, Guinea, Malí, Burkina Faso, Mauritania, Côte d'Ivoire, Níger, Camerún, Madagascar, Benin, Rwanda y Chad (Farvacque Vitkovic y Godin). En el recuadro 1.9 se resumen los principales objetivos y atributos de los contratos municipales.

El Grupo de Evaluación Independiente (IEG) del Banco Mundial determinó que, entre los más fructíferos, se encuentran el Primer Proyecto de Rehabilitación y Administración Urbana, el Segundo Proyecto de Administración Municipal Descentralizada, y el Tercer Proyecto de Administración Municipal Descentralizada de Benin, y el Primer Proyecto de Desarrollo Urbano y Descentralización y el Segundo Programa de Desarrollo de Autoridades Locales de Senegal, entre diversos proyectos del Banco Mundial (Banco Mundial, 2009).

Conclusiones

En cualquier lugar del mundo que se observe, una nueva generación de responsables de políticas

---

Recuadro 1.9 Objetivos de los contratos municipales

A continuación, se incluyen algunos de los objetivos principales de los contratos municipales:

- Respaldar el desarrollo local y urbano integrado mediante el aumento de las inversiones urbanas en infraestructura y prestación de servicios, y el énfasis en la mejora del gobierno y la administración municipal.
- Asignar una mayor responsabilidad al municipio en la selección y el financiamiento de las inversiones municipales al establecer su función sobre una base contractual.
- Garantizar el establecimiento de prioridades de inversión y un mayor nivel de visibilidad y transparencia en el uso de los fondos públicos.

- Asegurar un firme compromiso, mediante la firma de un contrato entre el gobierno central y el gobierno municipal, sobre la base de las disposiciones del contrato y las obligaciones reconocidas públicamente.
- Mejorar la participación de los ciudadanos en la creación de la visión estratégica del municipio acerca de su crecimiento y su desarrollo futuros, y lograr una mayor rendición de cuentas entre el municipio y sus ciudadanos.
- Definir y monitorear la implementación de los componentes principales del contrato municipal (programa de inversiones municipales y programa de ajuste municipal, incluido el plan de mejora de las finanzas municipales).

Fuentes: Farvacque-Vitkovic y Godin, 1998; Farvacque-Vitkovic, Godin y Sinet, 2013; Goudrian, 2010.

Recuadro 1.10 El proceso de los contratos municipales

Un contrato municipal se elabora a partir de una evaluación de las características del municipio, especialmente, las características urbanas y las capacidades y deficiencias organizacionales y financieras. La evaluación da lugar a un programa municipal que incluye prioridades claras de inversión (programa de inversiones prioritarias) y medidas claras de fortalecimiento de la capacidad (programa de ajuste municipal).

La elaboración de los contratos municipales se puede dividir en cuatro etapas:

1. La *etapa de diagnóstico/auditoría/autoevaluación*, que incluye: a) una auditoría/autoevaluación financiera y organizacional, que tiene como fin analizar la situación financiera de la ciudad e identificar medidas específicas para mejorar la movilización de recursos locales, el gasto público, la gestión y el mantenimiento de los activos públicos, la planificación de inversiones y el acceso al financiamiento externo; la autoevaluación da lugar a un plan de mejora de las finanzas municipales concreto, y b) una auditoría urbana que tiene el fin de ubicar, identificar y cuantificar las deficiencias existentes en la prestación de servicios y la infraestructura, y que se traduce en i) un programa de inversiones prioritarias y ii) un programa de mantenimiento municipal.

2. La *etapa de validación/consulta*, en la que se examinan las conclusiones principales de estas evaluaciones/auditorías. Esta es una etapa muy importante porque incluye una serie de consultas con las partes interesadas clave para lograr consenso sobre un "programa municipal", que constará de a) un conjunto de medidas concretas y susceptibles de seguimiento tendientes a fortalecer la capacidad y aumentar los ingresos, y b) un programa de inversiones basado en la capacidad financiera y las prioridades de los ciudadanos.

3. La tercera etapa consiste en la elaboración del contrato municipal propiamente dicho, con un conjunto claro de compromisos del gobierno central y de los gobiernos locales para cerrar el acuerdo sobre un programa financiero y técnico. En dicho contrato, se especificará el contenido de los programas de inversiones prioritarias y del programa de mejora/ajuste municipal.

4. En la etapa de *implementación y monitoreo*, se requiere un esfuerzo coordinado para alinear el financiamiento con los recursos humanos y técnicos, así como también el compromiso político para implementar el contrato.

Las pruebas indican que los contratos municipales han sido muy eficaces para brindar apoyo a los gobiernos locales, incluso en los casos en que la reforma de descentralización ha sido un proceso difícil (Banco Mundial, 2009). Los contratos municipales han mejorado la capacidad financiera de los municipios y han contribuido a las inversiones en infraestructura y prestación de servicios.

El éxito o el fracaso de un contrato municipal depende de dos factores principales: la calidad del proceso del contrato municipal y el entorno político e institucional en el que se lo elabora y se lo implementa. La calidad del contrato municipal depende de las iniciativas de fortalecimiento de la capacidad que adopten los municipios para mejorar la preparación, la implementación, el monitoreo, la auditoría y el desarrollo estratégico. El nivel de compromiso político y de identificación a nivel central y local, el grado de participación de los ciudadanos y los actores interesados, y el alcance de la armonización y la alineación entre los diversos donantes que trabajan en el gobierno local son también factores importantes.

Fuente: Farvacque-Vitkovic, Godin y Sinet, 2013.

Recuadro 1.11 Contratos municipales: Ejemplos de mejores prácticas

Un estudio reciente del Grupo de Evaluación Independiente (IEG) señala que, a fines de la década de 2000, más de 200 municipios de las regiones de África occidental de habla francesa estaban implementando contratos municipales. A corto plazo, tales contratos aumentaron la capacidad de inversión de los municipios. La inversión de capital de los municipios como proporción de los ingresos ordinarios se incrementó del 10 % al 17 % durante el período 2001-03 (Banco Mundial, 2009).

Entre los ejemplos de proyectos de contratos municipales exitosos se encuentra el Senegal I (Programa de Desarrollo Urbano y Descentralización), mediante el cual se ayudó a 67 municipios de todo Senegal a fortalecer su gestión financiera y organizacional, y a mejorar la implementación de las inversiones en la infraestructura y los servicios urbanos. En el marco del proyecto, se utilizaron contratos municipales en los cuales el gobierno central y los gobiernos locales acordaron ciertos puntos de referencia para la reforma municipal.

Un proyecto sumamente satisfactorio fue el Benin I (Rehabilitación y Administración Urbana), mediante el cual se contribuyó a mejorar los servicios urbanos en las dos ciudades más grandes del país, Cotonú (690 584 habitantes) y Porto Novo (234 168 habitantes). Según lo confirmaron las evaluaciones de los beneficiarios realizadas al finalizar el proyecto, la introducción de las prácticas delegadas de gestión de contratos colaboró con el éxito del proyecto. Estas prácticas permitieron procesar y ejecutar rápidamente los contratos de servicios con las pequeñas y medianas empresas locales que brindaron servicios de infraestructura urbana de mejor calidad y menor costo, y permitieron a los gobiernos municipales disponer de más tiempo para concentrarse en las tareas de planificación y programación.

Ghana también tuvo una serie de programas de desarrollo municipal exitosos. Mediante el proyecto Ghana I, se lograron importantes mejoras en los servicios, especialmente en el manejo de residuos sólidos, en seis municipios. Este éxito se extendió a 11 municipios adicionales en el marco del proyecto Ghana II. Con el proyecto Ghana IV, se profundizó el modelo mediante importantes inversiones en la capacitación financiera y técnica del personal de 23 municipios a través del Instituto de Estudios de Gobiernos Locales del país, institución que también resultó considerablemente fortalecida gracias al proyecto (Banco Mundial, 2009).

públicas, académicos y activistas de la sociedad civil analizan las ventajas y las desventajas del gobierno descentralizado. Esto es así tanto en los Estados unitarios como en los federales y los confederados. El carácter de un sistema "descentralizado" de reforma del sector público varía de un país a otro, pero hay consenso generalizado acerca de que la "descentralización" se refiere a la estructura de las relaciones entre los diferentes tipos de gobierno, es decir, la distribución de las funciones y las responsabilidades entre los gobiernos centrales y subnacionales (por ejemplo, municipales). También hay acuerdo en cuanto a que, para ser "intergubernamental", se requiere un gobierno central sólido desde el punto de vista financiero, pero reorganizado y reorientado, junto con un sistema bien diseñado y competente de gobiernos subnacionales. En la actualidad, las publicaciones sobre las finanzas públicas generalmente distinguen dos formas principales de un sistema descentralizado: la política y la fiscal. La "descentralización política" se refiere a los acuerdos en virtud de los cuales la legitimidad legal del gobierno local se reconoce explícitamente en la constitución nacional o a través de decisiones legales y administrativas. La "descentralización fiscal" es la distribución de las funciones y las responsabilidades referentes al gasto y al financiamiento entre los diversos tipos de gobierno, de forma tal que guarde armonía con el marco político. Para que una nación obtenga los beneficios sociales y económicos de una sociedad intergubernamental prometidos por la teoría, se necesita una descentralización tanto política como fiscal.

Hay cuatro preguntas fundamentales que deben abordarse en la descentralización fiscal: 1) ¿qué tipo o nivel de gobierno lleva a cabo qué actividad (asignación de gastos)?, 2) ¿qué tipo de gobierno es responsable de obtener cuáles ingresos (asignación de ingresos)?, 3) ¿cómo se pueden resolver los desequilibrios fiscales "verticales" entre el gobierno central y las unidades subnacionales, y los desequilibrios "horizontales" entre las jurisdicciones subnacionales?, 4) ¿cómo se abordarán los calendarios de ingresos (endeudamiento y deuda)?

"Descentralización fiscal" también es un término que engloba tres variantes: desconcentración, delegación y devolución. Un interrogante clave en materia de políticas es cuál de estas tres variantes domina las finanzas públicas de una nación. La *desconcentración* implica un proceso mediante el cual se establecen oficinas regionales de los ministerios centrales o funcionarios administrativos designados por el gobierno central en las jurisdicciones locales, a fin de determinar el nivel y la composición de la provisión de bienes y servicios locales. La autoridad central retiene el control de las normas relativas a los aspectos financieros de la ecuación del presupuesto. La desconcentración "con autoridad" significa que se otorga cierta flexibilidad a las oficinas regionales para que tomen sus "propias" decisiones con respecto a los servicios y los impuestos locales, aunque también en este caso, con sujeción a las directrices del gobierno central. En un sistema de desconcentración "sin autoridad", las oficinas y los funcionarios regionales no electos carecen de facultades para modificar las normas y reglamentaciones del gobierno central. La *delegación* se puede caracterizar como una relación mandante-mandatario en la que los gobiernos de nivel más alto (mandantes) asignan a los gobiernos locales (mandatarios) la responsabilidad de cumplir ciertas funciones locales. En la *devolución*, se establecen autogobiernos locales independientes con responsabilidad total por la prestación de un conjunto de servicios públicos, junto con la autoridad para imponer impuestos y tasas para financiarlos.

¿Por qué algunos Estados permanecen sujetos a la autoridad central, tanto a nivel político como fiscal, mientras que otros avanzan hacia la descentralización? Hay tres argumentos que explican la continua inclinación hacia la centralización: 1) el argumento de la falta de capacidad local para gobernar; 2) la garantía de que se cumplan las funciones del gobierno central, como la defensa nacional, la política exterior, la protección de las fronteras nacionales y la gestión de la estabilización macroeconómica, y 3) el legado, la persistencia de los métodos antiguos y el concepto de que "el viejo estilo es mejor".

El hecho de que, en gran parte del mundo, se esté llevando a cabo alguna forma de descentralización demuestra la importancia de dicho proceso. Existen, al menos, cuatro explicaciones de esta tendencia: 1) la naturaleza complementaria de las tendencias de globalización y localización del siglo XXI, que en realidad se refuerzan mutuamente; 2) la política de la "reacción desde abajo" de los sistemas de control de los ciudadanos sobre su gobierno local; 3) los argumentos de eficiencia económica y rendición de cuentas en la esfera política, que afirman que los mecanismos intergubernamentales bien diseñados generan beneficios para el bienestar general, y 4) que en algunas naciones, la descentralización puede servir como estrategia para fomentar la cohesión nacional y distender las tensiones que surgen cuando la sociedad está fragmentada por razones históricas o de etnia, religión, idioma, dotación de recursos naturales, u otros aspectos relacionados con la geografía y el lugar.

¿Qué están aprendiendo los profesionales? ¿Qué se sabe acerca de la relación entre la autonomía fiscal descentralizada y el logro de los objetivos económicos y fiscales generales de una nación? Se han aprendido cuatro lecciones: 1) la trayectoria macroeconómica del orden y el control centralizados es desoladora; los países avanzados (por ejemplo, los de la OCDE) suelen ser aquellos que han adoptado un sistema con cierto grado de autodeterminación política local y devolución de finanzas; 2) en consonancia con la teoría de las finanzas públicas que sostiene que la descentralización mejora la eficiencia en la asignación de servicios públicos, cada vez surgen más pruebas empíricas que revelan una relación positiva entre un sistema bien diseñado e implementado de gobierno descentralizado y el crecimiento económico nacional; 3) los estudios de casos demuestran el efecto directo de cohesión nacional en varios Estados nación; 4) hay algunas pruebas de que la autonomía de los ingresos subnacionales mejora la estabilidad macroeconómica del Estado nación.

Las transferencias intergubernamentales cumplen una función esencial en las finanzas de los municipios. La forma en que se diseñan y se implementan es muy importante para comprender sus impactos en un marco descentralizado. El diseño de las transferencias intergubernamentales no es una tarea simple. La tarea del encargado de la gestión financiera de un gobierno local en un día laboral típico puede ser más eficaz si las transferencias se diseñan y se implementan de forma transparente y responsable, en función de una fórmula que utiliza datos de fácil acceso y comprensión tanto para el otorgante como para el receptor. El gobierno central puede optar por encargarse del diseño de las transferencias, o bien, delegarlo a una entidad independiente, que puede tener verdaderas facultades decisorias o simplemente brindar asesoramiento. Las cuatro opciones comúnmente empleadas para diseñar las transferencias incluyen una autoridad legislativa o ejecutiva central, una comisión de subsidios independiente, un foro intergubernamental, y un foro intergubernamental con participación de la sociedad civil.

Las transferencias intergubernamentales se pueden clasificar, en líneas generales, en dos categorías principales: transferencias para fines generales (también denominadas "incondicionales") y transferencias para fines específicos (también denominadas "condicionales" o "reservadas"). Las transferencias para fines generales no imponen condiciones ("compromisos") y pueden ser ordenadas por la ley (por ejemplo, la constitución) o implementarse a criterio del Poder Legislativo nacional. Las transferencias incondicionales pueden diseñarse para abordar simultáneamente los desequilibrios verticales (la capacidad para generar ingresos del gobierno central frente a la del gobierno local) y los desequilibrios horizontales (igualación de las disparidades de capacidad fiscal entre los gobiernos subnacionales). Con las transferencias reservadas, condicionales o para fines específicos, se brinda financiamiento, o se procura ofrecer incentivos, para que los gobiernos lleven a cabo actividades o programas específicos. Tales transferencias pueden incorporar disposiciones de contrapartida al exigir que los municipios financien un porcentaje especificado del gasto con sus propios recursos. Otro tipo importante de transferencia es la distribución de los ingresos del gobierno central, mecanismo mediante el cual una parte de los fondos (ingresos) derivados de un impuesto nacional o de otros ingresos no tributarios se transfiere a los gobiernos subnacionales. Sin embargo, según la fórmula que se utilice para dividir los fondos entre el nivel central y el subnacional, la participación en los ingresos puede exacerbar o reducir las disparidades fiscales horizontales entre los gobiernos subnacionales.

Los sistemas de transferencias basados en el desempeño tienen como fin promover y crear incentivos para las reformas del gobierno y el desarrollo institucional, que incluyen la gestión financiera, la transparencia, y el compromiso y la participación de los ciudadanos. En el marco de un sistema de transferencias basadas en el desempeño, los gobiernos locales obtienen acceso a los subsidios en función de ciertos criterios (por ejemplo, población, pobreza, lejanía) o de alguna forma de requisitos relativos al desempeño. Sin embargo, diversos acontecimientos y prácticas pueden distorsionar las iniciativas tendientes a mejorar los sistemas de transferencias basadas en el desempeño de los gobiernos locales. Se incluyen aquí las transferencias que a) se asignan en forma arbitraria sin un objetivo claro o una fórmula transparente; b) sirven para "subsanar deficiencias" y cubrir los déficits de fondos de los gobiernos subnacionales; c) tienen como objetivo abordar eventos (por ejemplo, terremotos, huracanes e inundaciones graves), pero pueden estar condicionadas a un fin específico y otorgarse por un plazo limitado, y d) tienen en cuenta la participación en los recursos naturales para compensar a regiones específicas y, por ende, a gobiernos locales por la abundancia (o las deficiencias) de recursos, sin prestar atención al desempeño de los gobiernos locales.

Los contratos municipales son otro importante instrumento basado en el desempeño a través del cual se ha brindado apoyo a los municipios para abordar los desafíos de la urbanización. Estos contratos se centran principalmente en el fortalecimiento de la capacidad y las reformas financieras y organizativas para lograr que los municipios se constituyan en instituciones clave que prestan servicios básicos a los ciudadanos.

Bibliografía

Ahmad, E., and G. Brosio. 2006. *Handbook of Fiscal Federalism*. Cheltenham, U.K.: Edward Elgar.

Akai, Nobu, and Masayo Sakata. 2002. "Fiscal Decentralization Contributes to Economic Growth: Evidence from State-Level Cross Section Data for the United States." *Journal of Urban Economics* 52 (1): 93–108.

Amin, Khalid, and Robert D. Ebel. 2006. "Intergovernmental Relations and Fiscal Decentralization in Egypt." Egypt Public Expenditure Review, Policy Note No. 8, World Bank, Washington, DC.

Arzaghi, Mohammad, and J. Vernon Henderson. 2005. "Why Countries Are Fiscally Decentralizing." *Journal of Public Economics* 89: 1157–89.

Bahl, Roy W. 1999a. "Implementation Rules for Fiscal Decentralization." Georgia State University, Andrew Young School of Public Policy, Atlanta, Georgia, U.S.A., www: asyps.gsu.edu/publications.

———. 1999b. *Fiscal Policy in China: Taxation and Intergovernmental Fiscal Relations*. Ann Arbor: 1990 Institute Press/University of Michigan Press.

Bahl, R., and J. Martinez-Vazquez. 2006. "Sequencing Fiscal Decentralization." World Bank Policy Research Working Paper 3914, World Bank, Washington, DC.

Barati-Stec, Izabella. 2012. *Hungary: An Unfinished Decentralization?* IMFG Papers on Municipal Finance and Governance. Toronto: Munk School of Global Affairs.

Bauzon, Kenneth E. 1999. "The Philippines: The 1996 Peace Agreement Southern Philippines: An Assessment." *Ethnic Studies Report* 17 (2): 253–80.

Bird, Richard M. 2011a. "Subnational Taxation in Developing Countries: A Review of the Literature." *Journal of International Commerce, Economics and Policy* 2 (1): 1–23.

———. 2011b. "Are There Trends in Local Finance? A Cautionary Note on Comparative Studies and Normative Models of Local Government Finance." Institute on Municipal Finance and Governance, Munk School of Global Affairs, University of Toronto.

Bird, Richard M., and Robert D. Ebel. 2007. *Fiscal Fragmentation in Decentralized Countries: Subsidiarity, Solidarity, and Asymmetry*. Cheltenham, U.K. and Northampton, MA: Edward Elgar.

Bird, Richard M., Robert D. Ebel, and Sebastiana Gianci. 2007. "Country Studies: Aspects of the Problem." In *Fiscal Fragmentation in Decentralized Countries: Subsidiarity, Solidarity, and Asymmetry*, edited by Richard M. Bird and Robert D. Ebel. Cheltenham, U.K. and Northampton, MA: Edward Elgar.

Bird, Richard M., Robert D. Ebel, and Christine I. Wallich. 1995. *Decentralization of the Socialist State: Intergovernmental Finance in Transition Economies*. Washington, DC: World Bank.

Bird, Richard M., and François Vaillancourt. 2006. "Perspectives on Fiscal Federalism." WBI Learning Resources Series 35628, World Bank, Washington, DC.

———. 2010. "Is Decentralization 'Glue' or 'Solvent' for National Unity?" Working Paper 10-03, International Studies Program, Andrew Young School of Policy Studies. Atlanta: Georgia State University.

Blöchliger, H., and O. Petzold. 2009. *Finding the Dividing Line between Tax Sharing and Grants: A Statistical Investigation*. OECD Working Paper on Fiscal Federalism No. 10. Paris: Organisation for Economic Co-operation and Development.

Blöchliger, H., and J. Rabesona. 2009. *The Fiscal Autonomy of Sub-Central Governments: An Update*. OECD Working Paper on Fiscal Federalism No. 9. Paris: Organisation for Economic Co-operation and Development.

Boadway, R., and A. Shah, eds. 2009. *Fiscal Federalism*. Cambridge: Cambridge University Press.

Box, Jamie, and Jorge Martinez-Vazquez. 2004. "Designing Intergovernmental Equalization Transfers with Imperfect Data: Concepts, Practices and Lessons." Working Paper 04-12, International Studies Program, Andrew Young School of Policy Studies. Atlanta: Georgia State University. www.aysps.gsu.edu.

Canuto, Otaviano, and Lili Liu, eds. 2013. *Until Debt Do Us Part: Subnational Debt, Insolvency and Markets*. Washington, DC: World Bank.

Commins, Stephen, and Robert D. Ebel. 2010. "Participation and Decentralization in Africa: Revisiting the Arusha Declaration." Consultation for African Civil Society Organizations on Peace Building and State Affairs. Addis Ababa: United Nations Economic Commission for Africa.

Dafflon, Bernard. 2006. "The Assignment of Functions to Decentralized Government: From Theory to Practice." In *Handbook on Federalism*, edited by Ahmad Ehtisham and Giorgio Brosio. Cheltenham, U.K.: Edward Elgar.

Demszky, Gabor. 2003. "Liberalism in Practice" In *The Budapest Model: A Liberal Urban Policy Experiment*, edited by Katalin Pallai. Budapest: Open Society Institute.

Dillinger, William. 1994. "Decentralization and Its implications for Urban Service Delivery." Urban Management Program Notes Series 16, World Bank, Washington, DC.

Eaton, Kent, Kai Kaiser, and Paul Smoke. 2011. *The Political Economy of Decentralization Reforms in Developing Countries: A Development Partner Perspective*. Washington, DC: World Bank.

Ebel, Robert D., and Gabor Peteri. 2007. *The Kosovo Decentralization Briefing Book*. Prishtina: Kosovo Foundation for an Open Society/Soros Foundation. www.lgi.osi.

Ebel, Robert D., and Robert Taliercio. 2005. "Subnational Tax Policy and Administration in Developing Countries." *Tax Notes International* 37 (1): 919–36.

Ebel, Robert D., and Dana Weist. 2007. *Sequencing Subnational Tax Policy and Administration*. World Bank Decentralization Thematic Group. Washington, DC: World Bank.

Ebel, Robert D., and Serdar Yilmaz. 2003. "On the Measurement and Impact of Fiscal Decentralization." In *Public Finance in Developing and Transition Countries: Essays in Honor of Richard M. Bird*, edited by Jorge Martinez-Vazquez and James Alm. Cheltenham, U.K.: Edward Elgar.

Ellis, Peter. 2010. "Indonesia Rising. Policy Priorities for 2010 and Beyond: Completing Decentralization." Policy Note, World Bank, Washington, DC.

Farvacque-Vitkovic, Catherine, and Lucien Godin. 1998. *The Future of African Cities*. Washington, DC: World Bank.

Farvacque-Vitkovic, Catherine, Lucien Godin and Anne Sinet. *Municipal Self-Assessments: A Handbook for Local Governments*. Washington, DC: World Bank (forthcoming).

Fox, William, and Christine Wallich. 2007. "Fiscal Federalism in Bosnia and Herzegovina: Subsidiarity in a Three-Nation State." In *Fiscal Fragmentation in Decentralized Countries: Subsidiarity, Solidarity, and Asymmetry*, edited by Richard M. Bird and Robert D. Ebel, 267–94. Cheltenham, U.K.: Edward Elgar.

Gomez-Lobo, Andres. 2001. "Making Water Affordable." In *Contracting for Public Services*, edited by Penelope Brooke and Suzanne Smith, 23–29. Washington, DC: World Bank.

Gonzalez, Pablo. 2005. "The Financing of Education in Chile." Fund for the Study of Public Policies, University of Chile, Santiago, Chile.

Gordon, Nora, and Emiliana Vegas. 2004. "Education Finance Equalization, Spending, Teacher Quality and Student Outcomes: The Case of Brazil's FUNDEF." Working paper, World Bank, Washington, DC.

Goudriaan, Mirco. 2010. "Effective Aid through Municipal Contracts." Internal working paper, VNG International, The Hague, Netherlands.

Griffiths, Ann L., with Karl Nerenberg, eds. 2005. *Handbook of Federal Countries*. Montreal and Kingston: McGill-Queens University Press.

Haysom, N., and S. Kane. 2009. "Negotiating Natural Resources for Peace. Ownership, Control and Wealth Sharing." Briefing paper, Center for Humanitarian Dialogue, Geneva, Switzerland.

Hofman, Bert, and S. C. Guerra. 2007. "Ensuring Inter-regional Equity and Poverty Reduction." In *Fiscal Equalization*, edited by J. Martinez-Vazquez and B. Searle. New York: Springer.

Imi, A. 2005. "Fiscal Decentralization and Economic Growth Revisited: An Empirical Note." *Journal of Urban Economics* 57: 449–61.

Jensen, Leif. 2001. *Fiscal Design Surveys across Levels of Government*. Tax Policy Studies No. 7. Paris: Organisation for Economic Co-operation and Development.

Kalandadze, K., and M. A. Orenstein. 2009. "Electoral Protests and Democratization: Beyond the Color Revolutions." *Comparative Political Studies* 42 (11): 1403–25.

Kopanyi, Mihaly, Samir El Daher, and Deborah Wetzel. 2004. *Intergovernmental Finance in Hungary: A Decade of Experience, 1990–2000*, edited by Mihaly Kopanyi, Deborah Wetzel, and Samir El Daher. Washington, DC: World Bank.

Kopanyi, Mihaly, Samir El Daher, Deborah Wetzel, Michel Noel, and Anita Papp. 2000. "Modernizing the Subnational Government System." World Bank Discussion Paper No. 417, World Bank, Washington, DC.

Marcou, Gerard. 2007. "Legal Framework and the European Charter of Local Self Government." In *The Kosovo Decentralization Briefing Book*, edited by Robert D. Ebel and Gabor Peteri, 50–59. Prishtina: Kosovo Foundation for an Open Society.

Martinez-Vazquez, Jorge. 1999. "The Assignment of Expenditure Responsibilities." Paper prepared for the core course on Intergovernmental Relations and Local Financial Management, World Bank Institute, Washington, DC.

———. 2007. "Challenges in the Design of Intergovernmental Transfers." In *Fiscal Equalization*, edited by Jorge Martinez-Vazquez and Bob Searle. New York: Springer.

Martinez-Vazquez, Jorge, and Robert Martin McNab. 1997. "Tax Reform in Transition Economies: Experience and Lessons." Working Paper No. 97-6, Andrew Young School of Policy Studies, Georgia State University, Atlanta.

Martinez-Vazquez, Jorge, and François Vaillancourt, eds. 2011. *Decentralization in Developing Countries: Global Perspectives on the Obstacles to Fiscal Devolution*. Northampton, MA: Edward Elgar.

McClure, Charles E., Jr. 1999. "The Tax Assignment Problem: Conceptual and Administrative Considerations in Achieving Subnational Fiscal Autonomy." Paper prepared for the core course on Intergovernmental Relations and Local Financial Management, World Bank Institute, Washington, DC.

McNeil, Mary, and Carmen Malena. 2010. "Social Accountability in Africa." In *Demanding Good Governance: Lessons from Social Accountability Initiatives in Africa*, edited by Mary McNeil and Carmen Malena, 1–28. Washington, DC: World Bank.

Meloche, J. P., F. Vaillancourt, and S. Yilmaz. 2004. "Decentralization or Fiscal Autonomy? What Does Really Matter? Effects on Growth and Public Sector Size in European Transition Countries." Policy Research Working Paper 3254, World Bank, Washington, DC.

Mikesell, John L. 2003. "International Experiences with Administration of Local Taxes: A Review of Practices and Issues (2003)." Report prepared for the World Bank Thematic Group on Taxation and Tax Policy, World Bank, Washington, DC. www.worldbank.org.

NALAS (Network of Association of Local Authorities of South-East Europe). 2008. Skopje, www.nalas.eu.

Ndegwa, Stephen N. 2002. "Decentralization in Africa: A Stocktaking Survey." Africa Region Working Paper Series No. 40, World Bank, Washington, DC.

Oates, Wallace E. 1972. *Fiscal Federalism*. New York: Harcourt Brace Jovanovich.

———. 1985. "Searching for Leviathan: An Empirical Study." *American Economic Review* 75 (4): 748–57.

———. 1997. "On the Welfare Gains from Fiscal Decentralization." *Journal of Public Finance and Public Choice* 2 (3): 83–92.

Pallai, Katalin. 2003. *The Budapest Model*. Budapest: Open Society Institute. www.lgi.osi.hu.

Peteri, Gabor, and Fikret Sevinc. 2011. "Municipal Revenues and Expenditures in Turkey and in Selected EU Countries." Local Administration Reform Project in Turkey, LAR Phase II. Local

Administration Reform Project, Bakanliklar-Ankara.

Rangarajan, C., and Abha Prasad. 2012. "Managing State Debt and Ensuring Solvency: The Indian Experience." Policy Research Working Paper 6039, World Bank, Washington, DC.

Rao, M. Govinda. 2007. "Resolving Fiscal Imbalances." In *Intergovernmental Fiscal Transfers: Principles and Practice*, edited by Robin Boadway and Anwar Shah. Washington, DC: World Bank.

Regulski, Jerzy. 2010. *A Practical Guide to Building Local Government: The Polish Experience*. Budapest: Local Government and Public Service Reform Initiative/Open Society Institute. www.lgi.osi.hu.

Sen, Amartya. 1999. "Democracy As a Universal Value." *Journal of Democracy* 10 (3): 3–17. http://muse.jhu,demo/jod.10.3sen.html.

Shah, A. 2007. "A Practitioner's Guide to Intergovernmental Fiscal Transfers." In *Intergovernmental Fiscal Transfers: Principles and Practice*, edited by R. Boadway and A. Shah. Washington, DC: World Bank.

Shah, Anwar. 1998. "Indonesia and Pakistan: Fiscal Decentralization—An Elusive Goal?" In *Fiscal Decentralization in Developing Countries*, edited by Richard M. Bird and François Vaillancourt. Cambridge: Cambridge University Press.

Sharma, Y., and A. Muwonge. 2010. "An Opportunity to Improve Service Delivery in Nepal through Local Governance." Himalayan Research Papers Archive. Fifth Annual Himalayan Policy Research Conference, Nepal Study Center, University of New Mexico. http://repository.unm.edu/handle/1928/11328.

Slack, Enid, and Rupak Chattopadhyay, eds. 2009. *Finance and Governance of Capital Cities in Federal Systems*. Montreal and Kingston: McGill-Queen's University Press.

Smoke, Paul. 2008. "Local Revenues under Fiscal Decentralization in Developing Countries: Linking Policy Reform, Governance and Capacity." In *Fiscal Decentralization and Land Policies*, edited by Gregory Ingram and Yu-Hung Hong, 33–69. Cambridge, MA: Lincoln Institute Press.

———. 2013. "Why Theory and Practice Are Different: The Gap between Principles and Reality in Subnational Revenue Systems." In *Taxation and Development: The Weakest Link. Essays in Honor of Roy Bahl*, edited by Richard M. Bird and Jorge Martinez-Vazquez. Cheltenham, U.K.: Edward Elgar.

Smoke, Paul, and Robert R. Taliercio, Jr. 2007. "Aid, Public Finance, and Accountability: Cambodian Dilemmas." In *Peace and the Public Purse*, edited by James K. Boyce and Madalene O'Donnell, 55–84. London: Lynne Rienner.

Soros, George. 2006. *The Age of Fallibility*. Cambridge, MA: Public Affairs Books.

Swianiewicz, Pawel. 2006. "Local Government Organization and Finance: Poland." In *Local Governance in Developing Countries*, edited by Anwar Shah. Washington, DC: World Bank.

Thomas, Vinod. 2006. "Linking Individual, Organizational, and Institutional Capacity Building to Results." WBI Capacity Development Brief 19, World Bank, Washington, DC.

Tosun, Mehmet Serkan. 2010. "Middle East and North Africa." In *Local Government Finance: The Challenges of the 21st Century*, edited by Jorge Martinez-Vazquez and Paul Smoke. Barcelona: United Cities and Local Governments.

Tosun, Mehmet Serkan, and Serdar Yilmaz. 2010. "Centralization, Decentralization and Conflict in the Middle East and North Africa." *Middle East Development Journal* 2 (1): 1–14.

Vaillancourt, François. 2002. "Simulating Intergovernmental Equalization Transfers with Imperfect Data." Proceedings of the Annual Conference, 2001, 57–64, National Tax Association, Washington, DC.

Wallich, Christine, and Qianqian Zhang. 2013. "Bosnia and Herzegovina: Subsidiarity As Conflict Avoidance in a Three Nation State." Paper presented to the Forum on Conflict, Security and Development, May, World Bank, Washington, DC.

Wallich, Christine I., Rosario Manasan, and Saloua Sehili. 2007. "Subsidiarity and Solidarity: Fiscal Decentralization in the Philippines." In *Fiscal Fragmentation in Decentralized Countries:*

Subsidiarity, Solidarity, and Asymmetry, edited by Richard M. Bird and Robert D. Ebel, 363–98. Cheltenham, U.K.: Edward Elgar.

Wong, Christine. 2007. "Ethnic Minority Regions and Fiscal Decentralization in China: The Promises and Reality of Asymmetric Treatment." In *Fiscal Fragmentation in Decentralized Countries: Subsidiarity, Solidarity, and Asymmetry*, edited by Richard M. Bird and Robert D. Ebel, 267–94. Cheltenham, U.K.: Edward Elgar.

———. 2013. "Paying for Urbanization in China: Challenges of Municipal Finance in the 21st Century." In *Financing Metropolitan Governments in Developing Countries*, edited by R. W. Bahl, J. F. Linn, and D. L. Wetzel. Cambridge, MA: Lincoln Institute for Land Policy.

World Bank. 2000. *World Development Report 1999/2000. Entering the 21st Century*. New York: Oxford University Press.

———. 2009. *Improving Municipal Management for Cities to Succeed: An Independent Evaluation Group (IEG) Special Study*. Washington, DC: World Bank.

Yatta, F., and F. Vaillancourt. 2010. "Africa." In *Local Government Finance: The Challenges of the 21st Century*, edited by Jorge Martinez-Vazquez and Paul Smoke. Barcelona: United Cities and Local Governments.

Yilmaz, Serdar, François Vaillancourt, and Bernard Dafflon. 2012. "State and Local Governments: Why They Matter and How to Finance Them." In *The Oxford Handbook of State and Local Government Finance*, edited by Robert D. Ebel and John E. Petersen, 45–82. Oxford and New York: Oxford University Press.

Zoellick, Robert. 2009. "Securing Development." Conference on Passing the Baton, United States Institute of Peace, Washington, DC, January 8.

CAPÍTULO 2

Gobierno y finanzas de las áreas metropolitanas

Mats Andersson

La urbanización está creando ciudades y zonas económicas más grandes en todo el mundo. Más de 3500 millones de personas viven actualmente en ciudades y sus alrededores. A mediados de 2012, había 27 megaciudades con más de 10 millones de habitantes, y más de 500 áreas metropolitanas con una población superior a 1 millón de personas (Brinkoff, 2012). Las ciudades están creciendo a un ritmo particularmente rápido en los países en desarrollo: algunas, a una tasa del 3 % al 5 % anual. Las personas se trasladan a las ciudades en busca de mejores empleos, mejores servicios o mejores condiciones para los negocios; por razones familiares, o debido a desastres naturales o perturbaciones sociales en sus lugares de origen. Con mejores sistemas de transporte, las personas también pueden viajar distancias más largas desde sus pueblos o ciudades pequeñas hacia zonas urbanas más grandes. Como resultado, las ciudades se han vuelto económicamente interdependientes con sus asentamientos aledaños y zonas circundantes, conformando *áreas metropolitanas*, definidas cada una como una sola economía y mercado laboral, una comunidad con

intereses comunes, que se beneficia de ciertas acciones conjuntas.

En este capítulo se resumen las principales características de las áreas metropolitanas. En primer lugar, se destacan los factores socioeconómicos de la urbanización, las formas que adopta el crecimiento espacial de las ciudades, y las oportunidades y los desafíos que plantean las megaciudades. Se resumen los modelos de gobierno metropolitano que se aplican a nivel internacional y se describen sus implicaciones en las finanzas municipales, con algunos ejemplos. Existe una gran diversidad de modelos y modalidades de gobierno metropolitano, así como muchos mecanismos eficaces y equitativos. A menudo, las circunstancias y las decisiones políticas influyen en la formación o la evolución de los sistemas financieros y de gobierno.

Surgimiento de las áreas metropolitanas

Las ciudades han ido apareciendo y creciendo desde épocas remotas. Pero con el tiempo, muchas grandes ciudades también se han vuelto más interdependientes económicamente con sus asentamientos urbanos aledaños y zonas circundantes, conformando una sola *economía y mercado laboral* denominada ciudad-región, área metropolitana o región urbana ampliada. Los vínculos económicos entre el centro y la periferia pueden volverse tan estrechos que una parte no puede salir adelante sin la otra y, en consecuencia, se comportan como una sola entidad. La expresión "área metropolitana" es con frecuencia una definición inexacta, sin límites claros. Puede basarse en el mercado laboral (la gente vive en una parte del área y trabaja en otra), una zona de servicios e instalaciones de esparcimiento e instituciones educativas, o de acceso a infraestructura clave, o puede ser una zona centrada en el entorno económico local de una firma determinada. Como referencia general, en el recuadro 2.1 se presentan las definiciones de algunos conceptos conexos. En el presente capítulo un área metropolitana se define de la siguiente manera:

> Zona que constituye una sola economía y mercado laboral, una comunidad con intereses comunes y acciones conjuntas, que a menudo comprende varias jurisdicciones de gobierno local.

El radio de un área metropolitana suele ser del orden de 20 km a 40 km, pero a veces es mayor, o el área puede tener la forma de un corredor o "cinturón" urbano (una jurisdicción tras otra). La cohesión socioeconómica caracteriza la formación y el surgimiento de un área metropolitana. Si bien los límites jurisdiccionales de los gobiernos locales suelen ser de larga data, los años de crecimiento urbano a menudo modifican el carácter de estas áreas. Por lo tanto, un área metropolitana suele incluir varias jurisdicciones de gobierno local independientes. Las áreas metropolitanas a menudo cuentan con el respaldo de algunas instituciones o mecanismos para coordinar su desarrollo, o algunas funciones conjuntas para aumentar la eficiencia y equidad de la prestación de servicios y la participación en los costos, además de las iniciativas de cada gobierno local.

Este tipo de aglomeraciones alberga a un cuarto de la población mundial. Existen en todo el mundo más de 500 áreas metropolitanas con una población superior a 1 millón de habitantes (Brinkoff, 2012), lo que equivale a una población total que se estimaba en más de 1600 millones a mediados de 2012. Estas aglomeraciones comprenden una ciudad central y comunidades circundantes vinculadas a esta por zonas de edificación continua o pautas de desplazamiento de las personas entre el hogar y el lugar de trabajo. Las aglomeraciones suelen llevar el nombre de su ciudad central. Algunas tienen más de una ciudad central (como el área de "Ruhr", en Alemania).

¿Cómo crecen espacialmente las ciudades?

Las ciudades crecen espacialmente de distintas maneras. En los gráficos 2.1 a 2.4 se muestran cuatro

---

Recuadro 2.1 Terminología relacionada con las áreas metropolitanas

Una *aglomeración urbana* es una ciudad o un pueblo extendido que comprende la zona edificada de un lugar central (un municipio) y los suburbios, conectados por una zona urbana continua.

Conurbación es un término más específico que se usa para designar grandes conglomerados urbanos en los que las zonas de influencia edificadas de distintas ciudades o pueblos están conectadas por la continuidad de las zonas edificadas (por ejemplo, Essen-Dortmund en el distrito Rhine-Ruhr, en Alemania), incluso en diferentes regiones, estados o países (por ejemplo, Lille-Kortrijk, en la frontera entre Francia y Bélgica). No obstante, cada ciudad o pueblo de una conurbación puede seguir actuando como foco independiente de una parte considerable del área.

Una *metrópolis* es una ciudad o una zona urbana muy extensa, con un núcleo económico, político y cultural importante para un país o región, y un centro importante de conexiones y comunicaciones regionales o internacionales. La ciudad de Nueva York se suele considerar la metrópolis por excelencia.

Fuente: Wikipedia.

tipos de crecimiento espacial de una ciudad o área. En una *estructura monocéntrica* (gráfico 2.1), a lo largo del tiempo una ciudad central crece hacia afuera de su núcleo, en círculos más o menos concéntricos, en los que la densidad poblacional disminuye a medida que se aleja del centro. A veces, la extensión espacial se caracteriza por la *dispersión urbana* (gráfico 2.2), en que las zonas con baja densidad de población se extienden en diversas direcciones.

Una *estructura policéntrica* (gráfico 2.3) es el resultado de un crecimiento consistente más bien en la integración de varias áreas, en lugar de la expansión hacia afuera de un núcleo. A menudo existen varios subcentros urbanos que van creciendo y, con el tiempo, quedan lo suficientemente cerca de una ciudad principal, desde el punto de vista del transporte, como para permitir una importante interacción comercial y el desplazamiento diario de las personas del hogar al trabajo. Una estructura policéntrica tiende a convertirse en una *estructura multipolar* (gráfico 2.4), que se caracteriza por una ciudad central y diversos subcentros secundarios, en que la densidad poblacional de las zonas intermedias aumenta, formando asentamientos urbanos contiguos. Por lo tanto, un área

metropolitana puede surgir o formarse por el crecimiento hacia afuera de una ciudad, o mediante la expansión e integración graduales de diversos asentamientos urbanos que en un momento forman un área metropolitana aglomerada e independiente.

A veces, un área metropolitana forma un corredor o "cinturón" (una jurisdicción tras otra), por ejemplo, debido a la topografía o a la ubicación de infraestructura fundamental (como un aeropuerto internacional) o una atracción turística. El área metropolitana de Tbilisi (Georgia) es un buen ejemplo (véase el mapa R2.2.1). Es un corredor de 60 km con cuatro gobiernos locales a lo largo de un valle, en que la ciudad dominante es Tbilisi. El surgimiento de este corredor se resume en el recuadro 2.2 y se ilustra en el mapa que lo acompaña.

Asentamientos informales

Las aglomeraciones son una combinación de ciudades, poblados, zonas urbanas y zonas rurales, bosques, lechos de ríos y terrenos públicos y privados. Esta mezcla genera oportunidades para que los habitantes de las zonas rurales se trasladen a las zonas urbanas para aprovechar los beneficios de la aglomeración;

Gráfico 2.1 Estructura monocéntrica

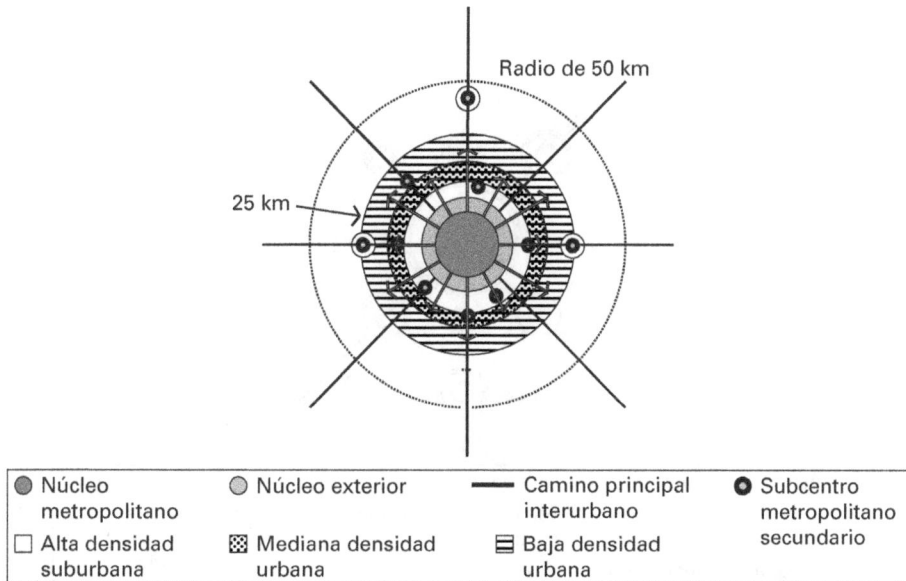

Fuente: Chreod Ltd.

Gráfico 2.2   Dispersión urbana

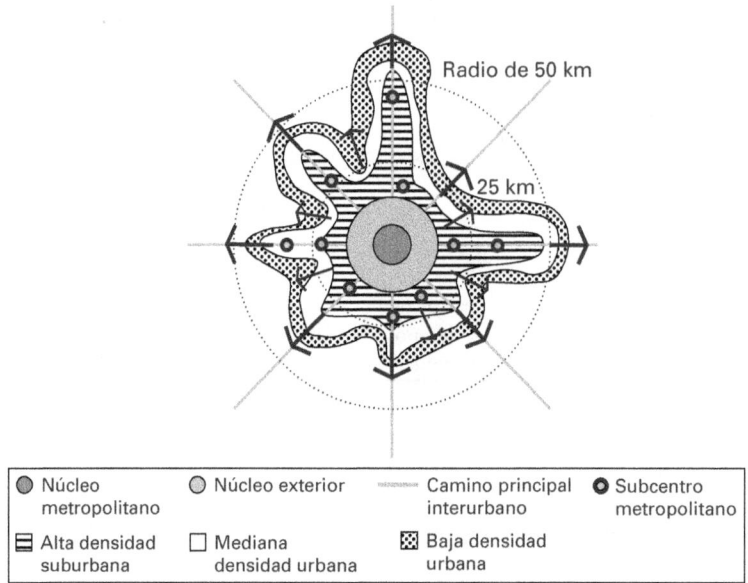

Radio de 50 km

25 km

⬤ Núcleo metropolitano	⦿ Núcleo exterior	⸺ Camino principal interurbano	⦿ Subcentro metropolitano
⊟ Alta densidad suburbana	☐ Mediana densidad urbana	▨ Baja densidad urbana	

Fuente: Chreod Ltd.

Gráfico 2.3   Estructura policéntrica

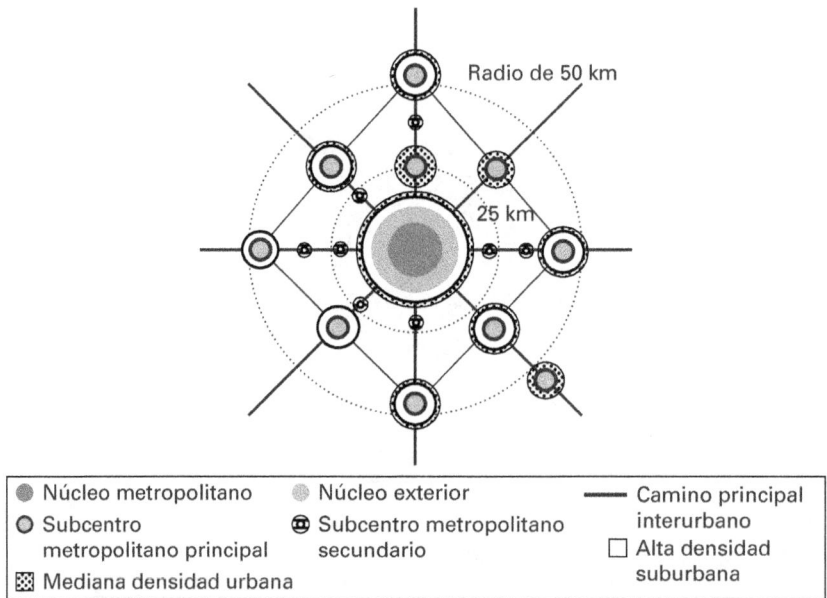

Radio de 50 km

25 km

⬤ Núcleo metropolitano	⬤ Núcleo exterior	▬ Camino principal interurbano
⦿ Subcentro metropolitano principal	⊛ Subcentro metropolitano secundario	☐ Alta densidad suburbana
▨ Mediana densidad urbana		

Fuente: Chreod Ltd.

Gráfico 2.4   Estructura multipolar

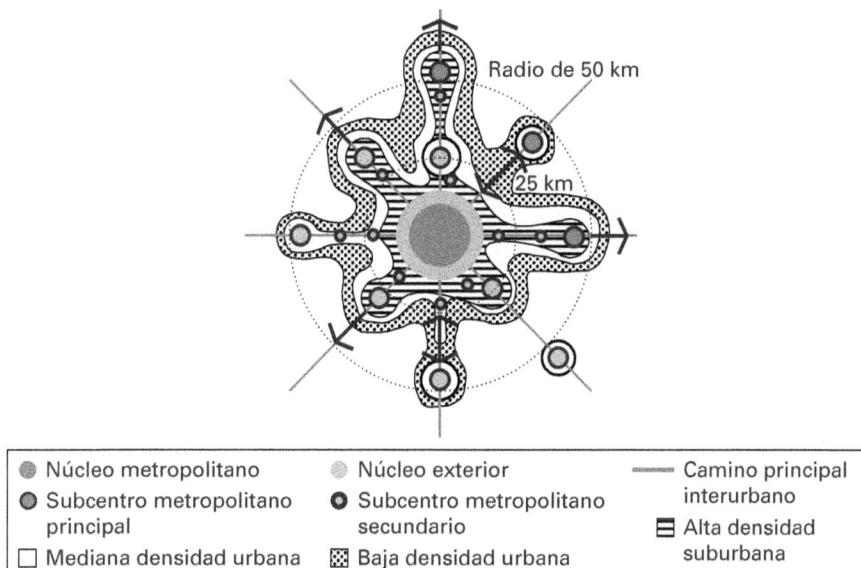

Radio de 50 km

25 km

● Núcleo metropolitano	● Núcleo exterior	—— Camino principal interurbano
● Subcentro metropolitano principal	◉ Subcentro metropolitano secundario	☰ Alta densidad suburbana
□ Mediana densidad urbana	▨ Baja densidad urbana	

Fuente: Chreod Ltd.

Recuadro 2.2 El surgimiento del corredor de Tbilisi

La zona de Tbilisi se ha convertido en una aglomeración, donde la economía y el mercado laboral locales se extienden a la ciudad de Rustavi y al distrito y municipio de Gardabani en una dirección, y al distrito y municipio de Mtskheta en la otra. Estos cuatro gobiernos locales forman el Área Metropolitana de Tbilisi, una zona de aproximadamente 2600 km² con una población de 1,5 millones de personas.

Para aprovechar plenamente el potencial de dicha área, en 2009 el gobierno de la ciudad estableció la Agencia de Desarrollo del Área Metropolitana de Tbilisi. En algunas funciones, los cuatro municipios pueden beneficiarse de iniciativas conjuntas o coordinadas, en lugar de actuar individualmente o competir unos con otros.

Tbilisi es la ciudad dominante, pero el área metropolitana es más que una extensión de Tbilisi. Es un pequeño conglomerado de jurisdicciones con ventajas y características complementarias. Rustavi y Mtskheta pueden fortalecer su propia economía gracias a su proximidad a una ciudad mucho más grande como Tbilisi, y con el tiempo Tbilisi puede beneficiarse del progreso de Rustavi, Mtskheta y Gardabani como resultado de una menor congestión. La proximidad de las zonas urbanas, con una buena red vial que las conecta, ha creado un mercado laboral bastante integrado. Se estima que alrededor del 20 % al 30 % de los residentes de Rustavi, y más del 40 % de los de Mtskheta, trabajan en Tbilisi, y que alrededor del 10 % de los residentes de Gardabani se desplazan a Tbilisi.

(continúa en la página siguiente)

Recuadro 2.2 *(continuación)*

Ciertas entidades e instalaciones prestan servicios a gran parte del área, como una empresa privada de agua potable y tratamiento de aguas residuales que abastece a Tbilisi, Rustavi y Mtskheta, y un nuevo vertedero en construcción para Rustavi y Gardabani.

Mapa R2.2.1 Área Metropolitana de Tbilisi

Fuente: Banco Mundial.

Fuente: Autoridad Local de Tbilisi.

a menudo estas personas crean grandes asentamientos informales, sobre todo en terrenos públicos. Estos asentamientos están dispersos en distintas partes de la ciudad (como en el caso de Lahore, en Pakistán) o pueden comprender una parte importante de la población de la ciudad1. Muchos de estos asentamientos se establecen en humedales, lechos de ríos o zonas expuestas a inundaciones. La expresión "barrios marginales" denota asentamientos con viviendas hacinadas que carecen de infraestructura básica (vías, agua, electricidad, y servicios de salud y de educación), donde la mayoría de los ocupantes no tienen títulos de propiedad de la tierra ni permisos oficiales para su uso. Los asentamientos informales son un efecto secundario habitual del desarrollo de las aglomeraciones — desarrollo que es positivo en términos generales — y pueden crear importantes problemas legales, sociales y económicos en el mundo en desarrollo.

Megaciudades

Como se ha señalado, en 2012 había en todo el mundo 27 megaciudades con una población superior a los 10 millones de habitantes (Brinkoff, 2012). Las grandes zonas urbanas tienen grandes mercados locales (debido al menor costo del transporte) y promueven las economías de escala y la diversidad industrial (lo cual crea incentivos para la innovación). Todo esto contribuye a la creación de empleo y al desarrollo económico. La aglomeración facilita el crecimiento económico a través del intercambio de información, mano de obra y otros insumos; la especialización y el comercio intersectorial, y la competencia. Sin embargo, las megaciudades también enfrentan desafíos, como los siguientes:

- escasez de infraestructura y vivienda (lo que crea grandes asentamientos no planificados);

- gran congestión de tráfico y habitacional;

- grandes sectores informales (empresas familiares) que requieren apoyo;

- problemas de gobierno y gestión de las megaciudades;

- insuficiente acceso a capital para inversiones.

Respuesta frente a la urbanización

Estos retos requieren la actuación de los gobiernos locales y nacionales; por ejemplo:

- mayor necesidad de infraestructura de apoyo (para reducir las distancias, mitigar la congestión, prevenir el establecimiento de barrios marginales, etc.);

- mayor demanda de servicios básicos;

- necesidad de mitigar el aumento de los costos de la tierra, la mano de obra, la vivienda, etc., que deben afrontar las empresas y los residentes;

- necesidad de mitigar las tensiones a que se somete el medio ambiente;

- necesidad de contar con una estructura de gobierno más eficaz, con instituciones que faciliten la movilidad de los bienes y las personas, exijan el cumplimiento de las regulaciones, etc.;

- necesidad de aplicar subsidios para reducir las divisiones sociales y económicas.

En todo el mundo, las densidades económicas están muy concentradas (mapa 2.1). La gestión de las megaciudades debe diferenciarse en cierta medida de la

Mapa 2.1 Densidades económicas ("montañas económicas") en algunas partes del mundo

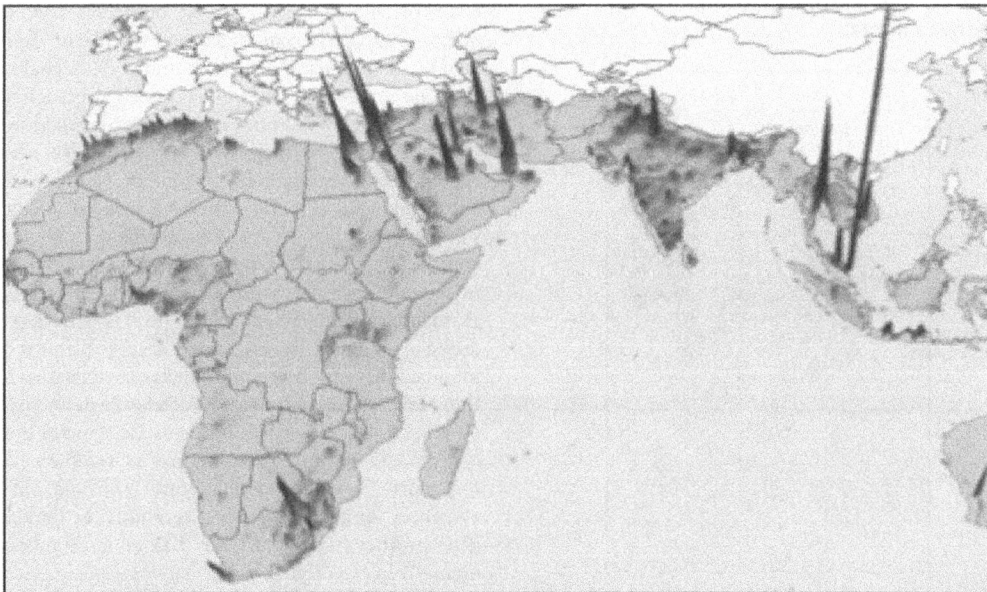

Fuente: Banco Mundial, 2010.

gestión de otras ciudades. Los grandes centros urbanos y su desarrollo deben ponerse en el contexto de sus economías nacionales. Las megaciudades y la productividad de los centros urbanos determinan cada vez más el crecimiento económico nacional, así como la economía de las subregiones (Banco Mundial, 2010). Por ejemplo, la eficiencia de Dar es Salaam como ciudad portuaria tiene efectos en Tanzanía y los países vecinos (República Democrática del Congo, Uganda y Zambia). Los vínculos entre ciudades de distintos países hacen que la productividad de cada ciudad incida en la de las demás, formando un polo de crecimiento transfronterizo a nivel subregional. En el mapa de África oriental (mapa 2.2) se muestra claramente la importancia de las grandes ciudades en la región.

Si bien hasta ahora África ha estado rezagada en lo que respecta a la urbanización, está bien encaminada para convertirse en un continente predominantemente urbano. En África, la tasa media de crecimiento anual de la población urbana es de 4 %, la más alta del mundo. Tres de las 10 ciudades de mayor crecimiento en el mundo se encuentran en África: Lagos (Nigeria), Dar es Salaam (Tanzanía) y Lilongwe (Malawi). Se prevé que, para 2030, la población urbana habrá sobrepasado a la población rural en este gran continente.

Mapa 2.2 Densidad poblacional en África oriental

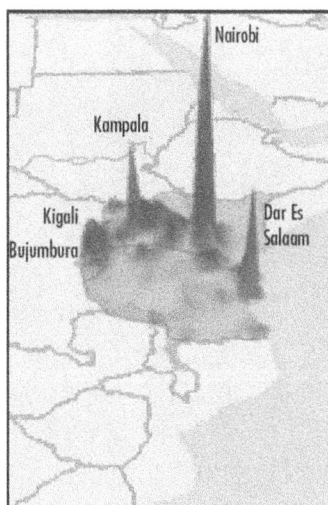

Fuente: Banco Mundial, 2010.

Gobierno de las áreas metropolitanas

Las áreas metropolitanas se benefician considerablemente de la coordinación o integración del suministro de servicios, el desarrollo conjunto y la participación en los costos, en lugar de iniciativas individuales por parte de cada gobierno local adyacente. La experiencia internacional ha mostrado que en las áreas metropolitanas prósperas se han conseguido considerables economías de escala en ciertos servicios. Por ejemplo, en París, Londres y Shanghái, las administraciones metropolitanas se ocupan de zonas que tienen el doble de la población de la ciudad central. El concepto de *gobierno de las áreas metropolitanas* puede definirse de la siguiente manera:

> Conjunto de instituciones, reglas y medidas que configuran las políticas y las condiciones para la vida y la economía de una región metropolitana.

Las áreas metropolitanas suelen caracterizarse por la rápida variación de la densidad y el paisaje, el cambio de los distintos usos de la tierra, los mercados inmobiliarios especulativos, la falta de integración espacial de la economía y la infraestructura locales, y las disparidades de la prestación de servicios y las capacidades administrativas. Mientras que las actividades orientadas a *conservar* las empresas existentes normalmente deberían recaer en el gobierno de más bajo nivel encargado de la comunidad de negocios, la tarea de *atraer* nuevas empresas para la creación de empleo e iniciativas conexas de desarrollo económico suele producir los mejores resultados si se lleva a cabo a nivel regional. Lo mismo es válido para la eliminación de desechos sólidos o a la búsqueda de soluciones a los diversos problemas ambientales, como la calidad del aire y el agua, cuyo impacto trasciende los límites jurisdiccionales. Por ejemplo, el mantenimiento inadecuado de los sistemas de drenaje de aguas lluvias en un área suele provocar inundaciones en otras comunidades (externalidades). Con respecto a los servicios policiales, la delincuencia no respeta límites jurisdiccionales, de manera que la coordinación es un aspecto necesario. También existe una fuerte interdependencia entre la promoción del turismo y su gestión. Tales externalidades tienden a generar incentivos para un diálogo intergubernamental y la creación de disposiciones especiales entre los gobiernos locales.

La falta de un mecanismo de gobierno (formal o informal) a escala metropolitana tiende a crear graves problemas y lleva a desaprovechar oportunidades (véase un resumen en el recuadro 2.3).

Buen gobierno de las áreas metropolitanas

A medida que las áreas metropolitanas surgen y crecen, aumenta la necesidad de una gestión a nivel metropolitano, para poder coordinar y adoptar decisiones conjuntas. A continuación se señalan algunos ejemplos de casos en que la gestión a nivel metropolitano es particularmente ventajosa para los residentes y los gobiernos locales. Muchas medidas están motivadas por inquietudes u oportunidades financieras:

- *Combinación de recursos financieros:* cuando se podría lograr sinergias a través de iniciativas conjuntas de los gobiernos locales del área metropolitana combinando sus recursos financieros o humanos para un fin determinado, como promover el área, realizar adquisiciones conjuntas, compartir equipos de emergencia, etc.

- *Distribución de los costos:* cuando los gobiernos locales del área metropolitana lograrían eficiencia (economías de escala) al compartir los costos de la prestación de un servicio; por ejemplo, una planta de eliminación de desechos o un sistema de drenaje coordinado para toda el área, o una sola fuerza policial.

- *Externalidades:* cuando, por razones de justicia, es necesario abordar externalidades que traspasan los límites jurisdiccionales; por ejemplo, en caso de contaminación del aire o del agua provocada por zonas industriales lindantes (externalidad negativa), o cuando todas las atracciones turísticas se encuentran en un área, pero los visitantes se hospedan y gastan en otra área (externalidad positiva).

- *Servicios especializados:* cuando los gobiernos locales del área requieren equipos o servicios especializados (por ejemplo, eliminación de desechos peligrosos), necesidades que podrían atenderse mejor en forma conjunta, o por uno de los gobiernos locales y los demás costean el servicio.

Recuadro 2.3 Riesgos y pérdida de oportunidades debido a la falta de un sistema de gobierno metropolitano

En las regiones metropolitanas siempre existen algunas reglas, pero es posible distinguir entre un gobierno adecuado y uno inadecuado. Entre las consecuencias negativas de un gobierno deficiente, que se caracteriza por la falta de diálogo y de coordinación (posiblemente debido a la diversidad política), cabe señalar las siguientes:

- *Fragmentación.* La prestación de algunos servicios públicos (particularmente aquellos de interés común, como servicios de autobuses u otra modalidad de transporte público) puede estar fragmentada, con el resultado de mayores costos y dificultades de financiamiento en cada gobierno local.
- *Beneficiarios parásitos.* Por ejemplo, si algunas zonas (normalmente el casco urbano) están congestionadas y experimentan un aumento de la contaminación del aire, la ciudad afectada puede verse en la necesidad de corregir un problema de índole conjunta o regional con sus propios recursos, sin contar con una contribución justa de los vecinos, que se benefician de los efectos positivos de la operación, pero gastan su propio dinero en otros lugares e incluso pueden agravar los problemas del casco urbano.
- *Subutilización.* Algunos terrenos pueden tener escaso valor a nivel local, pero este podría ser más alto desde la perspectiva regional.
- *Disparidades.* Distintas partes del área metropolitana pueden tener diferencias en la calidad y el nivel de las comodidades y los servicios porque la desigualdad de ingresos entre los residentes afecta la base impositiva de los diversos gobiernos locales.

- *Disparidad:* cuando en el área metropolitana existen desigualdades considerables (disparidad de ingresos) entre sus residentes, por subárea o jurisdicción, y abordar esa situación se considera un tema prioritario.

No obstante, es importante reconocer que las necesidades y las posibilidades de actuación con respecto a un área urbana en particular dependen de varios factores locales, como los siguientes:

- El contexto nacional:

  - la Constitución y otras leyes y regulaciones del país;

  - la división de responsabilidades (funciones) entre los diversos niveles de gobierno;

  - las relaciones con los niveles superiores de gobierno, y el sistema intergubernamental.

- El contexto local:

  - la historia y la cultura del área (por ejemplo, una fuerte tradición de autonomía local, o la inexistencia de tal tradición);

  - la importancia del fácil acceso de los residentes a su gobierno local y la garantía de la rendición de cuentas correspondiente;

  - las fuentes de ingresos de los gobiernos locales.

En las áreas metropolitanas, las estructuras de gobierno local fragmentadas suelen depender en gran medida de las transferencias intergubernamentales o del gasto que efectúan los niveles superiores de gobierno. Por otra parte, los mecanismos de gobierno metropolitano permiten la internalización de las externalidades de muchos servicios públicos y la asignación de una gama más amplia de servicios a los organismos de nivel metropolitano (Bahl, Linn y Wetzel, 2013).

En algunos lugares, los gobiernos locales cooperan entre sí solo cuando se lo exige un nivel superior de gobierno o cuando se trata de asuntos de conveniencia mutua (por ejemplo, para poder acceder a algún tipo de financiamiento). Tal cooperación puede o no generar un gobierno metropolitano verdadero y perdurable. A veces, los incentivos de un gobierno provincial o nacional han fomentado la cooperación entre los gobiernos locales. Por ejemplo, en los Estados Unidos, para obtener subvenciones del gobierno federal, sobre todo para infraestructura vial y de transporte público y para la gestión de aguas residuales, durante años se exigía que el gobierno local mostrara la aprobación de las necesidades y soluciones en un plan regional formulado por una entidad regional. Con la disponibilidad de subvenciones de la Unión Europea para el desarrollo económico regional se crearon muchos consejos de planificación regional (OCDE, 2006). Se han creado otros incentivos para la coordinación a nivel regional a través de sistemas intergubernamentales (por ejemplo, en la India), a través de marcos legales (como en Brasil, Francia, Italia y Polonia), o mediante incentivos financieros e influencia política (por ejemplo, en los Países Bajos).

Modelos de gobierno metropolitano

La experiencia internacional demuestra una gran diversidad de modelos de gobierno metropolitano, particularmente en toda América del Norte (Dodge, 1996) y Europa (OCDE, 2006). En Asia oriental, países como China, Japón y la República de Corea tienen gobiernos metropolitanos consolidados para sus megaciudades (Yang, 2009). En Asia meridional existen muchas megaciudades, pero son escasos los modelos bien consolidados y que funcionan adecuadamente. Si bien existen muchas autoridades metropolitanas de desarrollo, estas tienden a concentrarse principalmente en la planificación de inversiones y el desarrollo urbanístico.

América Latina también tiene muchas megaciudades, pero São Paulo, Ciudad de México, Buenos Aires y Río de Janeiro carecen de un marco de gobierno metropolitano, o este es deficiente. Una excepción es el Distrito Metropolitano de Quito, en Ecuador, que cuenta con un Concejo Metropolitano elegido, que tiene amplias responsabilidades y está presidido por un alcalde elegido. En Bogotá y Caracas existen sistemas similares, pero estos son más deficientes en la práctica (Rojas, Cuadrado-Roura y Fernández Guell, 2007). África al sur del Sahara se está urbanizando rápidamente, pero la mayoría de las ciudades carecen de instituciones eficaces para abordar asuntos a escala metropolitana. Sudáfrica es una excepción, ya que, mediante un proceso de consolidación, se han establecido ocho municipios, cada uno de los cuales abarca básicamente su correspondiente área metropolitana.

En los casos en que los mecanismos institucionales a nivel local son débiles o inexistentes, la coordinación suele estar en manos del gobierno nacional o los gobiernos provinciales o de los estados (por ejemplo, el estado de Lagos). En Australia, el transporte público y otras funciones locales son administrados por los gobiernos provinciales (Abbott, 2011).

Las prácticas internacionales subrayan que, para coordinar los gobiernos locales en un área metropolitana, se requiere un marco de gobierno formalizado. En todo el mundo se han aplicado diversos modelos para suplir esta necesidad. En una misma área metropolitana pueden coexistir varios modelos. Los modelos que se señalan a continuación se describirán con mayores detalles, y las variaciones se ilustran con ejemplos de algunas ciudades. En las secciones siguientes se explicará cómo las ciudades han abordado los problemas financieros y la manera en que sus mecanismos institucionales y financieros han ido evolucionando a través del tiempo.

Los siguientes son los principales modelos y sistemas de gobierno metropolitano:

- Los siguientes son los principales modelos y sistemas de gobierno metropolitano:

  — iniciativas conjuntas específicas;

  — contratos entre gobiernos locales;

  — comités, comisiones, grupos de trabajo, alianzas, plataformas consultivas, etc.

- Autoridades regionales (a veces reciben el nombre de "distritos con propósitos especiales"):

  — un consejo metropolitano de los gobiernos;

  — una autoridad regional de planificación;

  — una autoridad regional de prestación de servicios;

  — una autoridad regional de planificación y prestación de servicios.

- Gobierno a nivel metropolitano:

  — un gobierno local a nivel metropolitano;

  — un gobierno regional establecido por un nivel superior de gobierno (federal, estatal o provincial).

- Anexión de territorio o consolidación de gobiernos locales.

¿Cómo seleccionan o cambian un modelo las partes interesadas?

El sistema de administración local influye considerablemente en la eficiencia y la equidad de una economía regional. Si bien no existe un mecanismo perfecto de gobierno local —todos tienen ventajas y desventajas—, el sistema de rendición de cuentas y responsabilidad política coincide con la autoridad y la base de ingresos. El surgimiento de áreas metropolitanas más grandes indica la necesidad de gobernar áreas jurisdiccionales bastante grandes mediante el establecimiento de una *autoridad que coincida con la representación*. Eso significa que toda entidad que se establezca para coordinar localidades subordinadas o funciones de prestación de servicios idealmente debería representar a toda la jurisdicción y rendirle cuentas, y debería recibir los recursos y autoridad correspondientes.

La estructura de gobierno afecta la accesibilidad de los ciudadanos, el grado de participación pública en la toma de decisiones, y la responsabilidad y respuesta de los gobiernos. La evolución del tamaño de una zona urbana, su potencial económico, las economías de escala, el poder financiero, la accesibilidad y la facilidad de desplazamiento de la fuerza de trabajo son algunos de los principales factores que determinan el diseño de un determinado gobierno metropolitano. El modelo más apropiado para un área en particular depende del contexto tanto nacional como local. En el recuadro 2.4 se presenta una lista de preguntas sencillas para ayudar a analizar los mecanismos de gobierno metropolitano.

Ventajas de las unidades de gobierno más pequeñas

La experiencia en las áreas metropolitanas pone de relieve que los buenos sistemas de gobierno metropolitano institucionalizan una adecuada división del trabajo entre las entidades de nivel metropolitano y los gobiernos locales. Con pocas excepciones, los gobiernos locales siguen siendo los principales órganos rectores de la mayoría de las funciones, y aceptan que un ente metropolitano conjunto realice otras funciones. Los gobiernos locales siguen siendo fundamentales para asegurar la accesibilidad, respuesta y rendición de cuentas, así como vínculos estrechos y bien definidos entre los gastos y los ingresos; para asignar los recursos de manera eficiente, y, algo no menos importante, para asegurar la participación de los ciudadanos en las decisiones locales. Muchos estiman que incluso cierto

Recuadro 2.4 Preguntas que deben formularse al examinar la estructura de gobierno de un área metropolitana

Las siguientes preguntas pueden servir para mejorar la evolución de la estructura de gobierno de un área metropolitana:

- ¿Qué *problemas* similares existen en las jurisdicciones locales del área que deben o podrían abordarse de manera más eficaz en forma conjunta? Algunos ejemplos son el transporte público, la red vial local, la eliminación de desechos sólidos, el mantenimiento de vías y los sistemas de drenaje.
- ¿Qué *oportunidades* existen para que las autoridades locales del área metropolitana adquieran más vigor y sean más eficaces actuando en conjunto? Algunos ejemplos de esas oportunidades son la promoción de la ciudad, la atracción de inversión extranjera directa, el fomento del turismo y algunas adquisiciones.
- ¿Las autoridades locales podrían *ahorrar recursos públicos* (aumentar la eficiencia) si administraran conjuntamente la prestación de algunos servicios en lugar de hacerlo por separado, por ejemplo, aprovechando las economías de escala, las posibilidades de coordinación, etc.?
- ¿Sería posible abordar los problemas y aprovechar las oportunidades mediante un *organismo metropolitano*? En caso negativo, ¿por qué no? ¿Cuáles son los impedimentos? ¿Cuál sería la manera más eficaz de abordar los problemas y aprovechar las oportunidades? En caso afirmativo, ¿dicho organismo se establecería y estaría dirigido por los gobiernos locales o por un nivel superior de gobierno? ¿La creación de tal organismo requeriría un largo proceso legislativo o regulatorio? De ser así, ¿valdría la pena hacerlo?

- Si ya existe un *organismo regional de desarrollo* para ciertas funciones, ¿podría ampliarse su mandato para abordar algunas de las cuestiones mencionadas anteriormente? ¿Cuáles serían las ventajas y las desventajas?
- En algunas funciones, ¿podrían abordarse mejor los diversos problemas y oportunidades a través de un *gobierno metropolitano de más alto nivel*? En caso afirmativo, ¿podrían incorporarse las funciones de cualquier organismo regional ya existente? ¿La *consolidación* de algunas autoridades locales podría ser una opción?
- ¿Cómo podría garantizarse que la *accesibilidad* de los ciudadanos al gobierno y la respuesta y la rendición de cuentas de este no se debilitarán con cualquier cambio de estructura?
- Si ya existe un organismo metropolitano, ¿qué otras funciones administradas actualmente por un gobierno de nivel superior podrían asignarse a dicho organismo?
- ¿La *desigualdad* entre las áreas de gobierno local (en cuanto a ingresos y prestación de servicios) debería ser abordada por el gobierno nacional a través de los gobiernos locales del área, o como una cuestión metropolitana, mediante la acción conjunta de los gobiernos locales?
- ¿La *participación* en los costos dentro del área metropolitana es justa en lo que respecta a las externalidades en todas las jurisdicciones (por ejemplo, contaminación del aire, el hecho de que las personas vivan y paguen impuestos en una jurisdicción pero trabajen en otra, etc.)? En caso negativo, ¿este asunto debería ser abordado por el gobierno nacional a través del sistema de transferencias, o como una cuestión de índole metropolitana, mediante la acción de los propios gobiernos locales?

nivel de competencia entre los gobiernos locales puede ser saludable en ciertas áreas, pues ello les da incentivos para aumentar la eficiencia.

La experiencia a nivel metropolitano también indica que la política, y no tanto la eficiencia y la equidad, a menudo determina la elección de la estructura de gobierno. En algunos estudios de casos que se analizan en otras secciones se muestra que los cambios en el sistema de gobierno metropolitano en Londres, Toronto y Sudáfrica estuvieron impulsados en gran medida por factores políticos, aunque también se tomaron en cuenta los aspectos económicos, financieros y relativos a la eficiencia. La experiencia internacional indica que es conveniente la flexibilidad de los mecanismos de gobierno a lo largo del tiempo y en las distintas jurisdicciones. Como se muestra en algunos de los casos que se describen más adelante, algunas áreas metropolitanas han aplicado diferentes modelos en el transcurso del tiempo.

En el cuadro 2.1 se resumen las ventajas y las desventajas de los diferentes modelos de gobierno, que se analizan con más detalle en las secciones siguientes.

Financiamiento de las áreas o funciones metropolitanas

El éxito de las finanzas públicas de las áreas metropolitanas depende en gran medida de la forma en que estén estructuradas las relaciones verticales intergubernamentales. Depende en particular de si las ciudades metropolitanas serán tratadas de la misma manera que otros gobiernos locales del país, o de manera diferente (por ejemplo, asignación de un estatus especial a las ciudades capitales nacionales, o ciudades con estatus de "ciudad provincial"); de si tienen mecanismos especiales de asignación de gastos y de tributación atendiendo a su tamaño, o de si existen otros mecanismos especiales en el sistema de transferencias intergubernamentales. El grado en que la actuación de los gobiernos locales en un área metropolitana estará regulada por los ministerios de los niveles superiores de gobierno también es importante, al igual que la coordinación de la prestación de servicios en el área por los gobiernos locales y los niveles superiores de gobierno (Bahl, Linn, y Wetzel, 2013).

Las consideraciones financieras suelen ser los principales incentivos para conformar mecanismos metropolitanos especiales, ya sea a través de un proceso vertical emprendido por los gobiernos locales en ejercicio, o como una decisión adoptada por un gobierno de nivel superior (provincial o nacional). Los principales factores económicos o financieros son, entre otros, el potencial de ahorro de costos mediante iniciativas conjuntas (economías de escala); la distribución de los costos en la provisión de servicios o las inversiones de capital en toda el área, y el deseo de encarar la desigualdad fiscal cuando existen considerables diferencias en la base impositiva entre las jurisdicciones de una área metropolitana. En esta sección se resumen los aspectos financieros genéricos aplicables a cualquier modelo de gobierno; en las descripciones de los estudios de casos que se presentan a continuación se señalan diversas implicaciones financieras y las correspondientes soluciones adoptadas en algunas ciudades.

Financiamiento de los servicios y las operaciones

En gran medida, son los factores financieros de las operaciones (ingresos y gastos operacionales) lo que motiva la cooperación a nivel metropolitano e influye en su forma, profundidad e instrumentos.

Distribución de los costos de los servicios

Cuando un servicio público se administra en toda un área metropolitana, se requiere un mecanismo de distribución equitativa de los costos entre los gobiernos locales (por ejemplo, para la eliminación de desechos sólidos, el mantenimiento del sistema de drenaje, las redes de alcantarillado y la descarga de aguas residuales, y el mantenimiento vial). Idealmente, los costos que pueden cobrarse en función del uso, como el volumen de basura retirado de un asentamiento, deberían cobrarse de acuerdo a ese criterio (por ejemplo, un derecho de descarga pagado en el vertedero). Sin embargo, en el caso del mantenimiento de redes en toda el área (como las redes viales, de drenaje y de alcantarillado), a veces los cargos basados en el tamaño de la red y en el uso en diferentes áreas de gobierno local no son apropiados o equitativos. Por ejemplo, todos los usuarios del transporte del área se benefician de una red vial bien integrada y bien mantenida. Los sistemas de drenaje de aguas lluvias y alcantarillado bien mantenidos tienen beneficios sanitarios para toda el área. Sin embargo, el costo de mantenimiento de algunas secciones de la red puede ser más alto que el de otras debido a factores

Cuadro 2.1 Ventajas y desventajas de los diferentes modelos de gobierno metropolitano

Modelo conceptual	Ventajas	Desventajas
	COOPERACIÓN HORIZONTAL ENTRE GOBIERNOS LOCALES	
Iniciativas conjuntas específicas (convenios entre autoridades locales)	Son convenientes en áreas donde la interdependencia entre los gobiernos locales es limitada (o en un área pequeña con, por ejemplo, solo dos gobiernos locales).	Suelen ser de alcance limitado. No existe el compromiso de abordar una necesidad en forma continua y permanente.
	Pueden ser una fase inicial para adquirir experiencia y generar confianza en las iniciativas conjuntas coordinadas entre los gobiernos locales.	
	Son un enfoque plausible cuando la adopción de mecanismos más permanentes y formales está restringida por factores políticos o prohibida por los marcos legales.	
Contratación de servicios a otros gobiernos locales	Un gobierno local puede especializarse en un determinado servicio o función, en beneficio de todos los demás gobiernos locales del área.	El gobierno local contratante debe controlar la calidad y la cobertura del servicio recibido (el hecho de contratar un servicio no significa sustraerse de la responsabilidad del servicio o la función).
	A veces son convenientes cuando uno de los gobiernos locales es dominante en términos de capacidad humana y financiera.	Riesgos: el acceso de los residentes al proveedor de los servicios puede verse afectado; la rendición de cuentas a los residentes puede debilitarse o ser poco clara.
Comités, comisiones, grupos de trabajo, plataformas consultivas, etc.	Órganos de coordinación temporales o permanentes. A menudo son redes, más que instituciones[a].	Por lo general, cumplen una función de asesoría solamente.
	Enfoques flexibles.	

AUTORIDADES REGIONALES[b]

Consejo metropolitano de los gobiernos locales y mecanismos similares	Un foro donde los gobiernos locales miembros pueden tratar asuntos de interés común y regional, manteniendo al mismo tiempo su autoridad sobre todas las decisiones mediante la exigencia de su ratificación por sus respectivos consejos. Puede aportar flexibilidad si los gobiernos locales pueden adherirse y retirarse en cualquier momento.	El impacto depende de a) los recursos humanos y financieros movilizados o asignados al consejo de los gobiernos locales, y b) la coherencia general entre los consejos de los gobiernos locales miembros con respecto a las opiniones sobre los asuntos metropolitanos.
Autoridad regional de planificación (con o sin facultades para hacer cumplir o implementar los planes)	Punto focal permanente para la planificación metropolitana (regional). Recursos analíticos especializados a nivel metropolitano (para destacar externalidades, oportunidades de economías de escala, desigualdades, etc.).	Riesgo de un impacto limitado si solo tiene facultades de asesoría, sin la capacidad de hacer cumplir o implementar los planes. Para que sea eficaz, dicha capacidad exige una considerable capacidad institucional y considerables recursos.
Autoridad regional de prestación de servicios (entidad o corporación pública, o empresa regional de suministro)	Economías de escala (eficiencias) en ciertos servicios. Participación de los gobiernos locales en calidad de "dueños" de la autoridad o la empresa, porque su responsabilidad de prestar los servicios se "delega" a la autoridad o a la empresa. Si se convierte en una corporación (empresa de suministro), se facilita la transición a la prestación de servicios por el sector privado o una alianza público-privada (según corresponda).	La eficacia depende de la autoridad para aplicar tarifas a los usuarios, recaudar contribuciones de los gobiernos locales, captar un flujo de ingresos destinados a los gobiernos locales, o recibir transferencias o impuestos específicos. Riesgos: el acceso de los residentes puede verse afectado; la rendición de cuentas a los residentes puede debilitarse o ser poco clara.
Autoridad regional de planificación y prestación de servicios (como entidad o corporación pública, o empresa regional del suministro)	Combinación de las ventajas ya señaladas para las autoridades regionales de planificación y las autoridades regionales de prestación de servicios.	Combinación de las desventajas ya señaladas para las autoridades regionales de planificación y las autoridades regionales de prestación de servicios.

(continúa en la página siguiente)

Cuadro 2.1 *(continuación)*

Modelo conceptual	Ventajas	Desventajas
	GOBIERNO METROPOLITANO	
Gobierno local metropolitano (de mayor nivel)	Estructura de gobierno de carácter permanente (mediante elección directa o a través de los gobiernos locales de nivel inferior) para ciertas funciones.	La eficacia tiende a depender: a) del grado de autoridad sobre los gobiernos locales de nivel inferior, y b) de si sus funciones son principalmente de planificación, o si también tiene algunas funciones de prestación de servicios.
	Recursos especializados a nivel metropolitano.	
Gobierno regional establecido por un nivel superior de gobierno (para un área metropolitana específica)	Estructura de gobierno de carácter permanente (mediante elección directa o designación por un nivel superior de gobierno) para ciertas funciones metropolitanas.	Riesgo de una conexión limitada con los gobiernos locales del área y de una escasa participación de estos (a veces este riesgo se puede mitigar si se cuenta con un sólido gobierno local).
	Recursos especializados a nivel metropolitano.	El acceso de los residentes puede verse afectado; la rendición de cuentas puede debilitarse o ser poco clara.
	Recursos directos del nivel superior de gobierno.	
	ANEXIÓN DE TERRITORIO O CONSOLIDACIÓN DE LOS GOBIERNOS LOCALES	
	Se crea una jurisdicción que comprende una porción más grande del área metropolitana (o toda el área), lo que tiende a facilitar la coordinación a nivel metropolitano, pero se pueden seguir necesitando oficinas administrativas locales o dispositivos sectoriales.	Con una jurisdicción más grande, el acceso de los residentes al gobierno local puede verse afectado; la rendición de cuentas a nivel local puede debilitarse.
	Facilita la nivelación de impuestos dentro del área (una base impositiva).	

a. OCDE, 2006.
b. También reciben el nombre de distritos con propósitos especiales; organizaciones voluntarias de base.

geográficos (algunas personas viven en cerros; otras, en terrenos planos), la ubicación de las estaciones de bombeo, etc. Los diversos grupos locales representados deben llegar a un acuerdo sobre un mecanismo razonablemente justo de distribución de los costos. A menudo esto se convierte en un tema con connotaciones políticas.

Externalidades tributarias

En algunos países, los ingresos del IVA se distribuyen entre el gobierno nacional y los gobiernos locales. Los casos en que los ingresos que corresponden a los gobiernos locales se transfieren a la jurisdicción en que se encuentra la casa matriz de una empresa pueden distorsionar la asignación de esos recursos entre los gobiernos locales. Esto puede afectar de manera particular a un área metropolitana si, por ejemplo, la casa matriz está ubicada en la ciudad central pero las plantas de producción o los negocios están en la zona suburbana. En esos casos, los ingresos tributarios deben ser ajustados ya sea por un nivel superior de gobierno (el que realiza las transferencias) o a nivel local (metropolitano). En el recuadro 2.5 se resumen los aspectos financieros para la cooperación regional y el establecimiento de entidades regionales.

Economías de escala específicas

Los gobiernos locales pueden actuar en conjunto con un fin específico para aprovechar economías de escala, por ejemplo, para comprar equipos a un precio más conveniente o para contratar un servicio. Al actuar en forma conjunta se puede reducir los costos de transacción y, posiblemente, conseguir mejores precios en actividades como la contratación de una firma de consultoría para elaborar un plan metropolitano de uso de la tierra, promover un evento internacional, o tratar de atraer empresas para que se instalen en el área. Estas acciones suelen requerir negociaciones específicas entre los gobiernos locales para llegar a un acuerdo sobre la distribución de los costos.

Financiamiento de entidades de nivel metropolitano

Toda entidad de nivel metropolitano (como una autoridad metropolitana de planificación o prestación de servicios) debe contar con financiamiento sostenible.

Recuadro 2.5 Razones financieras comunes para la cooperación regional o el establecimiento de entidades regionales de prestación de servicios

- *Los acuerdos para coordinar las políticas tributarias y tarifarias* (por ejemplo, armonización de la base impositiva, las tasas de impuestos y la administración tributaria) entre los gobiernos locales del área pueden evitar la competencia en materia de impuestos y tarifas. Por ejemplo, el área puede tener en común un impuesto a las empresas, una fórmula para determinar el impuesto a la propiedad y un impuesto vehicular, así como tarifas comunes para diversos tipos de permisos. (Sin embargo, las políticas tributarias conjuntas pueden o no apoyar la movilización general de ingresos).
  Ejemplo: En Marsella (Francia) se aplica un sistema conjunto para la recaudación del impuesto a las empresas, con una tasa impositiva común a fin de evitar en parte la competencia tributaria en el área.

- Un presupuesto común para iniciativas y servicios a nivel metropolitano puede basarse en una contribución proveniente de los ingresos generales de cada gobierno local, basada en una fórmula convenida.
  Ejemplo: Lyon (Francia) comparte la base impositiva de su área metropolitana. Una parte de los ingresos tributarios locales de cada comuna se asigna a un presupuesto común para financiar iniciativas y gastos conjuntos.

- *Un sistema de distribución de impuestos* para armonizar los ingresos y gastos en toda una región puede ayudar a solucionar un desequilibrio importante entre las necesidades sociales y la base impositiva (por

(continúa en la página siguiente)

Los gastos de operación suelen financiarse con una combinación de recursos, como los siguientes: a) contribuciones predefinidas y acordadas de los gobiernos locales involucrados; b) en la medida que sea posible, cargos al usuario por los servicios que debe suministrar la entidad metropolitana; c) transferencias provenientes de niveles superiores de gobierno; d) impuestos específicos; e) la autoridad para captar un flujo de ingresos destinados a los gobiernos locales; f) impuestos directos (como un impuesto vial); g) donaciones, y h) otras fuentes, como tarifas y subsidios directos, según las funciones de la entidad.

A veces, la contratación de ciertos servicios puede ser una alternativa para aumentar la integración. Una organización de servicios privada puede establecer entidades más grandes y coordinadas mediante la celebración de contratos con cada gobierno local de un área metropolitana.

Financiamiento de grandes proyectos de infraestructura en áreas metropolitanas

Para movilizar fondos destinados a grandes proyectos de infraestructura que afectan (o benefician) a varias jurisdicciones se requieren mecanismos especiales. A veces, las partes interesadas establecen una entidad separada para ejecutar el proyecto y, posiblemente, para asumir su propiedad y encargarse de su operación, conservando de esa forma los activos creados (por ejemplo, un puente, una planta de tratamiento de aguas residuales o un vertedero). Otra posibilidad es que contraten una empresa metropolitana (regional) de suministro para que planifique, ejecute y administre el proyecto. En cualquier caso, la entidad del proyecto o la empresa de suministro a menudo toma empréstitos (emite deuda) para financiar el proyecto. Otra opción es que cada uno de los gobiernos locales respectivos se endeude individualmente para aportar a los costos de capital de la inversión conjunta en infraestructura. Los participantes deben ponerse de acuerdo en un plan de contribuciones equitativas, proporcionales a los beneficios que cada cual espera recibir, o utilizar una fórmula en que se tenga en cuenta la cantidad de ciudadanos que se verán beneficiados.

Ejemplos de financiamiento de inversiones

Debido al gran volumen de las inversiones a nivel metropolitano, con frecuencia participa activamente en ellas un gobierno de nivel superior; también se requiere financiamiento de diversas partes interesadas. A continuación se describen dos ejemplos. En el primero, se creó una empresa llamada ARPEGIO para planear y celebrar contratos en nombre de gobiernos regionales y gobiernos locales metropolitanos en España. El segundo ejemplo describe una inversión en un tren metropolitano en los Estados Unidos con la cooperación del gobierno federal, una autoridad estatal y los gobiernos de dos condados.

ARPEGIO y la Comunidad Autónoma de Madrid.

ARPEGIO, que opera al amparo de la ley de empresas privadas, es de propiedad de la Comunidad Autónoma de Madrid (CAM) en España, un gobierno regional que comprende más o menos el área funcional de la metrópolis de Madrid, que tiene 5,2 millones de habitantes[2].

Las responsabilidades de la CAM comprenden el transporte y la infraestructura, la educación, la salud, la planificación, el desarrollo económico, el medio ambiente, la cultura y la investigación. El propósito de ARPEGIO es suministrar y administrar tierras para todas las clases de usos: industrial, residencial, oficinas, comercial y público. Es un medio para responder a las necesidades de planificación y contratación, con capacidad para emprender proyectos estratégicos de mediano y largo plazo que no son muy atractivos para el sector privado. ARPEGIO pone en el mercado tierras a precios accesibles para proyectos urbanísticos; invierte en infraestructura, propiedades, y servicios e instalaciones de esparcimiento, y posteriormente administra los servicios públicos urbanos en esas áreas. ARPEGIO se financia obteniendo terrenos públicos de los gobiernos a precios bajos, reestructurándolos y vendiéndolos para fines de urbanización, y prestando servicios de mercadeo y administración en un marco establecido por el Gobierno de la CAM (www.arpegio.com).

Proyecto del corredor de Dulles del tren metropolitano. La línea del corredor de Dulles es un tramo de 37 km del sistema del tren metropolitano de Washington, DC, que llega hasta el Aeropuerto Internacional de Dulles e importantes centros de empleo. La Dirección de Aeropuertos del Área Metropolitana de Washington (MWAA) administra el proyecto. Los asociados del proyecto son la Dirección de Tránsito del Área Metropolitana de Washington (WMATA), el estado de Virginia, y dos condados. Una vez terminada, la línea será transferida a WMATA, que asumirá su propiedad y su operación. En el recuadro 2.6 se detallan los dispositivos financieros y de gobierno de este proyecto de tren metropolitano, donde se destaca el propósito de los asociados de maximizar los beneficios del financiamiento conjunto, y un mecanismo de gestión muy claro. Ninguna de las entidades involucradas habría sido capaz de financiar y ejecutar este proyecto como inversionista y operador exclusivo.

Movilización de financiamiento a través de alianzas público-privadas
Para algunos gobiernos locales, es posible que el endeudamiento no sea una opción, ya sea debido a las regulaciones nacionales o porque, a juicio de los bancos y los mercados de capital, dichas administraciones no tienen capacidad crediticia. En esos casos, las alianzas público-privadas (APP) brindan la oportunidad de

acceder a financiamiento externo. Los gobiernos locales pueden unir fuerzas con asociados privados para financiar y operar juntamente los activos de servicio, en el marco de acuerdos para compartir los costos, los riesgos y los beneficios de la inversión. Las APP suelen incluir mecanismos de propiedad, operación y mantenimiento de los activos. En el capítulo 7 se explican varias modalidades.

Fondo de desarrollo municipal o metropolitano
Establecer un fondo de desarrollo municipal, metropolitano o regional para inversiones de capital también puede ser una opción, con contribuciones de diversos niveles de gobierno, organismos internacionales y el sector privado. Alrededor de 60 países (como Georgia, India, Nepal, Tanzanía y Uganda) han creado fondos nacionales como parte de su sistema intergubernamental específicamente para financiar proyectos de desarrollo de los gobiernos locales. Por lo general, esos mecanismos financieros no se aplican exclusivamente a las áreas metropolitanas, sino a todas las zonas urbanas o gobiernos locales del país. Sin embargo, con frecuencia, los gobiernos de las áreas metropolitanas son los principales receptores de tales fondos en forma de préstamos o subvenciones.

Casos de gobierno metropolitano

En las secciones siguientes se analizan varios modelos y casos de gobierno y financiamiento metropolitanos.

Coordinación horizontal entre gobiernos locales
Cuando se requieren refuerzos especiales de coordinación a nivel local, pero al mismo tiempo se debe preservar la autonomía de los gobiernos locales, la coordinación se puede realizar a través de diversos mecanismos especiales sin necesidad de un compromiso más amplio o a más largo plazo. En el cuadro 2.2 se resumen modelos, características y ejemplos de coordinación horizontal.

Iniciativas conjuntas específicas de los gobiernos locales
Los gobiernos locales de un área pueden unir fuerzas cuando ello los beneficia claramente a todos ellos y a sus representados, en lugar de actuar en forma

Recuadro 2.6 El proyecto del corredor de Dulles del tren metropolitano

El proyecto del corredor de Dulles del tren metropolitano es financiado por muchas partes interesadas, incluidos propietarios de tierras y empresas locales que pagan impuestos voluntarios, gobiernos de condados, un gobierno estatal, y subvenciones del gobierno federal de los Estados Unidos. Los propietarios de terrenos y establecimientos comerciales del área aceptaron pagar un impuesto especial para la primera etapa del proyecto (tres años antes de su finalización) con la esperanza de que esta extensión del servicio de ferrocarril metropolitano brindara oportunidades para aumentar la densidad y el desarrollo, y elevar el valor de los bienes inmuebles.

La segunda etapa del proyecto, cuyo costo estimado alcanza los US$2700 millones, será financiada por MWAA, el estado de Virginia y dos condados, con garantías de préstamo, pero sin financiamiento en efectivo, del Gobierno federal de los Estados Unidos. Las partes han suscrito un acuerdo de cooperación para el financiamiento y la administración del proyecto.

Desglose del financiamiento de la primera etapa (US$2600 millones)

	Entidad de financiamiento	Fuente
41 %	MWAA	Ingresos de la carretera de peaje existente (con aumentos del peaje)
10 %	Estado de Virginia	Bonos estatales y otras fuentes presupuestarias
15 %	Condado	Special tax on businesses/landowners in the area
34 %	Gobierno federal de los Estados Unidos	Ingresos en concepto del impuesto a los combustibles y fondos de estímulo económico

Fuente: www.dullesmetro.com.

---

independiente. Normalmente, se ponen de acuerdo para resolver un determinado problema temporal, como el control de una inundación o la coordinación del tráfico durante un evento importante. Aunque menos común pero igualmente posible, los gobiernos locales pueden combinar sus activos para que el área le resulte más atractiva a una empresa que esté considerando la posibilidad de instalar una planta u oficinas, para ser un competidor con más posibilidades de ser sede de un evento regional o internacional, para obtener un préstamo bancario en condiciones un poco más favorables, o para promover el turismo y atraer visitantes a la zona.

Contratación de servicios a otros gobiernos locales

El que un gobierno local tenga la responsabilidad de ofrecer un servicio público no significa necesariamente que este deba prestarlo por sí mismo. Un gobierno puede unirse con otro de diversas maneras para prestar un servicio: a) un contrato entre dos gobiernos del mismo nivel (un gobierno local asume la responsabilidad de un servicio de otro gobierno local a cambio de una comisión u otra forma de compensación, o le presta otro servicio); b) asunción por un gobierno local de la responsabilidad por un servicio de otro gobierno local a cambio de una comisión, o c) asunción por un gobierno de nivel superior de la responsabilidad de un gobierno local a cambio de una comisión. En el recuadro 2.7 se describe este modelo de contratación por diversos gobiernos locales en el área de Los Ángeles. En Shanghái, algunos gobiernos distritales y de los condados han contratado una unidad especializada del gobierno municipal para disponer de financiamiento y administrar la ejecución de algunos de sus proyectos de infraestructura, aprovechando las mayores capacidades de ese nivel de gobierno.

Cuadro 2.2 Coordinación horizontal entre gobiernos locales

Modelos	Características	Ejemplos
Iniciativas conjuntas específicas	La acción conjunta permite a los gobiernos locales lograr economías de escala (por ejemplo, compras en grandes cantidades, servicios de bomberos, mantenimiento de vías, promoción del turismo) o los pone en mejor posición, por ejemplo, para atraer a una empresa o un evento, o para promover el turismo. Consideraciones financieras comunes: • Los acuerdos generalmente se basan en la determinación, por cada gobierno local participante, de los costos y beneficios que les significa la actividad conjunta. • Cuando los costos son considerables, se debe acordar una fórmula razonable para su distribución.	Las ciudades candidatas a organizar los Juegos Olímpicos u otros eventos importantes tienden a postularse en nombre del área metropolitana a la que pertenecen.
Contratación de servicios a otros gobiernos locales	Un gobierno local contrata a otro gobierno local (o de un nivel superior) para que preste un servicio que el gobierno contratante tiene la responsabilidad de proveer. Consideraciones financieras comunes: • El gobierno local que contrata el servicio o la función determinaría los costos y los beneficios de esta opción, en comparación con la alternativa de suministrarlo por sí mismo. Esto es particularmente importante si se requieren inversiones de capital considerables, ya sea de corto o largo plazo.	Condado de Los Ángeles (Estados Unidos). U.S. Association of Contract Cities. Shanghái (China).
Comités, grupos de trabajo, plataformas consultivas, etc.	Órganos de coordinación temporales o permanentes.	Ruhr (Alemania); Turín, Milán (Italia); París, (Francia); el Gran Toronto (Canadá).

Aunque el sistema de contratación de servicios no se aplica específicamente a las áreas metropolitanas, sino a cualquier gobierno local, se menciona aquí porque representa una manera en que los gobiernos locales de un área metropolitana pueden colaborar en forma limitada pero igualmente provechosa. Este método es aplicable particularmente cuando en un área hay un gobierno local dominante, posiblemente dotado de más capacidad humana y financiera. Los resultados positivos de un mecanismo contractual inicial pueden sentar las bases para adoptar modelos más avanzados y más amplios de cooperación, como se analiza más adelante.

Autoridades regionales

Una autoridad regional es una entidad jurídica independiente; conceptualmente es una asociación u organización voluntaria establecida por los gobiernos locales miembros para cumplir funciones de planificación, prestar servicios o utilizar de mejor manera sus recursos públicos. En los Estados Unidos, estos mecanismos entre ciudades a veces se denominan "asociaciones para fines especiales" o "distritos con propósitos especiales". En el cuadro 2.3 se resumen los conceptos de varios de estos modelos.

Dos o más gobiernos locales pueden crear una asociación para lograr economías de escala. Por ejemplo, en el ámbito de la gestión de desechos, pueden operar conjuntamente una planta de eliminación de basura, un vertedero o el transporte público. En algunos países (como Brasil, Francia, Italia y Polonia) se ha establecido un marco jurídico por separado para estos mecanismos. Este concepto representa una integración administrativa o política, en que los gobiernos miembros están representados en la junta o consejo de la asociación. Las autoridades o empresas de suministro regionales pueden recaudar contribuciones de los gobiernos locales miembros o cobrar tarifas a los usuarios para costear los servicios

Recuadro 2.7 La U.S. Association of Contract Cities

Los contratos de prestación de servicios entre dos o más gobiernos locales pueden organizarse individualmente o facilitarse a través de una asociación de gobiernos locales. La U.S. Association of Contract Cities (Asociación Estadounidense de Ciudades Contratantes) — cuyos miembros pertenecen mayoritariamente al estado de California — promueve y facilita un sistema basado en el mercado para gobiernos locales muy pequeños. Estos gobiernos ejecutan solamente unas pocas funciones de su mandato. En cambio, contratan y venden servicios entre las ciudades asociadas según su especialización. A menudo trabajan con empresas privadas en un entorno

sumamente competitivo. Aunque los ahorros que se consiguen con este tipo de contrato o de provisión de servicios en forma cooperativa deben contrapesarse con los costos que supone la coordinación de las actividades (costos de transacción), el programa ofrece flexibilidad en la prestación de servicios locales, particularmente en el caso de los gobiernos pequeños que tal vez no tengan la capacidad para desempeñar ciertas funciones por sí mismos. El área de Los Ángeles, en California, tiene muchos gobiernos locales pequeños. El gobierno del condado de Los Ángeles, que es lejos el más grande, presta diversos servicios por contrato a los gobiernos más pequeños.

Fuente: www.contractcities.org.

prestados. Algunas incluso están autorizadas a aplicar impuestos.

Los gobiernos locales de las áreas metropolitanas de América del Norte con frecuencia establecen ese tipo de órganos con "fines especiales" para determinados servicios. Estos pueden ser juntas escolares, juntas policiales, consejos de administración de bibliotecas, autoridades de conservación, comisiones de recreación, juntas de salud, comisiones de servicios de suministro (por ejemplo, para una cuenca lacustre o fluvial, o una cuenca hidrográfica) y autoridades de tránsito. En el caso de servicios con más externalidades, como los de vialidad, en que los cargos al usuario no son factibles ni eficientes, las autoridades metropolitanas a veces tienen facultades para aplicar impuestos. Estos mecanismos de consolidación de servicios pueden generar eficiencias, particularmente para los gobiernos locales más pequeños de un área metropolitana, al permitirles mantener su independencia.

En el recuadro 2.8 se presenta un resumen del sistema de eliminación de desechos sólidos en el municipio de Shanghái. Este consiste en una operación coordinada entre nueve gobiernos de distrito, que recogen unos 9 millones de toneladas de basura diariamente y los transportan a un gran vertedero operado a través de una APP.

Se establecen contratos de prestación de servicios entre la autoridad metropolitana (empresa de suministro de servicios) y los gobiernos miembros participantes. En algunos casos, los gobiernos nacionales han alentado el establecimiento de autoridades regionales mediante incentivos y legislación especial. En los Estados Unidos, por muchos años, para obtener financiamiento en forma de subvenciones del gobierno federal, particularmente para infraestructura vial y de transporte, y para el tratamiento de aguas residuales, los gobiernos locales debían mostrar la aprobación de las necesidades y soluciones en un plan regional elaborado por una entidad regional.

Existen muchas variaciones de autoridades regionales. Un elemento común importante, a diferencia de los gobiernos metropolitanos elegidos o designados, es que los gobiernos locales miembros dirigen las operaciones a través de su representación en los consejos o juntas. En el cuadro 2.4 se muestran varias dimensiones que caracterizan a una autoridad regional.

Consejos metropolitanos de los gobiernos

Los consejos metropolitanos de los gobiernos son un concepto vertical (desde abajo) de la regionalización, que es muy común en los Estados Unidos y cumple diversos propósitos. Se aplica con tanta frecuencia que también existen algunas asociaciones nacionales de

Cuadro 2.3 Tipos de autoridades regionales

Modelos	Características	Ejemplos
Consejo metropolitano de gobiernos	Foro para iniciativas coordinadas de los gobiernos locales miembros. Las decisiones deben ser ratificadas por la junta o el consejo de gobierno local.	São Paulo (Brasil); Boloña (Italia); varios ejemplos en los Estados Unidos.
Autoridad regional de planificación	Responsabilidades de planificación o de resolución de problemas específicos, de planificación regional general o de funciones específicas; con o sin facultades para hacer cumplir o implementar los planes.	Hay muchos ejemplos de entidades asesoras, pero son pocas las que tienen facultades decisorias o de ejecución. Portland (Estados Unidos; en el pasado tenía facultades decisorias); ciudad de Nueva York (operada por una ONG).
Autoridad regional de prestación de servicios	Responsable de proveer uno o más servicios; puede denominarse "distrito con propósitos especiales"; opera como una entidad pública, una agencia de servicios (corporación o cooperativa) de propiedad de los gobiernos locales miembros (accionistas o miembros). Normalmente puede aplicar cargos al usuario e impuestos, o recaudar fondos de los gobiernos locales para costear los servicios.	El Distrito Regional del Gran Vancouver (Canadá) es una corporación pública que presta múltiples servicios; cumple importantes funciones de planificación, pero se concentra en sus amplias responsabilidades de prestación de servicios.
Autoridad regional de planificación y prestación de servicios	Foro que combina la planificación y la prestación de uno o más servicios (por ejemplo, una autoridad regional de transporte o una autoridad del agua); funciona como entidad pública, corporación pública, empresa regional de suministro o cooperativa.	En Francia, las ciudades de Lyon y Marsella, algunas agencias de desarrollo municipal (por ejemplo, en Delhi y Dhaka), y la Autoridad de Desarrollo de Megaciudades en Lagos (Nigeria).

consejos de los gobiernos[3]. Un consejo de los gobiernos (CG) es una variación del concepto de autoridad regional, con facultades decisorias limitadas a fin de no menoscabar la responsabilidad de cada uno de los gobiernos locales.

El Consejo de los Gobiernos del Área Metropolitana de Washington

El Consejo de los Gobiernos del Área Metropolitana de Washington, en los Estados Unidos, fue creado en 1957. Está compuesto por 21 gobiernos locales de los alrededores de la ciudad de Washington, y abarca una superficie de 7733 km², con una población de aproximadamente 4,5 millones de personas. Es una asociación independiente, sin fines de lucro, financiada con contribuciones de los gobiernos locales participantes, subvenciones del gobierno federal y

gobiernos estatales, contratos de servicios, y donaciones de fundaciones o del sector privado (véase el recuadro 2.9 y el cuadro 2.5).

Los gobiernos locales establecen las políticas de los CG a través de una junta de directores. La mayoría de las decisiones de los CG requieren la ratificación de los respectivos consejos de los gobiernos locales. Para la infraestructura de transporte intermunicipal (como la red vial principal), el Consejo de los Gobiernos del Área Metropolitana de Washington tiene cierto grado de facultad decisoria independiente (un voto por cada miembro).

La Región ABC de São Paulo

La Región ABC de São Paulo[4] es uno de los pocos ejemplos de cooperación intermunicipal en Brasil (véase el recuadro 2.10). Un órgano político constituido

Recuadro 2.8 Gestión de los desechos sólidos en el municipio de Shanghái

Shanghái es un ejemplo de una manera diferente en que se puede organizar la gestión de desechos sólidos para encontrar la solución más eficaz en función del costo para todas las partes involucradas, incluido el recurso a una APP. El municipio de Shanghái está formado por nueve gobiernos de distrito de la ciudad central, siete gobiernos de distrito suburbanos, y un gobierno de condado rural. En 2004, una compañía de cartera e inversiones municipal formó una empresa conjunta con una firma internacional para la construcción, la operación y el mantenimiento de un relleno sanitario (durante 25 años) para prestar servicios a los distritos de la ciudad central. La recolección y el transporte de la basura hasta el vertedero son responsabilidad de los gobiernos de distrito, algunos de los cuales contratan esos servicios a empresas privadas. Los gobiernos de distrito pagan un cargo basado en los volúmenes de basura eliminados en el vertedero (aplican un cargo fijo limitado a las residencias). Los residuos de alimentos de los restaurantes se recogen por separado y se aplica un cargo por volumen. El gobierno municipal también opera una planta centralizada de desechos peligrosos, que presta servicios a todos los gobiernos de distrito y de condado, y dos plantas de incineración. Además, existen algunas instalaciones de reciclado privadas.

La empresa de cartera e inversiones del municipio obtiene financiamiento de diversas fuentes, como la emisión interna de bonos, y también apoya los programas de inversión de los distritos suburbanos y el condado, previa solicitud. Este es un ejemplo de cómo una entidad a nivel metropolitano de gran tamaño puede utilizar sus recursos financieros y humanos para apoyar a los gobiernos locales que poseen menos capacidad.

Cuadro 2.4   Características de las autoridades regionales (metropolitanas)

Dimensión	Simple	Avanzada
Función	Planificación	Planificación y prestación de servicios
Alcance	Una sola función	Múltiples funciones
Grado de autoridad	Asesoría u orientación sobre las funciones	Administración de las funciones
Condición jurídica	Organismo público	Corporación pública o empresa pública de suministro
Operacional	Sin fines de lucro	Con fines de lucro (excepcionalmente)
Rendición de cuentas del consejo o junta	Designación o elección por los gobiernos locales del área	Elección por los residentes del área

por representantes del gobierno del estado, siete gobiernos locales y la sociedad civil ha cumplido funciones importantes en el desarrollo económico de al menos una parte de la zona. Además de los gobiernos locales, cuenta con la activa participación de la sociedad civil y el sector privado local.

Bolonia

Bolonia (Italia) es otra ciudad donde se estableció un sistema de gobierno metropolitano de carácter voluntario. En 1994, 48 gobiernos locales y la provincia de Bolonia firmaron un "acuerdo de ciudad metropolitana" por el que se creó un consejo metropolitano integrado por los alcaldes del área y encabezado por el presidente provincial. Cada gobierno local es libre de retirarse en cualquier momento y puede participar en todas o solo algunas de las actividades del consejo. Es un sistema flexible y poco riesgoso para los gobiernos locales.

Recuadro 2.9 El Consejo de los Gobiernos del Área Metropolitana de Washington

El Consejo de los Gobiernos del Área Metropolitana de Washington (CG) es un centro de acción y formula respuestas a las cuestiones de importancia regional en el área metropolitana de la ciudad de Washington. Su misión es mejorar la calidad de vida y aumentar las ventajas competitivas de la región. El CG sirve de foro para la formación de consenso y la formulación de políticas; implementa las políticas, los planes y los programas intergubernamentales, y brinda apoyo a la región como fuente de información especializada. El CG cuenta con comités de transporte, medio ambiente, salud y servicios humanos, vivienda y planificación, compras conjuntas, y publicaciones, que reflejan el alcance de su actuación y las metas comunes de sus 21 miembros.

El CG produjo recientemente un documento titulado Region Forward — A Comprehensive Guide for Regional Planning and Measuring Progress in the 21st Century, una nueva guía de planificación para las prioridades regionales en materia ambiental, de vivienda, transporte y otros ámbitos. Se trata de un acuerdo voluntario que pide el compromiso de los gobiernos del área metropolitana para promover de la mejor manera posible las metas señaladas en el documento. Acepta las diferencias entre las ciudades y los condados, y también las interconexiones en toda la región. Las metas y los indicadores para determinar los progresos realizados evalúan la región en su conjunto, en lugar de medir cada jurisdicción en forma individual. La medición a nivel regional de aspectos tales como áreas verdes, unidades de viviendas económicas, tasas de graduación escolar y desempeño financiero se realiza mediante el uso de metas e indicadores y ayuda a determinar si la región en su conjunto avanza en la dirección correcta.

Fuente: www.mwcog.org.

Cuadro 2.5 Reseña financiera del Consejo de los Gobiernos del Área Metropolitana de Washington, 2010

Ingresos	En miles de US$	Gastos	En miles de US$
Alquiler de edificios/intereses	1000,0	Planificación y servicios comunitarios	1095,1
Cuotas de adhesión	3223,5	Servicios a los miembros	1105,7
Transferencias estatales	4323,6	Seguridad y salud públicas	1883,0
Otras subvenciones y tarifas de servicios	4427,4	Programas ambientales	5649,4
Subvenciones federales	14 526,7	Planificación y proyectos de transporte	17 768,0
Total	27 501,2	Total	27 501,2

La Comunidad Metropolitana de Montreal

En 2000, el gobierno provincial de Quebec creó la Comunidad Metropolitana de Montreal (CMM), un órgano metropolitano de coordinación para el Gran Montreal. La junta de la MMC está integrada por representantes de los municipios miembros. La CMM se encarga de planear, financiar y coordinar el transporte público, la gestión de residuos, el desarrollo económico y las viviendas sociales. Está encabezada por un presidente designado (actualmente, el alcalde de Montreal), y abarca una superficie de 3838 km², con una población de alrededor de 3,5 millones de personas. Su presupuesto se financia principalmente con contribuciones de los municipios miembros y algunas transferencias del gobierno provincial.

Recuadro 2.10 La Región ABC de São Paulo

La Constitución de 1988 de Brasil aumentó la autonomía de los gobiernos locales y delegó en las legislaturas de los estados (provinciales) la responsabilidad de diseñar las estructuras metropolitanas. La región metropolitana de São Paulo comprende la ciudad de São Paulo y 38 municipios circundantes, con una población total de 18 millones de personas.

Si bien no existe ninguna institución de gobierno metropolitano propiamente tal para el área, existe un Consorcio Intermunicipal de la Gran Región ABC, que comprende siete ciudades, con 2,5 millones de personas (mapa R2.10.1). Estos municipios crearon el consorcio en 1990 para concentrarse principalmente en la coordinación de políticas que tienen externalidades que traspasan los límites municipales. Los problemas que encaraban los gobiernos locales forjaron una identidad regional para ayudar a los dirigentes y políticos locales a abordar la disminución de la actividad económica a través de varias iniciativas.

La finalidad del consorcio, integrado por representantes del gobierno del estado, siete gobiernos locales y la sociedad civil, es promover el desarrollo económico de la región en forma consensuada y poner en práctica políticas públicas innovadoras. A pesar de que la participación de los alcaldes correspondientes disminuyó a mediados de los años noventa, la comunidad local emprendió varias iniciativas, como la creación de un Foro para Asuntos Ciudadanos, ONG de amplio alcance formada por más de 100 ONG miembros, con énfasis en cuestiones regionales. En 1997 se creó la Cámara de la Gran Región ABC como un foro de planificación estratégica, con participación de la sociedad civil, el sector público y agentes económicos locales (empresas y sindicatos). Uno de los resultados más importantes del proceso de planificación regional articulado a través de esta cámara fue la creación, en octubre de 1998, de la Agencia de Desarrollo Regional (ADR), cuya junta de directores está compuesta por miembros del sector privado (que ostentan un control del 51 %) y el Consorcio Intermunicipal (49 %). La ADR se considera actualmente la rama jurídica del consorcio y puede firmar acuerdos con organismos externos y recibir recursos financieros. Desde 1997, se han firmado numerosos acuerdos de desarrollo económico, social y territorial. La ADR es un ejemplo de un mecanismo flexible y pragmático para resolver problemas de alcance metropolitano. Con el tiempo, la realización de proyectos piloto ha generado confianza entre los participantes.

Mapa R2.10.1 Región Metropolitana de São Paulo

Fuente: Banco Mundial.

Fuentes: Véase www.agenciagabc.com.br; se puede obtener información adicional en www.unhabitat.org/downloads/docs/SantoAndredetailedsummary.pdf.

Autoridades regionales de planificación

Una autoridad regional de planificación es una entidad formal cuyo propósito es diseñar estrategias regionales (metropolitanas) o ejercer la autoridad de planificación y formulación de políticas en forma continua. El mandato de algunas autoridades regionales de planificación es muy amplio, mientras que otras actúan en un ámbito más específico, como las comisiones de cuencas fluviales o de cuencas hidrográficas. Existen numerosos ejemplos de entidades de asesoría, orientación y planificación (por ejemplo, sobre uso de la tierra), pero algunas son deficientes porque carecen de autoridad clara para tomar decisiones o implementar los planes.

El Consejo de los Gobiernos de Portland, estado de Oregón

En un comienzo, el Consejo de los Gobiernos de Portland, en el estado de Oregón (Estados Unidos), era básicamente una autoridad metropolitana para la gestión del uso de la tierra. En el marco de sus facultades, introdujo el concepto de un límite para el crecimiento del área metropolitana. Con el tiempo, ha asumido otras funciones, y finalmente el Gobierno del estado de Oregón lo ha elevado a la categoría de gobierno metropolitano elegido.

La Asociación del Plan Regional, área de la ciudad de Nueva York

La ciudad de Nueva York forma parte de un área metropolitana en que la mayor parte de la planificación regional la realiza una ONG: la Asociación del Plan Regional (RPA). La RPA abarca la región metropolitana de Nueva York-Nueva Jersey-Connecticut, la región urbana de mayor extensión de los Estados Unidos, que comprende 31 condados. La RPA cumple la mayoría de las funciones de planificación regional. Es un grupo metropolitano independiente de promoción, investigación y formulación de políticas respaldado y financiado parcialmente por los municipios. Tiene tres comités de los estados, integrados por dirigentes empresariales, expertos y líderes de opinión que ofrecen asesoría estratégica a las oficinas estatales de la asociación. Guiadas por los comités de los estados, estas oficinas aseguran una presencia de la organización en New Jersey y Connecticut, así como en Long Island. Cumplen un papel muy importante en materia de investigación, planificación y promoción de proyectos en sus respectivas áreas. Los proyectos abarcan la protección ambiental (desarrollo de cuencas hidrográficas y áreas verdes); el transporte público, incluido el examen de la funcionalidad y el desarrollo de sistemas de tren ligero y de otro tipo; autopistas, y el plan integral para un desarrollo coordinado de los aeropuertos (se puede obtener más información en www.rpa.org).

Agencias metropolitanas de planificación y desarrollo

Las agencias metropolitanas de planificación y desarrollo son formas jurídicas de autoridades regionales, que a menudo combinan facultades de gobierno y funciones de desarrollo y prestación de servicios. Muchas grandes ciudades de todo el mundo han establecido un organismo de planificación y desarrollo, que en algunos casos tienen un mandato específico, como la planificación del uso de la tierra exclusivamente; otros tienen mandatos de desarrollo más amplios que abarcan la totalidad de la región metropolitana. Estos organismos son financiados por los gobiernos locales o nacionales como entidades autofinanciadas y a menudo reciben terrenos estatales o municipales que son urbanizados y vendidos para la construcción de viviendas o negocios. A continuación se presentan varios ejemplos.

La Agencia de Desarrollo de Londres (Reino Unido)

En 1999, se creó la Autoridad del Gran Londres (GLA), que comprende 32 gobiernos locales y la Corporación de Londres. La GLA es dirigida por una asamblea elegida y presidida por el *lord mayor* de Londres, que es elegido directamente. El lord mayor tiene facultades para instruir a un gobierno local "subordinado" que rechace una gran iniciativa de desarrollo, pero no le puede ordenar que la apruebe.

Hasta 2012, la Agencia de Desarrollo de Londres (LDA) rendía cuentas a la asamblea de la GLA, a través del *lord mayor*, para la coordinación del desarrollo económico. Trabajaba en asociación con los sectores industriales, el sector público y el sector de organizaciones voluntarias. El alcalde nombraba una junta de 17 miembros y al jefe ejecutivo de la LDA. En el cuadro 2.6 se presenta una reseña de la LDA correspondiente al período 2010-11. A partir de marzo de 2012, la LDA fue abolida por el Gobierno del Reino Unido y sus funciones se incorporaron a la GLA.

Cuadro 2.6 Reseña financiera de la Agencia de Desarrollo de Londres, 2010-11 (en millones de £)

Realización de proyectos	142
Terrenos para los Juegos Olímpicos de 2012	214
Administración de la asamblea	56
Total de gastos, cifra neta	412
Transferencia gubernamental	275
Empréstitos	111
Entradas de capital	44
Total del financiamiento	430
Superávit/(déficit)	18

Fuente: www.lda.gov.uk.

La Autoridad de Desarrollo de la Capital, Dhaka (Bangladesh)

El Área Metropolitana del Gran Dhaka comprende actualmente la Corporación de la Ciudad de Dhaka y cinco municipios (incluido el de Dhaka), que suman una población estimada de 15 millones de personas. Según las proyecciones, la población de área metropolitana aumentará entre 3 % y 4 % al año. La autoridad, cuyo nombre oficial es Rajdhani Unnayan Kartripakkha (RAJUK), fue creada en 1987 con el propósito de desarrollar, mejorar, ampliar y administrar la ciudad y las zonas periféricas mediante un proceso de adecuada planificación y control del desarrollo. La RAJUK se ocupa de las cuestiones relativas a las políticas y los proyectos de desarrollo y a su control, y también participa en adquisiciones y enajenaciones de tierras. El Gobierno de Bangladesh nombra al presidente y a otros cinco miembros de dedicación exclusiva que gobiernan la RAJUK (se puede obtener más información en www.rajukdhaka.gov.bd).

El Área Metropolitana de Delhi y la Autoridad de Desarrollo de Delhi (India)

El Territorio de la Capital Nacional de Delhi (NCT) es la aglomeración metropolitana en torno a Delhi y alberga a más de 22 millones de personas. El NCT está dividido en 9 distritos generadores de ingresos, que a su vez están subdivididos en 27 gobiernos de nivel local, o *tehsils*. Delhi ha estado bajo el control efectivo del gobierno nacional desde 1953. Por ser un "Territorio de la Unión", las transferencias financieras a los estados de la India no se aplican a Delhi, que solo recibe transferencias discrecionales en lugar de una parte de los impuestos centrales. Las principales fuentes de ingresos tributarios de Delhi son el IVA, el impuesto estatal específico sobre el consumo, los timbres y cuotas de inscripción, y los impuestos a los vehículos. Delhi recaudó Rs 121 900 millones (unos US$2200 millones) en concepto de sus propios impuestos en 2008-09 (se puede obtener más información en www.delhi.gov.in).

La Autoridad de Desarrollo de Delhi (DDA) fue creada en 1957 para promover y asegurar su desarrollo conforme a un plan aprobado. Las responsabilidades de la DDA incluyen la preparación de planes maestros, el diseño e inversiones en vivienda, la adquisición y urbanización de terrenos, la adopción de prácticas ecológicas, la promoción del deporte, la biodiversidad, el patrimonio urbano, la construcción de pasos a desnivel en las autopistas, las instalaciones deportivas y los parques de diversidad biológica. La DDA cumplió una función importante en la creación de instalaciones deportivas, viviendas y servicios de transporte para los Juegos de la Commonwealth de 2011. En el cuadro 2.7 se presenta una reseña de su presupuesto. La DDA es una entidad pequeña comparada con el presupuesto total de Delhi, pero cumple un importante papel urbanístico y en la construcción de infraestructura pública.

Autoridades regionales de prestación de servicios

Una autoridad regional de prestación de servicios es una entidad establecida con claras facultades operacionales para prestar ciertos servicios sobre la base de acuerdos entre los gobiernos locales participantes a fin de satisfacer las necesidades regionales (metropolitanas). Una autoridad puede concentrarse en un solo servicio (por ejemplo, transporte público, abastecimiento de agua o gestión de desechos sólidos), o prestar varios servicios. La responsabilidad de planificación a nivel regional (si la tuviera) suele limitarse a la planificación de los servicios que debe suministrar.

El Distrito Regional del Gran Vancouver (Canadá)

La administración metropolitana de Vancouver es un ejemplo de una organización flexible e impulsada por la demanda que presta diferentes servicios a los municipios que la integran por medio de contratos con cada uno de ellos.

El Distrito Regional del Gran Vancouver (GVRD) fue creado en 1965. En un comienzo fue una organización de servicios responsable de la planificación

Cuadro 2.7   Reseña financiera de la Autoridad de Desarrollo de Delhi
(estimaciones rectificadas de 2010-11)

Ingresos	Millones de Rs	Gastos	Millones de Rs
Enajenación de terrenos para uso residencial y comercial	1036,2	Adquisiciones de terrenos	246,0
Ingresos de comercios	93,0	Urbanización de terrenos	1272,6
Enajenación de viviendas	226,6	Viviendas y comercios	449,3
Servicios públicos habitacionales	10,7	Gastos inmobiliarios	250,4
Intereses de inversiones	1605,0	Mantenimiento de planes urbanísticos	226,8
Depósitos para obras (transferencias específicas)	525,6		525,6
Ingresos varios	260,9	Depósitos para obras	255,4
Total	3232,4	Gastos varios	3226,0

Fuente: http://dda.org.in.

regional y las funciones de distintas entidades de servicios de alcantarillado, abastecimiento de agua, salud y hospitales, y desarrollo empresarial. Posteriormente se añadieron funciones de administración de viviendas económicas, parques regionales, calidad del aire, y respuesta ante situaciones de emergencia. Actualmente, la organización presta diversos servicios de gestión de recursos humanos a los municipios, a través de contratos. No tiene particularmente grandes facultades de planificación del uso de la tierra. El GVRD es hoy una corporación pública, cuya junta está integrada por representantes de los 18 gobiernos locales miembros. Inicialmente fue creado por el gobierno provincial, pero ha evolucionado hasta convertirse en una corporación regida por los municipios miembros. Financia la mayoría de los servicios que presta a través de la aplicación de cargos al usuario, la recuperación de costos, un porcentaje de los impuestos a la propiedad y contribuciones anuales de los gobiernos locales miembros (se puede obtener más información en www.metrovancouver.org).

Autoridades regionales de planificación y prestación de servicios

Algunas autoridades regionales cumplen funciones importantes de planificación y prestación de servicios, razón por la cual combinan los dos conceptos descritos anteriormente. Esta es una estrategia particularmente popular en Francia. La superficie y el promedio de población de los gobiernos locales franceses (denominados "comunas") son pequeños en comparación con las normas internacionales. En consecuencia, para la prestación de servicios generalmente se emplean mecanismos cooperativos. En Francia existe un marco jurídico particular para la cooperación intermunicipal denominado "sindicato intercomunal". Los sindicatos son semejantes a las cooperativas o federaciones de gobiernos locales y se constituyen para llevar a cabo una función específica o múltiples funciones. Un gobierno local puede participar en varios sindicatos.

El Gran Lyon (Francia)

El gobierno metropolitano del Gran Lyon es una "comunidad urbana" que fue creada en 1969, tres años después de la aprobación de una ley nacional sobre la materia (véase el mapa 2.3). Fue establecida desde las bases, como resultado de las necesidades y los intereses de los municipios participantes. Los gobiernos no solo coordinan el desarrollo económico, el uso de la tierra y la prestación de algunos servicios, sino que además, a partir de 1999, comparten la base impositiva. Una parte de los ingresos tributarios locales de cada comuna se asigna a un presupuesto común para financiar iniciativas y gastos de nivel metropolitano. El Gran Lyon gobierna el impuesto sobre las empresas, mientras que el impuesto a la propiedad y a la vivienda se rige a nivel municipal.

El consejo de la comunidad urbana está integrado por representantes de las ciudades que la conforman, en proporción a su población. Desde 2002, luego de la creación de conferencias de alcaldes, las comunas tienen la oportunidad de analizar sus problemas y expectativas en pequeños grupos para presentarlas a

Mapa 2.3   El Gran Lyon, con la ciudad de Lyon al centro, rodeada de 57 suburbios

Fuente: Banco Mundial.

la comunidad urbana. (Valiéndose de sus facultades consultivas, el Gran Lyon estableció un innovador sistema de zonificación de su territorio en nueve subzonas). Los servicios de transporte urbano son administrados por una autoridad separada, que es financiada en parte con una transferencia de recursos del Gran Lyon, cuyas principales fuentes de ingresos son las tarifas y un impuesto específico a las empresas. Desde el año 2000, el área del Gran Lyon se ha ido expandiendo gradualmente mediante la anexión de comunas adyacentes. Si bien la ciudad de Lyon solo tiene alrededor de medio millón de habitantes, el Gran Lyon abarca 58 municipios con una población de 1,4 millones de personas. Toda el área metropolitana (el Gran Lyon más tres áreas cercanas) comprende 139 municipios, con una población total de 2 millones (se puede obtener más información en www.grandlyon.com).

La Comunidad Urbana de Marsella (Francia)

Marsella es un ejemplo de transición de la cooperación a título voluntario entre gobiernos locales a una autoridad regional de planificación y prestación de servicios. En 1992, los municipios de Marsella, Marignane y Saint Victoire crearon una corporación pública que se concentraba en unos pocos proyectos de vialidad y tráfico. En 2000, 17 ciudades se unieron al consorcio, y establecieron la Comunidad Urbana de Marsella (CUM). Ese año, la población total del área llegaba a 980 000 personas. La CUM es una

organización metropolitana gobernada por los alcaldes y concejales de los municipios. Actualmente la CUM es responsable del desarrollo económico regional, el transporte, la vivienda y el uso de la tierra, la prevención de la delincuencia, la recolección de basura y las políticas ambientales. Aplica un impuesto común a las empresas, y de esa manera elimina la competencia por impuestos entre los municipios. Igualmente, la recaudación de impuestos es más eficaz en función del costo que si cada gobierno local recaudara el impuesto en su jurisdicción. Como se muestra en este ejemplo, un gobierno local puede ser responsable de un servicio, o en este caso, de la recaudación de un impuesto, sin tener que realizar necesariamente la tarea propiamente tal. Se encuentra en discusión la posibilidad de ampliar los límites de la CUM a otras comunidades urbanas vecinas con gran potencial y una importante actividad industrial y económica (se puede obtener más información en www.marseille provence.com).

El Gobierno Metropolitano de las Ciudades Gemelas, Minneapolis y St. Paul, en Minnesota (Estados Unidos)

El Gobierno Metropolitano de las Ciudades Gemelas es un ejemplo de una autoridad regional de planificación y prestación de servicios que se convirtió en un gobierno regional. El área metropolitana de Minneapolis y St. Paul debió reaccionar ante la creciente polarización de dos cascos urbanos vecinos en decadencia y sus suburbios en rápida expansión (dispersión urbana). Los problemas principales eran la gran discordancia en términos de espacio entre las viviendas económicas y los puestos de trabajo disponibles, lo que generaba una grave congestión de tráfico; dos ciudades centrales de bajos ingresos que prestaban servicios durante el día a una gran población trabajadora que no pagaba impuestos a la ciudad central porque esas personas vivían en los suburbios más pudientes, y la necesidad de que los gobiernos locales respondieran a la constante demanda de infraestructura de alto costo en nuevas zonas residenciales (se puede obtener más información en www.metrocouncil.org).

En resumen, existían grandes discordancias entre las necesidades sociales y las bases del impuesto a la propiedad en las jurisdicciones locales ricas y pobres en diferentes zonas. La necesidad de armonizar los ingresos y gastos en toda la región era lo suficientemente importante como para impulsar la creación de un sistema de distribución de impuestos. Esta organización voluntaria inicial de los gobiernos locales, a principios de la década de 1970, se convirtió posteriormente en una autoridad regional de planificación y prestación de servicios con el fin de minimizar las diferencias de la calidad de los servicios entre jurisdicciones. Desde entonces ha evolucionado hasta convertirse en un gobierno regional autorizado por el estado de Minnesota, y posteriormente en una corporación pública.

Gobierno metropolitano

Las responsabilidades de la coordinación regional y, a veces, algunas funciones de prestación de servicios pueden recaer en un gobierno o consejo local distinto (cuadro 2.8). Si bien tienen funciones diferentes, a veces esos gobiernos locales no estarían por encima de otros gobiernos locales del área metropolitana en lo que respecta a las relaciones de dependencia, sino que serían entidades separadas, de rango similar y con la misma condición jurídica. Budapest (Hungría) y Dar es Salaam (Tanzanía) son dos ejemplos de tales estructuras.

Cuadro 2.8   Características del modelo de gobierno metropolitano

Modelo	Características	Ejemplos
Gobierno local metropolitano	Gobierno metropolitano separado, elegido directamente o designado por los gobiernos locales asociados.	Toronto (Canadá; 1954-98); Londres (Reino Unido); Quito (Ecuador); Ciudad del Cabo (Sudáfrica; hasta 2000); Dar es Salaam (Tanzanía); Budapest (Hungría); Abidján (Côte d'Ivoire; hasta 2001); Shanghái (y otras ciudades grandes de China).
	Responsable de la coordinación y de ciertas funciones, que pueden incluir o no la prestación de servicios.	
	Su autoridad sobre los gobiernos locales asociados varía; puede tener a) escasa autoridad sobre ellos (por ejemplo, en Dar es Salaam); b) autoridad limitada (por ejemplo, en Budapest), o c) considerable autoridad sobre los gobiernos locales de nivel inferior del área (Londres; algunas ciudades en China).	
	En algunos casos, el gobierno metropolitano es el único gobierno local del área, con las oficinas administrativas locales bajo su alero (por ejemplo, los municipios metropolitanos en Sudáfrica).	
	Aspectos financieros comunes:	
	• Los gobiernos locales de un nivel superior suelen financiarse con transferencias de un nivel de gobierno superior o mediante la distribución de impuestos entre los gobiernos locales del área, o ambos.	
Gobierno regional establecido por un Gobierno de nivel superior	Un gobierno provincial o nacional establece un gobierno de nivel metropolitano (regional) para un área metropolitana.	Ciudades Gemelas y Portland (Estados Unidos); Abidján (Côte d'Ivoire; desde 2001); Madrid (España); alcalde de Londres (Reino Unido; elegido directamente); Stuttgart (Alemania); Manila (Filipinas); Nairobi, (Kenya).
	Hay varios modelos posibles de estructuras establecidas por gobiernos de nivel superior, tales como: a) una institución elegida directamente (Stuttgart, el alcalde de Londres); b) un órgano designado (como en las Ciudades Gemelas [Estados Unidos] y el Ministerio de Desarrollo Metropolitano de Nairobi), y c) una entidad con fuerte representación del gobierno local en que solo el presidente es elegido indirectamente o es designado por un gobierno de nivel superior (como en el área metropolitana de Manila [Filipinas]).	
	Aspectos financieros comunes:	
	• Normalmente, el financiamiento sería parte del presupuesto del gobierno provincial o nacional.	

Gobierno local metropolitano

El Gobierno municipal de Budapest (Hungría)

Budapest corresponde a un caso de gobierno local metropolitano con amplias funciones. La ciudad abarca una superficie de 525 km^2 y tiene una población de 1,7 millones (2011), cifra que corresponde casi al 20 % de la población de Hungría. El sistema de gobierno local de Budapest es único en el país, y comprende el municipio de Budapest (denominado "la ciudad") y sus 23 gobiernos de distrito, todos de rango similar y con la misma condición jurídica (Horvath y Peteri, 2003). Tanto la ciudad como los distritos son gobiernos locales, no están claramente subordinados unos a otros, y cada cual tiene deberes y facultades específicas, establecidas en la Ley de Gobiernos Locales y la Ley de la Ciudad Capital.

Aunque la ciudad se consideró como un caso especial, los gobiernos de los distritos recibieron mandatos amplios. El municipio de Budapest, que cuenta con un alcalde elegido y una asamblea general integrada por 33 miembros, brinda los siguientes servicios públicos: mantenimiento y supervisión de hospitales y policlínicas, instituciones públicas de arte y cultura, hogares de niños y jóvenes, escuelas e internados de educación secundaria, hogares sociales de cuidados especializados, y mercados y ferias. Las empresas de suministro de servicios públicos del municipio de Budapest ahora operan como compañías municipales.

Sin embargo, en 1994 se introdujo a una enmienda legal que otorgó supremacía a la asamblea general de la ciudad en importantes asuntos regulatorios, así como en la distribución de ingresos y la planificación urbana. Con respecto a la distribución de ciertos ingresos provenientes del presupuesto nacional y de los ingresos locales, se redujo la influencia de los distritos para expresar sus opiniones, en circunstancias que antes se requería el consentimiento de los alcaldes de distrito. Con respecto a la planificación urbana, la ciudad pasó a ser la principal autoridad regulatoria; anteriormente los distritos podían cuestionar el plan general. En 1997, la ciudad recibió facultades adicionales con respecto al desarrollo y la protección de las zonas edificadas. A partir de entonces se ha establecido un sistema específico de planes urbanos maestros, que reflejan el fortalecimiento y la unificación de la gestión de la ciudad.

El Gobierno local metropolitano de Dar es Salaam (Tanzanía)

Dar es Salaam es el centro industrial y comercial más grande y más importante de Tanzanía, con alrededor de 4 millones de habitantes (aproximadamente el 10 % de la población del país). La población de Dar es Salaam crece a razón de 4,3 % al año, lo que la convierte en una de las ciudades de mayor crecimiento del mundo que, según las previsiones, llegará a los 5 millones de habitantes en 2030.

Jurídicamente, Dar es Salaam es una región administrativa del país. La administración regional es una rama del gobierno nacional, con un comisionado regional designado que coexiste con los tres municipios de Dar es Salaam y un Concejo de la Ciudad de Dar es Salaam (CCD), otra entidad administrativa para la misma área. En el recuadro 2.11 se presenta más información sobre el sistema de Gobierno de Dar es Salaam.

Sistema de gobierno local de dos niveles, con distinto rango y situación jurídica

A veces, un sistema de dos niveles tiene un nivel de gobierno local separado, generalmente elegido, con facultades de coordinación de los niveles inferiores y responsabilidades relativas a las funciones de planificación y prestación de servicios5. En primer lugar se describe la estructura de gobierno de Quito (Ecuador). Los ejemplos siguientes también ilustran la influencia que puede tener un gobierno de nivel superior (nacional, estatal o provincial) y la evolución habitual de los dispositivos institucionales de gobierno metropolitano. En el pasado, algunas ciudades han utilizado una estructura de dos niveles, pero han decidido restablecer el sistema de gobierno local con un solo nivel (Toronto y Abidján), y otras han restablecido una estructura de dos niveles después de funcionar con un sistema de un solo nivel durante algún tiempo (Londres).

El Distrito Metropolitano de Quito

El Distrito Metropolitano de Quito (DMQ) fue creado por ley en 1993 como un gobierno local de segundo nivel, abarca una superficie de 4230 km^2 y comprende una población de alrededor de 2,5 millones. En el nivel inferior hay 61 zonas y parroquias. El DMQ tiene un estatus especial como capital nacional, con un alcalde elegido en forma directa y un Concejo (15 miembros) con responsabilidades estratégicas para el desarrollo

Recuadro 2.11 El sistema de gobierno metropolitano de Dar es Salaam

El sistema de gobierno local metropolitano fue establecido en el año 2000. Está compuesto de un Concejo de la Ciudad de Dar es Salaam (CCD), que cumple funciones de coordinación, y tres municipios con una población bastante similar, con sus respectivos alcaldes y concejos (que se señalan con diferentes colores en el mapa R2.11.1). El CCD, un gobierno local independiente, está formado por seis concejales de cada uno de los tres municipios, más algunos representantes del gobierno nacional, que eligen al alcalde de entre sus miembros.

El CCD es responsable de la coordinación entre los tres municipios y de algunas funciones específicas, como la gestión del vertedero de la ciudad, el mercado principal y una importante terminal de autobuses. Sin embargo, no tiene jurisdicción sobre ningún terreno, ni autoridad alguna o facultades decisorias directas con respecto a los otros tres gobiernos locales de la ciudad, lo cual ha limitado su capacidad para ejercer influencia en su desarrollo. A pesar de la fuerte cohesión socioeconómica y de la integración física de los tres municipios, la integración y coordinación administrativas entre estos no ha avanzado mucho hasta ahora.

El financiamiento del CCD proviene de limitadas transferencias del gobierno nacional y de las instalaciones que administra. Los tres municipios recaudan ingresos de fuentes propias a través de gravámenes al desarrollo, arrendamientos agrícolas, impuesto de servicios urbanos, arrendamiento de tierras, permisos y comisiones. El impuesto a la propiedad también forma parte de los ingresos de los gobiernos locales en Tanzanía, pero una autoridad tributaria nacional recauda y redistribuye los ingresos. La recaudación de los impuestos a la propiedad ha comenzado a aumentar considerablemente después de los esfuerzos realizados para obtener una mejor identificación y tasación de las propiedades, proceso que actualmente están finalizando los gobiernos locales de la ciudad.

Como sucede en muchos otros países en desarrollo, los gobiernos locales de Dar es Salaam dependen en medida apreciable de las transferencias intergubernamentales, particularmente para sus inversiones de capital. En Tanzanía, las transferencias incluyen subvenciones sectoriales globales periódicas, mecanismos de financiamiento sectorial conjunto, así como subvenciones para el desarrollo (véase el cuadro R2.11.1). Las subvenciones sectoriales globales periódicas representan alrededor de dos tercios de todas las transferencias intergubernamentales. Hasta 2004, Tanzania tenía un sistema discrecional de transferencias intergubernamentales. Entre las numerosas deficiencias que tenía el sistema, cabe señalar una tendencia a la desigualdad, pues una parte relativamente alta de las transferencias se asignaba a jurisdicciones urbanas y más pudientes. A partir del ejercicio de 2004-05 se introdujo un nuevo sistema de transferencias. Ahora, tanto las subvenciones sectoriales globales periódicas como las subvenciones para el desarrollo se desembolsan a los gobiernos locales utilizando ciertas fórmulas.

Mapa R2.11.1 Región Metropolitana de Dar es Salaam

Fuente: Banco Mundial.

(continúa en la página siguiente)

Recuadro 2.11 *(continuación)*

Cuadro R2.11.1 Transferencias a los gobiernos locales de la Región Metropolitana de Dar es Salaam, 2009-10 (en millones de TZS)

Concejo Municipal (CM) y Concejo de la Ciudad (CC)	CM de Ilala	CM de Kinondoni	CM de Temeke	CC de Dar es Salaam	Región metropolitana
Transferencia al sector de educación	20 852	31 062	19 733	6	71 654
Transferencia al sector de salud	10 859	7106	5998	273	24 237
Transferencias a otros sectores	740	618	299	241	1898
Transferencias para fines generales	6621	2923	2483	2157	14 184
Total de transferencias recurrentes	39 073	41 709	28 514	2677	111 973
Subvenciones	1506	2838	4196	0	8540
Transferencias recurrentes	40 578	44 547	2710	2677	120 512
Transferencias para el desarrollo	6514	5368	8513	10 075	30 471
Total de transferencias	47 092	49 916	41 223	12 753	150 983

Fuente: www.logintanzania.net/report4b.asp.

Fuente: www.logintanzania.net.

económico, el uso de la tierra, la planificación ambiental y el transporte. También fiscaliza las empresas metropolitanas de abastecimiento de agua, gestión de desechos sólidos, y servicios de salud y educación. El DMQ depende financieramente de las transferencias del gobierno central, pero también tiene su propia base de recursos (impuestos y contribuciones especiales). En Bogotá (Colombia) y Caracas (Venezuela) existen sistemas similares, aunque menos consolidados en la práctica (Rojas, 2007).

Ciudad de Toronto (Canadá)

Toronto funcionaba con 13 municipios independientes hasta 1953, año en que se estableció un sistema de dos niveles, constituido por un gobierno metropolitano de Toronto elegido y otros seis municipios locales independientes. Después de funcionar con ese sistema por más de 40 años, durante un período de explosión demográfica y crecimiento económico, en 1995 los siete municipios se fusionaron en un gobierno local de un solo nivel, la Ciudad de Toronto, con una superficie de 632 km², y una población actual de alrededor de 2,5 millones. Con sus municipios urbanos circundantes, el área metropolitana tiene alrededor de 5 millones de habitantes. En el recuadro 2.12 se describe la evolución de los mecanismos institucionales de Toronto, que muestra la manera en que estos pueden cambiar a medida que cambian las circunstancias de una ciudad.

En Toronto, las transformaciones estuvieron impulsadas en gran medida por el deseo de aumentar la eficacia del desarrollo urbano y de la prestación de servicios, incluida la armonización de los niveles de servicio en toda el área. Cada vez que se desmantelaba una autoridad regional, pronto esta era reemplazada por otro sistema. El gobierno provincial cumplió un papel importante en esa evolución. En lo que respecta a los asuntos metropolitanos, es habitual que un nivel

Recuadro 2.12 Toronto: Evolución de un sistema de gobierno de un nivel a uno de dos niveles, y restablecimiento de un sistema de un solo nivel

Primera etapa. A principios de la década de 1950, ante las crecientes demandas de servicios que tenían los gobiernos locales suburbanos con recursos limitados, y una Ciudad de Toronto que disponía de una sólida base financiera (una buena base de impuestos a la propiedad, el comercio y la industria), los límites políticos ya no reflejaban las realidades socioeconómicas. En esa época, cada municipio actuaba en forma independiente con respecto al transporte, al uso de la tierra y a la vivienda.

Segunda etapa. En 1954, mediante una ley provincial se estableció el Área Metropolitana de Toronto como un gobierno de nivel metropolitano para la Ciudad de Toronto y 12 gobiernos locales suburbanos. La finalidad era a) redistribuir la riqueza de la ciudad hacia los suburbios, de manera que estos pudieran suministrar infraestructura, b) coordinar el uso de la tierra y el transporte, y c) permitir que los gobiernos locales pudieran seguir atendiendo las necesidades locales. Las responsabilidades iniciales del Área Metropolitana de Toronto incluían planificación, empréstitos, transacción de bienes raíces, tránsito público, vialidad y administración de justicia. Los gobiernos locales suburbanos eran responsables de la protección contra incendios, la recolección y eliminación de la basura, el otorgamiento de permisos y las inspecciones, la distribución de electricidad a nivel local, el resguardo policial, la salud pública, el bienestar general, los servicios de esparcimiento y servicios comunitarios, y la recaudación de impuestos. Las responsabilidades con respecto a los parques, la planificación, la vialidad y el control del tráfico, el abastecimiento de agua y la eliminación de las aguas servidas eran compartidas. Los costos se distribuían en función de la base de impuestos a la propiedad.

Con el tiempo, las responsabilidades fueron cambiando. El Área Metropolitana de Toronto tomó a su cargo la policía, la asistencia social, el control del tráfico, el otorgamiento de licencias,

la conservación, la eliminación de desechos y los servicios de ambulancia. En 1967, el número de municipios se redujo de 13 a 6. Las tasaciones de bienes raíces y la administración de justicia pasaron a ser responsabilidades provinciales en 1970.

Tercera etapa. Con esta estructura se lograron los objetivos de suministrar infraestructura en los suburbios, mantener una ciudad central dinámica y combinar ingresos en toda el área metropolitana. Sin embargo, en la década de 1970 las necesidades cambiaron como resultado del crecimiento fuera del área metropolitana. Entre 1971 y 1975, el gobierno provincial creó cuatro gobiernos regionales en torno al Área Metropolitana de Toronto, y en 1988 estableció la Oficina del Gran Toronto (OGTA) con el propósito de alentar al área metropolitana y las cuatro regiones de sus alrededores a coordinar la eliminación de desechos, el transporte regional, el uso de la tierra y la planificación de la infraestructura. Un foro de los alcaldes del Gran Toronto y los presidentes de los gobiernos regionales se concentró en el desarrollo económico y la promoción del área.

Cuarta etapa. La actual Ciudad de Toronto fue establecida en 1998 a través de la legislación provincial, que consolidó el gobierno metropolitano y seis gobiernos locales de nivel inferior para crear un gobierno de un solo nivel. Poco tiempo después se creó la Junta de Servicios del Gran Toronto (GTSB) para fiscalizar el tránsito regional como un nivel de gobierno separado para esta función. La GTBS estaba gobernada por representantes elegidos de cada gobierno local y tenía facultades limitadas para coordinar la toma de decisiones entre los gobiernos locales miembros. Fue abolida en 2001. En 2006, el gobierno provincial creó la Autoridad de Transporte del Gran Toronto (GTTA) para coordinar el transporte, la función más importante que requería coordinación.

Fuente: Slack, 2007.

de gobierno superior cumpla una función importante, no solo desde la perspectiva de las transferencias fiscales, sino para garantizar que existan dispositivos para una coordinación razonable de los servicios públicos y el desarrollo de toda el área.

La Autoridad del Gran Londres (Reino Unido)

Actualmente, Londres tiene una población de más de 7 millones de habitantes, y desde 2000 elige los miembros de la GLA, que constituye un gobierno a nivel de toda la ciudad, con un alcalde y una asamblea. Abarca un área de 32 autoridades locales (*boroughs*, o municipios), que cuentan con alcaldes y consejos independientes. Las funciones asignadas a estos municipios incluyen vivienda, educación, servicios sociales y de salud, y su responsabilidad como autoridades de planificación local. La GLA es una autoridad estratégica de nivel superior para promover el desarrollo sostenible y definir las estrategias. Sus principales responsabilidades son el transporte, la policía, la planificación del desarrollo económico, los servicios de bomberos y la planificación en casos de emergencia, la planificación del uso de la tierra, la cultura, y el medio ambiente y la salud; también coordina eventos en todo Londres. Sin embargo, la GLA tiene muy poca autonomía fiscal. Más del 80 % de los ingresos tanto de la GLA como de los gobiernos locales proviene de transferencias del gobierno central. Otros ingresos provienen de un impuesto local a la propiedad y de los cargos que se aplican a los usuarios. En el recuadro 2.13 se describe cómo Londres llegó a su estructura actual.

Recuadro 2.13 Londres: Evolución de un sistema de gobierno de dos niveles a uno de un solo nivel, y restablecimiento del sistema de dos niveles

Primera etapa. Londres tuvo una estructura de gobierno de dos niveles entre 1964 y 1986 que comprendía el Consejo del Gran Londres y 32 gobiernos locales, cada uno con su propio alcalde y consejo.

Segunda etapa. En 1986, se eliminó el Consejo del Gran Londres y el gobierno de Londres pasó a ser responsabilidad directa de los ministros del gobierno central, coordinados por un subcomité encabezado por un subsecretario para Londres, mediante acuerdos y dispositivos especiales para la planificación regional. En 1994, se estableció la Oficina de Gobierno de Londres, a fin de que el gobierno central pudiera actuar como autoridad estratégica y coordinar todas las entidades relacionadas con Londres.

Tercera etapa. En 1999 se creó la nueva GLA, formada por 32 gobiernos locales y la Corporación de Londres. En 2002, el lord mayor de Londres fue elegido directamente; este puede impartir instrucciones a un gobierno local para que rechace (pero no para que apruebe) solicitudes de urbanización de gran envergadura. Hay cuatro funciones que no dependen de la Asamblea de la GLA, pero que rinden cuentas a esta a través del lord mayor de Londres:

- Transport for London es responsable de los caminos, los autobuses, los trenes, el sistema de tren metropolitano, los semáforos y la regulación de los taxis. El alcalde nombra a un comisionado, preside la junta y nombra a 15 miembros no ejecutivos.
- La Agencia de Desarrollo de Londres (fue eliminada en 2012, y sus funciones son actualmente parte de la GLA) coordinaba el desarrollo económico y trabajaba en colaboración con el sector industrial, el sector público y el sector de organizaciones voluntarias.
- La Autoridad de la Policía Metropolitana tiene 23 miembros, de los cuales 12 son miembros de la asamblea y 6 son ciudadanos londinenses independientes.
- La Autoridad de Bomberos y Planificación en Situaciones de Emergencia de Londres es responsable de los servicios de bomberos y emergencia. El alcalde nombra a su presidente. Está compuesta de 17 miembros, de los cuales 9 pertenecen a la GLA y 8 son nominados por la asociación de gobiernos locales de Londres.

Fuente: www.london.gov.uk.

La Ciudad de Abidján (Côte d'Ivoire)

Abidján es la antigua capital y la ciudad más grande de Côte d'Ivoire. Tiene una estructura policéntrica y originalmente estaba formada por 10 comunas, sin un gran centro urbano predominante. La actual área metropolitana comprende 13 municipios con una población del orden de 6 millones de habitantes. Es un centro económico y cultural en África occidental y tiene un alto nivel de industrialización. Abidján se convirtió en un municipio en 1956, dividido en zonas administrativas por una serie de lagunas (véase el mapa R2.14.1 del recuadro 2.14), y desde entonces ha experimentado varios cambios institucionales. El nombre actual de la estructura metropolitana es Distrito de Abidján (en 2001 reemplazó el nombre anterior, Ciudad de Abidján). En el recuadro 2.14 se describe el surgimiento del sistema actual a través de tres etapas.

Gobierno regional establecido por un gobierno de nivel superior

Las reformas de los gobiernos metropolitanos rara vez han surgido exclusivamente como resultado de iniciativas de los gobiernos locales; más bien, un gobierno nacional o provincial ha iniciado el cambio ya sea imponiéndolo o alentándolo (OCDE, 2006). Por ejemplo, a veces el gobierno de nivel superior ha propuesto que los municipios acepten trabajar conjuntamente para mejorar la coordinación de los servicios, como el abastecimiento de agua, la gestión de los desechos o el transporte público. Si bien muchos gobiernos metropolitanos han sido establecidos por un gobierno de nivel superior, la experiencia muestra que a menudo dichas instituciones son débiles, a menos que cuenten con el respaldo de los gobiernos locales con los que deben trabajar.

Existen varios modelos o métodos para establecer gobiernos o consejos regionales con fines de gobierno, planificación regional y prestación de servicios, como los siguientes:

- elección directa (por ejemplo, Stuttgart [Alemania]; Londres [Reino Unido], y Portland, en el estado de Oregón [Estados Unidos]);

- nombramiento por un gobierno de nivel superior (por ejemplo, las Ciudades Gemelas, en el estado de Minnesota [Estados Unidos], y el Ministerio de Desarrollo Metropolitano de Nairobi [Kenya]);

- fuerte representación en el Gobierno local (el gobierno de nivel superior solo nombra al presidente, como, por ejemplo, en el Área Metropolitana de Manila [Filipinas]).

Los ejemplos de las tres ciudades que se presentan a continuación muestran diferentes modelos y la forma en que los gobiernos de nivel superior han iniciado una gestión de gobierno coordinada en las áreas metropolitanas.

El Distrito Metropolitano de Portland (Estados Unidos)

Portland tiene una autoridad regional elegida que se denomina Distrito Metropolitano de Portland ("Portland Metropolitano"), creada por el poder legislativo del estado de Oregón en 1977. Es una autoridad que se ha ganado el apoyo y el respeto de los gobiernos locales del área a partir de una de sus funciones: la regulación y la gestión del uso de la tierra. Inicialmente era una consolidación de un consejo de planificación regional, un consejo de servicios metropolitanos responsable de la eliminación de residuos sólidos, y la administración de un zoológico regional. En 1990 asumió responsabilidades adicionales con respecto a varias instalaciones (el estadio y el centro de exposiciones) y, poco tiempo después, de varios parques regionales, cementerios e instalaciones marinas. En el recuadro 2.15 se describe la formación gradual del sistema metropolitano de Portland por el gobierno de nivel superior.

El Área Metropolitana de las Ciudades Gemelas (Minneapolis y St. Paul), Estados Unidos

El Área Metropolitana de las Ciudades Gemelas es un ejemplo de una autoridad regional de planificación y prestación de servicios que evolucionó hasta convertirse en un gobierno regional nombrado por el estado de Minnesota. La cooperación entre los numerosos gobiernos locales del área de las Ciudades Gemelas surgió inicialmente por la necesidad de compartir los ingresos tributarios debido a las grandes diferencias entre las jurisdicciones ricas y las jurisdicciones pobres. La organización voluntaria inicial de los gobiernos locales evolucionó hasta convertirse en el actual Consejo Metropolitano de las Ciudades Gemelas, cuyas amplias funciones se describen en el recuadro 2.16.

Recuadro 2.14 Abidján: Evolución de un gobierno local de dos niveles a un gobierno regional

Primera etapa. Las reformas introducidas en 1978 restablecieron el estatus de comuna, o gobierno local, de las principales ciudades de Côte d'Ivoire. En esa época, Abidján tenían 10 gobiernos locales, todos de distinto tamaño y con diferente capacidad para reunir sus propios recursos, y cada cual con un alcalde elegido y un grupo de concejales (véase el mapa R2.14.1). Al mismo tiempo se estableció un gobierno local metropolitano, de nivel superior (la Ciudad de Abidján), que contaba con un concejo compuesto por el alcalde de la Ciudad y cuatro concejales de cada gobierno local. El alcalde de la ciudad era elegido indirectamente por los 10 alcaldes. Las funciones principales de ese gobierno metropolitano eran la eliminación de desechos, el alumbrado público, el saneamiento, la regulación del tráfico, el mantenimiento de vías, parques y cementerios, y la planificación urbana. Los gobiernos locales del área eran responsables de los mercados, la asignación de terrenos para uso público, el mantenimiento de las escuelas primarias y clínicas (aunque no de la política escolar ni sanitaria, ni la supervisión y pagos al personal), y el funcionamiento de los centros sociales. Los gobiernos locales debían compartir responsabilidades con otros niveles de gobierno

en lo relativo a la contaminación y la salubridad. La gestión de la recolección de desechos sólidos y del suministro de agua y electricidad estaba a cargo de empresas privadas. Este sistema funcionó durante más de 20 años, pero el gobierno nacional interfería en el desempeño de algunas funciones de los gobiernos locales, como la inspección de los sitios de construcción y la emisión de licencias de conducir. La ciudad tenía muy poca influencia en sus finanzas. El gobierno nacional recaudaba los impuestos a la propiedad y los remitía a los gobiernos locales, los que luego pagaban (a menudo con atraso) una porción fija al gobierno local de nivel superior, esto es, la Ciudad de Abidján (Stren, 2007).

Segunda etapa. En 2001, la Ciudad de Abidján fue reemplazada por un gobierno regional ("distrito") de Abidján. El cargo de alcalde de Abidján fue reemplazado por el de gobernador de distrito; esta persona era nombrada por el presidente del país y contaba con la asistencia de un concejo de distrito. Se convirtió en un gobierno regional de nivel superior, por encima de los 10 gobiernos locales originales, al que se añadieron tres grandes jurisdicciones suburbanas (gobiernos locales) y algunas zonas rurales. Esta área metropolitana cuenta en la actualidad con una población de aproximadamente 6 millones de personas. La planificación urbana es una función clave a nivel distrital. La prestación de servicios es restringida debido a la disponibilidad de limitados recursos locales. Tras un intento de golpe militar en 2002, la seguridad ha adquirido cada vez más prioridad.

Tercera etapa. En septiembre de 2012, después de la elección presidencial, el Distrito de Abidján fue disuelto por ordenanza presidencial y reemplazado por una gobernación (un órgano ejecutivo) bajo el control directo del gobierno nacional. Se había decidido separar las finanzas del Distrito de Abidján de las contribuciones de los municipios, para lo cual los ingresos locales recaudados en el área se distribuían entre los dos niveles (municipios y distrito), conforme a los porcentajes establecidos por ley. A principios de 2013, seguía pendiente la reasignación de los ingresos del distrito que se había eliminado, y se estudiaban varias opciones.

Mapa R2.14.1 Las 10 comunas de Abidján

Fuente: Banco Mundial.

Recuadro 2.15 Formación del Gobierno Metropolitano de Portland

Portland Metropolitano es gobernado por un Concejo Metropolitano elegido directamente y conformado por siete concejales y un funcionario ejecutivo. Cuenta con un riguroso estatuto sobre el uso de la tierra como herramienta para el desarrollo regional, que ha incluido el establecimiento de un límite del crecimiento urbano en el largo plazo a fin de crear un cierto grado de previsibilidad para las inmobiliarias privadas en la planificación de sus negocios. Una característica importante de la ley es que Portland Metropolitano puede aplicar impuestos a la propiedad, a las ventas y a los ingresos, y emitir bonos metropolitanos para financiar sus programas de inversión. Como complemento de la autoridad regional metropolitana, los gobiernos locales del área (3 condados y 25 ciudades y comunas) han creado un grupo de coordinación denominado FOCUS para elaborar recomendaciones conjuntas y presentarlas al Concejo Metropolitano. Los gobiernos locales también están representados en un comité asesor de planificación regional.

El Concejo Metropolitano de Portland obtiene alrededor del 15 % de sus ingresos de los impuestos a la propiedad. Más del 50 % proviene de comisiones y cargos aplicados a los usuarios de las instalaciones que opera el Concejo (una instalación para la eliminación de desechos sólidos, un zoológico, y centros de convenciones, arte y exposiciones).

En 1973, una ley del estado de Oregón fijó un límite al crecimiento urbano en gran escala en Portland para evitar una dispersión urbana excesiva. La ley limita el acceso a servicios tales como alcantarillado, agua y telecomunicaciones, así como la cobertura de los servicios de bomberos y policiales, y de las escuelas. Originalmente, esta ley disponía que la ciudad debería mantener suficientes terrenos dentro de sus límites para unos 20 años de crecimiento. Sin embargo, en 2007, la ley fue modificada para exigir una planificación a un plazo estimado de 50 años de crecimiento dentro de los límites, y la protección de las tierras agrícolas y rurales circundantes. El límite al crecimiento, junto con iniciativas de la ciudad para aumentar las zonas de desarrollo económico, ha resultado en el desarrollo de una gran área céntrica, un gran número de urbanizaciones de mediana y gran altura, y en un aumento general de la densidad de viviendas y negocios.

Fuente: www.oregonmetro.gov.

El Área Metropolitana de Manila (Filipinas)

El Área Metropolitana de Manila comprende alrededor de 11 millones de personas e incluye 17 municipios. La zona urbana ampliada comprende otros 4 millones de personas en otros 18 gobiernos locales. El país tiene una larga trayectoria de gobiernos locales autónomos que se han resistido al control de los niveles superiores de gobierno, y las personas son muy leales a sus unidades de gobierno local. No obstante, la mayoría de las diversas entidades metropolitanas que han existido en Manila fueron creadas y designadas por el gobierno nacional (véase el recuadro 2.17).

La Verband Region Stuttgart (Alemania)

La denominada Verband Region Stuttgart (Asociación Regional de Stuttgart) fue creada por ley por el gobierno del estado de Baden-Württemberg en 1993. La Verband es una entidad de nivel metropolitano elegida directamente, formada por 179 gobiernos locales, incluida la Ciudad de Stuttgart. Actualmente su responsabilidad principal es actuar como autoridad de transporte público del área, pero también participa en el ámbito del turismo y la planificación regional. Esta estructura de gobierno se tornó muy débil, en gran parte porque no tenía facultades para aplicar impuestos ni cargos a los usuarios. Su financiamiento proviene en partes casi iguales de las contribuciones de los gobiernos locales y las transferencias intergubernamentales del estado de Baden-Württemberg (información tomada de www.region-stuttgart.org; www.region-stuttgart.de/en).

Recuadro 2.16 El Área Metropolitana de las Ciudades Gemelas (Minneapolis y St. Paul), estado de Minnesota (Estados Unidos)

Los gobiernos locales de la región de Minneapolis-St. Paul tenían incentivos especiales para emprender un cambio institucional. Con el tiempo habían estrechado los lazos, pero debían responder a una creciente polarización entre los cascos urbanos en decadencia y las zonas urbanas en rápido crecimiento (dispersión urbana). La discordancia, en términos de espacio, entre las viviendas económicas y los puestos de trabajo disponibles provocaba una grave congestión de tráfico y la constante necesidad de crear infraestructura costosa en nuevas zonas urbanas. Con dos ciudades centrales de bajos ingresos y comunidades suburbanas más pudientes, los dos gobiernos de las ciudades centrales debían prestar servicios a una gran población de trabajadores en el centro urbano durante el día, que contribuían principalmente a la base impositiva de las numerosas zonas urbanas donde residían.

El caso de las Ciudades Gemelas es un ejemplo de autoridad regional de planificación y prestación de servicios que evolucionó hasta convertirse en un gobierno regional, y posteriormente en una corporación pública. Actualmente, el área metropolitana abarca 7 condados, con alrededor de 200 municipios pequeños, unas 100 organizaciones distritales especiales, y una población de alrededor de 3 millones de personas. El Consejo Metropolitano de las Ciudades Gemelas fue establecido por el gobierno del estado de Minnesota en 1974 para que aprobara los planes y las políticas de desarrollo y coordinara las actividades de las entidades regionales de prestación de servicios ya existentes. Esta entidad también nombraría a las juntas correspondientes y examinaría sus presupuestos anuales. El Consejo Metropolitano también tenía facultades para examinar todos los proyectos de "importancia metropolitana" propuestos por los gobiernos locales del área.

En 1994, el Consejo Metropolitano se convirtió en una corporación pública de propiedad del estado de Minnesota. Asumió responsabilidades operacionales de transporte metropolitano y servicios de alcantarillado, y se fortalecieron las funciones que cumplía anteriormente. También obtuvo mayor acceso a los impuestos a la propiedad regionales para financiar su administración y los subsidios al transporte. Esta reforma transformó al Consejo de un organismo de planificación regional que solo tenía cierto control de supervisión sobre varios organismos regionales en un nuevo gobierno regional con una asignación presupuestaria anual del gobierno del estado 15 veces mayor que su presupuesto anterior.

En varias ocasiones se ha propuesto y discutido el establecimiento de un concejo metropolitano elegido directamente, pero la propuesta no ha obtenido suficiente apoyo en la legislatura del estado. Actualmente, el Consejo está conformado por un presidente y 16 miembros que representan a los distritos geográficos, los que son nombrados por el gobernador de Minnesota y confirmados por la legislatura del estado. El Consejo tiene las siguientes responsabilidades: el funcionamiento de un amplio sistema de autobuses; la recolección y el tratamiento de aguas residuales; la participación de las comunidades y el público en la planificación del crecimiento en el futuro; los pronósticos de crecimiento de la población y los hogares en la región; la disponibilidad de viviendas económicas para las personas y familias de ingresos bajos y moderados, y la planificación, la adquisición y el financiamiento de parques y senderos. También constituye un marco para la toma de decisiones y la implementación de sistemas regionales, incluidos la aviación, el transporte, los parques y espacios abiertos, la calidad del agua y la gestión de este recurso.

Fuente: www.metrocouncil.org.

Recuadro 2.17 Etapas del gobierno metropolitano de Manila (Filipinas)

Primera etapa. En la década de 1960, los alcaldes de Manila y los municipios vecinos crearon una liga para abordar cuestiones urgentes relativas al crecimiento en la región. Sin embargo, puesto que la adhesión a la liga era voluntaria, era imposible coordinar eficazmente el desarrollo de largo plazo. En 1975, luego de un referendo se formó la Comisión Metropolitana de Manila (CMM) para crear una sola área metropolitana mediante la integración de 4 ciudades y 13 municipios. En el marco de la CMM, toda facultad legislativa y ejecutiva a nivel metropolitano recaía en un pequeño órgano rector nombrado por el presidente de la nación. El papel de la CMM era de carácter ejecutivo e incluía la formulación de políticas y el suministro de servicios comunes al área metropolitana. Los gobiernos locales contribuían el 20 % de sus ingresos anuales a la CMM.

Segunda etapa. El apoyo popular a la CMM declinó y, en 1990, el nuevo presidente la reemplazó por la Autoridad Metropolitana de Manila (AMM). La AMM era responsable de los servicios urbanos básicos, como la planificación del uso de la tierra, la gestión del tráfico, la seguridad pública, la remodelación urbana y la gestión de los desechos. Estaba gobernada por un concejo metropolitano integrado por los alcaldes de los 17 gobiernos locales del área y encabezada por un presidente elegido indirectamente por los miembros cada seis meses. La AMM continuó recaudando ingresos de las unidades de los gobiernos locales, pero su monto se redujo al 15 % de los ingresos anuales de los gobiernos locales.

Tercera etapa. En 1995, la AMM fue reemplazada por la Autoridad Metropolitana de Desarrollo de Manila (AMDM). La AMDM es una unidad administrativa y de desarrollo que se encuentra bajo la supervisión directa del presidente de la nación. Cumple funciones de planificación, control y coordinación únicamente si no les quita autonomía a los gobiernos locales en los asuntos locales. Su Concejo sigue estando dominado por los 17 alcaldes de los gobiernos locales del área, pero el presidente y varios de los gerentes son nombrados por el presidente. La AMDM es responsable de casi todos los servicios públicos habitualmente locales. Obtiene recursos del gobierno central, una contribución del 5 % de los gobiernos locales, y los ingresos de tarifas y multas de los servicios metropolitanos. La AMDM ha sido criticada por ser más bien una corporación nacional que una institución plenamente local.

Fuente: www.mmda.gov.ph.

El Ministerio de Desarrollo del Área Metropolitana de Nairobi

El Área Metropolitana de Nairobi fue establecida en 2008 mediante decreto presidencial para facilitar la aplicación de una estrategia de crecimiento y desarrollo para esta área, formada por 15 gobiernos locales (véase el mapa 2.4). El propósito inicial era que abarcara la mayoría de las funciones de gobierno local, además de la promoción y formulación de un marco de financiamiento. Hasta ahora, el ministerio ha funcionado principalmente como un cauce adicional del financiamiento procedente del gobierno nacional para inversiones menores en el área metropolitana. Este es un caso en que el concepto de "área metropolitana" es mucho más amplio de lo que sería si se definiera sobre la base de factores de cohesión socioeconómica, como la existencia de una sola economía y mercado de trabajo. El área definida comprende 32 000 km² y 4 condados, con un total de 15 gobiernos locales. La población es de alrededor de 11 millones de personas, con una tasa de crecimiento de aproximadamente 3,4 % al año. Su gran extensión se debe a que el Gobierno de Kenya determinó que, si una pequeña parte de un condado estaba comprendida en la economía y el mercado de trabajo integrados, todo el condado se incluiría en el área gobernada por el ministerio.

Mapa 2.4   Área Metropolitana de Nairobi

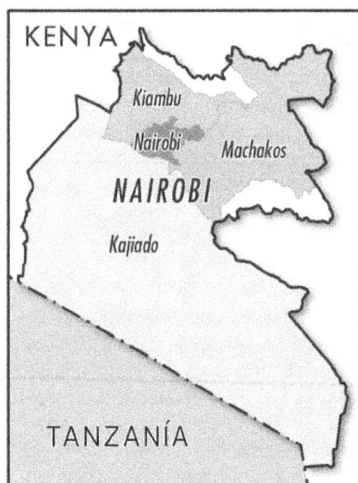

Fuente: Banco Mundial.

El Randstad (Países Bajos)

El Randstad es una conurbación en los Países Bajos que comprende las cuatro ciudades más grandes del país —Amsterdam, Rotterdam, La Haya y Utrecht— y las zonas circundantes. Tiene una población de 7,1 millones de personas y es una de las conurbaciones más grandes de Europa. Abarca una superficie de aproximadamente 8287 km². Esta cifra es la suma de la superficie de las cuatro provincias miembros, aunque normalmente no se considera que el Randstad abarque la totalidad de ninguna de ellas. El Randstad ha experimentado una fuerte competencia entre las ciudades, particularmente entre las dos principales: Rotterdam y Amsterdam. El gobierno nacional ha cumplido la importante función de promover la colaboración, no la competencia, en ciertos temas prioritarios para el área, a través de incentivos financieros e influencia política. Recientemente, los responsables locales en materia de planificación han comenzado a referirse al Randstad como el Deltametropool, formado por dos grandes áreas metropolitanas (fuente: www.randstadregion.eu).

El área metropolitana de la Ciudad de México (México)

El área metropolitana de la Ciudad de México ilustra un caso en el que las políticas de descentralización fiscal adoptadas en la década de 1990 empeoraron sin intención las disparidades fiscales de la Zona Metropolitana del Valle de México (Raich, 2008). A pesar de la intervención del Estado a través de un sistema de transferencias redistributivas, el aumento de las disparidades fiscales se produjo por tres razones principales: a) un efecto negativo indirecto de las transferencias en las iniciativas fiscales locales, incluida la recaudación de impuestos a la propiedad; b) la distribución desigual de servicios e infraestructura en el área metropolitana, y c) la existencia de diferentes estructuras de gobierno en las diversas jurisdicciones de la zona. Las complicaciones legales y políticas dificultaron la mitigación de los problemas, aunque la situación ha mejorado algo desde entonces.

Anexión o consolidación de gobiernos locales

Los límites de una región económica se extienden cada vez más a lo largo del tiempo, pero los límites de los gobiernos tienden a modificarse solo ocasionalmente, a través de medidas legales. A veces, la anexión y la consolidación son los métodos más eficaces para lograr la escala, la distribución de costos, la eficiencia y la equidad necesarias en la prestación de servicios públicos (cuadro 2.9). Sin embargo, la consolidación suele ser controvertida desde el punto de vista político, y normalmente requiere la participación activa del gobierno nacional o de un gobierno provincial. Pocos casos de consolidación han logrado la cobertura de toda un área metropolitana, por lo general, debido a la dinámica política a nivel local. A continuación se presentan algunos ejemplos:

- *Londres (Reino Unido).* La Autoridad del Gran Londres comprende 7,5 millones de personas, pero el área económica funcional, el denominado Gran Sureste, tiene una población de 20 millones de personas.

- *Toronto (Canadá).* La consolidación de la Ciudad de Toronto (2,5 millones de personas) a veces se considera demasiado pequeña y demasiado grande. Es demasiado pequeña para abarcar la región económica metropolitana conocida como el "Gran Toronto" (5 millones de personas) o para abordar las externalidades a nivel de toda la región relacionadas con el transporte y la planificación. Y es demasiado grande para poder responder plenamente a nivel local y ser completamente accesible,

Cuadro 2.9 Anexión de territorio o consolidación de gobiernos locales

Características	Ejemplos
Se crea una jurisdicción que abarca una porción más grande (o la totalidad) del área metropolitana, promoviéndose de esta manera la nivelación dentro del área (una base impositiva).	Toronto, Ciudad del Cabo, Estambul, Pittsburgh, Madrid, Anchorage
Con una jurisdicción más grande, el acceso de los residentes al gobierno local puede verse afectado, y la rendición de cuentas a nivel local puede debilitarse.	
Aspectos financieros comunes:	
• El ahorro de costos suele producirse mediante economías de escala.	
• La armonización de los niveles de servicio y de los salarios puede realizarse conforme al gobierno que tenga los niveles más altos, lo que se traduce en un aumento de los costos.	
• Deben tenerse en cuenta los costos de la transición, en los que se incurre una sola vez.	

en comparación con los seis municipios individuales que tenía anteriormente.

Sin embargo, algunos gobiernos locales abarcan esencialmente toda la región económica metropolitana (su área funcional). Los siguientes son algunos ejemplos:

• *Ciudad del Cabo (Sudáfrica).* Los límites de la Ciudad del Cabo fueron establecidos por la Junta de Demarcación Municipal de Sudáfrica[6] en 1998 y actualmente comprenden el 95 % de las personas que viven y trabajan allí.

• *Estambul (Turquía).* Los límites administrativos de Estambul se ampliaron en 2004 con el fin de incluir áreas anteriormente regidas por el gobierno central, medida que ha expandido su superficie de 1830 km^2 a 5340 km^2 (Turan, 2011).

Pittsburgh, en el estado de Pennsylvania (Estados Unidos), es un ejemplo clásico de anexión. A principios del siglo XX, Pittsburgh emprendió con éxito la anexión de dos municipios vecinos. Más recientemente, nuevos gobiernos locales suburbanos se han incorporado a la jurisdicción de la ciudad de Pittsburgh a través de ajustes graduales a medida que el área ha ido cambiando.

Ciudad del Cabo, cuya población asciende a unos 3,5 millones de personas, tenía una estructura de gobierno metropolitano de dos niveles en la década de 1990; en 1998 se transformó en un municipio unificado mediante la consolidación de varios gobiernos locales (véase el recuadro 2.18). En cuanto a su superficie (2455 km^2), es actualmente la ciudad más grande de Sudáfrica. En el cuadro 2.10 se muestra una reseña del presupuesto de Ciudad del Cabo en el ejercicio de 2011-12, con indicación de las variaciones porcentuales con respecto a ejercicios anteriores.

Anchorage, en el estado de Alaska (Estados Unidos), es otro ejemplo de un municipio que ha crecido de 20 km^2 a más de 5000 km^2 en los últimos 50 años.

Repercusiones financieras de la consolidación de gobiernos locales

Al contemplar una consolidación de gobiernos locales se deben hacer ajustes financieros especiales. Por ejemplo, ¿cómo se van a armonizar los salarios o a enajenar los activos duplicados? La consolidación no se traduce necesariamente en una reducción de costos. Por ejemplo, cuando Toronto consolidó seis municipios mediante la creación de la Ciudad de Toronto, en las seis áreas de gobierno local anteriores se unificaron los salarios y los servicios, y los costos generales aumentaron. Cuando se armonizan los niveles de servicio, a menudo todos ellos se uniforman conforme a los niveles de los gobiernos locales que tienen el mayor gasto, lo que resulta en un aumento de los costos generales de la entidad consolidada. Esta situación puede sobrepasar los ahorros que habitualmente pueden lograrse. Al adoptar una nueva estructura de gobierno también deben tenerse en cuenta los costos de la transición, en los que se incurre una sola vez. Por ejemplo, Ciudad del Cabo pasó por diversas reformas del gobierno local en un período breve, y en años recientes ha experimentado nuevas reformas estructurales, cambios territoriales, nuevas estructuras de gestión y nuevas formas de prestación de servicios. Con estas reorganizaciones

Recuadro 2.18 Evolución de los modelos de gobierno metropolitano en Ciudad del Cabo (Sudáfrica)

La Constitución provisional de 1996 de Sudáfrica establecía tres tipos de gobierno local: metropolitano, urbano y rural. El Concejo Metropolitano de Ciudad del Cabo es un gobierno metropolitano. La Constitución también disponía tres categorías de municipios. Los municipios de la categoría A tenían facultades municipales ejecutivas y legislativas en sus áreas. Los de la categoría B compartían facultades en sus áreas con un municipio de la categoría C dentro del área correspondiente. Los municipios de la categoría C tenían facultades en un área que incluía más de un municipio.

En un estudio posterior se recomendó un sistema de gobierno metropolitano de un solo nivel, en que cada municipio abarcara su área metropolitana, para resolver el problema de las desigualdades, promover la planificación estratégica del uso de la tierra, coordinar las inversiones en infraestructura y formular un marco de desarrollo económico y social para toda la ciudad. Se pensaba que el cambio evitaría que los gobiernos locales compitieran por las inversiones de una manera descoordinada. En 1998, todos los municipios de la categoría C de Sudáfrica pasaron a ser

Fuente: www.capetown.gov.za.

Mapa R2.18.1 Densidad poblacional en Ciudad del Cabo (Sudáfrica)

Fuente: Banco Mundial.

municipios de un nivel (consolidados) como Ciudad del Cabo, representada en el mapa.

---

frecuentes se puede correr el riesgo de perturbar la prestación de servicios locales debido al tiempo y los recursos que exigen dichos cambios.

Un gran municipio que abarca el área metropolitana

En los casos en que el área geográfica de un municipio coincide esencialmente con la economía de un área metropolitana, la coordinación de la gestión financiera presenta menos dificultades debido a la menor complejidad de los aspectos institucionales. En otros casos, la asignación de recursos en un área extensa para la prestación de servicios y la realización de inversiones, a menudo con la activa participación de

oficinas municipales auxiliares, presenta particulares dificultades para un concejo municipal.

La ciudad de Johannesburgo (Sudáfrica)

Sudáfrica tiene ocho municipios metropolitanos grandes con un solo nivel de gobierno, entre los que se cuentan Ciudad del Cabo y Johannesburgo. Esta última ciudad es la capital de la provincia de Gauteng y la ciudad más grande del país, con una población cercana a 4 millones de personas. La superficie de la municipio es extensa (1645 km^2), y la densidad de población, moderada (2364/km^2). Es la ciudad más grande del mundo que no bordea un río, un lago o el litoral costero. En el recuadro 2.19

Cuadro 2.10   Presupuesto del municipio de Ciudad del Cabo, 2011-12

Gastos	Millones de rands	Variación porcentual	Ingresos	Millones de rands	Variación porcentual
Costos de personal	7091,6	9,1	Impuestos a la propiedad	4582,0	8,9
Remuneración de concejales	108,8	17,9	Multas y otros cargos	85,8	6,6
Provisión para deudas por cobrar	1040,0	7,5	Tarifas de servicios: –electricidad	8125,7	22,4
Depreciación	1392,8	17,0	–agua	1828,1	10,1
Cargos financieros	766,4	3,6	–saneamiento	991,1	10,2
Compras en grandes cantidades	5785,9	22,1	–basura	820,4	7,6
Contratación de servicios	2320,2	31,6	–otras tarifas de servicios	625,4	–4,0
Transferencias y subvenciones	96,4	10,1	Alquileres (instalaciones, equipo)	264,0	8,0
Otros gastos	3539,8	4,4	Intereses de inversiones externas	192,4	–10,0
Total de gastos	22 141,9	100,0	–deudores pendientes	218,3	3,6
Presupuesto de capital			Multas	186,9	3,5

Fuentes	Millones de rands	Variación porcentual			
			Licencias y permisos	30,0	4,5
Donaciones de capital y donaciones	2715,4	940,2	Servicios de agencias	116,0	
Reserva de capital	970,9	272,0	–Transferencias operacionales	1897,8	28,4
Fondo de financiamiento externo	1357,4	85,4	Otros ingresos	1912,3	8,6
Ingresos	46,3	32,7	Ganancias por eliminación de equipo de protección personal	105,0	–66,2
Total	5089,9	100	Total de ingresos	21 981,2	100,0

Fuente: www.capetown.gov.za/en/Budget/Pages/Budget2011-2012.aspx.

se resume la forma en que Johannesburgo se ha convertido en un municipio consolidado.

Municipio de Shanghái (China)

Shanghái es otro ejemplo en que un gobierno municipal abarca toda el área metropolitana. Las ciudades chinas tienen una estructura de gobierno local en dos niveles: un gobierno municipal con varios gobiernos de distrito y gobiernos de condado subordinados. En China, todas las grandes ciudades funcionan con el mismo modelo de gobierno, en que la jurisdicción municipal incluye zonas urbanas y grandes zonas rurales. Los gobiernos de distrito tienden a ser más urbanos, y los Gobiernos de condado, más rurales. Actualmente el Municipio de

Shanghái tiene nueve distritos, definidos como su ciudad central, siete distritos semiurbanos suburbanos y un condado rural (la isla grande; véase el mapa 2.5).

Shanghái es uno de los cuatro municipios que se tratan como provincias y que tienen facultades correspondientes. El área metropolitana completa tiene una superficie de 6340,5 km^2. A pesar de que un gobierno municipal chino abarca toda su área metropolitana con un sistema de gobierno local de dos niveles, la coordinación y la asignación de los recursos financieros pueden ser difíciles. Aunque los distritos urbanos de la ciudad central tienden a contar con servicios bien coordinados (transporte, redes de agua y alcantarillado, etc.), la coordinación con los gobiernos locales

Recuadro 2.19 El cambio de estructura de gobierno en Johannesburgo (Sudáfrica)

El área metropolitana del Gran Johannesburgo tenía una población de alrededor de 7,2 millones de personas en 2007. Con una definición incluso más amplia de esta área metropolitana, la población era de alrededor de 10,3 millones de personas en esa época. La provincia de Gauteng está creciendo rápidamente y experimenta una alta urbanización (se puede obtener más información en www.gautengonline.gov.za).

La parte urbana de Gauteng es una región policéntrica (como se observa en el mapa), que según las proyecciones tendrá una población cercana a los 15 millones de personas en 2015 (véase el mapa). La ciudad de Johannesburgo dejó de ser una ciudad segregada (con siete concejos con miembros de raza blanca y cuatro concejos con miembros de raza negra), a través de una etapa fragmentada consistente en un concejo metropolitano y cuatro concejos locales subordinados. La etapa actual, de integración, es un gobierno de un solo nivel, con una base impositiva que comprende la parte principal del área metropolitana. En el sistema anterior de dos niveles, el gobierno de nivel superior era responsable de los empréstitos y el reembolso de las deudas, y el de nivel inferior captaba los mayores ingresos. Sin embargo, cuando en el nivel inferior de gobierno faltaban recursos financieros, las transferencias de fondos al nivel superior tendían a retrasarse o frenarse. Desde su formación, el sistema de gobierno de un nivel ha mejorado considerablemente la gestión y la eficiencia. Por ejemplo, ha emitido contratos de gestión para los servicios de agua y saneamiento; ha convertido en corporaciones el departamento de vialidad y las funciones relacionadas con los desechos sólidos; ha vendido activos de tecnología de la información y posteriormente los ha tomado en arriendo, y ha dispuesto la administración de sus propiedades por empresas privadas.

Mapa R2.19.1 Johannesburgo en la provincia de Gauteng

Fuente: Banco Mundial.

suburbanos subordinados, los gobiernos de condado en particular, suele ser difícil debido a que están gobernados de manera independiente.

Shanghái es un ejemplo en que el legado y la cultura de economía política pueden influir en la manera en que se administra una zona en la práctica. En este caso, el gobierno municipal de nivel superior tiende a no interferir en la manera en que los Gobiernos subordinados de nivel inferior llevan sus asuntos.

Conclusiones

Las áreas metropolitanas se están convirtiendo en "la nueva norma". Ante la constante urbanización en todo el mundo, las ciudades se vuelven económicamente más interdependientes con los asentamientos y zonas de influencia aledañas, creando áreas metropolitanas con una sola economía y mercado de trabajo, una comunidad con intereses comunes y acciones conjuntas. Dichas áreas requieren cierto grado de gestión de determinadas funciones. La cooperación entre los gobiernos locales puede alentarse a través de incentivos de un gobierno provincial o del gobierno nacional por medio de sistemas, marcos legales o incentivos financieros específicos de índole intergubernamental.

No obstante, existen muchos modelos de gobierno, cada cual con sus ventajas y sus desventajas. Los modelos y los enfoques principales son la cooperación

Mapa 2.5   Ciudad central de Shangái, y distritos y condado suburbanos

Fuente: Banco Mundial.

entre gobiernos locales; autoridades regionales o distritos con propósitos especiales (como organizaciones voluntarias de base); gobiernos metropolitanos (ya sea como un gobierno local de segundo nivel o un gobierno regional establecido por un nivel de gobierno superior), y la unificación de gobiernos locales a través de su consolidación o la anexión de territorio.

No existe una estructura única. La estructura de gobierno más apropiada depende del contexto tanto nacional como local (marco legal, responsabilidades del gobierno local, desafíos y oportunidades en el área, capacidad institucional y tradición, etc.). Puede formarse a través de un proceso desde las bases por intermedio de los gobiernos locales del área, o por decisión de un gobierno provincial o el gobierno nacional. Los mecanismos institucionales y financieros pueden tener que evolucionar con el tiempo, según vayan cambiando las necesidades y las circunstancias. A menudo, los factores políticos, no la eficiencia ni la equidad, determinan la formación o la evolución de los sistemas de gobierno y financieros de un área metropolitana.

Se requieren mecanismos de financiamiento que se ajusten a las necesidades. Algunos ejemplos de los aspectos financieros en la cooperación regional son los acuerdos de distribución de impuestos para evitar la competencia por los impuestos y las comisiones, y armonizar los ingresos y los gastos en toda una región

metropolitana; la participación en los costos o un presupuesto común para incentivos y servicios (y entidades) de nivel metropolitano; movilización coordinada de ingresos mediante la aplicación de cargos al usuario, impuestos a la propiedad, impuestos específicos, etc., y movilización de múltiples fuentes de financiamiento para grandes obras de infraestructura que aporten beneficios a toda el área. A veces se utiliza un fondo de desarrollo municipal de nivel nacional para respaldar inversiones de capital locales en las áreas metropolitanas.

Sí a la cooperación, no a la competencia. Esta es la esencia de un enfoque metropolitano: cooperar en ciertas iniciativas o servicios (y, posiblemente, competir en otros en términos de calidad de servicio y eficacia en función del costo). Los acuerdos de cooperación pueden incluir la movilización de ingresos, el financiamiento de inversiones y los gastos de servicios en forma conjunta.

Elección de una estructura de gobierno. Al seleccionar una estructura de gobierno se deben sopesar las posibilidades de lograr economías de escala y eficiencia en la coordinación de los servicios, así como la necesidad de abordar las externalidades y disparidades del área, frente al impacto que ello tendría en el acceso de los residentes a su gobierno, y la respuesta y rendición de cuentas de este.

División de funciones. En todo mecanismo de gobierno metropolitano se debe asegurar que exista claridad de funciones y responsabilidades (es decir, que estas no se superpongan, que no se presten a malas interpretaciones, etc.) entre las entidades involucradas, particularmente si se adoptan autoridades especializadas o diferentes niveles de gobierno. Además, se debe tener en cuenta el riesgo de falta de eficacia de un organismo metropolitano que no tenga autoridad independiente (es decir, que solo cumpla una función de asesoría).

Fuentes de financiamiento claras y fiables. Para que una autoridad regional o gobierno metropolitano pueda cumplir sus funciones, es fundamental que se le asignen suficientes fuentes de ingresos para cumplir su mandato en forma sostenible.

Compromiso de los gobiernos locales. Para que sea eficaz, una estructura de nivel metropolitano debe contar con el apoyo y el compromiso de todos los gobiernos locales involucrados, independientemente de si se ha formado desde las bases, o si ha sido establecida por un gobierno de nivel superior. Según las circunstancias, se debe pensar en otorgar a cada gobierno local la flexibilidad necesaria para que pueda participar en algunas o todas las funciones a nivel metropolitano.

Anexo
Ciudades citadas como ejemplo en este capítulo

Área metropolitana   Principales características

América del Norte

Ciudad de México (México)
Zona Metropolitana del Valle de México

- Extensa zona que constituye un conglomerado de jurisdicciones municipales y estatales, gobernado mediante la formación de órganos colectivos (comisiones) y acuerdos bilaterales. Se caracteriza por las complejidades legales, políticas y fiscales que provocan desigualdades no intencionales a causa del sistema de transferencias del pasado.

Ciudad de Washington (Estados Unidos)
Consejo de los Gobiernos del Área Metropolitana de Washington

- Consejo formado por 21 gobiernos locales con funciones de coordinación, pero sin facultades decisorias propias (los consejos de los gobiernos locales deben ratificar todas las decisiones), con excepción de algunos asuntos de transporte.

Ciudades Gemelas (Estados Unidos)

- La iniciativa de coordinación y la autoridad iniciales estuvieron motivadas por la desigualdad fiscal en la región.
- La autoridad regional de planificación y prestación de servicios evolucionó hasta convertirse en un gobierno regional del estado; en la actualidad es una corporación estatal que recibe una porción de los impuestos a la propiedad regionales para sufragar los costos de la prestación de servicios.

Condado de Los Ángeles (Estados Unidos)

- Provisión de servicios a muchos gobiernos locales más pequeños del área en el marco de contratos individuales; este método es eficaz en función del costo para todas las partes involucradas.

Portland (Estados Unidos)
Concejo Metropolitano

- Un concejo metropolitano elegido, creado para la gestión del uso de la tierra y dotado de considerables facultades; actualmente cumple funciones más amplias y cuenta con un comité asesor integrado por varios gobiernos locales.

Toronto (Canadá)

- Evolución de un sistema de un nivel a uno de dos niveles, y restablecimiento del sistema de un nivel, con gobiernos locales consolidados (y una base impositiva común) tras una amplia intervención del gobierno provincial.

Vancouver (Canadá)
Distrito Regional del Gran Vancouver

- Corporación pública de propiedad de los gobiernos locales miembros, que les provee varios servicios (pero no todos los gobiernos locales prestan todos los servicios a través del Distrito Regional).
- Tiene acceso a diversas fuentes de financiamiento, entre ellas los cargos al usuario, una parte de los impuestos a la propiedad, y contribuciones anuales de los gobiernos locales miembros.

África

Abidján (Côte d'Ivoire)

- Evolución de un sistema de gobierno de un nivel a un gobierno regional de dos niveles; iniciativas de los gobiernos locales y del gobierno nacional.

Ciudad del Cabo (Sudáfrica)	• Muchos cambios en la década de 1990, incluida la consolidación, en 2000, en un solo gran municipio, correspondiente al área económica funcional y mercado laboral regional. (En todo el país existen ocho municipios metropolitanos de este tipo).
Dar es Salaam (Tanzanía)	• Tres gobiernos locales más un concejo de la ciudad (al mismo nivel, sin autoridad sobre los tres gobiernos locales) para la coordinación general y algunas funciones específicas, sin recibir ingresos de la tierra y con muy pocos ingresos propios; crecientes ingresos de los impuestos a la propiedad para los gobiernos locales, pero aún muy dependientes de las transferencias del gobierno nacional.
Johannesburgo (Sudáfrica)	• Evolución de un sistema de siete gobiernos locales a uno de dos niveles, y luego a un gobierno local con entidades sectoriales.
Nairobi (Kenya) *Ministerio de Desarrollo del Área* *Metropolitana de Nairobi*	• A partir de 2009, un ministerio para el desarrollo del área metropolitana de Nairobi; una nueva ventanilla de fondos nacionales para 15 gobiernos locales del área.

Australia

Melbourne	• El gobierno estatal (provincial) presta (y financia) varios servicios locales tradicionales, como el transporte público.

Europa y Asia central

Bolonia (Italia)	• El consejo metropolitano de la ciudad es un modelo flexible creado por 48 gobiernos locales, encabezado por el presidente provincial; los gobiernos locales pueden participar en algunas o todas las actividades del consejo.
Budapest (Hungría)	• Gobierno local de la ciudad y muchos gobiernos locales de distrito, todos de igual categoría y condición jurídica; el área metropolitana y la zona residencial se distinguen como dos contextos de planificación separados.
Londres (Reino Unido)	• Evolución de un sistema de gobierno de dos niveles a uno de un nivel, y restablecimiento del sistema de dos niveles. La Autoridad del Gran Londres (GLA) tiene escasa autonomía fiscal; más del 80 % de los ingresos de la GLA y de los gobiernos locales proviene de transferencias del gobierno central. Existen autoridades de transporte, policía y bomberos, y planificación en situaciones de emergencia.
Lyon (Francia)	• Autoridad de planificación y prestación de servicios con un sistema metropolitano de distribución de impuestos; pequeños gobiernos locales con mecanismos de cooperación para la prestación de servicios.
Marsella (Francia) *Comunidad Urbana de Marsella*	• Impuesto común a las empresas para evitar la competencia por los impuestos entre los gobiernos locales del área.
Praga (República Checa)	• Un gobierno local elegido, con oficinas de distrito subordinadas.

Randstad (Países Bajos)	• Una de las conurbaciones más importantes de Europa, que comprende las cuatro ciudades más grandes del país (Amsterdam, Rotterdam, La Haya y Utrecht) y las áreas circundantes; iniciativas conjuntas, principalmente ad hoc o por presiones del gobierno nacional.
Stuttgart (Alemania)	• Entidad metropolitana elegida directamente de nivel superior, principalmente para el transporte público; también interviene en el turismo y la planificación regional. No tiene facultades para aplicar impuestos ni cargos al usuario (es financiada por el gobierno estatal y los gobiernos locales).
Tbilisi (Georgia)	• Una ciudad dominante (la capital) y unos pocos gobiernos más pequeños y menos pudientes, hasta ahora con iniciativas informales de coordinación según cada caso.

América Latina

Bogotá (Colombia)	• La ciudad está dividida en 20 localidades, cada una de las cuales es gobernada por una junta administrativa integrada por un mínimo de siete miembros, elegidos por votación popular; el alcalde principal designa a los alcaldes locales de entre los candidatos nominados por las respectivas juntas administrativas.
Quito (Ecuador)	• El Distrito Metropolitano de Quito (DMQ) es un concejo metropolitano elegido, con amplias responsabilidades, y presidido por un alcalde metropolitano elegido. El DMQ depende de las transferencias del gobierno nacional, pero también tiene su propia base de recursos (impuestos y contribuciones especiales).
Santiago (Chile)	• El Gran Santiago tiene 37 gobiernos locales, pero no existe un gobierno metropolitano; las funciones se distribuyen entre diversas autoridades. El intendente de la Región Metropolitana de Santiago es designado por el presidente de la nación.
São Paulo (Brasil) *Consorcio Intermunicipal de la Gran Región ABC*	• Concejo de la región ABC (órgano político del estado, los gobiernos locales y la sociedad civil); participación activa de la sociedad civil y el sector privado, particularmente en lo que respecta al desarrollo económico del área metropolitana; es un enfoque flexible y pragmático para la solución de los problemas regionales, no una estructura de gobierno.

Asia oriental y meridional

Dhaka (Bangladesh)	• Un organismo regional de planificación y desarrollo para los asuntos relacionados con la tierra.
Manila (Filipinas)	• Fuerte tradición de autonomía del gobierno local, pero la mayoría de las entidades metropolitanas han sido establecidas y son controladas por el gobierno nacional.
Nueva Delhi (India)	• El área metropolitana de Delhi comprende los nueve distritos del Territorio de la Capital Nacional (NCT) de Delhi y cuatro ciudades satélite fuera del NCT (en dos estados diferentes), con diversas autoridades de desarrollo y prestación de servicios.

Shanghái (China)

- Un gobierno municipal para un área de gran tamaño, con varios gobiernos de distrito subordinados (para las zonas altamente urbanas) y condados subordinados pero más independientes (con grandes zonas rurales).

Oriente Medio

Estambul (Turquía)

- Anexión de territorio anteriormente regido por el gobierno nacional.

Notas

1. Un ejemplo es Dar es Salaam (Tanzanía), donde más del 70 % de la población vive en asentamientos no planificados. En cuanto a la superficie de las ciudades, más del 50 % de Kampala (Uganda) y más del 70 % de Kabul (Afganistán) son asentamientos informales.

2. Este es un ejemplo de un sistema de dos niveles con 179 municipios de nivel inferior. La CAM fue creada en 1983 y es administrada por un Consejo elegido en forma directa (que a su vez elige un presidente). La CAM asumió las facultades que detentaba la provincia de Madrid. Cuando se estableció la CAM, se redujeron considerablemente las facultades y las responsabilidades de los gobiernos locales de nivel inferior.

3. Por ejemplo, la National Association of Regional Councils (Asociación Nacional de Consejos Regionales) y la Association of Metropolitan Planning Organizations (Asociación de Organizaciones Metropolitanas de Planificación). Se puede obtener más información en www.abag. ca.gov/abag/other_gov/rcg.html, donde se pueden encontrar enlaces a todos los consejos de los Gobiernos en los Estados Unidos.

4. El nombre de la región (ABC) hace referencia a tres ciudades más pequeñas que limitan con São Paulo: Santo André, São Bernardo do Campo y São Caetano do Sul.

5. La fuente de referencia de algunas partes de esta sección es Enid Slack, *Managing the Coordination of Service Delivery in Metropolitan Cities: The Role of Metropolitan Governance*, documento de trabajo sobre investigaciones relativas a políticas de desarrollo, agosto de 2007, Banco Mundial, Washington, DC.

6. A través de la Junta de Demarcación Municipal se consolidaron jurisdicciones en otras partes del país con el fin de abarcar el "área funcional", proceso que inicialmente creó seis (actualmente ocho) grandes municipios metropolitanos.

Bibliografía

Abbott, J. 2011. "Regions of Cities: Metropolitan Governance and Planning in Australia." In *Governance and Planning of Mega-City Regions—An International Comparative Perspective*, edited by J. Xu and A. Yeh, 172–90. New York: Routledge.

Bahl, Roy W., Johannes F. Linn, and Deborah L. Wetzel, eds. 2013. *Financing Metropolitan Governments in Developing Countries*. Cambridge, MA: Lincoln Institute of Land Policy.

Brinkhoff, Thomas. 2012. "City Population." The Principal Agglomerations of the World, www.citypopulation. de/world/Agglomerations.html.

Dodge, William R. 1996. "Regional Excellence— Governing Together to Compete Globally and Flourish Locally." Washington, DC: National League of Cities.

Horváth, Tamás M., and Gábor Péteri. 2003. "General Conditions of a Decade's Operation." In *The Budapest Model—A Liberal Urban Policy Experiment*, edited by Katalin Pallai, 359–405. Budapest: Open Society Institute.

OECD (Organization for Economic Co-operation and Development). 2006. "The Governance of Metro-Regions." In *Competitive Cities in the Global Economy*. Paris: OECD Publishing.

Raich, Uri. 2008. *Unequal Development—Decentralization and Metropolitan Finance in Mexico City.* Saarbrucken: VDM Verlag Dr. Muller.

Rojas, Eduardo, Juan R. Cuadrado-Roura, and José Miguel Fernández Güell, eds. 2007. *Governing the Metropolis—Principles and Experiences.* Washington, DC: Inter-American Development Bank.

Slack, Enid. 2007. "Managing the Coordination of Service Delivery in Metropolitan Cities—The Role of Metropolitan Governance." Policy Research Working Paper, World Bank, Washington, DC.

Turan, Neyran. 2011. "Towards an Ecological Urbanism for Istanbul." In *Megacities-Urban Form, Governance and Sustainability,* edited by A. Sorensen and J. Okata, 245–87. Heidelberg: Springer.

World Bank. 2010. *World Development Report 2009: Reshaping Economic Geography.* Washington, DC: World Bank.

Yang, J. 2009. "Spatial Planning in Asia—Planning and Developing Megacities and Megaregions." In *Megaregions: Planning for Global Competitiveness,* edited by C. L. Ross, 35–52. Washington, DC: Island Press.

CAPÍTULO 3

Gestión financiera municipal

Rama Krishnan Venkateswaran

La gestión financiera es un elemento clave de la administración municipal. Permite al gobierno local planificar, movilizar y utilizar los recursos financieros de forma eficiente y eficaz, así como cumplir su obligación de rendir cuentas a la ciudadanía. En este capítulo se abordan los elementos básicos del proceso de gestión financiera municipal. Se analizan los cuatro componentes fundamentales de la gestión financiera del sector público: presupuestación, contabilidad, presentación de informes y auditoría, y su aplicación en el gobierno local. Cada proceso se analiza por separado, pero en el capítulo también se hace referencia a vínculos y sinergias entre ellos.

En el gráfico 3.1 se muestran los pilares de la gestión de las finanzas públicas. Analicémoslos brevemente antes de entrar en discusiones más detalladas. Los presupuestos ofrecen planes operativos y financieros para el logro de los objetivos del gobierno local. Se preparan a partir de información financiera y no financiera. La información financiera incluye las estimaciones de los recursos financieros —lo que está disponible y lo que se necesita— para alcanzar las prioridades señaladas. La información no financiera incluye las prioridades de la comunidad, la normativa y las consideraciones políticas.

La *contabilidad* consiste en la clasificación y documentación de diferentes operaciones financieras del gobierno local; proporciona la información financiera básica necesaria para la preparación del presupuesto y los informes financieros, y datos para comunicarse con los clientes y asociados, como las entidades de financiamiento o los gobiernos de más alto nivel. La información contable incluye cifras exactas sobre los ingresos recibidos y los gastos efectuados dentro de un período específico (habitualmente, un ejercicio financiero), así como información sobre activos y pasivos de la entidad. Los *informes financieros* proporcionan datos totales sobre los ingresos y gastos del gobierno, lo que ayuda a los lectores a entender, desde una perspectiva más amplia, la posición financiera del gobierno y la eficiencia de su gestión financiera. La *auditoría* es el proceso de verificación independiente de la información financiera contenida en los registros contables y los informes financieros. Ofrece garantías a personas o entidades externas sobre la credibilidad de la información.

Gráfico 3.1 Los pilares de la gestión financiera

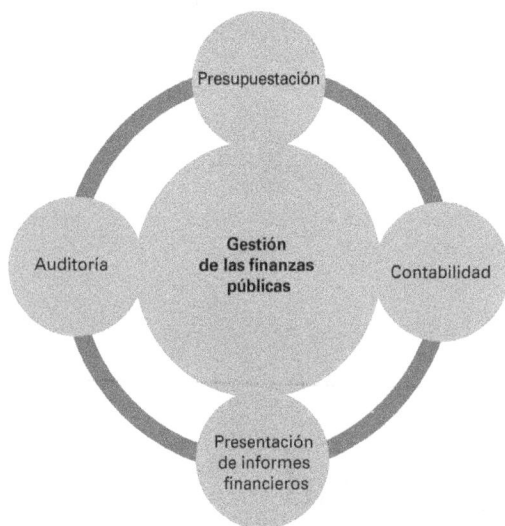

Presupuestación

Un presupuesto es el plan financiero anual de un gobierno local, que define sus prioridades operacionales y de desarrollo para el ejercicio financiero siguiente y describe el modo en que se financiarán los planes. El proceso de presupuestación es vital para establecer las decisiones municipales sobre prioridades de gastos e identificar los recursos necesarios para la realización de los gastos previstos. En esta sección se explica la función de la presupuestación en la gestión financiera municipal y se ayuda al lector a comprender los objetivos del proceso presupuestario, los componentes de un buen presupuesto, los pasos de dicho proceso y la relación entre el presupuesto y otros aspectos de la gestión financiera.

Presupuestación: Conceptos y prácticas

La presupuestación y los presupuestos son vitales para la planificación, el control y la evaluación de las operaciones del gobierno, pero las prácticas presupuestarias no son uniformes en todos los países. "El proceso de presupuestación constituye el medio para determinar qué servicios públicos se proporcionarán y cómo se financiarán" (Mikesell, 2011). La presupuestación es el proceso de asignar recursos escasos

para demandas ilimitadas; es un plan financiero y operacional para un ejercicio económico (12 meses). El presupuesto contiene información sobre los tipos y montos de gastos propuestos, los propósitos a los que se destinará el gasto del dinero y los medios de financiamiento recomendados. Si bien los presupuestos se suelen preparar para un ejercicio financiero a la vez, la tendencia reciente ha sido la de planificar entre tres y cinco años como base para los presupuestos anuales. Esto da como resultado que la presupuestación forme parte de un proceso de planificación y ejecución de programas a mediano plazo, lo que ayuda a la entidad a lograr continuidad en su programa de desarrollo.

Los presupuestos como instrumentos de planificación

La adopción de un presupuesto implica que una organización ha tomado decisiones —a partir de un proceso de planificación— sobre cómo prevé alcanzar sus objetivos. La función de planificación de cualquier gobierno es de gran importancia por los siguientes motivos:

- *Bienes públicos*. El tipo, la cantidad y la calidad de bienes y servicios que produce el sector público no se evalúan ni se ajustan a través del mecanismo de mercado.

- *Interés público*. Los bienes y servicios proporcionados por el sector público suelen estar entre los más importantes para el interés público.

- *Alcance amplio*. El amplio alcance y la diversidad de las actividades de los gobiernos modernos hacen que la planificación integral, sistemática y a conciencia sea requisito para una toma de decisiones ordenada.

- *Participación*. La planificación y la toma de decisiones por parte del gobierno suelen formar parte de un proceso conjunto que involucra a los ciudadanos, a sus representantes elegidos por voto popular y al Poder Ejecutivo.

Los presupuestos ayudan a garantizar que los gobiernos proporcionen los servicios que han solicitado los ciudadanos, a través de decisiones tomadas democráticamente, y que los recursos disponibles se usen de manera eficiente.

Los presupuestos como instrumento de disciplina fiscal y control

Los presupuestos son instrumentos de control financiero que utilizan los Poderes Ejecutivo y Legislativo de un gobierno local. Por ejemplo, el alcalde, el oficial financiero principal o el administrador municipal pueden utilizar el presupuesto para supervisar los gastos reales, compararlos con los planes de principio de año y mejorar la eficiencia de las operaciones. Al mismo tiempo, el Consejo Municipal puede usar el presupuesto para verificar que el Ejecutivo esté utilizando los recursos eficientemente en el tratamiento de las prioridades de desarrollo establecidas por aquel.

La función de control en la presupuestación implica restringir los gastos respetando los límites impuestos por el financiamiento disponible, garantizar que se ejecuten los presupuestos aprobados y que los informes financieros sean precisos, y preservar la legalidad de los gastos del gobierno. La función de control permite preparar información para las estimaciones de costos que se utilizan en la elaboración de los presupuestos nuevos y facilita los seguimientos de auditoría posteriores a la ejecución presupuestaria. En el recuadro 3.1 se presentan cuatro principios de un buen presupuesto.

Tipos de presupuestos

Los presupuestos se han utilizado durante siglos, pero las formas, los tipos y el alcance de estos han ido cambiando. En esta sección se analizan los distintos tipos de presupuesto y sus ventajas y desventajas, incluidos los desafíos de ponerlos en práctica (adaptado de Mikesell, 2011).

Administrativo

Los presupuestos se pueden clasificar de acuerdo con la entidad administrativa responsable de gestionar el servicio o la función pública específica. Así, el presupuesto se puede organizar de según el organismo o departamento que implementará las obras para las que se ofrece financiamiento, como el departamento de salud o de agua, la autoridad educativa, el departamento de gestión de desechos, etc.

Económico

Los presupuestos se pueden clasificar por función económica, es decir, por el tipo de ingresos y gastos, como impuestos, salarios, insumos, etc. Este tipo de clasificación también se llama "por partidas" o "por partidas de gastos".

Funcional

En la clasificación funcional se identifican los gastos de acuerdo con el propósito u objetivo previsto, por ejemplo,

---

Recuadro 3.1 Principios de un buen presupuesto

Quienes preparan el presupuesto del gobierno local deben tener en mente los siguientes principios:

Principio 1. Establecer objetivos amplios para orientar la toma de decisiones del gobierno.

Principio 2. Establecer enfoques creíbles para alcanzar los objetivos establecidos mediante la formulación de políticas, estrategias y programas adecuados.

Principio 3. Dotar al gobierno local de un presupuesto que esté en consonancia con los objetivos y los enfoques que se han determinado.

Principio 4. Habilitar al gobierno local para que supervise y evalúe su desempeño y que haga ajustes para enfrentar las contingencias y las circunstancias cambiantes.

Fuente: Adaptado de NACSLB, 1998.

educación, salud, servicios sociales, sin especificar los departamentos administrativos (a veces, muchos) que recibirán los recursos o la categoría de gastos para la que se utilizarán los fondos presupuestados.

Presupuestos fijos o flexibles

Presupuestos fijos son aquellos en los que se especifican asignaciones de montos fijos. Los montos asignados no pueden superarse, independientemente de los cambios en la demanda de servicios del gobierno. Las transferencias asignadas de un nivel de gobierno superior suelen ser presupuestos fijos que se pueden gastar exclusivamente para los fines determinados (por ejemplo, educación, salud o caminos); los montos no gastados pueden devolverse al prestador. Los *presupuestos flexibles* permiten que los gobiernos locales ajusten las asignaciones presupuestarias durante el curso del año, de conformidad con los requisitos de los programas, por lo que facilitan la adaptación a contingencias e imprevistos.

Presupuestos por partidas

Los presupuestos por partidas incluyen asignaciones presupuestarias muy detalladas, con una asignación específica para cada partida de gastos. Estos presupuestos se centran en los ingresos y reflejan detalles minuciosos; en consecuencia, los documentos del presupuesto son voluminosos. Si bien los presupuestos por partidas ayudan a los gobiernos a ejercitar un control financiero sobre cada partida de gastos, no ofrecen flexibilidad para ajustar el gasto si se producen cambios en las necesidades y circunstancias ni proporcionan un panorama amplio del destino de los recursos. En el cuadro 3.1 se muestra una imagen del presupuesto de la ciudad de Bangalore (India).

Presupuestos por programas

Los presupuestos por programas establecen las asignaciones presupuestarias de un programa completo y dejan al responsable del presupuesto la facultad de realizar asignaciones para las distintas categorías de gasto internas. Con este método, el gobierno local

Cuadro 3.1   Presupuesto de gastos por partidas de Bangalore (India)

Fuente: http://bbmp.gov.in.

ejerce su control sobre los gastos de todo el programa y no en las partidas de gastos individuales. Los presupuestos por programas están orientados a los egresos. Si bien este tipo de presupuestos ofrece al responsable de su ejecución la flexibilidad para gestionar los recursos de manera eficaz, también exige una contabilidad eficiente y procedimientos de control para prevenir el derroche o el mal uso de los recursos. Por lo tanto, los gobiernos suelen comenzar con una presupuestación por partidas eficiente y luego pasar a los presupuestos por programas.

Presupuestos operativos

En los presupuestos locales habitualmente se consolidan dos presupuestos: un presupuesto operativo y un presupuesto de capital. Un presupuesto operativo (también llamado "presupuesto ordinario") suele ser más grande y más detallado que un presupuesto de capital. Los presupuestos operativos incluyen los ingresos de las operaciones del ejercicio en curso (recaudaciones impositivas, arrendamientos recibidos) y contemplan los gastos necesarios para las operaciones diarias del ejercicio (sueldos y salarios, gastos de oficina, gastos de mantenimiento, etc.).

Presupuestos de capital

Los presupuestos de capital incluyen los ingresos provenientes de operaciones de capital (como la venta o el arrendamiento de bienes, terrenos u otras propiedades) y contemplan los gastos correspondientes a bienes y servicios con beneficios que se extienden más allá de un año. Esto incluye asignaciones para la construcción de edificios y la adquisición de activos como plantas, maquinaria y vehículos. Los presupuestos de capital también se llaman "presupuestos de desarrollo" (en algunos países asiáticos). En muchos países en desarrollo no existen porque no están legislados por el gobierno central.

En el cuadro 3.2 se resumen las principales características de los gastos ordinarios y de capital. Es importante distinguir entre los gastos ordinarios

Cuadro 3.2   Características de los gastos ordinarios y de capital

Gasto ordinario	Gasto de capital
Es una cantidad gastada para adquirir bienes o servicios esenciales para las operaciones diarias; se imputa inmediatamente.	Es una cantidad gastada para adquirir o mejorar un activo a largo plazo, como los equipos o los edificios.
Su efecto es temporal; el beneficio se recibe en el mismo ejercicio económico.	Su efecto es a largo plazo; el beneficio se recibe durante varios años en el futuro.
No se adquieren activos ni aumenta el valor de un activo.	Se adquiere un activo o aumenta el valor de un activo.
No existe físicamente porque se efectúa para obtener cosas que usa la organización.	Salvo en el caso de algunos activos intangibles, existe físicamente.
Es recurrente y habitual; se produce repetidamente.	No se produce una y otra vez; no es recurrente ni habitual.
Ayuda a mantener las actividades.	Mejora la posición de las actividades.
Habitualmente se contrapone a ingresos en el estado de resultados del año en que se imputa.	Una parte del gasto (depreciación de los activos) se muestra en el estado de resultados como gasto y el saldo se muestra en el balance general del lado del activo.
No aparece en el balance general.	Aparece en el balance general hasta que se agota el beneficio.
Reduce los ingresos (ganancias) de la organización.	No reduce los ingresos; la compra de un activo fijo no afecta los ingresos.

(también llamados "de operación") y los de capital (también llamados "extraordinarios" o "de desarrollo") y separar los presupuestos correspondientes a unos y otros. El cuadro respalda la idea de que la separación es posible y muy útil para analizar la posición financiera de un gobierno local, independientemente de si la regulación nacional estipula que se hagan dos presupuestos separados.

Preparación del presupuesto

En esta sección se describen los pasos del proceso presupuestario, incluidos el ciclo presupuestario, el manual o la circular, el calendario, las prácticas de formulación, las estimaciones, la aprobación y los presupuestos complementarios o revisados. Se analizan los procesos presupuestarios y el modo en que ayudan a los gobiernos locales a mantener la disciplina financiera y la rendición de cuentas.

El ciclo presupuestario

La presupuestación del sector público se organiza en torno a un ciclo dentro de un ejercicio económico, que permite que el sistema absorba nueva información y responda a ella; de esta manera, el gobierno

se puede hacer responsable de sus medidas. El ciclo presupuestario consta de cuatro etapas: 1) preparación y presentación, 2) aprobación, 3) ejecución, y 4) auditoría y evaluación. Las primeras tres etapas se analizan aquí en detalle, mientras que la auditoría se aborda en el capítulo 8.

En el gráfico 3.2 se muestra un ciclo presupuestario, un proceso continuo con etapas interconectadas que no necesariamente se producen durante el mismo período. Debido a que los gobiernos locales deben aprobar sus presupuestos antes del comienzo del ejercicio económico, la etapa de preparación del ciclo tiene lugar antes del ejercicio presupuestario. De igual forma, la etapa de auditoría y evaluación se concreta después del cierre del ejercicio. El objetivo general del proceso presupuestario es ayudar a los encargados de la toma de decisiones a realizar elecciones justificadas sobre la prestación de servicios y el desarrollo de activos de capital, pero también promover la participación de los interesados en el proceso presupuestario.

Formulación del presupuesto. La formulación del presupuesto presenta consideraciones de políticas y de procedimiento. Las autoridades del Poder

Gráfico 3.2   El ciclo presupuestario

8. Ajustes que sean necesarios

7. Seguimiento de los resultados

6. Aprobación del presupuesto

5. Impactos en las operaciones/el presupuesto

Aprobación de la implementación

Revisión de lo formulado

Ciclo presupuestario

Etapa de políticas/estrategia

Evaluación de necesidades

1. Aportes de las partes interesadas

2. Establecimiento de la visión y los objetivos de la misión

3. Evaluación de necesidades

4. Orientación para el personal

Fuente: NACSLB, 2000.

Ejecutivo (habitualmente, la oficina del alcalde en una ciudad) establecen los objetivos detallados de políticas y programas que desean implementar en su jurisdicción. Estos se suelen agrupar a través de un proceso de planificación del desarrollo en el que las ciudades preparan planes de desarrollo a mediano y largo plazo. Por ejemplo, en India se preparan planes quinquenales, tanto a nivel nacional como provincial, en los que se establecen las prioridades y los programas de desarrollo en términos amplios. A partir de estos planes, las provincias y las ciudades preparan planes anuales, que a su vez constituyen la base de los presupuestos anuales, donde se describen las prioridades y los programas de un ejercicio económico específico.

El Consejo Nacional de Asesoría sobre Presupuestación Estatal y Local (NACSLB) de Estados Unidos ha recomendado los siguientes pasos para mejorar la calidad del proceso presupuestario (Freeman y Shoulders, 2000):

- El proceso presupuestario debe estar conformado por actividades que abarquen la preparación, la implementación y la evaluación de un plan para la prestación de servicios y activos de capital.

- Un buen proceso presupuestario incorpora una perspectiva a largo plazo, establece vínculos con objetivos de organización más amplios, se centra en las decisiones presupuestarias sobre resultados y efectos directos, incluye y promueve la comunicación eficaz con las partes interesadas, y ofrece incentivos para la administración y los empleados del gobierno.

- El proceso presupuestario debe ser estratégico e incluir un plan financiero y operacional para varios años que asigne los recursos a partir de los objetivos identificados.

- Un buen proceso presupuestario va más allá del concepto tradicional del control de las partidas de gastos para ofrecer incentivos y flexibilidad a los administradores, de modo que esto conduzca a una mayor eficiencia y eficacia de los programas.

Circular y calendario del presupuesto. Las cuestiones de procedimiento de la presupuestación implican traducir las políticas y los planes en estimaciones presupuestarias. En el primer trimestre de un ejercicio económico, el departamento de finanzas del gobierno local envía una *circular del presupuesto* correspondiente al siguiente ejercicio económico a todos los departamentos, organismos o entidades de dicho gobierno. La circular incluye: a) el *calendario de planificación presupuestaria*; b) *instrucciones* para preparar los planes presupuestarios; c) una indicación de qué *fondos* pueden estar disponibles, y d) *instrucciones prioritarias* generales del Ejecutivo. Los grandes municipios deben confeccionar presupuestos complejos que exigen la recopilación de enormes cantidades de datos e información de cada unidad o departamento. Para gestionar este largo proceso, es necesario planificar con antelación y fijar un calendario con fechas específicas para cada unidad, estableciendo la fecha límite para la presentación de sus datos financieros al departamento de contabilidad. En el cuadro 3.3 se ofrece un ejemplo de un calendario presupuestario normal que se da a conocer a mediados del año anterior al ejercicio económico en consideración.

Entidades a cargo de la preparación o aprobación del presupuesto

Los gobiernos locales acostumbran seguir directrices específicas para la preparación del presupuesto que proporcionan autoridades superiores. Muchos otros actores también participan en el proceso de preparación del presupuesto. En los municipios de los países occidentales, estas son las partes principales:

Consejo Municipal. El Consejo Municipal es responsable de aprobar los presupuestos ordinarios y de capital del ejercicio económico siguiente. Su aprobación se suele plasmar en un reglamento o una ordenanza de nivel local. Por lo tanto, el consejo también es responsable de aprobar modificaciones al presupuesto en ejecución durante el ejercicio.

El alcalde. El alcalde es responsable, principalmente, de la presentación del presupuesto al Consejo Municipal. Puede delegar esta responsabilidad en un subcomité del Consejo, como un comité presupuestario o un comité permanente de finanzas.

Jefes de los departamentos. El jefe de cada departamento, organismo u otra unidad independiente debe presentar planes presupuestarios departamentales al oficial financiero o comité de presupuesto. Los planes deben incluir estimaciones detalladas de

Cuadro 3.3 Calendario del ejercicio económico presupuestario de enero a diciembre de 2010

4 de junio de 2009	Se inicia el proceso presupuestario a nivel de divisiones para recibir aportes.
7 de julio de 2009	El personal realiza estimaciones para 2010 y los departamentos las revisan.
Julio de 2009	Comienza la encuesta ciudadana para ayudar a establecer las prioridades presupuestarias.
14 de julio de 2009	Se cierran los planes presupuestarios en las divisiones; comienza la presupuestación a nivel de los departamentos.
20 de julio de 2009	El presupuesto para 2010 del personal vuelve al Departamento de Finanzas.
28 de julio de 2009	El Consejo Municipal se reúne para tratar el presupuesto.
3 de agosto de 2009	Se determinan los honorarios y cargos por servicios.
10 de agosto de 2009	Se completan las solicitudes de presupuesto de los departamentos y las estimaciones de ingresos para todos los fondos.
20 de agosto de 2009	Los resúmenes de ingresos y gastos se presentan al OFP para su revisión.
8 a 10 de septiembre de 2009	Se realiza el examen interno del presupuesto, a cargo del OFP, los jefes de departamento y el comité de finanzas.
21 a 25 de septiembre de 2009	Se realiza el examen interno final, a cargo del OFP, los jefes de departamento y el comité de finanzas.
29 de septiembre de 2009	Se celebra una reunión especial con el Consejo para presentar el presupuesto preliminar de 2010.
7 de octubre de 2009	Se presenta al Consejo Municipal el ajuste propuesto a las tarifas de los servicios públicos.
20 de octubre de 2009	La secretaría del municipio transmite el aviso de audiencia pública sobre fuentes de ingresos.
1 de noviembre de 2009	La secretaría del municipio archiva el presupuesto preliminar y lo pone a disposición del público. Publica el aviso de archivo del presupuesto preliminar y de audiencia pública sobre el presupuesto.
2 de noviembre de 2009	Se envían informes de situación y estimaciones para la enmienda del presupuesto preliminar de 2010 al Consejo; se realiza una audiencia pública sobre las fuentes de ingresos del municipio y los impuestos a la propiedad.
14 de noviembre de 2009	Continúan las audiencias públicas sobre las fuentes de ingresos y sobre el presupuesto propuesto y el cobro de impuestos a la propiedad.
8 de diciembre de 2009	Se realiza la segunda audiencia pública sobre presupuesto y el Consejo adopta el documento.
1 de enero de 2010	Comienza la implementación del nuevo presupuesto.

Fuente: Adaptación del autor de un cronograma presupuestario de un municipio de Estados Unidos.
Nota: OFP = oficial financiero principal.

las necesidades presupuestarias de la entidad para el próximo ejercicio económico (algunos municipios exigen también estimaciones de los tres años siguientes) y estimaciones de los ingresos que puede llegar a recibir la entidad.

Oficial financiero principal. El oficial financiero principal (OFP) habitualmente se encarga del proceso diario de preparación del presupuesto, bajo la dirección del alcalde y el comité presupuestario. El OFP es responsable de examinar y comentar el presupuesto municipal y sus planes financieros plurianuales. Entre sus obligaciones, se incluye la de presentar informes periódicos al consejo y al alcalde sobre el avance de la ejecución presupuestaria y el estado de la economía y las finanzas municipales. Este informe debe incluir un análisis y una evaluación de las distintas operaciones, políticas fiscales y operaciones financieras del municipio, así como recomendaciones.

Aprobación legislativa del presupuesto

El alcalde (o el representante designado o delegado del alcalde) prepara los presupuestos de los gobiernos locales y los presenta ante el Consejo Municipal. Después de recibir el borrador del documento presupuestario, el consejo lo remite a uno de sus comités para un examen detallado. Este comité asesorará al consejo sobre las propuestas presupuestarias. En algunos países, la preparación de los presupuestos está a cargo de comités del Consejo Municipal, asistidos por autoridades del Ejecutivo local (como un comité financiero permanente, algo muy común en los gobiernos locales de Asia meridional). Como parte de este examen, el Consejo Municipal puede mantener audiencias para recibir asesoría y opiniones de las principales partes interesadas. Después de completar este proceso, aprueba el presupuesto mediante una ley de asignaciones locales o una resolución.

Así, el presupuesto se convierte en un reglamento local que no puede cambiar ninguna entidad inferior al consejo. Si fuera necesario, este puede aprobar un presupuesto modificado, que recibe el nombre de "complementario" o "revisado". En algunos países, las regulaciones exigen formular un presupuesto revisado si los ingresos o los gastos se desvían considerablemente de los planes (es decir, más de un 20 %). Los gobiernos locales de muchos países en desarrollo examinan el presupuesto justo antes de cerrar el ejercicio económico, práctica que va en contra de la disciplina fiscal y las funciones de control del presupuesto.

Ejecución del presupuesto

El *proceso de ejecución presupuestaria* incluye las distintas operaciones relacionadas con traducir el texto del presupuesto en decisiones y operaciones utilizando los recursos correspondientes. La ejecución del presupuesto comienza con el proceso de *distribución* (asignación de fondos), para garantizar que los departamentos u otras unidades reciban los fondos asignados de manera sistemática, para que las actividades planeadas se implementen sin interrupción y sin causar problemas de flujo de efectivo al municipio. El proceso de distribución permite que los administradores planifiquen y ejecuten las operaciones de gastos y los proyectos de acuerdo con la disponibilidad de recursos. Una vez que los fondos se han distribuido,

los departamentos realizan *asignaciones* a sus unidades de operaciones en forma mensual o trimestral, para controlar los gastos durante el ejercicio económico.

En el proceso de ejecución presupuestaria, muchos subsistemas de la ciudad funcionan en cooperación. Se recaudan los impuestos locales y otros ingresos. El dinero se maneja de manera tal de invertir los fondos que no se necesitan temporalmente. Los insumos, materiales y equipos se obtienen mediante procesos de adquisiciones y se pagan. Los gastos se anotan en registros contables y se consolidan en informes financieros.

Auditoría

Las auditorías son la etapa final del ciclo presupuestario. Una auditoría es un "examen de registros, instalaciones, sistemas y otras pruebas para descubrir o verificar la información deseada" (Mikesell, 2011). La auditoría está orientada a descubrir desviaciones de las reglas y prácticas aceptadas y sacar a la luz casos de operaciones o decisiones ilegales o irregulares. El objetivo de la auditoria es hacer que la administración rinda cuentas y prevenir la repetición de medidas inapropiadas en el futuro. Las metas del proceso de auditoría pueden variar dependiendo del propósito de la auditoría.

Presupuestación participativa: Intervención de las partes interesadas en la formulación del presupuesto

La presupuestación participativa es un proceso democrático en el que los ciudadanos o los miembros de la comunidad intervienen directamente en las decisiones sobre cómo gastar total o parcialmente el presupuesto local (www.participatorybudgeting.org). La participación ciudadana varía en forma, profundidad y amplitud. Muchos gobiernos locales han abierto el proceso de toma de decisiones sobre la totalidad del presupuesto municipal, haciendo participar a los ciudadanos en asambleas para establecer las prioridades generales y elegir las nuevas inversiones. Los estados, las ciudades, los condados, las escuelas, las universidades, las autoridades de vivienda y las coaliciones de grupos comunitarios han utilizado la presupuestación participativa para incluir la participación democrática en las decisiones sobre gastos. En algunos casos, el gobierno local reserva una pequeña porción del presupuesto y cede a las comunidades la potestad de decidir qué proyectos son prioritarios para su barrio. A continuación se analizan formas comunes de participación ciudadana en el proceso presupuestario, junto con algunos desafíos para su implementación. En el recuadro 3.2 se resume un ejemplo de planificación participativa de Kerala (India).

Presupuestación participativa: ¿Cómo funciona?

En la presupuestación participativa, los miembros de la comunidad toman decisiones presupuestarias mediante una serie anual de asambleas y reuniones locales. Si bien existen muchos modelos de presupuestación participativa, la mayoría de ellos sigue un proceso básico: diagnóstico, discusión, decisión, implementación y seguimiento.

- Los ciudadanos identifican las necesidades locales más importantes, generan ideas para responder a esas necesidades y eligen a representantes de cada comunidad para la formulación del presupuesto.

- Los representantes analizan las prioridades locales y, junto con expertos, formulan proyectos concretos para abordarlas.

- Los ciudadanos votan por los proyectos que desean financiar.

Recuadro 3.3 Presupuestación participativa en Porto Alegre

La planificación participativa y los procesos de gestión en los sistemas de gobierno locales son una condición para el éxito de las estrategias de inclusión social en las que el alivio de la pobreza es un componente clave. Con esta perspectiva, la experiencia de la presupuestación participativa de Brasil es interesante e instructiva. Este método ha demostrado ser un instrumento más versátil y flexible de lo previsto originalmente. Ha ofrecido a los pobres y marginados una oportunidad sin precedentes de participar en la gestión de gobierno local sin socavar los poderes estatutarios de los representantes elegidos por voto popular o la autoridad ejecutiva de los líderes municipales. Los funcionarios y los líderes comunitarios son testigos del impacto de la presupuestación participativa en la promoción de una mayor comprensión del papel y las funciones del gobierno local, requisito esencial del diálogo constructivo, la cooperación y las alianzas. Al mismo tiempo, ha habido preocupaciones por los resultados de estos procesos: que los fondos se asignan a proyectos sociales en detrimento de otros sectores; que las inversiones necesarias para el desarrollo económico local no reciben tanta prioridad como deberían, tratándose de un país en desarrollo, y que la perspectiva a largo plazo a veces se ve opacada por la atención a las necesidades urgentes.

Además, la considerable cantidad de tiempo del personal y recursos que se comprometen para lograr la difusión, la organización y la implementación adecuadas son costos que deben tenerse en cuenta.

A pesar de estas inquietudes, no hay duda de que la presupuestación participativa ayudó a generar un cambio en las relaciones entre los ciudadanos y su municipio, ya que cada lado logró comprender mejor las necesidades, limitaciones, funciones y responsabilidades del otro. La oportunidad de participar en decisiones sobre la asignación de fondos públicos para proyectos fomentó un cambio en la cultura política local, que pasó de las tácticas de confrontación y el regateo político corrupto al debate constructivo y la participación ciudadana en la gestión de gobierno.

Fuente: Serageldin *et al.*, 2005.

- El gobierno local los incluye en su presupuesto y asigna fondos para implementarlos.

- Los residentes supervisan la implementación de los proyectos presupuestarios.

¿Dónde ha funcionado?

La ciudad brasileña de Porto Alegre dio inicio al primer proceso presupuestario totalmente participativo en 1989 para fijar el presupuesto municipal. Nada menos que 50 000 personas han participado cada año en el llamado orçamento participativo que comenzó en Porto Alegre, para decidir sobre nada menos que el 20 % del presupuesto municipal. Desde 1989, la presupuestación participativa se ha extendido a más de 1200 ciudades de América Latina, América del Norte, Asia, África y Europa (para obtener más detalles sobre la participación, visite http://internationalbudget.org). El recuadro 3.3 contiene más información sobre la experiencia de Porto Alegre.

La ley de presupuesto de Pakistán exige que los gobiernos locales separen un 25 % de sus presupuestos de desarrollo local para los "consejos comunitarios de ciudadanos". Las comunidades presentan solicitudes para utilizar fondos de este presupuesto para pequeños proyectos viales, de drenaje y de mejoramiento del servicio de agua y se comprometen a pagar una porción del costo del proyecto (entre un 15 % y un 30 %) como contribución en efectivo. En Nepal, muchos proyectos de abastecimiento de agua están iniciados, financiados e implementados por las comunidades de usuarios del agua, que reciben un 50 % en transferencias del gobierno, pagan un 20 % en efectivo y toman préstamos por el 30 % restante del costo total del proyecto.

¿Cuáles son los beneficios?

Los funcionarios elegidos por voto popular, las organizaciones comunitarias, los círculos académicos y las instituciones internacionales como las Naciones Unidas y el Banco Mundial han declarado que la presupuestación participativa es un modelo para el gobierno democrático. ¿Por qué? Su ratificación se basa en los siguientes preceptos:

- *Otorga voz a los miembros de la comunidad.* Las personas comunes tienen más representación y llegan a tomar decisiones reales.

- *Produce decisiones más adecuadas y equitativas.* Los residentes locales son quienes mejor saben lo que necesitan y los dólares del presupuesto se redistribuyen a las comunidades con mayores necesidades.

- *Desarrolla una participación ciudadana activa y democrática.* Los miembros de la comunidad, el personal y las autoridades aprenden de democracia mediante su aplicación práctica. Entienden mejor las cuestiones políticas complejas y las necesidades comunitarias.

- *Fortalece las comunidades y refuerza las organizaciones comunitarias.* La gente tiene la oportunidad de conocer a sus vecinos y se siente más conectada a su ciudad. Las organizaciones locales son capaces de pasar menos tiempo haciendo presión y más tiempo tomando decisiones sobre políticas ellos mismos. Las asambleas presupuestarias conectan a grupos y atraen a nuevos miembros.

- *Conecta a políticos y representados.* Los políticos forjan relaciones más estrechas con sus representados. Los miembros de las comunidades tienen la oportunidad de conocer a las autoridades que eligieron y a los gobiernos locales.

- *Vuelve a los gobiernos más responsables de sus actos y más eficientes.* Las autoridades locales rinden más cuentas cuando los miembros de la comunidad deciden sobre el gasto en asambleas públicas. Se producen menos oportunidades de corrupción, derroche o costosos rechazos del público.

Técnicas de preparación del presupuesto

En las técnicas y prácticas de preparación del presupuesto se aplican los conceptos y principios generales para la formulación de un presupuesto municipal

Gráfico 3.3 Estructura normal de un presupuesto

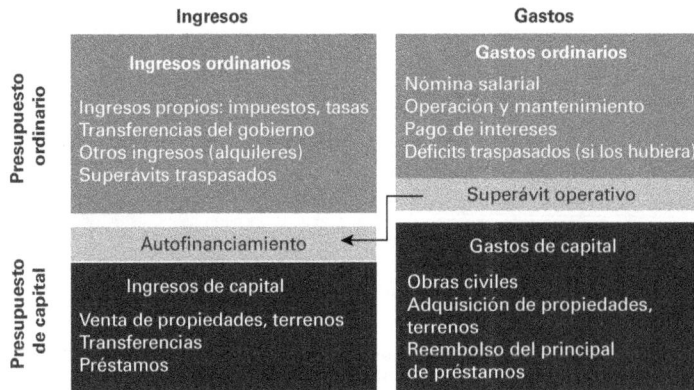

	Ingresos	Gastos
Presupuesto ordinario	**Ingresos ordinarios** Ingresos propios: impuestos, tasas Transferencias del gobierno Otros ingresos (alquileres) Superávits traspasados	**Gastos ordinarios** Nómina salarial Operación y mantenimiento Pago de intereses Déficits traspasados (si los hubiera)
	Autofinanciamiento	Superávit operativo
Presupuesto de capital	**Ingresos de capital** Venta de propiedades, terrenos Transferencias Préstamos	**Gastos de capital** Obras civiles Adquisición de propiedades, terrenos Reembolso del principal de préstamos

normal. En esta sección se identifican y analizan los principales componentes de un presupuesto municipal, pertenecientes tanto a los ingresos como a los gastos.

Aquí se reúnen los distintos conceptos en un ejercicio práctico sobre formulación del presupuesto. Luego se pasa a los conceptos y las técnicas relativos a la presupuestación de capital, incluidas varias técnicas para evaluar proyectos de inversión y su aplicabilidad en el contexto municipal. El gráfico 3.3 es una captura visual de un presupuesto normal; muestra la forma que se sigue en este manual. A diferencia de las partidas presupuestarias detalladas y extensas, se utiliza este resumen corto o instantánea del presupuesto para facilitar las decisiones de la administración, para presentar informes o para comunicarse con las partes interesadas, especialmente los ciudadanos.

La parte de ingresos del presupuesto municipal

La preparación del presupuesto es un proceso iterativo en el que los borradores de planes presupuestarios y las estimaciones de costos o ingresos se intercambian verticalmente entre entidades de nivel superior e inferior, como los departamentos y sus unidades, o entre departamentos y el Consejo Municipal o su comité presupuestario. También son intensivos el intercambio horizontal y la coordinación entre departamentos, como los departamentos funcionales o de servicios y el departamento de finanzas. No obstante, la parte de los ingresos del presupuesto es el punto de partida lógico por tres motivos (Lee y Johnson, 1998):

- *Entidades de preparación.* Asegurar los posibles ingresos disponibles ayuda a quienes preparan el presupuesto a establecer los límites, en términos de disponibilidad de recursos, de los gastos que puede planear la organización.

- *Ciudadanos.* Habitualmente, los ciudadanos están preocupados por los impuestos y, en época de presupuestación, temen que se produzcan aumentos.

- *Políticos.* Los líderes políticos siempre son conscientes de que las iniciativas de programas que conducen a aumentar los gastos y, por lo tanto, a impuestos más altos pueden tener efectos negativos desde el punto de vista político.

La parte de ingresos de un presupuesto municipal suele tener cuatro componentes: 1) ingresos de fuentes propias, 2) transferencias fiscales de gobiernos superiores, 3) impuestos compartidos, 4) deuda o empréstitos.

"Ingresos de fuentes propias" hace referencia a las distintas fuentes de ingresos (impuestos y otros) que pueden recolectar los municipios. Pueden incluir impuestos a la propiedad, a la renta, a las ventas minoristas y otros, dependiendo de la asignación de ingresos nacional (véase el capítulo 1). Entre las fuentes distintas de los impuestos están las tarifas y los cargos, como la tarifa que un verdulero paga para utilizar el mercado municipal, y los ingresos provenientes del alquiler o la venta de activos. Las transferencias fiscales son las distintas transferencias de los niveles más altos del gobierno a los municipios, ya sean condicionales o incondicionales. Los impuestos compartidos son aquellos que recolectan los niveles de gobierno más altos, pero cuyos fondos se comparten con los gobiernos locales siguiendo una fórmula. Empréstitos son los préstamos y otras formas de deuda que pueden contraer los municipios para financiar sus gastos (en los capítulos 5 y 7 se analizan los detalles).

Al comienzo del proceso de preparación del presupuesto, la oficina a cargo (o el departamento de finanzas o ingresos) analiza la tendencia histórica de las cifras de recaudación para estimar los recursos que pueden obtenerse. Además, trata de calcular la posibilidad de aumentar los impuestos u otras tasas, o de ampliar la base imponible, y analiza la posibilidad de buscar nuevas fuentes de ingresos. Estos esfuerzos son, esencialmente, de naturaleza técnica, y se realizan con la intención de presentar alternativas a la administración municipal. Esta entidad es la que toma la decisión final sobre alternativas de ingresos, considerando su factibilidad técnica, económica, administrativa y política.

La parte de gastos del presupuesto municipal

Simultáneamente, la oficina de presupuesto informa a los departamentos (o jefes de proyectos y programas) sobre la magnitud del respaldo financiero que se puede esperar en el presupuesto y los invita a presentar propuestas de gastos. Las distintas partidas de gastos operativos, como los salarios y los gastos de oficina, se calculan a partir de tendencias de gasto históricas y actuales. La oficina de presupuesto también tiene en cuenta los cambios previstos en los indicadores económicos generales, como la tasa de inflación, para preparar sus estimaciones de gastos. Los planes y la

Cuadro 3.4   Flujo lógico del proceso de presupuestación del capital

Etapas	Pasos	Resultados
Planificación	Actualización del inventario y evaluación de la condición de los activos	Un inventario de la infraestructura con análisis de la condición y la adecuación del gasto en mantenimiento.
	Identificación de proyectos	Una lista de proyectos con estimaciones de costos aproximados (plan de mejora del capital).
	Evaluación de proyectos	Costos detallados de construcción y posterior operación, estimación de cualquier ingreso, comparación con los planes estratégicos y análisis de costos y beneficios para establecer prioridades.
	Clasificación de proyectos	Clasificación de proyectos mediante técnicas de presupuestación del capital.
Presupuestación	Financiamiento	Mecanismos de financiamiento para proyectos que se incluirán en el presupuesto.
	Presupuesto	Los gastos se incluyen en las propuestas presupuestarias de los departamentos correspondientes; su colocación en el paquete de recursos queda a disposición del gobierno. Inclusión de costos operativos en los pronósticos presupuestarios a largo plazo para el período en que se complete y ejecute el proyecto.
Ejecución	Adquisiciones	Proceso de selección de contratistas para los proyectos.
	Seguimiento	Examen del progreso físico y financiero de los proyectos; coordinación del gasto y el flujo de ingresos.
Auditoría	Auditoría externa	Examen posterior de los registros financieros después de la culminación del proyecto.

información generados e intercambiados en esta etapa también ayudan a las unidades y a la oficina de presupuesto a establecer prioridades entre programas, proyectos y gastos. Habitualmente, la oficina ofrece ciertas directrices por adelantado (a través de la circular relativa al presupuesto) sobre los supuestos, las tendencias y las prioridades; eso ayuda a los departamentos y a otras unidades a preparar sus propuestas de gastos. Esta oficina analiza detalladamente las propuestas y las finaliza, por lo general, después de negociar con los respectivos departamentos. Las negociaciones también ayudan a la oficina del presupuesto a planificar la gestión de los gastos (véase también el capítulo 5).

Como se mencionó, en el proceso de preparación del presupuesto, es esencial recopilar datos sobre los ingresos y gastos reales del último año o de los dos últimos años, y proponer una estimación de los ingresos y gastos del año siguiente, en la que se incluyan los cambios de políticas y medidas adoptadas por el órgano de gobierno. En el presupuesto debe figurar cuánto dinero disponible habrá, de dónde proviene y cómo se utilizará.

Presupuestación de capital en los gobiernos municipales

La presupuestación de capital es una herramienta para la planificación del gasto que suele incluir un plan de mejoramiento del capital de varios años y la preparación de un presupuesto de capital anual. El plan de mejoramiento de capital es importante porque la adquisición, el desarrollo, la ampliación o la rehabilitación de los activos físicos exigen grandes desembolsos de dinero, que a menudo superan los límites del presupuesto anual. Por lo tanto, se necesita una planificación individual y a largo plazo para garantizar que los proyectos se evalúen de manera sistemática, tanto desde la perspectiva técnica como la financiera, para ayudar a la administración municipal a seleccionar una lista de proyectos que sean factibles y estén dentro de las capacidades operativas y financieras del municipio. En el cuadro 3.4 se resume el flujo lógico de un proceso de planificación y presupuestación del capital. La planificación para el mejoramiento del capital y la presupuestación del capital son diferentes en alcance y marcos cronológicos, pero ambas siguen, en general, una lógica, procesos y técnicas iguales.

El presupuesto de capital puede ser una sección del presupuesto general (como se muestra en el gráfico 3.3) o puede presentarse como un documento independiente. El presupuesto de capital debe incluir estimaciones de costos de todos los proyectos de infraestructura que se proponen, incluidos el costo de inversión y las repercusiones en el presupuesto operativo (Mikesell, 2011). Para la preparación del presupuesto de capital se necesita ordenar las propuestas de proyectos utilizando técnicas de presupuestación como el período de reembolso, el método de determinación del valor neto actualizado, la tasa interna de rentabilidad o el índice de rentabilidad. Estos se analizan en detalle en los capítulos 4, 5 y 6.

Problemas, prácticas y desafíos relativos al presupuesto municipal

Aunque los principios de presupuestación son uniformes en todo el mundo, en la práctica sucede otra cosa. Las reglas y prácticas de la formulación del presupuesto difieren de un país a otro, e incluso dentro de un mismo país pueden variar los principios básicos, los problemas y los desafíos. Aquí dejamos de lado las diferencias de reglas y procedimientos y observamos algunos problemas comunes que inciden en las prácticas presupuestarias de los gobiernos locales de todas partes. En esta sección se analizan algunas dificultades prácticas que suelen afrontar las autoridades encargadas de las finanzas municipales, especialmente de los países en desarrollo, haciendo hincapié en los problemas que impiden preparar presupuestos realistas e integrales y en las formas de abordarlos.

Exhaustividad

Como principio básico, el presupuesto municipal debe ser exhaustivo y abarcar todas las esferas (cada servicio o función) y los aspectos (ingresos, gastos, impactos a corto y largo plazo) del funcionamiento.

Los presupuestos municipales de la mayoría de los países en desarrollo van en contra de este principio y solo abordan los ingresos y gastos de las funciones de gobierno básicas, sin incluir las actividades secundarias que realiza el municipio. Por ejemplo, el presupuesto municipal a menudo no incluye los ingresos y gastos previstos de los emprendimientos municipales, como una empresa de abastecimiento de agua que está organizada y administrada en forma independiente.

La otra inquietud relativa a la exhaustividad del presupuesto tiene que ver con el grado de descentralización y la transferencia de facultades y funciones a los gobiernos locales (véase el capítulo 1). Incluso en entornos descentralizados, donde se espera que los gobiernos locales adopten una función de liderazgo en las actividades de desarrollo locales, las asignaciones presupuestarias pasan de los ministerios centrales a los departamentos de áreas específicas y no se canalizan a través de los planes y presupuestos de los gobiernos locales. A menudo esto genera una fragmentación en la planificación y la ejecución, así como tensiones entre los gobiernos locales y los departamentos de operaciones.

Realismo

Los presupuestos son útiles en la medida en que sean realistas. Los cuatro problemas en este sentido son las distorsiones políticas, la escasez de información, la presupuestación incremental y la presupuestación inflada.

Presupuestación politizada. En los países en desarrollo, es frecuente observar que la presentación del presupuesto se convierte en una oportunidad para el lucimiento político del alcalde y el Consejo Municipal. En consecuencia, el documento del presupuesto municipal suena como una lista de deseos sobre proyectos y programas que están desconectados de la realidad financiera. Esta situación es el resultado de una débil rendición de cuentas por parte de la administración municipal a sus ciudadanos y a las partes interesadas, y también de los escasos límites presupuestarios que establece el gobierno de nivel superior. En otras palabras, cuando existe un marco sólido de rendición de cuentas y el gobierno nacional fija limitaciones presupuestarias estrictas, los administradores municipales piensan dos veces antes anunciar grandes planes y proyectos sin asegurarse de que cuentan con los recursos financieros adecuados.

Escasez de información oportuna. Otro obstáculo para la presupuestación local se observa cuando los gobiernos locales no saben de antemano qué transferencias fiscales van a recibir del gobierno nacional. Esto sucede debido a una relación fiscal débil entre los gobiernos o porque los gobiernos centrales no se sienten obligados a anunciar por adelantado las transferencias y los pagos de beneficios correspondientes. Así, se debilita la capacidad de los gobiernos locales de prever los ingresos o se los obliga a hacer estimaciones en sus documentos presupuestarios a partir de conjeturas.

Presupuestación incremental. A veces, los gobiernos locales no utilizan técnicas e instrumentos adecuados para preparar las estimaciones de los presupuestos. Los departamentos de áreas específicas y los funcionarios encargados del presupuesto suelen proyectar los ingresos o los gastos aumentando simplemente los resultados reales del año en curso, es decir, agregando un 5 % o un 10 % a cada partida. Esta no es una mala manera de empezar, ya que al menos se considera la inflación, pero un problema importante es que la inflación puede tener distintos impactos en los ingresos y los gastos y en cada partida registrada. Para ser realistas, las estimaciones deberían reflejar una buena comprensión de los eventos futuros y de las incertidumbres naturales. Por ejemplo, un aumento del 20 % en la recaudación tributaria podría ser realista si el Consejo Municipal ha aprobado un aumento de las tasas o si se está ampliando la base impositiva debido al crecimiento dinámico de la vivienda.

Puntos débiles de la ejecución presupuestaria

El punto débil más común de la ejecución presupuestaria es la falta de conexión entre el documento del presupuesto y las decisiones diarias de gastos. Las señales de esto son: a) un gran exceso de gasto en algunas partidas presupuestarias sin ninguna deliberación ni aprobación de un nivel superior; b) demoras en la ejecución presupuestaria debido a retrasos en las transferencias del gobierno central; c) una distinción poco precisa entre partidas de ingresos y de gastos; d) una revisión del presupuesto preparada justo al final del ejercicio económico, con importantes cambios respecto del plan presupuestario inicial, y e) un enorme déficit al final del ejercicio, cuando lo previsto era un presupuesto equilibrado o con superávit. Todas son el resultado de la deficiencia del control fiscal y la disciplina en el municipio.

Los gobiernos centrales de los países en desarrollo suelen aprobar transferencias para el desarrollo en los primeros días del ejercicio económico, en vez de hacerlo durante el ejercicio anterior. De esta forma, los proyectos de desarrollo comienzan a mitad de año o en el tercer trimestre del ejercicio. En consecuencia, los fondos para el desarrollo quedan sin utilizarse al final del ejercicio, lo que ocasiona un superávit considerable pero artificial en el presupuesto que cierra. Algo que causa mucha confusión es la falta de distinción clara entre gastos ordinarios y de desarrollo. Muy a menudo, las deficiencias de los sistemas de adquisiciones y gestión del efectivo dan lugar a gastos excesivos o demoras en la ejecución del presupuesto, lo que a su vez impide a los gobiernos locales implementar sus presupuestos en forma eficiente y oportuna. Los consejos se suelen ver forzados a modificar sus presupuestos y aprobar un presupuesto complementario durante el ejercicio fiscal, lo que socava la autoridad del proceso presupuestario, junto con sus funciones de planificación y control.

Seguimiento del presupuesto

El éxito de la ejecución presupuestaria depende, en gran medida, de que las principales autoridades del Ejecutivo (como el alcalde o el administrador municipal) y el Consejo Municipal apliquen un sistema sólido de seguimiento del presupuesto. Sin embargo, en las grandes ciudades principalmente, los presupuestos abarcan cientos de millones en recursos financieros y planes y proyectos en una variedad de sectores. Esta magnitud suele reducir la capacidad del consejo y las autoridades del Ejecutivo de hacer un seguimiento y ejercer el control. Los sistemas de información para la administración, que se analizan en esta sección, son herramientas útiles para controlar la ejecución presupuestaria, detectar las deficiencias rápidamente y adoptar medidas correctivas.

Sistemas de información para la administración

Un sistema de información para la administración (SIA) implica tres recursos primarios: personas, tecnología e información. Difiere de otros sistemas, como los de contabilidad o de adquisiciones, porque se utiliza para analizar actividades desde la perspectiva de la administración a la hora de tomar decisiones. Este sistema ayuda a los gobiernos municipales a lograr el máximo beneficio de sus inversiones en personal, equipos y procesos comerciales. Todos los gobiernos locales utilizan los sistemas de información en todos los niveles de operaciones para recolectar, procesar y almacenar datos, y el SIA hace todo eso de forma oportuna, sistemática e integral. Los datos del SIA se recopilan y divulgan de la forma en que lo necesiten los administradores municipales para realizar sus funciones.

El término "SIA" puede evocar la imagen de computadoras sofisticadas y analistas altamente calificados devorando cantidades de datos y produciendo hojas de cálculo y gráficos complicados. Aunque los SIA pueden ser muy avanzados, también se pueden implementar de manera simple para contribuir a que la toma de decisiones sea eficiente y eficaz. Por ejemplo, el gobierno de una ciudad puede usar un SIA para controlar sus patrones de ingresos y gastos. El análisis de ingresos puede mostrar que la recaudación del impuesto a la propiedad es más alta en ciertas zonas de la ciudad, en comparación con otras. Esto podría llevar a la administración municipal a investigar los motivos de la variación y redistribuir los recursos para ayudar a las zonas con bajo desempeño. Existen técnicas simples, fáciles de implementar, que pueden ofrecer perspectivas útiles de la eficiencia de la ejecución presupuestaria. (En el capítulo 8 se incluye un análisis detallado de la medición del desempeño).

Diferencia entre el presupuesto y los valores reales

El *análisis de diferencia entre el presupuesto y los valores reales* es una herramienta antigua y simple para hacer el seguimiento del presupuesto. A menudo no es posible crear un presupuesto perfecto porque algunos eventos futuros son impredecibles. Pero un presupuesto bien formulado y realista, que se base en la situación financiera real —actual y pasada—, puede ser la mejor guía para lograr una gestión financiera eficiente. Por ejemplo, las incertidumbres o los acontecimientos financieros inesperados, como un aumento del desempleo debido a una caída de la economía, o daños importantes a una planta de tratamiento del agua causados por condiciones meteorológicas adversas, pueden dar lugar a una reducción de los ingresos y a un aumento paralelo en los gastos. Estos acontecimientos generarán diferencias entre los montos presupuestados y los reales, que deberán recibir especial atención cuando se revise y refine el presupuesto. Pero las diferencias que no derivan de estos casos imprevistos deben minimizarse.

Se producen dos tipos de diferencias, favorables o desfavorables:

- La diferencia favorable se produce cuando los resultados reales son mejores que los presupuestados o planificados (F). Los costos son menores o el ingreso es mayor de lo previsto.

- La diferencia desfavorable se produce cuando los resultados reales son peores que los presupuestados o planificados (D). Los costos son mayores o el ingreso es menor de lo previsto.

El *análisis de diferencias* es una herramienta para evaluar las varianzas en los ingresos y gastos. Revela si el gobierno está operando dentro de los límites de recursos autorizados. Una diferencia, positiva o negativa, suele requerir una explicación. Por eso, es importante analizar y comprender sus causas y

Cuadro 3.5   Ejemplo de diferencias entre los gastos presupuestados y reales de una empresa de suministro de agua

Partida de gastos	Presupuesto (US$)	Valor real (US$)	Diferencia (US$)	Diferencia (%)
Costo del abastecimiento de agua	140 000	190 000	50 000 D	36
Costo de cobro de tarifas	28 000	39 000	11 000 D	39
Gasto administrativo	60 000	85 000	25 000 D	42
Otros gastos	12 000	10 500	-1500 F	-13
Total	240 000	324 500	84 500 D	35

Nota: D = diferencia desfavorable; F = diferencia favorable.

adoptar medidas correctivas. Sin embargo, no siempre vale la pena investigar este fenómeno. Por ejemplo, una diferencia de solo el 1 % del gasto se ubica dentro del margen normal. Es probable que una diferencia del 10 % o más del gasto esté indicando que algo funciona mal y requiere atención. El análisis adecuado exige prestar atención a los siguientes pasos: a) analizar las diferencias, b) identificar las causas y c) tomar las medidas adecuadas.

Las diferencias se pueden producir por muchas razones, como cambios en los niveles de financiamiento debido a la inflación, cambios demográficos o decisiones y políticas de financiamiento del gobierno. Los cambios en el costo de los servicios, la mano de obra o los materiales también pueden causar diferencias en los presupuestos.

En el cuadro 3.5 se presenta un ejemplo de cálculo de diferencias para partidas de gastos de una empresa de suministro de agua. Allí se muestra una enorme diferencia total de 35 % que exige atención y medidas correctivas. Primero, se debe analizar detalladamente cada partida de gastos. Por ejemplo, podemos descubrir que el aumento del costo de la prestación del servicio de agua se debe a un incremento de la tarifa de energía, lo cual estaría fuera del control de la administración. Mientras tanto, el costo del cobro de la tarifa se ha elevado US$11 000, lo que podría ser aceptable solo si las tarifas hubieran experimentado un aumento superior.

Contabilidad

En esta sección se analizan los conceptos y principios básicos de la contabilidad y se proporciona un panorama general del tema. El objetivo es presentar al lector la función de la contabilidad como base para documentar, clasificar y organizar la información financiera de manera sistemática. También se ofrece información general sobre los tipos de contabilidad y su relación con la auditoría y las distintas normas contables.

Conceptos y términos contables

La función de la contabilidad en la gestión de las organizaciones. Los sistemas de contabilidad se utilizan para ofrecer información completa, oportuna y precisa sobre ingresos, gastos, activos y pasivos. Dentro de un gobierno local, los registros contables proporcionan información sobre cómo cobrar a los contribuyentes y recibir los pagos de impuestos, pagar a los empleados y

pagar a los contratistas de bienes, obras y servicios. Los sistemas contables también informan a la administración y a las partes interesadas externas sobre los recursos financieros, la eficiencia de la gestión financiera de la organización y su posición financiera durante el transcurso y al final del ejercicio económico (Lee y Johnson, 1998).

Diferencia entre contabilidad y teneduría de libros. A menudo se piensa, erróneamente, que los términos "teneduría de libros" y "contabilidad" significan lo mismo. La contabilidad tiene el objetivo de determinar cómo describir las operaciones y las acciones en los informes financieros. También se orienta a diseñar sistemas de teneduría de libros que faciliten la preparación de informes útiles y el control de las operaciones de una organización. Así, la contabilidad es más amplia que la teneduría de libros y exige una mayor experiencia profesional y buen juicio. La teneduría de libros es el proceso de registrar las operaciones y otras acciones, ya sea manualmente o por computadora. Esta tarea es fundamental para la contabilidad, pero es solo la parte administrativa del proceso contable.

Tipos de contabilidad

Si bien la contabilidad parece una disciplina de método único, existen varios tipos de contabilidad y cada uno tiene una función específica en la gestión financiera de las organizaciones. Los tipos más importantes de contabilidad son la contabilidad financiera, la contabilidad de costos, la contabilidad administrativa y la contabilidad del sector público o comercial.

- La *contabilidad financiera* proporciona información a la administración y a las partes interesadas externas, como el Consejo Municipal, los accionistas o los ciudadanos, sobre los ingresos, los gastos, el activo y el pasivo de un municipio. En otras palabras, la contabilidad financiera está relacionada con la información de las operaciones financieras y la posición financiera del municipio mensualmente, trimestralmente y al cierre del ejercicio económico.

- La *contabilidad de costos* proporciona información a la administración sobre los costos de las operaciones y ayuda a medir y controlar los costos de funciones o servicios específicos. La contabilidad de costos es una función interna y genera información relacionada con los costos históricos

Recuadro 3.4 Ejemplos de dotación, asignación y compromisos

Ejemplo de dotación. El organismo de protección ambiental federal aprobó una transferencia de US$200 000 a la división de remoción de escombros del municipio. La transferencia es una dotación o financiamiento para un fin específico, para permitir que la división ayude al municipio en un proceso de limpieza de emergencia de su emplazamiento de eliminación de residuos peligrosos.

Ejemplo de asignación. Por lo general, en el sistema educativo, los fondos no pueden proporcionarse a las escuelas teniendo en cuenta solamente las necesidades académicas; en cambio, se debe considerar la pobreza como elemento determinante. El propósito de las "asignaciones" de fondos es ayudar a niños desfavorecidos a lograr los niveles académicos

mediante programas de alimentación, programas de tutoría después de clase o durante el verano, etc. El distrito determina el gasto por alumno (GPA) como herramienta de medición y luego las escuelas se ordenan por nivel de pobreza. Por ejemplo, si la escuela A tiene un 75 % de alumnos pobres, recibe 1,4 veces el GPA en fondos de asignación; la escuela B, con un 35 % de estudiantes en situación de pobreza, recibe 1,25 veces el GPA, y así sucesivamente.

Ejemplo de compromiso. En Estados Unidos, el gobierno central o las agencias federales comprometen fondos para proyectos de gran tamaño. Por ejemplo, el Departamento de Transporte acordó comprometer recursos para financiar el proyecto de un puente en el Distrito de Columbia.

---

de las operaciones y la eficiencia. Aunque utiliza información de los registros financieros, sus métodos y procesos son diferentes.

- La *contabilidad administrativa* es una forma más moderna de contabilidad de costos, en la que los datos y la información recabados se convierten, mediante distintas técnicas analíticas y de presentación, en informes para que la administración tome decisiones.

- La *contabilidad del sector público y la contabilidad comercial* son lo mismo en sus principios básicos. Ciertas prácticas contables específicas que se adaptan a la contabilidad de las organizaciones gubernamentales generan las diferencias entre las dos. Una de las distinciones más visibles es que los gobiernos locales de los países en desarrollo utilizan el *método de caja de partida simple.* En cambio, la gran mayoría de las entidades comerciales utilizan el *método de valores devengados de partida doble.* Además, la contabilidad de los gobiernos se basa en el proceso presupuestario

anual y, por lo tanto, las asignaciones, las dotaciones y los compromisos se vuelven muy importantes.

Principales términos de la contabilidad del sector público

La contabilidad del sector público consta de tres elementos principales: asignación, dotación y compromiso. Presentamos estos términos brevemente porque aparecen una y otra vez en las deliberaciones sobre la gestión financiera municipal; no corresponde brindar en este capítulo un análisis detallado. Sin embargo, es importante familiarizarse con las definiciones de estos términos y sus implicancias en el proceso presupuestario. En el recuadro 3.4 se presentan ejemplos concretos para aplicar estos términos.

Dotación. Una dotación es el monto total de recursos que el departamento de un gobierno local puede gastar durante todo el ejercicio económico. Las autorizaciones de gastos que otorga la legislatura (es decir, el Consejo Municipal) dependen del sistema presupuestario y del tipo de gasto. Las autorizaciones que permiten que los departamentos o unidades del gobierno incurran en obligaciones y realicen pagos con fondos públicos se suelen otorgar mediante la dotación, una fuente de financiamiento que debe corresponderse con los gastos e informarse en el estado de operaciones. La recepción de una dotación se registra solo a nivel departamental.

Asignación. La asignación es un proceso de ejecución presupuestaria para distribuir fondos a nivel de los programas; es un porcentaje de una dotación que se destina a un organismo u oficina de personal específicos. La recepción de una asignación se suele registrar solo a nivel intermedio y de actividades.

Compromisos. Los compromisos u obligaciones, también conocidos como "cargas", son promesas jurídicamente vinculantes para proporcionar financiamiento. En términos amplios, un compromiso se presenta cuando se realiza una orden de compra o se firma un contrato, lo que implica que se entregarán bienes o se proporcionarán servicios y que habrá una factura que pagar. El compromiso se registra considerando el monto de la obligación correspondiente a un ejercicio económico.

Contabilidad presupuestaria o de dotaciones. La contabilidad presupuestaria o de dotaciones consiste en seguir y registrar las operaciones relativas a las dotaciones y sus usos. Debe abarcar las dotaciones, la distribución, cualquier aumento o disminución de las dotaciones, los compromisos u obligaciones, los gastos de la etapa de verificación o prestación, y los pagos. La contabilidad presupuestaria es solo uno de los elementos del sistema contable de un gobierno, pero es el más importante para formular políticas y para supervisar la implementación del presupuesto.

Contabilidad de compromisos u obligaciones. Este tipo de contabilidad es básica para mantener la implementación presupuestaria bajo control. Los países más desarrollados mantienen registros de sus operaciones en cada etapa del ciclo de gastos o, al menos, en las etapas de obligaciones y de pagos. La contabilidad de compromisos u obligaciones constituye la base para las revisiones presupuestarias. En las decisiones de aumentar o disminuir las dotaciones y la preparación de planes de efectivo se deben tener en cuenta los compromisos ya realizados.

Normas contables y entidades de fijación de normas

Las normas contables permiten a los contadores aplicar un enfoque común en el tratamiento de las operaciones financieras y asegurar que los informes correspondientes sean comparables. Si bien los principios básicos de la contabilidad son universales, su aplicación en organizaciones de los sectores público y privado y en situaciones específicas está determinada por las normas contables. Las normas contables suelen establecerse a nivel nacional; el responsable de esta actividad es el

---

Recuadro 3.5 Perspectiva histórica de la contabilidad

Los primeros contadores conocidos trabajaban para las autoridades religiosas en la antigua Mesopotamia (ahora, Irak), para asegurarse de que los habitantes pagaran sus impuestos (por ovejas y otros productos agropecuarios) a los templos. Para mantener un registro de qué debía cada uno, tenían que emitir recibos y promesas de pago (pagarés); así inventaron la escritura accidentalmente.

Miles de años después, a fines de la época medieval, en Italia apareció la teneduría de libros de partida doble. El hombre que registró el método por escrito fue Luca Pacioli, un fraile franciscano. La premisa de la partida doble es que todas las operaciones tienen dos aspectos —un crédito y un débito— y, en los libros que están adecuadamente confeccionados, los dos grupos de cifras siempre están en equilibrio. Para quienes tienen una disposición mental especial, ese "balance" tiene su propia belleza, e incluso una inspiración divina.

Fuente: http://news.bbc.co.uk/go/pr/fr/-/1/hi/magazine/8552220.stm.

órgano de fijación de normas, el ministerio de finanzas o la oficina del auditor general en los países en desarrollo. En Estados Unidos, la Junta Gubernamental de Normas Contables (GASB) establece las normas de la contabilidad del gobierno y la Junta de Normas de Contabilidad Financiera (FASB) fija las normas del sector privado. A nivel mundial, el Consejo de Normas Internacionales de Contabilidad (IASB) establece las normas internacionales de presentación de informes financieros. De igual manera, las Normas Internacionales de Contabilidad del Sector Público (IPSAS) son dictadas por el Consejo de las IPSAS, que forma parte de la Federación Internacional de Contadores (IFAC) (www.ifac.org). En el recuadro 3.5 se ofrece una reseña histórica del nacimiento de la contabilidad.

La relación entre la contabilidad y la auditoría. La auditoría es un procedimiento de verificación independiente de los procesos y los estados financieros. La auditoría comienza después de preparadas y finalizadas las cuentas. La auditoría puede ser interna o externa; el verificador puede ser una persona interna (independiente de las entidades que realizan los informes financieros) o una entidad externa, por lo general, una oficina de auditoría privada o del gobierno central. El propósito principal de una auditoría es garantizar a las partes interesadas la credibilidad de los estados financieros de una organización. La organización prepara estados financieros anuales basándose en la información de sus registros contables. La auditoría externa es una verificación independiente de estos estados. El auditor expresa una opinión e indica si los estados financieros dan una visión verdadera y acertada de los asuntos financieros de la organización.

Principios y prácticas contables

En esta sección se explican los principios básicos de la contabilidad, como base para el resto del análisis de este tema. La intención es ayudar al lector a comprender los fundamentos de la contabilidad para las operaciones financieras. La teoría se ilustra con ejemplos de cifras simples y los ejercicios ayudan a evaluar la propia comprensión de las premisas expuestas.

La contabilidad se basa en ciertos principios básicos:

* *Principio de la entidad.* Se exige que cada organización se considere en forma individual y separada de sus propietarios. También se exige que un gobierno local considere por separado a cada entidad que controle. El motivo de esta distinción es que la información separada de cada entidad es pertinente para las decisiones que podría tomar dicha entidad.

* *Principio de la objetividad.* Se exige que la información de los estados financieros esté respaldada por pruebas (facturas, recibos, etc.) que no sean la imaginación ni la opinión personal de alguien. El objetivo de esto es que los estados financieros sean útiles porque garantizan que la información presentada es confiable.

* *Principio de costos.* Se exige que la información de los estados financieros se base en los costos afrontados en las operaciones, de conformidad con el principio de objetividad.

* *Principio de la empresa en marcha.* Se exige que los contadores preparen los estados financieros

Cuadro 3.6   Modelo de un libro diario (cualquier moneda)

N.º	Fecha	N.º de comprobante	Descripción	Monto debitado	Monto acreditado
1	8/3/2012	1529	Sr. Brown, pago de impuesto a la propiedad	400	
2	8/5/2012	37245	Sr. Green, pago de factura del agua	125	
3	5/6/2012	525	Factura de electricidad (alumbrado de calles)		1325
4	8/5/2012	6473	Sra. Watt, pago de factura de alquiler	250	
5	8/7/2012	1530	Sr. Moron, pago de impuesto a la propiedad	820	

siguiendo el supuesto de que la empresa continuará operando. No es tan pertinente para los gobiernos locales, que se espera que existan indefinidamente. Sin embargo, algunas de las empresas creadas por estos gobiernos (por ejemplo, una de servicios de agua) son susceptibles de sufrir la quiebra y el cierre.

Prácticas contables

En esta sección se presenta al lector la práctica de la teneduría de libros básica, el plan de cuentas y los distintos libros de cuentas, la contabilidad informatizada y la preparación de balances de sumas y saldos. Se analizan los formatos habituales o los modelos de registro de la contabilidad básica, como el libro diario, el libro mayor y el libro de caja, y se resumen los principios recomendados para mantener registros contables. Esta sección ayudará al lector a comprender la organización de la información contable a través del plan de cuentas y la consolidación de los registros financieros mediante el balance de sumas y saldos y las cuentas finales. Por último, en un breve tratamiento se arroja luz sobre la función de la tecnología de la información en el registro y la compilación de la información contable, con referencia a paquetes de *software* contable comunes y sistemas integrados de información financiera.

Asientos. Independientemente del tipo de organización o el tipo de operación financiera, las cuentas se mantienen dentro de conjuntos de libros denominados "libro diario" y "libro mayor". El libro diario es el *libro del asiento original* y el libro mayor es el *libro del asiento final*. Las operaciones se registran inicialmente en libros diarios cuando se producen y luego se inscriben en las cuentas pertinentes de los libros mayores. En el cuadro 3.6 se muestra una instantánea de un libro diario en el que se ingresan las operaciones en orden cronológico a partir de los recibos originales.

Los contadores que utilizan sistemas manuales pueden tener que escribir la misma entrada varias veces: primero en el libro diario y después en los libros mayores. Los sistemas informatizados hacen esto con solo presionar una tecla: todas las entradas posteriores requeridas se generan automáticamente.

Cuentas "T". En su forma más simple, una cuenta tiene el aspecto de la letra T. Cuando se utiliza una cuenta T, los incrementos se colocan en un lado de la cuenta y las disminuciones, en el otro. Esto facilita la determinación del saldo de la cuenta. El saldo de una cuenta del activo es el monto del bien poseído por la entidad a la fecha del cálculo del saldo. El saldo de una cuenta del pasivo es el monto adeudado por la entidad a la fecha del cálculo del saldo.

En la cuenta T, el lado izquierdo se llama "debe" o "D", mientras que el derecho se llama "haber" o "H". Cuando se ingresan montos en el lado izquierdo de una cuenta, se llaman *débitos*, y se dice que el monto se ha *debitado* de la cuenta. Cuando se ingresan montos en el lado derecho de una cuenta, se llaman *créditos*, y se dice que el monto se ha *acreditado* en la cuenta. La diferencia entre el total de débitos y el total de créditos registrados en una cuenta es el *saldo de la cuenta*. En otras palabras, existe un saldo deudor cuando la suma de los débitos excede la suma de los créditos, y un saldo acreedor cuando la suma de los créditos supera la suma de los débitos. En el gráfico 3.4 se muestran las cuentas después de que el Sr. Moron pagó la mitad del impuesto anual a la propiedad que adeudaba.

Contabilidad de partida simple y de partida doble

Los sistemas contables de partida simple registran las operaciones entrada por entrada, en orden cronológico, en un libro diario simple o en un libro de caja. Las organizaciones pequeñas y algunos gobiernos locales siguen el sistema de partida simple. En vez de utilizar los sistemas contables modernos, registran solo un aspecto de la operación en los libros de contabilidad. También pueden llevar registros separados de algunas operaciones, como una lista de documentos en mora o por cobrar, o documentos por pagar, o registros de activos (analizados en el capítulo 6). Sin embargo, esos registros no están integrados en los estados financieros y, en el mejor de casos, están adjuntos a los informes financieros como partidas pro memoria. De esta manera, el sistema de partida simple no ofrece un panorama integral de la situación financiera de la entidad y, por ese motivo, no es uno de los métodos contables preferidos. Recordemos lo dicho: cualquier operación financiera tiene, básicamente, dos aspectos: el de débito y el de

Gráfico 3.4 Ejemplo de cuenta T

| D | Impuesto a la propiedad | H |

US\$1640

US\$820

Cuadro 3.7   Balance general de una unidad de gestión de la vivienda de un municipio

Activo		Pasivo y patrimonio neto	
Caja	US$5600	Pasivo	
Cuentas por cobrar	US$4200	Documentos por pagar	US$10 000
Inventario	US$9000	Cuentas por pagar	US$20 000
		Total del pasivo	US$30 000
Activos fijos		Patrimonio neto	
Edificios y equipos	US$7000	Capital	US$7000
Terrenos	US$12 000	Ganancias no distribuidas	US$800
		Total de patrimonio neto	US$7800
Total	US$37 800	Total	US$37 800

crédito. Los sistemas contables modernos reconocen ambos aspectos, como en el ejemplo del cuadro 3.6, y registran cada operación como una entrada en dos (o más) cuentas de libros mayores separados. Esto se llama sistema contable de partida doble.

Principios y procedimientos de la contabilidad de doble entrada

La contabilidad de doble entrada, también conocida como el sistema de teneduría de libros de doble entrada, es un sistema en el que cada operación tiene dos aspectos fundamentales: la recepción de un beneficio y el otorgamiento de un beneficio. Ambos aspectos se registran en el mismo grupo de libros. En contabilidad, la persona que recibe es el deudor y la operación se registra como un débito en una cuenta particular (D). La persona que otorga es el acreedor y la operación se registra como un crédito en otra cuenta (H). En el sistema de partida doble, cada débito debe tener un crédito correspondiente y viceversa, y el total de las entradas del debe y el total de las entradas del haber deben ser iguales. En el momento de decidir de qué cuenta debitar y en qué cuenta acreditar, se utiliza la ecuación contable que aparece a continuación:

$$\text{activo} = \text{pasivo} + \text{patrimonio neto}.$$

Los componentes de la ecuación contable pueden resumirse en el balance general. En el cuadro 3.7 se muestra un balance general simple de una unidad independiente de gestión de la vivienda de un municipio. Sin embargo, en la práctica, las organizaciones del gobierno local tienden a preparar balances generales más complejos que ese.

El principio fundamental del sistema de partida doble consiste en analizar los dos cambios generados por una operación comercial y registrar adecuadamente ambos cambios en los libros de contabilidad. Para que las cuentas mantengan su balance, un cambio en el debe (D) en una o varias cuentas debe coincidir con un cambio en el haber (H) en una o varias cuentas. Por lo tanto, después de una serie de operaciones, la suma de todas las cuentas con un saldo deudor será equivalente a la suma de todas las cuentas con un saldo acreedor.

Los principales términos utilizados en la contabilidad de partida doble son los siguientes:

Libro diario. Este es el libro en el que se registran por primera vez todas las operaciones, utilizando el formato de partida doble de débitos y créditos.

Libro mayor. Este es el segundo proceso, en el que los asientos del libro diario se transcriben en otro libro llamado "libro mayor". Aquí se clasifican todas las cuentas y se mantienen individualmente. Cada libro mayor (cuenta) tiene dos lados idénticos: un lado izquierdo (debe) y un lado derecho (haber), y todas las operaciones relacionadas con esa cuenta se registran cronológicamente.

Balance de sumas y saldos. Este es el tercer proceso, en el que se comprueba la exactitud aritmética de los libros de cuentas en un momento determinado mediante un balance de sumas y saldos. Es un estado contable informal que lista los saldos de las cuentas de

Cuadro 3.8 Adquisición de maquinaria

Entrada del libro mayor	Debe	Haber
Equipos	US$7000	
Caja		US$7000

Cuadro 3.9 Empréstitos

Entrada del libro mayor	Debe	Haber
Caja	US$15 000	
Empréstitos		US$15 000

Cuadro 3.10 Pago de una factura de servicios

Entrada del libro mayor	Debe	Haber
Gastos (servicios)	US$1000	
Caja		US$1000

Cuadro 3.11 Ventas de bienes

Entrada del libro mayor	Debe	Haber
Caja	US$7200	
Valores por cobrar	US$4800	
Ingresos (ventas)		US$12 000

Cuadro 3.12 Capital recibido

Entrada del libro mayor	Debe	Haber
Caja	US$20 000	
Patrimonio neto		US$20 000

los libros mayores y compara el saldo deudor total y el saldo acreedor total.

Cuentas finales. En el proceso final, el resultado de las actividades operacionales de todo el año se determina mediante las cuentas finales, el "estado de ingresos y pagos" (llamado "estado de resultados" en la contabilidad comercial) y un balance general; estos se describen detalladamente en la sección sobre informes financieros.

Ejemplos de teneduría de libros de partida doble

Miremos algunos ejemplos que ilustran el sistema de partida doble para registrar operaciones comerciales en cuentas de debe y haber (véanse los cuadros 3.8 a 3.12).

Ejemplo 1: La empresa municipal compró maquinaria por US$7000 y pagó en efectivo.

Análisis de la operación: Aumento del activo (equipos) en US$7000 y disminución del activo (caja) en US$7000.

Ejemplo 2: La empresa pidió US$15 000 a un banco.

Análisis de la operación: Aumento del activo (caja) en US$15 000 y aumento del pasivo (obligaciones por pagar, es decir, préstamos) en US$15 000.

Ejemplo 3: La empresa pagó una factura de servicios de US$1000 con un cheque.

Análisis de la operación: Aumento de gastos en US$1000 y disminución del activo (caja) en US$1000.

Ejemplo 4: La empresa generó ingresos por ventas por el monto de US$12 000; el 60 % de las ventas se recibió en efectivo y el 40 %, como crédito.

Análisis de la operación: Aumento de ingresos (ventas) en US$12 000, aumento del activo (caja) en US$7200 (US$12 000*60 %) y aumento del activo (documentos por cobrar) en US$4800.

Cuadro 3.13 Plan de cuentas

Cuentas	Números	Ejemplos de cuentas del activo
		101 Caja (dinero en mano)
		105 Cuentas bancarias
		150 Edificios
		1501 Edificios de oficinas
Activo	100–199	1502 Edificios de escuelas
		151 Depreciación acumulada
Pasivo	200–299	160 Vehículos y equipos
Ingresos	300–399	170 Inversiones y acciones
Gastos operativos	400–499	190 Otros activos

Ejemplo 5: Un socio invirtió US$20 000 en la empresa.

Análisis de la operación: Aumento del activo (caja) en US$20 000; aumento del patrimonio neto en US$20 000.

El plan de cuentas

El plan de cuentas es básicamente una estructura de números de identificación que se asignan a cada cuenta para identificar distintas esferas o segmentos funcionales del gobierno local. El plan de cuentas de los gobiernos locales suele estar regulado por entidades de gobiernos superiores y se publica a través de leyes u ordenanzas emitidas, por ejemplo, por el ministerio de finanzas o la oficina del auditor general. Debido a que los números se asignan en orden, los gobiernos locales pueden agregar más números de subcuentas detalladas en la lista regulada de cuentas (a veces, se los alienta a hacerlo).

El plan de cuentas de un municipio pequeño puede ser muy simple. El lado izquierdo del cuadro 3.13 muestra una estructura general de las cuentas principales; el lado derecho indica la estructura de la numeración de distintas cuentas y subcuentas. Un número más largo indica un nivel inferior de subcuenta. De esta manera, ciertos usuarios, como los gobiernos locales, pueden agregar más números al final de algunos números de cuenta para permitir una distinción más específica de las distintas operaciones, como el costo del uso de la energía en los edificios de oficinas (cuenta 1501) o las escuelas (cuenta 1502).

Bases contables

Los sistemas contables pueden ser muy distintos en alcance y metodología. La contabilidad de las operaciones financieras puede ser diferente dependiendo de la *base contable*. La "base" hace referencia al momento de registrar una operación financiera, es decir, si se asienta en el momento en que se produjo o en el momento del intercambio de efectivo. El primer tipo se llama *contabilidad de valores devengados*, y el segundo, *contabilidad de caja*. Estos son los dos sistemas principales, pero hay modelos intermedios, que pueden denominarse "valores devengados modificado" o "caja modificado".

Contabilidad de caja. En la contabilidad de caja, el mantenimiento de registros se basa en un sistema estricto de entrada y salida de efectivo. Es decir, las operaciones financieras se registran solo cuando el dinero cambia realmente de mano:

- El ingreso se registra solo cuando se recibe realmente el dinero (efectivo o cheque) o los fondos. Por lo tanto, una factura de impuestos emitida no se asienta como ingreso, solo el impuesto que realmente se pagó y aparece en la cuenta de caja o de bancos del municipio.

- Los gastos se registran solo cuando se pagan efectivamente. De esta forma, una factura de electricidad recibida no se asienta como gasto hasta que se pague o a menos que se pague a la empresa eléctrica.

Contabilidad de valores devengados. En el sistema contable de valores devengados, las operaciones se asientan como ingresos o gastos independientemente del movimiento de efectivo:

- El ingreso se asienta cuando se consigue, aunque aún no se haya recibido el dinero.

- Los gastos se registran cuando se incurre en ellos, no necesariamente cuando se pagan en realidad.

En la contabilidad de valores devengados, los ingresos y gastos totales se muestran en los estados financieros aunque no se haya recibido o pagado dinero en un período contable específico. En otras palabras, se informa de un ingreso en el período en que se obtiene, independientemente de cuándo se recibe, y los gastos se substraen en el período en que se efectúan, se hayan pagado o no. Usando este método, una organización registra tanto los ingresos como los gastos cuando se producen las operaciones. La contabilidad de valores devengados es el método más común que utilizan las empresas y, cada vez más, los gobiernos locales.

Por ejemplo, si un municipio vende un camión viejo por US$5000, en el método de caja ese monto no se registra en los libros hasta que el comprador paga el dinero en la caja municipal o la caja recibe un cheque del comprador. En cambio, con el método de valores devengados, los US$5000 se registran como ingresos inmediatamente, cuando se completa la venta (se firma el contrato y el comprador se lleva el camión), incluso si el dinero se recibe días o meses después. Lo mismo se aplica a los gastos. Si el departamento de agua recibe una factura de electricidad de US$1700, en el método de caja, el monto se asienta en los libros solo después de que el departamento ha pagado la cuenta. Con el método de valores devengados, los US$1700 se registran como un gasto el día que se recibe la factura.

Contabilidad de valores devengados modificada. Si bien la mayoría de los gobiernos locales de los países en desarrollo usan la contabilidad de caja, varios países desarrollados se están inclinando por el método de valores devengados. Sin embargo, una base de valores devengados estricta no es factible para muchos gobiernos locales y, por eso, la mayoría de ellos está utilizando una contabilidad de valores devengados modificada. Esto significa, en términos generales, que consideran todos los gastos, independientemente de si se pagó el dinero, pero reconocen los ingresos solo cuando están disponibles y son medibles, en vez de cuando se ganan. La razón de esta elección es su habilidad o capacidad limitada para recolectar los ingresos cobrados y adeudados, como los impuestos, las tarifas de agua o tratamiento de residuos sólidos, etc.

Balance de sumas y saldos. Como se analizó, en un sistema contable de partida doble, cada operación se registra con débitos y créditos iguales. En consecuencia, uno sabe que se ha cometido un error si el total del debe en el libro mayor no es igual al total del haber. Además, cuando se determinan los saldos de las cuentas, la suma de los saldos del debe tiene que ser igual a la suma de los saldos del haber. Esta igualdad se evalúa preparando un *balance de sumas*

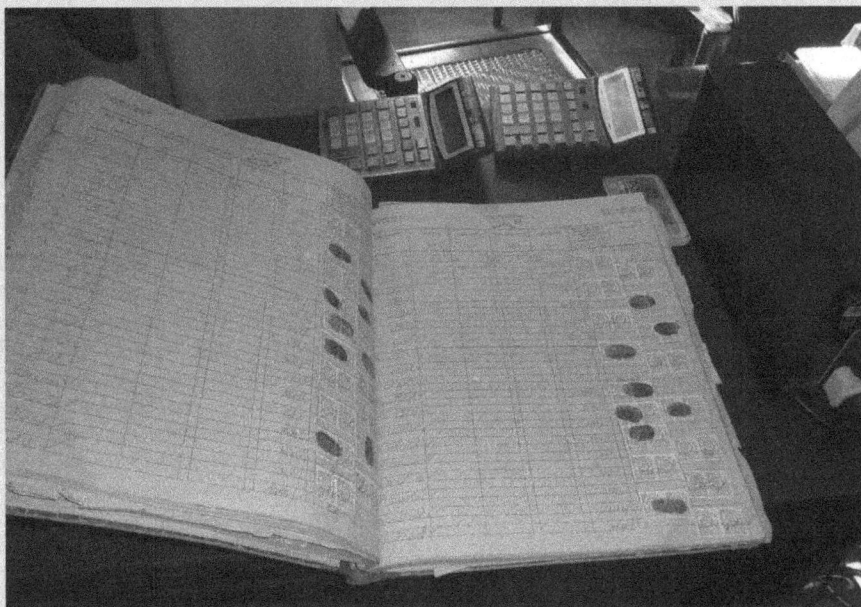

Recuadro 3.6 Teneduría de libros manual en Pakistán

Fotografía: Mihaly Kopanyi, 2010. Su reutilización debe contar con la debida autorización.

y saldos. Cuando este balance no está equilibrado, hay un error en los saldos de las cuentas. Los errores pueden provenir de la carga diaria de las operaciones, del traspaso a los libros mayores, de la determinación de los saldos de cuentas, de la copia de los saldos al balance de sumas y saldos o de la suma de las columnas de este último.

Sin embargo, el balance de sumas y saldos no es, en sí mismo, prueba de que la precisión es total. Algunos *errores de compensación* no afectan la igualdad del balance de sumas y saldos porque inciden de igual manera en el debe y el haber. Encontrar los errores y rectificarlos forma parte del trabajo que realizan los contadores para preparar las cuentas finales, pero esto no se aborda en detalle en el presente documento.

¿Sistemas contables manuales o informatizados?

El creciente uso de las computadoras en la contabilidad es una tendencia notable que cambió las prácticas habituales a partir de la segunda mitad del siglo XX. Algunos países asiáticos aún confían en la contabilidad manual, a menudo con la ayuda de computadoras (cuadros de Excel simples para generar informes), pero los registros exigidos por ley son manuales. En el recuadro 3.6 se muestra el libro mayor de un municipio de Pakistán, con entradas escritas a mano y las huellas digitales de clientes analfabetos. La informatización ha cambiado las características que definen la contabilidad, pasando de estar centrada en el registro de las operaciones financieras a ofrecer información estructurada a la administración y a las partes interesadas.

Esta relación entre la contabilidad y los sistemas de información incluye a personas, procedimientos, equipos y sus interacciones. Los sistemas contables modernos están diseñados para recoger datos sobre operaciones financieras y para generar, a partir de ellos, una variedad de informes contables sobre finanzas, gestión e impuestos, además de resúmenes visuales. Estos pueden adoptar distintas formas, desde paquetes de *software* contable de bajo costo en las organizaciones pequeñas hasta *software* de planificación de los recursos empresariales muy costoso y complejo en las entidades de mayor tamaño. Estos sistemas informatizan actividades tales como el registro de las operaciones en el libro diario y el libro mayor, la generación del balance de sumas y saldos, y la preparación de los estados financieros. Además, la mayoría de los paquetes de *software* contable incluye módulos sobre presupuesto, inventario, facturación

y otros aspectos que aumentan su utilidad para los municipios.

Buenas prácticas para mantener los libros de cuentas

En esta sección se resumen los enfoques prácticos, las experiencias y las medidas apropiadas sobre contabilidad de los gobiernos locales.

- *Primero, las funciones básicas.* Es importante que los municipios se aseguren de que son capaces de realizar funciones contables básicas, como preparar el libro diario y el libro mayor, asentar las operaciones diariamente, hacer coincidir los saldos de caja al cierre de la jornada, etc. Todas estas medidas los prepararán mejor para pasar a prácticas contables avanzadas, como los sistemas de valores devengados o de gestión financiera integrada.

- *Primero, el sistema contable de partida doble.* Los gobiernos locales deberían comenzar con un método contable de partida doble basado en la caja, que registre ambos aspectos de las operaciones. A menudo, esto se confunde con implementar la contabilidad de valores devengados, pero ese es un enfoque completamente diferente y más difícil de implementar. Es mejor, primero, adquirir experiencia trabajando con un sistema de partida doble basado en el método de caja y luego mejorar el sistema contable municipal de forma estable y sistemática.

- *Informatizar después de fortalecer los procesos administrativos.* Si bien la informatización de los procedimientos contables mejora la eficiencia, si los gobiernos locales informatizan los sistemas sin cambiar los procesos subyacentes, se reduce la eficacia de todo el sistema porque persisten las ineficiencias del enfoque anterior ("si pones basura, sacas basura"). Por lo tanto, los gobiernos locales que inician la informatización deben comenzar con un análisis detallado de sus procedimientos y sistemas financieros e identificar formas de mejorarlos antes de empezar a usar computadoras.

- *Los ingresos y los gastos se registran en el momento en que se obtienen o se adeudan.* Este principio es crucial en la contabilidad y debería ser la piedra angular de la contabilidad de operaciones de una organización. A menudo, los oficiales financieros y los administradores municipales se ven presionados a mostrar una imagen idílica de sus finanzas. Esa presión los obliga a reconocer los ingresos mucho antes de que se reciben o a no pagar o registrar los gastos cuando se adeudan. Si se tarda en saldar los pagos adeudados debido a una escasez de efectivo o si se paga a los contratistas aunque no hayan prestado los servicios para evitar que las asignaciones presupuestarias vuelvan al ministerio de finanzas al final del ejercicio económico, el problema es el mismo. Estas prácticas distorsionan la posición financiera verdadera del gobierno local y deben evitarse.

- *Las cuentas finales deben ser integrales.* Los estados financieros anuales de cualquier entidad tienen el propósito de ofrecer un panorama integral del desempeño ´financiero durante el período mencionado. Los gobiernos locales pueden tener subsidiarias o empresas relacionadas cuyas finanzas no se expliquen en el contexto de los estados financieros. Estas prácticas también distorsionan el panorama financiero del gobierno local. Por ejemplo, si un municipio es propietario de una empresa de distribución de agua, aunque la empresa sea una entidad separada, al ser propiedad y estar bajo el control total del municipio, sus datos financieros deben incluirse e informarse en los informes financieros extrapresupuestarios del municipio.

- *Las cuentas finales deben prepararse en el momento oportuno.* Las cuentas finales deben prepararse dentro de un período razonable después del cierre del ejercicio económico. Si bien las empresas deben cumplir el requisito establecido por ley de preparar sus estados financieros anuales dentro de un período aceptable (por lo general, de tres a seis meses a partir del cierre del ejercicio), los gobiernos locales suelen no cumplir estas normas estrictas. Los estados financieros anuales presentados oportunamente permiten que las partes interesadas conozcan el desempeño financiero del último año. Si se demora la presentación de los estados, se pierde parte de su valor informativo.

- *Las cuentas deben ser auditadas por auditores externos.* Una auditoría anual a cargo de auditores externos independientes amplía la credibilidad de los estados financieros. La carta a la administración o la opinión de los auditores también ofrece valiosos comentarios que deben tenerse en cuenta posteriormente. Cuando no existe un mecanismo definitivo para las auditorías externas anuales, los gobiernos locales deben iniciar voluntariamente las auditorías de sus estados financieros, en consulta con la entidad fiscalizadora superior o la organización profesional de auditores de su país. Para ampliar la transparencia y la rendición de cuentas, el municipio también debería publicar el informe de auditoría y la opinión en un foro o un lugar en donde la comunidad y otras partes interesadas puedan tener acceso al material.

- *Invertir en fortalecimiento de la capacidad y capacitación.* Las aptitudes y capacidades del personal son muy importantes para el desempeño eficiente y eficaz de cualquier sistema. A medida que los gobiernos municipales mejoran sus sistemas y procesos contables, es clave reforzar las aptitudes y capacidades técnicas y administrativas del personal para gestionar los sistemas. Se debe brindar capacitación al personal joven sobre los procesos técnicos de teneduría de libros y contabilidad, mientras que el personal de nivel superior debe recibir capacitación sobre conceptos y prácticas de gestión financiera para que pueda utilizar los datos contables en los procesos de mejora de la eficiencia y la eficacia de la organización.

- *Tratar las cuentas como un sistema de información.* La contabilidad es la columna vertebral del sistema de registros financieros de cualquier organización. Al mismo tiempo, el valor de la contabilidad reside en el uso que le da la administración a la información contable antes de la toma de decisiones. En los gobiernos municipales, los registros contables no deberían verse simplemente como asientos históricos de las operaciones financieras. Deberían considerarse el sistema de información financiera de la organización, que ofrece datos valiosos sobre las eficiencias operacionales y financieras, y comunica el desempeño financiero de la organización a ciudadanos y partes interesadas.

Análisis detallado de los libros de contabilidad y los estados financieros

En esta sección se continúan analizando en detalle las prácticas contables y de teneduría de libros. En una empresa, es normal encontrarse con un volumen considerable de operaciones de distintos tipos que tienen un impacto en la posición financiera de la entidad. Registrar todas las operaciones directamente en el libro mayor puede causar errores; por eso, el proceso de registrar operaciones se divide en dos etapas. Primero, las operaciones se asientan en el libro diario general, que es uno de los principales libros de entradas contables. Segundo, las entradas del diario general se copian en el mayor general, que está compuesto por las cuentas (o categorías) correspondientes, que conforman el balance general y el estado de resultados. Como ejemplo, supongamos que un municipio con contabilidad de partida doble recaudó US$20 000 del impuesto a la propiedad y pagó US$5000 en retribuciones para los empleados el 20 de noviembre.

Libro diario

Todas las operaciones se registran en el libro diario cada día y en orden cronológico. Si bien la estructura y la forma de un libro diario general varían de acuerdo con las necesidades operacionales, registrar ciertos datos en el libro diario es obligatorio. En el cuadro 3.14 se muestra un modelo de libro diario general con columnas para los datos exigidos. Estos son: a) fecha de la operación; b) nombres o números de referencia de las cuentas que se debitan o acreditan; c) una descripción de la operación, y d) columnas para los débitos y créditos, para registrar los montos exactos de cada operación.

Libro mayor general

Después de registrar todas las operaciones en el libro diario general, el siguiente paso es usar las cuentas T para asentar las operaciones en las cuentas del libro mayor general.

Las cuentas T también forman parte de los asientos de final del ejercicio. Durante este proceso, se pueden usar las cuentas T para ayudar a minimizar los errores al asentar las operaciones correspondientes. Entonces, el segundo paso es traspasar las entradas del diario al libro mayor general usando las cuentas T, como se muestra en el cuadro 3.15. Se debe tener en cuenta que cada operación se asienta como un débito y un crédito, por ejemplo, un débito de caja de US$20 000 y un crédito en impuesto a la propiedad de US$20 000.

Las cuentas del libro mayor general clasifican los datos por categorías; las principales categorías son activo, pasivo, patrimonio neto, ingresos y gastos.

El cuadro 3.16 contiene un modelo de libro mayor general que incluye columnas para la fecha y la explicación de la operación y columnas de debe y haber, y muestra el saldo de la cuenta después de asentadas las

Cuadro 3.14   Libro diario general

Fecha	Descripción	Ref. del asiento	Debe	Haber
20 de nov.	Caja		US$20 000	
	Ingreso del impuesto a la propiedad			US$20 000
20 de nov.	Caja			US$5000
	Nómina y prestaciones para empleados		US$5000	

Cuadro 3.15   Asiento de las operaciones en tres cuentas T

Cuenta de caja			Nómina y gastos por prestaciones para empleados			Ingreso del impuesto a la propiedad	
20 de nov.	US$20 000	US$5000	20 de nov.	US$5000		20 de nov.	US$20 000
US$15 000		Saldo	US$5000		Saldo	Saldo	US$20 000

Cuadro 3.16 Modelos de cuentas del libro mayor

D			Cuenta de caja					H
Fecha	Detalles	D/F	Monto	Fecha	Detalles	D/F	Monto	
20 de nov.	Impuesto a la propiedad		US$20 000	20 de nov.	Prestaciones para empleados			US$5000
	Saldo		US$15 000					

D			Nómina y prestaciones para empleados (cuenta de débito)					H
Fecha	Detalles	D/F	Monto	Fecha	Detalles	D/F	Monto	
20 de nov.	Caja		US$5000					
	Saldo		US$5000					

D			Recaudación del impuesto a la propiedad (cuenta de crédito)					H
Fecha	Detalles	D/F	Monto	Fecha	Detalles	D/F	Monto	
				20 de nov.	Caja			US$20 000
					Saldo			US$20 000

Nota: "D/F" hace referencia a "libro diario" o "folio" (si lo hubiere).

Cuadro 3.17 Modelo de libro de caja

Debe					Haber				
Fecha	Detalles	N.º de C.	F. L. M.	Monto en US$	Fecha	Detalles	N.º de C.	F. L. M.	Monto en US$
20 de nov.	Impuesto a la propiedad-Caja		xx	20 000	20 de nov.	Prestaciones para empleados		xx	5000
	Saldo			15 000					

operaciones. En el cuadro se observa que, el 20 de noviembre al final del día, había un saldo de caja de US$15 000. Es importante señalar que "Nómina y retribuciones para el personal" es una cuenta de débito, por lo que el saldo positivo es un débito, mientras que "impuesto a la propiedad" es una cuenta de crédito y el saldo positivo es un crédito. Por último, las sumas de los saldos son equivalentes: US$5000 + US$15 000 = US$20 000.

Libro de caja

El libro de caja es un libro mayor en el que se registran en primer lugar todas las operaciones de efectivo (ya sea recibido o pagado) de acuerdo con la fecha. Es tanto un libro para los asientos originales, en el que las operaciones de caja se registran tan pronto como se producen (igual que en un libro diario), como un libro de registro final, en el que las consideraciones de caja de todas las operaciones en efectivo se registran al final, sin asientos en el libro mayor como cuenta de caja. El libro de caja es uno de los registros contables más importantes para los gobiernos locales que utilizan sistemas manuales.

Si consideráramos la misma operación de arriba y la registráramos en un libro de caja, el resultado sería parecido al del cuadro 3.17. Las columnas del libro de caja son las siguientes:

Fecha: La fecha de la operación.

Detalles: El nombre de la cuenta de contrapartida de la operación de caja. En esta columna debe escribirse una descripción de la operación debajo del nombre.

N.º de C. (número de comprobante): También se escribe el número de comprobante de cada elemento del recibo y el pago (número de factura de compra en efectivo, número de comprobante de pago o número de recibo).

F. L. M. (folio del libro mayor): Este es el número de página del libro mayor en donde se ha abierto la cuenta de contrapartida. Esto hará posible ubicar la cuenta en el libro.

Monto: El monto de la operación. Cuando se recibe efectivo, el monto se registra en el debe; cuando se paga, se registra en el haber.

Cuenta de ingresos y pagos

El estado de la cuenta de ingresos y pagos muestra un resumen de entradas y salidas de las distintas cuentas. Incluye nombres de cuentas que comienzan con el dinero en la mano (saldo de apertura) al inicio del ejercicio y finalizan con el saldo final al cierre del ejercicio.

Los gobiernos locales preparan una cuenta de ingresos y pagos al final del ejercicio a los fines de divulgar los resultados de sus operaciones financieras. En el cuadro 3.18 se resume la cuenta de pagos y valores recibidos de un municipio pequeño. Esta es una instantánea muy simple y fácil de seguir, con partidas específicas de ingresos y gastos lo suficientemente detalladas.

Cuadro 3.18   Cuenta consolidada de ingresos y pagos del ejercicio finalizado el 31 de diciembre de 2010 (US$)

Ingresos		Monto	Pagos		Monto
Saldo inicial:			Gastos del programa:		
- Caja	500		Sueldos: Personal de los programas		18 300
- Bancos	25 500	26 000	Sueldos: Personal administrativo		11 000
Contribución local		10 250	Obras de mejoramiento de caminos		27 000
Transferencias de:			Centros de educación		13 000
- Organismos locales		15 500	Programa de salud		9700
- Organismos extranjeros		55 700	Otros gastos:		
- Departamentos del gobierno.		22 000	Materiales de oficina		2400
Intereses provenientes de:			Gastos de viaje		15 000
- Bancos		150	Combustible y mantenimiento		7200
- Inversiones		1400	Alquiler		4200
Préstamos y adelantos:			Préstamos y adelantos:		
Préstamos tomados		45 000	Préstamos para el personal		15 600
Reembolso de préstamos del personal		10 000	Préstamos devueltos		14 800
Adelantos para los gastos de administración		5300	Compra de terrenos		35 000
Venta de muebles		3400	Saldo de cierre:		
			- Caja	1600	
			- Bancos	19 900	21 500
Total		194 700	Total		194 700

Al igual que en la cuenta de caja, los ingresos del estado de la cuenta ingresos y pagos se muestran en el debe, mientras que los pagos se muestran en el haber. Los valores recibidos en efectivo y los pagos en efectivo, ya sean de capital o de ingresos, también se registran aquí. Sin embargo, este estado no incluye gastos no pagados ni ingresos no realizados correspondientes al período.

Los estados financieros

Los gobiernos locales con sistemas contables de partida doble habitualmente preparan cuatro estados financieros al final del ejercicio económico: *balance de sumas y saldos, estado de ingresos y gastos, estado de situación financiera* (balance general) y *estado de flujo de caja*. Los gobiernos locales presentan o envían a niveles superiores del gobierno *el estado de ingresos y gastos, el estado de flujo de caja y el estado de situación financiera.*

Balance de sumas y saldos

En la sección anterior se describía el modo en que las operaciones primero se asientan en los libros diarios y el libro de caja y luego se registran en el libro mayor, en sus cuentas respectivas. Al final del ejercicio contable, estas cuentas están equilibradas. Para comprobar la exactitud de los asientos del libro mayor, se prepara un estado con los saldos de todas las cuentas a una fecha

Cuadro 3.19   Balance de sumas y saldos de la ciudad XYZ (US$)

Nombre de cuenta	Débitos	Créditos
Caja	42 260	
Cuentas por cobrar	-	
Artículos de oficina	840	
Seguros	2000	
Nómina y prestaciones para empleados	20 500	
Honorarios de consultores	350	
Alquiler	1000	
Servicios públicos	250	
Contribuciones		50 000
Impuesto a la propiedad		12 000
Licencias comerciales		5200
Totales	67 200	67 200

determinada. Un balance de sumas y saldos tiene una columna del debe con todos los saldos deudores de las cuentas y una columna del haber con todos los saldos acreedores de las cuentas.

En el cuadro 3.19 se muestra un balance de sumas y saldos de la ciudad XYZ, preparado para el ejercicio económico de 2009, al 28 de febrero de 2010. El balance del estado dice poco de la posición financiera de la ciudad, pero indica que las entradas en el debe y el haber son correctas porque están equilibradas. En la próxima sección se explica cómo se prepara el balance, a partir de los saldos de las distintas cuentas del libro mayor, usando una muestra de cuentas T y el saldo de la cuenta de caja. Este ejemplo demuestra la importancia de controlar la exactitud de las operaciones asentadas y la relación entre los libros mayores y el balance de sumas y saldos.

Relación entre las cuentas del libro mayor y el balance de sumas y saldos

En el cuadro 3.20 se resume el ejemplo de la ciudad XYZ. Las cuentas T que aquí se muestran son el resultado de ingresar las operaciones del municipio, que luego se asentaron en las cuentas del libro mayor. Con los saldos de las cuentas del libro mayor que se resumen en el cuadro 3.20 se puede preparar fácilmente el balance de sumas y saldos. Los lectores deberían dedicar tiempo a seguir los saldos de las cuentas T para entender cómo se prepara este balance.

Estados financieros

El estado de ingresos y gastos es una parte clave de un informe financiero anual exhaustivo, en el que se presentan los estados financieros del gobierno local. Todos los años, cada organización gubernamental prepara un estado de ingresos y gastos y lo respalda con importantes análisis (como la discusión y el análisis de la administración en los gobiernos municipales de Estados Unidos) y las notas a los estados financieros.

El estado de ingresos y gastos informa el total de ingresos y el total de gastos. Las organizaciones del gobierno lo presentan haciendo hincapié en la organización completa, incluidos todos los tipos de actividades y todos los tipos de ingresos y gastos durante el ejercicio económico. En síntesis, el estado muestra cuánto dinero se ha ganado (ingresos) y cuánto se ha gastado (gastos). En el cuadro 3.21 se muestra un estado de ingresos a modo de ejemplo, preparado

Cuadro 3.20   Ciudad XYZ: Cuentas T y cuenta de caja

Ingresos por contribuciones		Gastos de artículos de oficina		Cuenta de caja		
10 de ene.	US$50 000	20 de ene.	US$240	3 de ene.	US$5200	
		31 de ene.	US$600	10 de ene.	US$50 000	
Saldo	US$50 000	Saldo	US$840	15 de ene.		US$350
Nómina y gastos por prestaciones para empleados		**Gasto de seguro**		20 de ene.		US$240
				30 de ene.		US$10 000
30 de ene.	US$10 000	1 de feb.	US$2000	31 de ene.		US$1000
15 de feb.	US$10 500			1 de feb.		US$2000
Saldo	US$20 500	Saldo	US$2000	3 de feb.	US$12 000	
Ingreso del impuesto a la propiedad		**Ingreso por licencias comerciales**		15 de feb.		US$10 500
3 de feb.	US$12 000	3 de ene.	US$5200	25 de feb.		US$600
				Total	US$67 200	US$24 940
Saldo	US$12 000	Saldo	US$5200	Saldo	US$42 260	US$24 690
Honorarios de consultores		**Gastos de ocupación/alquiler**				
15 de ene.	US$350	31 de ene.	US$1000			
Saldo	US$350	Saldo	US$1000			
Gasto en servicios públicos		**Cuentas por pagar**				
8 de feb.	US$250	31 de ene.	US$600			
		25 de feb.	US$600			
Saldo	US$250	Saldo	US$0			

parcialmente con los datos del cuadro 3.20. Los datos agregados muestran el saldo inicial, las transferencias y los gastos que no aparecen en el cuadro 3.20.

En el estado de actividades primero se establece la modificación del saldo de fondos como resultado de los saldos de ingresos y gastos; luego se suma el saldo de fondos al comienzo del período informado (ejercicio fiscal). La suma de estos dos da como resultado un saldo de fondos al final de período de US$40 500.

El estado de ingresos y gastos da una idea de cómo está operando el gobierno local en general y ofrece un informe de los siguientes elementos:

- Ingresos tales como contribuciones, cargos de programas, cuotas de miembros atrasadas, transferencias, ingresos por inversiones y montos liberados de restricciones.

- Gastos tales como erogaciones, cargas, otros usos financieros y demás gastos de tipo institucional: salarios, servicios, etc. Los gastos también se pueden informar en categorías tales como programas principales, recaudación de fondos, administración y general.

- El resultado final de todas las partidas de ingresos y gastos sería el cambio en el saldo de fondos, ya sea un superávit o un déficit.

El estado de situación financiera (balance general)

El estado de situación financiera o balance general refleja la estructura de los activos de una organización y las fuentes de financiamiento utilizadas para financiar esos activos, hasta una fecha definida. Y como el nombre lo indica, debe haber un balance

Cuadro 3.21 Estado de ingresos y pagos (US$)

Ingresos	Sin restricciones
Ingresos percibidos	17 200
Contribuciones	10 250
Ingresos de programas	
Otras fuentes	3400
Ingresos por intereses y dividendos	1550
Transferencias	93 200
Préstamos y adelantos	60 300
Fondos restringidos liberados	
Total de ingresos sin restricciones	185 900
Gastos	
Gastos de programas	22 700
Gastos de desarrollo	27 000
Administración y gastos generales	29 300
Préstamos y adelantos	65 400
Otros gastos y usos para fondos	27 000
Gastos operativos totales	171 400
Cambio en el saldo de fondos	14 500
Saldo de fondos, comienzo del período	26 000
Saldo de fondos, final de período (superávit o déficit)	40 500

entre sus partes porque este estado financiero refleja la esencia de la ecuación contable, que es

$$activo = pasivo + patrimonio \ neto.$$

Los activos netos de una organización gubernamental son equivalentes al valor neto (patrimonio) de una organización comercial. Los Principios de Contabilidad Generalmente Aceptados (PCGA) recomiendan clasificar los activos netos como sin restricciones, restringidos temporalmente o restringidos permanentemente. Los gobiernos locales de muchos países deben clasificar sus activos de acuerdo con los PCGA (como se analiza en más detalle en el capítulo 6). En el gráfico 3.5 se ilustran los componentes de los activos netos y se destacan sus significados.

El término "estado de situación financiera o balance general" es el que utilizan las organizaciones sin fines de lucro. El objetivo de este estado es informar sobre el activo, el pasivo y los activos netos en una fecha determinada. El estado de ingresos y pagos muestra la situación general del superávit (o déficit) de la organización teniendo en cuenta los ingresos y gastos durante un período dado (ejercicio económico). El estado de situación financiera ofrece un panorama general de las finanzas de la organización en un punto de tiempo fijo (el final del ejercicio fiscal). En él se totalizan todos los activos y se restan los pasivos para calcular los activos netos generales y el superávit o déficit.

En el cuadro 3.22 se muestra un modelo de estado de situación financiera (balance general) de una entidad del gobierno local, con activos restringidos y sin restricciones, y asignados y no asignados; también se presenta el total de activos y de activos netos. A partir del cuadro se pueden hacer algunas observaciones. El cuadro incluye activos corrientes (50 000), de los cuales 40 000 no presentan restricciones y están asignados a operaciones (25 000) y al Consejo Escolar (15 000). Existen activos restringidos por valor de 10 000, que corresponden a transferencias del gobierno central para gastos específicos.

Breve introducción al modelo de contabilidad de fondos de Estados Unidos

En Estados Unidos, los municipios siguen un modelo llamado "contabilidad de fondos", por el cual los ingresos y los gastos se informan en diferentes fondos (recuadro 3.7). Un fondo es una entidad fiscal y contable con un conjunto de cuentas que se compensan entre sí y que registran movimientos de caja y otros recursos financieros. De esta manera, un gobierno local debería tener un solo *fondo general*, pero puede tener muchos otros tipos de fondos. Por ejemplo, un municipio puede mantener un fondo de ingresos especial y separado para cada fuente de ingresos restringidos, un fondo de proyectos de capital individual para cada proyecto importante de este tipo y un fondo separado para el servicio de la deuda para cada emisión de bonos pendientes de pago.

En el cuadro 3.23 se muestra un balance general con el método de contabilidad de fondos de una ciudad estadounidense. El fondo general de un gobierno local abarca la mayoría de las principales funciones públicas, como policía, mantenimiento de calles, saneamiento, etc. En el balance general se muestra el activo y el pasivo financiero, con partidas sobre otros activos, y se proporciona a los encargados de tomar decisiones información muy específica sobre las fuentes y los usos de los fondos y las obligaciones acumuladas.

Gráfico 3.5 Marco lógico de los activos netos

Activos netos: Diagrama

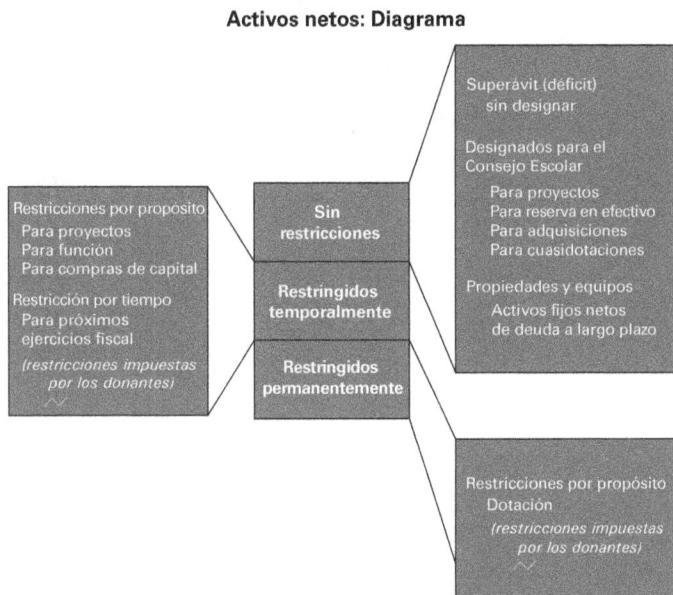

Fuente: GASB, 1999.

Contabilidad municipal en los países en desarrollo

En esta sección se analizan los problemas que enfrentan los gobiernos locales de los países en desarrollo para aplicar principios y prácticas contables modernos. Si bien esta discusión trata brevemente los debates actuales sobre estos temas, no se centra en las políticas sino en cómo abordar dichos problemas desde la perspectiva de la administración municipal.

Método de caja o de valores devengados

Encontrar un método contable adecuado es un problema común de los gobiernos municipales de países en desarrollo. Tradicionalmente, estos gobiernos han aplicado la contabilidad de caja de partida simple, ya que es el método que siguen los gobiernos centrales. A medida que avanzó la descentralización y los gobiernos locales comenzaron a adquirir identidad propia, cobró importancia la necesidad de adoptar sistemas y procedimientos contables más adecuados a sus operaciones. Los asesores y consultores a menudo observan que los gobiernos locales son similares a las empresas privadas y, por ese motivo, han recomendado que apliquen el sistema de valores devengados de partida doble.

Si bien es cierto que este método es el más moderno, también es necesario considerar si se adapta al contexto del gobierno local. Algunos de los principales impedimentos son estimar el valor de los activos municipales y crear el balance general inicial, porque son procesos que llevan tiempo. Por lo tanto, en vez de apresurarse a implementar formas contables sofisticadas como la de valores devengados, se recomienda fortalecer las capacidades del sistema contable y del personal mediante una primera transición al método de caja de partida doble y luego, si es posible, pasar al método de valores devengados modificado. La experiencia del gobierno local en la preparación de cuentas utilizando la contabilidad de caja de partida doble le permitirá avanzar cómodamente hacia métodos más avanzados.

Cuadro 3.22 Balance general de los fondos del gobierno

(Fecha de emisión del municipio)	Total hasta la fecha	Sin restricciones		Con restric- ciones	Nota	Ejercicio anterior
		Operaciones	Designados para el Consejo Escolar			
Activo						
Activos corrientes	50 000	25 000	15 000	10 000	a	42 000
Activos fijos	20 000		20 000			20 750
Activos a largo plazo						
Total de activos	70 000	25 000	35 000	10 000		62 750
Pasivo						
Pasivo corriente	3000	3000				3500
Pasivo a largo plazo						
Total del pasivo	3000	3000				3500
Patrimonio neto						
Sin restricciones						
Sin designar	22 000	22 000				26 500
Designados para el Consejo Escolar	15 000		15 000		b	
Propiedades, plantas, equipos	20 000		20 000			20 750
Restringidos temporalmente	10 000			10 000		12 000
Restringidos permanentemente						
Total de activos netos	67 000	22 000	35 000	10 000		59 250
Total de pasivo y patrimonio neto	70 000	25 000	35 000	10 000		62 750

Encabezado superior: Ejercicio actual (abarca Total hasta la fecha, Sin restricciones, Con restricciones)

a. Restringido al uso exclusivo en el programa de vigilancia de la salud en las escuelas.
b. Monto asignado para que el Consejo Escolar dedique a la capacitación docente.

Recuadro 3.7 La estructura de fondos de los gobiernos estatales y locales en Estados Unidos

Fondos gubernamentales

Propósito: Contabilizar y reportar las actividades operacionales y financieras de los gobiernos que se financiaron principalmente con impuestos y transferencias intergubernamentales.

Base contable/objeto de medición: Valores devengados modificada/recursos financieros actuales.

Existen cinco tipos de fondos gubernamentales:

- *Fondo general:* Para contabilizar y reportar todos los recursos financieros que no se incluyen en otro fondo.
- *Fondos de ingresos especiales:* Para contabilizar y reportar los fondos de fuentes de ingreso específicas que están restringidos o comprometidos para fines distintos del servicio de deuda o los proyectos de capital (por ejemplo, ingresos provenientes de impuestos al gas que se exige que sean usados para la reparación de caminos).

(continúa en la página siguiente)

Recuadro 3.7 *(continuación)*

- *Fondos para el servicio de deuda:* Para contabilizar y reportar recursos financieros que están restringidos, comprometidos o asignados a cubrir gastos de reembolso de principal e intereses.
- *Fondos para proyectos de capital:* Para contabilizar y reportar recursos que están restringidos, comprometidos o asignados a gastos de inversiones de capital, incluida la adquisición o construcción de instalaciones, como edificios y carreteras, y otros bienes de capital.
- *Fondos permanentes:* Para contabilizar y reportar recursos restringidos, ya que solo los ingresos por inversiones (no el principal) pueden usarse para respaldar los programas de los gobiernos informantes en beneficio del Estado o la ciudadanía (por ejemplo, mantenimiento de un cementerio público o un parque).

Fondos propios

Propósito: Contabilizar y reportar actividades de los gobiernos que sean similares a las que realiza el sector privado y estén financiadas principalmente con cargos a los usuarios.

Base contable/objeto de medición: Valores devengados (íntegramente)/recursos económicos. Existen dos tipos de fondos propios:

- *Fondos para empresas:* Para contabilizar y reportar actividades de tipo comercial que ofrecen beneficio al público en general (por ejemplo, una empresa de suministro eléctrico).
- *Fondos de servicio interno:* Para contabilizar y reportar los bienes y servicios que se proporcionan a los departamentos del mismo gobierno (por ejemplo, una función de compra centralizada o el parque de vehículos).

Fondos fiduciarios

Propósito: Contabilizar y reportar recursos que permanecen en custodia de los gobiernos como depositarios o agentes de terceras partes.

Base contable/objeto de medición: Valores devengados (íntegramente)/recursos económicos. Existen dos tipos de fondos fiduciarios:

- *Fondos fiduciarios,* incluidos los siguientes:
  - Fondos de jubilación (y otros beneficios para los empleados), para contabilizar y reportar recursos acumulados para pagar pensiones, atención de la salud y otros beneficios al personal retirado y con incapacidad del gobierno (por ejemplo, planes de jubilación del gobierno local para sus empleados).
  - Fondos de inversión, para contabilizar y reportar conjuntos de inversiones en los que participan otros gobiernos (por ejemplo, un fondo del gobierno estatal abierto a los gobiernos locales dentro del estado).
  - Fondos para fines privados, para contabilizar y reportar recursos que se mantienen para personas u organizaciones externas (por ejemplo, un fondo de becas para los hijos de los empleados, financiado con la donación de un ciudadano).
- *Fondos de organismos:* Para contabilizar y reportar los recursos que se mantienen a corto plazo en nombre de personas, organizaciones u otros gobiernos (por ejemplo, impuestos recaudados en nombre de otro gobierno). Estos fondos solo tienen activos y pasivos (ni ingresos ni gastos).

Fuente: http://media.wiley.com/product_data/excerpt/01/EHEP0015/EHEP001501-2.pdf.

Contabilización de los costos de operaciones y mantenimiento de los activos fijos

La mayoría de los gobiernos locales presta mucha atención a sus presupuestos de capital y a la generación de activos, pero dedica muy poco tiempo a la gestión de los activos. Así como la generación de activos es clave para fortalecer la capacidad de los gobiernos locales de prestar servicios, la gestión y el reemplazo de los activos son necesarios para mantener la capacidad de prestación de servicios que se ha creado. Por lo tanto, la

Cuadro 3.23 Ejemplo de balance general de los fondos de un gobierno (miles de US$)

	General	Programas de salud y desarrollo urbano	Reconstrucción comunitaria	Construcción de la ruta 7	Otros fondos del gobierno	Total de fondos del gobierno
Activo						
Caja y equivalentes	3418,5	1236,5			5606,8	10 261,8
Inversiones			13 262,7	10 467,0	3485,3	27 215,0
Valores por cobrar (netos)	3644,6	2953,4	353,3	11,0	10,2	6972,5
Adeudado de otros fondos	1370,8					1370,8
Valores por cobrar de otros gobiernos		119,1			1596,0	1715,1
Gravámenes por cobrar	791,9	3195,7				3987,6
Inventarios	182,8					182,8
Total de activos	9408,6	7504,7	13 616,0	10 478,0	10 698,3	51 705,6
Pasivo y saldos de fondos						
Pasivo:						
Cuentas por pagar	3408,7	130,0	190,5	1104,6	1074,8	5908,6
Adeudado a otros fondos		25,4				25,4
Pagadero a otros fondos	94,1					94,1
Ingresos diferidos	4250,4	6273,0	250,0	11,0		10 784,4
Total del pasivo	7753,2	6428,4	440,5	1115,6	1074,8	16 812,5
Saldos de fondos:						
Reservado para:						
Inventarios	182,8					182,8
Gravámenes por cobrar	791,9					791,9
Cargas	40,3	41,0	119,3	5792,6	1814,1	7807,3
Servicio de la deuda					3832,1	3832,1
Otros fines					1405,3	1405,3

No reservados, informados en:					-
Fondo general	640,3					640,3
Fondos especiales de reserva		1035,3			1330,7	2366,0
Fondos para proyectos de capital			13 056,2	3569,8	1241,3	17 867,3
Total de saldos de fondos	1655,3	1076,3	13 175,5	9362,4	9623,5	34 893,0
Total de pasivo y saldos de fondos	9408,5	7504,7	13 616,0	10 478,0	10 698,3	51 705,5

Los montos informados de las actividades del gobierno son diferentes por los siguientes motivos:

Los activos de capital usados en las actividades del gobierno no son recursos financieros y, por lo tanto, no se informan en los fondos. 161 082,7

Otros activos a largo plazo no están disponibles para pagar los gastos del periodo actual y, por lo tanto, están diferidos en los fondos. 9348,9

La administración usa los fondos de servicios internos para cobrar el costo de ciertas actividades, como seguros y telecomunicaciones, a fondos individuales; el activo y el pasivo de los fondos de servicio interno se incluyen en las actividades del gobierno como parte del estado de activos netos. 2994,7

El pasivo a largo plazo, como los bonos por pagar, no se adeudan ni se deben pagar en el periodo actual y, por lo tanto, no se informan en los fondos. (84 760,5)

Activo neto de las actividades del gobierno 123 558,8

Fuente: Adaptación de los autores basada en Freeman y Shoulders, 2000.

gestión financiera de los gobiernos locales debe incluir disposiciones adecuadas para la operación, el mantenimiento y el reemplazo de los activos creados. Desde una perspectiva contable, sería necesario que el municipio previera adecuadamente los costos de operación (a partir de los datos generados por sus sistemas de control de costos) y la depreciación de los activos fijos. En el capítulo 6 se analiza la gestión de activos en detalle.

Deficiencias de las normas y prácticas contables

Aunque todos están de acuerdo en que las reformas son necesarias para mejorar la calidad de la contabilidad municipal, un impedimento común de esas reformas es la ausencia de normas y procedimientos contables bien definidos para los gobiernos locales de la mayoría de los países en desarrollo. Habitualmente, las normas y los procedimientos contables están diseñados para los gobiernos nacionales, y se espera que los gobiernos locales sigan este modelo. En esos casos, la utilidad de las normas suele ser reducida para los gobiernos locales porque no responden totalmente a los requisitos de estos, especialmente en esferas tales como la contabilidad de costos por servicio y función local, contabilidad de facturación y recaudación de tarifas y cargos, fondos de jubilación local, etc. Por eso, cuando no existen normas y procedimientos específicos para la contabilidad de los gobiernos locales, se deben realizar esfuerzos especiales para definirlos, teniendo en cuenta las necesidades de dichos gobiernos. Corregir esas deficiencias mediante reformas del sistema contable es un proceso plagado de desafíos, especialmente cuando se reemplaza un sistema manual con un sistema de contabilidad computarizado y automatizado.

Usar la información contable para la toma de decisiones de la administración

En esta sección se analiza el uso de la información contable para respaldar las decisiones de la administración. Parte de este material se volverá a analizar en capítulos siguientes (incluidos el 5, el 6 y el 8). Aquí se hace hincapié solo en la contabilidad de costos y en algunas herramientas analíticas. En la sección se presentan algunos de los conceptos básicos de la contabilidad de costos, como costos estándares, centros de costos, costos directos e indirectos, estimación de los gastos generales y estimación de costos basada en las actividades. También se

mencionan algunas técnicas contables de gestión avanzada, como el análisis de punto de equilibrio.

Contabilidad de costos y gestión de costos

La contabilidad de costos ofrece información clave a la administración y la ayuda tanto en las decisiones sobre operaciones como en el análisis de la eficiencia operacional. En un sistema de contabilidad de costos, los costos de proporcionar servicios se gestionan midiendo cada servicio por separado, lo que permite al administrador supervisar el costo de prestar servicios específicos, como abastecimiento de agua, gestión de los residuos sólidos, vivienda, educación o atención de la salud. La contabilidad de costos brinda a los encargados de la toma de decisiones información analítica que puede usarse para aumentar la eficiencia de las operaciones.

Función e importancia de la contabilidad de costos de la prestación de servicios. Si bien la contabilidad financiera, como se ha analizado en este capítulo, ayuda a una organización a preparar estados financieros que ofrecen una visión general de sus ingresos y gastos y el superávit o déficit resultante, la contabilidad de costos ayuda a una organización a tener una visión detallada de los costos subyacentes que inciden en los informes financieros generales. Esta información detallada puede usarse para controlar los costos y determinar los precios adecuados para los productos y servicios. En un gobierno local, la información de la contabilidad de costos proporciona ideas útiles al oficial de finanzas, la administración municipal y los administradores de entidades de servicios específicos sobre cuánto cuesta exactamente la prestación de servicios. Ayuda al gobierno municipal a calcular el alcance de la recuperación de costos y la sostenibilidad de un servicio comparando el costo de su operación con las tarifas y cargos que se cobran por él.

La información sobre contabilidad de costos ayuda al oficial financiero a controlar los costos y a lograr que las operaciones sean más eficientes, reduciendo la presión sobre el presupuesto municipal y evitando el aumento de tarifas e impuestos, decisión políticamente difícil. Los sistemas de contabilidad de costos son prospectivos y, por lo tanto, ayudan a los oficiales de finanzas a moldear los costos y precios futuros y a analizar la posición financiera de la entidad en distintas situaciones. Sin embargo, aún están en sus primeras etapas en los gobiernos locales de la mayoría de los países en desarrollo. Necesitan la atención de los encargados de formular políticas. Por ejemplo, los sistemas de contabilidad municipal derivados de la contabilidad del gobierno central no registran la contabilidad de los costos específicos de servicios básicos como el abastecimiento de agua, la gestión de los residuos sólidos o el transporte público. El análisis que se presenta aquí ofrece un panorama amplio de algunos de los conceptos de costos pertinentes.

Técnicas básicas de contabilidad de costos. Los sistemas de contabilidad de costos pueden variar según el tipo de operaciones de la entidad. En una entidad que se dedica a la producción masiva de tareas comunes (como la mayoría de los servicios municipales, desde la eliminación de los residuos sólidos hasta el abastecimiento de agua y saneamiento), el sistema de estimación de costos de los procesos es adecuado. En cambio, si una organización realiza servicios específicos diseñados para clientes individuales (como la tecnología de la información o los trabajos de construcción), se suele usar el método de contabilidad de costos por orden de trabajo. Si bien estos sistemas de contabilidad de costos son útiles en sí mismos, presentan deficiencias, especialmente cuando se manejan costos compartidos (por ejemplo, distintos departamentos o procesos comparten un servicio), lo que dificulta la determinación de los costos de los trabajos y procesos con precisión. Estas deficiencias han llevado a la utilización de la *fijación de costos basada en las actividades*.

Fijación de costos basada en las actividades. Los sistemas de fijación de costos basada en las actividades (FCA) son una refinación de los sistemas de costos porque se centran en las actividades individuales como objeto central. Una actividad es un evento, una tarea o una unidad de trabajo con un propósito específico, como la eliminación de residuos de una parte de una ciudad, el registro de nacimientos o muertes, etc. Los sistemas de FCA calculan los costos de las actividades individuales y asignan ese valor a objetos de costos, como los productos y servicios, sobre la base de las actividades emprendidas para producir cada uno de ellos. Con este fin, los sistemas de contabilidad de costos reúnen las actividades en grupos de costos y los usan como base para asignar los costos.

Por ejemplo, el gobierno de una ciudad puede usar los mismos camiones, cargadores, mano de obra y equipos para mantener parques e instalaciones de deportes, salud y educación. Por lo tanto, puede crear un fondo de grupos de mantenimiento y asignar los costos de los camiones (combustible, mano de obra, reparaciones) por distancia en kilómetros de transporte realizados. Puede asignar el costo de los cargadores y otros equipos a partir del tiempo de uso de cada proyecto de mantenimiento en las zonas abarcadas. La lógica de los sistemas de FCA es que la base para la asignación de los costos suele ser el principal determinante de los costos, por lo que la asignación conduce a una determinación de costos de las actividades más precisa. Aunque no corresponde realizar una discusión elaborada sobre la contabilidad de costos avanzada en este capítulo, es útil que las autoridades de los gobiernos locales comprendan que estas técnicas sofisticadas existen y aumentan la precisión de la contabilidad de los costos de prestación de servicios. De esa forma, pueden ayudar a mejorar la calidad de la gestión financiera municipal.

Centros de costos y contabilidad responsable. Como se analizó antes, un objetivo de un sistema de contabilidad de costos es desglosar los detalles de un producto o servicio, para que la administración pueda identificar los costos que se pueden controlar. Un costo incontrolable es aquel que el administrador no puede modificar. Por ejemplo, en un gobierno municipal, los gastos de oficina son un costo controlable, pero las primas de seguros que debe pagar por los camiones no son controlables porque no las establece dicho gobierno. Incluso así, el administrador puede lograr economías con una selección competitiva de las empresas de seguros.

El concepto de costos y gastos controlables constituye la base para un *sistema contable basado en la responsabilidad*, en el que los administradores son responsable de los costos y gastos que están bajo su control. Antes de cada período de presentación de informes, la organización prepara planes en los que se especifican los costos o gastos previstos, bajo el control de cada administrador. Esos planes se denominan *presupuestos de contabilidad basada en la responsabilidad*. Este sistema acumula los costos y gastos para incluirlos en informes que se presentan oportunamente a los administradores sobre los costos de los que son responsables. Los informes son informes de desempeño y en ellos se comparan los costos y gastos reales con los montos presupuestados. Los administradores utilizan esos informes para centrar la atención en costos reales y específicos que difieren de los montos presupuestados y deciden medidas correctivas para reducirlos.

Técnicas para que la administración tome decisiones eficientes

La contabilidad es el idioma de toda actividad comercial, pero está ganando cada vez más prominencia en la administración de los gobiernos locales porque estos deben proporcionar servicios a los ciudadanos a partir de recursos limitados. La incorporación de sistemas contables básicos permite el registro y la compilación eficientes de los datos financieros, que deben ser analizados, estructurados y presentados para que resulten útiles en el proceso de toma de decisiones de la administración. Distintas técnicas de análisis financiero ayudan a las administraciones a extraer conclusiones valiosas. Entre estas técnicas se incluyen el análisis de coeficientes, el análisis de tendencias, la creación de modelos financieros, la clasificación de proyectos de inversión mediante técnicas de presupuestación de capital, el análisis de punto de equilibrio y otros. Analizaremos el análisis de punto de equilibrio, una de las técnicas más simples, que puede usarse prácticamente en cualquier organización. Otras técnicas se abordarán en los capítulos 5 a 8.

Análisis de punto de equilibrio. Este análisis es una técnica muy usada en entornos empresariales, especialmente entre los administradores de la producción y los contadores de la administración. Es una herramienta útil para decidir si se deben comprar equipos (un camión compactador, por ejemplo) porque calcula la proximidad de la operación a su nivel de equilibrio con y sin el camión. El análisis de punto de equilibrio simplemente calcula el nivel de servicios o producción en el que la totalidad de los costos fijos y variables son equivalentes y la empresa no genera ni ganancias ni pérdidas. Este es el *punto de equilibrio*. El cálculo depende de distinguir cuidadosamente los costos que son *variables* (que cambian cuando cambia la producción) y los costos que son fijos (que no están directamente relacionados con el volumen de producción). El cálculo más simple del punto de equilibrio es

$$\text{punto de equilibrio} = \text{costos fijos totales} / (\text{ventas} - \text{costos variables}).$$

En los gobiernos locales, la planificación financiera es extremadamente importante. El análisis del punto de equilibrio revela cómo varían los ingresos y los costos a partir un cambio en el nivel de servicio, es decir, qué efecto tendrá un cambio en un servicio o la combinación de servicios en los ingresos. Idealmente, el objetivo es encontrar un nivel de producción con el que el gobierno alcance el punto de equilibrio, es decir, que los ingresos totales sean iguales o superiores a los costos.

Los servicios municipales deberían considerar la recuperación de costos en vez de producir ingresos adicionales. Sin embargo, estar cerca del punto de equilibrio puede conllevar el riesgo de generar un déficit, elevar la demanda de subsidios o socavar la sostenibilidad de los servicios. De esta manera, el análisis de punto de equilibrio también es una herramienta útil para medir qué programas son autosustentables y cuáles están subsidiados o necesitan subsidio. Al estudiar la relación entre costos, volumen de servicios e ingresos, la administración municipal puede encarar mejor muchas decisiones de planificación. El análisis de punto de equilibrio también puede ser útil cuando los administradores municipales deben decidir entre comprar o alquilar o cuando afrontan cuestiones comunes de la gestión diaria.

En el gráfico 3.6 se muestra un cuadro de punto de equilibrio, una representación gráfica de costos (C) con distintos niveles de producción, junto con la variación del ingreso (A) proveniente de ventas o comisiones. La intersección de las dos líneas representa el punto de equilibrio, en el que no se generan ni pérdidas ni ganancias. Así, la entidad se enfrenta a pérdidas siempre que el volumen de la producción o las ventas sea inferior a Q_0 y comienza a obtener ingresos netos cuando la producción o las ventas superan Q_0. El motivo es que los servicios siempre tienen una inversión inicial, que genera un costo fijo incluso cuando no hay producción.

Gráfico 3.6 Análisis de punto de equilibrio

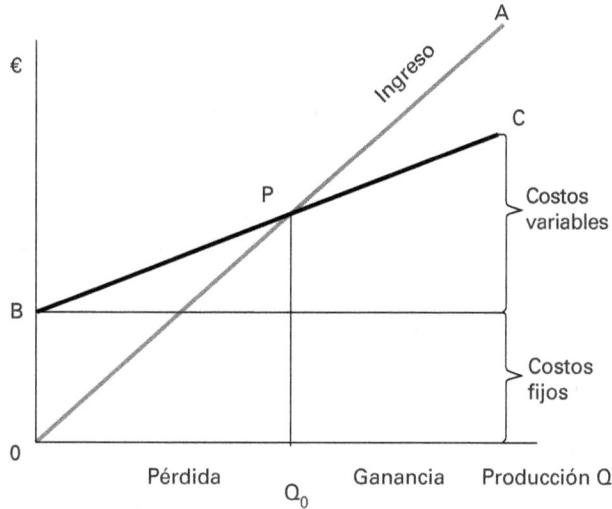

Presentación de informes financieros

Esta sección se basa en lo analizado hasta aquí sobre contabilidad para pasar a un nivel más avanzado: utilizar la información contable para compilar informes financieros. Antes de abordar el contenido y las técnicas de preparación de los informes financieros, se analiza la importancia de la presentación de informes para la transparencia y la rendición de cuentas en el sector público. También se mencionan las funciones de los participantes en el régimen de presentación de informes, incluidos los gobiernos de nivel superior, los ministerios centrales, el Parlamento y otros órganos legislativos, instituciones de supervisión como la oficina de auditoría general, y los mismos ciudadanos, así como la presentación de informes financieros como herramienta para comunicarse con las partes interesadas.

Presentación de informes financieros: Conceptos y prácticas

Los informes financieros proporcionan información consolidada a una amplia variedad de partes interesadas que requieren información sobre una entidad. Son una forma de transmitir a los usuarios de esta información material que utilizan para tomar decisiones entre alternativas de uso de recursos escasos. El objetivo deriva principalmente de las necesidades y los intereses de esos usuarios, que no tienen capacidad para reunir la información que necesitan y, por lo tanto, deben recurrir a los informes financieros de la entidad, al menos parcialmente. Los informes financieros también son un medio para realizar el seguimiento del desempeño (tema del capítulo 8). Entre los posibles usuarios de los informes financieros y su información se encuentran los siguientes:

- *Inversionistas*. Para las empresas, los inversionistas están interesados en la capacidad de la entidad de generar entradas de efectivo neto porque sus decisiones sobre las inversiones se relacionan con los montos, el momento y las incertidumbres de esos flujos.

- *Acreedores*. Los acreedores proporcionan capital financiero a un gobierno local prestándole efectivo (u otros activos). Al igual que los inversionistas, los acreedores están interesados en los montos, el momento y la incertidumbre de los flujos de efectivo futuros del municipio. Para el acreedor, un prestatario es una fuente de efectivo en forma de intereses, reembolso de préstamos y primas sobre los títulos de deuda.

- *Proveedores.* Los proveedores proporcionan bienes o servicios en vez de capital financiero. Están interesados en evaluar la probabilidad de que un municipio les pague en término lo adeudado.

- *Empleados.* Los empleados proporcionan servicios a un municipio, por lo que están interesados en la información para evaluar su capacidad constante de pagar sueldos y salarios, y de ofrecer pagos de incentivos, jubilación u otras prestaciones.

- *Ciudadanos.* Para los ciudadanos, un municipio es una fuente de servicios. Los ciudadanos están interesados en evaluar la capacidad del gobierno local para continuar proporcionando esos servicios, ya que tienen una relación de larga data con el municipio y dependen de él para acceder a servicios.

- *Gobiernos, sus organismos y órganos reguladores.* Los gobiernos y sus organismos y órganos reguladores están interesados en las actividades municipales porque son responsables, en varias formas, de garantizar que los recursos económicos se asignen eficientemente. También necesitan información para ayudar a regular actividades, determinar y aplicar políticas impositivas, y preparar estadísticas sobre el ingreso nacional y otros aspectos similares.

Las categorías de usuarios de información antes mencionadas, junto con sus necesidades, se aplican en los sectores público y privado, aunque el tipo de información que se requiere de un gobierno municipal puede ser diferente de lo que se necesita de una empresa comercial. Por ejemplo, el gobierno nacional estaría interesado en saber el grado de eficiencia de los municipios para usar las transferencias intergubernamentales y cumplir así los requisitos de desarrollo, mientras que los ciudadanos pueden estar más interesados en saber cómo se gasta el dinero en obras de desarrollo local.

La presentación de informes financieros es solo una de las fuentes de información que facilitan la toma de decisiones. Los usuarios de los informes financieros también necesitan considerar información relevante de otras fuentes, como información sobre condiciones o expectativas económicas generales, eventos políticos y el clima político y el panorama de la industria.

Los usuarios de los informes financieros deben estar al tanto de las características y las limitaciones de la información que contienen. En gran medida, estos informes se basan en estimaciones, en vez de mediciones exactas, de los efectos financieros en las entidades de las operaciones y otros hechos o circunstancias. Por eso, los usuarios deben leer los estados financieros en su conjunto, especialmente las notas y los anexos, donde se describen las bases y los supuestos de las estimaciones.

Características de un buen sistema de informes financieros

De acuerdo con la FASB, estas son las características cualitativas que debe tener un buen sistema de informes financieros (FASB, 2000; Skousen *et al.*, 2000):

- *Relevancia.* Para que sea útil en las decisiones sobre inversiones, créditos y asignación de recursos similares, la información debe ser relevante para esas decisiones. La información relevante puede definir las decisiones de los usuarios porque los ayuda a evaluar los posibles efectos de las operaciones y otras actividades pasadas, presentes o futuras en los próximos flujos de efectivo (*valor predictivo*) o confirmar o corregir sus evaluaciones previas (*valor de confirmación*). La oportunidad —poner la información a disposición de los encargados de la toma de decisiones antes de que pierda su capacidad para influir en las decisiones— es otro aspecto clave de la relevancia.

- *Representatividad.* Para que sea útil en las decisiones sobre inversiones, créditos y asignación de recursos similares, la información debe ser una representación fidedigna de los fenómenos económicos del mundo real que intenta mostrar. Los fenómenos representados en los informes financieros son recursos y obligaciones económicos, y las operaciones y demás actividades y circunstancias que los modifican. Para que haya representatividad de esos fenómenos económicos, la información debe ser verificable, neutral y exhaustiva.

La verificabilidad implica que distintos observadores informados e independientes lleguen a un consenso, aunque no necesariamente un acuerdo total, sobre una de las siguientes premisas:

a) la información es representativa de los fenómenos económicos que intenta mostrar sin errores ni sesgos importantes (verificación directa);

b) el método de reconocimiento o medición elegido se ha aplicado sin errores ni sesgos importantes (verificación indirecta).

Para que sea verificable, la información no debe ser una estimación de un punto único. También se pueden verificar una variedad de montos y las probabilidades conexas.

La neutralidad es la ausencia de sesgos para intentar obtener un resultado predeterminado o inducir un comportamiento específico. La neutralidad es un aspecto esencial de la representatividad porque la información sesgada no puede presentar fielmente los fenómenos económicos.

La exhaustividad implica incluir en los informes financieros todos los datos necesarios para una representación fidedigna de los fenómenos económicos que se intentan mostrar. Por lo tanto, la exhaustividad, dentro de los límites de lo que es suficiente y factible (teniendo en cuenta los costos), es un componente esencial de la representatividad.

- *Comparabilidad*. La comparabilidad, que incluye la coherencia, mejora la utilidad de los informes financieros para tomar decisiones sobre inversiones, créditos y asignación de recursos similares. La comparabilidad es la cualidad de la información que permite a los usuarios identificar similitudes y diferencias entre dos conjuntos de fenómenos económicos. La coherencia implica utilizar las mismas políticas y procedimientos contables, ya sea de un período a otro dentro de una entidad o en un único período entre entidades. La comparabilidad es el objetivo; la coherencia es un medio para alcanzarlo.

- *Comprensibilidad*. La comprensibilidad es la cualidad de la información que permite que los usuarios que poseen un conocimiento razonable de las actividades económicas y comerciales y la contabilidad financiera y que estudian la información con una diligencia razonable comprendan su significado. La información pertinente no debería excluirse solamente porque puede ser demasiado compleja o difícil para algunos usuarios. La comprensibilidad aumenta cuando la información se clasifica, se distingue y se presenta de manera clara y concisa.

- *Importancia relativa*. La información presenta importancia relativa cuando la omisión o los errores de presentación pueden influir en las decisiones sobre asignación de recursos que toman los usuarios a partir del informe financiero de una entidad. La importancia relativa depende del tipo y la cantidad de información, considerada en las circunstancias particulares de omisión o errores de presentación. Un informe financiero debe incluir toda la información de importancia relativa relacionada con una entidad específica; la información menos importante puede —y debería— omitirse. Llenar un informe financiero con información secundaria genera el riesgo de opacar la información más importante y reducir la utilidad del informe para las decisiones.

- *Beneficios y costos*. Los beneficios de los informes financieros deben justificar los costos de prepararlos y utilizarlos. Uno de los beneficios de la presentación de informes financieros es la adopción de mejores decisiones sobre inversiones, créditos y asignación de recursos similares, lo que a su vez da lugar a un funcionamiento más eficiente de los mercados de capital y un descenso de los costos de capital para la economía en su conjunto. Sin embargo, los informes financieros y las normas de presentación de informes imponen costos directos e indirectos sobre quienes preparan y quienes utilizan los informes, y sobre auditores y reguladores. Así, los encargados de las normas solicitan información a preparadores, usuarios y otras partes interesadas sobre sus expectativas con respecto al tipo y la cantidad de los beneficios y costos de las normas propuestas, y en sus deliberaciones tienen en cuenta la información que obtienen.

Estados financieros en acción: Perspectiva de políticas

Los estados financieros de cualquier organización son el estado de resultados, el balance general y el estado de flujo de caja. Ya los presentamos en el contexto de la contabilidad; ahora los analizamos desde una perspectiva de políticas.

Los gobiernos locales preparan varios informes para distintos fines y destinatarios:

Administración/informes internos. Además de los estados financieros anuales que se usan para informar a las partes interesadas externas del municipio, existen varios tipos de informes internos. Los diferentes departamentos preparan informes financieros periódicos y los envían al oficial financiero y al alcalde para revisión interna (semanal, mensual o trimestralmente). El gobierno local también prepara y envía informes a los niveles más altos del gobierno, en los que explica el uso de las transferencias fiscales y otros recursos recibidos. Estos informes cumplen la función de órganos de seguimiento y, habitualmente, no se comparten con otras partes interesadas externas. En el recuadro 3.8 se resume un caso en Bangalore (India).

Presentación de informes presupuestarios. El Ejecutivo presenta informes al Consejo Municipal sobre el avance en la ejecución presupuestaria durante el curso de un ejercicio económico a través de informes mensuales sobre lo presupuestado y los valores reales y análisis de diferencias. Estos informes también son internos, por lo que ayudan al Consejo Municipal a determinar si el presupuesto aprobado se ejecuta de acuerdo con los planes y si los ingresos y gastos se realizan siguiendo las proyecciones presupuestarias. Algunas variantes de los informes presupuestarios son los informes sobre programas y los informes de desempeño. Los informes sobre programas describen la ejecución de un programa específico (por ejemplo, recuperación de escuelas). Los informes de desempeño registran los progresos respecto

---

Recuadro 3.8 PROOF, una campaña para la transparencia y la rendición de cuentas en Bangalore

La campaña Registro Público de Operaciones y Finanzas (PROOF) se puso en marcha en Bangalore (India) en julio de 2002; sus responsables son cuatro ONG: Public Affairs Centre, Janaagraha, Centre for Budget and Policy Studies y Voices. PROOF es una campaña que fomenta la transparencia de la gestión municipal; se realiza en estrecha alianza con los gobiernos locales para permitir que las autoridades y los ciudadanos trabajen juntos y garanticen que el dinero público se destine a bienes comunes.

PROOF exige que las finanzas municipales relacionadas con los servicios públicos se den a conocer y se sometan al escrutinio de grupos organizados y el público en general. Se centra en tres esferas: obtener estados financieros trimestrales del gobierno, preparar indicadores de desempeño para evaluar las actividades municipales en toda la ciudad y realizar debates públicos. Esto incluye comparar el estado de ingresos y gastos del municipio con las cifras del presupuesto original y el balance general, con información detallada sobre activos corrientes y a largo plazo y pasivo a corto y largo plazo.

Los indicadores del desempeño se crearon inicialmente para dos sectores: educación, para evaluar el desempeño de las escuelas de Bangalore, y salud, para analizar el funcionamiento de los hospitales públicos municipales. Los objetivos de los exámenes son mejorar la rendición de cuentas y el desempeño financiero del sector público, acercar al gobierno y al público, y proporcionar valores de referencia para formular y reformar las prioridades de gasto público.

Fuente: http://ww2.unhabitat.org/cdrom/TRANSPARENCY/html/2_6.html.

de planes o metas de desempeño medibles (como el cobro de pagos atrasados). Estos informes se analizan en detalle en el capítulo 8.

Presentación de informes ciudadanos. Los ciudadanos son uno de los grupos de partes interesadas más importantes y tienen claro interés en conocer el estado de situación de su gobierno local. Por ejemplo, quieren saber si el gobierno municipal presta servicios adecuadamente y si utiliza los recursos de forma eficiente (incluidos los impuestos recaudados) para el desarrollo de la comunidad. Muy a menudo, los ciudadanos consideran que los estados financieros formales y los informes de auditoría preparados por profesionales son difíciles de entender. Para acortar esa brecha, los defensores de la responsabilidad social, como es el caso de algunas organizaciones cívicas, han comenzado a alentar a los municipios a que simplifiquen los estados financieros complicados. En el recuadro 3.8 se resume el ejemplo de la iniciativa de transparencia PROOF en India. La organización distribuye folletos, volantes y resúmenes escritos en lenguaje llano y con formatos fáciles de entender, como cuadros, pictogramas y gráficos simples con cifras básicas. Se están realizando iniciativas similares en países como Nepal y Ghana.

Formatos de presentación de informes financieros municipales

En esta sección se resumen los tipos de presentación de informes financieros en el contexto de las políticas de gobierno municipales. La atención se centra en contenidos como la información sobre ingresos recibidos, pagos, activos y pasivos y los formatos y las normas utilizados. Se analizan las buenas prácticas en la presentación de informes financieros municipales, incluida su vinculación con los informes sobre el desempeño (tema analizado en mayor profundidad en el capítulo 8). También se abordan algunos problemas que enfrentan los gobiernos locales de los países en desarrollo durante la preparación de estados financieros integrales.

Formatos y normas en la presentación de informes financieros municipales: Ejemplos de buenas prácticas

En Estados Unidos, la GASB establece las normas de presentación de informes financieros para los gobiernos municipales. En junio de 1999, la GASB emitió la declaración 34, "Estados financieros básicos —y debate y análisis de la administración— para los gobiernos estatales y locales" (GASB, 1999). La GASB 34 generó cambios significativos en el formato y el contenido de los informes financieros de los gobiernos locales. Fue el resultado de un esfuerzo continuo de los encargados de la formulación de normas del país para satisfacer completamente las necesidades de los usuarios de los estados financieros.

En el recuadro 3.9 se describe el modo en que el gobierno de Sudáfrica ha alcanzado progresos considerables en materia de estandarización de los formatos de presentación de informes financieros municipales.

Cada gobierno local prepara dos estados financieros de alcance general, el *estado de activos netos* y *el estado de actividades*, que integran los ingresos y gastos de las actividades del gobierno, como se explicó anteriormente. Estos estados ofrecen un panorama completo de los ingresos y gastos del gobierno local en conjunto.

Los estados financieros de los fondos ofrecen información detallada sobre actividades económicas específicas que realiza un gobierno local, como se explica más arriba y se muestra en el cuadro 3.23. Estas actividades se agrupan y se informan en ocho estados financieros de fondos diferentes. Por ejemplo, el *fondo de empresas* contabiliza los ingresos y gastos relacionados con cualquier operación de tipo comercial (como el servicio de agua y alcantarillado y el servicio de autobuses locales) que maneja un gobierno municipal con cargos o tarifas para los usuarios. Del mismo modo, existen los *fondos fiduciarios, fondos de organismos, fondos de ingresos especiales* y el *fondo de jubilaciones*, que es un fondo fiduciario externo al presupuesto municipal.

La discusión y el análisis a cargo de la administración (habitualmente denominada DAA) es un aspecto único de los requisitos de presentación de informes de la GASB 34. La DAA proporciona un panorama analítico de las actividades del gobierno durante el ejercicio y una presentación de las cifras y los resultados de los estados financieros. Ofrece un análisis de las actividades financieras del gobierno, basado en los hechos conocidos, las decisiones o las condiciones actuales y ayuda a los usuarios a determinar si la posición financiera del gobierno ha mejorado o se ha deteriorado durante el ejercicio.

Recuadro 3.9 Ley de Gestión Financiera Municipal de Sudáfrica

La Tesorería Nacional del Gobierno de Sudáfrica ha tenido un papel protagónico en la incorporación de reformas en la gestión financiera en todo el ámbito público desde 1994 y en los gobiernos locales desde 1996. La iniciativa de reforma se ha implementado a través de la Ley n.º 56 de Gestión Financiera Municipal de 2003, que está avalada por la Ley de Distribución de Ingresos Anuales. Estas leyes están en consonancia con otra legislación de los gobiernos locales, como la Ley de Estructuras, la Ley de Sistemas y la Ley de Tasas de Propiedad y sus correspondientes reglamentaciones, para conformar un conjunto coherente.

El principal objetivo de la Tesorería Nacional era garantizar una gestión sólida y sostenible de los asuntos financieros del gobierno (nacional, provincial y local). Eso incluye intervenciones regulatorias, preparación de manuales, orietación, circulares, talleres, seminarios, capacitación, programas de pasantías y respaldo práctico a los municipios. La Tesorería Nacional ha formulado una estrategia de implementación por etapas para el respaldo financiero y técnico a los gobiernos locales, basada en la Ley de Gestión Financiera Municipal, que incluye transferencias condicionales, subsidios, orientación técnica, asesora-

miento sobre políticas y la incorporación de asesores internacionales en algunos municipios. En la estrategia se tienen en cuenta las distintas capacidades de los municipios para implementar las reformas, así como la necesidad de hacer hincapié en el fortalecimiento institucional, reforzar la capacidad municipal y mejorar los procesos municipales de consulta, presentación de informes, transparencia y rendición de cuentas.

El objetivo de la ley es modernizar el presupuesto, la rendición de cuentas y las prácticas de gestión financiera, ubicando las finanzas del gobierno local en una base sostenible para maximizar las capacidades de prestar servicios. Otro objetivo es poner en práctica un marco sólido de gestión financiera clarificando y separando las funciones y responsabilidades del Consejo, el alcalde y otras autoridades. Esta ley es una exigencia de la Constitución del país, que obliga a los tres poderes del gobierno a actuar con transparencia en sus asuntos financieros. También forma parte del paquete de reforma más amplio que se delineó en el documento de 1998 denominado *White Paper on Local Government* (Documento técnico sobre el gobierno local).

Fuente: http://mfma.treasury.gov.za/Pages/Default.aspx.

Enlaces entre informes de desempeño e informes financieros

Es importante recordar que las finanzas constituyen solo un aspecto de las responsabilidades y el desempeño de un gobierno local. Por lo tanto, la presentación de informes sobre las actividades de un gobierno debería incluir también datos sobre su desempeño para el logro de los objetivos de desarrollo y los programas. Ahora se está reconociendo la importancia de este enfoque basado en los resultados para las actividades del gobierno en todo el mundo, y se están incorporando muchas iniciativas sobre presentación de informes del desempeño. Por ejemplo, la iniciativa

de presentación de informes sobre los esfuerzos y logros de los servicios de la GASB, de Estados Unidos, es un intento por incluir normas para la presentación de informes de desempeño junto con las normas de presentación de informes financieros para los gobiernos locales. El objetivo es ayudar a los usuarios de la información (incluidos los grupos de ciudadanos, los legisladores estatales, los miembros del Consejo Municipal y otras personas interesadas) a evaluar la eficiencia de los servicios que proporcionan los gobiernos y analizar la eficacia de los gobiernos para alcanzar sus metas y objetivos. En el capítulo 8 se analiza la medición del desempeño en más detalle.

Auditoría

La auditoría ayuda a garantizar que los fondos no estén sujetos a fraude, derroche, ni abuso y que no haya errores en la presentación de los informes. La auditoría del sector público también ayuda a garantizar que la entidad realiza sus actividades de conformidad con las reglas y los procedimientos establecidos para la gestión de las finanzas públicas. Sin entrar en los detalles técnicos del proceso de auditoría, el análisis de esta sección se centra en el uso de los informes de auditoría como herramientas de rendición de cuentas, las diferencias entre distintos tipos de auditoría y sus relaciones, y los modelos de auditoría del sector público. También se analiza el significado y la importancia de las opiniones de auditoría, los distintos tipos de opiniones y las normas de auditoría.

Auditoría: Conceptos básicos y prácticas

La auditoría es un proceso sistemático para obtener y evaluar objetivamente evidencia sobre aseveraciones relativas a medidas y eventos económicos. Consta de una serie de pasos secuenciales, que incluyen la evaluación de los controles internos y la prueba de la solidez de las operaciones y los balances. El auditor comunica los resultados de su labor a los usuarios interesados a través del informe de auditoría. Las conclusiones de la auditoría se expresan en forma de opinión sobre la precisión con la que los estados financieros presentan la posición financiera de la organización, los resultados de las operaciones y los flujos de efectivo.

En el sector privado, la auditoría se utiliza principalmente para garantizar que los estados financieros de una empresa reflejen con exactitud su posición financiera. En el sector público, otros objetivos tienen la misma importancia, como el cumplimiento de las reglas y los procedimientos sobre gastos públicos, y se incluyen en el alcance de la auditoría. Otro objetivo de la auditoría del sector público es asegurar que no se realice un mal uso o una malversación de los fondos públicos.

Tipos de auditorías

Una auditoría financiera es una evaluación histórica e independiente realizada para certificar la exactitud, precisión y confiabilidad de los datos financieros. Las auditorías financieras determinan si los estados financieros preparados por una entidad reflejan la posición financiera de la organización. Los auditores examinan el tratamiento contable de varias operaciones en los estados financieros de la entidad y analizan si la información que se da a conocer en dichos estados refleja la operación subyacente. Esta es la forma de auditoría más común.

Una auditoría de cumplimiento se centra en determinar si la entidad cumplió ciertas reglas y procedimientos sobre el gasto del dinero. Este tipo de auditoría se realiza habitualmente en el sector público, para que el auditor verifique que la entidad haya cumplido las reglas y los procedimientos de gestión financiera establecidos por el gobierno.

Una auditoría operacional es una evaluación prospectiva, independiente y sistemática de las actividades que preparó la organización para alcanzar sus objetivos. También se denomina "auditoría del desempeño" porque evalúa el rendimiento de la organización respecto de sus planes establecidos y analiza los motivos de las variaciones en el desempeño, con el objetivo de extraer enseñanzas para el futuro.

Las conclusiones del auditor se comunican a través del informe de auditoría. Este informe es el paso culminante del proceso de auditoría y expresar una opinión de auditoría es el objetivo máximo del auditor. En el informe se describen concisamente la responsabilidad del auditor, el tipo de examen y las conclusiones del auditor. El formato de este informe está estandarizado en muchos países.

En el párrafo introductorio se señalan los estados financieros que abarca el informe de auditoría y se diferencian claramente la responsabilidad de la administración por la preparación de los estados financieros y la responsabilidad del auditor de expresar una opinión sobre ellos. En el párrafo sobre el alcance se determina si la auditoría se realizó de conformidad con los principios de auditoría aceptados. En el párrafo de opinión se expresan las conclusiones del auditor.

Por ejemplo, en un informe de auditoría emitido por la empresa KPMG para la ciudad de Roanoke, estado de Virginia (Estados Unidos), se ilustran la estructura, los detalles y la profundidad de un informe de auditoría y los mensajes y las cuestiones discutidos con la administración. Un resultado interesante fue el siguiente:

La ciudad calcula su provisión para valores incobrables a partir de datos históricos y análisis de cuentas específicas. Evaluamos los principales factores y supuestos utilizados para formular la provisión, incluidos posibles sesgos de la administración para preparar la estimación, para determinar que la provisión para valores incobrables al 30 de junio de 2011 es razonable respecto de los estados financieros municipales. (Informes del Departamento de Finanzas de la ciudad de Roanoke de 2011, http://www.roanokeva.gov/85256A8D0062AF37/CurrentBaseLink/N27W8 PBL294LGONEN).

Podemos extraer dos enseñanzas de esta declaración: primero, el municipio realiza un análisis cuidadoso y formula algunos supuestos para estimar los valores incobrables (en mora); segundo, el auditor evalúa la fuente de datos, el procedimiento de análisis y los supuestos, según corresponda.

Tipos de opiniones de auditoría y su importancia

Una vez completado el trabajo de campo, el auditor debe decidir si se puede emitir o no una opinión. Si no se puede emitir una opinión, el auditor debe *excusarse de dar una opinión* y exponer los motivos de tal *declinación*. Si se emite una opinión, el auditor debe decidir si presenta una *opinión favorable*, una *opinión con salvedades* o una *opinión desfavorable*.

Opinión favorable. Una opinión de auditoría favorable expresa la convicción del auditor de que los estados financieros dan una visión verdadera y exacta de la posición financiera de la entidad.

Opinión con salvedades. El auditor expresa una opinión con salvedades si los estados financieros contienen diferencias materiales respecto de las normas y prácticas contables aceptadas. La importancia de esas diferencias se evalúa teniendo en cuenta si podrían incidir en las conclusiones de los usuarios de los estados financieros.

Opinión desfavorable. Una opinión desfavorable se expresa cuando los estados financieros contienen importantes diferencias respecto de las normas contables aceptadas. Cuando se formula una opinión adversa, el auditor informa que los estados financieros no reflejan fielmente la posición financiera ni los resultados de las operaciones de la entidad, de conformidad con las normas y los principios contables.

Las normas y prácticas que rigen los informes y las opiniones de auditoría descritas anteriormente no se aplican en el sector público de muchos países en desarrollo. Las auditorías no se basan en el riesgo, y en las conclusiones del auditor no se distingue entre cuestiones de mayor o menor importancia. El auditor simplemente enumera sus *observaciones* en forma de *párrafos de la auditoría* o *preguntas de la auditoría* y las entrega a la entidad auditada al finalizar la labor de campo. Eso se considera un *informe de auditoría preliminar*, y se espera que la entidad auditada proporcione respuestas adecuadas a las preguntas de auditoría dentro de un período específico. Si el auditor está satisfecho con las respuestas recibidas, se eliminan los párrafos o preguntas de auditoría y se prepara un informe final, que se presenta a la entidad auditada. En ese sistema, el auditor no expresa una opinión de los estados financieros de la entidad, sino que realiza una comprobación del 100 % de las operaciones financieras desde el punto de vista financiero y del cumplimiento.

Prácticas de auditoría municipal

En esta sección se analiza la función de las auditorías en los gobiernos locales, con referencia específica a los problemas que enfrentan los países en desarrollo. La atención se centra en las deficiencias de los sistemas de auditoría del sector público de estos países, los impedimentos a las auditorías periódicas y oportunas y la función de las entidades fiscalizadoras superiores en la auditoría del sector público.

Las auditorías externas tienen una función importante como medio para ampliar la rendición de cuentas de los gobiernos municipales, además de proporcionar comentarios valiosos a la administración municipal sobre la calidad de la gestión financiera. Sin embargo, las experiencias de la mayoría de los países en desarrollo indican que las auditorías no siempre tienen el rol protagónico que deberían tener, por distintos motivos.

Auditorías retrasadas

En la mayoría de los países en desarrollo, ciertas entidades del gobierno, como las entidades fiscalizadoras superiores o la oficina del auditor general, se encargan de auditar a los municipios. Estos organismos suelen ser responsables de realizar auditorías en una gran cantidad de ministerios, departamentos, organismos del gobierno central y gobiernos provinciales. En consecuencia, las auditorías municipales tienen menos prioridad que otras y se realizan mucho después del cierre del ejercicio económico. De hecho, en muchas oportunidades, las auditorías se demoran años.

Auditorías de cumplimiento

Las auditorías externas realizadas por auditores del sector público suelen ser auditorías de cumplimiento en las que se verifica si los gastos de la entidad se ajustan a las reglas y los procedimientos del gobierno. Si bien es importante verificar esto, los gobiernos municipales también deben ofrecer garantías de sus estados financieros en las auditorías, especialmente si tienen previsto solicitar empréstitos o contraer deuda. Los ciudadanos locales y otras partes interesadas, como los prestamistas, están interesados en la calidad de la gestión financiera del municipio. Esperan que la auditoría externa anual proporcione las confirmaciones necesarias. Por lo tanto, los gobiernos municipales deberían someterse a auditorías financieras y de cumplimiento, que se pueden realizar juntas o separadas.

Deficiencias de capacidad

Los organismos de auditoría del sector público suelen sufrir una deficiencia de capacidad, otro factor que provoca que las auditorías municipales sean imperfectas. Las deficiencias de capacidad se observan tanto en las aptitudes como en la cantidad de auditores. Debido a que los organismos de auditoría del sector público realizan principalmente auditorías de cumplimiento, llevar a cabo una auditoría financiera suele ser un desafío para sus conocimientos y aptitudes. Como estos organismos tienen la responsabilidad de auditar a numerosas entidades de los gobiernos de más alto nivel, encuentran dificultades para programar las auditorías municipales dentro de un período razonable a partir del cierre del ejercicio económico. Una posible solución a este problema es lograr la participación de auditores del sector privado para las auditorías externas de municipios, como en el caso de Bangladesh resumido en el recuadro 3.10. Esta práctica ha tenido éxito en muchos países, pero aún no está difundida. Los gobiernos y las entidades fiscalizadoras superiores deberían establecer políticas y marcos (incluidas normas de auditoría para municipios) para facilitar la intervención de auditores del sector privado.

Seguimiento de la auditoría

El seguimiento de la auditoría es una parte fundamental del proceso. En la *carta a la administración*, el auditor señala puntos específicos que la administración municipal debe rectificar para mejorar la calidad de su gestión financiera y los informes correspondientes. Las autoridades del Ejecutivo de los municipios deben responder a las observaciones de auditoría con prontitud y hacerlas rectificar antes de la próxima auditoría. En el sector público, esto no sucede tan rápido como se espera. La razón es que el Ejecutivo suele tomar las auditorías como crítica a sus medidas y no desea admitir que estaba equivocado. Sin normas de auditoría del sector público claramente especificadas, en muchos países los auditores pueden realizar observaciones sin comprender el origen y el contexto de una medida administrativa. Eso dificulta la tarea del Ejecutivo de responder adecuadamente las preguntas del auditor, y algunas de ellas quedan pendientes durante meses o años.

Algunos países en desarrollo han incorporado la práctica de las *conferencias de auditoría*, en las que el auditor, el municipio auditado y el ministerio de supervisión se sientan juntos a revisar las observaciones de la auditoría y resuelven las cuestiones mediante conversaciones. Este proceso acelera la respuesta del Ejecutivo municipal a las observaciones de auditoría y refuerza su importancia. En muchos gobiernos locales, las auditorías están a cargo de personal del Ejecutivo, con poca participación del Consejo Municipal. Es necesario cambiar esa realidad; el Consejo debería estar al tanto de las observaciones de la auditoría y dar prioridad a garantizar que el Ejecutivo adopte medidas correctivas inmediatas. Como buena práctica para reforzar la responsabilidad social, las observaciones de auditoría y las medidas correctivas podrían compartirse con los ciudadanos y otros interesados mediante la publicación en el sitio web del municipio o en carteleras de anuncios públicos.

Conclusiones

Los presupuestos se preparan a partir de información financiera y no financiera, y sirven para determinar cómo se financiarán y prestarán los servicios locales en un ejercicio económico. El presupuesto suele ser una ordenanza o reglamento local aprobado por el consejo u órgano equivalente del gobierno local.

Recuadro 3.10 Uso de los servicios de los auditores del sector privado para auditar a los gobiernos locales en Bangladesh

Bangladesh cuenta con unos 4500 gobiernos locales rurales (llamados *union parishads*). Como parte de su política para empoderar a los gobiernos locales, el Gobierno de Bangladesh aprovechó el respaldo del Banco Mundial para poner en marcha un sistema de transferencias en bloque a los *union parishads* en 2006. Con el aumento de la transferencia de recursos financieros a los gobiernos locales, el gobierno central estuvo de acuerdo en realizar auditorías financieras en forma regular y oportuna. Sin embargo, la oficina de contralor y auditoría general (OCAG), que tiene el mando constitucional de realizar la auditoría externa de las instituciones públicas de Bangladesh, no tenía la capacidad para completar estos ejercicios en 4500 union parishads en tiempo y forma.

Una *estrategia de auditoría* ha contribuido a abordar este problema formando una alianza público-privada entre la OCAG, el Ministerio de Gobiernos Locales y el instituto de contadores certificados de Bangladesh, que fue contratado para realizar las auditorías externas anuales, mientras la OCAG ofrecía garantía de calidad para el proceso. El resultado de este enfoque innovador era que las auditorías externas anuales de los *union parishads* se completaran en un plazo razonable después del cierre del ejercicio financiero y que los informes de auditoría se pusieran a disposición de los gobiernos locales y las partes interesadas para mejorar el marco de rendición de cuentas locales.

Fuente: Banco Mundial, 2011.

Es una herramienta de orientación, financiamiento, ejecución, seguimiento y evaluación que asigna fondos y responsabilidades e insta a la acción a entidades y personas del ámbito local para alcanzar los objetivos establecidos.

Entre las deficiencias presupuestarias que se observan en los países en desarrollo se incluyen los planes y las estimaciones poco realistas, la falta de información oportuna, los objetivos politizados y los objetivos de ingresos inflados. Las deficiencias de implementación incluyen los gastos excesivos, las demoras de ejecución, las partidas poco claras y los déficits persistentes.

La función primaria del sistema contable es proporcionar y registrar en forma precisa y oportuna la información sobre ingresos, gastos, activos y pasivos, con el propósito de informar a las partes interesadas sobre las fuentes y los usos de los recursos financieros. Los principales tipos de contabilidad son la contabilidad financiera, la contabilidad de costos, la contabilidad administrativa y la contabilidad fiscal. Los sistemas contables pueden ser de partida simple o doble y seguir el método de caja o de valores devengados; también se pueden aplicar combinaciones.

El sistema más avanzado es la contabilidad de partida doble basada en valores devengados, pero la contabilidad de partida doble con el método de caja es una opción más realista para los gobiernos locales de los países en desarrollo. La contabilidad de costos y la contabilidad de fondos son sistemas más sofisticados que ofrecen información específica sobre esferas de actividad y funciones clave, lo que en definitiva aporta datos sobre la eficacia general del gobierno local.

Los sistemas de contabilidad informatizada (y de información para la administración) ofrecen soluciones convenientes porque cada operación se registra una sola vez y automáticamente se copia en diferentes cuentas, libros diarios y libros mayores. Los sistemas informatizados son, por lo general, más precisos que los sistemas manuales. Además, modifican el foco de la contabilidad, que pasa de registrar operaciones a proporcionar información oportuna y estructurada a quienes la necesitan, como el alcalde y los funcionarios del Ejecutivo, el consejo y los ciudadanos.

Los informes financieros son herramientas clave de comunicación y control para los gobiernos locales. Los tres principales informes financieros externos son el estado de actividades, el estado de situación financiera y el estado de flujos de caja. Internamente se utilizan muchos otros informes, como la comparación presupuesto/valores reales, el balance de sumas y saldos, el registro y mantenimiento de activos o los informes de centros de costos. Habitualmente, la contabilidad y la presentación de informes financieros están reguladas por instituciones nacionales que prescriben formatos y procedimientos estándares.

Los informes financieros están sujetos a auditoría, que es un proceso de recolección sistemática y evaluación de la información sobre operaciones financieras y de los informes financieros. Los tres tipos principales de auditoría son la auditoría financiera, la auditoría de cumplimiento y la auditoría operacional. Los resultados se presentan en un informe de auditoría, que puede incluir una opinión favorable, con salvedades o desfavorable del auditor.

El informe de auditoría proporciona información valiosa a la administración e insta a aplicar medidas correctivas. Para las partes interesadas externas, un informe de auditoría con declaraciones positivas es garantía de que los informes financieros representan fielmente la posición financiera del gobierno local. Este es un mensaje vital para los inversionistas y acreedores. Por lo general, los gobiernos locales de los países en desarrollo son auditados por auditores de los estados, que se centran en verificar el cumplimiento de las reglas del sector público y no en la calidad de las finanzas; por eso es necesario realizar autoevaluaciones simples para garantizar la rendición de cuentas sobre los fondos públicos.

Bibliografía

FASB (Financial Accounting Standards Board). 2000. *Statement of Financial Accounting Concepts.* Norwalk, CT: FASB; www.fasb.org.

Franke, Richard W. 2007. "Local Planning: The Kerala Experiment." In *Real Utopia: Participatory Society for the 21st Century*, edited by Chris Spannos, 130–35. Oakland, CA: AK Press.

Freeman, Robert J., and Craig D. Shoulders. 2000. *Governmental and Non-Profit Accounting.* Saddle River, NJ: Prentice Hall.

GASB (Government Accounting Standards Board). 1999. "Statement #34. Basic Financial Statements and Management Discussion and Analysis for State and Local Governments." www.gasb.org.

Lee, Robert E., and Ronald D. Johnson. 1998. *Public Budgeting Systems.* Gaithersburg, MD: Aspen Publishers.

Mikesell, John. 2011. *Fiscal Administration.* Boston: Wadsworth.

NACSLB (National Advisory Council on State and Local Budgeting). 2000. "Recommended Budget Practices: A Framework for Improved State and Local Government Budgeting, NACSLB." Government Finance Officers Association, www.gfoa.org.

Serageldin, Mona, et al. 2005. *Assessment of Participatory Budgeting in Brazil.* Washington, DC: Inter-American Development Bank.

Skousen, Fred, Earl K. Stice, and James D. Stice. 2000. *Intermediate Accounting,* 14th ed. Cincinnati, OH: South-Western College Publishing.

World Bank. 2011. "Progress Report on Bangladesh Local Government Support Project." World Bank, Washington, DC.

CAPÍTULO 4

Gestión de los ingresos locales

Maria Emilia Freire y Hernando Garzón

En varios aspectos importantes, los gobiernos locales son comparables a las empresas. Brindan servicios a sus clientes, los residentes, y estos deben pagar por los servicios que reciben (Bird, 2011). Sin embargo, las formas en que se realiza dicho pago varían significativamente. Las tarifas y los cargos por consumo de agua o de electricidad parecen las modalidades más obvias, pero hay muchas más. Por ejemplo, si alguien necesita un lugar para vender frutas y utiliza para ello un puesto en un mercado de verduras, debe pagar a su municipio por el espacio y por la infraestructura que se le brinda. Si utiliza la vereda para almacenar materiales de construcción para su casa, paga una tarifa por los inconvenientes que causa a sus vecinos y a otros peatones. Estas tarifas se denominan "impuestos por beneficios", esto es, los ciudadanos pagan por los beneficios o la utilidad que reciben, y esperan que lo que pagan se corresponda con el costo del servicio que se les proporciona[1].

No obstante, la mayor parte de los servicios municipales no se venden ni se facturan como el agua o la electricidad. Los gobiernos locales brindan servicios tales como protección policial, lucha contra incendios, limpieza de las calles, alumbrado público, estacionamiento libre e incluso refugios para los pobres y cárceles para quienes infringen la ley. Estos se denominan *bienes públicos* no solo porque benefician a toda la comunidad, sino también porque los ciudadanos no pueden quedar excluidos de su uso y el consumo que una persona haga de ellos no interfiere con el de los otros (por ejemplo, la defensa nacional, los servicios de parques, el alumbrado público). En consecuencia, es necesario financiarlos mediante impuestos que reflejen la predisposición de la comunidad a financiar esos servicios y (en principio) los beneficios que los ciudadanos obtienen con ellos. En este caso (bienes cuyo uso no puede regularse mediante mecanismos normales de fijación de precios), los impuestos locales (por beneficios) constituyen el vehículo de financiamiento más adecuado.

Las fuentes de ingresos de los gobiernos locales varían de un país a otro, pero en general incluyen impuestos, tarifas y cargos al usuario, y transferencias intergubernamentales. Otras fuentes de recursos pueden ser los ingresos de inversión, las ventas de propiedades y las licencias y permisos. En lo que concierne a los impuestos, los que se aplican sobre la propiedad y las empresas son probablemente los que con mayor frecuencia se cobran en el nivel de los gobiernos locales en todo el mundo. Otros tributos locales pueden incluir el impuesto a la renta, el impuesto general a las ventas, impuestos selectivos a determinadas ventas (por ejemplo, a los combustibles, a las bebidas alcohólicas, al tabaco, a la ocupación hotelera y al registro de vehículos) y a la transferencia de tierras (o derechos de timbre). A menudo, estos impuestos se recaudan en el plano estatal y se comparten con los niveles locales según fórmulas predeterminadas. Se los denomina "impuestos compartidos". Para hacer frente a los gastos de capital requeridos, algunos municipios cobran a los urbanizadores por los costos de capital vinculados con el crecimiento urbano mediante los denominados cargos por urbanización o "gravámenes por mejoras". En algunas ocasiones, se cobra un impuesto para recuperar el incremento en el valor de la tierra generado por inversiones públicas, que se destina a financiar obras de infraestructura.

En este capítulo se analizan diversos aspectos de la gestión de ingresos de los gobiernos locales. El contenido de esta sección se vincula con los temas abordados en los primeros capítulos, en particular el modo en que los gobiernos locales deberían financiar las funciones que les fueron asignadas y los instrumentos que resultan más adecuados para el plano local. En un momento en que se incrementan las demandas sobre los gobiernos locales, su capacidad de recaudar ingresos como complemento de otros recursos resulta crucial para que puedan garantizar la prestación adecuada de los servicios y mantener el equilibrio fiscal.

El presente capítulo se centra en los impuestos locales, los cargos al usuario y otros ingresos locales, comúnmente denominados "ingresos propios". La capacidad para recaudar ingresos propios figura entre los indicios y factores más importantes de la autonomía, la rendición de cuentas y la autosuficiencia de un gobierno local. Las transferencias, las subvenciones y los empréstitos ocupan un lugar en el financiamiento de la mayoría de los municipios, tal como se analizó en el capítulo 1. Los préstamos y otras formas de endeudamiento se analizan en el capítulo 7, junto con las modalidades para financiar los planes de mejora del capital.

El financiamiento de las ciudades y la búsqueda del impuesto local adecuado

Las ciudades recaudan ingresos para brindar servicios y cumplir funciones públicas. Pero sigue siendo difícil determinar el volumen de ingresos que debe obtenerse en el nivel local. La responsabilidad de los gobiernos locales de brindar servicios a los ciudadanos y su facultad para recaudar ingresos son funciones que se entrelazan y deberían estar armonizadas. Como se señaló en el capítulo 1, una norma importante de la descentralización fiscal adecuada es que el financiamiento debe seguir a las funciones (Bahl, 2002), es decir, los gobiernos locales deben poder acceder a los recursos necesarios para financiar los servicios públicos que están obligados a brindar. En la realidad, sin embargo, es mucho más sencillo descentralizar los gastos que los ingresos, por lo que los gobiernos locales a menudo necesitan financiamiento de los estratos superiores del gobierno o del sector privado para cubrir las diferencias.

La función de los ingresos locales: Panorama

El modo en que las ciudades financian su gasto público es una cuestión importante en el desarrollo urbano. Dado que cada ciudad es distinta, no hay ningún enfoque que sirva para todas ellas. Para establecer qué estrategia resulta adecuada para una ciudad, se deben tener en cuenta factores tales como el tamaño, las condiciones económicas, la composición demográfica y el nivel de urbanización (Slack, 2009).

Si bien hay consenso respecto de que los recursos de las ciudades deben estar en consonancia con sus responsabilidades (por ejemplo, las ciudades grandes necesitan gastar más y, por lo tanto, deben movilizar más recursos), la teoría fiscal reconoce que los gobiernos locales cuentan con una base tributaria limitada (Bird, 2009). Con la descentralización fiscal, se han delegado numerosas funciones en los gobiernos locales, desde el abastecimiento de agua y la gestión de los residuos sólidos hasta las inversiones en obras de infraestructura tales como calles y caminos, control de inundaciones y otras, así como los servicios sociales. Independientemente de cómo se cumplan estas funciones, los mandatos de los municipios son claros y se justifican por el hecho de que los gobiernos locales están más cerca de sus comunidades y son en principio capaces de responder con mayor eficiencia a sus demandas. En el mundo, el gasto local (municipal) como proporción del gasto público total varía entre el 45 %, en Dinamarca, y el 11 %, en Bolivia.

La justificación respecto de qué tipos de ingresos deben descentralizarse es mucho menos clara. Los gobiernos locales en general tienen menos posibilidades de recaudar impuestos que el gobierno central, principalmente porque este último puede cobrar con mayor eficiencia ciertos gravámenes. Tal es el caso de los impuestos aduaneros, los impuestos sobre la renta de las personas físicas y de las sociedades, el impuesto al valor agregado y los gravámenes sobre las regalías.

Esto explica en gran medida por qué la proporción de los ingresos locales en el ingreso total del sector público es siempre más baja que la del gasto local en el gasto público total (véase el gráfico 4.1), y pone, asimismo, de manifiesto la necesidad de contar con transferencias intergubernamentales para salvar la brecha entre las funciones que deben desempeñar los municipios y los ingresos que recaudan, como se analizó en el capítulo 1.

También es cierto que los ingresos a menudo están centralizados por razones políticas y no meramente técnicas o administrativas. Por otro lado, con frecuencia los gobiernos locales no sacan provecho de las posibilidades tributarias de sus jurisdicciones por falta de información o como consecuencia de su escasa capacidad institucional y débil compromiso político.

¿Qué se considera un impuesto local adecuado?

La teoría fiscal sugiere que los impuestos locales adecuados presentan tres características: son fáciles de administrar en el nivel local, se aplican a los residentes de la jurisdicción y no generan competencia con otros gobiernos locales ni con el central (recuadro 4.1). Estos principios imponen límites estrictos respecto de lo que puede considerarse un impuesto local adecuado. Por ejemplo, si bien los cargos al usuario y los impuestos a

Gráfico 4.1   Participación del nivel local en el gasto y los ingresos públicos (2011)

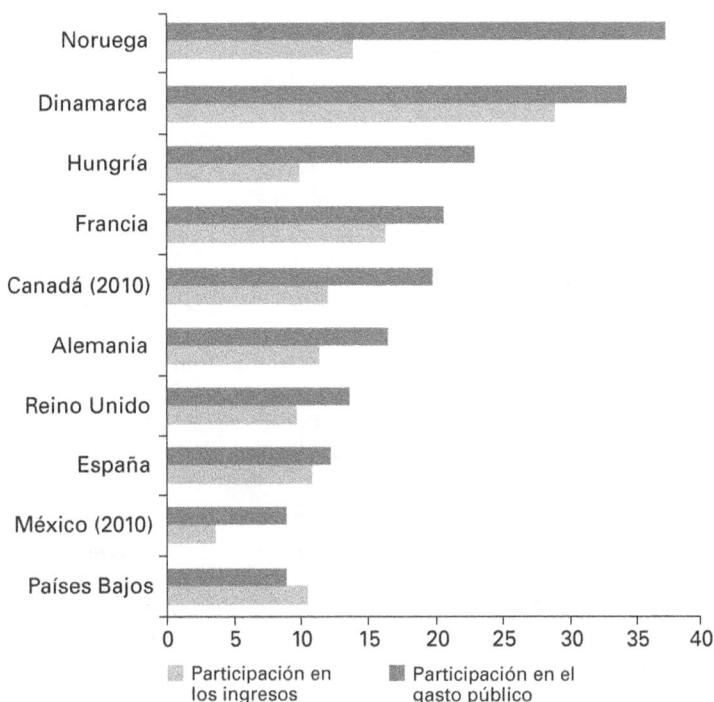

Fuente: OCDE, 2011.

Recuadro 4.1 Un impuesto local adecuado

- La base imponible debe ser inmóvil, de manera que los gobiernos locales puedan variar la tasa del impuesto sin que esta se traslade a otro sitio.
- Los ingresos que genera el impuesto deben ser estables, previsibles y adecuados para satisfacer las necesidades locales.
- La base imponible no debe ser fácil de exportar a los no residentes.
- La base imponible debe ser visible para garantizar la rendición de cuentas.
- Los contribuyentes deben percibir que el impuesto es justo.
- El impuesto debe ser fácil de administrar.

Fuente: Bird, 2001.

la propiedad son claramente gravámenes locales (los pagan quienes reciben los servicios), en ciertas arquitecturas fiscales hay otros tributos que recauda el gobierno central y luego se comparten con los niveles locales. Esta es la causa de la enorme cantidad de combinaciones de impuestos locales y nacionales.

Para cumplir con todas las funciones exigidas y deseables, los gobiernos locales necesitan acceder a varios impuestos. Un esquema de este tipo les proporcionará mayor flexibilidad para responder a los cambios de la economía, las modificaciones demográficas, las variaciones en el clima político y otros factores. Por ejemplo, el impuesto a la propiedad constituye una fuente de ingresos estable y previsible, pero en etapas de crecimiento económico no se incrementa con tanta rapidez como los impuestos sobre la renta o las ventas.

Principios de la gestión de los ingresos locales

La gestión de los ingresos locales tiene dos principios clave:

1. Los servicios que brindan los municipios deben estar claramente relacionados con las fuentes de ingresos necesarias para financiarlos.

2. Los servicios deben ser financiados por sus beneficiarios de manera directa o indirecta ("el principio general del beneficio").

En este contexto, los *bienes privados* (esto es, excluibles: se puede impedir que quienes no pagan el servicio gocen de él, como en el caso de la electricidad, el agua, el transporte urbano, la gestión de residuos y el estacionamiento) pueden financiarse con éxito con tarifas o cargos al usuario. En cambio, los *bienes públicos*, como los parques, la limpieza y el alumbrado de las calles, deberían financiarse con impuestos locales. Por otro lado, es necesario tener en cuenta otros factores, como las externalidades y los efectos redistributivos indirectos (véase el gráfico 4.2). Las políticas redistributivas y los efectos indirectos o las externalidades exceden la responsabilidad de los gobiernos locales y, por lo tanto, deberían ser financiados (al menos en parte) por el gobierno central. Otros servicios, como la educación y los servicios culturales, no se encuadran con claridad en ninguna categoría. Si se considera que la educación es un bien privado (pasible de exclusión), debería ser financiada por los beneficiarios, con la posible contribución de los impuestos locales (al menos en parte y complementada con transferencias). Si, en cambio, se la considera un bien público y un elemento esencial para mejorar el capital humano de un país, las transferencias del gobierno central están plenamente justificadas (Slack, 2009).

La estructura de los ingresos de los gobiernos locales

Para estudiar la estructura de los ingresos de los gobiernos locales es necesario distinguir entre las fuentes de los recursos y los factores que afectan su volumen, como el tamaño del municipio, la riqueza de la economía local y el tipo de entidad que presta los servicios públicos.

La estructura de los ingresos locales varía según el país y la ciudad de que se trate, pero pueden observarse

Gráfico 4.2 El principio del beneficio en las finanzas municipales

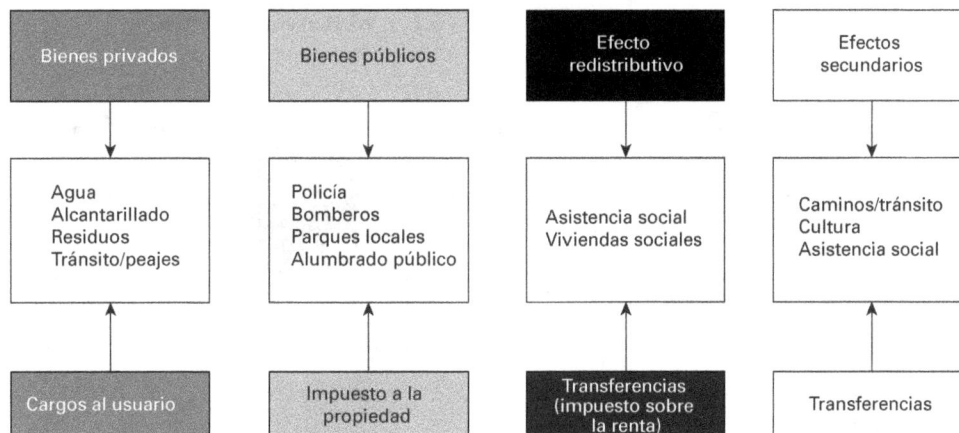

Fuente: Slack, 2009.

Cuadro 4.1 Municipios de Brasil: Composición de los ingresos ordinarios, por tamaño de las ciudades, 2003 (porcentajes)

Población	0 a 5000	5000 a 10 000	20 000 a 50 000	50 000 a 1 millón	Más de 1 millón	Brasil
Ingresos tributarios	3,5	5,6	12,1	21,7	36,6	19,6
Transferencias intergubernamentales	91,1	87,3	73,8	62,3	45,3	66,1
Otros ingresos	5,3	7,1	13,9	16,1	18,1	14,3
Ingresos ordinarios	100	100	100	100	100	100

Fuente: Banco Mundial, 2006a.

algunas tendencias generales. Por ejemplo, como muestran el cuadro 4.1 y el gráfico 4.3, el tamaño del municipio influye en el peso que tienen los impuestos locales en el ingreso total frente a las transferencias del gobierno central. Los municipios más pequeños tienen bases tributarias más reducidas y, por lo tanto, dependen en mayor medida del gobierno central. Para las ciudades pequeñas, de 5000 habitantes o menos, las transferencias representan el 91 % de los ingresos; los impuestos y otras fuentes constituyen solo el 9 %. En las ciudades grandes, de más de 1 millón de habitantes, las transferencias representan el 45 % de los ingresos, mientras que los impuestos y otras fuentes de recursos constituyen el 55 %. Estas cifras pueden ser algo distintas en otros países, pero el patrón observado en Brasil refleja una tendencia general, específicamente,

la correlación positiva entre el tamaño de la ciudad y el peso de los recursos propios.

A diferencia de lo que ocurre en Brasil, algunos países en desarrollo deben lidiar con procesos de rápida urbanización y con megaciudades que disponen de muy pocos recursos propios: tal es el caso de las grandes ciudades de Pakistán, en las que solo un 7 % del gasto se financia con ingresos propios. Esto se repite en numerosos países de Asia y África.

La comparación entre varios países (cuadro 4.2) sugiere que la estructura de los ingresos de los gobiernos locales también varía según el nivel de desarrollo. *Las ciudades de los países menos desarrollados parecen depender más de las transferencias.* Por ejemplo, las transferencias representan el 83 % de los ingresos locales en Botswana, el 65 % en Brasil y el 91 %

Gráfico 4.3 Brasil: Fuentes de ingresos, por tamaño de los municipios, 2003

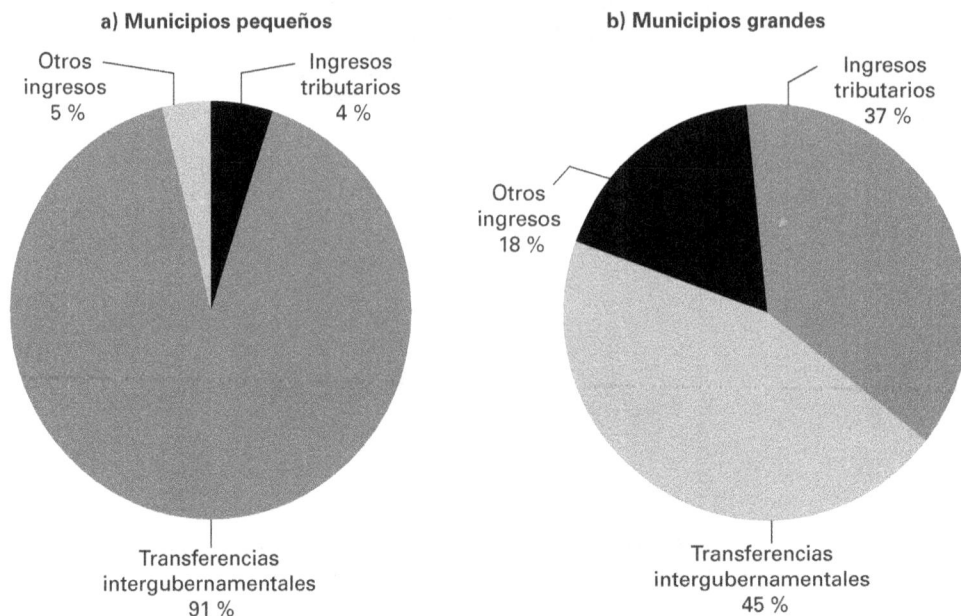

a) **Municipios pequeños**

Otros ingresos 5 %

Ingresos tributarios 4 %

Transferencias intergubernamentales 91 %

b) **Municipios grandes**

Ingresos tributarios 37 %

Otros ingresos 18 %

Transferencias intergubernamentales 45 %

Fuente: Los autores, sobre la base de Banco Mundial, 2006a.

en Uganda. Las ciudades de los Estados que conforman la Organización para la Cooperación y el Desarrollo Económicos (OCDE) dependen más de sus propios recursos, ya sea en la forma de impuestos a la propiedad o sobre la renta[2]. El impuesto a la propiedad parece ser especialmente importante en Australia, Canadá, Reino Unido y Estados Unidos, lo que refleja que estos países cuentan con el apoyo necesario en la forma de procesos administrativos y de información, además de factores tradicionales y consuetudinarios.

En muchos otros países, diversos -obstáculos complican el uso del impuesto a la propiedad para financiar los gobiernos locales: sistemas catastrales deficientes, derechos de propiedad poco claros, ausencia de una tradición de valuación de mercado y dificultades para lograr que las personas acepten un impuesto sobre un bien que rara vez piensan en vender.

La función de los *impuestos compartidos* varía. En muchos países se prefiere dejar la recaudación y la administración de gravámenes tales como el impuesto a la propiedad y el impuesto sobre la renta de las personas físicas y de las sociedades en manos de los

niveles superiores de gobierno, y luego transferir la proporción acordada al nivel local. Los impuestos compartidos revisten particular importancia en los países que anteriormente tenían gobiernos centralizados, como la República Checa (el 46 % de los ingresos locales provienen de impuestos compartidos sobre la renta de las personas físicas y las empresas).

La proporción de ingresos propios en el total también varía, y va del 61 %, en Croacia (31 % si se excluye el impuesto compartido sobre la renta de las personas físicas), al 9 %, en Uganda. Los países desarrollados por lo general presentan una proporción más elevada de ingresos propios y mayor dependencia de los impuestos locales. Los gravámenes locales son muy variados, si bien la mayor parte de los países aplica tributos a la propiedad, los vehículos de motor, las ventas y la renta. Asimismo, gran parte de los ingresos propios se obtiene a través de recargos y fuentes especiales, que se analizarán en detalle en las próximas secciones de este capítulo. En muchos países (en particular, del mundo poscomunista) se utilizan tipos híbridos de impuestos compartidos. En ocasiones se

Cuadro 4.2 Estructura de los ingresos locales en países seleccionados, 2006 (porcentaje)

	Impuestos locales				Otros ingresos (incluye aranceles y venta de activos)	Total
	Impuesto a la propiedad	Impuesto sobre la renta y las empresas	Total de impuestos locales (incluye los impuestos compartidos)	Transferencias		
Alemania	5	16	42	34	24	100
Australia	39	0	39	14	47	100
Bolivia	19	8	72	18	10	100
Botswana	8		10	83	7	100
Brasil	4		13	63	24	100
Bulgaria	20	0	20	70	10	100
Canadá	38	0	40	42	18	100
Croacia	3	46	61	12	27	100
Dinamarca	3	48	51	39	10	100
España	16	10	52	36	12	100
Federación de Rusia	4	23	31	58	11	100
Finlandia	2	44	47	29	24	100
Francia	34	18	45	29	26	100
Kenya	16	0	21	33	46	100
Mauricio	12		26	67	7	100
República Checa	6	4	56	28	16	100
Sudáfrica	17	0	20	25	55	100
Suecia		58	59	22	19	100
Tailandia	8		55	31	14	100
Ucrania	2	34	42	38	10	100
Uganda	3	1	5	91	4	100
Ciudades:						
Ciudad del Cabo	25		25	25	50	100
Toronto	42		42	21	37	100
Madrid	12		47	39	14	100
Mumbai	19		65	4	31	100

Fuentes: DEXIA, 2008; Slack, 2009; Estadísticas de Finanzas Públicas del Fondo Monetario Internacional (FMI), 2007.

computan como transferencias, en otras como recursos propios (véase el capítulo 1). Aportan a los ingresos fiscales una sensación de estabilidad, puesto que son definidos y recaudados por el gobierno central.

Facultades impositivas

El alcance de las facultades impositivas de los gobiernos locales para responder a las crecientes necesidades urbanas constituye un factor clave de la gestión de los ingresos. ¿Pueden ajustar las tasas impositivas, establecer nuevos gravámenes y modificar los esquemas de los cargos que se cobran a los usuarios? La situación varía según el impuesto y el país de que se trate. La responsabilidad tributaria puede verse desde cuatro perspectivas: la facultad para establecer impuestos, para fijar tasas impositivas, para recaudar los impuestos y para asignar los ingresos recaudados (véanse el recuadro 4.2 y el capítulo 1).

• *Facultad para establecer fuentes locales de ingresos.* Los ingresos de los gobiernos locales están definidos en la Constitución o en la ley que rige las finanzas del país. La determinación de las bases

Recuadro 4.2 ¿Qué fuentes de recursos deben definirse en el ámbito central y no en el local?

Cargos al usuario y tarifas. Una norma general de las finanzas públicas indica que, cuando sea posible identificar a los beneficiarios directos, se debe cobrar por los servicios. Cuando el consumo de un servicio público beneficia tanto a los usuarios directos como a la comunidad en general (por ejemplo, el consumo de agua potable reduce la incidencia de enfermedades contagiosas, es decir, tiene externalidades positivas), el gobierno central puede intervenir para subsidiar a grupos de población más numerosos y propiciar una cobertura más amplia que la que se obtendría si el bien fuera producido y vendido por el mercado privado.

Gravámenes de base amplia sobre las empresas. No es conveniente que los gobiernos subnacionales establezcan las tasas de los impuestos sobre las empresas; sin embargo, las autoridades locales y de los estados recurren a este tipo de gravámenes con frecuencia creciente. Para minimizar las posibles distorsiones en el flujo de factores y bienes dentro de un país, se debe buscar un alto grado de uniformidad en todo el país en relación con gravámenes tales como el impuesto sobre la renta de las sociedades y el IVA.

Impuesto sobre la renta de las personas físicas. Si bien este es a menudo un gravamen nacional, también se lo puede utilizar en el plano local,

incluso en unidades de gobierno muy pequeñas, en especial sacando provecho del sistema establecido a nivel central.

Impuesto a la propiedad inmueble. Este impuesto es por naturaleza local, en vista de que su base imponible es inmóvil. Es difícil de administrar, en especial en los países en desarrollo, donde los sistemas de información y valuación suelen ser deficientes.

Impuesto a las ventas. Los impuestos selectivos y los gravámenes únicos a las ventas minoristas establecidos por los estados son los que más se prestan al uso local, en especial si la región es lo suficientemente grande como para evitar la pérdida de ingresos por el traslado de los consumidores a otras zonas con tributos más bajos. Con el tiempo, el impuesto a las ventas ha sido reemplazado por el IVA, un gravamen nacional que evita el efecto cascada de los tributos tradicionales a las ventas. Si bien en términos generales el IVA es un instrumento mejor, su uso extendido ha reducido el número de impuestos locales adecuados.

Los impuestos sobre las empresas y sobre la renta de las personas físicas y de las sociedades suelen ser tributos compartidos: recaudados por el gobierno central o por los estados y compartidos con los gobiernos locales.

Fuentes: Bird, 2001; 2006.

---

tributarias (las fuentes de los impuestos locales) forma parte del marco fiscal del país. En los países con sistemas unitarios (como Francia, Kenya o Marruecos), el gobierno central define la base tributaria. En los países federales (como Brasil, Alemania y México), la facultad de determinar las fuentes de los ingresos es compartida por el gobierno federal y los de los estados. En general, los administradores de las ciudades tienen la facultad para establecer *fuentes no tributarias* (por ejemplo, cargos al usuario, tarifas, licencias, permisos) y para fijar en cierta medida los *impuestos locales* (por ejemplo, sobre la propiedad y, en algunos casos, la valuación de la base imponible).

• *Determinación de las tasas impositivas.* La facultad para fijar las tasas impositivas recae en distintos niveles de gobierno según los países. Puede ser competencia del gobierno central o del estado, y suele establecerse una gama de valores dentro de la cual los gobiernos locales pueden elegir (como en Colombia). Gradualmente, los municipios han ido ampliando sus facultades (autonomía) para establecer sus propias tasas impositivas y los cargos al usuario, a menudo con la aprobación de la autoridad sectorial (ministerio). Las reducciones o exenciones impositivas están en general limitadas por ley y son también competencia de los municipios.

- *Facultad para recaudar impuestos.* El gobierno local recauda directamente los impuestos de su jurisdicción o encomienda la tarea a entidades gubernamentales de nivel superior, a ciudades homólogas (por ejemplo, Ammán recauda el impuesto a la propiedad en nombre de otras cuatro ciudades) o incluso al sector privado (como en el caso del impuesto a la propiedad en Kampala). Asimismo, los gobiernos centrales pueden recaudar impuestos locales en nombre de las autoridades de ese nivel y transferirles luego los fondos (como ocurre con el impuesto a la propiedad en Chile). Los gravámenes federales compartidos con los gobiernos locales son recaudados por el nivel superior de gobierno y transferidos al plano local en función del origen de lo recaudado. Muchos de estos procesos están determinados por prácticas políticas, culturales o históricas.

- *Facultad para asignar ingresos.* Por lo general, los gobiernos locales tienen autonomía para asignar o gastar sus ingresos libremente, pero en ocasiones los fondos tributarios están reservados para fines específicos. Por ejemplo, en Brasil, el 25 % de los ingresos locales netos debe destinarse a educación. En Nepal, el 75 % de los ingresos por impuestos generales compartidos debe utilizarse para actividades de desarrollo. En muchos países, los fondos provenientes de gravámenes sobre los vehículos se destinan al mantenimiento de calles y caminos. Idealmente, los ingresos derivados de la venta de activos, los cargos fiscales sobre los desarrollos inmobiliarios y los permisos de construcción se reservan para fines específicos de capital.

- *Valuación.* Particularmente en el caso del impuesto a la propiedad, con frecuencia la valuación está en manos de una autoridad de nivel superior, con el fin de garantizar una definición uniforme del "valor de mercado" (como ocurre en Canadá). Como alternativa, la autoridad de nivel superior puede establecer una metodología para determinar dichos "valores de mercado".

Principales fuentes de ingresos de los gobiernos locales

Estimar la cantidad de dinero de la que dispondrá una ciudad es quizá la parte más compleja y más importante de la elaboración del presupuesto local. Las estimaciones demasiado elevadas pueden causar un verdadero dolor de cabeza a medida que avance el ejercicio económico. Es mejor equivocarse subestimando los ingresos previstos que sobrestimándolos. Los recursos de los gobiernos locales corresponden a distintas categorías que son importantes tanto a los fines de la planificación como del análisis. Los funcionarios del área de finanzas deben saber cuáles son las características de los impuestos locales adecuados: previsibilidad, elasticidad, equidad y control local. Idealmente, los ingresos locales son estables, previsibles, elásticos, equitativos y utilizables sin restricciones, y su control está en manos del propio nivel local. Sin embargo, muy pocos ingresos cumplen con estas condiciones: posiblemente los que más se acercan son los impuestos a la propiedad y los cargos al usuario.

Algunos de los ingresos de los gobiernos locales son muy estables y previsibles (como los impuestos a la propiedad), otros muestran grandes variaciones (el impuesto a las ventas). Algunos están reservados para usos específicos (los peajes), otros no tienen restricciones. Según el país de que se trate, ciertas fuentes de ingresos locales son establecidas por el Consejo Municipal, pero es posible que muchas otras queden fuera de su control. Por ejemplo, en Estados Unidos, la Constitución del estado de Wyoming (Wyoming, 2011) otorga a los funcionarios locales muy pocas facultades para tomar decisiones respecto de impuestos y aranceles. Lo mismo sucede en México y en muchos países en desarrollo.

Los ingresos municipales pueden clasificarse de diversos modos; las categorías más importantes son: ingresos propios, transferencias intergubernamentales e ingresos externos. Una gestión adecuada de los ingresos exige también distinguir entre ingresos ordinarios y de capital (o extraordinarios), aunque en muchos países en desarrollo esto no es obligatorio.

En el cuadro 4.3 y en el gráfico 4.4 se muestra la clasificación de los ingresos locales utilizada en este capítulo. Los ingresos se clasifican en ordinarios y de capital. Dentro de los ordinarios, se puede distinguir entre recursos propios, transferencias y otros ingresos. Los impuestos compartidos (recaudados por el gobierno central y compartidos con las entidades subnacionales) se ubican en el límite entre ingresos propios y transferencias. Dado que a menudo constituyen una proporción importante de los ingresos locales (como en el caso de Argentina, Serbia y Turquía), esta categoría tiene gran influencia en las proyecciones sobre la capacidad de recaudar ingresos propios. Los impuestos compartidos por lo general se consideran transferencias, si bien muchos argumentan que constituyen recursos propios cuando los fondos se devuelven al gobierno local de la jurisdicción en la que se recaudaron. El Consejo de Europa emitió un comunicado para aclarar este tema, en el que se indica que los impuestos compartidos son transferencias financieras; si no están en relación directa con los montos recaudados localmente, también se las considera subvenciones (Consejo de Europa, 2006).

El volumen de los ingresos ordinarios debe ser suficiente para financiar los gastos ordinarios

Cuadro 4.3 Estructura de los ingresos

Categorías	Ingresos ordinarios	Ingresos de capital
Ingresos propios	Impuestos Aranceles/cargos Aranceles por activos Otros	Venta de activos Dividendos Gravámenes por mejoras Contribuciones
Ingresos provenientes de niveles superiores del gobierno	Impuestos compartidos Transferencias generales Transferencias para fines específicos	Transferencia general de capital Transferencias para fines específicos
Ingresos externos (deuda, capital accionario)	Préstamos de liquidez	Préstamos, bonos Bonos Capital accionario

(o de operación); es decir, debe bastar para costear el funcionamiento normal e incluso generar un superávit operativo, que podrá luego usarse para financiar las inversiones de capital de manera directa o mediante deuda. La incapacidad para generar un volumen suficiente de ingresos ordinarios indica que el municipio es financieramente insostenible. El municipio generará atrasos (facturas no pagadas), venderá activos y consumirá sus riquezas (como ocurrió temporalmente en algunas ciudades de Estados Unidos en respuesta a la caída de los ingresos fiscales posterior a 2008), o será rescatado por el gobierno central mediante transferencias discrecionales (como en Jordania).

Ingresos propios

Los ingresos propios son los fondos que los gobiernos locales recaudan directamente, a diferencia de las transferencias y las subvenciones que reciben de los niveles superiores del gobierno. Es fundamental distinguir unos de otros y medirlos para evaluar la capacidad crediticia, la autonomía y la capacidad de recaudar ingresos del municipio en cuestión. También son importantes en relación con los incentivos: los ingresos propios son fondos que los gobiernos locales pueden controlar, prever e incrementar mediante decisiones, procedimientos o medidas adoptadas en el nivel local. Las transferencias y las subvenciones del gobierno central pueden ser muy significativas, pero las autoridades locales no las controlan: es muy poco (o nada) lo que pueden hacer para incrementarlas.

El recuadro 4.3 muestra una lista típica de ingresos propios. Los 24 tipos de ingresos enumerados pueden

Gráfico 4.4 Ingresos en el contexto presupuestario

agruparse en las siguientes categorías: *impuestos, cargos, aranceles, ingresos derivados de los activos y las inversiones, y otros* ingresos de escaso volumen. Los impuestos se utilizan para financiar los gastos generales, los cargos financian los costos de los servicios y los aranceles cubren los costos directos de funciones o servicios específicos tales como la emisión de certificados de matrimonio, nacimiento o defunción, y la emisión de licencias o permisos. En la práctica, estas distinciones son menos claras. En algunos casos, ciertos impuestos y cargos se denominan "tarifas" (como "las tarifas de agua"). Algunas de estas tarifas se fijan en niveles muy superiores al costo directo de los respectivos servicios; por ejemplo, las licencias para establecer una empresa, las tarifas por matrículas profesionales o los permisos de construcción, que son en realidad impuestos, pueden denominarse tarifas para que resulten políticamente más aceptables.

La mayoría de los gobiernos locales tienen una larga lista de fuentes de ingresos propios que les fueron asignados por ley, pero solo un puñado de ellas genera el grueso de sus recursos. El cuadro 4.4 muestra una lista de países en diversas etapas de desarrollo. Los datos sugieren que los impuestos locales constituyen una proporción significativa de los ingresos del nivel local (el 37 % en este grupo) y que los gravámenes sobre la propiedad y sobre la renta son los más importantes (el 44 % y el 41 %, respectivamente). Sin embargo, en Guatemala se recauda solo el impuesto a las ventas y un pequeño volumen de impuesto a la propiedad. El cuadro también refleja la gran variedad de fuentes de ingresos de los diversos países. El impuesto a la propiedad es el único tributo local que cobran los municipios de Australia, Canadá y Reino Unido, mientras que el impuesto local a la renta es la principal fuente de ingresos fiscales en los países

Recuadro 4.3 Principales fuentes de ingresos de los gobiernos locales

1. Impuesto (tasas) a la propiedad de la tierra o de construcciones.
2. Impuesto a la transferencia de bienes inmuebles.
3. Impuesto a los vehículos de motor.
4. Impuesto local sobre las ventas o impuesto a las ventas de los productos locales (o recargo).
5. Impuesto a las empresas y los servicios locales.
6. Impuesto al consumo eléctrico (recargo).
7. Impuesto a los vehículos sin motor.
8. Impuesto al turismo, los hoteles, los restaurantes y el entretenimiento.
9. Peajes en los caminos, los puentes, etc., dentro de los límites del gobierno local.
10. Cargos por obras públicas y servicios públicos tales como la recaudación de residuos, el drenaje, el alcantarillado y el abastecimiento de agua.
11. Cargos por la instalación de mercados y alquiler de puestos en los mercados.
12. Cargos por el uso de estaciones de autobús y paradas de taxis.
13. Aranceles por la aprobación de planos y por la construcción y reconstrucción de edificios.
14. Aranceles por ferias, muestras agrícolas, ferias ganaderas, exhibiciones industriales, torneos y otros eventos públicos.
15. Aranceles por licencias para empresas, profesiones y oficios.
16. Aranceles por otras licencias y permisos y penalidades o multas por infracciones.
17. Aranceles por publicidad.
18. Aranceles sobre la venta de animales en los mercados ganaderos.
19. Aranceles por el registro y la certificación de nacimientos, matrimonios y defunciones.
20. Aranceles por los establecimientos educativos y sanitarios instalados o mantenidos por el gobierno local.
21. Aranceles por otros servicios específicos ofrecidos por el gobierno local.
22. Alquiler de tierras, edificios, equipos, maquinaria y vehículos.
23. Superávit de las empresas comerciales locales.
24. Intereses devengados de los depósitos bancarios u otros fondos.

Fuente: Devas, Munawwar y Simon, 2008.

Cuadro 4.4 Impuestos cobrados por gobiernos locales seleccionados, por país, 2010

Países	Impuestos locales Porcentaje de los ingresos locales	Como porcentaje de los impuestos locales		
		Impuesto sobre la renta	Impuesto a las ventas	Impuesto a la propiedad
Alemania	34,9	85,8	0,8	13,4
Australia	40,1	0,0	0,0	100,0
Austria	66,5	44,3	37,7	8,7
Bélgica	33,4	79,8	14,4	0,0
Canadá	37,0	0,0	2,0	98,0
Dinamarca	44,0	93,6	0,1	6,3
España	47,0	38,4	50,5	10,9
Estados Unidos	38,8	5,9	19,8	74,2
Irlanda	5,7	0,0	0,0	100,0
Japón	57,9	17,2	23,6	13,5
Noruega	49,8	90,2	0,5	6,5
Reino Unido	30,9	0,0	0,0	100,0
Suiza	52,8	87,0	0,0	12,2
Guatemala			26,2	8,6
Promedio	37,1	41,6	11,5	44,2

Fuente: Estadísticas de Finanzas Públicas del FMI.

nórdicos. En consecuencia, se puede concluir que cada país debe encontrar el sistema impositivo local que le resulte más adecuado.

En las próximas secciones se analizarán las siguientes fuentes de ingresos propios de los gobiernos locales: impuesto a la propiedad, impuesto a las ventas, impuesto a los automóviles, impuesto local sobre la renta de las personas físicas, impuesto local sobre las empresas, cargos al usuario, recargos en los servicios públicos, aranceles y multas, y otros.

El impuesto a la propiedad

Este impuesto puede resultar adecuado para financiar los servicios locales, por numerosos motivos:

- Los bienes raíces son *inmuebles*: no pueden desplazarse a otro sitio cuando se los grava o cuando se incrementan los impuestos.

- En la medida en que haya un nexo claro entre los servicios financiados en el nivel local y el valor de las propiedades, se puede mejorar considerablemente la *rendición de cuentas* de los gobiernos locales ante los residentes.

- Puede verse como un *impuesto por beneficios* si los servicios que reciben los contribuyentes (caminos, recolección de residuos o servicios de policía) tienen un valor similar al que pagan en impuesto a la propiedad[3].

- Dado que este impuesto es *visible*, permite incrementar la rendición de cuentas, si bien puede ser más difícil para los gobiernos locales elevar la tasa del gravamen.

- Los impuestos a las propiedades residenciales son particularmente adecuados para financiar a los gobiernos locales porque *se aplican a los residentes de la jurisdicción*. Asimismo, los gobiernos locales tienen una ventaja comparativa para identificar y valuar las propiedades, puesto que están familiarizados con la base local. Los tributos sobre la tierra se usan desde hace siglos (véase el recuadro 4.4).

El impuesto a la propiedad puede financiar los servicios locales que no pueden cobrarse directamente a los usuarios a través de cargos ni están cubiertos por las transferencias. Asimismo, este gravamen puede ser considerado como una forma de *impuesto por beneficios* o un impuesto que permite recuperar parte del valor acumulado por un terreno como consecuencia de las inversiones públicas en el sitio o en sus alrededores. Aquí se da por supuesto que con una valuación adecuada es posible medir el impacto de las nuevas inversiones en los precios de las propiedades (Brzeski, 2012). Asimismo, el impuesto a la propiedad puede resultar sumamente útil para la gestión de la tierra, puesto que desalienta la especulación inmobiliaria y promueve el uso productivo de los terrenos urbanos.

Los impuestos a la propiedad tienen también algunas desventajas, las más importantes de las cuales son las siguientes:

- El alto costo de realizar una valuación precisa de las propiedades.

- La dificultad política que supone aplicarlos.

- La aparente inelasticidad de los valores de las propiedades respecto del PIB o del ingreso nacional (el valor de las propiedades responde a los cambios en el PIB con menor rapidez que los impuestos sobre la renta o las ventas).

- El hecho de que sean pocas las jurisdicciones que actualizan los valores de las propiedades una vez al año. Esto significa que, para mantener los ingresos derivados de este impuesto en términos reales, las jurisdicciones locales deberían incrementar regularmente la tasa impositiva y esto genera resistencia y descontento entre los contribuyentes.

Estas desventajas explican por qué en los países en desarrollo los impuestos a la propiedad tienen un peso relativamente escaso y los fondos recaudados con ellos representan una proporción pequeña de los ingresos de la mayoría de las ciudades en desarrollo. En los países miembros de la OCDE, el impuesto a la propiedad constituye el 2 % del PIB; en los países en desarrollo, se ubica entre el 0,3 % y el 0,7 % del PIB (Slack, 2009; Bahl, Martínez-Vásquez y Youngman, 2008). En Australia, Canadá, Irlanda, Sudáfrica y Reino Unido, el impuesto a la propiedad aporta la mayor parte de los ingresos locales (DEXIA, 2008). En síntesis, este gravamen no es para todos. En los países donde los derechos de propiedad no están claros, donde los límites de las propiedades son materia de litigio, donde hay múltiples reclamos sobre la tierra, donde el registro de los bienes inmuebles no funciona bien y donde el sistema judicial está ausente, este impuesto no da resultado. Es entonces sensato afirmar que en esos contextos no se deberían promover los catastros fiscales; en cambio, se debería procurar instaurar sistemas de nomenclatura y numeración urbanas y establecer un nexo entre la base de datos de dichas nomenclaturas y los registros fiscales locales, centrándose especialmente en las calles y los ocupantes, y no en los derechos de propiedad ni en los límites de las parcelas.

A pesar de los argumentos teóricos que sostienen que el impuesto a la propiedad es el tributo local más adecuado, las dificultades que experimenta la mayoría de los países al tratar de aplicarlo bien han llevado a varios expertos en tributación a pensar que los gobiernos de los países en desarrollo no pueden administrar un impuesto a la propiedad que funcione de manera adecuada, debido a las dificultades mencionadas más arriba (Bahl, Martínez-Vásquez y Youngman, 2008). Sin embargo, más recientemente, se han implementado programas, por ejemplo, en Colombia, que muestran cómo pueden administrarse mejor los impuestos a la propiedad. En Colombia, hoy en día este gravamen representa el 40 % de los ingresos de las ciudades (véase el recuadro 4.5). Asimismo, algunos países en desarrollo han

Recuadro 4.5 Actualizar el catastro para incrementar los ingresos fiscales: El caso de Colombia

A pesar del escepticismo general, el caso de Bogotá ha demostrado que, con voluntad política, conocimientos técnicos e inversión, se pueden incrementar significativamente los ingresos generados por el impuesto a la propiedad. A fin de recaudar fondos para construir la primera línea de subterráneo, en 2008 el alcalde de Bogotá puso en marcha una importante actualización de los registros físicos y los valores fiscales de 2,1 millones de propiedades. Como consecuencia, los ingresos derivados de este tributo se incrementaron en US$171 millones y para 2010 constituían el 40 % de los recursos propios. El costo de la mejora fue de menos de US$15 millones.

Colombia tiene cuatro agencias catastrales que dependen del Instituto Geográfico Nacional Agustín Codazzi, y que tienen a su cargo la tarea de establecer la base tributaria del gravamen sobre la propiedad en las grandes ciudades. Estas, a su vez, establecen sus propias tasas y recaudan el tributo.

Hacía ya mucho tiempo que no se actualizaba la base del impuesto a la propiedad en Bogotá, por lo que la ciudad dejaba de percibir un volumen importante de ingresos en un momento de auge del mercado inmobiliario. Para captar esas ganancias, la ciudad modernizó la administración tributaria y revaluó las propiedades. El valor catastral se incrementó un 47 %, de US$66 500 millones en 2008 a US$98 000 millones en 2010. Los elementos principales que posibilitaron este éxito incluyeron una mejor gestión de los recursos humanos, la incorporación de tecnología de la información, la participación de los actores interesados y de funcionarios públicos de carrera, la franqueza para examinar los resultados del proyecto, una mejora notable en las técnicas de valuación con modelos econométricos y la mitigación del impacto del proyecto en el impuesto a la propiedad a través de la fijación de un tope para los aumentos. El gráfico R4.5.1 muestra el incremento gradual de los tributos (blanco) y los ingresos que no se recaudan a causa del tope fijado para el aumento impositivo.

El ejercicio de revaluación dio pie a incrementos muy significativos en los valores catastrales y en las boletas del impuesto a la propiedad. Para minimizar la resistencia de los contribuyentes, el Consejo de la ciudad de Bogotá estableció un tope más alto, con lo que se buscaba modificar el impuesto a la propiedad de manera proporcional al logaritmo del valor del inmueble. Esto tuvo dos beneficios: a) permitió separar la actualización técnica del catastro de las consecuencias políticas que generaba el aumento del impuesto, y b) los propietarios ya no ven saltos en la liquidación del impuesto a la propiedad, lo que genera previsibilidad y certidumbre en el mediano plazo y reduce la resistencia. Este tope redujo un 20 % los ingresos adicionales para 2009 y 2010. Estos resultados están en consonancia con la opinión de Bahl, Martínez-Vázquez y Youngman (2010), que afirman que la revaluación tiene costos, pero las consecuencias de no hacerla, al menos periódicamente, pueden ser aún más gravosas.

La labor de revaluación incluyó tres componentes: la revisión física de los cambios en la configuración de las parcelas; el análisis de los cambios legales, a través de la verificación de la titularidad de los inmuebles, y el análisis de los cambios económicos, a través del estudio de los valores de la propiedad mediante indagaciones en el mercado inmobiliario. Todos estos componentes requerían recursos humanos y técnicos en una cantidad directamente proporcional al número de parcelas e inversamente proporcional al tiempo disponible para el proceso. La actualización catastral de 1 212 000 parcelas urbanas le costó a la ciudad US$7 800 000, o US$6,50 por propiedad. Cientos de trabajadores temporarios realizaron las tareas físicas de actualización, y representaron el 35 % del costo total. El análisis económico y del mercado constituyó cerca del 23 % del costo total. El resto se destinó a tecnología y administración.

Próximos pasos. Bogotá busca implementar dos estrategias: la actualización anual de la base de datos catastrales y la mejora de la estructura del impuesto a la propiedad. La ciudad procura hallar métodos que le permitan actualizar la información física y económica sobre las propiedades sin necesidad de emprender un trabajo de campo de gran envergadura ni contar con una enorme cantidad de asesores. Para actualizar la

(continúa en la página siguiente)

Recuadro 4.5 *(continuación)*

Gráfico R4.5.1 Ingresos potenciales por impuesto a la propiedad, 2004-10

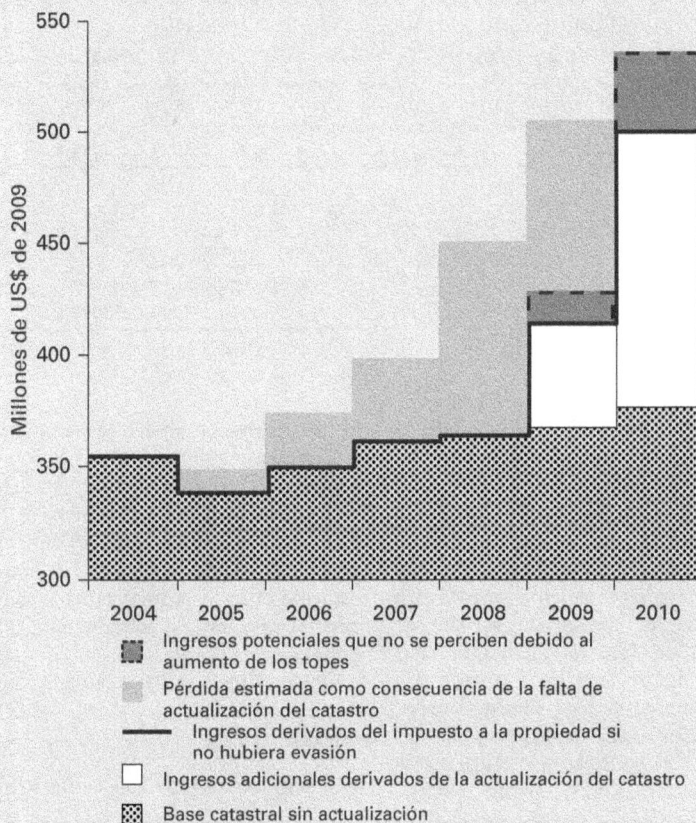

Ingresos potenciales que no se perciben debido al aumento de los topes

Pérdida estimada como consecuencia de la falta de actualización del catastro

Ingresos derivados del impuesto a la propiedad si no hubiera evasión

Ingresos adicionales derivados de la actualización del catastro

Base catastral sin actualización

información física, se centrará la atención en las nuevas actividades de construcción, para lo cual se utilizará la información proporcionada por las entidades que otorgan permisos de construcción, los datos de la oficina de registro sobre transferencia de propiedades, el departamento de planificación urbana (para hacer el seguimiento de los cambios en las normas sobre el uso de la tierra), y fotografías aéreas que guiarán al personal del registro catastral. La información económica se obtendrá utilizando muestras de mercado, con evaluaciones individuales de un conjunto de las propiedades vendidas en un barrio determinado. Asimismo, se modificará la política sobre tasas, introduciendo coeficientes diferenciados por tipo de uso de la tierra y tasas más elevadas para los lotes vacíos.

El secreto del éxito. Entre los factores que determinaron el éxito de la iniciativa figuran un fuerte apoyo político, la capacidad técnica de los organismos de registro catastral para revaluar las propiedades y una política clara dirigida a evitar aumentos abruptos en las boletas de los impuestos.

Fuente: Ruiz y Vallejo, 2010.

Recuadro 4.6 Cómputo de la base imponible de un edificio en la ciudad X

La casa figura en el catastro nacional como elemento n.º 407 en el distrito 080604 (Mt. Michael), con las siguientes características: la vivienda es la residencia de una sola familia, tiene un solo piso y una superficie total de 434 m², de los cuales están construidos 358,2 m²; el edificio tiene 60 años de antigüedad. El cuadro siguiente muestra el valor calculado a los efectos de la valuación de la tierra. La base imponible se calcula de la siguiente manera:

$Vt^* =$	*	Vcx	*	Sx	*	$C_a x$	*	$C_l x$	*	$C_q x$	*	C_v
109 122		609		358,4		1,00		0,9		1,01		0,55
Valor estimado		Valor unitario de las construcciones		Superficie construida		Coeficiente de uso		Coeficiente de ubicación		Coeficiente de calidad y comodidad		Coeficiente de antigüedad

comenzado a utilizar sistemas informáticos de valuación masiva (CAMA, por su sigla en inglés), que permiten actualizar la base impositiva una vez al año (véase el recuadro 4.6). En el marco de un proyecto que llevan adelante el Banco Mundial y la Agencia Alemana de Cooperación Internacional (GIZ) se ha comenzado a introducir este proceso de elaboración de modelos en seis grandes ciudades de Tanzanía (Proyecto de Ciudades Estratégicas de Tanzanía). Por otro lado, Moldova cuenta con un sistema de este tipo que funciona adecuadamente desde hace más de 10 años y que fue establecido a través de un proyecto del Banco Mundial, con el apoyo de la Agencia Sueca de Cooperación Internacional para el Desarrollo (ASDI).

Los resultados que se logren con el impuesto a la propiedad dependen de los esfuerzos y la capacidad administrativa de la ciudad, que pueden determinar el éxito o el fracaso del sistema. Los costos operativos surgen tanto en las fases iniciales de la cadena (identificación de las propiedades y del contribuyente) como en las posteriores (facturación y cobro). Para que valga la pena aplicar el impuesto a la propiedad, sus costos operativos y de administración deberían oscilar entre el 2 % y el 5 % de los ingresos movilizados. En un estudio reciente se observó que, en Turquía, los municipios grandes generan cuantiosos ingresos con el impuesto a la propiedad, mientras que cientos de pequeños municipios obtienen menos que lo que les cuesta administrar y recaudar el gravamen (Peteri y Sevinc, 2011). El potencial que encierra este impuesto es, sin embargo, muy importante, y las ciudades deberían invertir a fin de generar la capacidad necesaria para convertirlo en el valioso instrumento que debe ser (Brzeski, 2012). En última instancia, si en verdad va a aplicarse el impuesto a la propiedad, el gobierno central debe realizar ingentes esfuerzos por incrementar la capacidad, mejorar los catastros y asumir al menos buena parte de los costos políticos iniciales.

Para cobrar impuestos sobre los bienes inmuebles, los gobiernos locales deben seguir como mínimo tres pasos:

1. identificar las propiedades que se han de gravar;

2. estimar el valor de la propiedad y la base imponible;

3. establecer la tasa impositiva.

Identificación de las propiedades y catastro fiscal

El primer paso para cobrar un impuesto a la propiedad en una ciudad es identificar los inmuebles existentes, su tamaño, uso, ubicación y propietarios. Para esto, lo más conveniente es elaborar un catastro fiscal que incluya información sobre cada propiedad: su descripción física, una notación sobre sus propietarios y el valor tasado de la tierra y las mejoras. Un inventario completo de todas las parcelas y la asignación de un número único de identificación tributaria para cada propiedad permite el rastreo rápido de los lotes.

Gráfico 4.5 Información catastral (archivos personales)

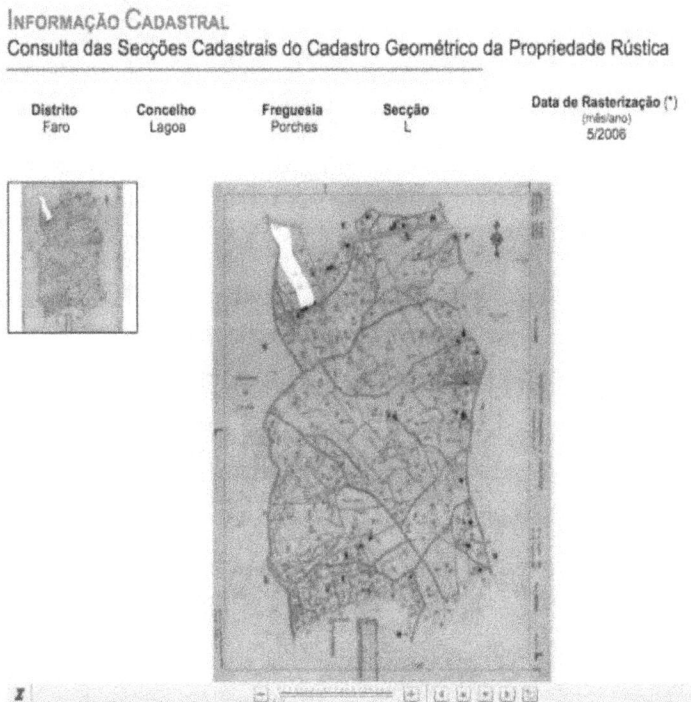

Informação Cadastral
Consulta das Secções Cadastrais do Cadastro Geométrico da Propriedade Rústica

Distrito	Concelho	Freguesia	Secção	Data de Rasterização (*)
Faro	Lagoa	Porches	L	(mês/ano) 5/2006

Algunos países cuentan con un catastro de terrenos bien desarrollado y mantenido desde hace décadas. Allí se identifican los límites de cada parcela, las mejoras, sus propietarios, escrituras y otros aspectos legales. El catastro de tierras es la base de las transacciones de cambio de titularidad y se centra en la legalidad, los límites precisos y las regulaciones sobre zonificación. De existir, constituye la mejor fuente para establecer un catastro fiscal. El gráfico 4.5 muestra el catastro de tierras de una propiedad rural dentro de un conjunto de lotes identificados en el sur de Portugal en 2006. La referencia de identificación (por ejemplo, 0084 R L10) significa que el lote está ubicado en el municipio de Porches (0084), es una parcela rural (R) y está situada en la sección L10.

Crear y actualizar los catastros de tierras es un ejercicio que insume tiempo y dinero y que, por lo general, llevan adelante las entidades del gobierno central bajo la supervisión del departamento geográfico nacional a fin de garantizar la coherencia y reducir los costos unitarios. Los municipios pueden utilizar la información disponible en los catastros de tierras como base para diseñar y establecer un sistema integrado que les permita gestionar el impuesto a la propiedad. Cuando no se dispone de catastros de tierras, los gobiernos locales pueden utilizar procedimientos simplificados para crear los catastros fiscales (descriptos más adelante).

Estos pueden establecerse aun sin contar con una identificación tan precisa y legalmente vinculante de los límites de las propiedades, su escritura, sus subdivisiones, etc. Solo exigen una identificación adecuada, algunos detalles técnicos sobre la tierra y sus mejoras, información sobre el propietario o usuario, su valuación fiscal, y los registros de facturación. En los países en desarrollo y en las economías en transición puede ser difícil identificar las propiedades. Es posible que no haya catastros de tierras ni mapas o que, si existen, estén desactualizados; la información sobre los propietarios de los inmuebles

Gráfico 4.6 Flujo de información para estimar la base imponible de la propiedad

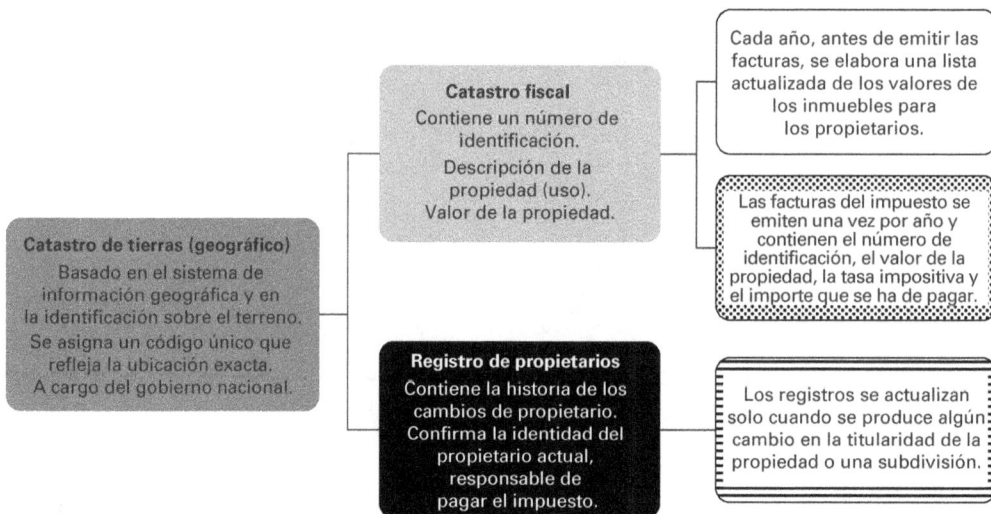

Catastro de tierras (geográfico)
Basado en el sistema de información geográfica y en la identificación sobre el terreno.
Se asigna un código único que refleja la ubicación exacta.
A cargo del gobierno nacional.

Catastro fiscal
Contiene un número de identificación.
Descripción de la propiedad (uso).
Valor de la propiedad.

Cada año, antes de emitir las facturas, se elabora una lista actualizada de los valores de los inmuebles para los propietarios.

Las facturas del impuesto se emiten una vez por año y contienen el número de identificación, el valor de la propiedad, la tasa impositiva y el importe que se ha de pagar.

Registro de propietarios
Contiene la historia de los cambios de propietario.
Confirma la identidad del propietario actual, responsable de pagar el impuesto.

Los registros se actualizan solo cuando se produce algún cambio en la titularidad de la propiedad o una subdivisión.

puede estar incompleta, y los datos sobre las tierras pueden estar registrados en distintos departamentos. En el gráfico 4.6 se muestra la relación y la secuencia entre el catastro, la identificación de los lotes, el cálculo de la superficie y el valor, y la emisión de la factura del impuesto.

Estimación de la base imponible

Las autoridades hacen siempre hincapié en que se estima el valor de las propiedades con fines impositivos. En teoría, esto significaría que el valor de la propiedad es una estimación adecuada del valor de mercado. En la realidad, el impuesto a la propiedad a menudo se cobra sin referencia al valor estimado de mercado. Más adelante se analizan los principios generales para establecer la base imponible de la propiedad y el modo en que puede estimarse y actualizarse mediante diversos modelos.

Los modelos para determinar la base imponible tienen distintas tipologías, según cómo se analice o valúe la propiedad (Brzeski, 2012). Si bien hay diversos métodos de estimación, los dos más importantes son el *basado en la superficie* y el *basado en el valor*:

- *Estimación basada en la superficie:* se emplea la superficie (o superficie utilizable) de los activos inmuebles (por ejemplo, los metros cuadrados del lote y las mejoras) y las características de la parcela (urbana, rural, cercana a los centros principales) para computar su valor tributario. Este es el método que se utiliza en la República Checa y Polonia.

- *Estimación basada en el valor:* se estima el valor de la propiedad a través de su valor de mercado o del valor catastral. Este método se utiliza en Francia y en Estados Unidos. El valor de mercado de una propiedad puede basarse en el valor de capital de la tierra, en el valor de capital de la tierra y las construcciones, o en el valor del alquiler anual.

Diversos expertos en temas fiscales como Enid Slack (2009) abogan por el enfoque basado en el valor de mercado, pues se acerca más al valor adecuado del flujo de caja, refleja las mejoras de la zona y es más transparente. Los países desarrollados tienden a utilizar la estimación del valor de mercado. Los países en desarrollo utilizan una combinación de ambos métodos, pues comienzan con la estimación basada en la superficie y tienen en cuenta algunos elementos del valor de mercado en el impuesto unitario para construcciones y terrenos. Los modelos basados en la superficie tienen la ventaja de ser simples y de conllevar menores costos. Una vez que se prepara el catastro, se registra el diseño y se da un valor básico a los terrenos y a las construcciones utilizando un sistema de precios unitarios, las actualizaciones anuales requieren muchos menos datos.

Por lo general, se consignan las medidas del terreno y el tipo de uso (urbano, rural). No hace falta incluir información sobre el mercado ni realizar valuaciones, lo que deja escaso margen para las disputas y las apelaciones. Asimismo, los modelos que se apoyan en la superficie no requieren revaluaciones frecuentes, imprescindibles en los sistemas basados en el valor. Sin embargo, los ingresos que se obtienen con estos modelos no son elásticos ni se incrementan cuando el mercado experimenta períodos de auge. En cambio, son resistentes a las recesiones, pues no se ven afectados por las contracciones del mercado.

Estimación basada en la superficie

En un sistema de estimación basado en la superficie, la entidad tributaria de la jurisdicción tasa el valor de una unidad de tierra (en general, el metro cuadrado) o del metro cuadrado de superficie construida, o utiliza una combinación de ambos valores. Cuando se emplean las dos medidas de superficie, la estimación del valor de la propiedad es la suma de las tasas establecidas por metro cuadrado multiplicadas por el tamaño, por ejemplo, T_s, t_i, c_i.

T_s = superficie del terreno (m^2)
C_s = superficie construida (m^2)
p_{ti} = precio tasado del m^2 de tierra (función de su uso y características)
p_{ci} = precio tasado del m^2 construido (función del estado de conservación, calidad y uso).

El valor tasado será:

$$V = T_s p_t + C_s p_c.$$

El valor unitario de los terrenos y las construcciones refleja lo siguiente: a) la ubicación (en general, las propiedades del centro de la ciudad son más caras que las de la periferia); b) el estado de conservación de la construcción; c) la rentabilidad de la tierra rural, y d) el uso de las estructuras. El ejemplo descripto en el recuadro 4.6 sugiere que los modelos basados en la superficie rara vez se valen únicamente del tamaño: con ellos se estima un valor que refleja también los factores que influyen de manera significativa en el valor de mercado, como la ubicación, la calidad, la comodidad y la antigüedad. En resumen, en la mayoría de los modelos basados en la superficie se establecen nexos con los valores de mercado, pero la relación es más distante y quizá menos sistemática que en los modelos basados en el valor que se analizan más adelante.

Uno de los problemas de los modelos basados en la superficie es que tardan más en incorporar los incrementos en el valor de la tierra asociados con las inversiones públicas, si bien es posible introducir ciertos ajustes utilizando coeficientes de factores adicionales que influyen en el valor (Brzeski, 2012). Es importante reflejar algunos factores de mercado en las estimaciones basadas en la superficie para garantizar su precisión, en especial, porque los ciudadanos perciben diferencias visibles entre las propiedades, principalmente observando factores que el mercado reconocería, como la cercanía a obras de infraestructura, el acceso a la energía, etc.

Estimaciones basadas en el valor

Este tipo de estimaciones siguen dos enfoques principales: *valor de mercado* o *valor del alquiler*. El valor de mercado se define como el precio que un vendedor y un comprador acordarían voluntariamente respecto de una propiedad determinada. Puede aplicarse al valor de capital de la tierra, o al valor de capital de la tierra más el de las construcciones, o al de las construcciones por separado, o al valor anual del alquiler. En el enfoque que se rige por el valor del alquiler (o valor anual), la propiedad se tasa según una estimación de su valor de alquiler o renta neta. En el cuadro 4.5 se resumen los diversos enfoques basados en el valor y se indica qué países los aplican.

Se supone que las tasaciones basadas en el valor se acercan al valor de mercado, pero este solo puede constatarse cuando la propiedad se vende. Dado que en un año determinado solo se vende una pequeña proporción de las propiedades, los valores gravables son solo una buena aproximación. Para estimar o volver a estimar los valores de mercado es necesario contar con un sólido apoyo en la forma de datos confiables y actualizados sobre bienes inmuebles, que contengan detalles sobre las construcciones, y disponer de pruebas igualmente confiables y basadas en el mercado acerca de ventas no sesgadas. Estos métodos exigen repetir regularmente la estimación y valuación, lo que representa un desafío no solo técnico sino también político, incluso en los países muy desarrollados.

Valor anual del alquiler. Estos modelos utilizan el valor anual del alquiler de la propiedad como base imponible. Se puede utilizar el valor neto o bruto, según quién afronte los gastos de mantenimiento, el propietario o el inquilino. Estos modelos reflejan

Cuadro 4.5 Estimación de la base imponible de las propiedades: Enfoques alternativos

Base imponible	Definición	Medida utilizada	Países donde se la utiliza	Tasas impositivas establecidas por los gobiernos locales (GL) y rango de dichas tasas
Valor unitario estimado, o basado en la superficie	Tamaño de la propiedad, ajustado para reflejar la calidad y las estructuras	m² de terreno y superficie construida, ajustados	Alemania, Armenia, Bélgica, Bulgaria, Dinamarca, España, Israel, Italia, Polonia, Portugal	Portugal: Los GL establecen la tasa impositiva, entre el 0,7 % y el 1,3 %. Dinamarca: Los GL, entre el 1,6 % y el 3,4 %. España, Polonia e Italia: Los GL, hasta un tope fijado por el gobierno central. Alemania: establecido por los GL. Bulgaria: 0,15 % del valor de la propiedad.
Valor de mercado	Precio de la posible venta o compra	Ventas comparables	Australia, Canadá, Estados Unidos, Hungría, Japón, Países Bajos, Sudáfrica	En Hungría, establecidas por el GL.
Valor del alquiler	Valor en el uso actual	Ingresos netos por alquiler	Francia, India, Irlanda, Marruecos, Pakistán, Reino Unido	En el Reino Unido, como función de un tope. En Francia, fijadas por los GL con un tope.
Autoevaluación	Precio de venta	Determinado por el dueño de la propiedad	Perú, Turquía	

Fuentes: Slack, 2009; DEXIA, 2008.

Cuadro 4.6 Valores del alquiler anual: Punjab (Pakistán)

Propiedades residenciales: Cuadro de valores del alquiler anual								
Categoría		Ocupadas por sus dueños				Alquiladas			
		Valor de alquiler de la tierra (Rs/yd²)		Valor de alquiler de la construcción (Rs/ft²)		Valor de alquiler de la tierra (Rs/yd²)		Valor de alquiler de la construcción (Rs/ft²)	
Clase	Propiedad ubicada sobre calles principales o secundarias	Hasta 500 yd²	Más de 500 yd²	Hasta 3000 ft²	Más de 3000 ft²	Hasta 500 yd²	Más de 500 yd²	Hasta 3000 ft²	Más de 3000 ft²
A	Calles principales	0,4	0,3	0,4	0,3	4	3	4	3
	Calles secundarias	0,3	0,25	0,3	0,25	3	2,5	3	2,5
B	Calles principales	0,3	0,25	0,3	0,25	3	2,5	3	2,5
	Calles secundarias	0,25	0,2	0,25	0,2	2,5	2	2,5	2
C	Calles principales	0,25	0,2	0,25	0,2	2,5	2	2,5	2
	Calles secundarias	0,2	0,15	0,2	0,15	2	1,5	2	1,5

Fuente: Ellis, Kopanyi y Lee, 2007.

diversos factores de mercado al estimar el precio justo del alquiler. Sin embargo, también intervienen en ellos diversas consideraciones normativas, como la fijación de tasas preferenciales para las propiedades ocupadas (como es habitual en Pakistán; véase el cuadro 4.6). Los sistemas basados en el valor del alquiler anual posiblemente no generen ingresos cuantiosos si en la zona rigen controles a los alquileres. En el cuadro de los valores anuales de alquiler en Pakistán, el sistema utilizado puede parecer un mecanismo basado en la superficie, pero los impuestos unitarios (por ejemplo, 0,4 rupias por yarda cuadrada) se estiman a partir de muestras de operaciones de alquiler realizadas efectivamente en el mercado.

Otras variantes simplificadas de base imponible. El cuadro 4.7 muestra la prevalencia del gravamen sobre la propiedad en todo el mundo. Entre otras variantes utilizadas al establecer la base imponible cabe mencionar las siguientes: a) un impuesto unitario único, para las ciudades que necesitan efectivo y deciden aplicar el mismo impuesto a todas las propiedades (Irlanda); b) valor inicial de adquisición, con el cual las ciudades utilizan los valores históricos de compra como expresión de la prima por residencia prolongada (dado que el valor inicial no cambia con el tiempo, la base imponible es sumamente inequitativa), y c) bandas de valores: se clasifican las propiedades dentro de diversas "bandas" de valores ya establecidas.

Cuadro 4.7 Métodos utilizados para estimar la base imponible de las propiedades

Región	Países	Valor de capital de la tierra	Valor de capital de la tierra y las construcciones	Valor de capital de la tierra y las construcciones por separado	Solo valor de capital de las construcciones	Valor anual del alquiler	Basado en la superficie	Impuesto unitario único
África	25	1	8	3	4	7	11	6
Asia	24	2	6	2	0	11	11	0
Europa occidental	13	0	9	0	0	6	0	0
Europa oriental	20	1	6	0	0	0	15	0
América Latina	16	2	14	1	0	1	0	0
Total	98	6	43	6	4	25	37	6

Fuente: McCluskey, Bell y Lim, 2010.

Cuadro 4.8 Actualización de la base de datos del impuesto a la propiedad en Bogotá

Ítem	Costo en miles de US$ de 2009	Porcentaje	Observaciones
Apoyo administrativo	557,8	7,1	Personal gerencial y administrativo, incluida la selección del personal que se habría de contratar.
Materiales y personal de apoyo	954,8	12,2	Sede del proyecto, vehículos, vestimenta, secretarios y asistentes.
Elaboración de mapas	392,2	5,0	Personal de digitalización, funcionarios de carrera para supervisar.
Comunicaciones	79,1	1,0	Personal y contratistas, gestión de las relaciones con las comunidades y los medios de comunicación.
Componente económico	958,1	12,2	Asesores, empleados públicos de carrera, equipo responsable de los modelos econométricos.
Apoyo informático	560,5	7,2	Equipamiento y asistentes de programa, personal de apoyo informático.
Empleados temporarios	4330,3	55,3	Más de 460 técnicos y profesionales.
Total	7832,8	100,0	

Fuente: Ruiz y Vallejo, 2010.

Actualizar la base imponible de los bienes inmuebles y mejorar la administración tributaria representó una inversión muy significativa para la ciudad de Bogotá: el costo total llegó a casi US$17 millones (durante 2009 y 2010), pero fue compensado con los ingresos fiscales adicionales en menos de un año. En el cuadro 4.8 se muestran los costos directos de la actualización de la base de datos.

CAMA. En los últimos 20 años, en Estados Unidos, Canadá y Europa occidental, se ha difundido ampliamente el uso de sistemas informáticos de valuación masiva (CAMA, por su sigla en inglés). Estos instrumentos fueron introducidos en los países en desarrollo con gran éxito, pues permiten determinar la base imponible de una propiedad con muchos menos datos y a un costo mucho menor (Eckert, 2008).

CAMA es un proceso que permite estimar el índice de precios hedónicos para una clase determinada de bienes inmuebles (por ejemplo, propiedades residenciales) a partir de una muestra representativa de los inmuebles vendidos en la población total (Eckert, 2008).

El índice vincula los precios de venta con las características físicas y la ubicación de las propiedades vendidas. Se utilizan entonces las ponderaciones (o los coeficientes de las regresiones estimadas) para calcular el valor de las propiedades no vendidas. De este modo, los gobiernos locales obtienen la valuación del universo de bienes inmuebles no vendidos. CAMA aporta un modo sencillo para estimar la base imponible de las propiedades y, en cierto modo, ha revolucionado la administración de los impuestos sobre la propiedad (véase el recuadro 4.7). Los métodos tradicionales de tasación requieren gran cantidad de datos sobre ventas y alquileres, y por lo tanto resultan costosos para los países en desarrollo y en transición. Los recientes avances en el análisis espacial de ubicación, en el que se utiliza el sistema de información geográfica (SIG) y tecnologías de bajo nivel, han reducido la cantidad y el tipo de datos que se necesitan para aplicar CAMA.

En los países en transición donde ya rige un impuesto a la propiedad, CAMA puede resultar muy útil para recalibrar los modelos de modo de obtener

---

Recuadro 4.7 Elaboración de un modelo de valuación masiva asistida por computadora

Para desarrollar el método CAMA, se deben seguir varios pasos:

Recolección de datos. Se reúnen datos referidos tanto a propiedades vendidas como no vendidas, y en ellos se incluyen las características del inmueble, su ubicación y otros factores que pueden influir en el valor. Los datos pueden ser cualitativos o cuantitativos, y categóricos (bueno, regular, deficiente) o continuos (por ejemplo, número de camas). Luego se analiza la distribución de los datos para identificar los valores atípicos. Posteriormente, se utiliza la información para realizar análisis de regresión múltiple, con los que se busca detectar los factores que predicen con mayor precisión el valor de la propiedad en el análisis.

Modelos. El tasador utiliza diversas técnicas para elaborar un modelo de tasación que imite al mercado al asignar valor a las diversas características de una propiedad. Dichas técnicas pueden incluir análisis estadísticos de regresión

lineal o múltiple, o una modificación de los modelos aceptados o existentes. El más sencillo es el modelo lineal, que puede estimarse de la siguiente manera:

$$P = A_0 + A_1 X_1 + A_s X_2 + \cdots + A_n X_{n'}$$

donde P es el precio de venta de la propiedad; X_i es el atributo de la propiedad (ubicación, calidad, tamaño y uso, y A_i es la ponderación estimada que se utilizará posteriormente para calcular el valor de las propiedades no vendidas.

Durante la elaboración del modelo es esencial ponerlo a prueba continuamente para determinar si predice de manera adecuada el valor de las propiedades. Una vez que el tasador elabora el modelo CAMA para una clase o subclase de propiedades, se lo aplica a todos los bienes inmuebles, vendidos y no vendidos, correspondientes a esa clase o subclase. Esto garantiza que se trate de manera equitativa a todas las propiedades de una misma clase o subclase.

Fuente: Eckert, 2008.

resultados más orientados al mercado. En los países en los que no se cobra este impuesto, mediante CAMA y con tecnologías de bajo nivel y algunos datos externos obtenidos sobre el terreno, se puede establecer un impuesto a la propiedad de buen funcionamiento a un costo razonable y en un plazo relativamente breve. En Kosovo, se instauró un impuesto a la propiedad en 30 ciudades en 18 meses. En Ciudad del Cabo, se realizó una revaluación general en solo dos años utilizando CAMA. Asimismo, es posible encarar nuevas actualizaciones en un plazo de meses (Eckert, 2008). El problema reside en que las tasas de recaudación y las iniciativas de valuación no suelen ir al mismo ritmo que los nuevos sistemas. En Kosovo, la recaudación no llega a la mitad del monto que se factura anualmente, y los gobiernos locales no se ocupan de valuar las propiedades, por lo que la base tributaria se erosiona casi tan rápidamente como se la creó.

Determinación de la tasa impositiva

Una vez seleccionada la base imponible, se debe establecer la tasa impositiva, función que por lo general compete a los gobiernos locales. Estos fijan la tasa del impuesto a la propiedad de diversos modos:

- Pueden seleccionar una misma tasa para todas las propiedades analizadas (el modo más simple) o aplicar tasas distintas según se estén gravando terrenos o edificaciones, o tierras urbanas o rurales, o según la ubicación y el tipo de infraestructura disponible, o en función del uso de la propiedad (residencial, comercial, industrial).

- El gobierno central puede fijar un tope para los impuestos locales sobre la propiedad y límites a las deducciones y exenciones impositivas.

- Las tasas del impuesto a la propiedad pueden actualizarse anualmente utilizando un índice de inflación que preserve el valor real de los ingresos tributarios y minimice las controversias políticas.

- En algunos casos, como en Australia, Canadá y Estados Unidos, los gobiernos locales determinan los gastos que requerirán, sustraen el monto que esperan recibir de otras fuentes de ingresos, como transferencias y otros impuestos, y dividen la cifra restante por el valor estimado de las propiedades para obtener la tasa del impuesto. Este proceso se repite varias veces antes de anunciar un aumento,

puesto que una suba abrupta en la tasa impositiva debería estar justificada y acompañada por un incremento similar en los valores de mercado, y no simplemente por el deseo de los gobiernos locales de gastar más.

Los cambios en las tasas o los ajustes de la base imponible están sujetos a decisiones normativas. En Bogotá, las tasas del impuesto a la propiedad varían del 3 % en las zonas rurales al 30 % para los lotes urbanos baldíos, gravados sobre la base del valor del alquiler. Con la reforma más reciente, de 2007, se buscó actualizar el catastro básico y mantenerlo al día revisándolo una vez por año. Los resultados han sido notables, si bien la ciudad ha fijado topes a los aumentos impositivos para no inquietar a los contribuyentes con subas repentinas en la factura del impuesto a la propiedad (tal como se describió en el recuadro 4.5). Los valores impositivos estimados se han incrementado varias veces, y la recaudación también ha mejorado.

Por el contrario, en muchas economías en desarrollo y en transición, el gobierno nacional establece las tasas del impuesto a la propiedad, ya sea fijando topes o rangos. Los gobiernos locales pueden variar las tasas por clase de propiedad, por ejemplo, residenciales, comerciales o industriales (India, Pakistán). Esto se justifica porque las necesidades y el consumo de bienes públicos varían, y cuando los gobiernos locales quieren atraer a las empresas, pueden entrar en juego estos impuestos. A menudo los gobiernos locales pueden fijar sus propias tasas impositivas, dentro de un rango de valores acordado con el gobierno central.

Facturación, reparto, recaudación y cumplimiento

La facturación, el reparto, la recaudación y el cumplimiento (actividades de las fases finales del proceso) tienen un impacto significativo en el desempeño del impuesto a la propiedad. Muchos gobiernos locales comprenden su importancia y muestran sumo interés en maximizar sus resultados. Algunas de estas actividades pueden encomendarse al sector privado, siempre que haya incentivos adecuados para procurar una recaudación eficaz y un cumplimiento apropiado (Brzeski, 2012). La facturación y el reparto de las boletas puede constituir todo un desafío en los países que carecen de un sistema adecuado de nomenclatura y numeración urbana de los inmuebles (recuadro 4.8).

Recuadro 4.8 El impuesto a la propiedad en la Ribera Occidental

El cobro de impuestos locales en la Ribera Occidental es una tarea bastante compleja, debido a las circunstancias particulares de la zona. Sin embargo, a pesar de las limitaciones, se cobra el impuesto a la propiedad en 29 ciudades, y los ingresos que de él se derivan representan cerca de la quinta parte (el 19,16 %) del total del presupuesto ordinario.

Fuente: Banco Mundial, 2010.

Si bien siempre es preferible el cumplimiento voluntario, la exigencia del pago es inevitable, y esto requiere contar con procedimientos que permitan abordar los atrasos y la falta de pago. Cuando los ciudadanos están al tanto de la existencia de procedimientos simples, rápidos y efectivos para exigir el cumplimiento (entre los que se incluyen la venta judicial o el encarcelamiento), suelen verse inducidos a la observancia voluntaria. Asimismo, se puede alentar aún más el cumplimiento si los procesos de pago son sencillos (pago electrónico por Internet o pago en la oficina de correos local) y las boletas incluyen información sobre el destino que se le da a lo recaudado, en lugar de consignar las penalidades por falta de pago. La proporción de atrasos tributarios es relativamente baja en los países desarrollados (4 % o 5 % en Canadá y Estados Unidos), pero puede llegar al 40 % o el 50 %, como sucedió en los Balcanes, Kenya y Filipinas[4].

Las disputas y las reclamaciones son atendidas por la oficina de cumplimiento de la entidad reguladora del impuesto a la propiedad, puesto que pueden basarse en información incorrecta. Cuando el contribuyente no queda satisfecho, el reclamo puede seguir el proceso administrativo de arbitraje y llegar a los tribunales fiscales.

En síntesis, el impuesto a la propiedad es un tributo adecuado para los gobiernos locales: la base imponible es fija, y cuando los ingresos obtenidos con él se utilizan para pagar servicios locales, se asemeja a un cargo al usuario (Ingram, 2008). Asimismo, los fondos recaudados con el impuesto a la propiedad son previsibles y estables, lo que constituye una clara ventaja para los gobiernos locales cuyos ingresos no presentan demasiada diversidad. Sin embargo, quizá resulte difícil implementar este impuesto en los países en desarrollo. En primer lugar, su administración puede resultar costosa, en especial la inversión inicial que se requiere para identificar las propiedades y capacitar al personal.

Las nuevas técnicas, como CAMA, pueden reducir significativamente el costo de estimar el valor de los inmuebles. En segundo lugar, los gobiernos locales pueden gravar más las propiedades no residenciales, porque es más fácil obtener dinero de bolsillos más abultados. Sin embargo, este enfoque puede resultar contraproducente, puesto que las empresas son móviles y pueden abandonar la ciudad. En tercer lugar, los gobiernos no pueden recurrir al impuesto a la propiedad para otro fin que no sea la prestación de bienes públicos. Para gastos en educación y salud, las transferencias del gobierno central son la fuente directa de recursos más adecuada. Irónicamente, la recaudación y los sistemas de cobro son más significativos allí donde se utiliza el impuesto a la propiedad para financiar los salarios docentes (como en el condado de Montgomery, Maryland y el condado de Fairfax, Virginia, en la zona metropolitana de la ciudad de Washington). Los procedimientos simplificados, como las tasaciones basadas en la superficie (por ejemplo, las que se emplean en Bangalore) y las autoevaluaciones realizadas por los contribuyentes (introducidas en ciudades como Bogotá), han generado incrementos significativos.

En muchos países, el impuesto a la propiedad es objeto de ataques (Ingram, 2008). El rechazo proviene de su visibilidad: los contribuyentes se encuentran una o dos veces al año con boletas con montos muy elevados. Muchas rebeliones fiscales se originaron en aumentos abruptos en el impuesto a la propiedad, y en muchas de las reformas recientes se fijaron límites a los incrementos de un año a otro. Pero la visibilidad del impuesto es también una virtud, dado que ofrece a los ciudadanos un incentivo para controlar los gastos del gobierno local, promueve la disciplina fiscal y la participación ciudadana. Para muchos gobiernos locales de capacidad limitada, la principal dificultad para implementar el impuesto a la propiedad radica en obtener información precisa sobre las propiedades que se gravarán y su valor. Sin esta información básica, resulta muy difícil para las autoridades locales diseñar e implementar un impuesto inmobiliario eficiente y justo.

El debate acerca de si el impuesto a la propiedad es el gravamen local más adecuado aún sigue vigente y, como ya se indicó, este impuesto no es para todos. Pero un gran número de experiencias de diversos países proporciona información sobre el modo en que los gobiernos locales han lidiado con sus circunstancias específicas y han logrado utilizar este tributo para financiar sus funciones (Bahl, Martínez-Vázquez y Youngman, 2008; 2010).

Impuestos a las ventas o al consumo general

Los impuestos locales a las ventas son tributos generales al consumo que se cobran en el punto de compra para ciertos bienes y servicios. El impuesto está fijado en un porcentaje del precio del producto adquirido. Es un gravamen regresivo, lo que significa que su impacto disminuye a medida que se incrementa el ingreso del contribuyente. Idealmente, el impuesto a las ventas es justo, tiene un alto nivel de cumplimiento, es difícil de evadir y fácil de calcular y recaudar. Para lograr ese ideal, el impuesto sobre las ventas convencionales o minoristas solo se cobra al consumidor o usuario final. Difiere del gravamen a los ingresos brutos, que se cobra a la empresa intermedia que compra materiales para producir o para los gastos de funcionamiento ordinarios antes de ofrecer un servicio o un producto en el mercado. El tributo sobre las ventas evita que surja el denominado impuesto en cascada o pirámide, en el que un elemento es gravado en varias oportunidades en su recorrido desde la producción hasta la venta final minorista.

Los gravámenes generales al consumo incluyen el impuesto a las ventas minoristas y al valor agregado (IVA). Los impuestos locales a las ventas minoristas se ubican en general entre el 2 % y el 5 %, y se recaudan en las cajas de los negocios y en otras transacciones de ventas finales. Son una fuente muy importante de ingresos para los gobiernos locales. En España, representan la mitad de los ingresos locales; en Austria, el 30 %, y en Estados Unidos, el 25 %.

Los impuestos locales sobre las ventas tienen dos ventajas principales: a) constituyen una fuente elástica de ingresos, es decir, cuando la economía crece, crecen también las ventas minoristas, con lo que se generan más fondos para el gobierno local, y b) son transparentes y fáciles de recaudar. También presentan desventajas: los problemas de evasión pueden en ocasiones ser graves, y cuando hay grandes diferencias entre las tasas aplicadas por gobiernos locales vecinos, los ciudadanos tienden a cruzar la frontera para comprar en la ciudad de la tasa más baja. Los impuestos locales a las ventas pueden ser un pequeño recargo adosado al sistema tributario central, provincial o estatal. En ocasiones, las ciudades incluyen un impuesto adicional "concatenado" o un recargo del 1 % o el 2 %. Esta podría ser una modalidad adecuada, puesto que aplicar este recargo es sencillo tanto desde el punto de vista técnico como político, y evita los elevados costos del cumplimiento.

Impuesto al valor agregado (IVA). En la mayoría de los países, el impuesto general a las ventas (o a los ingresos brutos) se cobra en la forma de un tributo al valor agregado en el nivel del gobierno central, si bien también hay algunas experiencias con IVA estatal o provincial, como en Brasil. Muchos analistas consideran que el impuesto a las ventas no es conveniente y sugieren abolirlo e incorporarlo en un IVA más integral (Werneck, 2008). En muchos países, el impuesto sobre el volumen de ventas ha sido reemplazado gradualmente por un IVA nacional, lo que deja a los gobiernos locales sin un gravamen local importante. En esos casos, se han establecido mecanismos para el reparto de los ingresos fiscales, con el fin de distribuir parte de los fondos tributarios entre los gobiernos locales. Esta distribución debería adoptar la modalidad de una transferencia y no basarse en el origen de los fondos. Sin embargo, para establecer un IVA eficaz se requiere una infraestructura bastante compleja (con inclusión de prácticas contables adecuadas), que quizá no exista en las economías en desarrollo, donde son habituales las ventas sin recibo ni registros electrónicos y el sector informal está muy extendido.

Fuera de Estados Unidos, los gobiernos locales rara vez recaudan impuestos generales a las ventas. La excepción es Brasil, en donde representa una de las principales formas de las contribuciones municipales (el *imposto sobre serviços*, o ISS) y se cobra sobre todos los servicios, excepto las comunicaciones y el transporte público interestatal e interurbano, gravados por los estados. El ISS se cobra sobre las ventas minoristas, con una tasa mínima del 2 %; las tasas máximas difieren según el tipo de servicio, pero el valor más alto se ubica en el 5 % de los ingresos brutos. El principal problema con los impuestos a los ingresos brutos radica en que gravan los insumos de las empresas y generan efectos cascada, con las consiguientes distorsiones en la organización de la producción, puesto que las empresas buscan reducir sus obligaciones tributarias.

Los *impuestos selectivos a las ventas* vinculadas con los automóviles (como los que se cobran a los combustibles o al registro de vehículos) son otra forma de gravamen sobre las ventas. Tienen la doble ventaja de desalentar el uso de los caminos y al mismo tiempo generar ingresos, que con frecuencia se reservan para el mantenimiento vial.

Impuesto local sobre la renta de las personas físicas

El impuesto sobre la renta a menudo se aplica en el nivel local, pero en una medida mucho menor que los gravámenes sobre la propiedad o las ventas minoristas. Los impuestos locales sobre la renta de las personas físicas pueden ser de dos tipos: un recargo sobre el gravamen que se cobra sobre la renta en el nivel central o del estado (un impuesto concatenado) o una contribución separada y administrada localmente. El segundo tipo es menos habitual porque es más difícil de implementar y muy caro de administrar.

Los impuestos locales sobre la renta no son frecuentes en los países en desarrollo. En cambio, los gobiernos locales de países menos avanzados (como Pakistán, Serbia, Turquía) reciben una parte significativa de los fondos recaudados por el impuesto a la renta en otros niveles de gobierno a través de sistemas de participación tributaria, como los descriptos en el capítulo 1 (Bird, 2001). Sin embargo, puede justificarse

el cobro del impuesto a la renta en los niveles locales en vista de que sus gobiernos son convocados con frecuencia creciente para abordar cuestiones tales como la pobreza, el delito, el transporte regional y otras necesidades de alcance regional. Cuando los gobiernos locales deben brindar servicios sociales, es quizá más conveniente aplicar un pequeño impuesto a la renta que un gravamen sobre la propiedad, dado que el primero se relaciona más estrechamente con la capacidad de pago.

Este impuesto es una importante fuente de ingresos en los países nórdicos, y aporta fondos que representan hasta el 15 % del PIB. Los municipios de Dinamarca, Finlandia y Suecia aplican sus propios impuestos locales sobre la renta, paralelos al impuesto nacional, porque son directamente responsables de los servicios sociales y la salud. Utilizan la base imponible estimada para el impuesto nacional (los gobiernos de los estados de Estados Unidos aplican un sistema similar). En estos países, el impuesto local sobre la renta de las personas físicas constituye la fuente principal de ingresos locales (el 85 % en Finlandia y Dinamarca, casi el 100 % en Suecia y el 16 % en Bélgica). Para evitar que los gobiernos locales fijen impuestos excesivos, en Dinamarca, Noruega y Suecia se ha acordado formalmente un tope (Slack, 2009).

Impuesto local sobre las empresas

Los impuestos locales sobre las empresas, o los impuestos sobre la actividad económica, adoptan diversas formas. Puede ser un impuesto sobre la renta de las sociedades, sobre el capital o el trabajo, o sobre las propiedades no residenciales, o un canon de licencia u otro cargo exigido al comercio o la industria. En la

Cuadro 4.9 Principales impuestos locales sobre las empresas en la Unión Europea

País	Nombre del impuesto	Base	Porcentaje de los ingresos tributarios	Porcentaje de los ingresos totales
Alemania	Impuesto local sobre las empresas	Ganancias de las empresas	43	19
Austria	Municipal sobre las empresas	Valor de los salarios	20	10
España	Impuesto a la actividad económica	Ganancias derivadas de la actividad económica	9	3
Francia	Impuesto profesional	Valor del alquiler de los bienes de capital	43	19
Hungría	Impuesto local sobre las empresas	Impuesto a los ingresos netos: diferencia entre los ingresos y el costo de la producción	38	12
Italia	Impuesto regional	Valor agregado neto	54	24

Fuente: DEXIA, 2008.

Recuadro 4.9 Los impuestos locales sobre las empresas en el mundo

En Côte d'Ivoire, el principal impuesto local es un gravamen sobre las empresas (patente). Se trata de un conjunto de impuestos fijos que varían según el tipo, el tamaño y la ubicación de la empresa. Este gravamen genera un tercio de los ingresos totales de Abiyán. En Marruecos se cobra un impuesto similar, en virtud del cual se aplican seis tasas impositivas distintas a varios cientos de categorías de empresas, clasificadas por el valor del alquiler y el tipo de compañía. En Túnez, el impuesto sobre las empresas está fijado en una quinta parte del 1 % del ingreso bruto de las empresas.

Los gobiernos locales húngaros obtuvieron el 86 % de sus ingresos propios de los impuestos a las empresas locales, a las que cobran una tasa máxima de solo el 0,3 %, pero sobre la base de las ventas brutas. Asimismo, se cobra un pequeño impuesto comunitario, con una suma fija por cada empleado, para lo cual se estima el número promedio de trabajadores de las empresas. En Ucrania, se estableció un sistema simplificado que aplica tasas fijas sobre las ventas brutas de los establecimientos de un único propietario, más un impuesto del 10 % sobre las ventas brutas de las empresas.

En América Latina, los tributos locales sobre las empresas son bastante comunes. En Argentina se cobra un impuesto local sobre los ingresos brutos con tasas que van del 1 % al 12 %. En Colombia, el impuesto sobre las empresas oscila entre el 0,2 % y el 1 % de los ingresos brutos. En algunos casos, se cobra un impuesto sobre la riqueza de la compañía. En Chile se cobra un tributo de entre el 2,5 % y el 5 % sobre la riqueza neta de las empresas; en Ecuador se aplica un gravamen similar del 3 %. En Kenya, el impuesto sobre las empresas adopta la forma de un derecho de licencia, una contribución fija que no se vincula con los ingresos ni con los activos de la empresa.

Fuente: Bird, 2001.

Unión Europea, 10 países aplican un impuesto sobre las empresas, que aporta entre el 15 % y el 30 % de los ingresos de los gobiernos locales. El impuesto local sobre las empresas es más importante que el resto de los gravámenes locales en Alemania, Hungría, Italia y Luxemburgo (véanse el cuadro 4.9 y el recuadro 4.9).

Este tributo se calcula sobre bases distintas según el país. Los dos enfoques principales son el que se basa en las existencias y el que se basa en el flujo de fondos. El uso de las existencias (por ejemplo, la nómina salarial, el número de empleados, el valor de las propiedades, los bienes de capital) para determinar la base imponible permite a los gobiernos locales contar con un volumen de ingresos tributarios relativamente estable de un año al otro. Muchos consideran que este gravamen es injusto, puesto que no tiene en cuenta la capacidad de las empresas para pagar y discrimina entre existencias o activos específicos. Esto no ocurre cuando la estimación del impuesto se basa en los flujos (por ejemplo, ganancias, valor agregado o volumen neto de negocios): el método es más equitativo para las empresas pero es sensible a los cambios en el entorno económico, y ofrece ingresos fiscales menos previsibles. En el recuadro 4.9 se incluye un resumen del modo en que se utilizan los impuestos a las empresas en distintos países.

Los gravámenes locales sobre las empresas suelen ser bien vistos por los residentes y los funcionarios electos, por los siguientes motivos: a) son más sensibles al crecimiento económico que los impuestos a la propiedad; b) las ciudades tienen mayor discrecionalidad para determinar el nivel del impuesto a las empresas que el de cualquier otro gravamen, y c) no hay certeza acerca de la incidencia del impuesto, de modo que es fácil alegar que se traslada en parte a los no residentes. Un argumento económico convincente en favor del tributo local sobre las empresas es que se lo puede considerar un sustituto del *impuesto por beneficios*. Sin embargo, sería más conveniente que los servicios públicos que benefician a empresas específicas se financiaran con los cargos al usuario adecuados y con el impuesto a la propiedad. Cuando no es posible cobrar estos cargos, se justifica aplicar alguna forma de impuesto a las empresas de base amplia.

Los impuestos locales sobre las empresas presentan varias desventajas. En primer lugar, por lo general no son equitativos y pueden acentuar las disparidades entre ciudades; se prestan a la explotación. En segundo lugar, desde el punto de vista de las políticas, un impuesto elevado sobre las empresas puede perjudicar el empleo y la inversión, en especial en momentos de desaceleración económica. Este es el motivo por el cual en muchos países de la Unión Europea se ha modificado este impuesto para exceptuar a las pequeñas empresas. En tercer lugar, los impuestos sobre la renta de las sociedades son difíciles de administrar, porque los contribuyentes deben determinar qué parte de sus ingresos es atribuible a la jurisdicción local que aplica el gravamen; en particular, cuando las empresas tienen establecimientos en varias jurisdicciones, el proceso se vuelve técnicamente complejo. Por ejemplo, en Turquía, las grandes ciudades obtienen con el impuesto sobre la renta de las sociedades un volumen de recursos excepcionalmente alto, puesto que en ellas se ubican las sedes centrales de grandes empresas que trabajan en todo el país. Para las economías en transición, el impuesto local sobre las empresas es uno de los más sencillos de cobrar, mientras que, dada su limitada capacidad administrativa, la aplicación de otros gravámenes —por ejemplo, sobre la propiedad— a menudo se torna más difícil.

Es extraño observar que, si bien los economistas están de acuerdo en que los impuestos locales sobre las empresas son ineficientes y distorsionan las decisiones económicas, la mayoría de los gobiernos de todos los niveles ignoran esa recomendación y los cobran de todos modos (Bird, 2006). Lo hacen con el argumento de que, si se utilizan los fondos para brindar servicios a las empresas locales, la aplicación de un impuesto a las empresas en el nivel local es en todo compatible con el principio del beneficio. Por otro lado, los gobiernos locales a menudo tienen muy pocas alternativas para recaudar impuestos. La posibilidad de cobrar un gravamen a las empresas locales, sin despertar la oposición de todos sus representados, puede constituir un argumento potente en su favor. Los países con vasta experiencia en el uso de impuestos locales sobre las empresas son Alemania, Brasil, Canadá, Estados Unidos, Hungría, Japón, Kenya, Ucrania, y la mayor parte de los países de África occidental.

Impuestos a los vehículos de motor

El impuesto a los vehículos de motor está volviéndose cada vez más habitual en las zonas urbanas, tanto en las economías desarrolladas como en los países en desarrollo. Los impuestos a los vehículos se ajustan a los criterios de equidad y capacidad de pago y al principio de los beneficios. En general, se observa una correlación positiva entre el precio de mercado de los vehículos y el nivel de ingreso de sus propietarios. Los impuestos a los vehículos son más fáciles de administrar que otras fuentes de ingresos locales. Las características de los vehículos son bien conocidas, al igual que los precios promedio del mercado, basados en la cantidad de kilómetros de uso y en el estado del vehículo. El cobro del impuesto es relativamente sencillo y eficaz, si se tiene en cuenta que, para este impuesto en particular, la policía es quien se ocupa directamente del cumplimiento.

Por ejemplo, quien no tenga el registro actualizado del vehículo (es decir, la prueba del pago del impuesto) puede ser pasible de una multa, de la remoción de las placas o de la confiscación del vehículo. Al igual que con los restantes impuestos locales, la gestión eficiente y eficaz de este gravamen exige contar con una base de datos completa de los propietarios de los vehículos y un sistema de cumplimiento creíble. En muchos países, este suele ser un impuesto compartido, en el que los gobiernos locales reciben entre el 50 % y el 100 % de lo recaudado. Los gobiernos centrales suelen ser renuentes a delegar en los niveles locales la facultad de gravar los automóviles, pues puede generarse competencia tributaria entre diversas jurisdicciones si las normas sobre registración presentan lagunas.

Los aranceles por el registro de vehículos son también una manera más adecuada de reducir la contaminación y la congestión en el nivel local, puesto que estas externalidades negativas se producen en gran parte en el sitio donde se registran los propietarios y varían en función del tipo de motor, la antigüedad del vehículo, la cantidad de ejes y el peso. Estos factores influyen en la cantidad de contaminación, congestión y daño vial más que el consumo de combustible.

Los impuestos a los combustibles son por lo general nacionales y tienen como objetivo financiar las externalidades y los caminos interurbanos. Asimismo, las compras de combustible son menos localizadas, de modo que los impuestos que las gravan son menos eficientes para reducir las externalidades locales que los cargos por congestión o los peajes, que pueden variar según la hora del día y la ubicación (Slack, 2009). Las ciudades que cobran un tributo a los combustibles a menudo lo hacen mediante un recargo en el impuesto del estado, ya que los costos administrativos de cobrar su propio gravamen serían excesivamente altos. Los fondos obtenidos mediante este impuesto suelen reservarse para financiar la red vial local, los servicios de tránsito o las medidas de reparación ambiental.

La administración sigue siendo el desafío principal y más importante para un sistema eficaz de impuestos vehiculares. La actualización de la base de datos de los vehículos debe ser automática. Esto significa que se la actualiza como parte del proceso de transferencia de la titularidad del vehículo, cuando se completa su venta. Por ejemplo, la placa de un automóvil vendido queda en manos del vendedor, y el nuevo propietario debe obtener una nueva. De este modo se promueve fuertemente la adecuada actualización de los registros, dado que conducir sin placa o sin registro comporta un delito. Las tasas impositivas deben ser transparentes, y las obligaciones tributarias y sus vencimientos deben comunicarse cada año a todos los propietarios. Una estampilla colocada sobre la placa o el parabrisas es un instrumento simple, económico y transparente. Los métodos utilizados para hacer cumplir el pago de este impuesto deben ser creíbles, y en este sentido debe considerarse como una opción la confiscación del vehículo.

Los impuestos por congestión constituyen un tipo de gravamen diseñado e implementado recientemente en grandes ciudades con el objetivo de desalentar el uso de automóviles particulares y reducir la congestión y la contaminación en las zonas céntricas. Se lo ha aplicado con éxito en Londres, Milán, Singapur y Estocolmo. Se ha logrado reducir significativamente la congestión y la contaminación, y los fondos provenientes de este impuesto se han destinado a financiar la renovación de los principales sistemas de transporte público, como en el caso del subterráneo de Londres. Los métodos empleados para computar y cobrar el impuesto varían; por ejemplo, se cobra un impuesto promedio durante determinada franja horaria (en Londres, entre las 7.00 y las 18.00) o como función de la congestión de la ciudad y de la hora del día (Singapur). El impuesto por congestión es un ejemplo en el que se genera una situación beneficiosa para todos: una herramienta fiscal recauda impuestos para el gobierno local y también conduce a una menor emisión de carbono. Promueve el uso del sistema de transporte público, contribuye a mejorar la calidad del aire y reduce el tiempo de viaje de los ciudadanos hasta su trabajo, con lo que incrementa la productividad urbana.

Cargos al usuario

Los cargos al usuario son los que pagan los consumidores a los gobiernos locales para obtener bienes y servicios, como el agua, la electricidad, la recolección de residuos o el transporte público. Los cargos al usuario son cánones que se cobran por unidad de producto, por ejemplo, la tarifa por abastecimiento de agua se cobra por metro cúbico (m^3) de agua consumida; la factura de electricidad, por un determinado consumo de kilovatios/hora, y el canon por recolectar residuos, por cesto o por kilogramo de residuos sólidos. Las tarifas o los cargos al usuario tienen una interesante justificación económica. Si están bien diseñados, permiten a los residentes y a las empresas saber cuánto están pagando por los servicios. Cuando los precios son adecuados, los gobiernos pueden tomar decisiones eficientes acerca de cuántos servicios brindar, y los ciudadanos pueden decidir de manera eficiente cuánto van a consumir. En teoría, los cargos al usuario influyen en la conducta y promueven un nivel óptimo de consumo, al que se llega cuando el precio equivale al costo de brindar una unidad adicional del servicio (véase el recuadro 4.10).

Estos cargos están sujetos a la política local, y con frecuencia se fijan por debajo de los costos, en particular en los países en desarrollo, lo que acarrea numerosas consecuencias negativas, a saber: a) la empresa prestadora de servicios, propiedad del municipio, puede reducir la calidad, el tiempo de disponibilidad o la cobertura de los servicios (por ejemplo, en la mayoría de las ciudades pakistaníes, solo se suministra agua durante tres o cuatro horas al día); b) el prestador requiere subsidios que salen del presupuesto municipal, de modo que los costos son eventualmente pagados por los mismos clientes o contribuyentes; c) cuando se fija un precio inferior al que corresponde por los servicios, se puede dar lugar al consumo excesivo. En cambio, los cargos por el abastecimiento de agua que se basan en el costo marginal incentivan el ahorro, desalientan el consumo para usos de escaso valor (por ejemplo, para regar el césped o lavar el automóvil) y posponen el momento en que se vuelve necesario realizar una nueva inversión (Devas, 2001).

Los cargos al usuario son también un modo valioso de dar señales económicas, tanto a los consumidores (en relación con la escasez de los servicios) como a los proveedores (acerca de la demanda de servicios que es necesario satisfacer). Asimismo, permiten racionar

Recuadro 4.10 Tarifa por abastecimiento de agua: Ejemplo de cargos al usuario

Esta tarifa es el precio que se cobra por el agua que suministra un prestador de servicios. Debe permitir recuperar los costos del tratamiento, el almacenamiento, el transporte y el suministro de agua, y varía mucho de una ciudad a otra. Las tarifas pueden establecerse por debajo de los costos (lo que da lugar al consumo excesivo), en el nivel que permite recuperar los costos o por encima de dicho nivel, de modo de incluir una rentabilidad predeterminada del capital.

Las tarifas de agua se establecen atendiendo a diversos criterios: a) financieros (recuperación de costos), b) económicos (precio de eficiencia basado en el costo marginal), y en ocasiones c) ambientales (incentivos para el ahorro de agua). Asimismo, también intervienen diversas consideraciones sociales, como el deseo de evitar imponer una carga demasiado pesada sobre los usuarios pobres. Las tarifas de agua incluyen al menos uno de los siguientes componentes: tarifa volumétrica, para la que se utilizan medidores, o tarifa plana, sin medidores. La tarifa para el primer bloque en una estructura de bloques crecientes (TBC) suele fijarse en un monto muy bajo para proteger a los hogares pobres. El tamaño del primer bloque puede variar entre los 5 m^3 y los 50 m^3 por vivienda por mes. En Sudáfrica, el primer bloque de 6 m^3 por hogar por mes es gratuito (servicio básico de agua gratuito).

Comparaciones internacionales. Las tarifas volumétricas lineales son las más usuales en los países de la OCDE. Cerca de la mitad de las empresas de abastecimiento de agua de dichos países (por ejemplo, España) emplean tarifas cuyos costos unitarios aumentan con el nivel de consumo (sistemas de TBC). En Canadá, México, Nueva Zelandia, Noruega y Reino Unido se siguen utilizando tarifas planas. En lo que respecta a los países en desarrollo, en un análisis reciente de una muestra de 94 empresas de servicios se observó que la tercera parte utilizaba TBC y el resto, tarifas planas. La tarifa de agua más alta del mundo es la de Escocia, que en 2007 equivalía a US$9,45 por m^3. La más baja es la de Irlanda, donde el agua residencial es gratuita. Las tarifas más bajas de suministro de agua y agua de desecho residencial se encontraron en Liubliana (Eslovenia) (equivalentes a US$0,01 por m^3); Arabia Saudita (equivalentes a US$0,03 por m^3); La Habana (Cuba), y Karachi (Pakistán) (equivalentes a US$0,04 por m^3). Las tarifas más altas de agua y agua de desecho residencial se observaron en Copenhague (US$8 por m^3), Honolulu (US$7,61 por m^3) y Glasgow (US$5,89 por m^3). Una tarifa aún más alta que combina agua y agua de desecho es la que se aplica en Essen (Alemania), ciudad que no fue incluida en el estudio de la OCDE. Allí el cargo equivale a US$8,41 (5,61) por m^3, según un estudio realizado por la revista semanal *Der Spiegel.* Muchas empresas de servicios cobran a los clientes comerciales e industriales tarifas más altas que a los usuarios residenciales, como forma de subsidiar a estos últimos.

Fuente: Easter y Liu, 2005.

---

el uso de los establecimientos existentes y dar las señales adecuadas para las inversiones de capital. En otras palabras, pueden reducir la demanda de infraestructura. "Cuando sea posible, los servicios públicos locales deben cobrarse, y no suministrarse gratuitamente" (Bird, 2001). La recuperación de costos es un principio básico de la economía, pero puede entrar en conflicto con la justicia social, puesto que es posible que algunos grupos de bajos ingresos no puedan hacer frente a niveles tarifarios de recuperación de costos. En consecuencia, al fijar tarifas adecuadas quizá sea necesario otorgar subsidios específicos que permitan garantizar el acceso de los pobres a los servicios públicos.

Diseño de los cargos al usuario

Determinar el alcance y el diseño adecuado de los cargos al usuario es una tarea compleja. En teoría, los municipios deberían cobrar por los servicios y bienes privados el mismo precio que se cobraría en un mercado competitivo.

Cuatro métodos para computar los cargos al usuario

- La *fijación del precio en función del costo marginal* es la forma ideal de computar los cargos al usuario, puesto que se aproxima al precio de mercado en un mercado competitivo perfecto, esto es, representa el costo de producir una unidad adicional del bien. Este principio es difícil de aplicar porque exige disponer de información completa sobre el costo del producto y sobre el costo de oportunidad, es decir, el valor del uso alternativo de los recursos si no se los utilizara para el bien o el servicio ofrecido. También son importantes otros conceptos, entre ellos, el costo marginal de largo plazo, es decir, el costo de ampliar las instalaciones, que abarca los costos de infraestructura y de capital.

- La *fijación de precios en función del costo promedio* es un método más práctico, que garantiza que se recuperarán todos los costos. Aquí los precios son más fáciles de calcular: se divide el total de todos los costos financieros necesarios para brindar determinado servicio por el número de consumidores o el volumen vendido, con lo que se obtiene el precio adecuado del cargo al usuario.

- En la *fijación de precios según el costo incremental medio* se utiliza el precio del costo promedio pero se pregunta también cuánto costaría brindar servicio a un cliente adicional.

- Con las *tarifas en múltiples partes,* se desagrega el servicio y se cobra por cada componente según la elasticidad de sus precios. Este tipo de tarifas permite establecer un cargo fijo por el consumo básico, al que se agregan cargos progresivamente más elevados a medida que aumenta el consumo, de manera de ayudar a los clientes de bajos ingresos mediante subsidios incorporados dentro de la estructura tarifaria. Algunas de estas técnicas de fijación de precios también pueden contemplar precios unitarios más elevados durante las horas pico de consumo (por ejemplo, en el suministro eléctrico) y aranceles separados para nuevas conexiones a la red ya existente. Estos aranceles que se cobran por única vez normalmente cubren el costo de capital de las inversiones en la infraestructura principal de los servicios.

Dificultades que presentan los cargos al usuario

El principal problema que se genera con los cargos al usuario es la insinuación de que perjudican a las familias de ingresos bajos, que no pueden afrontarlos. Diversos estudios han demostrado que esto no es cierto, dado que los pobres tienden a pagar precios más altos por el agua que adquieren en forma privada. Hay consenso respecto de que, con sistemas de precios relativamente simples, como los que establecen un cargo inicial bajo para el primer bloque de uso del servicio, se puede resolver la mayoría de los planteos sobre inequidad.

Una segunda dificultad es el costo de medir el consumo o de implementar el sistema de precios. Para cobrar el costo marginal del agua se requiere medir el consumo, y la instalación de medidores conlleva un gasto. Recabar la información necesaria que permita establecer precios adecuados para los servicios también supone una erogación para los municipios. Por ejemplo, deben conocer los costos de capital de largo plazo, las inversiones que se requerirán en infraestructura, etc. Muchos municipios carecen de las capacidades técnicas necesarias para fijar precios correctamente.

Entre las dificultades prácticas vinculadas con la aplicación de cargos al usuario figuran la falta de conocimientos técnicos sobre cómo establecer una estructura adecuada de tarifas; la falta de un sistema de contabilidad que permita determinar cuál es el costo real de la prestación de servicio que se deberá recuperar para garantizar su sostenibilidad, y la debilidad del sistema de cumplimiento, consecuencia, en algunos casos, de un interés miope en los beneficios políticos de corto plazo en detrimento de la sostenibilidad financiera y la calidad de los servicios municipales. No obstante, aun si se adoptara el método del costo promedio, sería conveniente que las entidades locales y sus establecimientos públicos aplicaran cargos al usuario, puesto que desalientan el consumo excesivo y proporcionan un flujo constante de ingresos.

Recargos por servicios públicos

Se cobran estos recargos sobre los servicios residenciales, como el abastecimiento de agua, la electricidad, la telefonía (líneas fijas y teléfonos móviles) y la televisión por cable (en el recuadro 4.11 se resumen los recargos que se cobran en el condado de Fairfax, Virginia). Su aplicación está muy difundida, dado que

Recuadro 4.11 Cobrar a los abonados

En el condado de Fairfax, Virginia (Estados Unidos), se cobran 11 diversos impuestos y recargos sobre los servicios de televisión por cable, Internet y telefonía. Estos cargos incrementan la tarifa directa del servicio en un 11,9 %. Los elementos de mayor peso son el impuesto a las ventas de comunicaciones del 6,43 % y un cargo federal por línea de abonado del 6,07 %. Los componentes más pequeños son apenas visibles: un cargo federal de recuperación del 0,08 %, un recargo de recuperación de costos del 0,06 % y un impuesto federal específico del 0,18 %.

Recuadro 4.12 Recargo en favor del ahorro energético

En el condado de Alameda, California (Estados Unidos), se cobra un recargo sobre los servicios públicos para financiar inversiones que permitan ahorrar energía. Todo lo recaudado se deposita en un fondo energético específico. El dinero se utiliza para mejorar la eficiencia energética de proyectos previstos, ayudar a financiar iniciativas con plazos de amortización más prolongados, y cubrir déficits en el financiamiento de proyectos.

Fuente: http://californiaseec.org/documents/best-practices/best-practices-alameda-county-ac-fund.

las tarifas de recuperación son un instrumento ya aceptado, y el recargo es por lo general un pequeño incremento en facturas normalmente aceptables. En los países en desarrollo, los recargos[5] constituyen una nueva forma de gravamen. Actúan como incrementos en las tarifas de los servicios públicos y pueden desalentar su consumo. Sin embargo, en general, la población considera que cumplen con los criterios de base tributaria amplia y tasa impositiva relativamente baja, por lo que estos impuestos resultan más accesibles y aceptables desde el punto de vista político.

En la práctica, los fondos derivados de estos recargos deberían destinarse a fines específicos, en particular, a incrementar la eficiencia de los servicios gravados. Como ejemplo se puede citar el Fondo Energético del condado de Alameda, California, creado en 1995 para financiar proyectos de ahorro energético con los que se busca abaratar la electricidad en el largo plazo para los consumidores (véase el recuadro 4.12).

Los municipios de la Ribera Occidental constituyen un caso único, puesto que allí los recargos representan la principal fuente de ingresos locales. Los municipios cobran recargos sobre el suministro de electricidad y de agua, con lo que se obtienen importantes ingresos generales en el nivel local. En 2008, estos dos recargos representaron la mitad de todos los ingresos locales (el 36 % y el 14,3 %, respectivamente) (Banco Mundial, 2010).

Cargos, permisos y licencias

Los cargos al usuario incluyen los aranceles por licencias, como los que se cobran para registrar casamientos y nacimientos, para obtener una copia de un certificado de matrimonio o nacimiento, o para registrar mascotas. Con estos cargos se busca reembolsar el costo que la administración local afrontó para brindar ese servicio o extender ese documento. Sin embargo, una gran cantidad de estos cargos son en realidad impuestos, pues su valor excede los costos reales. Entre estos suelen figurar los aranceles que se cobran por otorgar licencias a empresas y profesionales, los permisos de construcción y otros.

Cobrar impuestos mediante cargos elevados. El cobro de cargos excesivos se ha vuelto una práctica muy difundida en los países en desarrollo. Si bien parecen una fuente barata y sencilla de obtener ingresos, suponen consecuencias muy significativas que los funcionarios encargados de formular políticas deben tener presentes. En algunos países, las *licencias para empresas* constituyen una importante fuente de ingresos. Las empresas son relativamente fáciles de identificar, y el cumplimiento se basa en la necesidad que tienen estas de obtener la licencia para operar de manera legal. Las licencias para empresas también responden a otros propósitos, como lograr que se cumplan las ordenanzas sobre seguridad pública y las regulaciones sobre higiene, por ejemplo, en restaurantes, escuelas y establecimientos deportivos. Sin embargo, cuando los aranceles que se cobran por las licencias son excesivos, pueden desalentar el desarrollo de las empresas y eventualmente ser transferidos a los consumidores.

En las ciudades en rápido crecimiento, las licencias o los *permisos de construcción* pueden generar importantes ingresos. (Teherán constituye un caso extremo, en el que los permisos de construcción representan las dos terceras partes de los ingresos de la ciudad). Tienen la ventaja de que es sencillo identificar a los sujetos del gravamen, estos tienen capacidad de pago y el cumplimiento prácticamente es automático: si no se paga, no se obtiene la licencia. Los permisos de construcción también responden a otros propósitos, como la seguridad pública y el cumplimiento de las normas y regulaciones sobre zonificación y especificaciones mínimas para la construcción. Sin embargo, si los permisos son muy caros, pueden influir negativamente en la predisposición a aceptar luego cargos al usuario: algunos constructores argumentan que ya pagaron los aranceles por el servicio de agua, los caminos y la remoción de residuos cuando abonaron anticipadamente el costoso permiso de construcción.

Los aranceles por desarrollos inmobiliarios y los permisos de construcción son, con mucho, la principal fuente de ingresos de los gobiernos locales en numerosos países en desarrollo, entre ellos, la mayoría de los que integraban la antigua Yugoslavia. En algunos países de la zona de los Balcanes, los aranceles por desarrollos inmobiliarios constituyen una parte importante de los ingresos de los gobiernos locales (50 %). Esto tiene diversas consecuencias sobre el nivel de vulnerabilidad de la estructura de ingresos municipales, así como sobre el modo en que se otorgan los terrenos municipales y se urbanizan las ciudades de la región. La crisis financiera de 2008 puso de manifiesto la necesidad de diversificar las fuentes de ingresos. Si se derogan estos aranceles, se restringen las nuevas inversiones, pero si se permite a los gobiernos locales fijarlos

en cualquier nivel, se perjudica a las empresas y se alienta la construcción ilegal. Una alternativa es que el gobierno central imponga topes a dichos aranceles, como ocurre en Albania. La base imponible podría establecerse por metro cuadrado, por zona, o conforme a una estimación de los costos de construcción.

En ocasiones, los países en desarrollo cobran *licencias profesionales*, en general en el caso de profesiones específicas de altos ingresos, como abogados, médicos y agentes inmobiliarios. Sin embargo, en algunos países los costos de recaudar estas licencias y de hacer cumplir su pago puede ser superior a los fondos que generan. El uso de formularios electrónicos ha reducido el costo que conlleva administrar estos impuestos.

Los *aranceles por impacto de la urbanización* son cargos que se cobran una única vez para compensar los costos de los servicios públicos adicionales asociados con un nuevo desarrollo urbano. Por lo general se aplican al momento de emitir el permiso de construcción, y se destinan a la prestación de servicios adicionales (como sistemas de abastecimiento de agua y alcantarillado, caminos, escuelas, bibliotecas, parques y establecimientos recreativos) que se vuelven necesarios por la presencia de nuevos residentes en la zona. Los fondos recaudados no pueden utilizarse para el funcionamiento, el mantenimiento, la reparación, la modificación ni el reemplazo de los activos de capital ya existentes ni pueden ser incorporados a los ingresos generales. Son esencialmente cargos al usuario que se cobran por anticipado, con lo que amplían la capacidad de los servicios existentes de hacer frente a la demanda adicional. El monto del arancel no puede ser arbitrario y debe estar claramente vinculado con el costo del servicio adicional.

Cuadro 4.10 Principales categorías de ingresos de capital

Categorías	Ingresos de capital
Ingresos propios	Ventas de activos
	Gravámenes por mejoras
	Contribuciones
	Superávit ordinario
Ingresos provenientes de niveles superiores del gobierno	Transferencia general de capital
	Transferencias para fines específicos
Ingresos externos	Préstamos, bonos y capital accionario

Multas y penalidades

La categoría de multas y penalidades incluye principalmente las infracciones de tránsito de los vehículos de motor y las penalidades por atraso en el pago de impuestos y de cargos al usuario. Su uso varía de una ciudad a otra. En las ciudades medianas y grandes, pueden constituir una fuente significativa de ingresos para la gestión del tránsito urbano. En Ammán, en Jordania, se ha incorporado un sistema computadorizado para registrar y penalizar las infracciones de tránsito. Debido a que la mitad de la población del país vive en Ammán y la otra mitad viaja allí con frecuencia, este sistema permitió mejorar el respeto a las normas de tránsito y generó importantes ingresos para la ciudad.

Ingresos ordinarios derivados de activos

Los ingresos ordinarios derivados de los activos están conformados principalmente por los alquileres de terrenos y edificios municipales. En el cuadro 4.10 se resumen las principales categorías de ingresos de capital.

Esta categoría de ingresos se aplica a los bienes inmuebles municipales utilizados en actividades minoristas y mayoristas; por ejemplo, los mercados municipales de alimentos y los terrenos y edificios municipales. Los ingresos provenientes de activos suelen ofrecer muchas posibilidades, pero con frecuencia están desaprovechados debido a que los inventarios de activos fijos municipales suelen estar incompletos y desactualizados, o directamente nunca se crearon. Para incrementar los ingresos derivados de los activos inmobiliarios de las ciudades, sería beneficioso: a) procurar una gestión más transparente de los activos fijos; b) establecer un requisito legal por el cual los gobiernos locales deban presentar a las autoridades de supervisión balances anuales en los que informen explícitamente sobre sus activos fijos; c) instaurar un sistema competitivo para fijar los alquileres y otorgar arrendamientos, y d) gestionar y hacer cumplir adecuadamente los contratos, con el respaldo de una base de datos transparente, confiable y actualizada de los ingresos provenientes de activos. En el capítulo 6 se expone un análisis más detallado sobre la gestión de los activos de los gobiernos locales.

Otros ingresos ordinarios

Esta es una categoría residual que, de ser muy abultada, indica posibles errores en la clasificación. Un valor de más del 5 % puede significar que el ente administrador de los ingresos no tiene un registro preciso de los elementos incluidos como ingresos. También es indicio de una falta de transparencia que perjudica la rendición de cuentas. Un monto abultado en el segmento "otros ingresos" puede deberse a que se ha inflado el presupuesto, como ocurre cuando el departamento de finanzas del gobierno local registra una suma cuantiosa en la categoría para garantizar un presupuesto formalmente equilibrado. Se trata de una práctica presupuestaria sumamente inadecuada que infringe la disciplina básica y distorsiona la ejecución del presupuesto.

Ingresos de capital y principales fuentes de financiamiento para las inversiones de capital

En muchos países, la contabilidad de los ingresos exige que se distingan los ingresos ordinarios de los de capital (también llamados "extraordinarios" o "de desarrollo"). Las razones de esta diferenciación son las siguientes: a) el principio básico de que el municipio debería financiar su funcionamiento habitual con flujos de ingresos ordinarios; b) el hecho de que se da cuenta más adecuadamente de los ingresos extraordinarios y se los utiliza mejor en gastos de capital o de desarrollo, y c) la venta o el arrendamiento de largo plazo de los activos (sean terrenos o propiedades) reduce la riqueza del municipio, por lo que los ingresos obtenidos con dichas operaciones deberían computarse en el presupuesto de capital y reinvertirse para financiar obras de infraestructura pública local, de modo de garantizar que la riqueza de la comunidad se mantenga igual o aumente. Muchos países en desarrollo no exigen que se elaboren presupuestos ordinarios y de capital por separado. Sin embargo, esta distinción es esencial para que los gobiernos locales logren una adecuada gestión de los ingresos y promuevan el desarrollo. En los capítulos 6 y 7 se analizan en detalle algunas fuentes importantes de ingresos de capital; aquí se las resume brevemente para ofrecer una descripción amplia del presupuesto de capital.

- *Ingresos de capital propios.* Esta categoría comprende: a) los fondos provenientes de la venta o el arrendamiento de activos (terrenos o edificios); b) gravámenes por mejoras u otros aranceles por urbanización, entre los que se incluyen los permisos de construcción cuasi impositivos y los aranceles por desarrollos inmobiliarios; c) las contribuciones de los beneficiarios de servicios públicos locales, y d) en ocasiones, los superávits operativos del ejercicio económico anterior, que pueden asignarse al presupuesto de capital o dejarse aparte a modo de reserva. Los municipios deberían poner gran énfasis en los ingresos de capital propios, puesto que son los que están sometidos a su control más directo. El uso de la venta de activos, de los gravámenes por mejoras y de las contribuciones exige contar con una estrategia clara que guarde correspondencia con la planificación y la zonificación urbanas y con los planes de desarrollo del municipio (véase el análisis correspondiente en el capítulo 6).

- *Donaciones de capital.* Muchos gobiernos centrales no solo otorgan transferencias generales o corrientes, sino también para inversiones de capital en general. Asimismo, pueden transferir fondos destinados a inversiones específicas, como abastecimiento de agua y saneamiento, caminos, salud, cultura o educación. Las transferencias destinadas a fines específicos quizá requieran un copago del municipio y tal vez también de los beneficiarios. Algunas de estas transferencias pueden ser competitivas, y para acceder a ellas quizá se deba presentar una solicitud y adoptar decisiones normativas en el nivel local. Algunas donaciones de capital tienen el objetivo de financiar servicios delegados en el nivel municipal y desarrollar infraestructura para servicios por los cuales los gobiernos locales no son responsables. El mejor uso de los fondos de las transferencias específicas es precisamente destinarlos al objetivo propuesto y en el monto exacto.

- *Ingresos externos.* El endeudamiento de los gobiernos locales se justifica (en especial cuando se busca financiar planes de inversión de largo plazo) siempre que el servicio de la deuda esté garantizado y no ponga en peligro la estabilidad fiscal del gobierno local ni de los niveles superiores. Para el cofinanciamiento o el reembolso de la deuda pueden utilizarse los superávits operativos y los ingresos de capital propios, que desempeñan un papel importante a la hora de estimar y verificar la capacidad de endeudamiento y solvencia de los municipios (esto se analiza en mayor detalle en el capítulo 7).

- *Donaciones y contribuciones públicas.* Diversos donantes o filántropos locales o extranjeros pueden donar un activo de capital o dinero para que se emplee en la compra de un activo de capital en su propio país o en un sitio desfavorecido. Es posible que quieran publicitar su donación, en cuyo caso el municipio puede disponer lo necesario para reconocer el patrocinio (por ejemplo, ponerle su nombre a la biblioteca).

- *APP.* Los costos de capital pueden financiarse mediante asociaciones entre el sector privado y el municipio. En la mayoría de los casos, el socio del ámbito privado buscará el lucro, por lo que los términos y las condiciones del acuerdo deben diseñarse cuidadosamente para proteger los intereses de la comunidad.

Ingresos basados en la tierra para financiar la inversión local

La tierra es un buen instrumento para financiar la inversión local. La inversión en infraestructura incrementa el valor de mercado de la tierra, y se considera una buena práctica procurar que el sector público recupere parte de ese valor adicional, a fin de que pueda financiar más obras de infraestructura. Como se menciona en el capítulo 5, los gobiernos locales tienen diversos modos para sacar provecho de sus activos inmobiliarios y movilizar ingresos. Entre los más importantes figuran los gravámenes por mejoras (o los dirigidos a recuperar el valor de la tierra), la venta o el arrendamiento de terrenos públicos, las APP, y los aranceles por impacto (Peterson, 2009).

Los impuestos dirigidos a recuperar el valor de la tierra tienen el objetivo de captar el incremento en el valor de la tierra atribuible a las inversiones públicas. Se conocen también como "impuestos al incremento en el valor de la tierra", "gravámenes por mejoras" o "impuestos por valorización" (Slack, 2009). Los gravámenes por mejoras se cobran directamente a los titulares de las propiedades cuyo valor se ha incrementado gracias a las inversiones realizadas por el gobierno en obras de infraestructura pública en las inmediaciones, como la pavimentación de una calle, la instalación de sistemas de abastecimiento de agua, alcantarillado y drenaje, la construcción de puentes, la instalación del alumbrado público, o la construcción de vías férreas o de sistemas de autobuses rápidos. Para contribuir al financiamiento de este tipo de proyectos, es habitual que se distribuya una parte de sus costos entre los beneficiarios. En Jordania, los beneficiarios pagan el 50 % del costo de la construcción y la pavimentación de caminos, mediante un anticipo en efectivo o en cuotas.

Recuadro 4.13 Cómputo de la valorización de los terrenos

1. Se calcula el costo del proyecto.
2. Se lo divide por el número de beneficiarios.
3. Se determina la zona de influencia del proyecto, es decir, el área en la que se incrementará el valor de las propiedades como resultado del proyecto. Las estaciones de tren tendrán una zona de influencia más amplia que una escuela o un teatro.
4. Se distribuye el impuesto dentro de la zona. Las propiedades más cercanas pagarán una proporción mayor. La distribución de los cargos por valorización conlleva un grado significativo de discrecionalidad administrativa.
5. Se recauda el impuesto antes de que se inicie la construcción. A menudo, el impuesto no cubre la totalidad de los costos del proyecto, que a su vez suelen subestimarse.

Fuente: Slack, 2009.

Por ejemplo, un nuevo subterráneo incrementa la demanda de viviendas y oficinas en las propiedades circundantes, lo que a su vez genera un aumento en los precios que se cobran por dichas propiedades. Asimismo, los cambios en la zonificación que acompañan las inversiones en infraestructura (por ejemplo, mayor densidad a lo largo de una línea de subterráneo) impulsan los precios de los terrenos. Establecer un impuesto para recuperar el valor de la tierra es el modo en que el sector público grava una parte o la totalidad de los beneficios que obtienen los privados a partir de la infraestructura construida. En el recuadro 4.13 se resumen los principales pasos del proceso de valorización.

Algunas ciudades latinoamericanas financian las mejoras viales, el abastecimiento de agua y otros servicios públicos mediante un sistema conocido como *contribución por valorización*, en virtud del cual el costo de las obras públicas es trasladado a los dueños de las propiedades en proporción a los beneficios conferidos por dichas obras (Bird, 2001). Los beneficios se estiman sobre la base del valor de mercado de la parcela beneficiada. El cargo por valorización es un gravamen que se cobra por única vez, aunque puede pagarse en cuotas (en el recuadro 4.14 se exponen ejemplos de ingresos basados en la tierra que reducen la especulación).

Además de las contribuciones por valorización, desde 1980 en Colombia se recauda la plusvalía, un impuesto al incremento del valor de la tierra (también llamado gravamen por mejoras). Este impuesto fue diseñado para recuperar los beneficios que se derivan de las "acciones urbanísticas", entre las que figuran los

cambios en la clasificación de los terrenos, de rurales a urbanos, y obras públicas específicas generalmente vinculadas con la expansión de la red vial urbana. Los ingresos provenientes de la valoración pueden ser cuantiosos, pero dependen de que se concrete la construcción de esos proyectos. En Cali, representaron el 31 % de los ingresos municipales en 1980. Los gravámenes por mejoras son más usuales en los países desarrollados que en los de economías en desarrollo. Por lo general, funcionan como un recargo (esto es, un gravamen adicional) en la boleta del impuesto sobre la propiedad.

En ciudades como El Cairo, Ciudad del Cabo, Estambul y Mumbai se ha recurrido a la venta de tierras (Peterson, 2009). Estas han generado ingresos que van de US$1000 millones a más de US$3000 millones, destinados principalmente a la inversión en infraestructura. El valor de estas transacciones es alto en relación con la inversión que financiarán. Por otro lado, es posible que algunos países se hayan vuelto demasiado dependientes de la venta de tierras (como China o los Balcanes). Los gobiernos locales dependen ahora de la venta de tierras para financiar sus gastos de capital, lo que ha contribuido a la expansión urbana desordenada y a la venta de terrenos en la periferia de las ciudades.

También se han vuelto más comunes las mejoras en los instrumentos basados en la tierra y el uso de activos inmuebles públicos para promover el desarrollo local (como en la recuperación del centro de la ciudad de Washington), al igual que las APP ahora habituales en el financiamiento de grandes proyectos urbanos, como

Recuadro 4.14 Ingresos basados en la tierra, especulación y desarrollo de a saltos

Las inversiones en transporte público a menudo incrementan el valor de los terrenos cercanos. Con demasiada frecuencia, sin embargo, las parcelas situadas cerca de las estaciones de transporte público (de autobús, tranvía y tren) permanecen vacías porque sus propietarios, especulando con futuros aumentos en el valor de la tierra, suelen aspirar a obtener precios que exceden lo que los compradores y los inquilinos están dispuestos a pagar en la actualidad. Esto impulsa a los urbanizadores a buscar emplazamientos más económicos lejos de los centros de transporte público y de otros servicios de infraestructura urbana. Una vez que esta tierra más económica está urbanizada y habitada parcialmente, sus ocupantes generan presión política para que se extiendan los servicios de transporte hasta su zona. Cuando ya se ha extendido la infraestructura, los precios de los terrenos de esta zona aislada comienzan a subir, impidiendo una mayor urbanización (aun cuando haya aún terrenos disponibles dentro de los sectores ya urbanizados) y empujando a los urbanizadores y a los usuarios a sitios aún más alejados. Este ciclo es en parte causa del desarrollo "de a saltos", también conocido como "crecimiento desordenado". De este modo, la infraestructura de transporte, que debe facilitar la urbanización, la ahuyenta. El crecimiento desordenado resultante impone una carga excesiva sobre los sistemas fiscales, ambientales y de transporte en los que se apoyan las comunidades.

Varios gobiernos locales de Estados Unidos aplican una *técnica de recuperación del valor*, incorporada en el impuesto a la propiedad. Este *impuesto a la propiedad de tasa desglosada* crea un incentivo para que los dueños de terrenos realicen urbanizaciones de alto valor o vendan sus lotes a quienes lo hagan. Reduce la tasa impositiva correspondiente a los valores estimados de los edificios e incrementa la de los terrenos. De este modo, motiva la urbanización compacta y accesible, ya que se dispone de más parcelas para urbanizar cerca de los centros de transporte público y se reducen los costos de construcción. El impuesto a la propiedad de tasa desglosada también puede ayudar a los gobiernos locales a incrementar sus ingresos para financiar obras de infraestructura. La capacidad de esta técnica para propiciar la urbanización compacta y accesible podría contribuir a salvar la brecha entre quienes abogan por lograr una urbanización compacta estableciendo límites al desarrollo inmobiliario y aquellos que temen el impacto de dichos límites sobre las viviendas económicas. En un estudio econométrico publicado en el *National Tax Journal*, se observó que, si se transformara el impuesto tradicional a la propiedad en uno de recuperación del valor de la tierra con tasa desglosada, se reduciría la zona urbanizada. En realidad, esta no se reduciría, pero los nuevos desarrollos inmobiliarios tenderían a establecerse dentro de la zona urbanizada ya existente, y no fuera de ella.

Fuente: Rybeck, 2004.

los subterráneos (Shanghái), los paseos costeros (Baltimore y la ciudad de Washington) y las villas olímpicas (Barcelona).

Otro problema con el financiamiento basado en la tierra radica en la volatilidad de los mercados inmobiliarios. Si bien es adecuado utilizar una única vez la venta de tierras para financiar proyectos de infraestructura específicos, al incluir en un presupuesto plurianual los fondos que se espera obtener de la venta de terrenos, se pueden generar ciertos riesgos financieros, pues quizá dichos fondos no alcancen los valores previstos.

Las ventas de tierras a menudo son poco transparentes y no se rinde cuentas de ellas. La mayoría de este tipo de operaciones se realiza por fuera del presupuesto, y las grandes sumas que de ellas se derivan pueden incitar la corrupción y la captura institucional en el organismo que efectúa la venta. Las leyes especiales que reservan los ingresos obtenidos con la venta de tierras para inversiones de capital pueden evitar que ese dinero se desvíe hacia los presupuestos operativos. En el cuadro 4.11 se resumen las posibilidades y las dificultades que entrañan los impuestos basados en la tierra.

Cuadro 4.11 Instrumentos de financiamiento basados en la tierra

Instrumento	Descripción	Requisitos	Problemas
Ventas de terrenos públicos	Se venden las tierras fiscales y los fondos obtenidos se utilizan para financiar inversiones en infraestructura.	Inventario de tierras fiscales, valuación de mercado y decisiones estratégicas acerca del uso más conveniente; subastas abiertas para efectuar la venta.	Se necesita idoneidad para realizar el inventario y la venta. Puede dar como resultado un crecimiento desordenado (China). Difícil de implementar si la entidad propietaria de la tierra no se beneficia en forma directa con su venta.
Gravámenes por mejoras	Mediante un impuesto, el sector público recibe una parte del incremento del valor de la tierra derivado de los proyectos de infraestructura.	Difícil de implementar terreno por terreno; el sistema simplificado que se adoptó en Bogotá es mejor.	Se necesita experiencia en el uso del instrumento, como en América del Sur.
Cargos por impacto	Los urbanizadores pagan el costo de la expansión de todo el sistema de infraestructura necesario para el crecimiento.	Sólida capacidad analítica para estimar los costos de infraestructura que conllevará la urbanización en distintos lugares.	Es necesario elaborar sistemas simplificados que reflejen el concepto de recuperación de los costos del crecimiento fuera de la zona ya urbanizada, sin exigencias técnicas abrumadoras.
Adquisición y venta de tierras excedentes	El sector público adquiere tierras adyacentes al proyecto de infraestructura y las vende a un precio mayor cuando dicho proyecto ya está terminado y el valor de la tierra ha aumentado.	Acuerdo social para determinar quién debe beneficiarse con el aumento del valor de la tierra derivado de la infraestructura pública: el propietario original, el sector público, los ocupantes desplazados, etc.	Es difícil lograr un acuerdo sobre el ejercicio adecuado del dominio eminente.

Fuente: Peterson, 2009.

Retos y dificultades de la gestión de ingresos

En todo gobierno local, el departamento encargado de la gestión de ingresos tiene como principal responsabilidad establecer y recaudar impuestos, al menor costo posible para los contribuyentes, y promover entre los ciudadanos el mayor grado de confianza en la integridad, la eficiencia y la equidad del proceso. Los departamentos de gestión de ingresos también deben asistir a las unidades que se ocupan de la presupuestación, el financiamiento y la estimación de las bases imponibles de los bienes raíces y de todos los restantes impuestos locales. La capacidad para administrar los ingresos depende de cuatro elementos clave:

- identificación y registro de los residentes locales a los que se les puede exigir pagos (impuestos, tarifas, cargos);
- evaluación de las obligaciones de pago (tanto en relación con los impuestos como con otros cargos);
- emisión de facturas y recaudación;
- verificación del cumplimiento de los pagos.

Funciones de identificación y registro

En principio, los contribuyentes y los beneficiarios de los servicios municipales deben registrarse en el ente local de gestión de ingresos. Sin embargo, no siempre lo hacen. El grado de observancia varía según el impuesto o el cargo específico del que se trate. Para identificar a los contribuyentes no registrados, los gobiernos locales pueden emplear diversos métodos. El que se aplica en el caso de los impuestos a la propiedad es la fotografía aérea o las imágenes satelitales, que permiten obtener información precisa sobre el tamaño y la ubicación de una propiedad y verificar si estos datos concuerdan con la identificación de los contribuyentes. Otro método consiste en verificar si hay coherencia entre el número de beneficiarios de los servicios domiciliarios (por ejemplo, recolección de residuos sólidos y abastecimiento de agua) y el número de viviendas a las que efectivamente se brinda servicios. Por último, la nomenclatura y la numeración urbanas son con frecuencia herramientas muy importantes para lograr mayor precisión en las listas de contribuyentes. Muchos programas de nomenclatura y numeración urbanas han tenido gran impacto en la captación de la base tributaria al permitir reconciliar los datos sobre domicilios con los registros fiscales del departamento impositivo.

Funciones de estimación

La estimación de la base imponible es el primer paso para determinar las obligaciones tributarias, en particular en el caso de los impuestos a la propiedad y a las empresas. Sin embargo, en la práctica, en ocasiones la información disponible sobre los contribuyentes (la nómina tributaria) y el valor de la base imponible está incompleta o desactualizada. Por ejemplo, no se registran en su debido momento las nuevas subdivisiones o las transferencias de propiedades, y las personas que compraron o heredaron esas propiedades no aparecen en los registros impositivos. El mismo problema puede presentarse con la creación de una nueva empresa o comercio, que quizá no se registre en el momento debido. Estas fallas se vuelven particularmente graves si los datos solo están consignados en papel y se actualizan manualmente. Es importante contar con registros impositivos exhaustivos y computadorizados para garantizar que todos los cambios en la titularidad de los inmuebles queden registrados en todos los sistemas fiscales pertinentes.

De manera similar, en el caso de los cargos al usuario, es necesario determinar el consumo de agua o electricidad de los abonados individuales, pero en ocasiones las bases de datos sobre beneficiarios están desactualizadas. La probabilidad de que haya omisiones en los registros es menor que con los impuestos sobre la propiedad, dado que los usuarios tienen el incentivo de registrarse para recibir el servicio. No obstante, en algunos países son comunes las conexiones ilegales a las redes de agua, electricidad y alcantarillado. La tarea de detectar y registrar (o desconectar) las conexiones ilegales es compleja

---

Recuadro 4.15 El paradigma del beneficiario oportunista y la necesidad de fijar impuestos locales

El paradigma del beneficiario oportunista (*free rider*) describe una situación en la que todos sacan provecho de un programa determinado (por ejemplo, los espacios verdes o la labor de los bomberos), pero algunos no pagan por ello porque saben que los demás sí lo harán. En resumen, el beneficiario oportunista es una persona que recibe el beneficio de un bien público sin pagar por él. En el caso de los bomberos o las fuerzas de seguridad, el beneficiario oportunista logra que protejan su vida y su propiedad sin contribuir a financiar el costo de estas tareas. Los economistas detestan a

los beneficiarios oportunistas porque temen que su conducta impida la prestación de servicios necesarios. Si el pago por la defensa o por el trabajo de los bomberos es voluntario, posiblemente muchas personas decidirán no pagar, con lo que el servicio se volverá antieconómico. Las soluciones más habituales para esta situación son la coerción y los impuestos. Para evitar el problema del beneficiario oportunista, se establece la obligatoriedad de los pagos por los bienes públicos, usualmente en la forma de un impuesto o de un gravamen obligatorio.

Fuente: http://www.kingwatch.co.nz/Christian_Political_Economy/free_riders.htm.

---

por razones técnicas y, en ocasiones, políticas. El efecto de esta situación es la presencia de usuarios que se benefician del sistema sin asumir carga alguna (*free riders*), puesto que el volumen de agua suministrada es muy superior al consumo de quienes pagan (véase el recuadro 4.15). La medición colectiva y la comparación entre los volúmenes medidos y los no contabilizados de los servicios ayudan a identificar las zonas (y, eventualmente, a los consumidores) con conexiones ilegales.

Funciones de facturación y recaudación

Una vez estimadas las bases imponibles, el paso siguiente es emitir las facturas y recaudar el pago. Lamentablemente, en muchas situaciones se desconoce el nombre y la dirección de los consumidores. Las iniciativas de nomenclatura y numeración urbanas[6] y de identificación de residentes se han convertido en programas de suma importancia para mejorar la recaudación impositiva tanto en las zonas urbanas formales como informales. El problema principal radica en que, en la mayoría de los sistemas legales, el contribuyente o el abonado no tiene la obligación legal de efectuar pagos acerca de los cuales no ha sido notificado de manera formal. En consecuencia, una condición básica de un sistema de recaudación eficaz es contar con un mecanismo de facturación (y envío por correo) que funcione adecuadamente.

Lamentablemente, si bien el 100 % de los contribuyentes debe cumplir con sus obligaciones tributarias, solo una parte de ellos están registrados (en algunos países, son apenas el 50 % o el 60 %). Además, no todos los contribuyentes registrados pagan sus impuestos. En circunstancias normales, en los países desarrollados la eficiencia en la recaudación llega al 95 %, pero en las naciones en desarrollo alcanza solo el 70 %, o incluso menos cuando las prácticas son inadecuadas[7]. En este contexto, no tiene sentido incrementar las tasas impositivas como medio para aumentar los ingresos tributarios. Al hacerlo solo se penalizaría a los contribuyentes ya registrados que pagan sus impuestos, pero no se lograría nada con quienes no están registrados. El desafío para los entes encargados de la gestión de ingresos radica en ampliar la base, esto es, lograr que más contribuyentes se registren y tengan interés en pagar. De hecho, se podría argumentar que la ampliación de la base tributaria podría permitir reducir las tasas impositivas, lo que a la vez mejoraría el cumplimiento.

Cumplimiento con el pago de impuestos

Otro paso crítico en la administración de los ingresos es lograr que se paguen los impuestos. El incumplimiento puede deberse a la ausencia de penalidades por falta de pago. Por otro lado, los registros claros y objetivos y la emisión de recordatorios oportunos acerca de las liquidaciones impagas y los atrasos acumulados son partes esenciales del sistema de cumplimiento. Cuando los contribuyentes saben que los registros impositivos son imprecisos, están menos dispuestos a pagar. Durante la implementación de reformas impositivas, en ocasiones los gobiernos conceden amnistías parciales sobre las deudas fiscales acumuladas durante muchos años. En general se conceden amnistías tributarias (esto es, un descuento por única vez, la condonación de las penalidades o la deducción de los atrasos impositivos) para promover un mayor cumplimiento con los pagos actuales. Alternativamente, para alentar el pago de otros impuestos se podría denegar el servicio, como en el caso del registro de los automóviles.

La facilidad y la comodidad en el pago son elementos esenciales de una recaudación eficaz. Las personas están menos dispuestas a pagar si para ello deben caminar hasta una oficina ubicada muy lejos, o hacer fila durante horas, o si el pago solo puede realizarse en efectivo o con cheque. Los pagos bancarios electrónicos y por Internet reducen los costos de transacción para los contribuyentes y las complicaciones de la recaudación para el personal de la administración.

Un bajo nivel en el cumplimiento de los pagos puede deberse a una combinación de diversos factores: a) falta de rendición de cuentas por parte del gobierno local; b) falta de voluntad política; c) escasa capacidad institucional y administrativa; d) falta de incentivos para recaudar y hacer cumplir el pago de los impuestos; e) falta de una política dirigida a dar a publicidad el buen uso de los ingresos fiscales, y f) informalidad en los pagos y corrupción. En efecto, diversas encuestas realizadas en países en desarrollo han mostrado con toda claridad que los contribuyentes (aun los más pobres) estarían dispuestos a pagar más tributos si mejoraran los servicios y si el gobierno fuera más transparente. En ocasiones, la corrupción es tan habitual que los contribuyentes se niegan a pagar porque creen que los recursos nunca se emplearán para mejorar las condiciones de vida de la población.

En un estudio sobre seis países africanos, se observó que se podría aumentar entre el 30 % y el 70 % la recaudación en el nivel local si los residentes pagaran lo que corresponde (Action Aid, 2011). Si se mejorara en este aspecto, se podría disponer de más dinero para invertir en servicios para los sectores pobres y marginados.

¿Qué pueden hacer los gobiernos locales?

Si se le pregunta a la gente por qué se rehúsa a pagar impuestos, las respuestas pueden resultar sorprendentes. Quizá se piense que es porque prefieren conservar su dinero, pero posiblemente sea porque creen que los recaudadores se quedan con los fondos. Las personas se niegan a pagar porque no creen que el gobierno local vaya a gastar el dinero de los impuestos de manera adecuada. Si se conocen los motivos, se pueden abordar los problemas más acuciantes de la recaudación de impuestos y a la vez lograr que esta sea más justa.

Una forma de averiguar por qué los contribuyentes se niegan a pagar es organizar una encuesta local para preguntarles cómo perciben el sistema de recaudación tributaria y qué haría falta para que pagaran sus impuestos. Con solo entrevistar a unas cinco personas, se podrá tener una idea acabada de dónde están los problemas (véase el recuadro 4.16). El empleo de historias personales, por ejemplo acerca del abuso de poder de los recaudadores de impuestos, puede ser una forma muy eficaz de informar a los ciudadanos sobre los problemas del sistema tributario local.

Entre los beneficiarios de los servicios municipales, el incumplimiento es un problema menos grave porque resulta más sencillo cortarles el suministro de agua o de electricidad cuando no pagan sus facturas. Un desafío importante para la administración municipal de ingresos radica en establecer una base de datos actualizada sobre los contribuyentes y los abonados a los servicios municipales e implementar un sistema de cumplimiento.

Con frecuencia la recaudación de ingresos es escasa porque el gobierno local no sabe cuánto podría recaudar si las condiciones fueran adecuadas. Por ejemplo, aun cuando los ingresos se incrementen entre un 4 % y un 5 % anual, quizá se podría recaudar el doble de lo que se reúne al año. En el recuadro 4.17 se exponen diversos métodos simples para estimar los ingresos posibles.

Recuadro 4.16 Motivos por los que los contribuyentes no pagan los impuestos: Encuesta realizada en Tanzanía

Opiniones sobre los impuestos en Tanzanía
Una encuesta de contribuyentes realizada en Tanzanía mostró resultados interesantes sobre los motivos por los que el gobierno local no podía recaudar un volumen significativo de impuestos:

- El 58 % respondió que la recaudación era baja porque los ciudadanos no sentían que el gobierno local fuera a gastar adecuadamente el dinero de sus impuestos.

- Para el 48 %, la recaudación era baja porque las tasas impositivas eran muy altas.

- El 46 % creía que el problema se debía a la deshonestidad de los recaudadores.

- Para el 38 % de los encuestados, el problema era que los recaudadores acosaban a la población local.

La gran sorpresa fue que el 73 % de los entrevistados afirmó que estaría dispuesto a pagar más tributos si los servicios públicos mejoraran. Esto muestra que, cuando la recaudación es baja, el problema principal no radica necesariamente en que la gente prefiera conservar su dinero. Si el presupuesto es justo y equitativo, más personas estarán también dispuestas a pagar gravámenes.

Esto muestra, asimismo, que el modo en que se recaudan las contribuciones puede ser también muy importante. Si en la recaudación intervienen prácticas corruptas, intimidatorias o incluso violentas, el monto recaudado también será bajo. La sociedad civil puede desempeñar un papel fundamental en el tratamiento de estos problemas al ponerlos de manifiesto y demandar que se solucionen.

Fuente: http://www.actionaid.org/sites/files/actionaid/budgets._-._elbag_handbook_series.pdf.

Recuadro 4.17 Cómo estimar los ingresos potenciales

Hay varios modos de estimar los ingresos potenciales de los gobiernos locales. A continuación se describen los tres más frecuentes.

1. **Comparación entre el ingreso promedio per cápita nacional y el municipal.** Con este método se compara el ingreso per cápita obtenido con un determinado gravamen (por ejemplo, el impuesto sobre las ventas) en el nivel nacional (PrN_{pc}) con el ingreso per cápita generado en la ciudad (PrC_{pc}). Si el promedio municipal es inferior al nacional y no hay ningún motivo que en apariencia lo justifique (por ejemplo, la ciudad es pequeña o menos rica), el ingreso potencial (IP_s) para ese impuesto en particular es la diferencia entre los dos valores multiplicada por el número de habitantes (H_i).

$$IP_f = (PrN_{pcf} - PrC_{pcf}) * H_i,$$

donde IP_f representa los ingresos potenciales por fuente de ingresos, PrN_{pcf} es el promedio per cápita nacional por fuente de ingresos, PrC_{pcf} es el promedio per cápita de la ciudad por fuente de ingresos y H_i es la población de la ciudad i.

2. **Comparación entre los ingresos estimados que deberían aportar los contribuyentes y los reales.** Este método compara el ingreso total que se obtendría si todos los contribuyentes pagaran sus obligaciones promedio con el ingreso real recibido por un impuesto en particular. El método es especialmente útil en el caso del impuesto a la propiedad.

$$IPN_{pd} = (NEP * IPR_{pd}) - RA_{pd},$$

donde IPN_{pd} es el ingreso potencial adicional *neto* proveniente del impuesto a la propiedad, NEP es el número estimado de propiedades gravables, IPR_{pd} es el ingreso anual promedio por propiedad, y RA es la recaudación anual actual derivada del impuesto a la propiedad.

3. **Comparación entre los ingresos estimados que deberían aportar los abonados y los reales.** Dado el número *real* de abonados (por ejemplo, usuarios del servicio de agua) y dado el pago anual promedio por abonado, se pueden estimar los ingresos potenciales y la diferencia entre la recaudación potencial y la real.

$$IPN_{si} = (NEP * PPr_{si}) - TP_{si},$$

donde IPN_{si} es el ingreso potencial neto derivado del servicio i, NEP es el número estimado de propiedades (beneficiarios) de la ciudad, PPr_{si} es el pago promedio anual por abonado al servicio i y TP_{si} es el total de los pagos anuales efectuados por los abonados actuales al servicio i.

Las *buenas prácticas para lograr el cumplimiento* pueden ser tan sencillas como hacer una llamada telefónica a los contribuyentes cuando se demoran en el pago. Además, se puede ofrecer el incentivo de eximir de la penalidad si el pago se efectúa inmediatamente o antes de una fecha determinada. De ser necesario, se envía un recordatorio al domicilio del contribuyente o a su casilla de correo electrónico. Se visita el domicilio para obtener una notificación firmada. Alternativamente, se entrega la factura a una agencia recaudadora. Como último recurso, se envía el caso al tribunal fiscal municipal cuando el contribuyente se rehúsa a pagar. Los contribuyentes están informados sobre todas estas acciones legales, y sobre las medidas que se tomarán en el futuro si no efectúan el pago. El desafío para la administración tributaria de la ciudad radica en implementar y hacer cumplir estos procedimientos de manera legal a través de un tribunal impositivo. Por lo general, solo es necesario aplicar estos procesos en unos pocos casos: si se los difunde ampliamente, suele producirse un aumento inmediato en el cumplimiento de los pagos tributarios.

Recuadro 4.18 Cómo se logró incrementar los ingresos propios en Maputo

La ciudad de Maputo, en Mozambique, ha logrado incrementar sus ingresos propios en casi un 30 % desde 1998 gracias a diversas reformas en la gestión de ingresos respaldadas por proyectos del Banco Mundial. Estos han permitido que la ciudad ampliara su base impositiva, gravando más propiedades e introduciendo ajustes en los cargos al usuario de determinados servicios (en particular, un cargo nuevo e incremental por la recolección de residuos sólidos). La reforma legislativa, los estudios sobre tarifas que se tuvieron en cuenta luego para diseñar políticas y tomar decisiones sobre gestión, así como la importancia concedida tanto a la gestión de ingresos como a la de gastos han creado cambios institucionales que propiciaron un aumento en la recaudación. El empleo de análisis rigurosos, iniciados a través de estudios de tarifas, ha permitido identificar el porcentaje de gastos que puede financiarse con ingresos propios, las proporciones relativas de ingresos fiscales y no fiscales, y las medidas adecuadas para incrementar la eficiencia en la recaudación de ingresos. Ha proporcionado un fundamento empírico para la decisión de ampliar la base impositiva del gravamen sobre la propiedad y mejorar los mecanismos de fijación de tarifas y el cobro de los cargos al usuario.

Fuente: Banco Mundial, 2007.

Fortalecimiento de la capacidad institucional local

La falta de capacidad institucional impide a los entes locales de gestión tributaria estimar cuántos contribuyentes no están incluidos en sus registros, cuántos de los registrados están inactivos, y cuánto se evade en los pagos de impuestos. Asimismo, aun cuando los contribuyentes estén registrados y activos, en ocasiones no se dispone de información completa y confiable sobre sus obligaciones tributarias, sobre los pagos realizados y sobre los saldos (prácticamente se desconocen los impuestos atrasados). Asimismo, la información sobre el domicilio y la actividad económica actual de muchos de los contribuyentes ya registrados está incompleta o desactualizada, lo que dificulta considerablemente la facturación y el cobro de los impuestos. La incorporación de sistemas computadorizados de información para la administración ayuda a resolver muchos de estos problemas cotidianos (en el recuadro 4.18 se describen las medidas adoptadas en Maputo, Mozambique).

El desafío para los funcionarios que se ocupan de la administración tributaria, y de la gestión de los ingresos en general, radica por lo tanto en superar gradualmente las deficiencias actuales utilizando sistemas de información a fin de mejorar su capacidad para identificar a los contribuyentes (y los abonados a los servicios), determinar sus obligaciones de pago, verificar que la facturación sea oportuna y precisa, y exigir el pago.

Incentivos para mejorar la recaudación de ingresos

Muchos gobiernos locales carecen de los incentivos adecuados para promover el pago de los impuestos. Los problemas más habituales con los incentivos son los siguientes:

- El pago de impuestos no es cómodo. Quizá los contribuyentes deben hacer fila durante un largo rato para averiguar cuánto deben y pagar. No hay pagos por Internet ni se han suscripto contratos con los bancos para que cobren los impuestos.

- Una parte importante de los registros sobre los contribuyentes se lleva todavía a mano, y los registros electrónicos de la Tesorería y el departamento contable no están integrados.

- Los pagos por correo no son confiables debido a las deficiencias del servicio y pueden también ser muy costosos.

Para estos problemas, hay varias soluciones posibles:

- implementar un sistema de nomenclatura y numeración de los domicilios de los contribuyentes para enviar la facturación de las obligaciones tributarias a fin de reducir los costos de transacción en el pago de los impuestos;

- establecer sistemas electrónicos integrados para gestionar las cuentas corrientes impositivas de los contribuyentes;

- crear sistemas de facturación integrados;

- ofrecer a los contribuyentes la posibilidad de pagar por correo postal, a través de bancos o por correo electrónico;

- establecer "centros de asistencia impositiva" para ayudar a los contribuyentes a cumplir con sus obligaciones;

- instaurar sistemas separados para los pequeños y los grandes contribuyentes.

Sistemas impositivos y de nomenclatura y numeración urbanas

Una medida que mejora significativamente la recaudación y la gestión de los ingresos es la adopción de un sistema moderno de nomenclatura y numeración urbanas que brinde a las autoridades tributarias información confiable sobre la ubicación de los contribuyentes y las empresas gravables. Diversos ejemplos de todo el mundo confirman la utilidad de los proyectos de nomenclatura y numeración urbanas para mejorar el desempeño de los sistemas tributarios.

Mejorar el desempeño del sistema tributario vigente

Uno de los principales beneficios de contar con un directorio de nomenclaturas y numeraciones urbanas es que permite obtener información sobre las actividades económicas y la población no incluida en los registros tributarios. Mejora la eficiencia del impuesto sobre la propiedad pues actúa como complemento de los registros inmuebles incompletos. En el recuadro 4.19 se describe un proyecto implementado en Senegal. El proceso, dirigido por el departamento impositivo, incluyó conciliar el directorio de nomenclaturas y numeraciones urbanas con las listas de contribuyentes para crear un registro impositivo que abarcara ambas cosas.

Nomenclatura y numeración urbanas y reforma del impuesto a la propiedad

Los proyectos de desarrollo urbano implementados en los países francoparlantes de África que incluyen un componente de nomenclatura y numeración urbanas representan una oportunidad para revisar el sistema tributario municipal, y en particular el impuesto a la propiedad, a fin de adaptarlo al contexto local de manera eficaz en función de los costos.

Recuadro 4.19 Creación de registros impositivos en Senegal

El programa de Senegal tenía el objetivo de determinar el número de personas no incluidas en las listas de contribuyentes comparándolas con los directorios de nomenclaturas y numeraciones urbanas e incorporando en dichas listas la información de los directorios. El proyecto abarcó varias etapas:

1. evaluar los resultados de las operaciones de registro y recaudación para los impuestos a las empresas, los aranceles para la concesión de licencias y el impuesto sobre la propiedad (nombre de los contribuyentes analizados, montos valuados, etc.);

2. subsanar las diferencias de información entre la lista de contribuyentes y el directorio de nomenclaturas y numeraciones urbanas;

3. incluir la información sobre nomenclaturas y numeraciones urbanas en la lista de contribuyentes y en las notificaciones sobre valuación;

4. identificar los domicilios no relevados (empresas, viviendas, propiedades de uso mixto);

5. realizar relevamientos adicionales sobre el terreno;

6. crear un registro de todos los posibles contribuyentes;

7. determinar los montos de los impuestos y crear registros para el cobro de pagos anticipados.

Fuente: Farvacque-Vitkovic, 2005.

En lugar de lidiar con sistemas tributarios complejos y engorrosos, basados en leyes impositivas obsoletas y en gran medida imposibles de hacer cumplir, en la actualidad los municipios buscan simplificar las leyes impositivas y adoptar un enfoque respecto del impuesto sobre la propiedad que se corresponda más adecuadamente con las capacidades y los recursos existentes. Por ejemplo, en Burkina Faso, Malí y Togo, la reforma del impuesto sobre la propiedad ha ido acompañada de proyectos de nomenclatura y numeración urbanas implementados en el marco de iniciativas de desarrollo urbano financiadas por el Banco Mundial. En las ciudades de Uagadugú, Bobo-Dioulasso y Lomé se pusieron en marcha programas de nomenclatura y numeración urbanas a la vez que se implementaba un impuesto local sobre todo tipo de residencias, utilizando una base simplificada más acorde a la capacidad de pago de cada hogar. Este tipo de impuesto residencial está inspirado en parte en el tributo urbano de Marruecos y en el antiguo impuesto a los alquileres de Túnez. En conjunto, la fijación de los gravámenes en función de una base simplificada y el uso del directorio de nomenclaturas y numeraciones urbanas han reducido las complicaciones de procedimiento (en el recuadro 4.20 se resume la experiencia de Níger).

Complementar el catastro con datos de la nomenclatura y numeración urbanas

En caso de que una reforma catastral de este tipo resulte demasiado ambiciosa, se puede adoptar un programa más acotado utilizando los datos de la nomenclatura y la numeración urbanas para complementar la información contenida en la unidad catastral. Si quienes hacen el trabajo de campo (experimentados en el uso de mapas) no tienen dificultades para identificar las propiedades individuales, lo mismo ocurrirá con los agentes tributarios o del tesoro responsables de recaudar y auditar los impuestos, tal como se mencionó anteriormente en relación con los registros impositivos. En este tipo de iniciativa se adopta un enfoque doble: a) se incorpora la nomenclatura y la numeración entre los datos catastrales y b) se establece una correspondencia entre dichas nomenclaturas y numeraciones, y las referencias catastrales para las parcelas que se identifican de este modo.

El hecho de que la documentación catastral sea inadecuada o casi inexistente y a menudo esté desactualizada no impide que se implementen sistemas innovadores de impuestos a la propiedad, en los que las iniciativas de nomenclatura y numeración urbanas pueden desempeñar un papel fundamental. La innovación reside en parte en que se pide a los

Recuadro 4.21 Qué hacer en situaciones de restricción financiera

La crisis financiera de 2008 llevó a muchas autoridades locales a una situación de restricción financiera, principalmente porque no obtuvieron los ingresos esperados y no les fue posible recortar los gastos para contemplar esta caída en los ingresos. Sin capacidad para contraer préstamos que les permitieran financiar los déficits de corto plazo, muchas de ellas se vieron obligadas a tomar decisiones difíciles. El camino que siguieron muchos gobiernos locales incluye pasos dictados por el sentido común.

a) Determinar qué está sucediendo: si el origen del problema es una caída en el impuesto sobre las ventas, ¿se trata de un problema de corto plazo o estructural?

b) Comunicar lo que está sucediendo: se debe informar al público sobre el origen de los problemas y el motivo por el que es necesario reducir los servicios o incrementar los impuestos.

c) Repensar las prioridades y reasignar recursos a los programas más importantes.

d) Evitar las soluciones de corto plazo, como usar ingresos extraordinarios o fondos traspasados de años anteriores, o posponer las tareas de mantenimiento de la infraestructura.

e) Utilizar nuevos recursos después de haber cumplido con la tarea de recortar costos; solo de este modo el público aceptará nuevos impuestos. Consolidar la planificación del financiamiento de largo plazo.

f) Mantener elevada la moral del personal.

Un buen ejemplo de cómo las ciudades pueden adaptarse a cambios drásticos en los ingresos es el plan que utilizó en 2003 el municipio de Fremont, California, para sobrevivir tras fuertes recortes en sus ingresos tributarios. En julio de 2003, el alcalde explicó la situación: los ingresos por impuestos sobre las ventas habían caído un 25 % y el impuesto sobre las empresas, un 30 %. No se preveía crecimiento. Asimismo, los ingresos por impuestos a hoteles y moteles habían caído más del 50 % durante los dos años anteriores. La recaudación del impuesto a la propiedad se había desacelerado. En vista de la situación, el Consejo acordó un plan para incrementar los ingresos y consolidar los de largo plazo, que preveía lo siguiente: a) recortar los gastos y reducir los servicios; b) incrementar la actividad local y promover el consumo de productos de los vendedores locales; c) pensar de manera creativa acerca de nuevas fuentes de crecimiento (por ejemplo, en Sterling, Illinois, se invirtió en la reurbanización de terrenos industriales abandonados para impulsar el crecimiento económico).

Fuente: Asociación Internacional de Administración de Ciudades, 2003.

Recuadro 4.22 Plan de Acción para la Recuperación Financiera de Kampala (Uganda)

La ciudad de Kampala entró en bancarrota a mediados de la década de 2000, con cuantiosas deudas vencidas (cerca del 30 % de su presupuesto anual) y escasos ingresos. El Consejo adoptó un detallado Plan de Acción para la Recuperación Financiera (PARF) y lo implementó en los años siguientes en el marco de un proyecto del Banco Mundial (Proyecto de Desarrollo Institucional y de la Infraestructura de Kampala).

El plan se basaba en una matriz de medidas que abarcaba 31 páginas en el PARF y en la que se explicitaban supuestos específicos, previsiones, acciones, responsabilidades y presupuestos asignados. La ciudad logró estabilizar su presupuesto, triplicó la recaudación del impuesto a la propiedad y pudo resolver sus deudas impagas en un plazo de cinco años. Se logró mejorar la recaudación del impuesto a la propiedad gracias a una base de datos informatizada, la facturación puntual, el envío de recordatorios y una buena campaña de comunicación que incluía adjuntar a cada factura un folleto en el que se explicaba el destino de los recursos obtenidos y se señalaba que las dos terceras partes de los fondos se utilizaban para mejorar los servicios en la misma zona donde se recaudaban.

Fuente: Banco Mundial, 2006b.

Recuadro 4.23 Principales pasos de los programas para incrementar los ingresos

1. Elaborar indicadores de referencia tanto sobre los abonados actuales como sobre los contribuyentes *actuales*. Estimar la cantidad *real* de beneficiarios y el número potencial de contribuyentes para comparar los resultados antes y después de la implementación del plan de acción que se proponga para la gestión de los ingresos.

2. Actualizar las bases de datos (registros) de los abonados a los servicios y los contribuyentes mediante información obtenida de terceros, inspecciones directas sobre el terreno y la información que deben aportar los propios contribuyentes.

3. Ampliar la nomenclatura de las calles para actualizar los domicilios, elementos necesarios para emitir las facturas, recaudar y cobrar los cargos al usuario, los impuestos locales y otros ingresos.

4. Actualizar los sistemas de facturación y recaudación vigentes tanto de los cargos al usuario como de los impuestos locales (esto incluye equipos, programas informáticos, equipamiento de oficina y capacitación del personal).

5. Actualizar en las bases de datos del impuesto a la propiedad la información sobre los titulares de los inmuebles, las características físicas de las propiedades, su valuación y su correspondiente tasación tributaria (es decir, los catastros municipales), e instaurar la actualización automática y electrónica.

6. Implementar un sistema transparente de incentivos para premiar el pago temprano de impuestos y cargos al usuario.

7. Implementar un sistema transparente de desincentivos (penalidades) para el pago atrasado de cargos al usuario e impuestos locales.

8. Formular indicadores de referencia sobre la recaudación *real* y *potencial* de los cargos al usuario desglosada por servicio, y sobre la recaudación impositiva *real* y *potencial* desglosada por tipo de impuesto, para medir la eficiencia de la recaudación de ingresos locales.

9. Establecer parámetros mínimos para la prestación de los diversos servicios municipales, determinar los parámetros reales y evaluar el cumplimiento de los nuevos estándares.

10. Determinar el número de unidades de servicio brindadas y establecer el costo unitario por servicio.

11. Computar el costo previsto en función de los parámetros mínimos; determinar el costo *real* y medir la eficiencia en el gasto.

12. Computar las tarifas (cargos al usuario) que reflejen el costo real de brindar cada servicio. Esta información es esencial para evaluar la eficiencia en el gasto de cada servicio municipal y hacer su seguimiento.

13. Establecer valores de referencia e indicadores referidos al costo unitario de los principales servicios municipales. Los indicadores del precio unitario deben distinguir entre los costos de construcción (esto es, gastos de capital por unidad de obras públicas) y los de operación y mantenimiento.

14. Crear un sistema que permita exigir legalmente el pago de los cargos al usuario y los impuestos locales, junto con un sistema de apelaciones.

ciudadanos que participen en el financiamiento de los costos que esto supone para la ciudad (en lugar de gravar propiedades que a menudo no están registradas) y en parte en que busca soluciones simples.

Programas para incrementar los ingresos

Los países desarrollados introducen cambios graduales, anuales e incrementales en sus sistemas de ingresos, sólidamente establecidos. En cambio, los países en desarrollo requieren reformas integrales para mejorar la administración de los ingresos locales, establecer bases de datos y fortalecer significativamente la capacidad institucional en la mayoría de los frentes, desde la valuación, la facturación y la recaudación hasta la exigencia del cumplimiento y las medidas correctivas (véanse los recuadros 4.21 y 4.23). Las instituciones donantes, como el Banco Mundial, o los donantes bilaterales, como los organismos de Francia,

Alemania, Estados Unidos o Suiza, suelen brindar considerable apoyo financiero y técnico para llevar adelante estas reformas, que pueden considerarse inversiones útiles de por vida para las ciudades participantes y cuyos costos suelen recuperarse en un nivel adecuado y con rapidez.

Estas reformas suelen ser parte (o, en cierta medida, condiciones) de grandes proyectos de inversión en infraestructura que buscan garantizar la sostenibilidad financiera de los activos construidos y la sostenibilidad en el largo plazo de las mejoras en los servicios. Todos los años, el Banco Mundial respalda decenas de programas de este tipo (o sus componentes) en todos los continentes. En el recuadro 4.5 se describe el estudio de caso sobre Bogotá; en los recuadros 4.18 y 4.20 se exponen casos de países de África occidental. En el recuadro 4.22 se resume el PARF de Kampala, que muestra la complejidad y la exigencia que entraña un programa dirigido a incrementar los ingresos (véase también el capítulo 5). Es necesario actuar con cautela y contemplando plazos realistas al elaborar proyecciones sobre el impacto de las inversiones en infraestructura en los precios de la tierra y los bienes raíces, así como sobre los ingresos provenientes de gravámenes por mejoras. Los programas de nomenclatura y numeración urbanas llevan tiempo, y su impacto en los ingresos se hará visible recién al cabo de dos o tres años, no en solo unos meses. Para guiar, supervisar y gestionar programas de incremento de los ingresos y para elaborar las proyecciones correspondientes hacen falta un equipo especializado y una combinación adecuada de análisis cualitativos y cuantitativos.

Serbia ha implementado una reforma integral de los impuestos locales. Uno de los elementos importantes de la reforma fue la transferencia del gobierno central al local de las facultades para dictar políticas sobre el impuesto a la propiedad y para administrar dicho tributo. Luego de los cambios legislativos efectuados en 2006, las ciudades comenzaron a reformar sus propios sistemas y lograron resultados notables: para 2009 habían incrementado sus ingresos impositivos entre un 40 % y un 90 %.

Las dificultades más habituales que surgen antes de las reformas y durante su implementación son las siguientes:

- escasez de recursos humanos y capacitación inadecuada del personal;
- falta de equipamiento técnico y de programas informáticos;
- uso de bases de datos desactualizadas e imprecisas para la facturación y el cobro;
- falta de voluntad de otros organismos gubernamentales para suministrar datos básicos.

El caso de Serbia constituye un buen ejemplo de la importancia que tienen los incentivos y pone de relieve el hecho de que las ciudades recaudan más fondos cuando la autoridad impositiva se transfiere al nivel local (en el cuadro 4.12 se muestran los notables resultados obtenidos en Serbia en tres años). A pesar de los avances logrados en Serbia, las facturas de impuestos son todavía muy bajas, la base imponible no está adecuadamente registrada y la recaudación total representa en promedio menos del 1 % del PIB.

Rendición de cuentas internas por la recaudación de ingresos

En muchos países en desarrollo, el sistema mediante el cual se rinde cuentas por la recaudación de impuestos ante los organismos municipales de control interno y el Consejo Municipal es bastante deficiente. El poco tiempo que suele asignarse durante el proceso presu-

Cuadro 4.12 Mejora en la recaudación como consecuencia de la reforma del impuesto a la propiedad en Serbia

Ciudades	2006	2007	2008	2009	2006-09
	Millones de RSD				Porcentaje
Belgrado	2439	2625	3694	4792	196
Kragujevac	110	138	184	180	164
Vranje	37	37	44	54	146
Vrnjacka Banja	20	18	23	28	139

Fuente: Programa Diálogo de Ciudad a Ciudad, Instituto del Banco Mundial, 2012.

Gráfico 4.7 El ciclo presupuestario de los ingresos

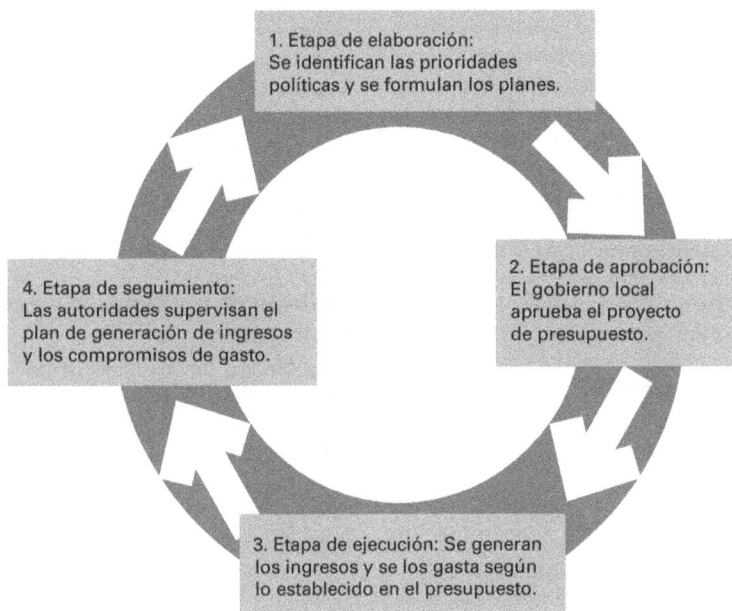

1. Etapa de elaboración: Se identifican las prioridades políticas y se formulan los planes.

2. Etapa de aprobación: El gobierno local aprueba el proyecto de presupuesto.

3. Etapa de ejecución: Se generan los ingresos y se los gasta según lo establecido en el presupuesto.

4. Etapa de seguimiento: Las autoridades supervisan el plan de generación de ingresos y los compromisos de gasto.

puestario a debatir sobre el presupuesto de ingresos (a diferencia del plazo mucho más prolongado que se dedica a examinar y discutir el de gastos) es un buen indicador de que la rendición de cuentas internas por la recaudación de ingresos es escasa. De manera similar, las auditorías municipales externas e internas se centran más en el gasto que en el desempeño de la recaudación de ingresos. De este modo, los ingresos condonados, no cobrados o perdidos quedan ocultos a los ojos del consejo o de los funcionarios encargados de formular políticas.

El ciclo del presupuesto de ingresos

Por lo general, el proceso presupuestario de un gobierno local se desarrolla en al menos siete pasos: realizar previsiones sobre los ingresos, establecer límites a los gastos, preparar el presupuesto, negociarlo, aprobarlo, ejecutarlo y evaluarlo. La naturaleza circular del presupuesto queda reflejada en el término *ciclo presupuestario*: en cada paso se utilizan los resultados de la etapa anterior y se propicia la siguiente. En el gráfico 4.7 se muestra el ciclo presupuestario de los

ingresos (véanse en el capítulo 3 más detalles sobre la presupuestación). El ciclo abarca un año y se repite cada ejercicio económico. En los países donde el ejercicio económico coincide con el año calendario (es decir, va de enero a diciembre), la preparación del presupuesto se inicia ya en abril del año anterior, a fin de que el equipo técnico tenga el tiempo suficiente para recabar los hechos, determinar las tasas de realización anteriores y las tendencias que utilizarán en las proyecciones, y elaborar las previsiones básicas sobre ingresos en torno a las cuales se estructurará el presupuesto general. Para preparar el presupuesto es necesario realizar proyecciones sobre los ingresos de la localidad (todas las categorías analizadas anteriormente), más otras proyecciones sobre las transferencias intergubernamentales y los impuestos especiales o ingresos recaudados para fines específicos (por ejemplo, los ingresos basados en la tierra).

El segundo paso del ciclo presupuestario es establecer límites a los gastos o topes presupuestarios. El gobierno local fija provisoriamente topes presupuestarios a todas sus unidades administrativas. Estos montos representan por lo general el máximo que el gobierno local puede gastar en un ejercicio económico. La suma de todos los topes departamentales conforma el tope presupuestario para la totalidad del gobierno local. Estos límites a los gastos se establecen en función de las previsiones sobre ingresos y el plan de desarrollo municipal. El director de presupuesto recibe las propuestas de gastos de cada departamento o unidad administrativa y las analiza junto a los integrantes de dichas unidades. De este modo, logra un acuerdo dentro del gobierno local y elabora una propuesta presupuestaria. Luego, como tercer paso, el alcalde presenta la propuesta al Consejo Municipal para que este la analice y la apruebe. En las siguientes secciones se analizan las cinco fases del proceso para elaborar el presupuesto de ingresos: planificación de ingresos, previsión de ingresos, debate y aprobación, implementación, y seguimiento y auditoría.

Planificación de los ingresos

La planificación de los ingresos es esencial para los gobiernos locales, puesto que les permite evaluar si podrán hacer frente a los gastos, esto es, al presupuesto operativo y el suministro de los servicios. Con la planificación de los gastos de capital (incluidos en el presupuesto de capital) se busca responder a las necesidades de rehabilitación y ampliación de la infraestructura y la cobertura de los servicios. La planificación de otros ingresos de capital para el financiamiento de planes de desarrollo plurianuales depende de lo siguiente: a) el superávit que registre el presupuesto operativo; b) las donaciones de capital, y c) los créditos de largo plazo para la inversión pública local (en el capítulo 7 se analizan en mayor detalle los conceptos de planificación de las mejoras de capital y su financiamiento).

Previsión de los ingresos y análisis de tendencias

Los gobiernos locales deben hacer una previsión de los ingresos que recaudarán para poder planificar sus gastos[8]. Como se analizó anteriormente, los ingresos de los gobiernos locales provienen de los impuestos, las tarifas, los aranceles por la concesión de licencias, los cargos al usuario y las transferencias intergubernamentales. Para realizar una previsión de los ingresos que se obtendrán de cada fuente, los gobiernos locales pueden utilizar proyecciones simples (a partir de las tendencias pasadas) o pueden intentar comprender qué factores influyeron en el

Gráfico 4.8 Ingresos locales e índices de precios en la ciudad de Nueva York, 1993-2009 (porcentaje)

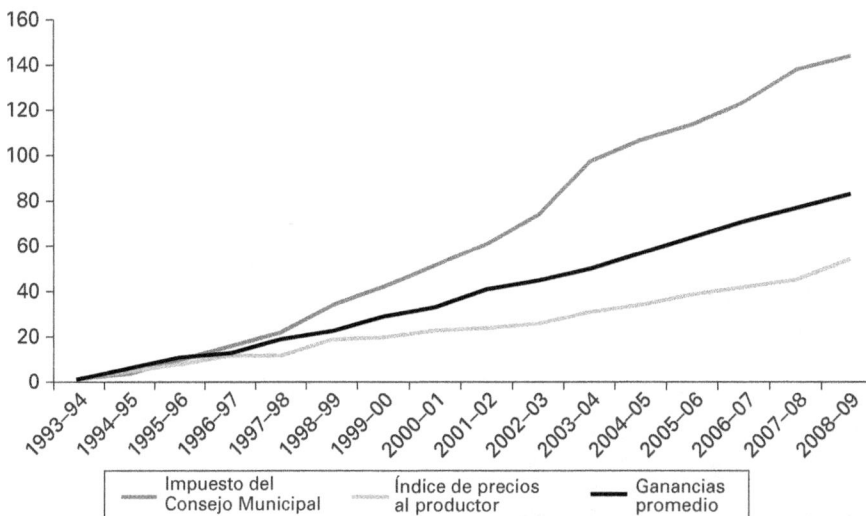

Fuente: www.osc.state.ny.us/localgov/training/chapters/myfp/two/rev_aid.htm.

comportamiento pasado de los ingresos tributarios para lograr mayor precisión en sus previsiones (en el gráfico 4.8 se muestran los ingresos de la ciudad de Nueva York entre 1993 y 2009).

Por ejemplo, la mayoría de los impuestos fluctuará si se modifican los ingresos y el nivel de actividad económica, y también si varían las tasas impositivas. Si los encargados de elaborar las previsiones conocen el modo en que los diversos impuestos se vinculan con las variables económicas (por ejemplo, PIB y empleo), pueden utilizar las proyecciones macroeconómicas elaboradas en el nivel nacional y sus conocimientos sobre su ciudad para formular proyecciones precisas sobre los ingresos propios del municipio. Es decir, el analista procura hallar el nexo entre los factores que impulsan los ingresos tributarios (ingresos de los contribuyentes, producción, tasas impositivas, número de permisos de construcción emitidos, ventas minoristas, etc.) y los fondos que recauda el gobierno (impuestos a la propiedad, cargos al usuario, impuestos sobre las ventas). La capacidad para elaborar previsiones sobre los recursos futuros es esencial para evitar el déficit presupuestario.

Se pueden realizar previsiones sobre el ingreso total agregado o sobre los correspondientes a las diversas fuentes, como el impuesto sobre las ventas o sobre las propiedades. No hay un método único para formular proyecciones de los ingresos. Diversos métodos dan buenos resultados con distintos tipos de ingresos. De modo similar, no hay un plazo estándar en función del cual realizar la proyección. El gobierno local podría poner la mira en el presupuesto del año siguiente, mientras que los gerentes del sistema de abastecimiento de agua de la ciudad quizá estén contemplando un horizonte temporal de 20 años. Por último, la previsión de ingresos está íntimamente vinculada con el proceso de las políticas públicas y, por ende, está sujeta a un fuerte escrutinio público e incluso a presiones políticas.

Guajardo y Miranda (2000) sugieren un proceso de siete pasos para incluir factores económicos y políticos en la proyección de los ingresos locales:

1. Seleccionar el plazo que se abarcará al examinar los datos sobre ingresos. La duración de dicho plazo depende de la disponibilidad y la calidad de los datos, el tipo de ingresos y el grado de precisión que se busca.

2. Examinar los datos para determinar los patrones, las tasas de variación o las tendencias que resulten evidentes. Los patrones pueden sugerir que las tasas de variación son relativamente estables o que cambian de modo exponencial. El cuadro 4.13 muestra el comportamiento de impuestos clave durante los últimos cinco años, tanto en términos nominales como reales, es decir, teniendo en cuenta las variaciones de precios.

3. Analizar en qué medida las condiciones económicas, las variaciones en la demanda de los ciudadanos y los cambios en las políticas gubernamentales afectan el volumen de ingresos. Estos supuestos determinarán qué método de previsión resultará más adecuado.

Cuadro 4.13 Datos sobre ingresos y factores de crecimiento para elaborar previsiones

Impuestos locales	Series históricas (ingresos recaudados en millones de US$)				Crecimiento en porcentaje		Proyecciones alternativas
	2008	2009	2010	2011	Nominal	Real	Función de
Impuesto a las ventas	45	48	50	52	4,9	2,4	PIB
Impuesto a la propiedad	15	16	18	17	4,2	1,7	Índice de precios
Impuesto sobre las empresas	7	7	9	10	12,6	8,9	PIB
Cargos al usuario	9	9	10	12	10,1	6,6	PIB
Recargos	0,9	0,9	1	1,2	10,1	6,6	PIB
Total	76,9	80,9	88	92,2	6,2	2,5	
Incremento de precios	3 %	4 %	2 %	5 %	3,66		

4. Proyectar la recaudación de ingresos para los próximos años. El método que se seleccione dependerá de las características y del tipo de ingreso de que se trate. En el caso de las fuentes que presentan un elevado nivel de incertidumbre, como los ingresos nuevos y las transferencias o las ventas de activos, puede requerirse algún tipo de método cualitativo, como la proyección por consenso o a cargo de expertos. En el caso de los ingresos normalmente previsibles, se utilizará por lo general un método cuantitativo, como el análisis de tendencias o de regresiones (véase el recuadro 4.24).

5. Una vez hechas las proyecciones, verificar las estimaciones para constatar su confiabilidad y validez. Mediante un análisis de sensibilidad se verifica la confiabilidad de las estimaciones. Se modifican los parámetros clave utilizados para elaborar las estimaciones y, si esto produce cambios significativos en los resultados, se considera que la proyección tiene un bajo grado de confiabilidad.

Recuadro 4.24 Métodos para calcular las tasas de crecimiento y realizar previsiones sobre ingresos para los años siguientes

Variación porcentual: En la primera opción se comparan períodos consecutivos utilizando la siguiente fórmula:

Variación porcentual = [(IA-IP)/IP]*100, (Ec.1),

donde IA = ingresos actuales e IP = ingresos pasados.

Tasa de crecimiento promedio: Para un período más prolongado, se puede utilizar la misma fórmula de la variación, pero el porcentaje total se dividirá por el número de años (N):

Tasa de crecimiento = {[(IA-IP)/ IP]/N}*100
promedio   (Ec. 2); para (t_n-t_o).

Sin embargo, para estos períodos más prolongados, quizá solo sea adecuado emplear el primer año y el último año cuando los cambios en los ingresos son más bien uniformes. Para obtener una tasa más precisa, se deben utilizar tasas de crecimiento compuestas.

Tasa anual de crecimiento compuesta (TACC): TACC tiene en cuenta el primer y el último valor del período estudiado pero incluye también el efecto de los períodos anuales de capitalización en la tasa de crecimiento final. Los resultados son bastante confiables si las variaciones de un año al siguiente son poco abruptas. La TACC puede computarse de la siguiente manera: $TACC(t_n-t_o) = \{[(Vt_n/Vt_o)* 1/(t_n-t_o)] -1\}*100$ *(Ec. 3),* Vt_o = valor inicial, Vt_n = valor final, y 1/ (t_n-t_o) = número de años, o usando la siguiente fórmula básica:

$$VT_n = VT_o \, (1+r)^{n-1},$$

y resolviendo r de la siguiente manera:

$$r = \{exp[ln(VT_n/VT_o)/N]-1\}* 100.$$

Media aritmética de la tasa de crecimiento: Como alternativa, si la serie temporal se caracteriza por la volatilidad de los ingresos anuales, es posible que el primero y el último año de la serie no sean representativos. En esos casos, puede ser mejor utilizar una tasa de crecimiento media aritmética (también conocida como media aritmética de la rentabilidad [MAR]). La fórmula de la MAR es la siguiente:

$$MAR = 1/n(X_1+ \ldots +X_n), \, (Ec. 4),$$

donde n = número de períodos de un año, y X_i = variación porcentual de los ingresos para el período i; computado como *[(IA–IP)/IP]*100 (Ec. 1) i = 1...hasta... n.*

Tasa de crecimiento de tendencia lineal: Otra opción es computar la TACC de la línea de tendencia, calculada por el método de mínimos cuadrados. De este modo, se obtendría la tasa de crecimiento de la tendencia en los ingresos para el período específico. Por ejemplo, Excel automáticamente dibuja la línea de la tendencia, calcula la ecuación de la tendencia y R^2, que indica la calidad de la tendencia predictiva.

6. Realizar el seguimiento correspondiente y comparar los ingresos recaudados con las estimaciones. El seguimiento permite tanto evaluar la precisión de las proyecciones como determinar si es probable que surjan déficits o superávits en el presupuesto.

7. Actualizar y ajustar las previsiones a medida que varíen las condiciones que influyen en la generación de ingresos. Las fluctuaciones en la recaudación pueden ser consecuencia de cambios imprevistos en las condiciones económicas, de ajustes normativos y administrativos o de variaciones en los patrones de la demanda de los consumidores.

Proyecciones sobre las fuentes individuales de ingresos locales

El primer paso para hacer proyecciones sobre los ingresos del gobierno local es clasificar dichos ingresos según una metodología específica e identificar los factores económicos y de otra índole que afectan a cada uno de ellos. Algunas fuentes son muy sensibles a los cambios económicos (por ejemplo, los impuestos a las ventas y a las empresas), mientras que otras dependen mucho más de decisiones normativas o de tendencias de desarrollo de largo plazo (impuesto a la propiedad). Algunas son bastante previsibles (el impuesto a los automóviles) y otras, erráticas (multas). Algunas son controlables, otras escapan por completo al control de los funcionarios municipales. Algunas aportan gran cantidad de fondos, otras no generan una diferencia discernible en el resultado final (infracciones por mal estacionamiento).

Al realizar las proyecciones sobre los ingresos locales, es útil plantear cuatro preguntas: ¿cuán sensible es el impuesto a los cambios económicos?, ¿cuán previsible es?, ¿qué grado de control tienen los gobiernos locales sobre los fondos que genera?, ¿qué impacto tiene el gravamen en el presupuesto del gobierno local?

Impuestos sobre las propiedades y otras cargas tributarias vinculadas con la propiedad (impuesto a las transferencias):

- ¿Son sensibles a los cambios económicos?   No de manera significativa.

- ¿Son previsibles?   Sí.

- ¿Son controlables?   Sí.

- ¿Representan una fuente de ingresos importante?   Sí.

Los impuestos sobre las propiedades inmuebles suelen constituir la mayor proporción de los ingresos de los gobiernos locales en los países desarrollados. La base imponible es en general bastante estable, al menos en el corto plazo, y los funcionarios locales determinan tanto la valuación como las tasas impositivas. Para proyectar los ingresos derivados del impuesto sobre los inmuebles hay dos métodos:

- suponer que se mantiene constante al nivel de precios actual;

- suponer un ajuste conservador para los cambios proyectados en el valor total calculado.

En Estados Unidos y en otros países donde este impuesto es el principal instrumento fiscal de los municipios, las autoridades locales tratan de fijarlo en niveles que les permitan cubrir los gastos del gobierno local. Esto suele conducir a fuertes aumentos en las tasas impositivas y provocar la oposición de los contribuyentes. Los diagramas del gráfico 4.9 muestran dos situaciones hipotéticas utilizadas en la ciudad de Nueva York. En la primera, un fuerte incremento del impuesto sobre la propiedad elimina el déficit; en la segunda, una tasa impositiva constante genera un déficit creciente.

Impuestos sobre las ventas y otros gravámenes no vinculados con las propiedades:

- ¿Son sensibles a los cambios económicos?   Sí.

- ¿Son previsibles?   No.

- ¿Son controlables?   No.

- ¿Representan una fuente de ingresos importante?   Sí.

El impuesto a las ventas y otros gravámenes no vinculados con las propiedades, como los impuestos a los servicios públicos, los restaurantes o a la ocupación hotelera, son fuentes de ingresos muy importantes para los países, las ciudades o los pueblos. Resulta útil analizar el impuesto a las ventas por separado, sin agruparlo con los otros gravámenes no vinculados con las propiedades, puesto que en él influyen factores distintos.

En algunas ciudades de Estados Unidos, el estado recauda el impuesto local sobre las ventas y lo distribuye a los condados y a determinadas ciudades que reciben parte del impuesto del condado. En

Gráfico 4.9 El impuesto sobre la propiedad: Situaciones hipotéticas para hacer previsiones sobre los ingresos

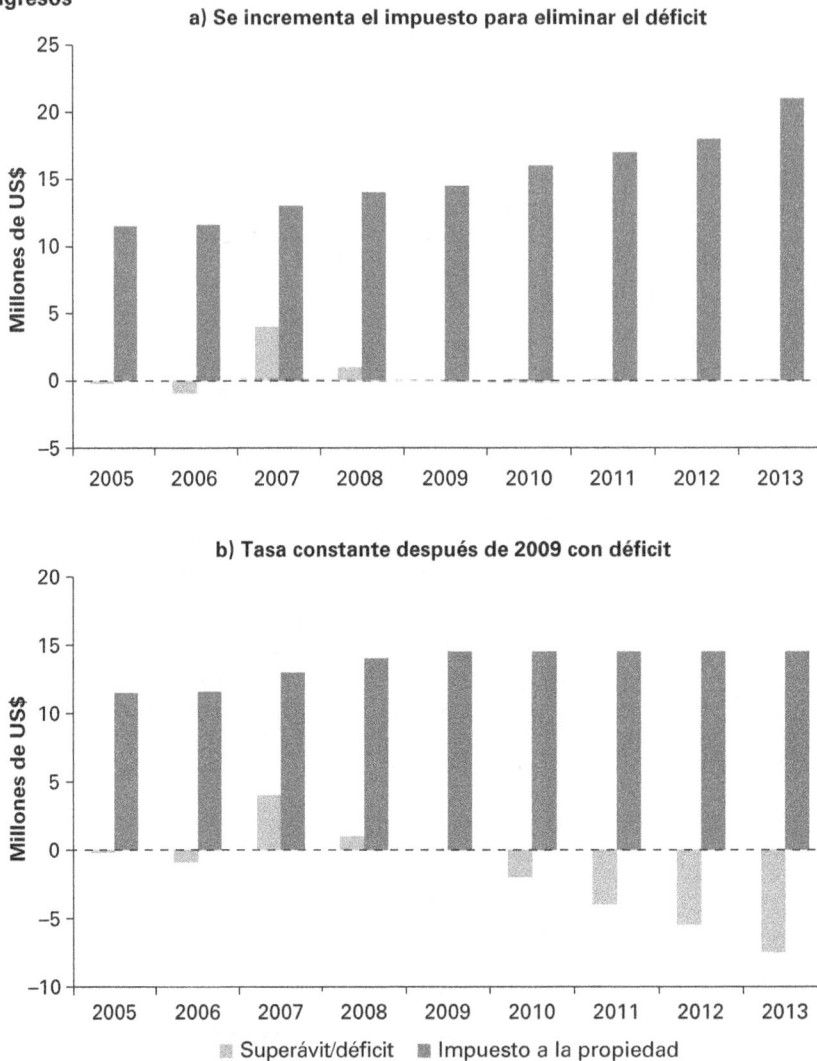

a) Se incrementa el impuesto para eliminar el déficit

b) Tasa constante después de 2009 con déficit

▨ Superávit/déficit   ▪ Impuesto a la propiedad

Fuente: Oficina del Contralor del Estado (2010, http//www.osc.state.ny.us/localgov/training/chapters/myfp/two/rev.

muchos países, los ingresos provenientes de los impuestos sobre las ventas se reparten con otros gobiernos locales según fórmulas basadas en factores tales como cantidad de población y valor de las propiedades.

Los impuestos sobre las ventas y la mayoría de los gravámenes no vinculados con las propiedades son más volátiles que las cargas sobre los inmuebles, porque los cambios económicos influyen en ellos de manera casi inmediata. Además, están sujetos a los cambios en las políticas en el nivel del estado, del condado y en ocasiones del municipio, entre los que cabe mencionar las modificaciones a la tasa impositiva (si los ingresos se comparten con el gobierno que realiza

Gráfico 4.10 Recaudación del impuesto a las ventas, año a año, 1991-2009

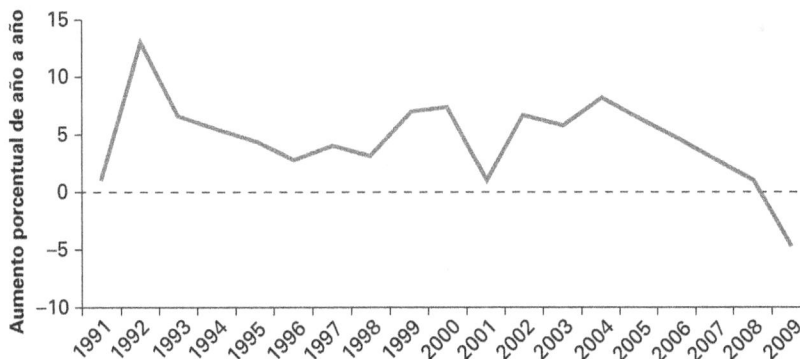

Fuente: Oficina del Contralor del Estado, 2010. http://www.osc.state.ny.us/localgov/training/

la proyección), los cambios en la base imponible (por ejemplo, semanas en que no se cobra el impuesto a las ventas) o incluso la renuncia de una ciudad a cobrar una parte de la tasa.

La historia reciente ayudará a los gobiernos locales a determinar el punto en que deben iniciar sus proyecciones sobre el impuesto a las ventas, y la información referida a la economía local (hacia arriba o hacia abajo) aportará factores importantes que deberán considerar. Muchos departamentos del gobierno central (por ejemplo, el Ministerio de Economía, el Banco Central o el Departamento de Planificación) publican previsiones sobre los factores que influyen en los ingresos derivados de gravámenes no vinculados con las propiedades, como el PIB nacional, las tendencias en el empleo, el comercio minorista y el aumento de los salarios. El gráfico 4.10 muestra que los ingresos provenientes del impuesto a las ventas son sensibles a los ciclos económicos, por lo que cayeron a partir de 2008.

En Estados Unidos, la Oficina de Estadísticas Laborales y la Oficina de Censos suministran los datos locales, pero no las proyecciones. Los gobiernos locales deberían ser particularmente cautos al formular proyecciones sobre esta fuente de ingresos debido a su magnitud y su posible volatilidad. Se deben tener en cuenta varias cuestiones:

- ¿Se ha modificado la tasa del impuesto sobre las ventas?

- ¿Se han producido cambios económicos significativos, por ejemplo, en la tasa de desempleo o en el crecimiento del comercio minorista?

- ¿Se han modificado las tasas de interés de un modo que pudiera afectar el gasto y, por lo tanto, la recaudación del impuesto a las ventas?

Otros ingresos locales:

- ¿Son sensibles a los   No.
  cambios económicos?

- ¿Son previsibles?   Depende.

- ¿Son controlables?   Depende.

- ¿Representan una fuente de   No.
  ingresos importante?

En la categoría de "otros ingresos locales" se incluyen las multas, los aranceles por la concesión de licencias, la venta de propiedades, los intereses devengados y otras fuentes poco significativas. Si en un municipio se combinan algunas de estas categorías o todas ellas en una sola, es más conveniente realizar las proyecciones sobre la base de las tendencias recientes constantes o de tendencias que se toman como constantes, ajustándolas si es necesario en caso de que se tenga noticia de modificaciones importantes en las principales fuentes de ingresos. Si una localidad elabora proyecciones de cada partida presupuestaria, debe hacerlo conforme a la tendencia más razonable

Cuadro 4.14 Previsibilidad de los principales ingresos locales

	Impuesto a la propiedad	Impuesto a las ventas	Otros impuestos locales	Transferencias
¿Es sensible a los cambios económicos?	No de manera significativa	Sí	Sí	No
¿Es previsible?	Sí	No	Mixto	Mixto
¿Es controlable?	Sí	No	Sí	
¿Representa una fuente de ingresos importante?	Sí	Sí	No	Sí
Métodos de elaboración de previsiones				
1.	Permanece constante	Función del PIB, empleo	Indexado según la inflación	Permanece constante
2.	Cubre el déficit			

Fuente: Elaborado por los autores a partir de información proporcionada por la Oficina del Contralor del Estado de Nueva York, http://www.osc.state.ny.us/localgov/training/chapters/myfp/two/rev_aid.htm.

(como la inflación o incrementos conocidos en los aranceles) o debe tomarlas como constantes.

Las transferencias y las subvenciones federales y de los estados por lo general escapan al control del municipio. La puntualidad y la solidez relativa del presupuesto de los estados influyen en la mayor parte de las categorías de la asistencia que este brinda. Es práctica generalmente aceptada considerar los fondos de asistencia provistos por los estados como constantes, a menos que se considere una posibilidad razonable que se reduzcan, o se prevea con cierto grado de certeza que se producirá un aumento específico. En el cuadro 4.14 se resumen las características de las principales fuentes de ingresos a los efectos de las previsiones.

Sin embargo, hay algunas excepciones. En ciertos programas estatales de ayuda, los gastos se reembolsan en función de los costos locales o del nivel de participación (muchas transferencias de ayuda escolar se encuadran en esta categoría). Los municipios pueden ponerse en contacto con los organismos de los estados que administran estos programas para que los ayuden con las proyecciones sobre los fondos de asistencia. Las transferencias federales son por lo general específicas de determinados programas, y algunas pueden ser subvenciones iniciales, lo que significa que el gobierno local debe continuar financiando el programa una vez que concluye la asistencia federal. Por lo general, en consecuencia, la ayuda federal es una fuente de recursos pequeña y variable.

Los métodos para elaborar previsiones abarcan desde técnicas cualitativas relativamente informales hasta metodologías cuantitativas muy sofisticadas. En las previsiones sobre ingresos, las técnicas más sofisticadas no son necesariamente las más precisas. De hecho, un oficial de finanzas experimentado a menudo puede prever lo que pasará con bastante precisión. En general, quienes elaboran las previsiones utilizan técnicas variadas, pues reconocen que algunas dan mejores resultados que otras, según la fuente de ingresos de que se trate. En el recuadro 4.25 se resumen las características de los dos métodos principales para formular previsiones.

Elaborar previsiones en los programas de mejora de los ingresos es una tarea muy distinta de la pronosticación habitual. Las proyecciones con técnicas cualitativas son particularmente importantes cuando se prevé modificar de manera significativa los ingresos o cuando dicha reforma ya está en marcha. Estas reformas pueden considerarse como inversiones a largo plazo (la informatización de las diversas bases de datos, la ampliación de dichas bases gracias a la identificación de nuevos usuarios, la legalización de conexiones ilegales, etc.). Exigen no solo grandes cantidades de dinero y de tiempo, sino con frecuencia también de apoyo político. Para elaborar previsiones sobre los ingresos en estas circunstancias es necesario contar con un equipo de expertos, que deben establecer acciones específicas y calcular lo que habrá de esperarse en un plazo de uno a cinco años utilizando una combinación de técnicas cualitativas y cuantitativas.

Recuadro 4.25 Técnicas para formular previsiones sobre ingresos

En las previsiones sobre ingresos se proyectan los futuros flujos de fondos, incluidas las proyecciones sobre ventas de empresas o estimaciones de la recaudación de impuestos cobrados para una entidad gubernamental. La capacidad para estimar con precisión el volumen de ingresos es esencial para elaborar un presupuesto anual adecuado.

Los *métodos de predicción subjetivos* se apoyan menos en los datos y más en las opiniones, y utilizan la estimación de una persona o de un comité basada en la experiencia anterior o quizá en tendencias pasadas. Estas previsiones dan mejores resultados cuando las condiciones son imprevisibles o cambian con rapidez. En ocasiones se utiliza la experiencia de un pequeño grupo de expertos que están familiarizados con las características de la actividad gubernamental. Por ejemplo, un municipio pequeño puede reunir un grupo de profesionales locales del

ámbito inmobiliario con experiencia en el mercado para analizar el crecimiento del sector. Sus opiniones y sus conocimientos ayudarán a proyectar el volumen de ingresos que puede esperar obtener el municipio en concepto de impuestos sobre las ventas de nuevas viviendas, por ejemplo.

Los *métodos de predicción de series temporales* tienen en cuenta las tendencias que se derivan de datos históricos recopilados a lo largo de varios años o instancias. En las predicciones basadas en este método básico se analiza la evolución de los datos en el tiempo. Los resultados de las predicciones pueden verse afectados por cuestiones tales como la presencia de ciclos y la estacionalidad.

Por lo general se mencionan cuatro métodos: a) ingenuo-aumento constante; b) modelos de series temporales, como el de medias móviles; c) modelos causales, y d) predicción subjetiva.

Fuente: Garrett y Leatherman, 2010.

El debate sobre el presupuesto de ingresos

Los debates sobre el presupuesto en el nivel de los gobiernos locales se centran más en cómo utilizar los recursos disponibles que en cómo obtenerlos. Excepcionalmente, cuando los consejos municipales o los ministerios que se ocupan de los gobiernos locales así lo solicitan, las administraciones locales explican los supuestos utilizados en las previsiones sobre ingresos. En este contexto, la tarea principal del ente encargado de la gestión de los ingresos es presentar al Consejo Municipal propuestas para: a) alentar el pago de impuestos mediante facilidades e incentivos; b) mejorar la facturación y la recaudación de ingresos ampliando el sistema de nomenclatura y numeración de la ciudad; c) actualizar e integrar las cuentas corrientes de los contribuyentes mediante sistemas electrónicos de información para la administración, y d) movilizar los ingresos potenciales, ya sea con las fuentes de recursos de las que se dispone en la actualidad o con otras nuevas, como los gravámenes por mejoras.

Como se mencionó anteriormente, el análisis del presupuesto local se centra más en los niveles y la composición del gasto que en los ingresos. A menudo estos se sobrestiman, lo que conduce a un gasto mayor que el justificado. Por ejemplo, en la previsión sobre ingresos se puede dar por supuesto un nivel poco realista de cobro de atrasos impositivos o se pueden incluir los fondos que se espera obtener de la venta de tierras municipales suponiendo un valor muy elevado que no se corresponde con la realidad. Estas prácticas inadecuadas por lo general derivan en déficits fiscales municipales o en proyectos de infraestructura local inconclusos.

Aprobación del presupuesto de ingresos

Una vez que se llega a un acuerdo sobre la propuesta de gastos e ingresos, se aprueba el presupuesto anual municipal. Para la aprobación se requiere que el Consejo Municipal vote el proyecto de presupuesto y emita la correspondiente resolución. En ocasiones, los presupuestos de los municipios deben ser aprobados por el ministerio estatal o central que se encarga de los gobiernos locales. Sin embargo, es más habitual que los gobiernos de los estados deban aprobar los presupuestos municipales, como ocurre en México. En general, para lograr la aprobación, los presupuestos deben estar equilibrados, pero el significado de "equilibrio" varía. En muchos casos incluye el uso de recursos externos para financiar gastos de inversión previstos y aprobados (véase también el capítulo 7).

En vista de la tendencia a sobrestimar el nivel de ingresos, las políticas fiscales prudentes exigen un análisis riguroso de los métodos y los supuestos utilizados para proyectar los diversos componentes de los ingresos municipales. Esta función es por lo general responsabilidad de la unidad de control interno de la administración municipal. También pueden participar de esta tarea la Comisión de Economía del Consejo Municipal, los miembros de dicho órgano en general y, en algunos países, el ministerio que se encarga de los gobiernos locales o su equivalente. Para el Consejo Municipal (incluida la Comisión de Economía) y para el ente de control interno municipal, el desafío radica en garantizar que la predicción de ingresos sea realista, a fin de evitar que se produzcan déficits fiscales o se dejen obras públicas inconclusas, entre otros resultados posibles.

Ejecución del presupuesto de ingresos

En lo que respecta a la ejecución de los ingresos, el desafío consiste en garantizar que se recaude un monto igual o mayor que el proyectado. En la práctica, la recaudación de un impuesto determinado con frecuencia resulta inferior a la prevista. En algunos gravámenes, el monto reunido puede ser mayor, con lo que se compensa la diferencia derivada del impuesto por el que se recaudó menos de lo esperado. Esta es la situación habitual en la mayoría de los casos en los que los ingresos se ejecutan en un marco de disciplina fiscal, que evita la sobrestimación (y la subestimación) excesiva y repetida de los ingresos. Por el contrario, cuando no hay una disciplina fiscal rigurosa, los gobiernos locales muestran escasa eficiencia en la recaudación de ingresos e importantes déficits presupuestarios. Por lo tanto, en la ejecución de los ingresos, en particular en los municipios con escasas restricciones presupuestarias, el desafío radica en aprender a utilizar y aprovechar los recursos propios (su base de ingresos) y vivir de acuerdo con sus posibilidades, en lugar de recurrir a los subsidios cruzados distorsivos que otorga el gobierno central. En el cuadro 4.15 se describen los indicadores pertinentes para supervisar el desempeño de los ingresos.

Por lo general, se hace el seguimiento mensual de la recaudación de cada una de las fuentes, así como del total. Si se observan diferencias significativas, en los casos en los que esto se deba a factores que el departamento de gestión de ingresos puede controlar (por ejemplo, deficiencias en la facturación o escasa exigencia del cumplimiento), se adoptan medidas correctivas. Para verificar el desempeño en cada una de las funciones principales de la gestión de ingresos, se pueden utilizar diversos indicadores objetivos. Estos temas se analizan en mayor detalle en el capítulo 8 cuando se estudia el desempeño financiero de los municipios.

Cuadro 4.15   Desempeño de los ingresos: Indicadores de seguimiento y evaluación

Funciones principales	Eficacia (%)	Exactitud (%)	Eficiencia en función de los costos	Tiempo necesario para obtener el indicador
1. Identificación y registro de los contribuyentes	Contribuyentes registrados/total de residentes	Registros con errores/total de registros	Costo total de la registración/número de registros Costo promedio por registro	Electrónico (E) Horas (H) Días (D)
2. Facturación	Número de contribuyentes/contribuyentes a los que se envía factura	Facturas con errores/total de facturas	Costo total de la facturación/total de contribuyentes	E, H, D
3. Recaudación de impuestos	Ingresos recaudados/total de cuentas	Valor total de las cuentas recibidas/total de cuentas	Total de costos de recaudación/total de cuentas Costo promedio por cuenta	E, H, D
4. Exigencia del pago de impuestos	Atrasos recuperados/total de atrasos	Cuentas en mora/total de cuentas	Costo total de recuperación/total de cuentas en mora	E, H, H

Recuadro 4.26 Estrategia de optimización de los recursos: El municipio de Sutton, en Londres

El municipio de Sutton, en Londres, ha implementado una estrategia de "optimización de los recursos" y ha establecido valores de referencia para impulsar el programa de eficiencia del Consejo Municipal. Un objetivo clave de la estrategia era equilibrar la flexibilidad con una evaluación sistemática y objetiva. El proceso requería también el apoyo de los gerentes de los servicios y la adecuada participación de los usuarios.

Un sistema de valores de referencia proporciona una guía para comparar el desempeño en todas las áreas de los servicios, teniendo en cuenta las presiones locales específicas. Para detectar los aspectos en los que se puede incrementar la eficiencia, se utiliza una herramienta de evaluación conocida como "cociente de optimización de los recursos", que emplea datos de la Comisión de Auditoría y del Colegio Profesional de Expertos en Contabilidad y Finanzas del Sector Público para elaborar evaluaciones automáticas de la optimización de los recursos en cada servicio. Esta automatización en la elaboración de informes permite a los funcionarios dedicar el tiempo a investigaciones más intensivas sobre el desempeño y los resultados. Las diversas áreas de los servicios deben seleccionar luego uno o dos aspectos en los que se pueda incrementar la eficiencia para estudiarlos más

detenidamente en talleres específicos. De este modo se garantiza que los gerentes de los servicios participen en el proceso desde las primeras etapas. En los talleres participan los concejales, los gerentes de los servicios pertinentes, otros funcionarios del Consejo y consultores externos. Las ideas que surgen durante los talleres se reúnen luego en un programa de eficiencia que se tiene en cuenta durante el proceso de planificación corporativa y financiera.

Los proyectos de eficiencia se clasifican en cuatro áreas:

- Servicios al consumidor: transferencia de procesos del sector administrativo al personal de atención al público.
- Proyectos de inversión dirigida al ahorro.
- Proyectos de adquisición.
- Servicios de transición: combinación de funciones similares dentro del Consejo o con otras organizaciones asociadas.

Estas áreas cuentan con fondos y personal especializado. Los miembros desempeñan un papel activo, pues asumen la responsabilidad personal de aportar ideas y supervisar los proyectos seleccionados. Se elaboran informes regularmente para garantizar que los funcionarios superiores y los integrantes puedan verificar los avances.

Fuente: Comisión de Auditoría, Reino Unido, 2009.

Un ejemplo del uso de indicadores de desempeño que reflejan la eficacia en función de los costos es el caso del municipio de Sutton, en Londres. El municipio ha implementado un programa de eficiencia o reducción de los costos en la prestación de servicios (denominado "optimización de los recursos"), tal como se ilustra en el recuadro 4.26.

Estrategias para movilizar recursos

Una estrategia abarcadora para la gestión de los ingresos —y para la gestión financiera municipal en general— consiste en vincular las funciones clave de los municipios, por ejemplo: a) la recaudación de ingresos con la prestación de servicios, b) el costo de la prestación de servicios con los beneficiarios, c) los cargos al usuario con los gastos por servicio. A continuación se explica cada una de estas estrategias.

Vincular la recaudación de impuestos con la prestación de servicios

Los contribuyentes locales suelen ser renuentes a pagar impuestos porque no saben si esos fondos se utilizan adecuadamente y conforme a sus preferencias y prioridades. La preocupación más

El presupuesto de los ciudadanos de Kenya
En 2011, el Ministerio de Finanzas de Kenya publicó una guía de seis páginas sobre el presupuesto nacional dirigida a los ciudadanos. El documento presentaba algunas de las cifras clave del presupuesto en forma de diagramas y viñetas. Por ejemplo, el gráfico que aquí se incluye fue extraído del documento. El presupuesto de los ciudadanos brindaba información sobre la cantidad de dinero que recibía cada sector y cuánto se había reservado para destinar a los pobres, además de mucha otra información. Este documento también explicaba brevemente las medidas que el gobierno preveía adoptar en áreas importantes, como la creación de empleos para los jóvenes y la protección de los pobres frente al aumento en los precios de los alimentos.

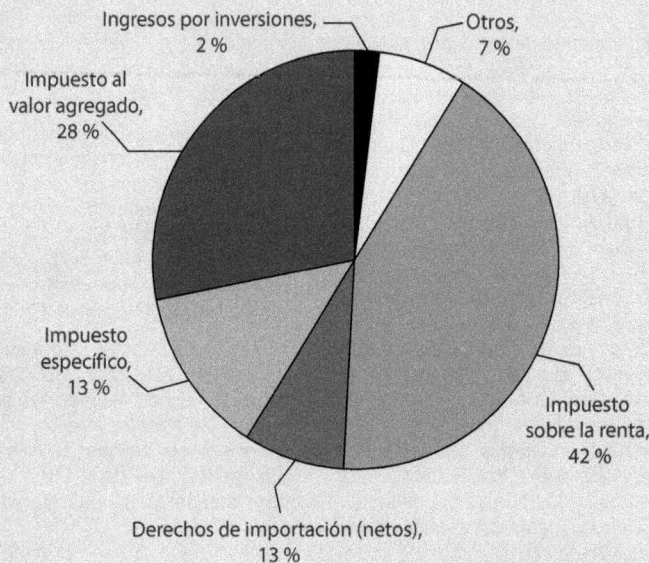

Ingresos por inversiones, 2 %
Otros, 7 %
Impuesto al valor agregado, 28 %
Impuesto específico, 13 %
Impuesto sobre la renta, 42 %
Derechos de importación (netos), 13 %

Fuente: Action Aid 2011, 14.

importante es que los impuestos locales se usen principalmente para pagar a los empleados y la burocracia municipal o, peor aún, para beneficiar a la administración local. Una de las estrategias que se pueden aplicar para restablecer la confianza en el gobierno local es abrir las cuentas y mostrar el nexo directo entre los impuestos locales y la construcción (o ampliación, rehabilitación y mantenimiento) de la infraestructura económica y social básica, como las calles, el alumbrado público, las aceras o los caminos. (En el recuadro 4.27 se muestra el folleto utilizado en Kenya para informar a los contribuyentes sobre las fuentes y los usos de los impuestos que pagan). Esto es similar a la idea de utilizar los impuestos a los combustibles para el mantenimiento vial, o destinar las tarifas de agua para financiar el mantenimiento de la infraestructura hídrica. Este tipo de asignación y empleo de los ingresos (que se corresponde con el principio de gravar los beneficios) debe ser transparente, conocido por todos los residentes locales y respaldado por auditorías sociales, de modo que aliente el pago de impuestos y las iniciativas de movilización de los recursos locales en general[9]. Hay dos maneras de hacer esto: vincular los costos con los beneficiarios y vincular los gastos con los cargos al usuario.

Vincular el costo de la prestación de servicios con los beneficiarios. Al vincular el costo de la prestación de servicios con sus beneficiarios se incrementa la transparencia y la eficiencia de la asignación de recursos (véase un análisis más detallado en el capítulo 5). Por ejemplo, la decisión de destinar el impuesto a la propiedad para mejorar el sistema de distribución de agua y utilizar luego las tarifas del suministro para mantener la calidad del servicio es una medida coherente y sensata a los ojos del contribuyente.

Vincular los cargos al usuario con los gastos por servicio. Los cargos al usuario deben fijarse en un nivel que permita financiar el costo real (operación y mantenimiento) del servicio, como se mencionó anteriormente, de modo que el suministro sea sostenible. En la práctica, el gobierno local debe saber en detalle cuánto cuesta brindar cada servicio, lo cual requiere contar con sistemas idóneos de contabilidad y presupuestación para cada uno de ellos. En consecuencia, una de las principales dificultades para fijar cargos adecuados es establecer mecanismos de contabilidad y presupuestación para cada servicio, de contabilidad de *centros de costos* o de *contabilidad por fondos*. Los cargos al usuario podrán fijarse entonces en un nivel que permita recuperar los costos reales de la prestación del servicio y se corresponda con el consumo óptimo. Los valores de referencia también pueden ayudar a incrementar la eficiencia en el gasto y la recaudación de los cargos al usuario.

Recuadro 4.28 Mejorar el impuesto sobre la propiedad en Ghana

En Ghana, el Banco Mundial ha respaldado una reforma al impuesto sobre la propiedad mediante diversos proyectos de administración urbana y de tierras, como el Proyecto de Desarrollo del Gobierno Local, el Segundo Proyecto Urbano, el Quinto Proyecto Urbano y el Segundo Proyecto de Administración de la Tierra. El apoyo brindado en el marco de estas iniciativas ha permitido fortalecer la capacidad de las asambleas de distrito con el objetivo de que superen sus dificultades para recaudar impuestos, en particular en el contexto del esquema dual de administración de tierras (tradicional y estatal), que ha creado un sistema de derechos de propiedad muy complejo. La movilización de ingresos derivados del impuesto sobre la propiedad también se ha visto limitada como consecuencia del fracaso de los intentos por crear registros inmobiliarios oficiales precisos y de la escasa base de propietarios con títulos oficiales.

El Segundo Proyecto Urbano, por ejemplo, permitió mejorar los registros vinculando un sistema actualizado de nomenclatura y numeración urbanas con los catastros de tierras y armonizando el marco legislativo referido a la administración de tierras con las leyes consuetudinarias sobre propiedad. La reforma permitió a cinco ciudades incrementar su capacidad para generar ingresos. El aumento de los montos recaudados por las cinco asambleas entre 1988 y 1997 por concepto de impuesto sobre la propiedad osciló entre el 2713 %, en Accra, y el 62 %, en Tamale, en términos nominales. Las iniciativas dirigidas a establecer la nomenclatura y la numeración urbanas permitieron localizar a los individuos y las empresas gravables y compilar un registro con sus datos. Este sistema de registro de nomenclaturas y numeraciones urbanas, aún en implementación en ciudades secundarias, posibilitó que las asambleas distritales de Accra y Tamale determinaran con precisión su base impositiva. Asimismo, ofrece oportunidades para aumentar los ingresos tanto en los municipios principales de Ghana como en los secundarios. El nuevo marco legal ha convertido la tributación en un instrumento viable de gestión de la tierra al estandarizar los criterios de propiedad de la tierra y crear una base para su valuación.

Fuente: Farvacque-Vitkovic et al., 2008.

Recuadro 4.29 Benin incrementa su capacidad de generar ingresos

El Programa Descentralizado de Gestión de las Ciudades de Benin, implementado en dos fases (PDGC I y PDGC II), ha incrementado la capacidad de movilizar recursos en tres ciudades principales (Cotonou, Porto-Novo y Parakou) y en tres secundarias (Abomey-Calavi, Lokossa y Kandi). Durante el PDGC I, los tres municipios principales incrementaron sus ingresos totales en un 82 %, 148 % y 131 %, respectivamente. En la segunda fase del programa, se establecieron estructuras municipales para mejorar la facturación y la recaudación de impuestos. También ha mejorado la eficiencia en la recaudación gracias a una reducción significativa de los gastos administrativos.

Con el programa se introdujeron sistemas computadorizados de gestión del presupuesto. La base de datos integrada de contribuyentes y usuarios ha permitido a los municipios verificar el cumplimiento de los pagos e identificar a posibles nuevos contribuyentes. La automatización e informatización de la recaudación impositiva han reducido los costos de recuperación para los impuestos urbanos administrados localmente y en el nivel central. En lo que respecta a las políticas, el programa respaldó la elaboración de procedimientos claros de recuperación de impuestos y orientaciones sobre implementación para el personal del departamento de finanzas.

La alineación de los sistemas de gestión de ingresos del gobierno central y los gobiernos locales ha reducido los costos de la administración impositiva y ha mejorado la gestión coordinada de los ingresos y los gastos. El *Ministère des Finances et de l'Economie* creó una unidad central para cada municipio dedicada a controlar los ingresos y los gastos, en consonancia con los procedimientos contables del gobierno central. La capacitación del personal de la *Circonscription Urbaine* y del ministerio del área permitió lograr mayor eficiencia en la recaudación del impuesto a la propiedad y del gravamen profesional urbano, la presupuestación y la contabilidad.

Fuente: Farvacque-Vitkovic et al., 2008.

Lograr mayor eficiencia en la recaudación de ingresos

Bases de datos electrónicas. Toda la información sobre los contribuyentes y los abonados a los servicios debe manejarse en bases de datos electrónicas. Las bases de datos centralizadas permiten hacer el seguimiento de las obligaciones financieras pendientes para con el gobierno local, así como de los pagos y los atrasos. La identificación de los contribuyentes puede mejorarse cruzando distintas bases de datos. Por ejemplo, los nombres de los abonados al servicio de agua pueden compararse electrónicamente con las direcciones y los nombres de los contribuyentes del impuesto a la propiedad para ampliar la base tributaria (en el recuadro 4.28 se resume el caso de Ghana).

Oficina de ventanilla única. Para lograr mayor eficiencia en la recaudación de ingresos, en muchas ciudades de países en desarrollo se han establecido oficinas de ventanilla única, que disponen de información actualizada sobre las cuentas corrientes de los usuarios (es decir, los contribuyentes y los abonados a los servicios). Se puede acceder a toda la información en un mismo lugar, de modo que los clientes no tienen que visitar varias oficinas, quizá muy alejadas, para presentar sus reclamaciones o sus inquietudes.

Como ejemplo de programa de gestión municipal descentralizado y dirigido a mejorar la movilización de recursos se puede citar la experiencia de Benin con las iniciativas de aumento de la eficiencia en la recaudación (recuadro 4.29).

Políticas sobre los ingresos municipales

Para implementar políticas sobre los ingresos municipales, se debe comenzar por identificar los problemas que afectan la recaudación. Algunos de esos problemas quizá requieran que se adopten medidas en el nivel nacional, por ejemplo, determinar el volumen y la fórmula que se aplicará para las transferencias intergubernamentales, asignar impuestos locales y fijar tasas impositivas (y los topes para los cargos al usuario). Otros pueden solucionarse en el ámbito local. El sistema de transferencias fiscales intergubernamentales analizado en el capítulo 1 escapa al control municipal, por lo tanto es más conveniente centrar la atención en las medidas del plano local.

En este nivel, se abordan las deficiencias en la cobertura de quienes deben pagar impuestos y otros cargos no impositivos. Por ejemplo, se verifica si los contribuyentes están debidamente identificados y registrados, si las tasaciones impositivas están actualizadas (como la valuación de propiedades) y si los registros catastrales contienen información precisa y actualizada. Asimismo, se detectan las deficiencias en la facturación y el cobro de impuestos y cargos. También es importante contar con sistemas de cumplimiento y remediación para garantizar que los impuestos se paguen equitativamente.

Instrumentos normativos

¿Qué instrumentos pueden utilizar los gobiernos locales para asegurarse de identificar, recaudar e incrementar los ingresos municipales del modo más eficiente y equitativo posible y solucionar con rapidez los problemas detectados? En general, las políticas adecuadas buscan medios para incrementar los ingresos y ampliar las bases impositivas de los tributos locales, a fin de reducir sus respectivas tasas al nivel más bajo posible. De modo similar, la incorporación de todos los usuarios de un servicio permite fijar cargos más bajos, con lo que se vuelve más asequible y se amplía el número de residentes que acceden a él.

Para lograr una gestión exitosa de los ingresos, la mayoría de los gobiernos locales debe contar con los siguientes elementos:

- *Un sistema de cumplimiento creíble*. Se puede atenuar la resistencia política si los recursos recaudados se destinan a mejorar la calidad y la cantidad de bienes y servicios públicos.

- *Cargos al usuario fijados en un nivel que permita recuperar los costos de operación y mantenimiento del servicio*. La política de ingresos locales debe garantizar la sostenibilidad financiera de los servicios municipales.

- *Sistemas de contabilidad de los costos para cada uno de los servicios*. Para poder establecer cargos al usuario en un nivel que permita recuperar los costos de cada servicio, el municipio debe hacer un seguimiento de dichos costos. Es prácticamente imposible fijar cargos adecuados sin conocer los costos de operación y mantenimiento de los servicios municipales.

- *Cargos al usuario accesibles*. Los gobiernos locales deben adoptar una política que aborde los problemas relacionados con la capacidad de pago. En general se aplican dos enfoques: a) regulación de precios, que a menudo implica un subsidio general, o b) subsidios específicos para determinados hogares. La regulación de precios suele distorsionar el verdadero costo de la prestación del servicio, lo que provoca una excesiva demanda que exige a su vez una producción también excesiva y vuelve insostenible el servicio. Si no se resuelve el problema de la recuperación de costos, no se puede abordar adecuadamente la falta de capacidad de pago.

- *Tercerización de la recaudación de ingresos*. La tercerización puede ser una estrategia viable en el caso de los cargos al usuario, incluida la administración de los servicios. En última instancia, el objetivo es lograr una prestación sostenible conforme a parámetros establecidos.

- *APP*. Los servicios financiados mediante cargos al usuario, como el suministro de agua y la recolección de residuos sólidos, en principio pueden brindarse a través de asociaciones con el sector privado, lo que por lo general garantiza la eficiencia en la recaudación, la sostenibilidad y la aplicación de parámetros apropiados para la prestación del servicio.

Análisis del impacto de la política de ingresos

Toda política tributaria afectará los ingresos y el ahorro de los ciudadanos. A continuación se enumeran algunos factores que deben tenerse en cuenta al establecer precios o aranceles tarifarios:

Eficiencia. Toda política referida a los ingresos municipales debe procurar financiar los bienes públicos locales y los servicios municipales de manera eficiente y equitativa. Es importante no dejar de lado las consideraciones sobre eficiencia para evitar el consumo innecesariamente excesivo o escaso de los servicios. En el caso de las tarifas por el suministro de

Recuadro 4.30 Criterios para la elección de los impuestos

Los gobiernos locales deben decidir en cuáles de los instrumentos disponibles harán hincapié. En muchos casos, las opciones son limitadas y ya están establecidas en el marco regulatorio o en la Constitución, por lo que el grado de libertad del que disponen los gobiernos locales puede ser restringido. Sin embargo, resulta útil presentar un marco para los casos en los que es posible tomar esta decisión.

Hay varios criterios para evaluar cuáles son los impuestos locales más adecuados para un determinado gobierno. Bahl (1996) sugiere cinco criterios: sencillez administrativa, volumen de ingresos generados, equidad o incidencia, neutralidad y viabilidad política. Los impuestos pueden clasificarse fácilmente según estos criterios. Examinemos los cuatro gravámenes más importantes: impuesto a la propiedad, a las ventas, a la renta y a los vehículos. Se puede elaborar un modelo sobre cuánto sería necesario aumentar cada uno de estos impuestos para obtener un determinado nivel de ingresos y simular el modo en que votaría el Consejo Municipal. ¿La sencillez administrativa y la viabilidad política serán los criterios más importantes? ¿O tendrán más peso el volumen de ingresos generado y la elasticidad (quizá en una situación de apremios financieros)? ¿Y la equidad (o progresividad)? ¿El Consejo Municipal considerará que los impuestos a la propiedad son más progresivos que los gravámenes sobre las ventas, aunque estos últimos sean mucho más fáciles de implementar o aumentar?

agua, si se fijan en valores demasiado bajos, los usuarios consumirán en exceso y los ingresos no serán suficientes para financiar la operación y el mantenimiento del servicio. Si la tarifa es demasiado elevada, los usuarios no podrán costear el servicio y no se alcanzará el nivel óptimo de prestación desde el punto de vista social.

Impacto sobre la distribución de los ingresos. Los impuestos y los cargos al usuario afectan la distribución local de los ingresos. Las desigualdades locales provocadas por la política fiscal pueden elevar los niveles de pobreza o bien reducir la concentración de la riqueza. En este sentido, las políticas pueden ser neutrales, regresivas o progresivas en función de sus efectos sobre la distribución local de los ingresos. Las fuentes progresivas (por ejemplo, los impuestos sobre la renta) por lo general racionalizan la demanda agregada de bienes y servicios públicos, lo que en última instancia impulsa el crecimiento económico local.

Impacto sobre la capacidad de absorción de los nuevos contribuyentes. Las mejoras en la gestión de los ingresos locales con frecuencia dan lugar a un aumento en los impuestos que los residentes deben pagar. Esto es particularmente cierto cuando se actualizan las tasaciones de los terrenos a los fines del impuesto a la propiedad. En este caso, los encargados de administrar los ingresos locales deberían ofrecer un plan para incrementar de manera gradual las obligaciones impositivas, de modo de facilitar el cumplimiento. Por ejemplo, si se realizan nuevas valuaciones cada cinco años, se pueden dividir los aumentos correspondientes del gravamen en incrementos proporcionales a lo largo de ese período. Como alternativa, se puede utilizar el índice de precios anual para ajustar gradualmente el valor de la base imponible, sin grandes saltos, como ocurrió en Colombia.

En el recuadro 4.30 se resumen los criterios que pueden emplear los gobiernos locales para seleccionar los impuestos que resulten más apropiados en función de sus circunstancias particulares.

La función de los subsidios específicos

Sin importar cuán cuidadosamente se planifique y se administre la estructura de ingresos, algunos residentes no podrán pagar los cargos al usuario. Por lo general, se trata de los pobres, los desempleados y los discapacitados. En teoría, estos grupos deberían estar amparados por la red de protección social del gobierno central o regional, que debería otorgar subsidios específicos a quienes los necesitan, quizá utilizando el gobierno local como vehículo. El subsidio puede concederse específicamente para un uso determinado, como los vales de transporte de

Brasil, otorgados a todos los trabajadores del mercado formal, con financiamiento del gobierno federal y los empleadores. Esta política es muy útil pues ayuda a los trabajadores pobres a trasladarse hasta el mercado de trabajo.

En ausencia de subsidios directos, las subvenciones cruzadas pueden ayudar a los pobres a acceder a los servicios permitiéndoles pagar menos y cobrando tarifas más altas a los ricos. Estos subsidios cruzados a menudo están implícitos en la estructura tarifaria, por ejemplo, cuando se cobra un precio unitario más bajo si el consumo es escaso. Este tipo de subsidios se utilizan especialmente en los servicios de abastecimiento de agua y energía. Otro modo de ayudar a los pobres mediante las políticas tributarias es otorgándoles exenciones impositivas. Por ejemplo, en algunos países, los inmuebles cuyos dueños y residentes son viudas y ancianos sin capacidad de pago están exentos del impuesto sobre la propiedad. Asimismo, se pueden implementar programas específicos para subsidiar solo el consumo básico y mínimo de los servicios residenciales, como la electricidad y el agua, a fin de ayudar a quienes no pueden hacer frente a los cargos mensuales.

Sin embargo, en muchos países en desarrollo no se aplican estas sencillas prácticas; en cambio, se suelen mantener las tarifas en niveles por lo general bajos con el argumento de que así se protege a los pobres. Como ya se dijo, este es el modo menos eficiente de proteger a los pobres, y genera a su vez múltiples efectos adversos, como el consumo excesivo entre los ricos, la pérdida de ingresos que deben cubrirse eventualmente con fondos del presupuesto general, y la baja calidad y cantidad de los servicios (por ejemplo, el agua es turbia y solo está disponible durante una hora al día).

No obstante, la pregunta principal es quién debe pagar los subsidios. En la práctica, el gobierno local paga en la forma de ingresos no cobrados. Los subsidios al consumo básico de servicios, como el de agua y electricidad, deberían financiarse mediante al menos tres fuentes: a) *otros usuarios*, o aquellos que pagan tarifas más altas debido a los subsidios cruzados implícitos en la estructura tarifaria; b) *impuestos locales*, y c) *transferencias enviadas* por el gobierno central para hacer frente a la pobreza y a problemas sociales (redes de protección social).

Sin embargo, no se espera que los gobiernos locales se ocupen de los problemas de desigualdad, que son responsabilidad del gobierno central. Si las autoridades locales incrementaran los impuestos para mejorar las condiciones de vida de los pobres de su municipio, los residentes podrían oponerse y decidir abandonar la comunidad para trasladarse a otra jurisdicción donde los ingresos tributarios se reinviertan en la infraestructura física de la ciudad. Lamentablemente, los contribuyentes son a menudo egoístas y prefieren que sea el gobierno central el que se ocupe de la pobreza.

Conclusiones

Es esencial contar con una estructura financiera sólida para que las ciudades logren hacer frente con éxito a los desafíos de la urbanización. La estructura financiera influye en la cantidad y la calidad de los servicios y en la eficiencia de la prestación, y determina si los costos son compartidos en el ámbito de la ciudad de manera equitativa y eficiente, y si los ciudadanos tienen acceso al gobierno local y si este rinde cuentas ante los residentes.

La elección de las herramientas para generar ingresos es también importante. El modelo del beneficio en las finanzas del gobierno local tiene como premisa que la función de este es brindar bienes y servicios a los residentes locales. Siempre que sea posible, los servicios provistos por el gobierno local deben pagarse en función de los beneficios recibidos. En los casos en los que se pueda identificar a los beneficiarios y los servicios no sean principalmente redistributivos (por ejemplo, la seguridad social), se recomienda aplicar cargos a los usuarios. Este es el caso del suministro de agua, el alcantarillado, la recreación y el tránsito.

Los gobiernos locales combinan las fuentes de ingresos de diversos modos, en consonancia con su cultura y su marco legislativo. Sin embargo, se observan ciertos rasgos comunes:

- La mayoría de los ingresos propios del nivel local provienen del impuesto a la propiedad, a las ventas y a las empresas. El impuesto sobre la renta se usa principalmente en los países del norte de Europa.

- El impuesto sobre la propiedad es un gravamen local adecuado porque es visible y su base es inmóvil. Sin embargo, requiere contar con capacidad técnica y compromiso político. Con frecuencia los políticos evitan aplicar este tributo porque resulta demasiado visible. Si el impuesto y las valuaciones están actualizados y son transparentes, es probable que los contribuyentes acepten las ventajas que brinda este gravamen. En los países en desarrollo aún hacen falta numerosas mejoras: a menudo no existe la infraestructura necesaria para aplicar el impuesto a la propiedad o este representa una proporción muy pequeña de los ingresos tributarios.

- Recientemente en los países en desarrollo se han utilizado los ingresos basados en la tierra para financiar obras de infraestructura, y es probable que se conviertan en una importante fuente de recursos en el futuro. Las ventas y los arrendamientos de tierras (El Cairo, Mumbai) y los gravámenes y aranceles por mejoras son modos de captar el valor de los terrenos públicos. También pueden utilizarse como la contribución que aporta el sector público en las APP, en particular en los proyectos de gran envergadura. Como ejemplos cabe citar el proyecto del subterráneo de Shanghái y la estación del Metro 4 de São Paulo.

- Otra fuente de ingresos locales utilizada recientemente es la de los aranceles o impuestos por congestión, como los que se aplican en Londres, Singapur, Milán y Estocolmo con el objetivo de reducir el tránsito, la congestión y la contaminación. Los beneficios de estos impuestos han sido visibles: las emisiones de carbono se han reducido y los fondos recaudados se utilizaron para ampliar y mejorar la infraestructura del transporte público.

En tiempos de apremios financieros, muchos gobiernos locales se centran solo en el presente. Es necesario que las ciudades reflexionen sobre los factores que las han llevado a la restricción fiscal y adopten las medidas que les permitan mejorar su situación en el mediano y largo plazo. Las soluciones rápidas (como la venta de los activos físicos) no darán resultado. Reconsiderar la asignación de recursos e identificar los posibles incrementos en las tasas impositivas ya existentes (aun cuando sean temporarios) es el mejor modo de abordar las crisis financieras de manera abierta y transparente.

Notas

1. La dificultad de medir la utilidad individual que una persona determinada obtiene al utilizar un servicio público justifica el uso de fuentes sustitutas para financiar el servicio, en particular los impuestos progresivos sobre la renta o los gravámenes proporcionales sobre las propiedades (Musgrave y Musgrave, 1976).

2. Particularmente en los países nórdicos; para obtener más información, véase la Base de Datos sobre Descentralización Fiscal de la OCDE, http://www.oecd.org/tax/federalism/oecdfiscaldecentralisation database.htm#C_4.

3. Este principio a menudo se contrapone con el que establece que la tasa del impuesto a la propiedad debería fijarse en un nivel tal que, cuando se la aplique a una base dada, dé la cantidad de dinero que el gobierno local necesita para brindar servicios básicos. Esto significa que cada uno paga un monto distinto por el consumo de los mismos servicios públicos por la presunción de que la "utilidad" de esos servicios es proporcional a la riqueza de cada uno.

4. En muchos países, las tasas de recaudación parecen mucho más altas de lo que son porque los sistemas del impuesto local a la propiedad no distinguen entre la recaudación de las obligaciones antiguas impagas (atrasos, multas y penalidades) y la recaudación anual de los montos impositivos actuales.

5. Algunos consideran que los recargos a los servicios públicos son esencialmente impuestos por beneficios que se cobran de manera ilegítima sobre bienes excluibles porque son más fáciles de recaudar que los impuestos generales sobre bienes públicos puros, cuyo consumo no reduce la disponibilidad del bien para otras personas. Sin embargo, los recargos podrían constituir un instrumento adecuado para financiar nuevos desarrollos, por ejemplo, para respaldar la urbanización ecológica, cuando se los aplica a las tarifas de energía.

6. Los sistemas de nomenclatura y numeración urbanas generalmente asignan una denominación específica (o dirección) a cada ubicación (esto es, lote de terreno, vivienda, edificio, etc.), para posibilitar su identificación. En las versiones más modernas, esta información está respaldada con mapas elaborados mediante SIG.

7. Esta diferencia podría ser exagerada, en vista de la dificultad que entraña distinguir entre el número potencial de contribuyentes (registrados o no), los contribuyentes registrados y los que reciben efectivamente la factura.

8. Derivado de Garrett y Leatherman, 2010.

9. El término "auditorías sociales" se refiere a la función de las organizaciones de la sociedad civil en la supervisión formal de las operaciones del gobierno local, en particular en la ejecución de proyectos de desarrollo local.

Bibliografía

Action Aid, International Governance Team. 2011. "Budgets, Revenues and Financing in Public Service Provision." http://www.actionaidusa.org/sites/files/actionaid/budgets_revenues_and_financing_public_service_provision_hrba_governance_resources.pdf.

Audit Commission U.K. 2009. London Borough of Sutton. http://www.auditcommission.cov.uk/SiteCollectionDocuments/AuditCommissionReports/National Studies/23042009summingupREP.pdf.

Bahl, Roy. 1996. "Fiscal Decentralization: Lessons for South Africa." In *Restructuring the State and Intergovernmental Fiscal Relations*, edited by Bert Helmsing, Thomas Mogale, and Roland Hunter. Freidrich-Ebert-Stiftung.

———. 2002. "Implementable Rules of Fiscal Decentralization." In *Development, Poverty and Fiscal Policy*, edited by M. G. Rao, 253–77. New Delhi: Oxford University Press.

Bahl, Roy, J. Martinez-Vazquez, and J. Youngman. 2008. *Making the Property Tax Work: Experiences in Developing and Transitional Countries*. Boston: Lincoln Institute of Land Policy.

———. 2010. *Challenging the Conventional Wisdom of the Property Tax*. Boston: Lincoln Institute of Land Policy.

Bird, Richard. 2001. "Setting the Stage—Municipal and Intergovernmental Finance." In *Challenges of Urban Governments*, edited by M. Freire and R. Stren. Washington, DC: World Bank Institute.

———. 2006. "Local Business Taxes. In *Perspectives in Fiscal Federalism*, edited by Richard Bird and François Vaillancourt. Washington DC: World Bank Institute.

———. 2009. "Tax Assignment Revisited." In *Tax Reform in the 21st Century*, edited by J. Head and R. Krever, 441–70. New York: Wolters Kluwer.

———.2011 "Subnational Taxation in Developing Countries: A Review of the Literature." Policy Research Working Paper 5450, World Bank, Washington, DC.

Brzeski, W. Jan. 2012. "Global Position Paper on Property Tax Reforms." International Property Tax Institute, Toronto, Canada.

Devas, Nick. 2001. "Financing Cities," Insights #38, November, http://www.id21.org/insights/insights38/ insights-iss38-art01.html.

Devas, Nick, A. Munawwar, and D. Simon. 2008. *Financing Local Government*. Commonwealth Secretariat Local Government Reform Series, London.

DEXIA. 2008. *Sub-National Governments in the European Union*. Organization, Responsibilities and Finance, Paris.

Easter, K. W., and Y. Liu. 2005. "Cost Recovery and Water Pricing for Irrigation and Drainage Projects." Agriculture and Rural Development Discussion Paper 26, World Bank, Washington, DC.

Ellis, P., M. Kopanyi, and G. Lee. 2007. "Property Taxation in the Large Cities of Punjab Province, Pakistan." *Journal of Property Tax Assessment and Administration* 4 (2): 31–52.

Eckert, Joseph. 2008. "Computer-Assisted Mass Appraisal Options for Transitional and Developing Countries." In *Making the Property Tax Work*, edited by R. Bahl, J. Martinez-Vasquez, and J. Youngman. Cambridge, MA: Lincoln Institute of Land Policy.

Farvacque-Vitkovic, C. 2005. *Street Addressing and the Management of Cities*. Washington DC: World Bank.

Farvacque-Vitkovic, C., M. Raghunath, C. Eghoff, and C. Boakye. 2008. "Development of Cities of Ghana—Challenges, Priorities and Tools." Africa Region Working Paper 110, World Bank, Washington, DC.

Garrett, T. A., and John C. Leatherman. 2010. *An Introduction to State and Local Public Finance*. http://www.rri.wvu.edu/WebBook/Garrett/chapterfour.htm.

Guajardo, S. A., and R. Miranda. 2000. *An Elected Official's Guide to Revenue Forecasting*. Chicago: Government Finance Officers Association.

Ingram, Gregory. 2008. "Foreword." In *Making the Property Tax Work: Experiences in Developing and Transitional Countries*, edited by Roy Bahl, Jorge Martinez-Vazquez, and Joan Youngman. Boston: Lincoln Institute of Land Policy.

International City Management Association. 2003. IQ Report, vol. 35, no. 8, August.

Muccluskey, W. J., Michael E. Bell, and Lay C. Lim. 2010. "Rental Value versus Capital Value. Alternative Bases for the Property Tax." In *Challenging the Conventional Wisdom on the Property Tax*, edited by Roy Bahl, Jorge Martinez-Vasquez, and Joan Youngman, 119–57. Cambridge MA: Lincoln Institute of Land Policy.

Musgrave, Richard A., and Peggy B. Musgrave. 1976. *Public Finance in Theory and Practice*, 2nd ed. Tokyo: McGraw-Hill Kogakusha Ltd.

Peteri, G., and F. Sevinc. 2011. "Municipal Revenues and Expenditures in Turkey." UNDP–LAR Project, UNDP, Ankara, Turkey.

Peterson, George E. 2009: Unlocking Land Values to Finance Urban Infrastructure; World Bank PPIAF, Washington DC.

Ruiz, Francisco, and Gabriel Valejos. 2010. "Using Land Registration as a Tool to Generate Municipal Revenue: Lessons from Bogota." World Bank, Washington, DC.

Rybeck, Rick. 2004. "Using Value Capture to Finance Infrastructure and Encourage Compact Development." Washington, DC: District of Columbia Department of Transportation.

Slack, Enid. 2009. *Guide to Municipal Finance*. The Human Settlements Financing Tools and Best Practices Series, UN HABITAT, Nairobi, Kenya.

Werneck, R. 2008. "Tax Reform in Brazil: An Evaluation at the Crossroads." PUC Texto par Discussao, N 558. Rio de Janeiro: Pontificia Universidade Catolica.

World Bank. 2006a. "Brazil: Inputs for a Strategy for Cities. A Contribution with a Focus on Cities and Municipalities." Report No. 35749-BR. World Bank, Washington, DC.

——. 2006b. "Uganda at a Glance." World Bank, Washington DC.

——. 2007. "Implementation Completion Reports for Maputo Municipal Development Program (MMDP) I." World Bank, Washington, DC.

——. 2010. "West Bank and Gaza, Municipal Finance and Service Provision." Sustainable Development Department, Middle East and North Africa Region Report. World Bank, Washington, DC.

Wyoming. 2011. *"Guidelines for Preparing the Municipal Budget—A Handbook for Municipal Elected Officials.* Available at http://www.wyomuni.org/vertical/Sites /percent7BAA188EFF-AB49-49A3-ACFE -6BC586C039AD percent7D/uploads /percent7BD4C29F11-6798-4AE1-AD5C -0E67ABFAF498 percent7D.PDF.

CAPÍTULO 5

Gestión de gastos locales

Lance Morrell y Mihaly Kopanyi

Los gobiernos locales de todo el mundo están sometidos a crecientes presiones financieras para que obtengan más resultados con menos recursos. Si bien todos los gobiernos locales no tienen el mismo nivel de responsabilidad en materia de prestación de servicios, la mayoría afronta un rápido aumento de la demanda de servicios urbanos a raíz del crecimiento veloz y constante de la población urbana. Sin embargo, la capacidad de estos gobiernos para suministrar servicios urbanos y desarrollar la infraestructura necesaria se ve gravemente limitada por la escasez de recursos fiscales. Aunque la situación obedece a muchos factores, el problema se ha agravado después de la crisis financiera de 2008, que intensificó la necesidad general de aumentar la eficiencia y gestionar los recursos financieros con más eficacia.

Si bien la demanda de un mayor número de servicios a un costo total más bajo no se detendrá, las ideas y los instrumentos que se describen en este capítulo proporcionarán a los funcionarios de los gobiernos locales y, en particular, a los oficiales de finanzas, los medios para aumentar la eficiencia y la eficacia en función de los costos de los servicios y las funciones municipales. Aunque la naturaleza de los servicios que brindan los municipios varía en consonancia con su magnitud y la situación local, los conceptos enunciados en este capítulo, junto con los descritos en los capítulos 3 y 4, se aplican a la mayoría de los gobiernos locales.

Este capítulo tiene por objeto presentar conceptos diseñados para fortalecer las capacidades de las autoridades administrativas de los gobiernos locales, los miembros de los consejos locales, los jefes de departamento y el personal de finanzas para gestionar y controlar el nivel de gastos, de manera que los servicios locales se suministren con eficiencia y eficacia y se reduzca al mínimo la carga tributaria de los ciudadanos.

Concepto y principios de gestión del gasto

Los órganos legislativos y los especialistas de todo el mundo están analizando la importancia de la disciplina fiscal y la eficiencia operacional. La gestión del gasto consiste en garantizar que los fondos a disposición de los gobiernos locales se destinen a mejorar la prestación de servicios y a lograr los objetivos gubernamentales en forma eficiente y eficaz. La asignación arbitraria de los recursos y la falta de eficiencia en las operaciones, que son habituales en muchos países en desarrollo, son consecuencia de las deficiencias en esa gestión. Los sistemas de gestión del gasto son los instrumentos que permiten a los gobiernos locales verificar que los presupuestos de recursos sean realistas y que los gastos sean coherentes con las previsiones de los ingresos. Estos sistemas también ayudan a garantizar que las prioridades estratégicas reciban los presupuestos necesarios y que los diversos servicios públicos se proporcionen a un costo razonable.

¿En qué consiste la gestión del gasto?

En la gestión del gasto se pone el acento en garantizar que los fondos se asignen y usen para lograr las prioridades concertadas y que los gobiernos dispongan de la información necesaria para planificar y supervisar el desempeño de sus programas y el impacto de sus gastos. Incluye los siguientes instrumentos: planificación de los recursos y gastos; asignación o afectación de recursos y transferencia de fondos a entidades y funciones; control y ejecución del gasto y liberación de fondos, y seguimiento del desempeño del gasto. Estos instrumentos se analizarán detalladamente en las siguientes secciones.

Entidades encargadas de la gestión del gasto

En la gestión del gasto intervienen varias entidades que, en cada caso, se ocupan de aspectos y funciones concretas de la gestión general de los gastos de un gobierno local; la asignación de las funciones depende de las circunstancias legales y políticas (locales):

- *Consejo y alcalde.* Los miembros del consejo de cada gobierno local se dedican especialmente a garantizar que los servicios exigidos por los contribuyentes se proporcionen de manera eficiente, que los fondos recaudados se utilicen adecuadamente y que se apliquen las políticas y los procedimientos de control interno del gobierno. El consejo dicta normas, imparte orientaciones, examina el análisis del desempeño del gasto y toma decisiones sobre medidas correctivas, y brinda información sobre el desempeño del gasto a entidades externas, como el gobierno central y los ciudadanos.
- *Departamento de finanzas.* El tesorero o el jefe del departamento de finanzas se dedica especialmente a garantizar que cada departamento de operaciones reciba un presupuesto suficiente para proporcionar los servicios concertados, que los fondos asignados a los diversos departamentos se utilicen para los fines previstos y que existan los sistemas y procedimientos necesarios para supervisar y evaluar los gastos ordinarios y de capital.
- *Departamentos de operaciones.* Los jefes de los departamentos funcionales o de operaciones se dedican principalmente a gestionar y controlar sus costos específicos; por ejemplo, un departamento que presta servicios de desechos sólidos se ocupa de las inversiones en maquinarias y su mantenimiento y del costo del combustible y los salarios.

Gestión del gasto: Problemas y desafíos generales

El diagrama del gráfico 5.1, presentado en el capítulo 3, muestra la perspectiva y las funciones del alcalde, el consejo y el departamento de finanzas en la gestión del gasto. Entre otras funciones, deben focalizarse en el panorama general de las finanzas municipales, dado que tienen la responsabilidad de cerciorarse de que los ingresos totales sean suficientes para cubrir todos los gastos del municipio o, en otras palabras, de que el presupuesto esté equilibrado (véase también el capítulo 8).

El presupuesto equilibrado. La situación y los desafíos locales dependen en gran medida de la arquitectura fiscal del país en cuestión y, específicamente, del nivel y la profundidad de la descentralización (como se explica en forma más detallada en el capítulo 1; véase también Ebel y Vaillancourt, 2007). En consecuencia, para comparar las estructuras y el equilibrio entre ingresos y gastos es necesario comprender cabalmente la situación del país. No obstante, algunos principios generales y estructuras básicas proporcionan una base útil para el análisis y las comparaciones, lo que incluye, por ejemplo, el principio del presupuesto equilibrado y la división de funciones entre los niveles del gobierno.

Los municipios deberían planificar y mantener presupuestos equilibrados por razones tanto legales como pragmáticas. En el gráfico 5.1 se plantea una situación ideal que es realista en los países desarrollados, a saber: los ingresos corrientes superan los gastos ordinarios y proporcionan un considerable superávit de operación, que está disponible para el autofinanciamiento de una parte de los gastos de capital. Por lo tanto, un presupuesto equilibrado incluye tres resultados: resultado corriente (con superávit), resultado de capital y resultado total. Los

Gráfico 5.1 Ingresos en el contexto presupuestario

	Ingresos	Gastos
Presupuesto ordinario	**Ingresos corrientes** Ingresos propios: impuestos, tasas Transferencias del gobierno Otros ingresos (rentas) Superávit llevado a cuenta nueva	**Gastos ordinarios** Nómina Operación y mantenimiento Pagos de intereses Déficit llevado a cuenta nueva (de existir)
	Autofinanciamiento ←	Superávit de operación
Presupuesto de capital	**Ingresos de capital** Ventas de bienes, tierras Donaciones Préstamos	**Gastos de capital** Obras públicas Adquisición de bienes, tierras Reembolso del principal de préstamos

Cuadro 5.1 Presupuesto de la ciudad de Jhelum (millones de PR)

	2004–05	2005–06	2007–08
Ingresos corrientes	91,9	130,9	115,5
Gastos ordinarios	30,0	42,8	47,5
Resultado corriente	61,8	130,1	117,8
Ingresos por urbanización	14,8	25,1	15,5
Gastos de urbanización	36,1	144,1	188,3
Resultado de urbanización	(21,3)	(119,0)	(172,9)
Resultado final	40,6	11,2	(55,0)

municipios bien administrados, incluso en los países en desarrollo, planifican y ejecutan sus presupuestos con estos tres resultados; como ejemplo cabe citar la ciudad de Jhelum (con una población de 200 000 habitantes), en Pakistán, que se muestra en el cuadro 5.1. El presupuesto de 2007-08 indica que, si bien los empréstitos municipales están prohibidos en Pakistán, aparentemente existe la opción de realizar los pagos a los urbanizadores en forma diferida (crédito forzado).

Centenares de municipios en economías en desarrollo y en transición afrontan déficits corrientes persistentes debido, en parte, a la crisis financiera internacional. Eso significa que no logran financiar las operaciones ordinarias con los ingresos corrientes y, por lo tanto, acumulan déficits a lo largo de los años o financian las operaciones con entradas de capital; en otras palabras, están utilizando el patrimonio de la comunidad. En el cuadro 5.2 se muestran los presupuestos de una ciudad grande (de más de 3 millones de habitantes) de Pakistán y una ciudad mediana de Croacia.

Aunque los dos presupuestos parecen similares, el déficit corriente es más persistente en Pakistán, mientras que en Croacia es temporario y obedece en gran medida a la desaceleración económica mundial. A pesar de sus déficits corrientes, las dos ciudades financian actividades de urbanización, principalmente con transferencias del Estado, y en Croacia, con préstamos. Huelga decir que un déficit corriente es una situación perniciosa que debe enmendarse. Un déficit corriente persistente puede indicar que las restricciones presupuestarias son blandas, es decir, que el control del gasto es deficiente, o que existe un desequilibrio vertical, lo que entraña un desajuste entre las asignaciones de ingresos y de gastos, que debe ser corregido por el gobierno central.

Gastos por funciones o sectores. El nivel de la descentralización fiscal determina en gran medida la estructura de los gastos por sector de funciones o servicios. Los países nórdicos de Europa están muy descentralizados y se ha delegado un amplio espectro de funciones a los gobiernos locales. Otros países europeos están más centralizados y se han cedido pocas funciones al nivel local. Como ellos, la mayoría de los municipios en el mundo en desarrollo tienen pocas funciones. Por ejemplo, los municipios de

Cuadro 5.2   Presupuestos de una ciudad grande en Pakistán y de una ciudad mediana en Croacia

Presupuesto de Multan (miles de PR)	2008–09	2009–10	2010–11	Presupuesto de Rijeka (miles de €)	2008	2009	2010
Ingresos corrientes	5318,7	4719,5	5850,5	Total de ingresos corrientes con saldos llevados a cuenta nueva	128,4	120,7	119,5
Gastos ordinarios	4054,0	4761,8	6138,7				
Resultado corriente	1264,7	−42,3	−288,2	Gastos ordinarios	124,2	122,4	127,6
Entradas por capital o urbanización	1018,0	1403,0	0,0	Resultado neto de operación	4,2	−1,6	−8,1
				Ingresos por capital/ financiamiento	32,2	17,2	33,6
Gastos de capital	1420,0	868,0	965,0	Gastos de capital	36,4	15,5	25,5
Resultado de capital	−402,0	535,0	−965,0	Resultado de capital (superávit/déficit)	−0,2	8,6	8,5
Resultado total	862,7	492,7	−1253,2	Resultado final total	4,0	7,0	0,4

Jordania se encargan en gran medida de los caminos locales, el alumbrado público y la gestión de los desechos sólidos, mientras que entidades del gobierno central cumplen otras funciones.

El gráfico 5.2 muestra una relación muy clara entre la descentralización y la magnitud y la estructura de los gastos por función. Los municipios de los países descentralizados cubren una gran proporción del gasto público (en Dinamarca, el 35 % del PIB); destinan la mayor parte de sus presupuestos a servicios sociales; pagan una parte de algunos servicios urbanos, que en su mayoría son suministrados por entidades privadas, y destinan tan solo una pequeña proporción de sus presupuestos a gastos administrativos. A diferencia de ellos, las ciudades de países centralizados pagan una pequeña proporción de los gastos municipales (en Turquía, el 5 % del PIB) y tienen pocas obligaciones en materia de servicios sociales; destinan sumas considerables a servicios urbanos, y utilizan una gran proporción de sus pequeños presupuestos para gastos administrativos.

Los municipios de los países en desarrollo suelen ser similares a los de los países europeos más centralizados, con pequeñas proporciones del gasto público total, escasas funciones en el suministro de servicios sociales y urbanos, y una gran proporción de sus presupuestos asignada a gastos administrativos. Algunos, incluso, sostienen que su función primordial es proporcionar empleo local. Los ciudadanos, sin embargo, podrían considerar que el gobierno local no les presta servicios y por lo tanto es probable que no estén dispuestos a pagar impuestos más altos si el grueso del presupuesto se destina a gastos administrativos en vez de a servicios. Es posible extraer enseñanzas de la asignación de funciones, así como de las tradiciones nacionales, para determinar la estructura del gasto, y deberían tenerse en cuenta esas características para determinar el control del gasto.

En el cuadro 5.3 se muestra la nueva situación de la Federación de Rusia después de la transición política. Los municipios rusos son sustancialmente responsables del suministro de servicios sociales (viviendas para personas de ingreso bajo, salud y educación). El cuadro permite establecer que, con el tiempo, han racionalizado los gastos a través de diversas medidas, entre ellas, la privatización de una parte de las viviendas disponibles. Aumentaron el gasto en servicios urbanos, educación y salud. Además, especifican los gastos con más precisión y redujeron la partida indefinida "otros gastos" del 12,4 % al 4,6 %.

Gestión del gasto: Un campo de batalla entre el departamento de finanzas y los departamentos de operaciones

La planificación del presupuesto es un proceso iterativo impulsado y controlado por la tesorería o el departamento de finanzas y, por lo general, por un comité de finanzas del consejo (como se explicó en forma más detallada en el capítulo 3). El departamento de finanzas establece el calendario presupuestario y comunica las decisiones y orientaciones en materia de políticas. Sobre esa base, los departamentos de

Gráfico 5.2 Gastos, por función y descentralización

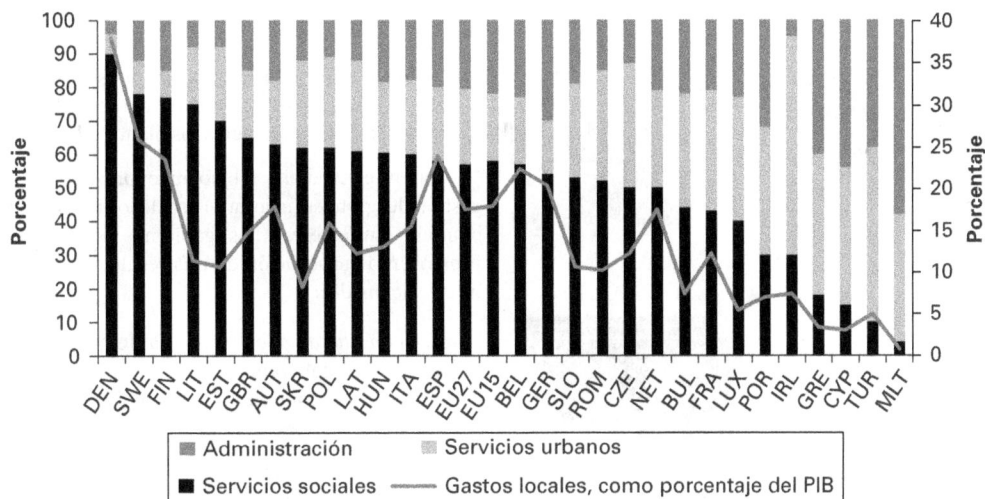

Fuente: http://epp.eurostat.ec.europa.eu/portal/page/portal/statistics/search_database.

Cuadro 5.3 Gastos municipales en
la Federación de Rusia, por función (%)

Función	1996	2002
Administración local	3,3	6,7
Infraestructura y servicios económicos	8,3	9,9
Servicios de vivienda y comunitarios	26,6	19,5
Cultura	2,1	3,0
Educación	25,6	33,2
Salud pública	14,5	15,5
Política social	7,2	7,6
Otros	12,4	4,6
Total	100,0	100,0

Fuente: Chernyavsky y Vartapetov, 2004.

operaciones preparan sus presupuestos y presentan propuestas al departamento de finanzas para su examen y negociación (véase el gráfico 5.3). El departamento de finanzas tiene la responsabilidad de exigir el cumplimiento de las metas normativas clave (incluido el presupuesto equilibrado), de consolidar los presupuestos departamentales en un presupuesto municipal y de presentarlo para su aprobación al alcalde y al consejo. Es un proceso largo, con intereses contrapuestos, batallas y, algunas veces, discusiones acaloradas entre el departamento de finanzas y otros departamentos.

Los departamentos funcionales o de operaciones tienen la obligación primordial de cumplir sus labores con el presupuesto asignado y, por lo tanto, de controlar sus gastos. Así pues, durante el proceso de planificación ponen énfasis en incrementar sus presupuestos respecto de la suma del año anterior. En ocasiones, el departamento de finanzas y otras entidades tienen puntos de vista diferentes en las discusiones sobre los planes de gastos. En el cuadro 5.4 se muestra cómo una escuela respalda su plan de gastos con información concreta sobre los cambios respecto del año anterior (base).

Las negociaciones entre el departamento de finanzas y los departamentos de operaciones son especialmente difíciles cuando se pide a los departamentos que recorten sus gastos, desafío que los municipios vienen afrontando en todo el planeta, inclusive en Estados Unidos, debido a la desaceleración de la economía después de 2008. En esos casos, se requieren medidas detalladas y concretas para aumentar los ingresos y, más importante aún, recortar los gastos, lo que incluye reducir el número de agentes de policía y el gasto en mantenimiento de parques. Los departamentos de finanzas deberían

Gráfico 5.3　El proceso presupuestario iterativo

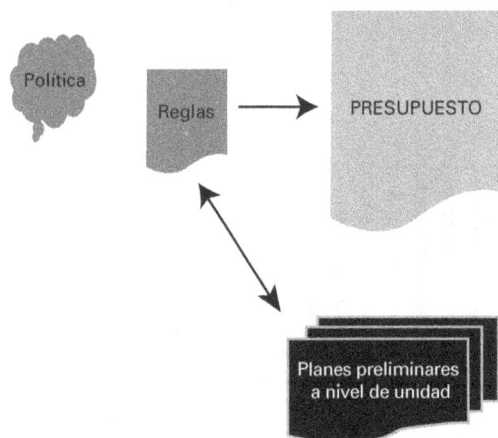

Cuadro 5.4　Plan de gastos presentado por una escuela al departamento de finanzas

	Estimaciones revisadas 2011 (Rs)	Plan 2012 (Rs)
Gasto bruto[a]	32 500 000	36 125 000
Ingresos por derechos de matrícula[b]	8 000 000	10 120 000
Necesidad de financiamiento neto	24 500 000	26 005 000

a. Los costos de la energía y los servicios públicos generarán un aumento del 5 % en los gastos totales, y se contratarán cuatro profesores a tiempo parcial, con la aprobación de la junta escolar.
b. Las solicitudes indican que se registrará un aumento del 10 % en el número de alumnos, y el derecho de matrícula aumentará un 15 %.

identificar soluciones alternativas para reestructurar el presupuesto según sea necesario y poner esas opciones a disposición de las autoridades encargadas de las decisiones.

Un sistema eficaz de gestión del gasto

Todo sistema eficaz de gestión del gasto debe incluir tres elementos:

1. *Hitos.* Es necesario planificar los gastos futuros con hitos claros y cuantificables para realizar un seguimiento del desempeño real.

2. *Control del gasto.* Es necesario controlar los gastos para que el gasto real concuerde con el presupuesto y el plan.

3. *Evaluación.* Debe llevarse a cabo un seguimiento y una evaluación de los gastos para verificar que efectivamente se ajusten a los planes concertados.

Como se ha dicho, el objetivo primordial de la gestión del gasto es mejorar el uso de los recursos. Para cumplir ese objetivo, los gobiernos locales deben promover la consecución de tres resultados que están interrelacionados:

1. *Disciplina fiscal global:* garantía de que los gastos reales son coherentes con los ingresos reales totales, para mantener el gasto público dentro de límites sostenibles.

2. *Eficiencia en la asignación:* coherencia entre los presupuestos asignados a los programas y las actividades que promueven las prioridades estratégicas de las comunidades.

3. *Eficiencia operacional:* prestación de servicios públicos cuya calidad y costo sean razonables.

Estos tres resultados, si bien razonables, deben ser logrados por gobiernos locales que, por su naturaleza, son organizaciones complejas, con numerosos programas políticos que con frecuencia son contradictorios y con intereses especiales contrapuestos. Dentro del gobierno local, por ejemplo, es posible que un grupo desee aumentar los impuestos para mejorar un servicio local concreto; otro puede promover un aumento de los pagos de pensiones a los empleados; los intereses de los grupos comunitarios podrían ser diferentes de los de los urbanizadores o las empresas locales.

El ciclo de gestión del gasto

Se debe considerar que la gestión del gasto es un ciclo continuo que abarca el examen y la formulación de políticas, la elaboración y la aprobación de planes, la movilización y la asignación de recursos, la ejecución de los planes y el control de los gastos, el seguimiento y la contabilidad de los gastos, y la evaluación y la auditoría del desempeño del gasto. En el gráfico 5.4 se muestra el ciclo del gasto, y en el recuadro 5.1 se describen algunas medidas que pueden adoptarse para mejorar su gestión. Para comenzar, incluimos una breve explicación de los elementos del ciclo de gestión del gasto mientras que las secciones siguientes contendrán un análisis más detallado. El recuadro 5.1 contiene un resumen de los principales requisitos para mejorar la gestión del gasto.

Formulación de políticas

El punto de partida del ciclo, y el factor que lo impulsa, son las políticas que el gobierno local procura aplicar. Para comenzar el proceso, los funcionarios públicos deben examinar las políticas vigentes para establecer si aún son válidas y, junto con diversas partes interesadas, deben identificar políticas nuevas o modificadas que sean importantes para la comunidad. Por ejemplo, se podría establecer una tasa por urbanización con el objeto de que los constructores locales financien mejoras de la infraestructura primaria cuando construyan propiedades adyacentes. También se podría exigir a los constructores de viviendas que garanticen que el 15 % de todas las unidades habitacionales nuevas sean asequibles para grupos de ingreso bajo.

Planificación

Después de un examen transparente de las políticas y las estrategias del gobierno local, y tras llegar a un acuerdo respecto de ellas, es necesario ultimar los planes para cada departamento y unidad. Al desarrollar planes eficaces, es fundamental identificar hitos cuantificables que permitan realizar un seguimiento del desempeño. Los planes de implementación deberían permitir que los funcionarios públicos realicen correcciones en el curso de la ejecución o amplíen o contraten algunos programas si los niveles reales de ingresos o gastos alteran los planes iniciales.

Asignación de recursos

El siguiente paso del ciclo consiste en movilizar y asignar los recursos necesarios para concretar las políticas y ejecutar las actividades previstas. En este punto, deben examinarse las fuentes de ingresos (que se analizan en el capítulo 4), y deben elaborarse presupuestos de ingresos realistas y compararlos con los gastos estimados (este procedimiento se describe en el capítulo 3). Este proceso presupuestario o de planificación es iterativo, dado que los gastos estimados podrían ser mayores que las proyecciones realistas de los ingresos. En consecuencia, el proceso

Gráfico 5.4   El ciclo de gestión del gasto

Fuente: Banco Mundial, 1998, 32.

Recuadro 5.1 Reforma de la gestión del gasto

Para mejorar la gestión del gasto se requiere lo siguiente:

- Mayor énfasis en el desempeño, es decir, los resultados logrados con los gastos. Este enfoque brinda la posibilidad de lograr que todas las partes interesadas participen en actividades orientadas a reformar la gestión presupuestaria y financiera.
- Vinculaciones adecuadas entre la formulación de políticas, la planificación y la presupuestación. Estos nexos son fundamentales para lograr mejoras sostenibles en todas las dimensiones de los resultados presupuestarios.

- Sistemas de contabilidad y gestión financiera que funcionen adecuadamente. Estos sistemas forman parte de los elementos básicos que sustentan la capacidad gubernamental para asignar y usar los recursos de manera eficiente y eficaz.
- Consideración de las vinculaciones entre los sistemas de gestión presupuestaria y financiera y otros sistemas y procesos gubernamentales que abarcan todos los servicios, al momento de tomar decisiones, organizar el gobierno y gestionar el personal. Para el buen desempeño del sector público se requiere que todos los componentes funcionen adecuadamente y, cuando corresponda, en forma conjunta.

Fuente: Banco Mundial, 1998, 3.

deberá continuar hasta el punto en que los *gastos estimados* para los planes y programas concertados concuerden con los *ingresos* que pueden generarse de manera realista. En el recuadro 5.2 se enumeran algunas deficiencias que, con frecuencia, afectan la asignación de recursos.

Control del gasto

Una vez que se han desarrollado los planes y se han asignado todos los fondos necesarios para abordar las políticas estratégicas concertadas, el gobierno local procederá a ejecutar los planes y a contabilizar correctamente y controlar tanto los ingresos como los gastos. Pueden usarse varios instrumentos y procedimientos para llevar a cabo un control adecuado del gasto en cada nivel del gobierno local y en cada departamento y unidad que estén autorizados para aplicar los fondos.

Contabilidad y seguimiento

El siguiente paso en este ciclo es contabilizar cada gasto, verificando en forma adecuada que los costos se apliquen a las actividades concretas (centros de costos), y después realizar un seguimiento de los resultados a través de medios financieros y técnicos.

Evaluación y auditoría

El último paso del ciclo consiste en realizar un examen y una auditoría de los resultados de los programas para determinar de manera objetiva si se están logrando, o no, los productos y efectos concertados. Los resultados de estas evaluaciones brindarán información fundamental a todas las partes interesadas durante el examen de las políticas gubernamentales que formarán parte del siguiente programa de examen anual de las políticas.

Cada uno de estos puntos se analiza en forma más detallada en las siguientes secciones. No obstante, podría plantearse un interrogante respecto de dónde debería comenzar el ciclo. El objetivo de un gobierno local consiste en prestar los servicios que la población exige y está dispuesta a pagar en forma de impuestos y tasas. Por lo tanto, el ciclo de planificación y gestión del gasto debería comenzar y terminar en un marco de políticas.

Ejemplo: A raíz de los cambios económicos y demográficos, en muchas ciudades de Europa oriental es necesario consolidar escuelas mediante el cierre de algunas de ellas y el traslado de los alumnos de escuelas insostenibles a zonas cercanas que están creciendo. El cierre de una escuela es una de las decisiones más difíciles de tomar, pues entraña intereses y connotaciones políticas. En teoría, la decisión respecto de cuál

Recuadro 5.2 Deficiencias en la asignación y el uso de los recursos

Las deficiencias que menoscaban la gestión del gasto, y la gestión de las finanzas públicas en general, a nivel del gobierno local, incluyen lo siguiente:

- mala planificación;
- falta de vinculaciones entre la formulación de las políticas, la planificación y la presupuestación;
- control del gasto deficiente;
- fondos insuficientes para las operaciones y el mantenimiento;

- poca relación entre el presupuesto formulado y el ejecutado;
- sistemas de contabilidad inadecuados;
- falta de confiabilidad en el flujo de los fondos presupuestados a los organismos y los niveles más bajos del gobierno;
- mala gestión de caja;
- informes inadecuados sobre el desempeño financiero;
- personal poco motivado.

Fuente: Banco Mundial, 1998, 5.

de un total de cinco escuelas se debe cerrar debe tomarse sobre la base de un análisis detallado, dado que la respuesta a esta pregunta simple no es sencilla. Por lo tanto, el gobierno local contrata a un consultor para que analice la situación teniendo en cuenta cifras claras y exactas, recomiende soluciones y lleve a cabo o facilite consultas con partes interesadas. Una vez que el plan se ha elaborado totalmente y se ha determinado su costo, la propuesta se presenta a las comunidades para que estas la analicen. Después de varias reuniones de partes interesadas y revisiones del plan, las partes acuerdan que el gobierno local debe organizar un referendo para los ciudadanos de las zonas afectadas y decidir qué escuela se cerrará sobre la base del voto popular. Una vez tomada esta decisión normativa estratégica, los departamentos de finanzas y educación prepararán planes de ingresos y gastos para respaldar la eventual implementación. Estos planes deberán contener productos y efectos cuantificables, así como metas intermedias, a fin de que los funcionarios puedan realizar un seguimiento de los resultados y evaluarlos.

Examinar y desarrollar políticas y planes

¿Qué es una política de gestión del gasto? En sentido amplio, es una manera de tomar decisiones respecto de los gastos planificados para los próximos años (el año siguiente, o los siguientes tres a cinco años). En el proceso de desarrollo de políticas intervienen numerosos actores. Los funcionarios elegidos por voto popular (alcalde, consejo, etc.) y los habitantes de su respectivo distrito electoral desempeñan un papel fundamental en la definición del nuevo programa de políticas (por ejemplo, aumentar el gasto en educación, y tal vez reducir el gasto en caminos, porque la educación reviste alta prioridad). Con frecuencia, además, los departamentos de servicios y de operaciones desarrollan internamente las opciones de políticas y los planes. Así como en el ejemplo anterior sobre un programa de racionalización de escuelas, una vez que las opciones de políticas se han concertado, los departamentos de servicios y de operaciones desempeñan un papel fundamental en el desarrollo de las estimaciones de los costos y los planes de ejecución, y el departamento de finanzas debe encontrar la manera de financiar los costos.

Puede argumentarse que la parte más difícil del ciclo de gestión del gasto es examinar las opciones de políticas y decidir cuáles son las más adecuadas para un gobierno local concreto. Una de las principales razones por las que este paso es tan difícil es que no es puramente técnico sino que depende en gran medida del proceso político y, por lo tanto, está sujeto a la intervención de intereses especiales. Es fundamental que los funcionarios gubernamentales elegidos por voto popular proporcionen legitimidad a las decisiones normativas y las consecuencias en términos de recursos durante la vigencia de la política, asumiendo un rol protagónico en el proceso de conciliar aquello que es asequible, teniendo en cuenta el nivel de ingresos que puede preverse en forma razonable, y aquello que los diversos sectores exigen.

El conjunto adecuado de políticas depende de a) las prioridades de la sociedad, b) los costos de los programas y las actividades que son necesarios para concretar esas prioridades y c) los objetivos de los grupos de intereses especiales. Un programa puede ser relativamente barato pero no abarcar un área prioritaria; otro puede beneficiar un área prioritaria pero ser mucho más caro que otro programa en otra área prioritaria. En ambos casos, el programa no es correcto. Para establecer prioridades es necesario conocer las preferencias de los ciudadanos y llevar a cabo un proceso participativo. Los departamentos funcionales y de servicios y los organismos o las empresas municipales tienen la responsabilidad de calcular y articular las necesidades y las prioridades de los usuarios y de participar activamente en su respectiva área de competencia. Con frecuencia, también tienen intereses particulares. Por lo tanto, el proceso de formulación de políticas da lugar a competencias entre departamentos, organismos, políticos y grupos de interés, así como entre las propuestas de proyectos.

Ejemplo: Los funcionarios locales elegidos por voto popular pueden usar su influencia en un departamento para obtener apoyo para ciertos proyectos que los beneficiarían a ellos y a los habitantes de su distrito electoral. Algunos proyectos, que pueden revestir alta prioridad para las comunidades locales pero posiblemente no tendrán el mismo impacto que otros, reciben el respaldo del departamento o del gobierno debido a la influencia de unos pocos funcionarios elegidos por voto popular (como ejemplo cabe citar el "puente a la nada" en Alaska; véase el recuadro 5.3).

Incorporación de limitaciones financieras y examen de alternativas

Al respaldar políticas y proyectos, los funcionarios elegidos por voto popular y su personal deben tener en cuenta las limitaciones presupuestarias estrictas impuestas por previsiones realistas de los ingresos, y los costos ordinarios de la correcta operación y mantenimiento de los activos. El análisis debe basarse en suposiciones realistas de los ingresos y los gastos e incluir la mayor cantidad posible de alternativas, a los efectos de su consideración por las autoridades encargadas de las decisiones, así como indicadores claros y verificables que puedan usarse para realizar un seguimiento y evaluar los avances en el desarrollo y aplicación de cada alternativa.

Para un buen funcionamiento, los funcionarios gubernamentales deben coordinar la redacción y el análisis de las opciones por parte de los departamentos, y los datos y las suposiciones subyacentes que se utilicen deben estar a disposición de todas las partes para garantizar la transparencia y promover un alto grado de realismo en el proceso. La transparencia es fundamental porque el análisis y las conclusiones no conformarán a todos los habitantes.

En algunos casos, por ejemplo, un departamento puede retener información sobre su mejor estimación del costo total de un programa para lograr que este sea aprobado. Una vez que se ha asignado un presupuesto y la labor ha comenzado, tal vez sobre la base de la mitad de la estimación real de su costo, normalmente será más fácil obtener las asignaciones presupuestarias futuras.

Ni la transparencia ni el diálogo sobre políticas en gran escala son habituales en muchos países en desarrollo. Por el contrario, las propuestas son redactadas a puertas cerradas por expertos del departamento en cuestión, o por un consultor, y no se comunican a las partes interesadas porque las consultas son un proceso político que insume mucho tiempo y en ocasiones resulta complicado. Por cierto, los departamentos sectoriales cuentan con los conocimientos profesionales especializados necesarios para redactar propuestas o analizar alternativas, pero también pueden tener intereses particulares. Asimismo, en algunos casos se producen desajustes entre la política gubernamental y los gastos reales, como se señala en el recuadro 5.4, tanto por razones políticas como debido a limitaciones en materia de recursos.

El análisis bien organizado y la presupuestación participativa (que se explican en los capítulos 3 y 8) se utilizan, cada vez más, para respaldar la toma de decisiones fundamentadas que reflejan las prioridades de los ciudadanos. En el capítulo 8 se analiza un proceso eficaz de recopilación de datos, análisis y toma de decisiones cuyo uso se está difundiendo ampliamente, incluso en los países en desarrollo. El primer paso de las auditorías municipales y financieras consiste en desarrollar bases de datos estructuradas que luego se utilizan para llevar a cabo análisis, comparar los resultados con parámetros de referencia y, por último, preparar un plan de acción concreto para mejorar los servicios locales y el desempeño financiero, con inclusión de marcos temporales.

Los órganos de mayor jerarquía, como el consejo o el gobierno central (que financia las operaciones y el desarrollo), utilizan las auditorías municipales para controlar y medir el desempeño de las entidades municipales. Asimismo, es posible respaldar la gestión del desempeño mediante contratos basados en el desempeño concertados para un fin específico entre un municipio y entidades de servicios, sean públicas, privadas o mixtas. Además, el gobierno central puede establecer metas de desempeño, realizar transferencias sujetas a condiciones que el municipio debe cumplir, y ejecutar esos mecanismos mediante contratos municipales (para obtener más detalles, véase el capítulo 8).

Ejemplo: El condado de Fairfax, en Virginia (Estados Unidos), tomó la decisión de ampliar el sistema de transporte público rápido hasta el aeropuerto internacional. Los funcionarios elegidos por voto popular de varias jurisdicciones y muchos de los habitantes de esos distritos respaldaron la ampliación, y el personal pertinente y los consultores comenzaron a desarrollar varias alternativas técnicas y estimaciones de costos. Entre las opciones consideradas se analizó la posibilidad de ubicar la estación del aeropuerto a nivel del suelo o en el subsuelo. El análisis técnico indicó que la opción a nivel del suelo era mucho más barata. Sin embargo, la ubicación en el subsuelo no modificaría el paisaje y, por lo tanto, resultaba más atractiva para muchos

interesados. Después de numerosas audiencias públicas, revisiones y exámenes de las suposiciones en materia de costos y financiamiento, se optó por la alternativa de menor costo, es decir, una estación a nivel del suelo, debido a que era más coherente con la corriente de ingresos prevista.

Planes presupuestarios

Un buen sistema de control del gasto no puede funcionar si no existen planes presupuestarios adecuados. El presupuesto de gastos es el resultado del proceso de planificación analizado anteriormente. Los presupuestos de gastos suelen contener numerosos detalles. Por ejemplo, el presupuesto de gastos de Lahore, una ciudad de 7 millones de habitantes, tiene alrededor de 400 páginas, con partidas detalladas para cada una de las unidades, funciones y actividades. El consejo analiza estos planes presupuestarios muy detallados, pero los encargados de la gestión del gasto en los departamentos de finanzas usan y presentan al consejo breves resúmenes del presupuesto para agilizar las comunicaciones (véanse los capítulos 3 y 8). Esas síntesis del presupuesto son necesarias para las deliberaciones y las decisiones estratégicas.

En el recuadro 5.5 se muestra una plantilla del presupuesto general y un resumen del presupuesto real de una ciudad de Nepal. Las dos plantillas, si bien en orden diferente, se ajustan a la misma lógica, pues separan a) los gastos propios, b) los gastos delegados que son financiados mediante transferencias para

Recuadro 5.4 Desajuste entre los objetivos de política y las asignaciones de gastos en Guinea

En 1996 se llevó a cabo un estudio del gasto público en Guinea que puso de manifiesto un total desajuste entre las prioridades de política establecidas por el gobierno y sus prioridades reales, teniendo en cuenta la asignación de gastos. Aunque el gobierno asignó prioridad a la educación primaria, la salud pública y el mantenimiento vial, en la práctica los fondos se asignaron con frecuencia a otras áreas. No existía ningún sistema para determinar los costos de las propuestas de políticas o para someterlas a un escrutinio riguroso. Un estudio para determinar el costo de la combinación de políticas que se necesitaría para concretar las prioridades establecidas por el gobierno reveló que la participación de los programas prioritarios en el gasto total debería triplicarse en el curso de los cuatro años siguientes, lo que implicaba que deberían hacerse recortes drásticos en otros gastos para ajustarse al presupuesto. En el informe también se señaló que las asignaciones reales para cubrir los costos ordinarios de los proyectos de inversión eran muy inferiores a la suma necesaria para que la operación y el mantenimiento fuesen adecuados.

Sobre la base de las conclusiones y las recomendaciones incluidas en el estudio del gasto público, el Gobierno de Guinea puso en marcha una iniciativa para definir políticas asequibles. Cuatro ministerios sectoriales comenzaron a revisar sus políticas de mediano plazo y a determinar el costo de su implementación. Asimismo, el gobierno comenzó a preparar un marco de gasto a mediano plazo para los cuatro ministerios (inicialmente), en el contexto de su programa de reforma económica, y los ministerios centrales comenzaron a preparar un documento de política macroeconómica para ayudar al gabinete a tomar decisiones relacionadas con las asignaciones intersectoriales. El ministerio de planificación adoptó medidas para mejorar la previsibilidad del marco macroeconómico.

Fuente: Banco Mundial, 1997.

---

fines especiales realizadas por niveles más altos del gobierno, y c) los gastos de capital. Los gastos propios son las actividades que se han delegado en el nivel local; las actividades delegadas dependen de las circunstancias locales.

El presupuesto de Mechinagar que se muestra en el recuadro 5.5 proporciona más información, como a) que los "gastos ordinarios" se han asignado totalmente, lo que implica que no existe una categoría "otros" que no esté relacionada con funciones específicas, y b) que los gastos "varios" no asignados son la partida más voluminosa de los programas delegados, lo que apunta a una presupuestación inadecuada y falta de certidumbre en el control. En cuanto a los gastos de urbanización, también puede observarse c) que la ciudad identifica los gastos en tierras y edificios pero informa todas las otras construcciones urbanas (por ejemplo, caminos, drenaje) en una partida que representa más de la mitad del presupuesto total; sería preferible desglosar esa partida en las principales categorías de inversión. En la columna Cifras efectivas/Presupuesto (CE/P) se muestra d) que hacia el final del ejercicio aparecen grandes diferencias entre las inversiones previstas y las efectivas, situación usual en los países en desarrollo debido a las demoras en la asignación de las transferencias, los retrasos en la construcción o ambas circunstancias.

Proyectos financiados por donantes

Muchos países en desarrollo reciben apoyo de asociados en el desarrollo y de donantes bilaterales o multilaterales. El hecho de recibir un proyecto en forma gratuita llena de felicidad a los gobiernos locales pero, con frecuencia, también nubla su discernimiento pues tienden a ignorar u ocultar las consecuencias a más largo plazo relacionadas con la operación y el mantenimiento de los activos recibidos. Para una gestión adecuada del gasto, es importante que los gobiernos locales se aseguren de que los costos ordinarios derivados de estos proyectos financiados por donantes se tengan en cuenta correctamente en los presupuestos futuros. Esto no suele ser fácil, o

Recuadro 5.5 Resúmenes de presupuestos de gastos

Ejemplo de plan de gastos	2008	2009	2010	2011
Total de gastos	Cifras efectivas	Cifras efectivas	Cifras efectivas	Plan
GASTOS POR CONCEPTO DE FUNCIONES DELEGADAS				
1. Educación prescolar				
Salarios				
Gastos de operación				
Gastos de reparación y mantenimiento				
Inversiones de capital				
2. Escuela primaria y secundaria				
3. Atención sanitaria				
4. Asistencia social y reducción de la pobreza				
5. Orden público y protección civil				
6. Otros				
GASTOS PROPIOS				
1. Infraestructura y servicios públicos				
-Gastos ordinarios				
Gastos directos				
-Gastos de capital				
Gastos directos				
Subcontratos				
2. Protección del medio ambiente				
Aguas residuales				
Desechos sólidos				
3. Gastos sociales, culturales, recreativos				
4. Desarrollo económico local				
5. Viviendas sociales				
6. Urbanización				
7. Seguridad civil				
8. Transferencias a entidades del gobierno local				
Respaldo de las empresas de servicios públicos				
9. (subsidios, transferencias, capital, en especie)				
Servicios públicos 1				
10. Reembolso de préstamos				
11. Cargos por concepto de intereses				
12. Garantías reclamadas (pagadas por el municipio)				

(continúa en la página siguiente)

Recuadro 5.5 *(continuación)*

	Gastos presupuestados frente a gastos efectivos, ciudad de Mechinagar (Nepal)			
	Cifras efectivas 2007-08	2007-08 Porcentaje	Presupuesto 2007-08	Diferencia 100-CE/P Porcentaje
52 Salarios	10 661	14,96	11 035	3,39
53 Asignaciones	252	0,35	385	34,45
54 Viajes y viáticos	692	0,97	705	1,83
55 Servicios	384	0,54	480	19,98
56 Alquiler	178	0,25	180	1,21
57 Reparación y mantenimiento	544	0,76	550	1,09
58 Suministros de oficina	905	1,27	915	1,07
59 Periódicos	49	0,07	50	1,94
60 Combustible	567	0,80	600	5,53
61 Asignación para vestimenta y alimentos	351	0,49	355	1,18
64 Alimentos (prisioneros/animales)	295	0,41	310	4,8
65 Asistencia financiera/ transferencias	41	0,06	50	17,29
66 Imprevistos	4772	6,70	5282	9,66
68 GASTOS ORDINARIOS	19 692	27,64	20 897	5,77
69 PAGO DE DEUDA	4000	5,61	4000	0,00
71 Salud	668	0,94	700	4,58
75 Asistencia financiera	1144	1,61	1159	1,25
76 Varios	3140	4,41	3850	18,44
77 PROGRAMAS DELEGADOS	4952	6,95	5709	13,25
78 Mobiliario	22	0,03	50	56,47
79 Vehículos	99	0,14	150	34,17
80 Maquinarias	305	0,43	11 210	97,28
81 CAPITAL ORDINARIO	425	0,60	11 410	96,27
82 Adquisición de tierras/edificios	365	0,51	365	0,14
83 Construcción de edificios	250	0,00	1300	80,80
85 Otros gastos de urbanización/ construcción	41 815	58,69	58 136	28,07
86 INVERSIONES DE CAPITAL	42 180	59,20	59 801	29,47
87 TOTAL DE GASTOS	71 249	100,00	101 817	30,02

Nota: La plantilla se extrajo de la Autoevaluación de las finanzas municipales (véase el capítulo 8) y del presupuesto de la ciudad de Mechinagar (Nepal).

inclusive posible, pues muchos proyectos se ejecutan fuera del proceso presupuestario normal. No obstante, los gobiernos locales deben analizar activamente todos los proyectos financiados tanto por gobiernos como por donantes para entender las consecuencias relativas a su operación y mantenimiento, y deben contabilizarlos en el presupuesto en vez de fuera de este.

La estructuración, el pago y la ejecución de muchos proyectos corren por cuenta de organismos externos, sin que se transfiera dinero al presupuesto local. Esto no tiene nada de malo; desde una perspectiva contable, se trata de contribuciones en especie. Sin embargo, deben tenerse en cuenta dos desafíos: primero, estos proyectos deben integrarse en los planes del municipio a más largo plazo, deben incluirse en un presupuesto a mediano plazo y deben formar parte de la categoría de proyectos con el mayor grado de prioridad. Segundo, es preciso planificar y presupuestar las consecuencias financieras. Aun cuando no sea posible incorporar los proyectos en el proceso presupuestario normal, el presupuesto debe contener notas al respecto para garantizar que exista una consignación presupuestaria para cubrir los costos ordinarios que ellos entrañan cuando se haya completado cada proyecto. Si no se realiza una consignación presupuestaria para los años posteriores, aumenta el riesgo de no disponer del personal, los equipos y los suministros necesarios para usar los activos (por ejemplo, una escuela, un centro de salud o un camino) después de finalizada la construcción.

Ejemplo: Algunos proyectos de donantes son gestionados en forma externa por una unidad de proyecto contratada por el donante. Por lo tanto, existe la posibilidad de que los gobiernos locales no reciban información suficiente acerca de los detalles relacionados con los costos, los plazos de ejecución y, lo que es más importante, las fechas y el monto de los costos ordinarios. En esos casos, es imposible realizar la presupuestación directa de esos proyectos en forma anticipada o la contabilización detallada y puntual de los costos reales. Tal vez podría consignarse una suma concertada del apoyo total como partida informativa extrapresupuestaria. En el caso de una donación en especie, como el edificio de una escuela, el gobierno local debe encargarse de su operación, que incluye la contratación de docentes, el pago de la electricidad y el agua, y la realización de reparaciones. Por lo tanto, debe incluir en el presupuesto esas funciones de operación y mantenimiento y llevarlas a cabo inmediatamente después de recibir el edificio donado.

Presupuestos plurianuales y planes de inversiones de capital

Por lo general, la implementación de las políticas abarca más de un año y cuando el gobierno solo formula un presupuesto anual, la implementación resulta más difícil. Para garantizar que se tenga en cuenta el verdadero costo de un programa y se logren los productos y resultados deseados, es preferible elaborar un presupuesto que abarque un plazo más largo, por ejemplo, de tres a cinco años. En esta sección se analiza el uso de los presupuestos o planes de inversión plurianuales.

El cuadro 5.5 contiene el presupuesto trienal renovable a mediano plazo para la ciudad de Johannesburgo (Sudáfrica). Se comparan los resultados reales ajustados del año en curso con los presupuestos para los siguientes tres ejercicios. El presupuesto, junto con abundante información financiera adicional, se publica en el sitio web de la ciudad.

¿Qué es un plan de inversiones de capital?

Un plan de inversiones de capital es un programa plurianual (usualmente, de tres a seis años) de proyectos de inversión de capital, a los que se asigna prioridad por año, con fechas previstas de inicio y terminación, costos anuales estimados y métodos de financiamiento propuestos. Por lo general, el plan es aprobado por un órgano cuyos miembros son elegidos por voto popular, como el consejo municipal, y después de la aprobación, puede usarse para obtener financiamiento de instituciones donantes o bancos. El plan aprobado conecta planes de mediano alcance con el proceso presupuestario anual. Cada año, el plan se examina y se revisa, y se agrega un año adicional. Cuando todo el proceso está en marcha, el plan de inversiones de capital se convierte en un plan renovable vinculado al proceso presupuestario anual. Cada año, el año anterior se elimina del período del plan, se agrega un nuevo año y los gastos de capital del presupuesto del año en curso pasan a formar parte del presupuesto anual aprobado.

Con frecuencia, la planificación de las inversiones de capital por los gobiernos locales incluye inversiones (activos) que realizan el propio gobierno y sus entidades, entre ellas, las empresas creadas por el gobierno, y de su propiedad, para el suministro de servicios municipales (como las empresas de servicios públicos). Asimismo, el plan puede incluir inversiones del sector privado a través de APP. La publicación *The Guidebook on Capital Investment Planning for Local Governments* (Banco Mundial, 2011) contiene información más detallada (en los capítulos 4 y 7 de este libro se analizan cuestiones específicas del plan de inversiones de capital).

En muchos países en desarrollo, los proyectos financiados por el gobierno central o los gobiernos regionales suelen constituir la mayoría de las inversiones públicas locales. La imposición de proyectos planificados a nivel central reduce los incentivos que tienen las autoridades locales encargadas de las políticas para llevar a cabo el lento proceso de planificación de las inversiones de capital. Esos

Cuadro 5.5   Presupuesto plurianual para la ciudad de Johannesburgo

	Cifras efectivas 2010-11 (millones de R)	Presupuesto 2011-12 (millones de R)	Variación (%)	Cifras estimadas 2012-13 (millones de R)	Cifras estimadas 2013-14 (millones de R)
Ingresos	26 430	29 371	11,1	32 843	36 875
Gastos	25 960	28 266	8,9	31 348	34 217
Superávit (déficit) antes de impuestos	469	1104	135,4	1495	2657
Impuestos pagados	59	295		286	303
Superávit para el año después de impuestos	410	809	97,3	1208	2354
Ganancias de capital y contribuciones	1976	2701	36,7	3315	3427
Superávit, incluidas ganancias de capital y contribuciones	2386	3510	47,1	4524	5782

Fuente: http://www.joburg.org.za.

proyectos generan varias complicaciones para los gobiernos locales:

- Con frecuencia, los proyectos se seleccionan sin realizar consultas adecuadas o coordinar las actividades con los gobiernos locales o sus partes interesadas y, en consecuencia, es posible que no reflejen las prioridades locales.

- Los cronogramas de los proyectos pueden estar en conflicto con los proyectos de capital de los propios gobiernos locales.

- Una vez completados, esos proyectos suelen tener un gran impacto en los presupuestos locales pues se espera que el gobierno local asuma sus costos de operación y mantenimiento, y con frecuencia esto genera una obligación presupuestaria considerable.

Capacidad financiera de los gobiernos locales

Un elemento fundamental del proceso de planificación de las inversiones de capital es conocer la capacidad del gobierno local para financiar esas inversiones. Esta capacidad incluye la posibilidad de contraer deuda y la actitud respecto de los empréstitos (en el capítulo 7 se analizan las fuentes externas de financiamiento). El conocimiento de la capacidad financiera debería incluir las obligaciones periódicas del gobierno y la corriente de ingresos anuales que estará disponible para garantizar las operaciones y el

mantenimiento de manera eficaz o para financiar la deuda. A menos que el gobierno local tenga la capacidad necesaria para financiar y ejecutar un programa de inversiones de capital, la lista de proyectos a los que se asignó prioridad a través del proceso de planificación es tan solo una lista de las necesidades y las preferencias locales. Teniendo en cuenta que la mayoría de los gobiernos locales solo puede financiar unos pocos proyectos prioritarios cada año y tan solo un pequeño porcentaje de sus necesidades de capital, es fundamental que la evaluación de la capacidad financiera sea realista.

Por lo general, las personas coinciden con la idea de que una mala planificación genera resultados insatisfactorios. En el caso de los proyectos de capital, la mala planificación y la gestión deficiente del gasto suelen ocasionar que un número excesivo de proyectos se inicien (inversiones demasiado amplias) y no se terminen en el debido tiempo, o nunca, debido a la falta de recursos financieros (un fondo de financiamiento insuficiente). Los impactos de una mala planificación del capital también se ponen de manifiesto en la ampliación de los plazos y la mala calidad de la construcción debido a la falta de dinero. Esas inversiones amplias pero sin fondos suficientes dan por resultado proyectos de capital mal construidos y también niegan a los ciudadanos los mejores servicios que hubieran obtenido si el gobierno realmente hubiese llevado a cabo proyectos de capital de alta prioridad.

Cuando los municipios tienen sistemas de infraestructura que proporcionan servicios remunerados (por ejemplo, abastecimiento de agua, alcantarillado, etc.), una parte de los cargos que pagan los usuarios debería destinarse a inversiones de capital, incluidos los costos de mantenimiento y reparación, reposición y recapitalización. La determinación de los niveles de esas tarifas o tasas reviste crucial importancia (en el cuadro 5.6 se proporciona un ejemplo de las medidas involucradas). Se recomienda basar esas tarifas en la total recuperación de los costos, cosa que rara vez sucede en los países en desarrollo. Por lo general, esto implica que las tarifas deben cubrir los costos de mantenimiento y reparación, los costos de operación, el servicio de la deuda (es decir, el pago de los intereses de los préstamos) y la depreciación.

Entre los problemas comunes en el proceso de planificación de inversiones de capital se incluyen los siguientes:

- Los planes de inversiones de capital no contienen suposiciones realistas respecto de los fondos y el financiamiento; en consecuencia, se reducen a un conjunto de listas de deseos.

- Las decisiones en materia de inversiones de capital se toman sin tener en cuenta los costos y la gestión del ciclo de vida.

- Las inversiones de capital requieren que el gobierno local asuma un nivel de deuda no realista e insostenible.

- Los gobiernos locales planifican o establecen APP sin una justificación clara y sin contar con la capacidad necesaria para gestionarlas de manera eficaz.

- Las prioridades en materia de inversiones de capital están distorsionadas por la disponibilidad de fondos, o la falta de ellos, para actividades concretas. Por ejemplo, los gobiernos locales pueden disponer de financiamiento o donaciones para tipos específicos de inversiones (como caminos o centros de salud), independientemente de las prioridades identificadas a nivel local. Los fondos pueden ser suministrados por el gobierno central para respaldar programas del ministerio sectorial, o por organismos donantes que se dedican a respaldar tipos específicos de inversiones.

- El programa de inversiones de capital puede incluir un número excesivo de proyectos (demasiado amplio) con muy pocos fondos (insuficientes). Existe la posibilidad de que se ponga excesivo énfasis en los caminos, en desmedro de todo lo demás, debido a que estos son populares desde el punto de vista político y su planificación y financiamiento pueden controlarse con facilidad.

El proceso de planificación y presupuestación de las inversiones de capital es dinámico e iterativo y por lo general abarca cuatro etapas:

1. planificación financiera;

2. identificación de los proyectos y asignación de prioridades;

Recuadro 5.6 Pasos principales del proceso de fijación de nuevas tarifas

1. Calcular el costo vigente del servicio.
2. Elaborar escenarios alternativos.
3. Calcular el costo de cada uno de ellos.
4. Calcular las tarifas, por escenario.
5. Comparar las tarifas con la voluntad de pago.
6. Recalcular las tarifas.
7. Analizar los resultados con las partes interesadas.
8. Seleccionar el escenario preferencial.
9. Generar apoyo público.
10. Realizar presentación ante el órgano encargado de establecer las tarifas y lograr un cambio de tarifas.

Fuente: Agencia de los Estados Unidos para el Desarrollo Internacional (USAID), 2006, 46.

3. gestión de programas y proyectos;

4. seguimiento y evaluación.

Gestión del gasto: Controles presupuestarios

Hasta este punto, en el capítulo se ha definido el concepto de gestión del gasto y se han analizado los pasos del ciclo de gestión del gasto. En las dos secciones anteriores se analizó el examen y la formulación de políticas y planes en materia de gastos ordinarios y de capital. El siguiente elemento del proceso de gestión del gasto abarca los procedimientos para controlar los gastos reales con el objeto de lograr que los servicios se presten de manera eficaz en función de los costos.

Como se señaló anteriormente, todo sistema eficaz de gestión del gasto debe incluir tres elementos:

- planificación de los gastos futuros con hitos claros y cuantificables para realizar un seguimiento del desempeño real;

- control de los gastos para que el gasto real concuerde con el presupuesto y el plan;

- seguimiento y evaluación de los gastos para verificar que efectivamente se ajusten a los planes concertados.

Cuando se trata de controlar los gastos, los gobiernos locales de los países en desarrollo afrontan un gran número de obstáculos arraigados, que en algunos casos son inherentes al proceso presupuestario:

- falta de conexión entre el presupuesto y las políticas gubernamentales;

- falta de claridad de objetivos en la preparación del presupuesto;

- énfasis en la lucha por los recursos en vez de en los resultados;

- dificultades para planificar un marco anual, que se complican a raíz de la imprevisibilidad de los recursos presupuestarios;

- rendición de cuentas menoscabada por la falta de objetivos claros y resultados previstos;

- fragmentación del presupuesto, con falta de coherencia entre las partes.

Al examinar medidas para mejorar su proceso presupuestario y sus controles de gastos, es importante tener en cuenta que los gobiernos locales se dedican a prestar servicios. Cuando los procesos presupuestarios están plagados de dificultades como las ya mencionadas, a las autoridades locales les resulta difícil asignar prioridad al gasto de manera estratégica pues es posible que no puedan conocer qué se está logrando realmente con el gasto.

Una manera muy eficaz de controlar los gastos es asegurarse de que el presupuesto y otros documentos cruciales estén disponibles con facilidad para que todos los ciudadanos puedan consultarlos. Se ha documentado fehacientemente que ese aumento de la transparencia puede incrementar la eficiencia de los gobiernos y también reduce la probabilidad de que los fondos públicos se usen de manera indebida. A raíz del aumento del uso de Internet, los gobiernos locales pueden brindar a sus partes interesadas y a los posibles inversionistas un fácil acceso a la información pertinente sobre sus finanzas, los servicios que proporcionan y muchos más datos. Como ejemplos de gobiernos locales que usan Internet de manera eficaz para lograr que sus operaciones sean más abiertas y transparentes, cabe citar los sitios web de la ciudad de Johannesburgo, en Sudáfrica (http://www.joburg.org.za), y del condado de Fairfax, en Virginia, Estados Unidos (http://www.fairfaxcounty.gov).

El control presupuestario es fundamental

Una vez que el presupuesto se ha aprobado, es normal emitir un certificado (o documento similar) a las personas autorizadas para realizar gastos, en el que se especifican las partidas de gastos bajo su control y la previsión asignada para cada una de ellas. Para que el control sea eficaz, debe establecerse claramente quién tiene la responsabilidad de autorizar cada partida de gastos (oficial a cargo de la contabilidad). Lo mismo se aplica a cada partida de ingresos, en cuyo caso una persona debe ser responsable de su recaudación (esta cuestión se analiza también en el capítulo 3).

El grado de delegación de autoridad para incurrir en gastos varía de un sistema a otro y de una autoridad a otra del gobierno local. Ningún sistema es, necesariamente, mejor o peor que otro, pero para que este sea adecuado debe tenerse en cuenta la magnitud de la autoridad y la habilidad y capacidad del personal. En términos generales, es preferible delegar la autoridad para incurrir en gastos en los departamentos de operaciones a los que se han proporcionado los presupuestos. El control centralizado puede dar lugar a que los departamentos de operaciones consideren que no tienen facultades y, por lo tanto, no asuman la responsabilidad. Sea cual fuere la unidad autorizada para incurrir en gastos, es fundamental establecer un sistema de seguimiento y supervisión. Las áreas en las que el seguimiento y la supervisión revisten crucial importancia incluyen la contratación de personal y el nivel de los salarios que se paguen (aunque esta cuestión se dirime por lo general a nivel del consejo o del alcalde) y la contratación de empresas privadas para prestar servicios que debería suministrar el municipio.

La falta de control de los costos administrativos es usual en los gobiernos locales, en particular en los países en desarrollo. Esta deficiencia es grave porque los gastos administrativos, especialmente los sueldos, los salarios y las prestaciones, se encuentran entre las partidas más costosas. Con frecuencia, sin embargo, la contratación irresponsable de personal, la contratación de familiares cercanos del personal superior y el pago de remuneraciones generosas también constituyen indicios de deficiencias en la gestión del gasto. Generan descontento entre los ciudadanos, que suelen mostrarse renuentes a pagar impuestos que al parecer se usan principalmente en beneficio de la administración local. Para desterrar este tipo de prácticas se necesitan políticas claras y un fuerte apoyo político a los procedimientos de control del gasto.

Durante el año, es inevitable realizar ajustes al presupuesto por diversas razones. Normalmente, para un aumento absoluto del presupuesto de un departamento (estimación suplementaria) se requeriría la aprobación del principal oficial financiero de la entidad autorizada y, con frecuencia, del consejo, debido a que afecta el presupuesto general. Por lo general, cada departamento tiene la facultad de autorizar las reasignaciones dentro de su presupuesto (transferencia de partidas de una cuenta financiera a otra).

Para controlar los gastos es necesario gestionar activamente cada partida y disponer de información actualizada en forma regular. Esto implica que las transacciones se deben registrar con prontitud en el sistema de contabilidad de la entidad autorizada (en el capítulo 3 se analiza la contabilidad, así como la importancia de los sistemas adecuados de contabilización). Es preciso realizar un seguimiento constante de las variaciones en cada partida e identificar y entender las desviaciones de los montos presupuestados. Dependiendo de los motivos de la desviación, deben adoptarse medidas apropiadas para corregir

el problema o, si la situación actual es diferente a la prevista durante la formulación del presupuesto, realizar un ajuste al presupuesto general y al presupuesto departamental.

El control de los pagos es fundamental

Los sistemas de pagos deberían incluir procedimientos de control interno, entre ellos, por ejemplo, exigir varias firmas para las autorizaciones de pago y los cheques y la emisión de todos los cheques a través del sistema de contabilidad. No obstante, se recomienda no incluir un número de pesos y contrapesos tan elevado que tenga el efecto de retrasar innecesariamente los pagos. En algunos gobiernos, los procedimientos de autorización constan de hasta 25 pasos que deben cumplirse para que se emita un pago. Aunque estos procedimientos complejos y lentos tienen por objeto fortalecer el control interno, en la práctica suelen tener el efecto opuesto.

Los sistemas de pagos deben estar conectados a los presupuestos para garantizar que no se procese ningún pago a menos que se haya aprobado un compromiso previo y ese compromiso esté vinculado a una partida presupuestaria específica. Antes de realizar los pagos, debe llevarse a cabo un examen para verificar que no se han cometido errores y se ha recibido toda la documentación de respaldo. Los pagos por bienes deben compararse con los precios y las condiciones contractuales, y debe verificarse la presencia física de los trabajadores que perciben el pago de los sueldos y salarios. Han existido casos de municipios que no han retirado de su nómina a miembros del personal fallecidos. La foto del gráfico 5.5 es un buen ejemplo de un libro de caja completado en forma manual que contiene las huellas digitales de las personas analfabetas que recibieron apoyo monetario en Pakistán.

Gestión de tarifas y subsidios

Los oficiales y las unidades de gestión del gasto desempeñan un papel fundamental en la gestión de las tarifas, o los cuadros tarifarios, que exigen prestar especial atención al control o la reducción de los subsidios conexos, tanto formales como ocultos. Estas labores revisten importancia tanto para la planificación como para la ejecución del presupuesto. Esta sección contiene un resumen de las principales áreas que deben gestionarse, los principios básicos y las prácticas comunes. En la guía *Managing Municipal*

Services se resumen las prácticas y los principios básicos (USAID, 2006). Como se establece con claridad en esta publicación, el análisis de los costos es el primer paso, y uno de los más importantes, para fijar las tarifas o aprobar cambios en ellas (véase también el recuadro 5.6).

Estas cuestiones revisten especial importancia en los países en desarrollo, donde la mayoría de las tarifas de los servicios son inferiores al nivel necesario para recuperar su costo y, por lo tanto, generan gastos presupuestarios. Otro argumento digno de mención es que los políticos, en particular antes de las elecciones, suelen dar muestras de entusiasmo y generosidad en lo referente a "proteger a los consumidores" frente a aumentos de las tarifas, y al mismo tiempo prometen ampliar los servicios urbanos básicos. Con frecuencia, estas promesas sin fundamentos causan dolores de cabeza en los departamentos de finanzas porque, en los hechos, el presupuesto —y con el tiempo los propios ciudadanos— deberán cubrir los subsidios. Asimismo, la falta de control de los subsidios genera problemas de equidad debido a que estos respaldan a todos los consumidores, incluidos aquellos que podrían pagar el costo total. En algunos casos son regresivos pues confieren un mayor beneficio a los ciudadanos de ingreso alto que consumen un mayor volumen de los servicios subsidiados (por ejemplo, el agua, el gas, la electricidad). Por último, los subsidios generan dificultades especiales cuando los gobiernos locales los otorgan a proveedores privados en el marco de contratos de prestación de servicios. Los subsidios pueden constituir una parte bastante considerable del

Gráfico 5.5   Libro de caja manual

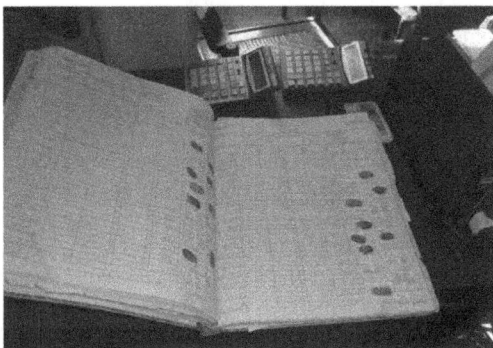

Fuente: Foto de Mihaly Kopanyi. Su reutilización debe contar con la debida autorización.

presupuesto. En el recuadro 5.7 se muestra el caso de una ciudad de Croacia que destina más del 12 % de su presupuesto anual a subsidios para la operación de las empresas locales de servicios públicos.

El control del gasto en el marco de la fijación de tarifas

Si bien, aparentemente, la fijación de tarifas es competencia de los encargados de la gestión de los ingresos, en realidad, los encargados de la gestión de los ingresos y del gasto deberían llevar a cabo la tarea en forma conjunta. El control del gasto es un desafío real porque las tarifas en general evolucionan con lentitud y con frecuencia se determinan en forma tradicional, con limitaciones impuestas por la voluntad y la capacidad de pago de los consumidores o mediante acuerdos tarifarios. No se aconseja utilizar una tarifa basada en el sistema de *fijación de precios basada en el costo y otro factor*, a menos que se tenga una cabal comprensión de los costos; además, no es viable desde el punto de vista político.

Aunque podría parecer que existe una gran diferencia entre fijar las tarifas y subsidiar los servicios proporcionados directamente por entidades que pertenecen al gobierno local, por una parte, y trabajar con proveedores privados, por la otra, desde la perspectiva del control del gasto la diferencia real radica en que el suministro privado requiere que las tarifas, los costos y los subsidios sean más explícitos. Un departamento municipal puede obtener apoyo financiero mediante un simple cambio en su asignación presupuestaria o puede ocultar un subsidio de diversas maneras. Sin embargo, cuando un municipio trabaja con una empresa privada, el socio privado desea asegurarse de que el contrato incluya todos los términos y condiciones, incluidas las tarifas concertadas, las reglas para modificarlas, los subsidios otorgados por el municipio, si hubiera, y otras disposiciones similares. En síntesis, la mayoría de las cuestiones relacionadas con la fijación de tarifas y los subsidios son idénticas, independientemente del propietario de la entidad de servicios, dado que, en definitiva, los consumidores y el municipio pagarán los costos. La fijación de tarifas en el marco de APP se analiza en las directrices del Servicio de Asesoramiento para Infraestructura Pública y Privada (Shugart y Alexander, 2009). Las tarifas reguladas establecidas en los mecanismos de APP han tenido

Recuadro 5.7 Respaldo de empresas de servicios públicos en una ciudad de Croacia

	Euro	Porcentaje
Transporte público	4640,0	4,1
Gestión de desechos	2077,8	1,8
Mantenimiento de caminos y espacios públicos	1087,4	1,6
Producción y distribución de energía para calefacción	501,2	0,4
Abastecimiento de agua y tratamiento de aguas residuales	2904,0	2,6
Otras	2506,8	1,6
Total	13 717,2	12,1

mucho éxito en el sector de abastecimiento de agua de Chile (Chávez, 2002).

El departamento de finanzas desempeña un papel fundamental en el análisis, la negociación y la aprobación de las tarifas; el departamento debería analizar exhaustivamente las propuestas de tarifas y los gastos, las eficiencias y los subsidios subyacentes. La siguiente es una forma muy simplificada de tarifa, medida en costos unitarios, a saber:

Tarifa = gastos de capital + gastos de operación + ingresos permitidos,

o, en una forma más popular:

Tarifa = CAPEX + OPEX + ingresos permitidos.

Una pregunta de difícil respuesta es qué abarcan los gastos de capital (CAPEX). En general, abarcan el costo de la amortización de los activos relacionados con servicios y el servicio de la deuda. Sin embargo, el departamento de finanzas debería determinar cuidadosamente qué activos corresponde incluir en la base de capital. ¿Deben incluirse los activos obsoletos? ¿Es más adecuado comparar la empresa de servicios públicos de la ciudad con una entidad bien organizada (empresa de referencia) o con el promedio nacional? La empresa de servicios públicos puede poseer un exceso de capital en forma de tierras desocupadas, activos abandonados o no usados o un complejo de lujo para actividades al aire libre en la montaña. ¿Se incluye todo esto en la base de activos para determinar la tarifa, o solo se tienen en cuenta los activos directamente relacionados con el servicio en cuestión? El costo de ciertos gastos de capital debería recuperarse por separado y no incluirse en la tarifa global, por ejemplo, las conexiones para el abastecimiento de agua y los servicios de alcantarillado. Dado que estos costos benefician directamente a un determinado usuario o instalación, el costo de esa conexión se debería recuperar en forma directa del beneficiario en forma de un cargo y no se debería incluir en la tarifa global, que se aplica a todos los usuarios de todo el sistema.

De igual modo, en el caso de los gastos de operación (OPEX), el exceso de mano de obra, la operación ineficiente (como las grandes pérdidas de agua), la comercialización excesiva, los gastos de capacitación o las donaciones para deportes u obras de caridad no deberían formar parte del cálculo de los verdaderos gastos de operación de la entidad que suministra el servicio. La operación de las grandes empresas de servicios podría ser tan compleja que para responder esas preguntas sería necesario realizar un análisis exhaustivo de los gastos de capital y los gastos de operación y, con ese fin, se justificaría contratar un especialista externo para respaldar la adopción de decisiones fundamentadas respecto de los niveles tarifarios.

Los principios básicos de la fijación de tarifas se conocen ampliamente y se cumplen en los países desarrollados, pero con frecuencia se pasan por alto, no se acatan cabalmente o no se conocen en los países en desarrollo. Las tarifas, para ser adecuadas, deben cumplir tres requisitos, a saber:

- garantizar la recuperación de los costos y la viabilidad financiera, y constituir una señal de buen precio para los proveedores;

- garantizar la asequibilidad y constituir una señal de buen precio para los consumidores;

- evitar los subsidios cruzados o, preferentemente, cualquier tipo de subsidios.

Las prácticas que se aplican actualmente en los países en transición y en desarrollo no suelen cumplir estos criterios. Una de las razones por las que los municipios no cumplen estos principios es la presión que ejercen los funcionarios elegidos por voto popular para proporcionar servicios a los habitantes de su distrito electoral a tasas inferiores a los costos. Uno de los impactos directos de esa presión política es que los municipios no tienen ingresos suficientes para operar y mantener adecuadamente sus sistemas, lo que ocasiona bajos niveles de servicio y el deterioro prematuro de los activos. Como ejemplos interesantes cabe citar los sectores de abastecimiento de agua en India (TERI, 2010) y Chile (Chávez, 2002) y la calefacción distrital en Rusia (Adrianov et ál., 2003). Como se indica en el cuadro 5.6, muchas de las empresas de abastecimiento de agua en India reciben subsidios de gran magnitud, incluidas dos de las tres que existen en Nueva Delhi. Las propias empresas cubren una parte de los costos de operación y mantenimiento, pero en vez de cobrar tarifas a los clientes, reciben pagos subvencionados de los gobiernos locales, lo que impide establecer una conexión entre los costos del suministro del servicio y los ingresos.

Los desafíos habituales en los países en desarrollo incluyen lo siguiente (véase también el recuadro 5.8):

- Con frecuencia, las inversiones iniciales o las ampliaciones de la red se financian mediante transferencias del gobierno central y no se tienen en cuenta en las tarifas; los niveles históricos de las tarifas no suelen cubrir los costos de operación y buen mantenimiento. En consecuencia, los servicios suelen ser intermitentes, de baja calidad y con baja cobertura. Los proveedores no tienen incentivos para ahorrar costos o mejorar el servicio. A menudo, la situación es insatisfactoria tanto para los proveedores como para los usuarios.

- Las señales de los precios están distorsionadas por las bajas tarifas que se cobran a todos los clientes, que pueden crear incentivos perversos para usar excesivamente los recursos, pasar por alto las pérdidas y aceptar tarifas excesivas para enfrentar la situación. Por ejemplo, los pobres llegan a comprar agua a través de camiones cisterna, cuyo costo es 10 veces mayor que el que tendría el agua corriente.

- Los subsidios cruzados son frecuentes. A menudo, los usuarios comerciales e industriales pagan tarifas excesivas ("porque pueden pagarlas"). También se registra un subsidio cruzado entre los que pagan tasas y cargos y los que no lo hacen.

A menudo, los sistemas de facturación y cobro son ineficaces, debido en parte a la falta de datos confiables sobre las propiedades. La creación de un catastro computarizado de tierras y bienes raíces brinda una solución pero es un proceso lento y caro.

Cuadro 5.6   Gestión y financiamiento de los servicios de abastecimiento de agua en Nueva Delhi

| Zonas geográficas | Funciones de abastecimiento de agua de las empresas de servicios | | |
	Obras de infraestructura	Operación y mantenimiento	Función de ingresos
Corporación Municipal Delhi (CMD)	Sí	Sí	Sí
Corporación Municipal Nueva Delhi (CMND)	Sí	Suministro por bloques exclusivamente	Pago por bloques de la CMND
Junta Cantonal de Delhi	Sí	Suministro por bloques exclusivamente	Pago por bloques de la Junta Cantonal

Fuente: The Energy and Resources Institute (TERI), 2010, 38.

Las ciudades de los países en desarrollo que no consiguen recursos para un proyecto de catastro pueden valerse de instrumentos alternativos, como la nomenclatura y numeración urbanas. Para ello, pueden crear una base de datos fiscales mediante la asignación de un código a cada propiedad a los efectos del cobro de impuestos y tasas. El código no proporciona una referencia legal total a la propiedad pero se utiliza para recaudar ingresos (el tema se analiza en forma más detallada en el capítulo 4).

Una vez que el proveedor de servicios dispone de un conjunto sólido de direcciones de hogares y comercios, la preparación de las facturas es mucho más fácil. En el recuadro 5.9 se describe la aplicación del sistema de nomenclatura y numeración urbanas al servicio de recolección de residuos en la ciudad de Conakry (Guinea). A través de un proyecto urbano financiado por el Banco Mundial, la ciudad diseñó un sistema de nomenclatura y numeración que le permite solucionar las deficiencias en la recolección de desechos sólidos.

Las tarifas bajas y la falta de controles de costos pueden dar lugar a la asignación de diversos tipos de subsidios globales a las empresas municipales, entre ellos, subvenciones anuales concertadas para un fin determinado, subvenciones de carácter discrecional al final de cada ejercicio (cuya justificación es, con frecuencia, la necesidad de pagar salarios), o el pago de sus facturas impagas por otros servicios públicos. Por ejemplo, en los últimos años la compañía de agua de

Lahore ha pagado alrededor de la mitad de sus facturas de electricidad; el departamento de finanzas pagó el resto cuando la empresa de electricidad planteó una queja. Los subsidios para un fin determinado incluidos en el balance general son algunos de los más perjudiciales para respaldar los servicios porque no constituyen un aliciente para que las empresas mejoren los servicios y reduzcan los costos. Además, los subsidios incluidos en el balance general son con frecuencia ad hoc y se basan en conexiones políticas en vez de hacerlo en las necesidades evaluadas; funcionan como prestaciones cuando la empresa y sus clientes no los contabilizan como subsidios.

Gestión de subsidios

Para que los servicios sean sostenibles, se requiere una firme recuperación de costos, que a su vez suele dar lugar a que las tarifas sean inasequibles para algunos miembros de la sociedad. Si bien, por una cuestión de principios, los subsidios deberían evitarse o reducirse al mínimo, con frecuencia se requieren para proporcionar servicios de manera equitativa y amplia, en particular en los países en desarrollo. Una tarifa simple que permita recuperar los costos excluiría a los ciudadanos pobres en forma total o parcial. Sin embargo, también es importante limitar el uso de subsidios y evitar el uso innecesario de los recursos públicos. En la siguiente sección se analizan opciones para incluir a los pobres, diversos tipos de subsidios y, por último, la asignación y la focalización de los subsidios.

Recuadro 5.9 La nomenclatura y numeración urbanas como medio para respaldar la gestión de los desechos domésticos en Conakry (Guinea)

A fines de los años noventa, la gestión de los desechos domésticos en Conakry era inicialmente absoluta responsabilidad de las autoridades municipales. Las condiciones insalubres en la ciudad llevaron a emprender esfuerzos para especificar y asignar las tareas de recolección, transporte y tratamiento de los desechos sólidos. La responsabilidad de recolectar los desechos se asignó a pymes, que podían facturar el servicio directamente a los usuarios. Este sistema requería una delimitación exacta de la zona de cobertura de cada entidad y la creación de centros de acopio de desechos.

El transporte de los desechos al vertedero existente se encomendó al departamento a cargo del servicio público de transporte de desechos sólidos. El Segundo Proyecto Urbano, financiado por el Banco Mundial, acababa de realizar su primera operación de nomenclatura y numeración urbanas y había publicado un plano de calles, que para entonces era uno de los pocos documentos actualizados. El plano, la base de datos y el índice de calles elaborados como parte del programa de nomenclatura y numeración urbanas sirvieron como guía para delimitar las zonas de recolección correspondientes a cada pyme. La señalización de las calles simplificó este proceso y permitió marcar mejor los límites de las zonas y las rutas, así como establecer los puntos de acopio. Fue así como las actividades de nomenclatura y numeración urbanas contribuyeron positivamente al inicio de una operación, cuyo éxito se debió indudablemente a las medidas coordinadas de las diversas autoridades, operadores y donantes para lograr una transformación radical de la imagen de la ciudad.

Fuente: Banco Mundial, 2005, 26.

Focalización en los pobres

Se dispone de varios medios e instrumentos para respaldar el acceso de los pobres a una proporción equitativa de los servicios urbanos públicos, que incluyen el abastecimiento de agua, la electricidad, el transporte público, las viviendas sociales, la calefacción distrital, la educación y la salud. El cuadro 5.7 contiene un resumen de esos medios e instrumentos y sus implicancias. Los funcionarios a cargo de la gestión del gasto deben conocer estas opciones y sus implicancias concretas para asesorar al consejo a fin de que este adopte decisiones fundamentadas. En el cuadro también se muestra que los subsidios bien focalizados pueden generar grandes ahorros, además de promover un mayor grado de equidad en el suministro de servicios a los pobres. En la ciudad de Nyiregyhaza (Hungría), los proveedores privados junto con el municipio crearon un fondo de apoyo (RÉS, o fundación para cubrir la brecha) para subsidiar a los más pobres de los pobres, mediante el pago de dos tercios de las facturas del hogar si sus miembros pagaban un tercio (Tausz, 2004).

Tipos de subsidios e implicancias

Desde la perspectiva de la gestión del gasto es importante diferenciar los tipos de subsidios: de capital y de operación. Es importante que la administración entienda las diferencias entre ambos, qué tipos de subsidios se están proporcionando y quiénes son los beneficiarios primarios.

Los *subsidios de operación* respaldan los costos de operación y del mantenimiento regular de los diversos servicios. Estos subsidios adoptan diversas formas, entre ellas subsidios explícitos e implícitos y subsidios del lado de la demanda y de la oferta. Es importante destacar que el gobierno central o el gobierno local será quien pagará los subsidios en última instancia, tanto si la entidad de servicios es pública como si es privada. El cuadro 5.8 contiene un resumen de las diversas formas y medios para proporcionar subsidios de operación y aclara algunos aspectos de su posible impacto.

Los *subsidios de capital* son habituales en todo el mundo pero su prevalencia es mayor en los países en desarrollo. El gobierno central o el local pueden otorgar una subvención para cubrir una parte, o la totalidad, de la inversión de una entidad de servicios.

Cuadro 5.7   Opciones para clientes pobres

Opción de focalización	Descripción	Ejemplos de aplicación
Focalización a nivel del servicio	Suministro de servicios de menor calidad o alcance (aplicable en zonas aisladas; en caso de ser posible, se aconseja la autoselección de este servicio).	• Un grifo público en vez de una conexión domiciliaria de agua. • Contenedores comunitarios para recolección de desechos en vez de recolección "puerta a puerta" de desechos domiciliarios. • Construcción de unidades de vivienda más pequeñas con servicios más simples. De todos modos, es probable que se requiera un subsidio para estos servicios, pero mucho más bajo que para los servicios completos.
Subsidios basados en los ingresos	El subsidio se determina sobre la base de los ingresos de los hogares o indicadores sustitutos, como el salario o el consumo de electricidad.	• El grupo beneficiario paga una parte de la tarifa y el municipio paga el resto al proveedor teniendo en cuenta la efectiva recaudación de las tasas. • Tarifas basadas en el volumen: una tarifa baja para un volumen básico y una tarifa alta para un nivel superior al básico. • El consumo de electricidad sirve de base para los "cargos municipales" relativos a los desechos sólidos o una canasta de servicios básicos. • Los ancianos pagan la mitad del pasaje de transporte público.
Otros indicadores de pobreza	El valor de la propiedad como sustituto de la pobreza: una lista oficial de pobreza (una cuestión delicada desde el punto de vista político y social).	• El valor de la propiedad es la base de un "impuesto comunal" que abarca una canasta de servicios básicos. • Los hogares incluidos en la lista de pobreza pagan un tercio de sus facturas.
Focalización geográfica	Los hogares situados en una determinada zona geográfica pagan tarifas, tasas y cargos más bajos.	• Los barrios marginales u otras zonas definidas como pobres pueden pagar tarifas más bajas por algunos servicios.

Fuentes: Los autores, sobre la base de DANCED, 2002; Chávez, 2002, y Kopanyi, El Daher y Wetzel, 2004.

El gobierno central o el local, o donantes internacionales, pueden suministrar activos a título de donación en especie. Estas prácticas tienen varias consecuencias importantes: a) el costo del capital donado a menudo no se contabiliza de manera equitativa en el balance general de la entidad; b) los subsidios de capital distorsionan la fijación de tarifas debido a que los costos de capital (es decir, la amortización) no se incluyen en la tarifa; c) si las inversiones no resultan sostenibles, con el tiempo podría requerirse otra donación o subsidio para una rehabilitación de gran magnitud, reposición o ampliación de un activo; d) el donante de un activo tal vez no proporcione un subsidio para su operación y

mantenimiento, y el municipio podría omitir incluir el gasto en el presupuesto, y e) los subsidios de capital antiguos generan dificultades para forjar APP debido a que con frecuencia se desconoce su valor.

Por último, el aspecto más importante es que los subsidios de capital no están focalizados. Al beneficiar a todos los usuarios, se desperdician recursos públicos debido a que aquellos que pueden pagar el costo total gozan de un subsidio. En consecuencia, el departamento de finanzas debería calcular el verdadero costo de los servicios, incluidos los gastos de capital, y comunicarlo a las partes interesadas (por ejemplo, el

Cuadro 5.8   Formas y medios de subsidios de operación

Forma de subsidio	Medio de subsidio	Efectos
Subsidios a la oferta		
Explícitos	Subvención al desempeño otorgada al proveedor.	Monto garantizado de ingresos que se paga sobre la base del cumplimiento del desempeño mínimo concertado (por ejemplo, el volumen de servicios).
	Subvención específica que el proveedor transfiere a grupos beneficiarios.	El municipio paga o subvenciona una parte de la tarifa o la tasa.
Implícitos	Subvención anual por bloques otorgada al proveedor.	Derecho; no proporciona un incentivo para mejorar.
	Subvención discrecional y ad hoc; también recibe el nombre de subsidio incluido en el balance general.	Al cubrir la brecha de ingresos, el subsidio "rescata" a la entidad, con frecuencia al final del ejercicio.
	Subsidio forzado, pago al proveedor de las sumas que este adeuda.	La entidad obtiene el subsidio al dejar de pagar sus obligaciones.
Subsidios a la demanda		
Explícitos	Subsidio cruzado.	Tarifas diferenciadas para distintos grupos, por ejemplo, clientes comerciales e industriales, por una parte, y residenciales, por la otra; podrían resultar perjudiciales. Las tarifas por bandas de consumo proporcionan incentivos para ahorrar recursos escasos (agua, electricidad); son equitativas; señal de buen precio. Tarifa basada en la capacidad (diámetro de la tubería de conexión de agua, capacidad del medidor de electricidad). Subsidio forzado por los consumidores que no pagan. Cuando el nivel de recaudación es bajo, los clientes que pagan están subvencionando de hecho a quienes no lo hacen. Un aumento de tarifa para cubrir el ingreso faltante impondría una carga mayor a quienes ya están pagando.
	Crédito a los pobres.	Crea incentivos tanto en el lado de la demanda como en el de la oferta.
Subsidio implícito	Tarifa baja exigida por el consejo.	Subsidio a la demanda que no se contabiliza como un subsidio; distorsiona las señales de precio que reciben los clientes. Socava la sostenibilidad financiera y propicia un subsidio a la oferta o el deterioro de los activos y servicios.

consejo), con el objetivo de incluir gradualmente los gastos de capital en las tarifas, las tasas y los cargos.

Como hemos mencionado, las tarifas de los servicios urbanos en los países en desarrollo suelen ser bajas y no cubren la inversión de capital ni la operación y el mantenimiento regular. El primer paso para abordar esta situación consistiría en recuperar los costos de operación y mantenimiento, al tiempo que se reducen gradualmente los subsidios de operación, lo que requiere una clara medición, una asignación eficaz y focalización (en el recuadro 5.10 se describen los subsidios al agua en India).

Asignación y focalización de los subsidios

El objetivo primordial consiste en usar los subsidios de manera equitativa a fin de maximizar los ingresos necesarios para cubrir los costos de operación y mantenimiento de los servicios. Esto puede lograrse

Recuadro 5.10 Subsidios al agua en Delhi (India)

Los usuarios están recibiendo grandes subsidios a través de tarifas subvencionadas. De acuerdo con el primer ministro, que preside la junta de la Comisión Nacional de Tarifas, hasta el 60 % de los subsidios se destina a las tarifas domésticas en Delhi. Estos subsidios se establecieron para los pobres, pero muy pocos de ellos están conectados al sistema debido al elevado costo de los cargos por conexión. Por lo tanto, los usuarios de ingreso mediano a alto se benefician de las tarifas bajas. Asimismo, los pobres deben asumir el costo de adquirir agua a través camiones cisterna para satisfacer sus necesidades. En consecuencia, los usuarios previstos no reciben los beneficios.

Fuente: TERI, 2010, 35.

mediante la cuidadosa asignación y focalización de los subsidios. Los siguientes pasos y cuestiones son útiles para alcanzar esos objetivos:

- analizar los gastos de operación y mantenimiento del proveedor de servicios para verificar que esté asignando el subsidio mínimo necesario;

- garantizar que los subsidios sean explícitos, transparentes y cuantificables, y que se contabilicen;

- identificar a los grupos beneficiarios, sus necesidades y su capacidad y voluntad de pago;

- seleccionar las opciones de subsidio adecuadas;

- seleccionar el método adecuado de transferencias vinculadas al desempeño;

- establecer reglas para la implementación de los subsidios y, si es posible, celebrar un contrato con el proveedor;

- realizar un seguimiento, exigir el cumplimiento de las reglas y evaluar la implementación y el impacto de los subsidios;

- calcular, decidir o planificar, e incluir en el presupuesto el volumen de los subsidios que el gobierno puede o está dispuesto a cubrir (un promedio por cliente, por servicio o por proveedor);

- proporcionar información sobre el uso de subsidios a las principales partes interesadas.

El cuadro 5.9 contiene varias opciones de tarifas. Se basa en un proyecto real de abastecimiento de agua en un pequeño pueblo de Nepal. El proyecto registra un abultado déficit de NPR 450 000, o el 33 %. Una encuesta que se llevó a cabo para establecer la voluntad de pago indica que la mayoría de los hogares podrían pagar fácilmente tarifas más altas que, de todos modos, representarían menos del 5 % de sus ingresos. En el cuadro se resume la situación de tres grupos de usuarios agrupados de acuerdo con los ingresos de los hogares, utilizándose el 5 % de los ingresos como sustituto de la capacidad para pagar el servicio de agua. Se emprendió un análisis detallado de las tarifas debido a que el municipio acordó inicialmente una tarifa plana de NPR 100 "pues los habitantes solo podían pagar esa suma". Sin embargo, poco después se descubrió que los costos combinados de operación, mantenimiento y servicio de la deuda (O + M + SD) superaban ampliamente los ingresos totales que se generarían con esa tarifa plana.

El análisis indica que las autoridades locales encargadas de la formulación de políticas disponen de varias opciones. Una tarifa plana de NPR 300 permitiría asegurar la viabilidad financiera pero crearía una carga que los hogares pobres no podrían soportar. El servicio previsto permitiría reducir el subsidio si se abonaran NPR 300 al mes por las conexiones domésticas y las familias pobres pagaran NPR 60 al mes por grifos comunitarios instalados para cinco grupos familiares. Esta variación parece atractiva pero no es viable debido a que ya se han instalado las conexiones a las viviendas. Las familias en mejor situación económica podrían pagar NPR 360 al mes, lo que permitiría que las conexiones domésticas para las familias pobres ascendieran a NPR 60 al mes. De esa manera, las familias pobres recibirían un importante subsidio cruzado que pagarían las familias más acomodadas.

Cuadro 5.9   Opciones de tarifas para un pequeño proyecto de abastecimiento de agua en Nepal

	Ingresos del hogar superiores a NPR 10 000	Ingresos del hogar entre NPR 3000 y NPR 10 000	Ingresos del hogar inferiores a NPR 3000	Número total de conexiones	Total de ingresos, NPR, por mes	Costo total (O + M + SD), NPR, por mes	Subsidio, por mes (NPR)
Número de hogares	900	2700	900	4500		1 350 000	
5 % de los ingresos del hogar (NPR)	750	375	100				
Situación actual: tarifa plana NPR 100	100	100	100	4500	450 000	1 350 000	900 000
Opción 1	300	300	60	3780	1 134 000	1 350 000	216 000
Opción 2	360	360	60	3780	1 350 000	1 350 000	0,0
Opción 3	300	300	300	4500	1 350 000	1 350 000	0,0

Nota: O + M + SD = operación más mantenimiento más servicio de la deuda.
Opción 1: Conexiones domésticas para las familias de ingreso alto y mediano por Rs 300 al mes y grifos comunitarios, uno por cada cinco familias pobres, por una tarifa familiar de Rs 60 al mes.
Opción 2: Servicio previsto a Rs 360 por hogar con conexión doméstica y Rs 60 por hogar en el caso de los grifos comunitarios.
Opción 3: Conexiones domésticas para todos los consumidores con una tarifa plana de Rs 300 por hogar independientemente de su nivel de ingresos.

Podrían analizarse muchas otras opciones. En los últimos dos renglones del cuadro 5.9 se comparan dos opciones posibles, incluida una con servicios diferenciados y tarifas diferenciadas, en cada caso asequibles para el grupo de hogares en cuestión.

¿Qué lecciones podemos extraer con respecto a la fijación de tarifas y los subsidios? Si bien son muchas, es posible resumir algunas de las principales: a) los departamentos de finanzas desempeñan un papel fundamental en el análisis, el seguimiento y el control de los gastos realizados en el marco de las diversas tarifas y los subsidios conexos establecidos para los servicios urbanos básicos; b) para controlar los gastos se requiere información sólida y una profunda comprensión de los costos subyacentes que permita calcular los subsidios de manera realista y justificada; c) los subsidios deberían estar focalizados, ser explícitos y contabilizarse de manera adecuada, y d) debería calcularse el volumen total de subsidios anuales y luego comunicarlo a las principales partes interesadas, entre ellas, las autoridades encargadas de tomar decisiones, como el consejo, los departamentos de operaciones y el comité de presupuesto, así como al conjunto de la ciudadanía y los usuarios de los servicios en cuestión.

Principios relativos al seguimiento de las adquisiciones y los gastos

Las adquisiciones adoptan diversas formas y abarcan la adquisición de bienes (productos de gran volumen como la energía y el combustible), bienes inmuebles, equipos de capital (camiones), construcción de activos (hospitales, escuelas, caminos) y servicios (entre ellos las oficinas, la limpieza y la seguridad, e inclusive los servicios bancarios). Las adquisiciones son un elemento central de la prestación de servicios públicos. Entrañan grandes sumas de dinero público y constituyen la mayor fuente individual de denuncias de corrupción e ineficiencia gubernamental. Dado que son fundamentales para gran parte de las actividades de los gobiernos locales, su eficacia reviste crucial importancia para la gestión del gasto.

Por lo general, los sistemas de adquisiciones diseñados adecuadamente requieren altos niveles de transparencia, equidad y competencia abierta, así como la selección del proveedor más idóneo. Con frecuencia, la implementación de estos sistemas es un proceso difícil y lento. En consecuencia, muchos gobiernos locales suelen pasar por alto las normas y los instrumentos en materia de adquisiciones. Adquieren los bienes y servicios en forma arbitraria y pagan más de lo debido por productos de menor calidad.

A raíz de su importancia, es fundamental supervisar atentamente las adquisiciones. En la mayoría de los casos, los sistemas de adquisiciones, si se implementan tal como se diseñaron, generarán resultados similares. Con frecuencia, sin embargo, como hemos señalado, estos sistemas no se implementan por las siguientes razones:

- falta de especialistas en adquisiciones con la debida preparación;

- falta de políticas y prácticas en materia de ahorro de dinero a través de procesos de adquisiciones competitivos adecuados;

- cultura limitada en materia de transparencia;

- mala definición de las especificaciones;

- presión ejercida sobre los principales funcionarios por intereses especiales.

El ciclo de las adquisiciones

Aunque los pasos que deben darse para adquirir un producto varían ligeramente en razón de su costo (en el caso de los productos menos caros se suelen utilizar procedimientos menos complicados), por lo general el ciclo de las adquisiciones incluye los mismos pasos (el gráfico 5.6 muestra el proceso de licitación):

Gráfico 5.6 Proceso de licitación

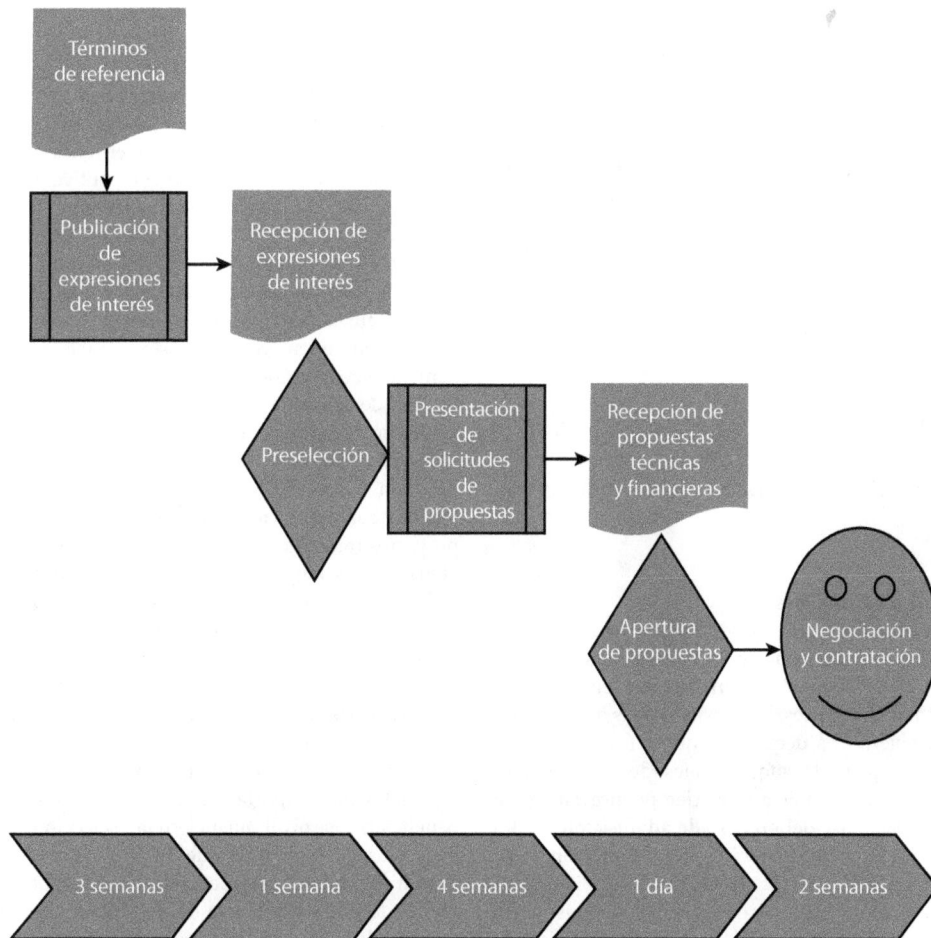

- definir los requisitos;

- entender el proceso de asignación y distribución de los riesgos (especialmente en el caso de las actividades en las que intervienen APP);

- elaborar términos de referencia y especificaciones detalladas, tanto para bienes como para obras civiles, de manera de establecer claramente qué es lo que debe suministrarse y en qué fecha;

- publicar información sobre la adquisición propuesta para concitar el mayor interés posible;

- solicitar que las empresas presenten expresiones de interés basadas en una breve descripción de la actividad que se prevé contratar;

- evaluar las presentaciones y seleccionar un pequeño número de empresas, contratistas o proveedores que participarán en el concurso final;

- enviar a las empresas preseleccionadas o a los contratistas precalificados una carta de invitación que contenga los términos de referencia o las especificaciones detalladas y las condiciones comerciales aplicables, en la que se solicite la presentación de propuestas técnicas y financieras a más tardar en una fecha claramente especificada;

- evaluar las propuestas y seleccionar al licitante que haya presentado la *oferta evaluada como la más baja*, es decir, el mejor precio para las especificaciones solicitadas; invitar a esa empresa a negociar el contrato;

- llevar a cabo las negociaciones y firmar el contrato;

- iniciar las obras.

Planes de adquisiciones

Para asegurarse de que solo se adquieran los productos aprobados, es fundamental contar con planes de adquisiciones bien elaborados y transparentes, en los que se especifiquen los bienes, los servicios y las obras civiles que el gobierno ha decidido adquirir (el cuadro 5.10 muestra el plan de adquisiciones de una ciudad). En el plan debe indicarse el tiempo previsto para terminar cada fase del proceso de adquisiciones y las fechas aproximadas de inicio y de terminación de su implementación.

Este tipo de plan permitirá a la administración supervisar el proceso para evitar demoras e ineficiencias y realizar un seguimiento de los gastos. Asimismo, indicará a todas las partes interesadas qué se está planificando; toda modificación del plan debe ser explicada y respaldada mediante fundamentos lógicos sólidos. A fin de garantizar que contenga las opiniones más recientes, el plan se debe actualizar en forma periódica, posiblemente una vez al año, y debe distribuirse a todas las partes interesadas.

Proceso competitivo de adquisiciones

Con frecuencia, los gobiernos locales pierden dinero debido a adquisiciones inadecuadas. El hecho de que las adquisiciones deban basarse en un proceso competitivo equitativo y transparente parece simple y obvio, pero a menudo no se tiene en cuenta. Esto obedece, principalmente, a que el proceso puede insumir hasta seis meses, o más de un año en el caso de los proyectos de grandes obras de infraestructura. Los funcionarios municipales podrían considerar que es una pérdida de tiempo si no comprenden que corren el riesgo de sufrir pérdidas de gran magnitud por apresurarse a realizar las adquisiciones sin comparar precios. Asimismo, se suele pasar por alto el proceso competitivo cuando el proyecto no se planificó adecuadamente y no fue aprobado por el consejo. En ocasiones, las adquisiciones deben realizarse rápidamente a fin de aplicar los fondos antes de la finalización del ejercicio. Existen otras razones, entre ellas, los intereses especiales de algunos funcionarios, miembros del consejo y políticos, o sencillamente actos de corrupción. El gráfico 5.6 muestra el proceso de licitación para un proyecto mediano.

El proceso competitivo de adquisiciones abarca varias formas y opciones; la magnitud y la naturaleza del bien o servicio por adquirir determina en gran medida cuál será la forma u opción adecuada. Los proyectos muy grandes requieren licitaciones internacionales cuando no se dispone de capacidades suficientes a nivel nacional, como suele suceder en los países en desarrollo pequeños o medianos. En el caso de los proyectos medianos, es posible que sean más adecuadas las licitaciones nacionales. En el mundo moderno, las licitaciones no se limitan a bienes, también abarcan servicios, entre ellos, la seguridad, las oficinas, la gestión de eventos y la banca, que es especialmente importante. Los municipios pueden beneficiarse a nivel financiero al seleccionar a los bancos asociados a través de un proceso competitivo. Por último, la selección mediante el método de comparación de precios o el uso de una fuente única sigue siendo adecuada para la adquisición de una pequeña

Cuadro 5.10 Plan de adquisiciones de un proyecto

N.º de referencia	Descripción del contrato	Costo estimado (millones de US$)	Método de adquisición	Precalificación	Preferencia nacional	Examen previo	Fecha prevista de apertura de ofertas	Observaciones
Obras								
CW-1	Sistema de drenaje	6,770	Licitación internacional	No	Sí	Sí	16 de abril de 2012	
CW-2	Gestión de tráfico	8,94	Licitación internacional	No	Sí	Sí	25 de mayo de 2012	
Bienes								
EQ-1	Computadoras	0,45	Licitación internacional	No	No	Sí	16 de enero de 2012	
EQ-2	Papelería	0,05	Comparación de precios	No	No	No	5 de junio de 2012	
EQ-3	Publicidad	0,045	Directa	No	No	No	5 de julio de 2012	
Servicios de consultoría								
TA-1	Sistema de información para la administración	0,750	Licitación internacional	N. C.	N. C.	Sí	7 de agosto de 2012	

cantidad de bienes o la contratación de especialistas (en el cuadro 5.10 se muestran varias formas de adquisiciones incluidas en el plan local).

Pasos fundamentales del proceso de adquisiciones

Muchos gobiernos locales utilizan el proceso de adquisiciones que se presenta en el gráfico 5.6, aunque algunos solo lo hacen porque así lo requiere un donante. Sin embargo, la mayoría de los gobiernos locales en el mundo en desarrollo no tiene experiencia en elementos fundamentales de este proceso; en consecuencia, suelen ver las desventajas pero no tienen en cuenta los beneficios de un buen proceso de adquisiciones. El recuadro 5.11 contiene un resumen de la reforma de las adquisiciones en Uzbekistán.

Los pasos más cruciales, es decir, los que permiten que este proceso sea eficaz o un fracaso, son los siguientes:

- *Términos de referencia*. Es necesario dedicar tiempo suficiente, y tal vez dinero, para elaborar un conjunto de términos de referencia adecuados. Estos términos de referencia deben contener una descripción muy específica de los objetivos, el alcance de las obras y las actividades que se llevarán a cabo, así como incluir productos muy concretos, cuantificables y con plazos determinados, y un plan de pagos correspondiente a las actividades. Si los términos de referencia son breves e imprecisos, no servirán de guía al asociado contratista ni propiciarán un compromiso claro y firme. Asimismo,

---

Recuadro 5.11 Incorporación del uso de franquicias otorgadas mediante licitación pública en Uzbekistán

En Uzbekistán, los servicios de transporte público urbano eran prestados tradicionalmente por empresas estatales que tenían el monopolio de una zona o ciudad. A partir de fines de 1997, sin embargo, como parte de la transformación de esta economía (anteriormente socialista) en una que funciona de acuerdo con los principios del mercado, el gobierno llevó a cabo cambios radicales en la organización y regulación de los servicios de transporte público por autobús en zonas urbanas.

A través de un proceso gradual planificado cuidadosamente, que incluyó la aplicación experimental en algunas ciudades, un viaje de estudio a Londres y una ampliación progresiva a todas las ciudades secundarias, se otorgó a las administraciones municipales la responsabilidad de organizar todos los servicios de autobús sobre la base de franquicias de rutas de carácter exclusivo. Estas franquicias se asignaron a través de un proceso de licitación pública en el que podían participar empresas privadas y asociaciones de pequeños propietarios que operan por su cuenta, así como empresas estatales. En cada ciudad, el proceso de licitación, que estuvo a cargo de una comisión

especial presidida por un teniente de alcalde, se ajustó a un conjunto de reglas precisas establecidas por un ente regulador del transporte, en la órbita del gobierno central. Los principales criterios de selección incluyeron los descuentos, en caso de haberlos, que ofrecían los licitantes respecto del tope establecido para el valor del pasaje, la frecuencia del servicio propuesta y las características de la flota de autobuses. La duración de la franquicia, que inicialmente se fijó en seis meses con la posibilidad de renovarla una vez por otros seis meses, se está ampliando gradualmente (en la actualidad es de un año).

Estas reformas, que se completaron en el curso de dos años, han generado cambios notables. Un gran número de operadores privados han ingresado al mercado del transporte público, se han creado muchos empleos en el nuevo sector de servicio de autobús y se ha desarrollado una sana competencia, en particular en los servicios de minibús, sector que está en rápido crecimiento. En la actualidad, los operadores privados proporcionan más del 50 % de todos los servicios de transporte urbano. Asimismo, se está implementando un sistema de franquicias de rutas de autobús en Tashkent.

Fuente: Banco Mundial, 2002, 10.

---

no proporcionarán al gobierno local una base sólida para exigir el cumplimiento de las acciones concertadas y la optimización de los recursos.

- *Elaboración de la lista de empresas preseleccionadas y selección del adjudicatario.* En muchos casos, los gobiernos locales no actúan con firmeza al momento de establecer comités de selección con miembros competentes y comprometidos. Con frecuencia, consideran que la selección es una formalidad en vez de un paso fundamental, no eligen a los mejores candidatos y luego obtienen resultados de baja calidad (como productos insatisfactorios, retrasos o informes de consultoría deficientes). En ocasiones, integran los comités de selección con personal ex officio que carece de conocimientos especializados y algunas veces tiene un interés especial en respaldar a un candidato específico.

- *Contratación.* Incluso los mejores términos de referencia y el mejor proceso de selección serán inútiles si el contrato firmado contiene puntos débiles y no protege los intereses del gobierno local. Algunas veces, el asociado seleccionado presenta un modelo de contrato supuestamente estándar y alega que es el mejor, que lo utilizan muchos municipios y que no es necesario incorporar ninguna mejora o cambio. Aceptar un contrato de ese tipo es peligroso. Con frecuencia, estos argumentos no son ciertos: el "contrato estándar" no es ni estándar ni el mejor. En síntesis, el municipio debe redactar su propio contrato (y si es necesario, contratar a un buen abogado), debe lograr las mejores condiciones, proteger sus propios intereses y negociar con firmeza.

Principios en materia de adquisiciones

La aplicación de sólidos principios en materia de adquisiciones del sector público contribuirá al fortalecimiento de la administración de los gobiernos locales mediante el control de los gastos y el mejoramiento de la prestación de los servicios públicos. Los siguientes son algunos de los principios básicos relacionados con esas adquisiciones:

- *Licitante que presentó la oferta evaluada como la más baja.* Las entidades a cargo de las adquisiciones soportan presiones para seleccionar al licitante que presentó la oferta de menor costo. Sin embargo, en la mayoría de los sistemas de adquisiciones se especifica que debe seleccionarse al contratista que ofrece el mejor precio por las especificaciones requeridas, o el *licitante que presentó la oferta evaluada como la más baja.* Los gobiernos deben ser cautos en cuanto a seleccionar a un contratista que ofrece un precio excesivamente bajo: la experiencia indica que ese contratista intentará aumentar el precio de su oferta a través de una serie de órdenes de cambio, o proporcionará bienes o servicios con una calidad inferior a la especificada.

- *Optimización de los recursos.* Este valor es un indicador de la eficiencia en el uso de los recursos financieros del gobierno. Está representado por varios factores, además del precio, entre ellos:

  — el grado de aptitud de los bienes, equipos o servicios adquiridos;

  — la vida útil y la durabilidad de los bienes o los equipos;

  — los costos de operación, mantenimiento y servicio de la deuda;

  — los costos administrativos del método de adquisiciones seleccionado;

  — el plazo de entrega;

  — los costos futuros de transporte;

  — los costos de almacenamiento;

  — el tiempo que se requiere para adquirir los bienes.

- *Transparencia.* Las personas tienen derecho a saber con certeza que se han aplicado los procedimientos correctos, y el principal instrumento para brindar esa certeza es la transparencia. La transparencia en las adquisiciones brinda al público la certeza de que se están empleando los procedimientos correctos y, además, es un aliciente para que los proveedores compitan por los contratos que el gobierno y sus organismos adjudican. Asimismo, la transparencia en los procedimientos de adquisiciones contribuye a reducir el riesgo de actos de fraude y corrupción.

- *Rendición de cuentas.* Este elemento es la piedra angular de todo sistema de adquisiciones. Se utiliza para garantizar que los funcionarios que llevan a cabo las actividades cumplan sus responsabilidades con la diligencia debida que exigen tanto el gobierno como el pueblo.

- *Equidad.* Todos los proveedores que reúnan los requisitos deben ser informados de todas las oportunidades de adquisiciones. Este principio garantiza que todos los licitantes, proveedores, contratistas y consultores, tanto nacionales como internacionales, dispongan de una base justa para competir por contratos financiados por el gobierno. Con el tiempo, esto también permite ahorrar dinero.

- *Eficacia.* Es necesario tener siempre presente cuál es el papel fundamental de cada adquisición: esa adquisición es solo un medio para alcanzar un objetivo concreto. Toda adquisición que no propicia la consecución del objetivo previsto es ineficaz.

- *Eficacia.* El gobierno nunca debe pasar por alto la necesidad de celeridad y eficiencia en el proceso de adquisiciones. Cuanto mayor es el grado de participación de la administración no esencial en el proceso de adquisiciones, mayor es la suma de fondos que no se destina a la consecución del objetivo primario del gobierno. Y cuanto más se prolonga el proceso de adquisiciones, más alto es el costo real para el gobierno.

- *Normas éticas.* Toda persona que interviene en actividades de adquisiciones debe cumplir el código de ética establecido por el gobierno. Aunque las disposiciones específicas de cada código serán diferentes, estos deben incluir una cláusula en el sentido de que ningún individuo podrá usar su autoridad o cargo en beneficio personal. Esto incluye aceptar —o solicitar— de licitantes, posibles licitantes o proveedores cualquier cosa de valor material para sí mismo, su cónyuge, padres, hijos, otros familiares cercanos o cualquier otra persona a través de la cual el individuo pueda beneficiarse directa o indirectamente del obsequio. Asimismo, en el código deben abordarse cuestiones tales como los conflictos de interés, la divulgación de las relaciones personales y la confidencialidad y exactitud de la información.

Adquisiciones electrónicas

"Adquisiciones electrónicas" es el nombre abreviado de los procesos de adquisiciones gestionados electrónicamente, en los que todas las fases de una adquisición se llevan a cabo a través de Internet o medios electrónicos. El municipio anuncia el proyecto y solicita expresiones de interés, y luego emite un pedido de propuestas a través de Internet. De igual modo, los licitantes deben presentar sus ofertas en forma electrónica y luego reciben la confirmación y los resultados en formato digital. Cada vez es mayor el número de gobiernos que implementan en forma experimental sistemas de gobierno electrónico con el objeto de reducir la corrupción en las adquisiciones públicas. En el caso de Tailandia, se han realizado pocos avances para establecer un sistema de ese tipo debido a que el acceso a Internet es limitado en gran parte del país y, comparativamente, es caro. Sin embargo, se están comenzando a llevar a cabo licitaciones electrónicas y adquisiciones electrónicas para proyectos públicos.

Las iniciativas de gobierno electrónico incluyen, entre otras, algunas en el ámbito del comercio. Para reducir el contacto personal entre empresas y funcionarios gubernamentales, cada vez es más común que los países ofrezcan la posibilidad de realizar solicitudes de licencias comerciales y presentaciones en línea. En el mundo en desarrollo, donde los procesos de gobierno son muchas veces disfuncionales, un gran número de países está sencillamente digitalizando la disfuncionalidad.

Gestión de contratos

Con demasiada frecuencia, la gestión de los contratos celebrados con clientes, proveedores, asociados o empleados se delega en unidades de ingeniería o de adquisiciones, con poca o ninguna intervención del personal financiero y jurídico. Este es un grave error. La gestión de contratos abarca tres áreas fundamentales: a) la estructuración, negociación y firma del contrato; b) el seguimiento del contrato durante la ejecución, y c) la emisión de los pagos (o el cobro de los derechos). Los gobiernos locales en los países en desarrollo suelen tener deficiencias en las tres áreas. En el recuadro 5.12 se señalan algunos puntos que deben tenerse en cuenta para gestionar los contratos de manera satisfactoria y algunas razones que impiden que ciertas empresas lo logren.

Contratación. El contrato es fundamental en las adquisiciones. Los contratos revisten vital importancia para garantizar el cumplimiento de los términos y condiciones, así como para documentar y acordar cualquier cambio que pueda surgir durante la ejecución del proyecto. Con frecuencia, muchos gobiernos locales celebran contratos sin entender cabalmente las consecuencias financieras y legales. Esto es especialmente peligroso en las APP, que en muchos casos han fracasado debido a la distribución

Recuadro 5.12 Principales elementos de una gestión de contratos satisfactoria

- Un plan documentado para gestionar el contrato de manera de garantizar que toda la organización ponga el acento en optimizar los recursos.
- Indicadores clave del desempeño para medir e impulsar el desempeño de los proveedores.
- Un acuerdo detallado sobre los productos requeridos y el desempeño esperado y la calidad del servicio que deberá prestarse.
- Seguimiento del servicio para establecer si se está prestando de acuerdo con las especificaciones y para asegurarse de que sus costos no superen la suma prevista.
- Evaluación y gestión constantes de los riesgos relativos a la prestación del servicio, cerciorándose de que existan planes de continuidad de las operaciones, de manera que sea posible seguir prestando los servicios esenciales en el marco de diversas contingencias.
- Comprobación y comparación de precios en forma periódica para verificar que se optimicen los recursos.
- Procedimientos legales claros para aplicar multas financieras en caso de mal desempeño del proveedor.
- Actividades de administración y gestión de cambios centradas en el seguimiento y la previsión de los costos, los pedidos, los procedimientos de seguimiento de los pagos y el presupuesto, la gestión de los recursos, la planificación prospectiva, los sistemas de información para la administración y la gestión de activos.

¿Por qué las organizaciones no logran gestionar los contratos de manera satisfactoria?

- Contratos mal redactados.
- Los recursos que se asignan o se ponen a disposición del equipo a cargo de la gestión de contratos no son suficientes.
- El equipo del gobierno o del cliente no posee el mismo grado de conocimientos especializados o experiencia que el equipo del proveedor.
- Designación de personas inadecuadas que da lugar a choques de personalidades.
- Falta de comprensión del contexto, las complejidades y los factores conexos del contrato.
- Ausencia de verificación de las suposiciones planteadas por el proveedor en su propuesta.
- Falta de claridad respecto de las facultades y las responsabilidades relacionadas con las decisiones comerciales.
- Falta de medición o comparación del servicio por parte del cliente.
- Ausencia de seguimiento y gestión de los riesgos asumidos (legales, políticos y comerciales).

Fuente: Los autores, sobre la base de Banco Mundial, 2005.

---

desproporcionada de los riesgos, las responsabilidades y el financiamiento entre los asociados públicos y privados. Un caso famoso fue el de la APP en el sector de agua de Dar es Salaam, que fracasó al cabo de tres años. Con el tiempo, el asociado privado se retiró y dejó a la ciudad con costos enormes y sin un operador para su sistema de abastecimiento de agua.

Seguimiento de los contratos. Esta actividad reviste particular importancia durante la ejecución de grandes proyectos de infraestructura. Incluye el seguimiento de los gastos y de las etapas de terminación física para garantizar que ambos avancen a un ritmo relativamente similar. Los municipios que tienen limitaciones en materia de capacidad suelen contratar externamente el seguimiento de la construcción, y en ese caso también se debe supervisar al encargado del seguimiento. En las fases cruciales, un ingeniero municipal debe analizar exhaustivamente los informes de situación del proyecto y verificar los avances in situ para garantizar que los pagos se realicen sobre la base de avances verificados y que se emita la factura una vez terminadas las obras. En el caso de los países en desarrollo, además de la falta de buenas capacidades municipales, también son deficientes las capacidades de las compañías de construcción y las empresas de seguimiento de construcciones. Una evaluación de la capacidad de inversión en infraestructura que se llevó a cabo en Pakistán permitió establecer que la escasez de capacidades en el sector de la construcción (ingenieros, obreros calificados, maquinarias) constituía un impedimento para el desarrollo de la infraestructura mayor que la falta de fondos (Banco Mundial, 2007).

Control de los costos y emisión de los pagos. Desde la perspectiva de la gestión del gasto, el área más crucial de la gestión de contratos es el control de la ejecución del contrato y la emisión de los pagos de acuerdo con los plazos establecidos en él. Más importante aún, los pagos deben basarse en los avances verificados. El Banco Mundial ha incorporado auditorías técnicas para complementar las auditorías financieras a fin de llevar a cabo un seguimiento del destino dado a los fondos y de la manera en que estos se utilizan en los proyectos de infraestructura financiados por el Banco.

Órdenes de variación. En algunos casos, los contratistas ofrecen un bajo precio inicial por los servicios, los bienes o las obras (tal vez por un pequeño margen) y más tarde proponen cambios u órdenes de variación basándose en gastos imprevistos. Es posible que algunos gastos sean realmente imprevistos, como un cambio drástico en el precio de los combustibles o situaciones especiales debajo de la superficie que no pueden detectarse durante la planificación. Con mucha frecuencia, sin embargo, el contratista usa las órdenes de cambio como un medio para aumentar el precio del contrato (y las utilidades) a fin de compensar una propuesta inicial poco realista.

Las órdenes de cambio o variación también son una forma común de corrupción. Por lo tanto, los pedidos de variaciones técnicas, además de remitirse al sector de ingeniería, también deben ser objeto de un análisis exhaustivo por el personal de finanzas, que tiene la facultad de rechazar facturas y retrasar o negar los pagos si se sospecha que existen gastos injustificados o actos de fraude. Por lo general, las órdenes de cambio están vinculadas a la obra física, pero también debe intervenir el sector de gestión financiera para determinar el impacto de los aumentos de costos en el presupuesto y el financiamiento. Por último, si las órdenes de cambio son

consecuencia de retrasos en los pagos, esta cuestión, que es de índole administrativa, debe ser objeto de un examen orientado a determinar el grado de eficiencia y a buscar indicios de comisiones ilegales.

Sistemas de gestión del gasto

Las entidades de los gobiernos locales gestionan los gastos mediante varios sistemas e instrumentos, que incluyen los relativos a la contabilidad, los controles internos, la gestión de caja, las adquisiciones y la gestión de contratos. Estos sistemas cumplen múltiples funciones en la vida de los gobiernos locales. Esta sección gira en torno a su papel en la gestión del gasto.

Sistemas de contabilidad

Los presupuestos no son un producto de los sistemas de contabilidad. Una vez que se ha aprobado el presupuesto, el sistema de contabilidad registra e informa los resultados reales; esto permite realizar comparaciones con los montos presupuestados y controlar las actividades de la autoridad (como se analiza en el capítulo 3). Los sistemas de contabilidad deben diseñarse de manera tal que proporcionen a la administración, en forma oportuna, información que pueda usarse para controlar las actividades concertadas en el presupuesto y cuya operación es competencia de la institución y su personal.

El gráfico 5.7 muestra una copia de un informe diario del sistema automatizado de información sobre gestión financiera de la ciudad de Chiniot (Pakistán). El alcalde y el oficial financiero principal reciben una síntesis de los datos cada mañana y también tienen acceso al sistema de presentación de informes desde un lugar remoto (desde su hogar o mientras están en viaje) a través de Internet.

Controles internos

Una de las razones más importantes para tener fuertes controles internos es que permiten reducir la exposición a los riesgos de corrupción. Técnicamente, la corrupción es el abuso del poder conferido con el objeto de obtener beneficios personales. Obsérvese que esta definición no se limita al abuso de poder en un cargo público: también puede existir corrupción en las transacciones entre partes privadas.

Uno de los problemas que se plantean en casi todas las iniciativas de lucha contra la corrupción radica en que es muy difícil medirla de manera precisa y

Gráfico 5.7   Resumen financiero diario: Sistema de información sobre gestión financiera de la ciudad de Chiniot (Pakistán)

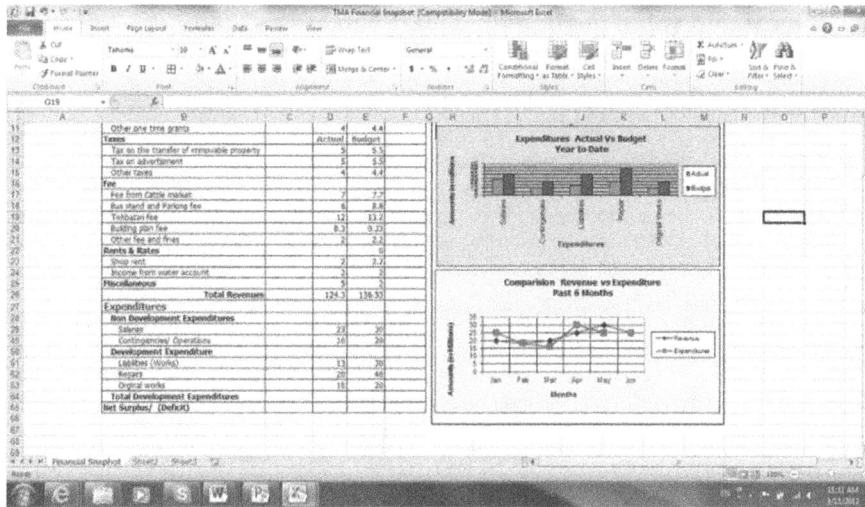

Fuente: Banco Mundial, 2008.

exhaustiva, por lo cual también es difícil realizar un seguimiento de los avances para combatirla. Por lo tanto, el objetivo de esas iniciativas debería consistir en reducir la prevalencia de la corrupción a través de medidas orientadas a encarecer y dificultar esas prácticas. Con ese fin, es necesario reconocer que la corrupción no es un problema transaccional; por el contrario, es un problema institucional. En los lugares donde la corrupción es desenfrenada, sancionar de manera selectiva a las personas por actos individuales no modificará el entorno subyacente que generó, en primer lugar, las condiciones para que la corrupción prevalezca.

Aunque la corrupción, por su naturaleza, no puede erradicarse fácilmente, los gobiernos locales pueden reducir su exposición a los riesgos de corrupción y lograr que la realización de esas transacciones resulte más difícil. Es fundamental que un gobierno local cuente con un sistema eficaz de gestión del gasto, con sólidos controles internos, y sistemas de seguimiento y evaluación (véase el recuadro 5.13). Asimismo, la administración debe estar permanentemente atenta a la aparición de "señales de alerta" que apunten a deficiencias de los controles internos que han generado un aumento de la vulnerabilidad a la

corrupción. La administración puede implementar las siguientes medidas:

- análisis de las desviaciones entre el desempeño financiero y operativo previsto y el real;

- análisis de las tendencias y estudio comparativo de las tendencias relativas al movimiento y la variación de las transacciones entre ciudades o secciones de la misma ciudad que no puedan explicarse;

- aumento de la transparencia de toda la información financiera y operativa;

- uso de líneas directas para que el público plantee inquietudes acerca de la prestación de los servicios u otras cuestiones;

- aumento del uso de la tecnología para incrementar las transacciones automatizadas.

La situación que se describe en el recuadro 5.13 muestra la naturaleza dinámica de la corrupción y la importancia de que todos los funcionarios públicos estén atentos a las señales de debilidad en los controles, que si no se solucionan podrían dar lugar a actos de corrupción.

Recuadro 5.13 Elusión de los controles de un sistema integrado de información sobre gestión financiera con la finalidad de malversar fondos públicos

El gobierno de un país africano con el que hemos trabajado implementó un sistema integrado de información sobre gestión financiera para el gobierno central y los principales gobiernos locales. La ciudad capital formaba parte de los gobiernos locales que debían implementar el nuevo sistema. Las primeras evaluaciones de su implementación fueron positivas. Una de las características del sistema, que contaba con amplio respaldo del tesorero municipal, era que no podía efectuarse ningún desembolso a menos que la partida se hubiese incluido en el presupuesto y el funcionario responsable hubiera recibido y aprobado toda la documentación. Dado que el sistema había sido diseñado por una importante empresa internacional de *software* y las evaluaciones de la primera ronda de implementaciones habían sido positivas, existía un alto grado de confianza en que los controles internos de la ciudad capital habían mejorado. Sin embargo, se supo más adelante que el tesorero municipal no había

eliminado los cheques manuales que se utilizaban ampliamente en el sistema de contabilidad anterior. Además, la Oficina del Auditor General no había solicitado que su representante destacado permanentemente en las oficinas de la ciudad capital rotara después del número especificado de años, en contravención de sus procedimientos normales.

Al cabo de varios años, se descubrió que, en forma regular, el tesorero municipal emitía cheques manuales a nombre de una empresa ficticia con cargo a la cuenta del fondo de pensiones. En colaboración con el secretario del municipio, los cheques se depositaban a través de un colega que trabajaba en un banco comercial, en una cuenta a nombre del secretario municipal. A raíz de que el auditor, que había permanecido indebidamente en el cargo, también participaba en esta estafa, estas personas lograron sustraerle a la ciudad una suma de dinero considerable antes de ser descubiertas y condenadas a prisión.

Gestión de caja

Por lo general, la función de gestión de caja forma parte de la oficina de finanzas o de tesorería, bajo la administración del director de finanzas[1]. Esta gestión tiene por objeto lograr que los fondos ingresen a la oficina de finanzas o la tesorería del gobierno local con la mayor rapidez posible, utilizar los fondos para realizar pagos con la mayor eficiencia posible y aplicar eficazmente los fondos hasta que sean necesarios para cubrir los gastos de operación. Esta oficina puede tener un empleado responsable de toda la función. De acuerdo con la magnitud del gobierno local, es posible organizar las funciones de tal forma que un empleado se ocupe de las cobranzas y los depósitos bancarios, otros miembros del personal procesen los desembolsos y otros se dediquen a inversiones a corto plazo.

Tanto si el sistema es centralizado —es decir, que un departamento es responsable de todas las

cobranzas— como descentralizado, la prudencia en los controles internos indica que el funcionario financiero responsable debería limitar el número de oficinas que recaudan ingresos, así como establecer procedimientos para proteger los fondos públicos y aplicar prácticas eficientes de gestión de caja. En el recuadro 5.14 se describen algunos de los beneficios derivados de esas prácticas a nivel del gobierno local.

Los gobiernos locales recaudan las sumas que se les adeudan de diversas formas y en un gran número de lugares. Esta es una de sus principales funciones. Los ingresos provienen de multas, tasas, impuestos, licencias, permisos y contribuciones especiales. Es importante elaborar controles internos y actualizarlos periódicamente para garantizar que todas las sumas adeudadas se recauden e informen en forma adecuada. Todas las entradas (ingresos) deberían recibirse en forma puntual, acreditarseen las cuentas correspondientes y depositarse en la cuenta bancaria

Recuadro 5.14 Beneficios derivados de una gestión de caja eficiente

- Los sistemas eficientes de manejo y control del efectivo aumentan la certeza de que los pagos se realizan correctamente en la fecha de vencimiento correspondiente y de que los ingresos se transfieren sin demoras a los organismos responsables. Además, reducen el riesgo operacional y las posibilidades de deficiencias en la gestión o actos de fraude.

- Al minimizar el volumen de dinero inactivo en poder de los organismos gubernamentales, la mayoría del cual probablemente no producirá ganancias, y al reducir las autorizaciones de pago (y los cheques) en tránsito o pendientes de liquidación, el gobierno obtiene ahorros directos pues ya no necesita tomar empréstitos.

- La vinculación de las cuentas públicas (de manera de compensar los saldos a través de una única cuenta bancaria) no solo reduce los saldos brutos sino que, además, mejora la visibilidad de los flujos —brindando oportunidades para una gestión activa— y reduce los riesgos, tanto los derivados de la exposición al sistema bancario como los relativos a los movimientos del mercado financiero.

- Un amplio espectro de instrumentos de financiamiento —letras del Tesoro y otros instrumentos de empréstito y concesión de préstamos a corto plazo— brinda al gobierno un mayor grado de flexibilidad para gestionar sus necesidades de financiamiento de la manera más adecuada; de este modo, puede evitar el riesgo de los elevados costos de empréstitos vinculados a mecanismos más rígidos.

- Las políticas en materia de gestión activa de caja, al compensar los flujos de entrada y de salida en la cuenta del ministerio de finanzas en el banco central, eliminan uno de los factores que ejercen más influencia en las variaciones a corto plazo en la liquidez del mercado monetario. Esto, a su vez, reduce uno de los elementos de incertidumbre en la previsión de liquidez del banco central y, por lo tanto, hace que las intervenciones de política monetaria resulten menos problemáticas. En términos más generales, permite reducir la volatilidad de las tasas de interés a corto plazo y la incertidumbre en los mercados monetarios.

- La gestión de caja eficiente contribuye al desarrollo de un mercado eficiente de valores a corto plazo, que a su vez la facilita.

Fuente: Banco Mundial, 1998.

---

correcta con la mayor celeridad posible. Como se analizó en el capítulo 3, los sistemas de contabilidad computadorizados y los sistemas integrados de información sobre gestión financiera modernos pueden facilitar marcadamente la conciliación de las cuentas bancarias.

Como se señaló anteriormente, los sistemas de gestión del gasto tienen por objeto aumentar la eficiencia de los gobiernos locales y reducir el costo total de la prestación de los servicios. La recaudación de ingresos es una de las principales áreas en las que los sistemas eficientes pueden tener un gran impacto en el costo de hacer negocios. Si se permite que las tasas de recaudación disminuyan, el resultado es un "impuesto sobre el gobierno local". La proporción no recaudada de los ingresos legítimamente adeudados reducirá el monto de los fondos disponibles para prestar los servicios. El cuadro 5.11 contiene un ejemplo de previsiones de caja; los saldos de caja pueden conciliarse con los saldos de los depósitos bancarios del municipio.

Fluctuación del flujo de caja. Uno de los aspectos más difíciles de la gestión de caja es predecir con exactitud los niveles máximos y mínimos de los flujos de caja. Una previsión del flujo de caja es un

Cuadro 5.11   Ejemplo simple de previsiones anuales de caja (miles de dólares)

Categoría	Resultado inicial	Enero	Febrero	Marzo	Abril	Mayo	....	Diciembre	Total
	1000								1000
Impuesto sobre la propiedad		250	250	300				100	900
Impuesto territorial		50	25						75
Otros ingresos			10		15	10		100	135
Gastos de nómina		−25	−25	−25	−25	−25		−25	−150
Otros gastos ordinarios		−10	−10	−10	−10	−10		−10	−60
Gastos de capital				−150	−100	−575			−825
									0
Variación neta		265	250	115	−120	−600		165	75
Resultado final		1265	1515	1630	1510	910		1075	1150

cronograma de los ingresos y los desembolsos previstos durante un determinado período. El tipo de previsión que se elabore y su frecuencia dependerán de varios factores. Por lo general, los gobiernos con flujos de caja previsibles y suficientes reservas de dinero en efectivo solo necesitan una previsión anual, que proporciona un panorama general de la situación de caja prevista, por mes. La mayoría de los gobiernos elabora una previsión anual y la emplea para tomar decisiones en materia de inversión a más largo plazo.

Los gobiernos locales con situaciones de caja volátiles, flujos de caja irregulares o factores demográficos variables posiblemente necesitarán previsiones más frecuentes y detalladas. Una *previsión mensual* de caja permite calcular las situaciones de caja semanales y es útil para supervisar la exactitud de las previsiones anuales. Es más operacional que una previsión anual. Este tipo de previsión es habitual debido a que la mayoría de los gobiernos locales tienen flujos de caja fluctuantes y problemas de liquidez. Una *previsión semanal* permite calcular las situaciones de caja diarias y puede ser útil para supervisar la exactitud de la previsión mensual. También puede ser útil para los gobiernos que deben supervisar atentamente su situación de caja. Como se señala en el capítulo 3, los sistemas de contabilidad computadorizados y los sistemas integrados de información sobre gestión financiera modernos pueden facilitar marcadamente la elaboración y el seguimiento de las previsiones de caja.

Medición y mejora del desempeño en materia de gestión del gasto

Uno de los problemas que aquejan a los funcionarios de los gobiernos locales es la falta de oportunidades para aprender de la experiencia adquirida por otros gobiernos. Ese problema se está abordando a través del Programa de Gasto Público y Rendición de Cuentas (PEFA), que proporciona una herramienta de diagnóstico para medir la calidad de los sistemas administrativos en las finanzas públicas y compararlos a nivel internacional.

Evaluaciones del PEFA

Las evaluaciones del PEFA tienen por objeto respaldar reformas en la esfera de la gestión del gasto, así como otros aspectos de la gestión de las finanzas públicas. Los resultados de cada evaluación se informan en términos concretos y estándares. En el marco del PEFA se establece que una gestión financiera acertada debe cumplir tres requisitos importantes, a saber:

- *Disciplina:* Las finanzas públicas deben abordarse en forma disciplinada.

- *Estrategia:* Los recursos deben asignarse en consonancia con objetivos estratégicos.

- *Eficiencia:* Las tareas deben desempeñarse de manera eficiente.

Con el objeto de reducir la superposición que se registraba en la medición del desempeño de los países en materia de gestión financiera, se elaboró el

Marco de Medición del Desempeño en materia de Gestión de las Finanzas Públicas a través de amplias consultas entre donantes y gobiernos. Se diseñó en forma de marco integrado para la medición y el seguimiento de los sistemas, los procesos y las instituciones nacionales de gestión de las finanzas públicas en el curso del tiempo, y recientemente se ha adaptado y usado en una pequeña muestra de municipios. A cada componente del marco se le asigna un puntaje que va de A (bueno) a D (inferior a bueno), y a partir de los puntajes de las distintas dimensiones se establecen los puntajes globales. Desde su creación, se han llevado a cabo numerosas evaluaciones y muchas más se encuentran en diversas etapas de elaboración y planificación (véase http://www.worldbank.org/WBSITE/EXTERNAL/PEFA).

Las evaluaciones municipales preparadas por el PEFA incluyen la del cantón de Lucerna y la del gobierno de la ciudad de Addis Abeba. Los informes contienen exámenes y análisis exhaustivos de la gestión del gasto de ambos gobiernos locales y también conclusiones formuladas por los asesores utilizando la metodología del PEFA que se elaboró para municipios. Las evaluaciones son útiles para los funcionarios de finanzas de otros gobiernos locales tanto para profundizar los conocimientos sobre la metodología a nivel del gobierno local como para conocer las medidas que otros gobiernos adoptan, o no, para abordar los problemas que por lo general afrontan todos los gobiernos locales. Los puntajes que obtuvo la ciudad de Addis Abeba en uno de los indicadores de la evaluación municipal del PEFA[2] se describen en el cuadro 5.12.

Auditorías municipales (autoevaluación de las finanzas municipales y auditorías urbanas) y contratos municipales

La *auditoría municipal* es otro instrumento de seguimiento para mejorar la transparencia, la rendición de cuentas y el desempeño en las finanzas locales. El Banco Mundial ha incluido auditorías municipales en varios de sus proyectos y los gobiernos locales de varias regiones del mundo usan cada vez más la plantilla y la metodología de autoevaluación de las finanzas municipales. Esta autoevaluación, en la que se emplean algunos indicadores del PEFA, permite analizar las finanzas municipales en forma más detallada, e incluye: a) la evaluación de la situación financiera del municipio; b) el examen de los ingresos y los gastos sobre una base anual, y c) la identificación de medidas concretas y pasibles de seguimiento para incorporar mejoras (los detalles se analizan en el capítulo 8). Las auditorías municipales pueden llevarse a cabo en forma de autoevaluaciones o mediante la contratación de expertos externos.

La auditoría urbana (metodología elaborada por el Banco Mundial que los propios usuarios locales pueden adaptar a sus circunstancias), tanto si se

Cuadro 5.12   Evaluación del flujo de caja de la ciudad de Addis Abeba, incluida en la evaluación del PEFA

Indicador	Puntaje	Explicación
Certeza en la disponibilidad de fondos para comprometer gastos.	C+	Método de puntaje dimensional individual.
1. Medida en que se realiza la previsión y el seguimiento de los flujos de caja.	B	Se elabora una previsión del flujo de caja para el ejercicio y luego se actualiza en forma trimestral.
2. Confiabilidad y horizonte temporal de la información periódica dentro del ejercicio proporcionada a los ministerios, departamentos u organismos sobre topes máximos y compromisos de gastos.	B	Las entidades del gobierno municipal de Addis Abeba cuentan con una indicación confiable de la efectiva disponibilidad de recursos para comprometer gastos con un trimestre de anticipación.
3. Frecuencia y transparencia de los ajustes introducidos a las asignaciones presupuestarias disponibles a un nivel superior al de la administración de los ministerios, departamentos u organismos.	C	Durante el ejercicio se realizan ajustes presupuestarios de varias cifras (para los dos últimos ejercicios), con frecuencia y en forma transparente.

Fuente: Los autores, sobre la base de Banco Mundial, 2005.

Recuadro 5.15 Resumen de los resultados de contratos municipales en Senegal y Malí

A través de un proyecto financiado por el Banco Mundial en Senegal (el Programa de Descentralización y Desarrollo Urbano/ *Programme d' Appui aux Communes*, o PAC) se ha beneficiado a numerosos municipios (y ciudadanos) a través de la concertación de contratos municipales y se ha logrado financiar y respaldar un gran número de proyectos de desarrollo urbano. Más importante aún, el proyecto ha contribuido de manera positiva al fortalecimiento de la capacidad a largo plazo y a la reforma institucional en los gobiernos locales en materia de gestión de la organización y las finanzas urbanas. Las capacidades financieras de los municipios han aumentado considerablemente y se lograron resultados positivos en términos de la ampliación de la base tributaria y el aumento de la recaudación de impuestos locales.

El proyecto permitió modificar la conducta de muchos municipios en estas esferas, con un impacto positivo en la sostenibilidad de los resultados. El gobierno central y los municipios de Senegal asumieron un fuerte protagonismo, como lo demuestra el hecho de que casi el 25 % de los costos del proyecto se obtuvo a través de cofinanciamiento. Los contratos municipales han actuado como una plataforma para la armonización de los donantes en el país y para encauzar intervenciones bilaterales y multilaterales. El hecho de que el proyecto se ejecutó en momentos en que el entorno político respaldaba la descentralización contribuyó marcadamente al logro de resultados positivos. Poco tiempo antes se había aprobado una nueva ley en materia de descentralización y los municipios estaban dispuestos a cooperar.

En comparación, el enfoque de contratos municipales tuvo menos éxito en Malí. A pesar de la ejecución satisfactoria del componente físico del proyecto, en el suministro de servicios urbanos e inversiones en infraestructura, el componente de reforma institucional y fortalecimiento de la capacidad no generó los resultados previstos debido, en gran parte, a la falta de supervisión y seguimiento.

Fuente: VNG International, 2010, 42.

---

utiliza en forma conjunta con la mencionada autoevaluación o de manera independiente, puede ser un potente instrumento de programación de inversiones. Su objetivo es ayudar a los gobiernos locales a realizar lo siguiente: 1) evaluar su nivel de servicios e infraestructura, 2) identificar las deficiencias y cuantificarlas, y 3) asignar prioridades y luego seleccionar los programas de inversiones municipales. Tanto las auditorías como las autoevaluaciones contribuyen a mejorar la transparencia, la participación y la rendición de cuentas en el proceso de toma de decisiones para determinar qué prioridades deben financiarse y de qué manera, lo que permite establecer claramente el uso de los fondos públicos en el espacio municipal.

Las auditorías municipales pueden servir de base para *contratos municipales*. Los municipios pueden concertar contratos con el gobierno central que contengan indicadores del desempeño definidos por las auditorías municipales y respaldados por transferencias vinculadas al desempeño. El recuadro 5.15 contiene un resumen de los contratos municipales en Senegal y Malí. Las auditorías permiten a las ciudades mejorar su gestión del gasto a través de un contrato municipal que actúa como marco de gestión y regula las relaciones entre el Estado y el gobierno local. Todo contrato municipal se asienta en un análisis exhaustivo de las características del municipio, sus elementos urbanos y sus capacidades institucionales y financieras (autoevaluación de las finanzas municipales + auditoría urbana). El análisis permite que la administración establezca prioridades de inversión, la programación y el financiamiento necesario para respaldar el funcionamiento de los servicios municipales y cualquier ajuste necesario a la estructura organizativa y de personal del municipio.

Gestión de gastos de capital

La gestión de los gastos de capital es levemente diferente a la gestión de los gastos ordinarios. Todas las reglas mencionadas en el contexto de los gastos ordinarios son válidas para la gestión de los gastos de capital, pero se agregan otras dos: *evaluación de los proyectos de inversión de capital* y *gestión de las adquisiciones y los contratos*. Debido a que los proyectos de capital suelen ser voluminosos, la adquisición de servicios de urbanización y construcción y la gestión de contratos son cruciales para la gestión de los gastos de capital. Lo contrario también es cierto: la gestión de las adquisiciones y los contratos reviste importancia para la gestión de algunos gastos ordinarios, como la compra en grandes cantidades de combustible, energía, agua o artículos de oficina.

La gestión de los gastos de capital es otra área en la que los gobiernos locales en países en desarrollo registran deficiencias y con frecuencia, por lo tanto, sufren pérdidas considerables. Por ejemplo, con el advenimiento de la computación (y tal vez también en la actualidad) era usual que se asignara un pequeño presupuesto a cada escuela de una ciudad; sus directivos se dirigían al negocio más próximo, o quizás al de un amigo, y compraban equipos de tecnología de la información. Algunas ciudades inteligentes avanzaron en otra dirección: combinaron todas las necesidades de computadoras para escuelas, oficinas y otras entidades y pusieron en marcha una licitación para adquirir, por ejemplo, unas 200 computadoras y 50 equipos periféricos (impresoras, servidores, etc.). La licitación pública les permitió lograr un ahorro del orden del 30 % o más en los costos, o tal vez podrían haber adquirido un 30 % o más de equipos con el mismo presupuesto. Lo mismo podría suceder en el caso de la reposición de una tubería maestra de agua si, para llevar a cabo la obra, se selecciona a puertas cerradas a la empresa más próxima.

Evaluación de proyectos de inversión de capital

Las adquisiciones en el marco de proyectos de inversión de capital están relacionadas con la evaluación de los proyectos, antes y con frecuencia durante el proceso de licitación, pues a menudo se solicita a las empresas licitantes que aporten sus conocimientos y colaboren en la selección de la forma final del proyecto. Estas decisiones entrañan comparar alternativas del proyecto tanto en términos técnicos como financieros. El proceso es iterativo; si bien puede comenzar con la redacción de dos o tres opciones técnicas importantes y su análisis con partes interesadas, la viabilidad financiera y el control del gasto son los factores determinantes. Con frecuencia, una vez que se ha llevado a cabo el examen de la viabilidad financiera, los ingenieros deben intervenir nuevamente para determinar los detalles de la modalidad preferida.

Para evaluar los proyectos de capital se pueden usar —y en realidad deberían usarse— varios métodos con diversos niveles de sofisticación. Las siguientes son las tres metodologías más comunes: el *valor neto actualizado*, la *tasa interna de rentabilidad* y el *análisis de costos y beneficios* (que en cada caso consisten en descontar el costo de los beneficios de las inversiones propuestas para obtener el valor actualizado). El *período de recuperación de capital* y la *rentabilidad contable media* son otros de los métodos que pueden usarse, pero no se describen en forma detallada en este contexto. Estos métodos se analizarán en el capítulo 7, que se refiere a las fuentes externas de financiamiento en la evaluación de proyectos viables de inversión de capital. Existen otros métodos útiles que no se mencionan en este documento.

La necesidad de usar estos métodos para evaluar los proyectos de capital no se limita a los proyectos que generan ingresos en forma directa, como el abastecimiento de agua y el saneamiento, los mataderos y los mercados, sino que abarca también aquellos que se prevé generarán un aumento de la actividad económica, como los caminos. En cada caso, los beneficios previstos, tanto financieros como fiscales, y el aumento de los costos de operación y mantenimiento deben compararse con la inversión inicial de capital para determinar los méritos financieros o económicos relativos de un proyecto y evaluar inversiones alternativas. Estas cuestiones se analizan en forma más detallada en el capítulo 6, donde se aborda la gestión de activos.

Valor neto actualizado

Al evaluar un proyecto de capital es importante determinar cuánto valor se agrega o crea a través de su ejecución. La diferencia entre el valor agregado (por lo general, aumentos del flujo de caja) y el costo de la inversión es el valor neto actualizado (VNA) de esa inversión. Dado que el costo de la inversión usualmente abarca el primer año (o por lo menos los primeros años), y los aumentos de valor para el gobierno (en forma de mayores flujos de caja) por lo general se producen en el futuro, es fundamental retrotraer esta corriente de beneficios a su valor actual de manera que puedan compararse de manera precisa con el costo de la inversión. El valor futuro se retrotrae al valor actual mediante la aplicación de una tasa de descuento a esas futuras corrientes de flujos de caja. La tasa de descuento (denominada también tasa de "referencia" o tasa "crítica de rentabilidad") que se utiliza para realizar este cálculo, en el caso de un gobierno local, podría ser el costo de tomar empréstitos a largo plazo. Una inversión se puede aceptar cuando el valor neto actualizado es positivo y debe ser rechazada cuando ese valor es negativo.

El concepto de valores actualizados se analiza detalladamente en el capítulo 7. No obstante, vale aclarar brevemente que permiten comparar los futuros flujos de caja de inversiones alternativas (positivos o negativos) mediante la aplicación de una tasa de descuento para retrotraerlos al valor actual. Una vez que los futuros flujos de caja se actualizan al momento presente, la administración puede comparar las alternativas con más precisión y así decidir cuál resultaría más adecuada. La tasa de descuento (o tasa crítica de rentabilidad) es, por lo general, el costo del capital para la entidad. Para un gobierno, la tasa de actualización sería la tasa a la que ese gobierno puede tomar empréstitos. Para complicar aún más un concepto de por sí difícil, la tasa de descuento que se utiliza para calcular el valor actualizado de los futuros flujos de caja debe concordar, en lo posible, con la vida útil del activo. Por ejemplo, al evaluar inversiones con una vida útil de 10 años, la tasa de descuento debería concordar con la tasa a la que el gobierno puede tomar empréstitos a 10 años.

Ejemplo: El departamento de obras públicas realiza una comparación de dos modelos de máquinas niveladoras para su unidad de mantenimiento. El *modelo de gran potencia*, que cuesta US$30 000, generará flujos de caja netos de aproximadamente US$9000 al año durante los siguientes cinco años; el *modelo económico* cuesta US$20 000 y aumentará los flujos de caja netos en alrededor de US$5800 al año durante los siguientes cinco años. La tasa crítica de rentabilidad es del 10 %. El cuadro 5.13 contiene un resumen de los resultados y los cálculos. Los cálculos indican que el modelo de gran potencia es superior porque el VNA asciende a US$4117, mientras que el del modelo económico llega a US$1977. Por lo tanto, dado que el VNA es superior a cero, debería adquirirse el modelo de gran potencia.

Tasa interna de rentabilidad

La tasa interna de rentabilidad (TIR) es la alternativa más importante al VNA. Como en el caso del VNA, deben compararse las inversiones, por lo general, en el primer año, con los beneficios en forma de aumentos del flujo de caja en años futuros. Sin embargo, mientras que en el VNA la tasa de descuento es un valor conocido (el costo del capital), en el caso de la TIR, la tasa de descuento es el factor que hace que el VNA de los flujos de caja netos de una inversión sea igual a cero. Sobre la base del método de la TIR, una inversión es aceptable cuando esta supera la rentabilidad requerida (tasa crítica de rentabilidad) y debe ser rechazada si no la supera.

Ejemplo: Usando nuevamente el ejemplo de las dos máquinas niveladoras se calcula la TIR para cada una de ellas. Las TIR confirman los resultados del análisis del VNA, es decir, que la máquina de gran potencia es la mejor opción. Tiene una TIR del 15,2 %, mientras que la de la máquina económica es de solo el 13,8 %. Ambas TIR superan la tasa crítica de rentabilidad (el costo de un empréstito a largo plazo para la ciudad), pero la máquina preferible también es más adecuada desde el punto de vista financiero. El cuadro 5.14 contiene un resumen de los resultados y los cálculos.

Aunque de los dos métodos, el del VNA es el más confiable y siempre indica la inversión alternativa correcta, en la práctica se suele preferir la TIR porque proporciona una única tasa que puede compararse con más facilidad con el costo de los empréstitos, las tasas de inflación y otros factores.

Análisis de costos y beneficios

El análisis de costos y beneficios es una herramienta de análisis de políticas que utiliza ambas metodologías (VNA y TIR). El objetivo de este análisis consiste en cuantificar los costos totales de un proyecto durante toda su vigencia y compararlos con el valor de los beneficios totales que se esperan del proyecto. Para lograrlo, se actualiza el valor actual de la corriente de beneficios y la corriente de costos previstas y luego se compara el valor actualizado de los costos con el valor actualizado de los beneficios. Como cabe suponer, es extremadamente difícil calcular con precisión el costo de todo el ciclo de vida de una inversión o sus correspondientes beneficios. Por lo tanto, es fundamental aplicar algún tipo de criterio en forma de un análisis de sensibilidad.

Cuadro 5.13 Análisis del valor neto actualizado de dos modelos de maquinaria (en dólares estadounidenses)

Tasa crítica de rentabilidad del 10 %	Año 0	Año 1	Año 2	Año 3	Año 4	Año 5	NPV = $\sum Y_i - Y_0$
Inversión inicial, modelo de gran potencia	30 000						
Ingresos (flujo de caja neto)		9000	9000	9000	9000	9000	
Factor de actualización $a = (1 + 0,1)^n$		1,10	1,21	1,33	1,46	1,61	
Valor neto actualizado FC/a	-30 000	8182	7438	6762	6147	5588	4117
Inversión inicial, modelo económico	20 000						
Ingresos (FC = flujo de caja neto)		5800	5800	5800	5800	5800	
Valor neto actualizado FC/a	-20 000	5273	4793	4358	3961	3601	1987

Nota: VNA = valor neto actualizado; FC = flujo de caja; a = factor de actualización; i = años 1 a 5.

Cuadro 5.14 Cálculo de la tasa interna de rentabilidad

Tasa crítica de rentabilidad del 10 %	Año 0	Año 1	Año 2	Año 3	Año 4	Año 5	NPV = $\sum Y_i - Y_0$
Cálculo de la TIR del modelo de gran potencia		1,152	1,327	1,529	1,761	2,029	
VA (TIR del modelo de gran potencia = 15,2 %)	-30 000	7813	6782	5887	5110	4436	27
Cálculo de la TIR del modelo económico		1,138	1,295	1,474	1,677	1,909	
VA (TIR del modelo económico = 13,8 %)	-20 000	5097	4479	3936	3458	3039	8

Nota: TIR = tasa interna de rentabilidad; VA = valor actualizado; i = años 1 a 5.

Cuadro 5.15 Análisis de sensibilidad (en dólares estadounidenses)

Análisis de sensibilidad realizado con los datos del cuadro 5.14	Año 0	Año 1	Año 2	Año 3	Año 4	Año 5	NPV = $\sum Y_i - Y_0$
12 % menos de flujo de caja neto		7920	7920	7920	7920	7920	
VNA del modelo de gran potencia	-30 000	7200	6545	5950	5409	4918	23
12 % de sobrecostos	-33 600	8182	7438	6762	6147	5588	517

Análisis de sensibilidad

Aunque cada uno de estos métodos, y los otros mencionados anteriormente, proporcionarán un claro indicio de la mejor alternativa de inversión para un determinado proyecto, el análisis del gasto de capital es bueno solo en la medida en que lo sean los supuestos utilizados para realizar los cálculos. ¿Cuál es la probabilidad de calcular correctamente la corriente exacta de beneficios derivados de un proyecto de capital? O bien, ¿cuál es la probabilidad de calcular correctamente los costos de operación adicionales y las fechas de esos costos? Por esa razón, es fundamental acompañar cualquier evaluación con un riguroso análisis de sensibilidad, independientemente del tipo o del número de otras metodologías usadas para realizar esos cálculos.

El análisis de sensibilidad tiene por objeto seleccionar los supuestos que son más cruciales para la evaluación, como el precio de venta, el costo de mano de obra o la tasa de recaudación, y asignarles valores diferentes, más altos y más bajos que la hipótesis de referencia (véase el cuadro 5.15).

Ejemplo: Usando los resultados del análisis de la inversión en un equipo vial incluidos en el cuadro 5.13 se puede comprobar, primero, el impacto de un posible riesgo, es decir, que el flujo de caja neto obtenido mediante el uso de la máquina de gran potencia sería un 12 % menor que la hipótesis de referencia. En el cuadro 5.15 se indica un VNA de US$23. Por lo tanto, esta inversión seguiría siendo viable en tanto el flujo de caja neto no sea inferior a US$7900 al año. Segundo, se puede comprobar cuál sería el impacto si la máquina terminara costando un 12 % más que lo previsto debido, por ejemplo, a una variación en los tipos de cambio. Los resultados del cuadro 5.15 indican que la inversión seguiría siendo viable, o inclusive un poquito más favorable. Cabe señalar, no obstante, que la diferencia entre los dos análisis de sensibilidad no es significativa.

Marco de gasto a mediano plazo: Presupuestos plurianuales

En muchas ciudades, el presupuesto se elabora en forma muy informal: se utilizan medidas ad hoc para abordar las dificultades en materia de financiamiento y ejecución; los gastos fuera del presupuesto son usuales, y se elaboran múltiples presupuestos sin formular un presupuesto integral. Las estimaciones de costos que presentan los diversos departamentos municipales no intentan reflejar ningún objetivo de política o punto de referencia estratégico; constituyen, sencillamente, aumentos uniformes respecto del año anterior. Asimismo, dado que la mayoría de estas ciudades se rige por un marco presupuestario anual, cada año el proceso presupuestario arranca de cero. El capítulo 3 contiene un análisis más exhaustivo del proceso presupuestario.

Marco de gasto a mediano plazo

La función que cumple el marco de gasto a mediano plazo del gobierno central debe diferenciarse claramente de la que le cabe a los gobiernos locales. Por regla general, el gobierno central se vale de un marco de gasto a mediano plazo que es un presupuesto renovable y abarca de tres a cinco años, y que vincula las políticas con los gastos. Este marco brinda la posibilidad de establecer un nexo entre los imperativos a corto plazo, y con frecuencia en pugna, de los gobiernos y las exigencias a mediano y largo plazo del presupuesto. En términos técnicos, es un marco que permite integrar la política fiscal y los procedimientos presupuestarios en el mediano plazo mediante la vinculación de un sistema de previsión fiscal global a un proceso disciplinado para mantener estimaciones presupuestarias a mediano plazo que reflejan las políticas vigentes del gobierno. Normalmente, los gobiernos locales no utilizan un marco de gasto a mediano plazo; por lo general, el uso de presupuestos plurianuales les permite alcanzar el mismo objetivo de vincular las políticas y los gastos durante un período de tres a cinco años.

En el informe de evaluación del PEFA para la ciudad de Addis Abeba se señaló que se había elaborado por primera vez un marco de gasto a tres años a nivel municipal para el presupuesto de 2007-08. La evaluación permitió establecer que el marco de gasto a mediano plazo incluye los ingresos y los gastos y se renueva cada año. La sección sobre gastos de capital[3] se clasifica por sector y abarca los caminos, la educación, la salud, el abastecimiento de agua y el alcantarillado, la urbanización y otras categorías.

Presupuestos plurianuales para respaldar un entorno normativo

Como se señaló en el análisis del ciclo de gestión del gasto, el proceso presupuestario debe asentarse en las políticas. No obstante, es difícil incluir programas nuevos, sean cuales fueren, en el marco de un presupuesto anual. Un presupuesto plurianual permite que los gobiernos locales sigan utilizando sus procesos normales de formulación del presupuesto y presenten en los años siguientes la incorporación de nuevas iniciativas de políticas. El formato plurianual habilita a los gobiernos a presentar nuevas políticas de ingresos con el objeto de respaldar los nuevos servicios (gastos) que son necesarios para aplicar las nuevas políticas y programas que requiere la población.

El presupuesto plurianual se elabora en forma de presupuesto renovable, en el que los ingresos y los gastos del primer año se incluyen con el mismo nivel de detalle que se observa en un presupuesto normal y los años siguientes incluyen cifras más provisionales formuladas para demostrar el compromiso con un determinado conjunto de políticas y niveles de gasto. A medida que se avanza del primer al tercer año, las estimaciones de los ingresos y gastos son más flexibles. Cuando está por finalizar el primer año, las estimaciones presupuestarias para el segundo año (que ahora es el año siguiente) son más firmes y se agrega un año adicional, el cuarto año, al horizonte de planificación. El cuadro 5.16 contiene un ejemplo sencillo de un presupuesto plurianual.

Las principales características de un presupuesto plurianual son las siguientes:

- Es un marco fiscal a mediano plazo que contiene previsiones de los ingresos para un período de tres a cinco años y un pronóstico de las condiciones económicas en las que se prevé ejecutar el presupuesto.

- Contiene proyecciones de los gastos que son congruentes con las proyecciones de los ingresos.

Cuadro 5.16   Presupuesto plurianual

Categoría	Año 1	Año 2	Año 3	Año 4
Ingresos				
Impuesto sobre la propiedad	100	105		
Impuesto territorial	10	12		
Otros	5			
Total	115	117	120	
Gastos				
Salarios	45	47	48	
Materiales	10	11		
Mantenimiento	3	3		
Total de gastos ordinarios	58	61	62	
Gastos de capital	25	26	27	

- Establece nexos entre las asignaciones presupues-tarias y el impacto del programa.

- Incluye un sólido programa de seguimiento y evaluación para elaborar un análisis del impacto y proporcionar información para el examen de los objetivos de política.

Los mecanismos clave que promueven la adopción de decisiones estratégicas por parte de los principales órganos a cargo de las decisiones son los siguientes:

- consultas y debates sobre cuestiones de políticas;

- transparencia y rendición de cuentas;

- toma de decisiones que se sustentan en la disponibilidad de recursos;

- correcta gestión y secuenciación del proceso para la evaluación de los aspectos relacionados con las políticas por parte del gabinete municipal.

Capacidades necesarias para implementar un presupuesto plurianual

Para elaborar un presupuesto plurianual es necesario que los directores de programa y los jefes de departa-mento diseñen y planifiquen sus actividades en torno a las políticas y las prioridades establecidas por el gobierno. Los directores deben demostrar que las actividades propuestas están relacionadas con los objetivos gubernamentales y sectoriales. Dado que es

un plan para respaldar los programas prioritarios durante varios años, el presupuesto es el principal vehículo a través del cual el gobierno local implementa las políticas concertadas y cumple su misión.

Para implementar un proceso presupuestario plurianual, el gobierno local debe tener la capacidad necesaria para realizar lo siguiente:

- establecer objetivos de política claramente definidos, así como los productos e impactos previstos;

- diseñar programas públicos y servicios focalizados para generar los productos previstos;

- calcular una estimación realista de los recursos necesarios para ejecutar los programas de la manera correcta;

- elaborar un mecanismo eficaz para coordinar las operaciones con diversos departamentos y grupos de intereses especiales (incluida la armonización de las actividades de los donantes);

- ejercer disciplina presupuestaria;

- contar con procedimientos para calcular los costos futuros de los programas;

- implementar un sistema eficaz de seguimiento y evaluación que proporcione a las autoridades normativas información fundamental respecto de la eficacia de los programas;

- generar liderazgo político orientado a promover mejoras en los sistemas y procedimientos de gestión del gasto y aumentos del nivel de transparencia en el gobierno.

Un presupuesto (programa) plurianual difiere del presupuesto clásico de partida por partida en cuanto se centra en los resultados previstos de los servicios y las actividades, en vez de poner el acento en insumos tales como los salarios y los suministros. En un presupuesto por programas, los ingresos y gastos están vinculados a programas plurianuales que se ajustan a las metas, los objetivos y las estrategias municipales. Más importante aún, en un presupuesto por programas se identifican los resultados y los productos previstos de las inversiones. En teoría, por ejemplo, todo programa de mejoramiento de calles y aceras vecinales debería contener una clara definición de los límites, medidas orientadas al logro de resul-tados y elementos que permitan realizar mediciones cuantificables, y la superposición con otros programas debería reducirse al mínimo. La planificación, la formulación del presupuesto, el control administrativo y la presentación de informes se llevarán a cabo en el marco de la estructura de este programa. Algunos de los problemas derivados de los sistemas plurianuales de presupuestación por programas se originan en la falta de buenos datos de referencia, métodos de recopilación de datos y metas concretas y bien definidas (para un análisis más exhaustivo de los sistemas de presupuestación por programas, véase el capítulo 3).

El giro hacia los presupuestos basados en el desempeño

La producción de una empresa privada es el producto que vende, y su objetivo es maximizar las ganancias a través de la venta de su producto. La empresa tiene un incentivo para mejorar la calidad de su producción, dado que los productos de mayor calidad generan un aumento de los ingresos por ventas. Además, tiene un incentivo para reducir al mínimo el costo de producir su producto, dado que la eficiencia en función de los costos y la alta calidad de la gestión del gasto generan una disminución de los costos y un aumento de las ganancias. El objetivo de la empresa es hacer dinero, y lo logra produciendo y vendiendo su producto (Coca-Cola vende bebidas gaseosas; Toyota vende autos, etc.).

¿Qué sucede en el sector público? ¿Cuál es el objetivo de un gobierno, y cómo lo logra? En las sociedades democráticas, los gobiernos existen para proporcionar aquellos servicios que ni los mercados ni los ciudadanos en forma individual pueden suministrar de manera adecuada. Por lo tanto, los productos de un gobierno son los servicios que brinda.

En el capítulo 3 se analizan los diversos tipos de presupuestos. Los presupuestos clásicos o de partida por partida son los más comunes, pero la presupuestación basada en el desempeño concita cada vez más atención debido a que se centra en los productos en vez de hacerlo en los insumos. Como se señaló en el capítulo 3, hay varios tipos de presupuestos: de partida por partida,

basados en el desempeño y por programas (que se describen brevemente en los cuadros 5.17 y 5.18).

Del presupuesto clásico al presupuesto basado en el desempeño

La formulación de un presupuesto es una manera de calcular y asignar los recursos necesarios para alcanzar un objetivo de un gobierno local en la esfera de prestación de servicios. El presupuesto basado en el desempeño promueve la rendición de cuentas al establecer vínculos entre los compromisos del Poder Ejecutivo, que acuerda lograr los resultados especificados a cambio de financiamiento constante u otros incentivos. También acrecienta la responsabilidad de los gobiernos frente a los ciudadanos. La información sobre el desempeño ayuda a las autoridades encargadas de las políticas a establecer el valor monetario de los programas. El presupuesto basado en el desempeño forja un nexo entre las actividades previstas y los resultados.

En síntesis, en la presupuestación basada en el desempeño se utiliza texto descriptivo de las misiones, metas y objetivos para explicar por qué se realizan los gastos. Es una manera de asignar recursos para alcanzar objetivos concretos basados en las metas de los programas y los resultados medidos. A diferencia de la presupuestación clásica, la presupuestación basada en el desempeño se centra en los resultados, y no en el dinero usado, y pone el acento en qué se adquiere con el dinero (resultados), y no en el monto que se asigna.

Los principales elementos de la presupuestación basada en el desempeño incluyen la definición de las metas y los objetivos, la elaboración de indicadores del desempeño congruentes con esas metas y objetivos, la vinculación de las decisiones sobre gastos con los resultados (efectos), y la rendición de cuentas por los resultados. En los últimos años, el énfasis en los resultados y en la importancia de lograr que los beneficios de los programas concertados lleguen a sus receptores y participantes ha dado impulso a la presupuestación basada en el desempeño. En el cuadro 5.19 se muestra

Cuadro 5.17   Tipos de formatos de presupuesto

Formato	Carácter	Organización	Objetivo
Partida por partida	Insumos de productos básicos/servicios	Partidas adquiridas	Control
Basado en el desempeño	Actividad/volumen de trabajo	Tareas/productos	Gestión
Por programas	Objetivos públicos en todos los organismos	Resultados/respuesta del cliente	Planificación

la lógica en que se asienta la jerarquía de insumos, productos y resultados o desempeño.

En muchos aspectos, la necesidad y el atractivo de formular presupuestos basados en el desempeño radican en las deficiencias del proceso presupuestario clásico, en cuyo marco los directores y las autoridades encargadas de proporcionar los fondos terminan negociando variaciones porcentuales relativamente pequeñas respecto del presupuesto del año anterior. En esas negociaciones, rara vez se abordan las cuestiones de eficiencia y eficacia. La presupuestación basada en el desempeño no se refiere únicamente al desempeño. Por el contrario, es un proceso por el cual se formula un determinado tipo de presupuesto. Al formular este presupuesto, deben tenerse en cuenta los siguientes seis pasos:

• identificar el resultado previsto;

• definir los datos necesarios para medir el desempeño y los sistemas necesarios para recabar los datos en forma regular;

• seleccionar un indicador del desempeño o resultado;

• establecer una meta;

• informar los resultados;

• implementar las consecuencias.

Es difícil refutar la teoría de la presupuestación basada en el desempeño. Lamentablemente, el proceso es complejo y, con frecuencia, su implementación plantea dificultades. Algunas de las cuestiones que deben solucionarse incluyen lo siguiente:

• la identificación y elaboración de las medidas y los indicadores del desempeño que sean adecuados;

• la elaboración de sistemas de contabilidad que respalden la presupuestación basada en el desempeño;

• la creación de incentivos para la adopción de decisiones sobre la base del desempeño;

• la obtención de la necesaria adhesión de todas las ramas del gobierno;

• la preocupación de los organismos que consideran que se dedica excesiva atención a un pequeño número de indicadores;

• la dificultad para medir los resultados, en particular los intermedios;

• la falta de una total comprensión de la relación entre los gastos y los resultados.

A raíz de su complejidad, no es habitual que la presupuestación basada en el desempeño se utilice para toda una entidad, como, por ejemplo, un gobierno local. Sin embargo, muchos de estos gobiernos la utilizan para determinadas actividades o departamentos debido a que es importante vincular los gastos

Cuadro 5.18   Flujo de prestación de servicios

Naturaleza de la prestación de servicios	Reparación de calles
Insumos:	Partidas:
Mano de obra, materiales y equipamiento	Toneladas de grava; pagos al contratista
Actividad:	Desempeño:
Reparación de calles	Carriles pavimentados
Resultado del programa:	Resultado del programa:
Aumento de la velocidad y la seguridad en el recorrido	Disminución del tiempo de viaje

Cuadro 5.19   Modelo lógico de presupuestación basada en el desempeño

| Insumos | Productos | Resultados | | |
		Corto plazo	Mediano plazo	Largo plazo
Costos de personal	Talleres	Sensibilización	Conducta	Condiciones
Materiales	Difusión	Conocimientos	Decisiones	Ambientales
Equipamiento	Inspecciones	Actitudes	Políticas	Sociales
Tecnología		Aptitudes		Económicos
				Cívicos

con las políticas y los programas concertados. El estado de Carolina del Norte (Estados Unidos) implementó la presupuestación basada en el desempeño en sus gobiernos locales.

Ejemplo: La ciudad de Sunnyvale, en California (Estados Unidos), ha adoptado un presupuesto basado en el desempeño para mejorar los servicios de guardería infantil. El recuadro 5.16 contiene un resumen de una parte de ese presupuesto. El programa incluye un análisis de la situación, metas de desempeño con productos y resultados, y medidas concretas con asignaciones presupuestarias específicas.

Seguimiento y evaluación

La siguiente etapa del ciclo de la gestión del gasto es el seguimiento y la evaluación, aunque estas actividades podrían ser importantes tanto durante (mitad de período) la ejecución del presupuesto anual o de proyectos concretos como después de ella. Se utilizan varios instrumentos y metodologías para el seguimiento y la evaluación. En esta sección se analizan brevemente tres de ellos: análisis de la diferencia, análisis de costos comparativos, y estudio comparativo.

Recuadro 5.16 Presupuesto basado en el desempeño para mejorar los servicios de guardería infantil en Sunnyvale (California)

Plan de prestación de servicios 52404: Facilitación de servicios de guardería infantil

A los efectos de facilitar el programa de guarderías infantiles, se dotará de personal a la Junta Asesora sobre Guarderías Infantiles; se realizará un seguimiento de la legislación en materia de guarderías infantiles; se llevarán a cabo actividades de promoción y liderazgo, y se coordinarán y supervisarán los servicios de apoyo a las guarderías infantiles existentes, a saber:

Medidas del plan de prestación de servicios	Ej. 2001/2002 Aprobado	Ej. 2002/2003 Aprobado	Ej. 2003/2004 Aprobado
• El 85 % de las veces, los miembros que integran la Junta Asesora sobre Guarderías Infantiles asignan una calificación de "bueno" al apoyo del personal.	0,00 %	85,00 %	85,00 %
• El 90 % de los puntos de trabajo de la Junta Asesora sobre Guarderías Infantiles se completa según el calendario de trabajo aprobado por el Consejo.	0,00 %	90,00 %	90,00 %
• El 85 % de las veces, los organismos de colaboración que prestan servicios asignan una calificación de "bueno" al apoyo del personal.	0,00 %	85,00 %	85,00 %

	Costos (US$)	Productos	Horas de trabajo	Costo del producto (US$)
Actividad 524009: Dotar de personal a la Junta Asesora sobre Guarderías Infantiles				
Producto: Un plan de trabajo terminado				
Ejercicio de 2002-03 (aprobado)	18 494,14	1,00	338,23	18 494,14
Ejercicio de 2003-04 (aprobado)	19 181,38	1,00	338,23	19 181,38

(continúa en la página siguiente)

Recuadro 5.16 *(continuación)*

	Costos (US$)	Productos	Horas de trabajo	Costo del producto (US$)
Actividad 524010: Realizar un seguimiento de la legislación en materia de guarderías infantiles				
Producto: Seguimiento de un proyecto de ley				
Ejercicio de 2002-03 (aprobado)	10 461,35	6,00	180,39	1743,56
Ejercicio de 2003-04 (aprobado)	10 838,66	6,00	180,39	1806,44
Actividad 524011: Llevar a cabo actividades de promoción y liderazgo				
Producto: Una actividad terminada				
Ejercicio de 2002-03 (aprobado)	15 408,38	1,00	270,58	15 408,38
Ejercicio de 2003-04 (aprobado)	15 935,43	1,00	270,58	15 935,43
Actividad 524012: Coordinar y supervisar los servicios de apoyo a las guarderías infantiles existentes				
Producto: Se supervisó una organización				
Ejercicio de 2002-03 (aprobado)	10 789,93	4,00	202,94	2697,48
Ejercicio de 2003-04 (aprobado)	11 213,66	4,00	202,94	2803,42

Totales del plan de prestación de servicios 52404:	Costos	Horas de trabajo
Ejercicio de 2002-03 (aprobado)	55 153,80	992,14
Ejercicio de 2003-04 (aprobado)	57 169,13	992,14

Fuente: www.sunnyvalecity.com.

Análisis de la diferencia

Los niveles de ingresos y gastos deben ser objeto de exámenes periódicos —mensuales o trimestrales— para verificar que se ajusten al presupuesto y para determinar si se avanza según lo previsto para alcanzar los objetivos de política enunciados. Es posible analizar una actividad de diversas maneras, en términos del desempeño tanto financiero como operativo, pero el análisis de la diferencia entre los montos previstos y presupuestados y los resultados reales es, sin duda alguna, uno de los mejores métodos.

Dado que los niveles presupuestados generalmente serán diferentes a los niveles reales, las explicaciones de las desviaciones resultantes deberían limitarse a aquellas que superen un determinado porcentaje, por ejemplo, un 10 % en más o en menos del presupuesto. En el cuadro 5.20 se muestra un caso en el que cuatro partidas registran desviaciones inferiores al umbral del

10 % pero la categoría transferencias difiere marcadamente debido a retrasos; el costo de los materiales indica ahorros considerables que podrían obedecer a omisiones en la contabilización de facturas.

Cuando el nivel de actividad previsto —establecido tras un análisis exhaustivo durante el proceso presupuestario— se compara con los resultados reales, la diferencia proporciona información útil a las autoridades a cargo de las decisiones. Sin embargo, las diferencias, sean pequeñas o grandes, no explican por sí mismas las razones subyacentes, como, por ejemplo, si hubo una falla en el proceso de formulación del presupuesto o si hubo un cambio en el entorno de la actividad. Por lo tanto, el análisis de la diferencia es solo una señal que debe dar lugar a investigaciones específicas y medidas correctivas, que pueden incluir la modificación del plan presupuestario mediante la formulación de un presupuesto suplementario o la

Cuadro 5.20   Análisis de la diferencia

Categoría	Presupuesto	Cifra efectiva	Diferencia	Diferencia (%)	Explicación
Ingresos					
Impuestos	10 000	10 500	500	5,0	
Transferencias	15 000	10 500	-4500	-30,0	¿Demorado o cancelado?
Total	25 000	21 000	-4000	-16,0	
Gastos					
Mano de obra	4500	4600	-100	-2,2	
Materiales	3000	2800	+200	6,7	¿Facturas impagas?
Total	7500	7400	+100	1,3	

emisión de una advertencia a los respectivos departamentos para que ejerzan un control más estricto de los gastos.

Costos comparativos de la prestación de servicios

Es difícil comparar dos objetos y extraer conclusiones firmes, pero es posible realizar esas comparaciones si, en términos generales, los dos objetos son similares. Este es el caso de las comparaciones de servicios urbanos básicos, como los costos de la eliminación de desechos sólidos, el alumbrado público y la educación, suministrados en ciudades diferentes o en sectores diferentes de una misma ciudad. La comparación de los servicios puede proporcionar información útil pero deben tenerse en cuenta las diferencias de contexto entre las localidades.

Ejemplo: Es posible comparar los costos de la eliminación de desechos por tonelada, los costos de la educación de un niño desde el jardín de infantes hasta noveno grado, los costos del mantenimiento vial por kilómetro, y otros factores. Las comparaciones en términos absolutos no serán muy significativas debido a que cada ciudad o sector de una ciudad tiene características diferentes, como, por ejemplo, el hecho de estar a mayor distancia del vertedero. No obstante, pueden señalar áreas de gastos que requieren un examen más profundo. Además, las comparaciones pueden proporcionar lecciones interesantes respecto de los procedimientos para controlar los costos o mejorar los servicios que podrían transferirse a otras áreas. Por ejemplo, el consumo de combustible de los camiones utilizados para recolectar residuos sólidos (o cualquier otro tipo de camión) debe controlarse en forma diaria y las irregularidades deben investigarse. Si una o dos unidades de una flota de 20 camiones consumen mucho más combustible que el resto, por ejemplo, entre un 30 % y un 50 % más que el promedio, una investigación permitiría establecer si se han registrado cambios en el uso de esos camiones, si sus motores necesitan mantenimiento con urgencia o, incluso, la posibilidad de un robo de combustible.

Comparación de estándares de prestación de servicios

La labor de la gestión del gasto consiste en garantizar que los fondos a disposición de los gobiernos locales se utilicen para mejorar la prestación de servicios y para alcanzar los objetivos de manera eficiente y eficaz (Helgason, 1997). Sin embargo, ¿qué nivel de servicios se concertó? ¿Qué nivel de servicios de eliminación de desechos sólidos o limpieza de la vía pública se considera aceptable? El estudio comparativo es un instrumento que puede usarse para mejorar el desempeño del sector público y los servicios que se proporcionan.

Este análisis se está convirtiendo en un instrumento fundamental para mejorar el desempeño del sector público. En las condiciones adecuadas, las comparaciones pueden incidir positivamente en el desempeño. El estudio comparativo se asienta en un concepto básico sencillo:

- encontrar una organización que realiza de manera sobresaliente la misma labor que hace la propia organización;

- estudiar cómo logra esos resultados;

- trazar planes para mejorar el propio desempeño;

- implementar los planes;

- realizar un seguimiento de los resultados y evaluarlos.

En otras palabras, por medio del estudio comparativo se intenta identificar las mejores prácticas y aplicarlas. Aunque la idea es sencilla, llevarla a la práctica suele ser más complejo y difícil. Si bien conocer las diferencias en el desempeño puede ser un incentivo importante para incorporar mejoras, de todos modos será necesario un gran esfuerzo y un fuerte liderazgo para concretar esas mejoras. Asimismo, copiar las prácticas de otras organizaciones no es suficiente; es preciso evaluar las mejores prácticas y adaptarlas a las necesidades de la organización.

El estudio comparativo se ha implementado en el sector público a través de dos importantes estrategias:

- *Un enfoque descendente,* en el que una fuente externa, en general organismos del gobierno central, como el departamento de finanzas u otro organismo, impone la comparación. Un departamento puede usar este tipo de enfoque para establecer metas para uno de sus órganos subsidiarios. En este caso, se puede usar el estudio comparativo en lugar de un control más directo mediante la incorporación de presiones competitivas.

- *Un enfoque ascendente,* en el que departamentos gubernamentales o entidades de servicios (como las empresas de servicios de agua) elaboran su propio proyecto de estudio comparativo e intentan encontrar asociados adecuados para la comparación. Para respaldar esas iniciativas, los departamentos de finanzas pueden ayudar a los organismos a encontrar esos asociados y a obtener los conocimientos especializados pertinentes.

La experiencia ha demostrado que los dos enfoques son valiosos y los gobiernos deben elaborar procedimientos para aplicar ambos. Por ejemplo, los estudios comparativos impuestos por una fuente externa pueden proporcionar incentivos para que las organizaciones pongan en marcha un proceso comparativo más detallado. Los proyectos de estudio comparativo impulsados en forma interna pueden incrementar el nivel de compromiso y protagonismo de la administración y el personal de un determinado departamento.

Al diseñar un estudio comparativo a nivel departamental, deben considerarse las siguientes cuestiones:

¿Qué se está comparando?

- Procesos

- Resultados

¿Con qué se está comparando la organización?

- Otras organizaciones

- Normas

¿Cómo se utiliza la comparación?

- Para mejoras constantes

- Para evaluación

Existe una estrecha relación entre la comparación de los resultados y la comparación de los procesos. En la primera se identifican los procesos que es necesario mejorar, mientras que la segunda permite mejorar los procesos, lo que contribuye a lograr mejores resultados.

Las organizaciones pueden compararse con otras organizaciones o con una norma. La comparación con otras organizaciones es una fuente importante de aprendizaje pues las organizaciones se ven afectadas constantemente por los avances de otras organizaciones. Sin embargo, comparar no implica copiar. La interacción entre las organizaciones involucradas puede ser una fuente importante de mejoras.

El recuadro 5.17 contiene una explicación de la creciente importancia de las normas y los certificados de la Organización Internacional de Normalización (ISO), que también constituyen un tipo de estudio comparativo, en el sector del gobierno local. Los parámetros de referencia identificados por una organización pueden convertirse en una forma de norma de "mejores prácticas". Las comparaciones con las normas son importantes debido a que, en muchos casos, las normas o los modelos de calidad se basan en las mejores prácticas de muchas organizaciones. La comparación con una norma puede ser un paso intermedio antes de realizar la comparación con otras organizaciones, en particular si muchas organizaciones se comparan con la misma norma. A partir de allí, las organizaciones pueden comparar su puntaje con el de otras organizaciones, identificar sus puntos (o procesos) débiles y fuertes e intentar reducir las deficiencias mediante una comparación de sus procesos con los de las organizaciones que obtuvieron los mejores puntajes.

Al combinar los resultados del análisis de la diferencia de los gastos con el análisis de la prestación real de los servicios en comparación con los parámetros de referencia, la administración puede determinar su nivel de eficiencia y eficacia en la prestación de servicios. El ejemplo incluido en el cuadro 5.21, que se refiere a los costos de las actividades de mantenimiento vial, proporciona algunos datos útiles. Los promedios nacionales proporcionados por la autoridad vial pueden usarse como parámetros de referencia:

- El costo del resellado fue significativamente mayor que el parámetro de referencia, debido tal vez al mantenimiento diferido y las malas condiciones de los caminos (no obstante, es necesario verificar ese dato).

- El costo de la rehabilitación de la superficie de grava fue inferior al parámetro de referencia, tal vez debido a una incorrecta determinación de los costos (algunos costos pueden contabilizarse como resellado).

- El costo de las obras de asfaltado fue muy superior al parámetro de referencia; no existe un motivo lógico y por lo tanto debe llevarse a cabo una investigación.

Recuadro 5.17 Certificados de la Organización Internacional de Normalización: Mejoramiento del desempeño municipal y del control de costos

La Organización Internacional de Normalización, conocida a nivel mundial por su sigla ISO, es una organización sin fines de lucro, con sede en Ginebra (Suiza), que elabora y publica un amplio espectro de normas y emite certificados ISO, con frecuencia a través de entidades nacionales asociadas. La familia de normas ISO 9000 está relacionada con los sistemas de gestión de la calidad y se formuló para ayudar a las organizaciones a verificar que atienden las necesidades de sus clientes y otras partes interesadas y al mismo tiempo cumplen los requisitos legales y regulatorios establecidos para el producto.

En la norma ISO 9001 se establecen los requisitos que debe cumplir toda organización que desee alcanzarla. Un registro independiente emite el certificado ISO 9001 una vez que se ha verificado que la empresa o el proveedor han implementado el sistema de gestión de la calidad ISO 9001 y cumplen todos sus requisitos en las operaciones diarias. Más de 1 millón de organizaciones de todo el planeta han recibido un certificado emitido en forma independiente. La certificación ISO 9001 es reconocida y apreciada en el ámbito mundial pues proporciona un medio para que los clientes mejoren la prestación de servicios de calidad cuando contratan empresas que cumplen un conjunto de normas rigurosas.

La vasta mayoría de certificados ISO 9001 se emite a empresas privadas como parte del cumplimiento de las normas de calidad; esto resulta especialmente útil en el ámbito de los servicios y el comercio internacional. Sin embargo, en Estados Unidos, Europa y el mundo en desarrollo está aumentando el número de municipios y sus empresas de servicios que obtienen certificados ISO. Por ejemplo, muchos municipios de Europa oriental han obtenido la certificación ISO, inclusive en países en transición, como República Checa y Hungría. Por regla general, los municipios de Estados Unidos obtienen la certificación de sus principales entidades de servicios, entre ellas, las que prestan servicios de protección contra incendios, abastecimiento de agua y saneamiento, educación y salud, y las entidades que supervisan los códigos de edificación o las viviendas sociales. La norma ISO permite simplificar los servicios y reducir el costo de operación, con la consiguiente disminución de los costos de seguros y financiamiento. Los municipios de Europa oriental comienzan con una certificación ISO 9001 de toda la administración municipal. Algunos sostienen que los ayuda a obtener un seguro más barato o inclusive un préstamo bancario si aún no han recibido una calificación crediticia.

Fuente: http://www.iso.org/iso/home/about.htm.

Información para la planificación del presupuesto

El proceso de gestión del gasto se basa en las evaluaciones de los resultados y, por esa razón, es muy importante que los productos sean concretos y cuantificables. Son una fuente de datos fundamental para comenzar a formular el presupuesto del año siguiente. La información obtenida a través del proceso de seguimiento y evaluación, en combinación con los cambios y los ajustes en el marco de políticas, permite que los departamentos determinen con más precisión el nivel de recursos que será necesario para proporcionar el nivel deseado de servicios y arrojar nuevos resultados en materia de políticas.

Auditoría y supervisión

Las auditorías financieras y especializadas se analizan detalladamente en los capítulos 3 y 8. Sin embargo, es necesario mencionarlas en este capítulo debido a la importancia que reviste la supervisión en el marco de la gestión del gasto. Como se señaló anteriormente, la gestión del gasto se distribuye entre diversos cargos de la organización del gobierno local. El concepto de supervisión se aplica primordialmente a los miembros del consejo del gobierno local y al gobierno central.

Papel de la supervisión en la gestión del gasto

La supervisión es un medio para exigir al Poder Ejecutivo que rinda cuentas de sus acciones y para garantizar que las políticas y los planes concertados se ejecuten en forma eficaz y eficiente. Uno de los pilares de un marco sólido de control interno es un sistema robusto de supervisión para realizar un seguimiento del desempeño del Poder Ejecutivo. Por norma general, la forma más común de supervisión es la que ejercen los funcionarios elegidos por voto popular (el consejo local, el parlamento, etc.); sin embargo, la idea de que las comunidades también pueden desempeñar un papel importante en el seguimiento del desempeño tanto de contratistas como de funcionarios públicos está adquiriendo cada vez más preponderancia. La función de las comunidades es más prominente en los países desarrollados que tienen antecedentes de transparencia, libertad de expresión y representación.

Tanto en las democracias de larga data como en las recientes, los parlamentos tienen la facultad de supervisar al gobierno a través de instrumentos y mecanismos que generalmente se establecen en la constitución y en las leyes. Los marcos jurídicos varían de un país a otro, pero las funciones de supervisión asignadas al parlamento también deberían otorgarse al consejo del gobierno local. Los funcionarios locales elegidos por voto popular tienen la responsabilidad de velar por la optimización de los recursos de los habitantes de su distrito electoral. Asimismo, el principio de subsidiariedad se aplica a la supervisión ejercida por los consejos locales que están respaldados por la comunidad, y esta tiene especial interés en asegurarse de que se proporcionen servicios en la cantidad y de la calidad acordadas.

Para cumplir sus funciones de supervisión, los consejos locales pueden aplicar las siguientes prácticas:

* *establecer un comité de auditoría* para trabajar con auditores independientes y examinar sus informes;

Cuadro 5.21 Estudio comparativo del mantenimiento vial

Actividad	Kilómetros			Chelines (millones)			Chelines (millones por kilómetro)	
	Cifra prevista	Cifra efectiva	Diferencia	Cifra prevista	Cifra efectiva	Diferencia	Cifra efectiva	Promedio nacional
Resellado	25	20	−5	100	105	−5	5,3	4,0
Rehabilitación de la superficie de grava	15	17	2	125	120	5	7,1	8,0
Rehabilitación de la superficie de asfalto	5	5	0	150	160	10	32,0	30,0

- *reunirse con los auditores en forma independiente* para examinar sus conclusiones respecto del sistema de controles internos y otras cuestiones relativas al cumplimiento;

- *establecer comités para supervisar las actividades* de individuos o de un pequeño número de departamentos;

- *establecer un comité de finanzas y presupuesto* para trabajar en estrecha colaboración con el departamento de finanzas a fin de cerciorarse de que el gobierno local esté gestionando sus recursos y gastos de manera eficaz;

- *reunirse periódicamente con los habitantes de su distrito* para conocer sus inquietudes, observaciones y posibles quejas respecto del desempeño de los contratistas y la calidad de los servicios suministrados.

Para lograr que la supervisión se implemente de manera eficaz, las partes interesadas deben disponer de la información sobre los actos del gobierno en forma oportuna y en un formato que resulte comprensible.

Por ejemplo, en la página inicial del sitio web sobre transparencia financiera del condado de Fairfax (Virginia) se establece que el condado "está avanzando en la labor de brindar más transparencia financiera a sus residentes. El término *transparencia financiera* describe los esfuerzos por poner información amplia y sin filtrar a disposición de todos, a fin de brindar un claro panorama de las operaciones del gobierno y de la manera en que se utiliza el dinero de los contribuyentes".

En la misma página, el condado ha publicado informes financieros, presupuestos, auditorías anuales, contratos de adquisiciones y planes de indemnización del personal. Asimismo, en el sitio se señala que se está trabajando para proporcionar aún más información financiera a nivel de transacción (para obtener más información, véase http://www.fairfaxcounty.gov/finance/transparency). Si bien es probable que la mayoría de los gobiernos locales no estén en condiciones de proporcionar el nivel de información financiera que publica el condado de Fairfax, pueden comenzar a suministrar más información para aumentar el grado de transparencia como un medio para fortalecer la supervisión.

Recuadro 5.18 Impacto potencial de intereses especiales

El estado de Nueva Jersey (Estados Unidos) determinó que era necesario construir un nuevo túnel entre ese estado y la ciudad de Nueva York. Una vez finalizados los estudios ambientales y los diseños técnicos de ingeniería necesarios, se acordó que el túnel Trans-Hudson Express sería financiado conjuntamente por el estado de Nueva York, la Autoridad Portuaria de Nueva York y Nueva Jersey, y el gobierno federal.

El objetivo del túnel consistía en aumentar las vías de acceso para los millares de personas que viajan diariamente entre Nueva Jersey y la ciudad de Nueva York por razones de trabajo. Sin embargo, muchos habitantes cuestionaron su eficacia porque, en vez de conectarse con estaciones ferroviarias, finalizaba en el subsuelo de una gran tienda de departamentos (Macy's).

Fuente: Basado en información aportada en Wikipedia.

En consecuencia, la gente comenzó a usar el apodo "el túnel al subsuelo de Macy's" para referirse al proyecto. El nuevo gobernador de Nueva Jersey suspendió las obras del túnel alegando que el riesgo de sobrecostos recaía de manera injusta en su estado. Posteriormente, las obras se reiniciaron debido a presiones de numerosas fuentes.

Prácticamente nadie puso en duda la necesidad de ampliar la capacidad ferroviaria entre las dos jurisdicciones. Sin embargo, aunque el proyecto generaría beneficios potencialmente enormes para una empresa al forzar a millares de trabajadores a cruzar o pasar cerca de su tienda dos veces al día, poco se ha escrito acerca del impacto de este potencial interés especial en el diseño y la ejecución del proyecto.

Gestión del gasto y economía política

Los gobiernos locales se desenvuelven en un entorno complejo influenciado por la cultura, la política y los intereses especiales de su localidad. En el curso de la formulación y ejecución de los presupuestos, el registro de las actividades y el seguimiento y la evaluación de los resultados, los jefes de los departamentos de finanzas y su personal deben estar atentos a las presiones políticas. Una de las mejores maneras de mitigar los riesgos que plantean esos intereses especiales es asegurarse de que las políticas, los planes, los presupuestos y los resultados estén a total disposición de todas las partes interesadas y grupos comunitarios.

Como punto final de este capítulo sobre la gestión del gasto se incluye un breve análisis de las vinculaciones entre dicha gestión y el entorno político. La influencia política está interrelacionada con la mayoría de las actividades de los gobiernos locales, debido en parte a que estos gobiernos necesitan siempre apoyo político y reconfirmación para los programas (las autoridades a cargo de las decisiones requieren aprobación política). Sin embargo, la influencia política también aparece sin invitación y es especialmente fuerte cuando lo que está en juego es el gasto.

Presión política de grupos locales de intereses especiales

En la gestión del gasto se pone el acento en garantizar que los fondos se asignen y usen para lograr las prioridades concertadas y en que la información esté disponible para que los gobiernos puedan planificar y hacer un seguimiento del desempeño de sus programas y del impacto de sus gastos.

Todo sistema eficaz de gestión del gasto debe incluir tres elementos:

- Es necesario planificar los gastos futuros con hitos claros y cuantificables para realizar un seguimiento del desempeño real.

- Es necesario controlar los gastos para que el gasto real concuerde con el presupuesto y el plan.

- Debe llevarse a cabo un seguimiento y una evaluación de los gastos para verificar que efectivamente se ajusten a los planes concertados.

Al diseñar proyectos de desarrollo u otras inversiones a nivel del gobierno local, con frecuencia no se presta la debida atención al problema de los intereses especiales. En el recuadro 5.18 se describe un ejemplo del impacto potencial de estos intereses.

Presión política del gobierno central

En muchos países, los gobiernos locales afrontan obstáculos debido a la interferencia política y administrativa de un gobierno de nivel superior. El gobierno central puede dificultar la gestión local del gasto mediante la asignación o la suspensión de la asignación de sumas de dinero, proyectos o personal.

Proyectos políticos. El problema más común es el que se plantea al emprender proyectos por razones puramente políticas, sin consultar a las partes interesadas locales. En una propuesta enviada a un donante para obtener financiamiento se argumentaba textualmente que "se debería asfaltar la calle Market porque la casa del gobernador está situada al final de esa calle". Los proyectos adjudicados por razones políticas pueden crear pasivos contingentes para el gobierno local, que debe incluir los costos de operación y mantenimiento en el presupuesto local.

Mandatos sin respaldo financiero. Otra intervención típica del gobierno central consiste en asignar a los gobiernos locales funciones que previamente eran de su competencia. Si bien esto parece concordar con el principio de delegación de facultades, con frecuencia el poder central no asigna los recursos ni la potestad tributaria correspondientes. La consecuencia de este accionar se denomina "mandato sin respaldo financiero". Se producen efectos similares, por ejemplo, cuando por medio de una ordenanza nacional se incrementan los salarios de docentes u otros empleados públicos pero no se transfieren los fondos correspondientes. En consecuencia, los gobiernos locales deben recortar los gastos de otras áreas. Esto se traduce, con frecuencia, en la postergación del mantenimiento de los activos o en una reducción de los servicios.

En Uganda, por ejemplo, el consejo de la ciudad de Kampala estableció que los propietarios de mototaxis (denominadas "boda-boda") debían registrar sus vehículos y pagar un pequeño derecho de registro. Sin embargo, poco después de la aplicación de este impuesto local, el presidente lo derogó para acrecentar su popularidad pues pretendía ser reelecto en 2006. El Gobierno de Kampala y otros gobiernos locales fueron privados de una fuente de ingresos generados a nivel local debido a la presión de un político que formaba parte del gobierno central.

La interferencia política no está restringida a las naciones en desarrollo. Por ejemplo, en Estados Unidos, en 2003, el gobernador del estado de Virginia extendió de 5 días a 15 días el tiempo que una persona debe pasar en la cárcel después de haber sido arrestada tres veces por conducir en estado de ebriedad. Sin embargo, el gobierno estatal no administra las cárceles locales, que están en manos de los gobiernos de los condados. Por lo tanto, la orden a nivel del estado impuso costos adicionales a las localidades que debían albergar personas en la cárcel durante períodos más prolongados.

Conclusiones

Las principales conclusiones de este capítulo incluyen lo siguiente:

- La gestión del gasto debe entenderse como un ciclo que abarca la formulación de políticas, la planificación, el análisis de la ejecución y la auditoría, y que aporta información al ciclo y a la formulación de políticas siguientes, y debe llevarse a cabo en ese marco.

- Toda gestión eficaz del gasto requiere un seguimiento y un análisis exhaustivo y oportuno de los gastos de operación y de capital, a fin de comparar metas claras y cuantificables con datos de referencia sólidos, y poner en marcha las medidas correctivas que resulten necesarias.

- El seguimiento y la evaluación, además de permitir medir y controlar los resultados, también facilitan el control de los costos y el proceso de adopción de decisiones relativas, por ejemplo, a la necesidad, o no, de contratar determinados servicios en forma externa.

- Varios instrumentos eficaces y comprobados son útiles para el análisis del gasto, entre ellos, el análisis de la diferencia entre las cifras previstas y las reales, la elaboración de previsiones y la comparación de los resultados con indicadores locales, nacionales o internacionales. El valor neto actualizado, la tasa interna de rentabilidad y el análisis de costos y beneficios son algunas de las técnicas más importantes que se aplican junto con un riguroso análisis de sensibilidad.

- La fijación, el seguimiento y el control de las tarifas son elementos fundamentales de toda gestión eficaz del gasto. Son instrumentos útiles para controlar a los proveedores, independientemente de la forma institucional en que se presten los servicios, por ejemplo, a través de un departamento, una entidad municipal autónoma, una empresa de servicios públicos, una APP o un proveedor totalmente privado.

- La recuperación de los costos es un principio básico, pero para lograrla es probable que sea necesario subsidiar algunos servicios locales, en particular en los países en desarrollo. En estos países, los municipios suelen valerse de subsidios a la oferta no focalizados (subvenciones a entidades de servicios). En cambio, los subsidios a la demanda son más explícitos y se focalizan en los pobres u otras comunidades, mientras que los hogares y las empresas que tienen capacidad de pago deben cubrir el costo total.

- Los sistemas computarizados modernos de contabilidad, formulación de presupuestos y gestión financiera y de caja son instrumentos clave para controlar los gastos de manera eficaz. Con ese fin, es necesario establecer un sistema adecuado de controles internos y sistemas basados en el desempeño.

- La gestión de los gastos de capital requiere planificación a largo plazo tanto de los proyectos de inversión de capital como del financiamiento; adquisiciones transparentes y competitivas, y capacidades sólidas en materia de gestión de contratos.

- Un marco de gastos a mediano plazo es un instrumento sólido para respaldar una gestión eficaz del gasto y para el seguimiento del desempeño. Debe combinarse con auditorías disciplinadas y supervisión financiera y regulatoria.

- La gestión del gasto no es meramente un proceso técnico, también tiene un alto contenido político. En consecuencia, una gestión eficaz del gasto exige comprender y manejar adecuadamente las consecuencias de los planes y las decisiones en términos de política económica.

Notas

1. Esta sección se preparó sobre la base del capítulo 2 de Banco Mundial, 1998.
2. Para obtener más detalles, véase http://ec.europa .eu/europeaid/what/economic-support /public-finance/documents/ethiopia _addisababa_pefa_report_2010_en.pdf.
3. La evaluación completa está disponible en http://ec.europa.eu/europeaid/what/economic-support/public-finance/documents/ethiopia_ _addisababa_pefa_report_2010_en.pdf.

References

Adrianov, Valentin, Sergei Sivaev, Raymond Struyk, and Emin Askerov. 2003. *Russia's Winter Woes: Tariff Setting for Local Utilities in a Transition Economy.* Moscow: Institute for Urban Economics.

Chavez, Carlos. 2002. "Public-Private Partnership and Tariff Setting: The Case of Chile." Paper for the OECD Global Forum on Sustainable Development, Paris, April.

Chernyavsky, Andrei, and Karen Vartapetov. 2004. "Municipal Finance Reform and Local Self Governance in Russia." *Post-communist Economies* 16 (3), September.

DANCED (Danish Co-operation for Environment and Development). 2002. "Solid Waste Tariff Setting— Guidelines for Local Authorities." Proposal for the Department of Environmental Affairs and Tourism, Tanzania, April.

Ebel, R., and F. Vaillancourt. 2007. "Intergovernmental Assignment of Expenditure Responsibility." In *The Kosovo Decentralization Briefing Book.* Prishtina: Kosovo Foundation for an Open Society.

Helgason, Sigurdur. 1997. *International Benchmarking Experiences from OECD Countries.* Paper presented in Paris, February.

Kopanyi, M., S. El Daher, and D. Wetzel, eds. 2004. *Intergovernmental Finances in Hungary, A Decade of Experience.* Washington, DC: World Bank Institute.

Shugart, Chris, and Ian Alexander. 2009. "Tariff Setting Guidelines." Public-Private Infrastructure Advisory Facility (PPIAF), Working Paper No. 8, World Bank, Washington, DC.

Tausz, Katalin. 2004. "Managing Household Arrears in Utility Services—Social Policy Challenges and Responses." In *Intergovernmental Finances in Hungary, A Decade of Experience,* edited by M. Kopanyi, S. El Daher, and D. Wetzel. Washington, DC: World Bank Institute.

TERI (The Energy and Resource Institute [India]). 2010. *Review of Current Practices in Determining User Charges and Incorporation of Economic Principles of Pricing of Urban Water Supply. New Delhi, India.* New Delhi: TERI.

USAID (U.S. Agency for International Development). 2006. *Managing Municipal Services, Assessment and Implementation Toolkit.* Washington, DC: USAID.

VNG International. 2010. "Effective Aid through Municipal Contracts." The Hague, Netherlands: VNG International.

World Bank. 1997. *The State in a Changing World. World Development Report 1997.* Washington, DC: World Bank.

_____. 1998. *Public Expenditure Management Handbook.* Washington, DC: World Bank.

_____. 2002. *Cities on the Move, a World Bank Urban Transport Strategy Review.* Washington, DC: World Bank.

_____. 2005. *Public Expenditure and Financial Accountability (PEFA), Performance Measurement Framework.* PEFA Secretariat, World Bank, Washington, DC.

_____. 2007. "Pakistan Infrastructure Implementation Capacity Assessment." South Asia Region, Report 41630-PK, World Bank, Washington, DC.

_____. 2008. "Punjab Municipal Service Improvement Project." Staff Progress Report, World Bank, Washington, DC.

_____. 2011. *Guidebook on Capital Investment Planning for Local Governments.* Urban Development Series. Washington, DC: World Bank.

Select Bibliography

Farvacque-Vitkovic, Catherine, Lucien Godin, Roberto Chavez, and Lorence Verdet. 2005. *Street Addressing and the Management of Cities.* Directions in Development. Washington, DC: World Bank.

Institute of Public Finance. 2008. "Communities and Local Government Delivering." Institute of Public Finance North West e-Government Group, March 2008, Munich.

Obidegwu, Chukwuma. 2005. *The Medium-Term Expenditure Framework: The Challenge of Budget Integration.* East Asia Decentralizes Making Local Governments Work, World Bank paper, Washington, DC.

PEFA (Public Expenditure and Financial Accountability). 2010. Addis Ababa PEFA report, http://ec.europa.eu/europeaid/what/economic-support/public-finance/documents/ethiopia_addisababa_pefa_report_2010_en.pdf.

Shah, Anwar, ed. 2006. *Local Public Financial Management.* Public Sector Governance and Accountability Series. Washington, DC: World Bank.

World Bank. 1991. *Urban Financial Management A Training Manual.* By James McMaster, Economic Development Institute. Washington, DC: World Bank.

CAPÍTULO 6

Gestión de activos locales

Olga Kaganova y Mihaly Kopanyi

Los gobiernos locales poseen o controlan grandes carteras de activos, que incluyen activos físicos (como tierras, edificios, infraestructura, vehículos y equipos) y activos financieros (como inversiones, participaciones en empresas, bonos o depósitos bancarios). La buena gestión de los activos físicos es importante para el bienestar de la población local por varias razones. Por ejemplo, estos activos representan el patrimonio público local y constituyen la base material para los servicios públicos locales. El mantenimiento y la operación de los activos representan la mayor parte de los gastos locales. Los activos son recursos importantes para el desarrollo económico local. Los activos financieros complementan y respaldan el desarrollo y el uso de los activos físicos; los dos grupos de activos principales pueden considerarse formas transitorias uno del otro. Por ejemplo, podemos financiar una nueva parada de autobús con ahorros financieros o vender un terreno para obtener el dinero; este es el tipo de decisiones que normalmente se adopta en la gestión de activos. A pesar de su importancia, la gestión sistemática de activos no suele recibir atención suficiente y

en muchos municipios no existe una entidad central de gestión, sobre todo en el mundo en desarrollo.

En este capítulo se resumen, para los profesionales en la materia, los atributos económicos principales de los activos; el concepto de estrategia de gestión de activos, y formas, modalidades y medios de gestión de activos. Se destaca que la gestión de activos debe ser una actividad definida de los gobiernos locales y se brinda un marco y herramientas prácticas para la gestión eficaz de activos, para mejorar las prácticas existentes y para vincular la gestión de activos con la gestión financiera. Se presentan algunas herramientas sencillas de análisis financiero que son indispensables para la buena gestión de activos. Asimismo, se analizan algunas cuestiones técnicas clave, como la manera de incentivar el interés de los inversionistas en los terrenos municipales o de alentar la competencia en las subastas de tierras a fin de maximizar los beneficios. También se presentan instituciones e instrumentos más avanzados, como el financiamiento basado en la tierra, la estrategia relativa a la tierra y los activos, empresas constituidas para fines específicos, y las empresas de desarrollo urbanístico.

Gestión de activos municipales

La gestión de activos municipales es el proceso que consiste en adoptar decisiones relacionadas con la operación, el mantenimiento, la renovación, la adquisición o el desarrollo de activos físicos de un modo eficaz en función de los costos, y llevar a la práctica dichas decisiones, con el objetivo último de prestar el mejor servicio posible a los ciudadanos locales. En este sentido, se trata de una de las funciones de los municipios que mayor efecto directo tiene en la vida de los ciudadanos locales, de ahí que las deficiencias en la gestión de los activos a menudo acarreen consecuencias visibles y lamentables. Por ejemplo, un nuevo sistema de suministro de agua es sumamente positivo, pero resulta lamentable si, al cabo de unos años, el servicio se reduce de 24 a 16 horas al día, luego a 8, e incluso a menos de 2 horas, debido a la falta de mantenimiento; casos como este no son infrecuentes en Asia. El "marco de gestión de activos" denota un sistema compuesto por reglas, procedimientos y entidades para administrar los activos de un gobierno local.

Clasificación de los activos

Los activos municipales adoptan múltiples formas, cada una de las cuales puede requerir un grado de comprensión distinto y, quizás, un enfoque diferente. Por lo tanto, la clasificación de los activos es el primer paso importante hacia la buena gestión de activos. A continuación se resumen varias formas de clasificar los activos municipales.

Según la forma material

Se pueden distinguir activos físicos (o tangibles) y no físicos (financieros, intangibles). Los activos físicos más importantes se conocen como activos "fijos" o "de capital". Incluyen bienes inmuebles (terrenos, edificios), infraestructura, equipamiento y vehículos. Para que resulte más sencillo, en este capítulo los activos físicos se denominan simplemente "activos", a menos que existan razones para utilizar otro nombre o hacer referencia a una forma específica de activo. Los activos no físicos incluyen inversiones, acciones de empresas, bonos, letras o efectivo.

Se consideran activos físicos todos los tipos de recursos que el gobierno local puede poseer, controlar, utilizar para generar valor económico o cambiar por dinero. Los gobiernos de ciudades grandes e incluso medianas poseen o controlan carteras de activos bastante grandes y diversas, que suelen incluir lo siguiente:

- edificios y locales (partes de edificios) administrativos;
- viviendas sociales;
- escuelas y jardines de infantes;
- centros médicos;
- establecimientos culturales (bibliotecas, museos, teatros);
- establecimientos deportivos (estadios, campos de fútbol, canchas de tenis, piscinas);
- garajes de estacionamiento;
- instalaciones y redes de abastecimiento de agua, recolección de agua de lluvia y alcantarillado;
- alumbrado público;
- calles, carreteras, plazas, parques y bosques;
- tierras agrícolas;
- estacionamientos;
- terrenos baldíos;
- cementerios;
- mercados agrícolas;
- inmuebles comerciales;
- establecimientos de producción y locales de reparación;
- almacenamiento;
- rellenos sanitarios;
- automóviles y flotas de vehículos especializados, como ambulancias, camiones de basura y tractores.

Según la propiedad

Esta clasificación revela quién es el titular de los activos públicos en una jurisdicción municipal. Algunos activos pertenecen a los propios gobiernos locales; otros, al gobierno central, provincial o de los estados pero son utilizados por el gobierno local, y otros son de propiedad mixta (como es el caso de la propiedad estatal-municipal o de las APP). El gobierno local puede alquilar activos del sector privado.

Según la función

Este término pone el acento en el uso que se da a cada grupo de activos. Entre las categorías comunes se incluyen propiedades destinadas a la administración, a servicios sociales (salud, educación, cultura) y a infraestructura urbana (agua y saneamiento, gestión de residuos sólidos, transporte, comunicaciones); terrenos baldíos, y activos generadores de ingresos.

Según la responsabilidad asociada a los servicios

Se pueden distinguir los activos primarios u obligatorios, que son importantes para cumplir las funciones locales establecidas por ley. Los activos que no son necesarios para cumplir las funciones asignadas se denominan activos secundarios y pueden considerarse como reserva de riqueza o bienes excedentes (bienes "de dominio privado"). Por ejemplo, los terrenos baldíos pueden utilizarse para el futuro desarrollo urbano o venderse para obtener dinero que permita financiar la ampliación o renovación de los servicios principales, como las redes de saneamiento o la construcción de un policlínico. Los activos secundarios pueden utilizarse para funciones o servicios no exigidos por ley, pero que reflejan las prioridades de los ciudadanos locales (por ejemplo, el subsidio de viviendas para familias de bajos ingresos, o un centro deportivo o cultural). Las responsabilidades asociadas a los servicios suelen verse reforzadas por limitaciones legales.

Según las limitaciones legales

Esta clasificación revela lo que los gobiernos locales pueden hacer con los activos. En países que han adoptado los principios del derecho romano (por ejemplo, Francia y Hungría), los bienes del Estado se dividen en dos grupos principales: los "de dominio público", que no pueden enajenarse (venderse ni hipotecarse) y también pueden estar sujetos a limitaciones de uso y a mecanismos de gestión (en el recuadro 6.1 se describe un caso en Hungría), y los "de dominio privado", de los que puede disponerse o que pueden regularse prácticamente como si fueran un activo de propiedad privada. Si bien las normas legales son específicas de un país o una región, muchas de ellas apuntan a distinguir entre bienes de dominio inherentemente público y bienes de dominio inherentemente privado cuya propiedad está en manos de una entidad pública, pero que pueden venderse, intercambiarse o alterarse sin provocar un impacto directo en los servicios.

Enfoques para la gestión de activos

La gestión de activos aparece en dos contextos y formas principales en la vida de un municipio. Los activos pueden verse como un grupo o una cartera o bien como objetos de servicios individuales que se mantienen durante su vida útil o "ciclo de vida". Por ejemplo, una carretera que se mantiene y mejora

---

Recuadro 6.1 Ejemplo de cambio del estado de bienes municipales en Hungría

Un edificio de escuela primaria está casi abandonado debido al envejecimiento de la población y la competencia de escuelas cercanas. Pero no puede venderse ni destinarse a uso comercial, dado que es un *bien de dominio público*.

Para cambiar el estado del bien se requiere lo siguiente: 1) el Consejo Municipal realiza una votación para cerrar la escuela y modifica las zonas escolares a fin de garantizar que todas las familias afectadas puedan acceder a la escuela; 2) realiza una votación para modificar el estatus jurídico del edificio, de manera que este pase a ser "de dominio privado", y 3) puede luego vender o arrendar el edificio para otros fines.

Fuente: Kasso y Pergerne-Szabo, 2004.

puede ser utilizada por las personas durante siglos (o incluso miles de años). Tanto los enfoques basados en la cartera de activos como los que se centran en el ciclo de vida son igualmente importantes, dado que representan distintos contextos, tiempos o situaciones en la vida del gobierno local. También es cierto que varias actividades de gestión de activos suelen corresponder a distintas unidades del gobierno local. Las unidades técnicas o de servicios (departamentos de infraestructura vial, de transporte, de viviendas, etcétera) se dedican a administrar los activos durante su ciclo de vida útil (que puede ser corto o bastante largo). El departamento de finanzas, el comité de presupuesto y el consejo deben abordar la cartera de activos en su totalidad y adoptar decisiones referidas a los usuarios, los servicios o las formas de los activos.

Gestión de la cartera

En la gestión de la cartera, los activos forman parte del patrimonio total del municipio. Se comparan entre sí y las decisiones están orientadas a atender las necesidades de la comunidad local como base material de los servicios y las funciones locales. Dentro del concepto de cartera, la gestión de activos es un proceso de decisiones sobre la adquisición, la titularidad, el uso, la renovación o la disposición de activos para alcanzar objetivos de un gobierno local ya sea en términos financieros o mediante la ampliación o la mejora de los servicios locales. Cada grupo de activos se considera una cartera dentro de la cartera total, y para tomar decisiones suelen buscarse alternativas comparando las distintas carteras. Los activos físicos y financieros son dos de las carteras principales que se comparan para tomar decisiones, como la de construir o no infraestructura para el abastecimiento de agua o realizar una inversión financiera en una empresa de agua que construya la red y suministre agua.

Como se ha dicho, los elementos de la cartera son intercambiables; pueden reemplazarse o complementarse entre sí, por lo que se consideran formas transitorias de dinero y de activos físicos. Por ejemplo, un gobierno local que no cuente con recursos suficientes para refaccionar tres escuelas puede decidir vender terrenos para generar el dinero necesario. En tal caso, la composición de la cartera de activos se verá ligeramente modificada, pero el patrimonio total de la comunidad, sobre todo en términos de valor social, se incrementará gracias a la reinversión del dinero de la venta de terrenos en bienes importantes desde el punto de vista social.

Gestión de activos durante su ciclo de vida

La segunda idea común asociada a la gestión de activos se refiere a la gestión estratégica de los activos físicos durante su ciclo de vida. Un ciclo de vida puede ser corto en el caso de un camión (unos 10 años) o extenderse a lo largo de siglos. Por ejemplo, la carretera Grand Trunk, una carretera importante de 2500 kilómetros que une Kabul con Calcuta, existe desde el siglo III. El término "ciclo de vida" se refiere a la planificación, creación o adquisición, uso, gestión y mantenimiento de un bien, y su enajenación cuando ya no es necesario. La gestión de activos a lo largo de su ciclo de vida útil reviste particular importancia para los gobiernos locales.

El ciclo sugiere un movimiento perpetuo. Como se observa en el gráfico 6.1, el ciclo comienza lógicamente en el espacio que correspondería al número 11 si se tratara de un reloj, con una clara identificación de las necesidades, los objetivos, las funciones que cumplir y los costos y riesgos asociados a las opciones seleccionadas (por ejemplo, comprar camiones sencillos y multifunción o camiones compactadores especiales para transportar desechos). En la siguiente sección del ciclo se establece el rendimiento de los servicios, se estima la demanda, se analizan las opciones financieras y técnicas, se diseña y se adquieren bienes. Las siguientes partes incluyen la construcción, la puesta a punto, la operación, el mantenimiento, la refacción (en el caso de las carreteras, cada 15 años), con el seguimiento constante del desempeño, y la enajenación (por ejemplo, la venta de un camión viejo) o el decomiso y la reurbanización (como la demolición de una antigua escuela construida en la década de 1920 y su reemplazo por una escuela nueva).

Funciones de gestión de activos e intervínculos

Ningún municipio existiría ni podría sobrevivir sin una cartera de activos adecuada, con la que necesita contar para cumplir sus numerosas funciones vitales.

Gráfico 6.1   Ciclo de vida de los activos

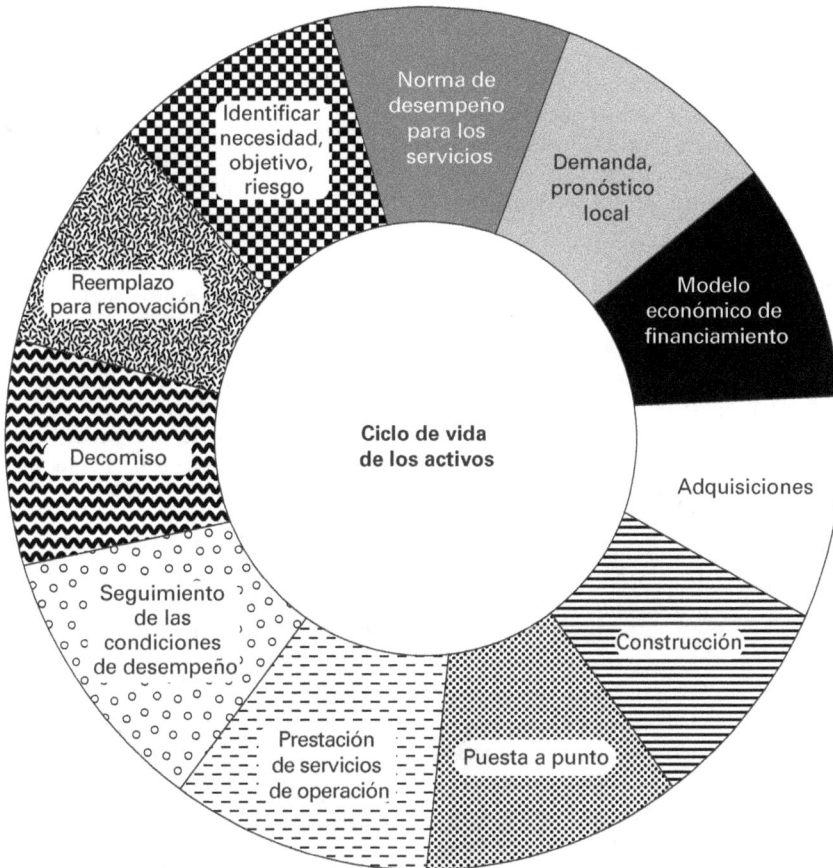

Funciones de los activos

A continuación se enumeran las razones principales por las cuales la gestión de activos debería ser fundamental para los gobiernos locales:

- *Base material.* Los activos constituyen la base material para la prestación de servicios municipales. En efecto, muchos de los activos típicos enumerados anteriormente se utilizan para la prestación de servicios básicos que es responsabilidad del gobierno, se trate de registros públicos locales que se guardan en la municipalidad, del servicio de abastecimiento de agua o de escuelas.

La calidad de vida en una jurisdicción determinada y su atractivo para las personas y las empresas dependen, en gran medida, de la calidad de la infraestructura y los servicios relacionados.

- *Riqueza.* Los activos físicos (de capital) normalmente constituyen la mayor proporción de la riqueza local, como se ilustra en el ejemplo del cuadro 6.1. Se observa que los activos físicos constituyen la mayor parte de la riqueza en los gobiernos locales del condado de Los Ángeles y de Varsovia. Vemos también que las circunstancias locales son muy distintas en cada caso. Varsovia cuenta con grandes extensiones de tierra, que representan una gran reserva, mientras que el valor de las mejoras y la infraestructura locales es relativamente bajo. En cambio, Los Ángeles posee una proporción mucho mayor de activos de capital en edificios e infraestructura, y un tercio del total corresponde a activos financieros (incluidas inversiones en capital accionario); ambas clases de activos juegan un papel importante en la prestación de servicios.

- *Pasivos.* Los activos también pueden asociarse a pasivos directos o contingentes. Por ejemplo, las filtraciones de un conducto principal de agua y alcantarillado o la erupción de una vieja tubería maestra de agua representan un pasivo para el municipio en cuestión o la respectiva empresa de abastecimiento de agua. En algunos casos, las tierras contaminadas requieren un costoso proceso de rehabilitación antes de que el gobierno pueda usarlas o venderlas. Los inmuebles utilizados como garantía de empréstitos municipales conllevan riesgo directo de perderse si el gobierno local no reembolsa el préstamo a tiempo.

- *Gastos de operación.* Ser propietario de un bien genera costos (electricidad, agua, limpieza, reparaciones). Incluso los terrenos baldíos generan algunos costos, como los que implica protegerlos de usurpadores o del vertido ilegal de residuos. Los activos físicos que los gobiernos locales poseen y controlan pueden representar un gasto importante, sobre todo si están bien mantenidos y se reparan en forma adecuada. Por ejemplo, en Alemania los costos de operación ocupan el segundo lugar en importancia entre los gastos municipales, después de los salarios.

- *Fuentes de ingresos.* Los bienes municipales pueden ser una importante fuente de ingresos, ya sea por única vez, como en el caso de la venta de bienes excedentes, o en forma recurrente, por ejemplo, cuando se alquilan terrenos o propiedades comerciales o se otorgan concesiones para operar estacionamientos municipales.

- *Desarrollo económico.* Los bienes municipales suelen ser tan numerosos, sobre todo en las zonas urbanas o en países en los que la tierra es propiedad pública, que inciden considerablemente en el desarrollo espacial y económico, incluso en el del sector privado, entre otros. El gobierno puede, de hecho, ejercer mayor control sobre los activos físicos que sobre los impuestos y aranceles locales.

- *Valores que exceden el valor económico.* Los bienes públicos pueden tener un valor importante además de su valor "formal" (contable o de mercado), factor que debe tenerse en cuenta al tomar decisiones sobre determinados bienes. Por ejemplo, un viejo cine de un pequeño pueblo que no está en funcionamiento y que no es sostenible financieramente podría tener un valor sentimental considerable para la generación de ciudadanos para los cuales constituía el centro de entretenimiento durante su juventud.

- *Corrupción.* En muchos países, los inmuebles municipales generan desde siempre corrupción y conflictos de intereses. Por ello, la gestión de dichos bienes requiere transparencia y buen gobierno.

Cuadro 6.1   Activos en los balances de los gobiernos locales

Tipo de activo	Condado de Los Ángeles, EE. UU. (%)	Varsovia, Polonia (%)
Total de activos (financieros y de capital)	100	100
Activos de capital, de cuyo total	67	94
Terrenos y servidumbres	28	80
Edificio, mejoras	15	8
Infraestructura	20	8
Equipamiento	2	N. D.

Gestión de activos interrelacionados con otras áreas de gobierno local

En la mayoría de los países en desarrollo ha comenzado a desarrollarse la idea de que las carteras de activos públicos locales requieren una gestión especial. La buena gestión de activos requiere un enfoque multidisciplinario. Se superpone a la gestión de inmuebles y de las finanzas públicas, y suele abarcar la gestión de empresas (véase el gráfico 6.2). Dada su naturaleza no tradicional, la gestión de activos no encuadra bien dentro de áreas más tradicionales del gobierno local como la de presupuesto.

Asimismo, como se indica en el gráfico 6.2, la buena gestión de activos, especialmente en jurisdicciones de tamaño mediano o de gran tamaño, requiere conocimientos especializados tanto en mercados inmobiliarios como en gestión. Los gobiernos locales necesitan contar con dichos especialistas, ya sea como parte del personal o bajo contrato para tareas específicas. En *Guidebook on Packaging and Marketing Municipal Land to Investors* (Guía sobre cómo presentar mejor y vender los terrenos municipales a los inversionistas), del Urban Institute, se incluye un ejemplo de cómo una empresa inmobiliaria comercializó terrenos municipales (para obtener más información, véase Urban Institute, 2012a).

Gestión financiera y de activos

La gestión de activos y la gestión financiera se vinculan de diversas maneras. En particular, como lo ilustra el gráfico 6.3, cada actividad de gestión de activos tiene múltiples implicaciones para la gestión financiera. Por ejemplo, si se decide adquirir un nuevo bien para construir una escuela, el proyecto debe

Gráfico 6.2   Interrelaciones entre el área de gestión de activos y otras áreas de gestión

incluirse en el plan de inversiones de capital del municipio; este debe identificar y asegurar las fuentes de financiamiento y procesar el proyecto a través del presupuesto de capital.

Marco para la gestión estratégica de activos

¿Por qué necesitan los gobiernos, en principio, bienes e infraestructura? La respuesta sencilla y tradicional es: para brindar servicios a los ciudadanos conforme a las exigencias legales o a las tradiciones locales. Por ejemplo, si la educación primaria o la protección contra incendios es responsabilidad del gobierno local, se necesitan edificios escolares y estaciones de bomberos (con las respectivas autobombas). En la práctica, muchos gobiernos locales a menudo poseen bienes por muchas razones. Algunos bienes se han ido acumulando automáticamente con el tiempo; algunos son símbolos de poder y prestigio. Otros son confiscados por falta de pago de impuestos o cuando sus dueños los abandonan. Entre las razones no tradicionales para ser propietario de bienes se destacan dos: a) promover el desarrollo económico local y b) generar ingresos adicionales no tributarios. Otra consideración importante es que el gobierno es el guardián de los bienes públicos que deben preservarse para las generaciones futuras, como los bosques, los parques, las tierras de pastoreo y los humedales.

La gestión estratégica de inmuebles y terrenos consta de cuatro componentes: realización de inventarios, contabilidad analítica, gestión de la cartera, y elaboración e implementación de una estrategia de gestión de activos (resumidos en el cuadro 6.2). Si el gobierno local no cubre estos componentes de manera satisfactoria, puede sufrir pérdidas considerables en términos de riqueza o de alcance y calidad de los servicios.

En el recuadro 6.2 se presenta el marco para la gestión estratégica de la infraestructura de ingeniería municipal (por ejemplo, agua, agua de desecho y carreteras), que es conceptualmente similar pero se ajusta a las características específicas de la infraestructura. En dicho marco se destaca que la planificación financiera y la gestión del ciclo de vida son el eje de la buena gestión de activos.

Realización de inventarios

Dado que no podemos administrar algo si no sabemos que existe, es imprescindible llevar registros e inventarios claros y actualizados de los activos. Las deficiencias en los registros inmobiliarios alientan la

Gráfico 6.3 Gestión de activos físicos e implicaciones para las finanzas locales

Actividades relacionadas con la gestión de activos	Repercusiones en la gestión de las finanzas públicas
Adquisición de los activos	• Planificación de inversiones de capital • Presupuestación del capital • Financiamiento del capital
Propiedad/uso de activos	• Gastos de operación y mantenimiento • Ingresos provenientes de los activos (si los hubiera)
Enajenación de activos	• Gastos de transacción • Ingresos de capital

corrupción, las usurpaciones, los delitos y los riesgos para la salud. Por ejemplo, cientos de familias viven en terrenos municipales sin permisos (los barrios marginales se analizan en el capítulo 2) y los terrenos abandonados suelen usarse para el vertido ilegal de desechos, lo que representa peligros para el medio ambiente y la salud. Proteger las propiedades municipales puede ser costoso, pero trasladar personas, empresas o residuos suele ser mucho más caro. En el mundo en desarrollo, muchos municipios no son conscientes del alcance de sus activos o, en el mejor de los casos, de los bienes y la infraestructura sobre los cuales tienen el dominio, cuando no la posesión. Un inventario de activos se puede realizar de distintas formas, pero resulta más fácil cuando existe un catastro inmobiliario confiable en el país. Sin un catastro, puede prepararse un inventario inicial de activos durante un proyecto de nomenclatura urbana (Farvacque-Vitkovic et ál., 2006). En este se identifica el trazado general de las calles municipales, se registra su longitud, se incluye un sistema de numeración para los edificios, y se consigna el tipo de uso de cada parcela (residencial, empresas, servicios públicos o terreno baldío, entre otros usos). Si el proyecto de nomenclatura urbana se complementa con la identificación de elementos urbanos (grifos públicos, paradas de autobuses y cabinas telefónicas, por ejemplo) o estudios específicos de los sistemas de calles o servicios públicos, el solo uso de la guía de direcciones

servirá de base para realizar un inventario de activos. En este inventario podrá incorporarse gradualmente otro tipo de información, como el estado de propiedad del predio o terreno, los avalúos inmobiliarios y el costo de mantenimiento estimado.

Contabilidad analítica

Los *datos analíticos* de las propiedades son como las tarjetas de presentación de estas (solían escribirse a mano en tarjetas). Deben incluir información jurídica y técnica clave, como el tamaño, la ubicación, la propiedad y el uso, pero también los contratos de alquiler y los ingresos; la fecha, la naturaleza y el costo de los principales reemplazos y refacciones, e incluso las renovaciones programadas con una antelación de entre cuatro y cinco años. Los municipios de los países en desarrollo suelen carecer de registros analíticos y, por lo tanto, de gestión estratégica. Solo pueden reaccionar ante hechos negativos, por ejemplo, al tener que reparar una tubería maestra de agua tras su explosión. En muchas ciudades asiáticas, como Karachi y Daca, donde no existe la limpieza programada de las redes de alcantarillado, cuando se obstruyen los conductos, las calles se inundan de una mezcla de agua de lluvia y aguas residuales, y las personas se ven obligadas a caminar en ellas durante varios días. Los registros analíticos suelen traducirse en la falta de reservas de dinero para realizar un mantenimiento adecuado.

Cuadro 6.2   Marco para la gestión estratégica de activos

Inventarios

- Elaborar y mantener registros completos de propiedades pertenecientes al gobierno local (incluidas propiedades administradas y utilizadas por varios departamentos y empresas municipales).

Contabilidad analítica

- Elaborar y mantener un sistema de contabilidad y gestión de propiedades basado en el registro individualizado (que incluya todos los ingresos, costos y registros de ocupación/inquilinos), específicamente a los fines de la gestión de activos (no debe confundirse con los registros contables).
- Incluir en la base de datos contables el valor de cada propiedad, con los respectivos gravámenes financieros.
- Formalizar por escrito las relaciones contractuales referidas a propiedades con todos los inquilinos y usuarios de inmuebles municipales.
- Aplicar los enfoques de gestión de la propiedad del sector privado para mejorar la gestión de la propiedad pública.

Gestión de la cartera

- Formular el rol estratégico de la propiedad inmueble en el logro de los objetivos municipales.
- Elaborar la clasificación de los bienes inmuebles según su incidencia en el desempeño de funciones gubernamentales y aplicar esta clasificación cuando se realicen inventarios.
- Elaborar y utilizar herramientas financieras y estándares de desempeño adaptados a las clases específicas.
- Supervisar la propiedad y el desempeño financiero de las carteras.
- Implementar un enfoque de gestión de las carteras, incluida la gestión dinámica del uso social y las carteras excedentes.
- Elaborar normas transparentes sobre cómo asignar bienes municipales (incluidas tierras) a terceros usuarios (privados, no gubernamentales).
- Elaborar y aplicar políticas destinadas a racionar las demandas y el consumo de bienes por parte de los departamentos públicos y los usuarios sociales.
- Introducir un proceso transparente de planificación plurianual de inversiones de capital.
- Exigir a los administradores de activos que rindan cuentas mediante la presentación de informes regulares.

Estrategia e implementación

- Elaborar y poner en práctica una estrategia de gestión de activos como un documento orientativo.
- Establecer una autoridad inmobiliaria centralizada para supervisar la gestión de activos o ejercer un control directo sobre ella.
- Diseñar políticas escritas y funciones en la toma de decisiones para la adquisición, posesión y enajenación de activos.
- Desarrollar los conocimientos especializados internos sobre bienes raíces y, de ser necesario, contratar a profesionales del sector.
- Establecer incentivos para mejorar el uso y la gestión de los bienes municipales.

Fuente: Kaganova, 2008.

Gestión de la cartera

Como principio básico, los gobiernos locales deben tener como objetivo ampliar los servicios, para lo cual deben incrementar el patrimonio público. La norma principal en la gestión de la cartera es que los ingresos provenientes de la enajenación de activos deben reinvertirse en otra forma de activos de capital. Por lo tanto, las ventas deben formar parte de un plan de inversiones destinadas a mejorar los servicios o incrementar la riqueza. En ocasiones, las ciudades venden

Recuadro 6.2 Elementos esenciales del marco para la planificación de la gestión de bienes de infraestructura

1. ¿Qué tiene y dónde está (inventario)?
2. ¿Qué valor tiene (costos, tasas de reemplazo)?
3. ¿En qué condiciones está y cuánta vida útil le queda (análisis de condiciones y capacidad)?
4. ¿Cuál es el nivel de servicio previsto y qué debe hacerse (planes operativos y capital)?
5. ¿Cuándo debe hacerlo (planes operativos y capital)?
6. ¿Cuánto costará y cuál es el nivel aceptable de riesgo (plan financiero a corto y largo plazo)?
7. ¿Cómo garantiza la asequibilidad a largo plazo (plan financiero a corto y largo plazo)?

Fuente: Managing Infrastructure Assets (Gestión de bienes de infraestructura), 2005.

propiedades sin una adecuada comercialización y a precios inferiores a los de mercado, dado que necesitan con urgencia dinero en efectivo para cubrir gastos de operación. Al hacerlo, consumen el patrimonio público, que pertenece a las generaciones actuales y futuras.

Estrategia de gestión de activos

La estrategia de gestión de activos se interrelaciona de diversas maneras con otras áreas de gestión municipal. Se relaciona con la planificación urbana, por ejemplo, cuando se elabora un plan maestro a largo plazo en el que se indican la dirección y naturaleza del desarrollo y la expansión de la ciudad, a medida que las tierras agrícolas se transforman en urbanas, y se definen las zonas en las que se necesitarán nuevos establecimientos públicos. Los planes a largo plazo también ayudan a que la ciudad se desarrolle sobre la base de las prioridades de los ciudadanos. En un plan de mejora de capital a largo plazo, con propuestas específicas, se señala qué se venderá para generar dinero (de ser necesario) y qué se construirá en los próximos tres a cinco años. Al aplicar este enfoque, el gobierno local debe abordar todos los activos como carteras cuyos elementos se modifican, desarrollan o reemplazan para implementar la estrategia de la ciudad.

Los marcos para la gestión estratégica de activos que se presentan en el cuadro 6.2 y el recuadro 6.2 son bastante ambiciosos, y hace falta tiempo y esfuerzo para entenderlos e implementarlos. Sin embargo, un gobierno local puede considerar el contenido del cuadro y del recuadro, y comenzar con

los rubros que revisten mayor prioridad en el contexto local y son viables desde el punto de vista político y administrativo. Este enfoque, adaptado a las realidades locales, ha funcionado bien en varios países en transición, como Croacia, Kirguistán y Serbia. En varias ciudades de Croacia (Varaždin, Split, Rijeka, Karlovac) se implementó, en distinta medida, un subconjunto de actividades de la lista. En el recuadro 6.3 se resume el modelo inicial de gestión de activos, en el que se abordan 11 medidas prioritarias de la lista del recuadro 6.2.

Entidades a cargo de la gestión de activos

La gestión de activos es compleja y suele ser una actividad conjunta de distintas unidades y entidades de un gobierno local. Incluso las unidades dedicadas a la gestión de activos, como un departamento de la propiedad inmueble o una empresa municipal, normalmente abarcan apenas una forma o un segmento específico de activos, como la empresa de desarrollo inmobiliario municipal que administra terrenos desocupados. En la próxima sección se resume la labor de las principales entidades locales encargadas de la gestión de activos.

El consejo

El consejo o asamblea local cumple dos funciones en la gestión de activos: es el máximo representante de la propiedad pública local y el principal órgano decisorio, así como el regulador más importante de la gestión de activos en sentido amplio.

Recuadro 6.3 Ciudades croatas: Modelo inicial de gestión de activos

1. Introducción de un sistema de información individualizada sobre cada propiedad.
2. Cuestiones transitorias.
3. Clasificación de las propiedades.
4. Avalúo de bienes inmuebles y empresas.
5. Estados de resultados operativos para las propiedades o las carteras que generan ingresos.
6. Análisis financiero intensivo de carteras, propiedades y proyectos.
7. Desregulación de los alquileres a empresas y mejora de las prácticas de locación.
8. Cuantificación y supervisión de los subsidios directos e indirectos relacionados con propiedades obtenidos por locatarios y usuarios de inmuebles del gobierno local.
9. Presentación de informe sobre bienes.
10. Consolidación de la gestión.
11. Plan integral de gestión de activos.

Fuente: Kaganova, 2008.

- *Principal órgano decisorio.* El consejo es el máximo órgano encargado de aprobar operaciones patrimoniales de gran valor y a gran escala, especialmente aquellas relacionadas con la enajenación (ventas, uso como garantía de préstamos) o adquisición de bienes. Por ejemplo, debe aprobar la estrategia de activos para una lista de activos superiores a un valor límite que se enajenarán durante el año próximo, junto con un programa de inversiones de capital. Asimismo, puede designar un comité para la gestión de activos y miembros externos para redactar estrategias, políticas y reglamentaciones, analizar casos extensos y difíciles, y asesorar al consejo sobre las distintas opciones (véase Urban Institute, 2012b).

- *Ente regulador.* El consejo emite reglamentaciones que definen las normas; por ejemplo, una ordenanza local sobre procedimientos para alquilar y vender activos municipales, o reglamentaciones ambientales y de seguridad que afectan el uso y la gestión de activos.

Oficina del alcalde

La oficina del alcalde prepara documentos que se someten a la aprobación del consejo y suscribe contratos inmobiliarios en nombre del gobierno local. El consejo también puede delegar en el alcalde las transacciones inferiores a un valor determinado.

Departamentos

La mayoría de los departamentos municipales participan en la gestión de activos. Varios de ellos se centran más en la gestión de las carteras, como los departamentos de finanzas y asuntos jurídicos. Otros se ocupan de propiedades individuales, por ejemplo, los departamentos que supervisan obras, servicios y la infraestructura.

- El *departamento de finanzas* (en algunos casos, junto con la tesorería) define las metas fiscales relacionadas con la gestión de activos para el próximo ejercicio presupuestario, por ejemplo, los ingresos previstos derivados de las ventas o los alquileres de terrenos o propiedades, o los beneficios obtenidos de las reducciones planificadas en los gastos de operación relacionados con propiedades. El departamento de finanzas o la tesorería se encarga específicamente de los activos financieros (efectivo, bonos, participaciones accionarias y otros valores) por varias razones relacionadas. Por un lado, los activos financieros e intangibles forman parte de la riqueza y el patrimonio de la ciudad; por la otra, se interrelacionan con los activos físicos. Los activos financieros representan reservas que pueden utilizarse para financiar inversiones inmobiliarias reales. El dinero obtenido con la venta de activos puede y debe tratarse como activos financieros, siempre que no se utilice para volver a financiar activos físicos. La inversión en activos financieros es un negocio arriesgado, y hacen falta normas prudenciales claras para garantizar que el dinero invertido no se pierda. En este sentido, los activos físicos, financieros e intangibles son formas transitorias unos de otros en la cartera de activos. En el capítulo 7 se analiza en mayor detalle la gestión de activos financieros.

- El *departamento jurídico* suele encargarse de asuntos relacionados con la adquisición y disposición de activos; por ejemplo, prepara y, por lo general, firma contratos de locación y de compraventa, y conserva todos los documentos jurídicos relacionados con la propiedad de los activos del gobierno local.

- Los *departamentos especializados,* como el de obras y servicios, suelen ser responsables de implementar proyectos de inversiones de capital.

- Los *departamentos de áreas específicas* normalmente supervisan, orientan y representan a los usuarios de los bienes municipales, y comparten responsabilidades en la operación, el mantenimiento y la reparación de los activos físicos utilizados. Por ejemplo, el departamento de educación es usuario de algunos edificios o predios municipales y en algunos casos también comparte tareas con escuelas que le rinden cuentas (como la de reunir cada año las solicitudes de fondos de reparación presentadas por las escuelas).

- Las *unidades presupuestarias* y las unidades de servicios semipresupuestarias (escuelas, centros de salud) son usuarios de propiedades y suelen ser responsables de su funcionamiento y manutención.

Empresas municipales

Las empresas municipales existen en la mayoría de los países y a menudo poseen, utilizan y administran grandes carteras de terrenos municipales, otros inmuebles, instalaciones y redes de infraestructura, y bienes muebles, como equipos, automóviles y vehículos especializados. Presentan grandes variaciones según el objeto y la forma jurídica (societaria). Pueden ser empresas de servicios públicos o especializadas, como las empresas municipales de desarrollo urbanístico (que también se analizan en el capítulo 2).

- Las empresas municipales, dado su carácter de entidades jurídicas independientes, se consideran inversiones municipales. Idealmente, los activos donados al momento de constitución de estas empresas se contabilizan como desinversión o activos invertidos; sin embargo, en los países en desarrollo, el estado de propiedad de muchos activos, como las parcelas de tierra o las redes de acueductos, no está bien definido. Así, la mayoría de los activos físicos que estas empresas utilizan están registrados en sus balances generales y no en folios de los gobiernos locales. En estos casos se presentan dos problemas: a) los gobiernos locales no tienen datos sobre los terrenos y edificios que poseen las empresas, de modo que estas pueden ser propietarias de más terrenos de los que necesitan, y b) la propiedad está expuesta a riesgos corporativos si las empresas participan en actividades comerciales.

- Las empresas de servicios municipales pueden generar pasivos contingentes para el municipio. En primer lugar, si la empresa entra en cesación de pagos, la responsabilidad de prestar servicios sigue recayendo sobre los municipios; como resultado, estos a menudo otorgan importantes subsidios a sus empresas de servicios para mantener los servicios vitales. En segundo lugar, el municipio, como único propietario, es plenamente responsable de las deudas y garantías de sus empresas, y podría entrar en cesación de pagos como resultado del incumplimiento de estas. En general, los gobiernos tienen la propiedad parcial (un porcentaje de las acciones) de varias entidades corporativas, con las que comparten ganancias y riesgos.

- Los gobiernos locales pueden establecer organismos públicos especializados de naturaleza híbrida, dado que combinan la facultad reguladora del gobierno con elementos de la estructura corporativa y las facultades de una empresa. Entre los ejemplos se encuentran la Autoridad de Renovación Urbana de Hong Kong y las autoridades de los servicios de agua en India y Pakistán. Estos organismos, que tienen autoridad mixta y desempeñan funciones de inversionistas, pueden generar conflictos de intereses intrínsecos, por lo que no son recomendables como práctica habitual.

Alianzas público-privadas

Las APP pueden administrar instalaciones y propiedades específicas y, en algunos casos, carteras completas durante varias etapas del ciclo de vida útil de las propiedades. Según las buenas prácticas habituales, el asociado del sector privado administra la entidad en el marco de un contrato con el gobierno local. Los activos siguen siendo de propiedad pública exclusiva (contrato de gestión) o pasan a integrar una sociedad en participación si se crea una entidad jurídica separada (para más detalles, véase el capítulo 7).

Mejorar la gestión de activos en el gobierno local

La gestión de activos es compleja y requiere tanto aptitud profesional como esfuerzos constantes. Para mejorarla desde cero es necesario realizar un esfuerzo concertado inicial y mantenerlo como parte de la actividad habitual a través de los años. En esta sección se abordan los desafíos que conlleva iniciar una mejora de la gestión de activos. En este sentido, existen cuatro grupos específicos o grupos de tareas esenciales.

Desafíos

Existen cuatros desafíos principales para mejorar la gestión de activos. El primero es el ciclo político. La buena gestión de activos requiere compromiso y liderazgo a largo plazo, lo que a menudo entra en conflicto con la mentalidad de los políticos, orientada a los ciclos electorales. Para iniciar y continuar la mejora de la gestión de activos, es necesario contar con un alcalde o un tesorero visionario. También es necesario instruir al Consejo Municipal acerca de la importancia de dicha iniciativa.

El segundo desafío se refiere a la *secuencia de las medidas*. Dado que no existe una secuencia evidente o universal, esta debe definirse localmente. Las intenciones también deben adaptarse a la *capacidad humana* del gobierno local y a su aptitud para adoptar nuevas técnicas. Por último, para mejorar la gestión de activos es necesario que haya una fuerte *identificación con el proceso*; esta no puede generarse de la mano de los consultores. El gobierno local debe internalizar el proceso; los consultores o prestadores de asistencia técnica solo pueden facilitar o proporcionar enfoques, técnicas y capacitación. En el recuadro 6.4 se resume

el caso de Katmandú, que ejemplifica la dificultad de corregir una gestión de activos anterior deficiente.

Pasos iniciales para mejorar la gestión de activos

La experiencia práctica muestra que los pasos iniciales para mejorar la gestión de activos son, entre otros, los siguientes:

- *Identificación de problemas y áreas que necesitan mejoras*. Dicha evaluación, acompañada de recomendaciones sobre los medios para lograr la mejora, suele requerir la labor conjunta de especialistas externos y personal entendido del gobierno local. Por ejemplo, las auditorías sobre eficiencia energética son instrumentos nuevos eficaces para mejorar la gestión de activos.

- *Coordinador*. Alguien en el gobierno debe asumir la responsabilidad por el proceso.

- *Grupo de trabajo*. Si aún no existe una unidad o un departamento de gestión de activos, no es recomendable empezar con la creación de un órgano de este tipo. En lugar de ello, es mejor establecer un comité de activos en el consejo o un grupo de trabajo temporario interdepartamental dedicado a la gestión de activos, con el patrocinio del alcalde o el tesorero.

- *Plan de acción*. Es imprescindible identificar las prioridades y adoptar un plan de acción. El grupo de trabajo debe actuar según el conjunto específico de prioridades establecidas a partir de las recomendaciones que surgen de las evaluaciones. Asimismo, debe obrar ajustándose estrictamente a lo dispuesto en su plan de acción (véase el recuadro 6.3 sobre la experiencia de Croacia).

Realizar un inventario de los activos de capital: Paso 1

Si no existen registros de inventario, la realización de inventarios de los activos de capital será la máxima prioridad para el gobierno local y su grupo de trabajo en lo que hace a la mejora de la gestión de activos. Por lo general, existen varios registros que pueden utilizarse como fuentes de datos iniciales para realizar un inventario, como los registros contables, inmobiliarios y técnicos, aunque pueden carecer de coordinación y coherencia, y estar incompletos. El departamento jurídico o los departamentos de áreas específicas

Recuadro 6.4 Gestión de activos destinados a campañas: Ensanchamiento de carreteras en Katmandú

El caso reciente de Katmandú (Nepal) muestra que el descuido y la gestión irregular de los activos generan medidas correctivas costosas y fuertes tensiones. El gobierno local de Katmandú desde hace décadas no mantiene sus activos viales ni protege las carreteras públicas que son de su propiedad. La ciudad posee franjas de tierras de entre 15 y 20 metros a lo largo de las principales carreteras. Sin embargo, las carreteras, cuando se construyeron, hace décadas, eran angostas y en general cubrían apenas entre 8 y 10 metros con la extensión de asfalto y la acera. El resto se convirtió en "tierra de nadie" abandonada y la ciudad no exigió el cumplimiento de los derechos de propiedad. Las usurpaciones en estos cinturones a lo largo de las carreteras han crecido con el tiempo en Nepal.

A comienzos de 2011, el Comité de Observancia para el Desarrollo del Valle de Katmandú lanzó una campaña para ensanchar 400 kilómetros de carreteras de acceso a la ciudad, a partir de una notificación publicada en el boletín oficial de Nepal el 4 de julio de 1977. La medida de cumplimiento de la resolución se adoptó 33 años más tarde y generó la necesidad de demoler activos de enorme volumen y valor. El ensanchamiento es actualmente vital para el desarrollo de la ciudad, pero conlleva la demolición de estructuras, incluidas parte o la totalidad de tiendas, viviendas y edificios comerciales construidos a lo largo de décadas.

El gobierno otorgará compensación solo en el caso de las estructuras construidas antes de la notificación pública de 1977. Como consecuencia, muchos propietarios perderán sus negocios o viviendas sin indemnización alguna. Se registraron fuertes tensiones y manifestaciones cuando el gobierno comenzó a derribar las estructuras ilegales, como se muestra en la foto que acompaña el texto (gráfico R6.4.1). Si bien, como principio básico, nadie debe construir en terrenos públicos, habría sido más conveniente hacer valer los derechos de propiedad de la ciudad en forma oportuna y evitar la demolición de propiedades. Debido a la urgente necesidad de mejorar las carreteras, la iniciativa de ensanchamiento de calles fue ganando gradualmente el apoyo de la ciudadanía. A fines de 2012 se había construido cerca de la mitad de las carreteras nuevas.

Gráfico R6.4.1 Edificios demolidos para garantizar el derecho de paso

Fuente: Himalayan Times, 4 de febrero de 2012.

suelen contar con registros de los activos de capital existentes que convendrá incorporar en el inventario. A menudo son los contadores de los gobiernos locales quienes llevan los registros de activos. Los gerentes de departamentos y los especialistas técnicos también pueden suministrar información valiosa sobre el estado actual de los activos de capital. El objetivo consiste en identificar todos los activos de capital, agruparlos en categorías y siguiendo un orden lógico, y luego recopilar datos para su gestión. Si se ha implementado un programa de nomenclatura urbana, resultará sumamente útil identificar y localizar los activos municipales. La auditoría urbana (que se analiza en el capítulo 5) puede ser otra importante herramienta para ayudar a 1) identificar/inventariar, 2) localizar y 3) cartografiar los activos municipales existentes. Véase el recuadro 6.5.

Agrupamiento de activos

En general, los activos se agrupan en los registros según el tipo, el sector de servicio o el titular o administrador (es decir, departamento municipal). Los grupos suelen ser los siguientes:

- activos de servicios públicos y saneamiento, incluidos los sistemas de alcantarillado y abastecimiento de agua, instalaciones para residuos sólidos, y sistemas eléctricos y de alumbrado municipales;

- autopistas, carreteras y puentes;

- edificios públicos (en ciudades grandes, esta cartera puede tener un mayor grado de especialización: uso del gobierno, educación, deportes, cultura, viviendas públicas, etc.);

- tierras o derechos de propiedad de la tierra;

- determinadas mejoras de la tierra, excluidos los edificios;

- determinados equipos, vehículos y muebles.

El cuadro 6.3 ofrece un ejemplo de un inventario básico de edificios. El grupo de trabajo debe decidir qué datos deben recopilarse. Es importante asegurarse de que los datos recopilados y conservados satisfagan las necesidades prácticas de gestión de activos y no solo los requisitos contables regulados por el gobierno central. Por ejemplo, en el cuadro 6.3 se registran características como el estado y el grado de ocupación de los edificios, pero falta una columna importante con el valor de mercado estimado de los bienes.

Los sistemas de información geográfica (SIG) se están volviendo cada vez más accesibles para los gobiernos locales. Ayudan enormemente a identificar con precisión los activos y proporcionan mapas interactivos para la planificación estratégica y la gestión diaria de activos. Sin embargo, como se resume en el recuadro 6.5, es mejor comenzar de manera sencilla. La realización de inventarios debe estar impulsada por necesidades prácticas de gestión de activos y las realidades locales. En los lugares donde no existen registros de inventarios útiles, es sensato comenzar el inventario en una hoja de cálculo sencilla de Excel, que luego puede importarse a una base de datos más avanzada que, a su vez, puede vincularse al SIG.

Inventario de tierras y obras de infraestructura

Los inventarios de tierras y activos de infraestructuras (redes) suelen ser más complejos que los de edificios y predios. Los elementos básicos de un inventario de terrenos son los siguientes:

- Ubicación de la parcela, lo que incluye dirección y, de ser posible, coordenadas catastrales con mapa.

- Tamaño de la parcela en pies cuadrados, metros cuadrados, acres o hectáreas.

- Propiedad o entidad que tiene derechos de control legales, junto con las locaciones, los derechos de paso, los títulos, las hipotecas u otras obligaciones legales con terceros.

- Uso actual, es decir, uso efectivo: la distinción más importante consiste en determinar si se trata de un terreno desocupado o construido; en el segundo caso, se incluyen otras tipologías. La descripción del uso de la tierra puede ampliarse para incluir apreciaciones sobre la construcción en las parcelas (legal o ilegal; tamaño del edificio, estructura, estado y fechas de la instalación principal y las refacciones).

- Restricciones legales al desarrollo o al uso, incluida la urbanización u otras limitaciones al desarrollo, al uso o a la venta.

Cuadro 6.3 Ejemplo de inventario básico de un edificio

N.º	Función actual de la propiedad	Dirección	Número de catastro	Superficie construida total (m²)	Superficie del terreno (m²)	Año de construcción	Estado del edificio	Valor contable del edificio (miles, moneda local)	Ocupación actual (%)	Notas
1	2	3	4	5	6	7	8	9	10	11
1	Edificio administrativo	Chapichi St, 4	170 477	7500	2600	1985	Bueno	80 670	80	
2	Jardín de infantes del gobierno local 1	Sevani St, 2	N. D.	580	350	1980	Satisfactorio	3500	100	
3	Jardín de infantes del gobierno local 2	River St, 57	N. D.	990	690	1964	Malo	N. D.	33	Reparación planificada
4	Centro cultural	Karmin St, 39	N. D.	6500	4500	1984	Malo	61 732	50	

- Clasificación para la administración, lo que incluye determinar si las propiedades son activos centrales utilizados para funciones obligatorias del gobierno, se utilizan para actividades no centrales o son bienes excedentes disponibles para futuros usos públicos (véase el paso 2, más adelante).

El gobierno local puede compilar el inventario por separado, como parte del registro sistemático de un organismo nacional de catastro destinado a identificar y registrar todas las tierras públicas y privadas, o como parte de un programa de nomenclatura urbana. Puede darse una combinación de todo; el esfuerzo de un gobierno local de inventariar sus terrenos, en coordinación con un registro nacional sistemático, puede ser el enfoque más eficaz. Sin embargo, las experiencias muestran que la preparación de un catastro inmobiliario completo en las zonas urbanas puede llevar una década o más. En los lugares donde aún no existe un catastro inmobiliario nacional, debe disponerse un inventario aparte a instancias de un gobierno local, como parte de un programa de nomenclatura urbana, independientemente de que puedan haberse perdido datos catastrales precisos. En cualquier caso, la forma de organizar un proceso realista y de bajo costo dependerá de varios factores, uno de los cuales es la clase de mapas con los que se cuenta para el proceso.

El mejor caso es un mapa digital de parcelas del catastro superpuesto a una foto aérea o una imagen satelital reciente.

El inventario de activos puede ser un proceso largo y gradual, y es importante realizarlo en etapas y conforme a determinadas prioridades: 1) enumerar los activos, comenzando por los más importantes y luego 2) ir agregando en forma paulatina datos legales, técnicos y de valores. Para seguir siendo útiles, los registros de inventarios de tierras y edificios deben actualizarse en forma regular para reflejar los cambios en la titularidad de la propiedad, los usos de la tierra y las restricciones legales. Una cuestión importante que debe abordarse en algún momento consiste en decidir en qué departamento local debe guardarse y mantenerse la base de datos de los inventarios de terrenos.

El inventario de las obras de infraestructura debe comenzar con la definición de los componentes clave de los sistemas que se han de inventariar. Normalmente, los sistemas de infraestructura municipal incluyen lo siguiente:

- Sistemas hídricos: pozos, desviaciones de cauces fluviales, líneas de transmisión, plantas de tratamiento de agua, instalaciones para el almacenamiento de agua tratada, tuberías de distribución, bocas de incendio, estaciones de bombeo y medidores de agua.

- Sistemas de aguas residuales: tuberías de captación, bocas de acceso, estaciones de bombeo, plantas de tratamiento de aguas residuales, lagunas sanitarias, áreas de eliminación de barros.

- Sistemas de drenaje pluvial: canales, acequias, tuberías, bocas de acceso, conductos pluviales, embalses para el control de inundaciones, protección contra la erosión, diques.

- Mecanismos de recolección y eliminación de residuos sólidos: recipientes de recolección, vehículos recolectores, plantas de reciclado, rellenos sanitarios.

- Calles y carreteras: revestimiento de calzadas, aceras contiguas, alumbrado circundante, señalización, puentes, dispositivos de control de tránsito, sistemas de drenaje.

Los datos básicos varían según la categoría de elementos de infraestructura, pero en general incluyen la longitud (o cantidad) de los elementos; el tamaño (según una calificación determinada); la edad (conforme a intervalos de entre 5 y 10 años), si se conoce; los materiales, y las condiciones. Por ejemplo, el inventario de las carreteras realizado por gobiernos locales en Etiopía incluyó las siguientes categorías:

- Importancia: arteria urbana, vía secundaria, colectora y local.

- Superficie: carreteras de asfalto, de ripio, para todos los climas (no clasificada) y de tierra.

- Tamaño (ancho): reserva de >30 metros; reserva de entre 25 y 30 metros; reserva de entre 20 y 25 metros; reserva de entre 15 y 20 metros; reserva de entre 5 y 10 metros.

La ubicación de los elementos puede identificarse con la ayuda de mecanismos manuales que se han vuelto cada vez más accesibles y baratos. A la hora de inventariar terrenos y edificios, es aconsejable establecer prioridades y dividir el inventario de obras de infraestructura en etapas, y es importante actualizar periódicamente los registros como parte de la gestión de activos.

Clasificar los activos de capital: Paso 2

El destino que debe darse a un activo físico en particular depende, en principio, de la razón por la que una ciudad posee dicho activo. Por ejemplo, esta puede tener un edificio escolar que necesita un techo nuevo, pero el gobierno local es responsable, por ley, de brindar educación primaria. El activo también podría ser un antiguo cine venido a menos que forma parte del patrimonio municipal por razones históricas, pero en el cual la ciudad no tiene obligación legal de proyectar películas. Estos ejemplos ilustran un principio fundamental de la buena gestión de activos, esto es, que la cartera de activos debe estar en consonancia con las funciones y responsabilidades del gobierno. A los fines prácticos, las propiedades pueden clasificarse en grupos según la función que cumplen en el ámbito municipal:

- bienes *obligatorios* que el gobierno local necesita para cumplir sus funciones, conforme a lo establecido por ley;

- bienes *discrecionales* que se necesitan para desempeñar funciones voluntarias respaldadas por motivos sociales, políticos o de otra clase;

- bienes *excedentes o generadores de ingresos* que no se necesitan para cumplir ninguna de las funciones anteriores, pero que integran la cartera de activos municipal por razones históricas o comerciales.

En la legislación suelen definirse algunas funciones como responsabilidades exclusivas o compartidas de los gobiernos locales. A menudo, las funciones incluyen la prestación de servicios de agua y alcantarillado, carreteras y parques locales, cementerios, educación preescolar y primaria, y cultura y deportes locales. Sin embargo, en muchos casos la ley nada dice respecto de la cantidad o la composición de las instalaciones que el gobierno necesita para desempeñar sus funciones. Por ejemplo, ¿exactamente qué tipo de servicios culturales debe brindar un gobierno? ¿Cuántos campos de deportes, parques y viviendas sociales (subsidiadas)? Dado que la ley no establece nada al respecto, el gobierno local debe decidir estas cuestiones a través del presupuesto y de sus políticas. Por ejemplo, ¿es obligación del gobierno local operar y mantener todas las instalaciones deportivas que estén en su territorio? ¿Qué porcentaje del costo debería trasladarse a los usuarios mediante el cobro de aranceles?

La gestión inteligente de activos no se refiere exclusivamente a la construcción y el mantenimiento de estos, sino que también implica ajustarlos y remodelarlos para que se adecuen a las necesidades y prioridades actuales. Por ejemplo, durante la reciente refacción de una escuela construida en los años setenta, la ciudad de Katowice (Polonia) rediseñó los planes de distribución interna, de modo que la superficie útil se incrementó sustancialmente y se aprovecharon pasillos y corredores vacíos que habían perdido su uso para construir espacios destinados a nuevas aulas y talleres.

Financiamiento de los principios y los objetivos

A fin de brindar respuestas racionales a preguntas incómodas en relación con el financiamiento de los activos, conviene formular principios y objetivos financieros para cada grupo de propiedades y ajustarse a ellos en la gestión de activos.

A. El uso de propiedades para funciones obligatorias debe optimizarse a través de las siguientes prácticas:

1. Aumentar el uso eficiente de las instalaciones públicas exigiendo a los organismos presupuestarios que justifiquen y minimicen en forma razonable su demanda de espacio.

2. Minimizar los costos de operación, sin poner en riesgo el estado ni el valor de la propiedad.

3. Ubicar las oficinas y los servicios gubernamentales en áreas funcionales, no privilegiadas, y en instalaciones y edificios modestos, dotados de los recursos necesarios.

4. Determinar el uso que más conviene a un activo y realizar análisis de costos y beneficios para justificar el uso de propiedades específicas por parte del gobierno.

5. Invertir en la reparación y el reemplazo de los bienes obligatorios, como una prioridad absoluta por sobre la inversión en propiedades excedentes o de uso discrecional.

B. Los activos para funciones discrecionales deben optimizarse de la siguiente manera:

1. Analizando los costos reales y repartiéndolos con las partes interesadas para ayudar a que se tomen decisiones más adecuadas.

2. Generando programas alternativos para reducir, en la medida de lo posible, los subsidios directos e indirectos relacionados con propiedades, sobre todo de la siguiente manera:

   — solicitando los usuarios o sus patrocinadores que mantengan ellos mismos la propiedad;

   — alentando a los usuarios o patrocinadores a alquilar partes no utilizadas de predios o terrenos a otras entidades comerciales o sin fines de lucro, y rindiendo cuentas detalladas al propietario de los ingresos netos resultantes, e introduciendo los ajustes necesarios a los subsidios;

   — estableciendo relaciones contractuales claras con los usuarios a fin de estipular responsabilidades mutuas para el mantenimiento de las propiedades y la asignación de los costos e ingresos;

   — supervisando el uso y el grado de ocupación para garantizar que los espacios no utilizados se reasignen a usuarios más importantes;

   — adoptando las medidas necesarias para que las instalaciones sean compartidas por diversos grupos.

C. También debe optimizarse el uso de propiedades excedentes:

1. Alquilando las propiedades para su uso más rentable a fin de maximizar los ingresos.

2. Evaluando periódicamente la capacidad de generar ingresos de dichas propiedades utilizando inversiones de referencia alternativas.

3. Realizando mejoras de capital selectivas para aumentar la generación de ingresos.

4. Vendiendo las propiedades que no alcancen los resultados previstos a fin de generar ingresos extraordinarios a los que pueda darse un uso más adecuado (dichas ventas deben planificarse cuidadosamente para evitar operaciones apresuradas en mercados deprimidos).

5. Reduciendo los costos de mantenimiento y las obligaciones generadas por las propiedades que no pueden alquilarse ni venderse.

6. Descartando, por razones de principios, las inversiones en la adquisición o construcción de nuevas propiedades excedentes (no es una buena política que el gobierno local realice transacciones inmobiliarias especulativas), sobre todo si aún no se han determinado las necesidades de inversiones de capital de las propiedades e instalaciones obligatorias (el gobierno local no debería invertir en la construcción de un centro comercial, especialmente si las escuelas o las carreteras locales no están en perfecto estado de conservación).

En general, ni la clasificación ni los principios de políticas financieras son exigidos por ley. Sin embargo, dado que esta cuestión es estratégicamente importante y tendrá efectos de corto y largo plazo en los ciudadanos locales, se recomienda que la clasificación sea aprobada por el órgano electivo local.

Establecer políticas para la buena gestión de activos: Paso 3

La adopción de políticas explícitas por escrito sobre cuestiones clave relativas a la gestión de activos constituye una buena práctica. Muchos gobiernos locales del mundo en desarrollo no cuentan con este tipo de políticas, en parte debido a la limitada discreción de los funcionarios y los políticos. No obstante, la falta de políticas escritas no implica que no haya una política, puesto que las prácticas existentes, sean cuales fueren, siempre configuran un esquema de políticas informal y, en algunos casos, poco claro. En el cuadro 6.4 se sugieren cuestiones clave para abordar y principios clave que se deben tener en cuenta al formular políticas de gestión de activos por escrito (para un análisis detallado, véase Peterson y Kaganova, 2010).

Garantizar la transparencia e informar al público: Paso 4

La transparencia es una manera sencilla, barata y eficaz de respaldar la buena gestión de activos y poner freno a la corrupción y a los conflictos de intereses. En la gestión de activos, muchas violaciones de los intereses públicos tienen lugar en momentos específicos del ciclo de vida de la propiedad. Las áreas susceptibles a las violaciones incluyen: a) la adquisición o reconstrucción de propiedades, b) la enajenación de propiedades (ventas), y c) la asignación de derechos sobre la propiedad a terceros, entre ellos, los derechos de uso o alquiler al sector privado o la transferencia a empresas municipales. Estas son las áreas en las que el proceso de gestión de activos debería contar con mecanismos anticorrupción (Péteri y Schaeffer, 2007).

Transparencia de la información

La forma más sencilla de transparencia es la transparencia de la información. Los hechos puros sobre las propiedades municipales, si se dan a conocer adecuadamente, constituyen un instrumento poderoso para lograr que los gobiernos locales y los responsables de las decisiones rindan cuenta de sus actos (en el cuadro 6.6 se resume el caso de Kirguistán). Por lo tanto, es recomendable introducir al menos informes anuales sobre activos, que se presenten al órgano electivo local (consejo, asamblea), se publiquen y se pongan a disposición del público. El informe debe ser fáctico y específico, y debe resumir información sobre la tenencia de propiedades, transacciones e inversiones. Los informes que reflejan las buenas prácticas deberían contener información y datos sobre las siguientes áreas clave:

Inventario e inquilinos: Inventario de activos municipales (edificios, terrenos) controlados directamente por el gobierno local, sus organismos presupuestarios y empresas municipales.

Una nómina de propiedades públicas (terrenos, edificios, predios) utilizadas o alquiladas por inquilinos privados o no gubernamentales, con características clave de la locación (durante cuánto tiempo, a qué precio o con qué forma de pago)[1].

Transacciones con propiedades públicas: Una lista de todas las operaciones de adquisición y disposición: a quién se adquirieron, a qué precio y mediante qué procedimiento (por ejemplo, subasta pública, oferta no solicitada, *swap* de deuda por capital social, donación, indemnización de propietarios por pérdida de propiedad, confiscación), y un registro de copias de los contratos.

Cuadro 6.4 Políticas de gestión de activos

Aspecto de las políticas	Principios clave que deben incluirse
Valuación y fijación de precios de activos para asignación o disposición	• Debería exigirse una valuación de mercado antes de cualquier transacción, incluso entre las entidades gubernamentales (por ejemplo, cuando se asignan terrenos o propiedades municipales a empresas municipales o APP).
	• La asignación de propiedades excedentes, incluidos terrenos baldíos, para uso privado debe realizarse a partir del valor de mercado de dichas propiedades, ya sea en dinero o en especie; cualquier desvío de esta norma (el otorgamiento de las propiedades sin costo alguno o por un valor inferior al del mercado) debería contar con la aprobación previa del órgano electivo.
Asignación: Procedimientos de asignación de tierras y propiedades	• Los procedimientos deberían ser transparentes y ajustarse a normas escritas.
	• La asignación debe realizarse principalmente a través de un proceso de adquisición competitivo y los casos deben estar cuidadosamente limitados por las normas.
	• Las asignaciones deben realizarse por el mayor valor ofrecido y deben limitarse otras opciones (como diversos criterios para elegir al ganador) a casos especiales.
Derechos: Derechos que se asignan	• Titularidad o derechos limitados y temporarios, como las locaciones.
	• Antes de asignar tierras, deben definirse claramente los usos permitidos y los parámetros de uso obligatorio de estas (por ejemplo, la relación flujo-superficie).
Fondos: Uso del producto de las ventas	• Los ingresos provenientes de las ventas de activos de capital deben utilizarse para inversiones de capital o para el pago de deuda a largo plazo para mantener el patrimonio del municipio y compartirlo con las próximas generaciones.
Adquisición: Cómo adquirir tierras del sector privado	• Las adquisiciones deben realizarse según las prioridades para las inversiones de capital y deben contar con la aprobación previa del órgano electivo, como parte de la planificación de inversiones de capital.
	• Deben basarse, en la medida de lo posible, en compras voluntarias (esto es, de manera de reducir al mínimo las expropiaciones).
	• Las compras voluntarias deben basarse en la licitación de propuestas de vendedores del sector privado.
Transparencia	• Cuestiones de transparencia de la información sobre activos de capital (véase el texto correspondiente al paso 4).

Fuente: Peterson y Kaganova, 2010.

Recuadro 6.6 El poder de la transparencia de la información

Un inventario de las tierras municipales en una ciudad de Kirguistán reveló que se habían asignado 86 hectáreas de terrenos municipales a 178 arrendatarios de tierras privadas (entidades jurídicas y personas físicas) sin costo alguno, lo que era ilegal y representaba además un porcentaje considerable de las tierras municipales, dado que los terrenos arrendados sumaban apenas 11,5 hectáreas. Cuando esta información se presentó al alcalde, este empalideció, literalmente, puesto que reconoció de inmediato las repercusiones negativas en el plano de las relaciones jurídicas y públicas, además de la pérdida de ingresos para el presupuesto de la ciudad.

Inversiones de capital: Información cuantitativa de cada proyecto sobre las inversiones de capital municipales.

Transparencia de los procedimientos

Otro aspecto importante de la transparencia es la transparencia de los procedimientos y las decisiones. Todas las normas relativas a la asignación de propiedades públicas a usuarios no gubernamentales deben establecerse por escrito y ponerse a disposición del público (en una declaración sobre la política de gestión de activos). El público debe tener acceso a los acontecimientos clave relacionados con las propiedades públicas, como las reuniones del gobierno de la ciudad y las subastas o aperturas de los pliegos de las licitaciones.

Medios masivos de comunicación

No se puede sobrestimar la importancia de los medios masivos de comunicación y de los grupos de fiscalización a la hora de generar demanda y expectativas de transparencia en el público. Al mismo tiempo, la tarea de garantizar que este pueda acceder a la información y los procedimientos de la gestión de activos no debe recaer en los periodistas, sino que debe definirse en la legislación o, al menos, en las reglamentaciones locales.

Por último, es necesario llevar a cabo amplias campañas de concientización y educación. Incluso para formular solicitudes de información o de informes sobre gestión de activos se necesita contar con ciertos conocimientos técnicos, algo de lo cual se carece en la mayoría de los países en general. Por lo tanto, existe la necesidad de educar a los gobiernos, al público, a los grupos de supervisión y a los medios masivos de comunicación.

Repercusiones financieras de la gestión de activos

La buena gestión de activos guarda diversos vínculos con la gestión financiera y se beneficia del uso de herramientas de análisis financiero. La gestión financiera se beneficia de información generada en la gestión de activos, que permite identificar la pérdida de ingresos, así como las ganancias financieras para el presupuesto municipal, respaldar la reducción del costo de los servicios y ayudar a cuantificar la eficiencia de estos, e identificar las áreas en las que se pueden implementar políticas financieras.

Identificar ganancias potenciales para el presupuesto municipal

Pensemos un instante en las oportunidades que ofrecen las propiedades de lograr ahorros presupuestarios en una ciudad o un pueblo. En el cuadro 6.5 se analizan dichas oportunidades.

Análisis financiero de las propiedades o las carteras

La buena gestión de activos no es posible si no realiza un análisis financiero de las propiedades y las carteras. Más adelante se mencionan algunas herramientas básicas para mejorar el desempeño de los activos (para mayores detalles, véase Urban Institute, 2012b). En esta sección se presenta un breve resumen de las áreas, las actividades y las herramientas de análisis financiero, como la valuación de las propiedades individuales y de carteras, estados de resultados sobre los activos, análisis de subsidios, instrumentos y métodos de análisis financiero, planificación financiera y costos de los ciclos de vida útil de los activos. Este capítulo se centra en cómo usar estas herramientas, antes que en las matemáticas y la teoría financiera o estadística subyacentes.

Valuación

Conocer el valor de un activo es importante en muchas situaciones, entre otras, cuando se prevé asignar una propiedad a un uso específico; cuando se evalúa su desempeño; cuando se le debe fijar un precio para venderla alquilarla, o cuando la ciudad necesita estimar su patrimonio. ¿Qué valores deben conocer los administradores de activo y por qué? En este sentido, hay dos grupos de propiedades estatales. En el caso de las propiedades que pueden ser enajenadas (vendidas), el valor de mercado (el precio que un comprador está dispuesto a ofrecer en el marco de una competencia justa)[2] es un elemento clave a la hora de supervisar y controlar el desempeño. Como parte del proceso de gestión de inmuebles, el desempeño financiero de cada propiedad se evalúa en función de su valor de mercado, que suele estimarse a partir de los precios de transacciones reales de propiedades comparables.

El valor contable

El valor contable de las propiedades funciona como un certificado de nacimiento que refleja un valor real y único que se atribuye a la propiedad en cuestión; el

Cuadro 6.5   Ingresos principales relacionados con los activos y oportunidades de ahorro desde el punto de vista presupuestario

Fuentes de pérdidas de ingresos	Posibles ahorros de gastos
Ingresos operativos • Subvenciones encubiertas de precios a locatarios privados, usuarios de propiedades municipales (arrendatarios de tierras, arrendatarios minoristas, ONG). • Tasa de cobro de alquileres baja, inferior a los valores de referencia del sector privado. • Limitaciones autoimpuestas a los ingresos por el alquiler de tierras y propiedades municipales debidas a las limitaciones excesivas al uso de las propiedades.	*Gastos de operación* • Los gastos de operación y mantenimiento de las propiedades y las obras de infraestructura municipales constituyen una de las categorías más importantes de gastos de operación (en Alemania, ocupan el segundo lugar después de los salarios; en Varsovia, representan entre el 12 % y el 20 % de los gastos de operación totales de la ciudad). La optimización de la gestión y operación puede ahorrar entre el 10 % y el 15 % de este costo sin reducir el patrimonio inmobiliario ni tercerizar el mantenimiento ni las operaciones. • Racionalizar las carteras de propiedades en función de las necesidades, los costos y los beneficios (por ejemplo, menos superficie por empleado o transferencia de dos departamentos o servicios a un solo edificio). • ¿Propio o alquilado? En algunos casos, la decisión de trasladarse a edificios propios en lugar de alquilar espacios en edificios privados puede justificarse en el largo plazo.
Ingresos de capital • Vender tierras o propiedades a los precios más bajos del mercado inmobiliario. • Propiedades excedentes no utilizadas que podrían venderse. • Limitaciones autoimpuestas a los ingresos por la venta de tierras y propiedades municipales, debido a las limitaciones excesivas al uso de las propiedades.	*Gastos de capital* • Implementación más eficiente de proyectos de inversiones de capital y reemplazo de gasto público por gasto privado a través de las APP. Por ejemplo, se pueden otorgar tierras públicas a un urbanizador privado para construir un estacionamiento público a cambio del derecho de utilizar una porción del sitio para una urbanización de uso mixto. • Vender una propiedad municipal que es difícil y costoso mantener (planta, edificio de oficinas) y alquilar al comprador privado las partes que sean necesarias.

Nota: ONG = organización no gubernamental; APP = asociación público-privada.

registro queda guardado para siempre en los libros contables. Tradicionalmente, los valores contables deben, por ley, reflejar el costo histórico de adquisición o desarrollo, reducido por la depreciación, que se calcula con la fórmula definida en las reglamentaciones del gobierno central. En los sistemas contables de valores devengados más avanzados, la depreciación forma parte de los costos y se reservan fondos para el futuro reemplazo de determinados activos. También se pueden incorporar ajustes periódicos de costos de construcción iniciales por inflación o

refacciones importantes. Una cuestión conceptual importante a tener en cuenta es que el valor contable de una propiedad tiene un significado limitado para la toma de decisiones en la gestión de activos. Dicho valor no indica el precio que un comprador estaría dispuesto a ofrecer, por lo que guarda una relación limitada con el precio actual de mercado, a menos que se haya determinado muy recientemente.

En el caso de los activos públicos que no son enajenables en ningún supuesto razonable (como los puentes y las carreteras), el enfoque actual consiste en estimar el llamado costo de reemplazo, es decir, cuánto costaría reconstruir una propiedad o una estructura de calidad similar. También se puede estimar el costo del ciclo de vida útil, que incluye el costo de adquisición y el costo de funcionamiento, mantenimiento y reparación (MyR) de la propiedad durante su ciclo de vida útil.

Estimación del valor de mercado

Hoy en día, las prácticas de valuación de las propiedades se basan en tres métodos o enfoques para estimar el valor de mercado, cada uno de los cuales se utiliza en la medida en que se dispone de datos recientes válidos y pertinentes.

*   *Costo de reemplazo*. Este enfoque abarca el costo de construcción estimado para reemplazar el edificio, incluidos costos arquitectónicos y otros costos indirectos, y el valor de mercado del terreno.

*   *Comparación de venta*. Antes de que una propiedad ingrese en el mercado, puede estimarse su precio recopilando datos sobre propiedades similares vendidas recientemente en operaciones de mercado justas. Si esta es la única información pertinente que se puede obtener, aún cabe preguntarse en qué medida las propiedades vendidas se asemejan a la propiedad que se está valuando.

*   *Capitalización de ingresos*. En este enfoque se estima el valor de la propiedad a partir del flujo de ingresos que genera con su uso actual. En su forma simple, ello se resume en la fórmula

Valor de mercado = flujo de caja neto anual dividido por una *tasa de rendimiento*.

El resultado depende de dos factores principales: el uso presente y la tasa crítica de interés, es decir, la tasa que el municipio podría obtener de manera realista para una inversión comparable. Por lo tanto, el valor de mercado estimado es adecuado en la medida en que el uso actual refleje el potencial real del edificio.

En el recuadro 6.7 se resumen los métodos de valuación utilizados para distintos tipos de propiedades.

Es importante recordar que la tasación de una propiedad es tan solo una estimación de su valor, que, en última instancia, se determina en el mercado. Una tasación basada en varios métodos de valuación es más creíble que una basada en un solo método. El valor proyectado depende fundamentalmente de la perspectiva del tasador. Por ejemplo, si un edificio genera ingresos netos de 20 000 rupias por año y la tasa crítica de rendimiento es del 9 %, ello equivale a un valor de 222 000 rupias para el municipio. Sin embargo, un comprador interesado que considera que el edificio puede generar 40 000 rupias al año podría ofrecer fácilmente 300 000 rupias o más por la propiedad en una

---

Recuadro 6.7 ¿Qué método de valuación conviene utilizar?

El tipo de propiedad puede influir en la selección del criterio de tasación. A continuación se ofrecen algunos ejemplos:

*   *Departamentos y casa que no se alquilan.* El método de comparación de ventas probablemente es el mejor. El método basado en los costos puede ser útil, pero en el caso de las propiedades más antiguas puede requerir un ajuste mayor por depreciación para obtener un resultado provechoso.

Fuente: Urban Institute, 2012b.

*   *Propiedad alquilada a empresas.* La capitalización de ingresos y la comparación de ventas son los métodos más útiles. En el caso de las propiedades nuevas, puede convenir el método basado en los costos.
*   *Terreno baldío.* La comparación de ventas es el principal método práctico, dado que no hay ingresos que capitalizar ni construcciones. También puede utilizarse el método denominado "valor residual de la tierra".

licitación pública. Este ejemplo muestra que estas valuaciones son tan solo opiniones y que los resultados dependen de la realidad de los supuestos que subyacen a la valuación. Otra enseñanza es que los administradores de activos municipales deben ser conscientes de la forma de pensar de los compradores interesados.

La cuestión metodológica más importante relacionada con la valuación de las propiedades locales consiste en incorporar a la práctica del gobierno local la noción de valor de mercado, tal como se entiende en la práctica internacional y en el sector privado. El problema es que algunos gobiernos locales utilizan definiciones no estandarizadas que subestiman la riqueza concentrada en los inmuebles y distorsionan la capacidad de la ciudad para determinar su posición patrimonial.

Los municipios a menudo venden un edificio a un precio que es demasiado bajo, dado que no tienen en cuenta que su flujo de ingresos actual es bajo en comparación con el del mercado. También deben determinar la tasa crítica que se analizará: ¿la tasa de depósito bancaria a corto plazo, la tasa de los préstamos, el rendimiento de los bonos? En resumen, resulta sensato comparar no solo el valor de mercado de un edificio, sino también las tasas de rendimiento y los flujos de ingresos de activos comparables. Por ejemplo, ¿cuál es la base de ingresos para la venta planificada de un mercado de 5000 metros cuadrados cubiertos que genera 200 000 rupias por mes, cuando un mercado comparable en otra parte de la ciudad genera 400 000 rupias por mes? La discrepancia podría deberse a la existencia de contratos de alquiler deficientes o de corrupción, en cuyo caso sería un error basar el precio en ingresos de 200 000 rupias por mes. Los ingresos de referencia bien podrían ubicarse en el orden de las 400 000 rupias por mes.

Estados de rendimiento económico de las propiedades o las carteras de activos

La evaluación racional del desempeño financiero de las propiedades requiere información sobre todos los ingresos y todos los gastos asociados a cada una de ellas. Un formato estándar es el estado de rendimiento económico, que consiste en un resumen de ingresos y gastos (también denominado "estado de resultados"). Es importante ser flexible con el formato del documento, agregando o borrando clases de ingresos y gastos según corresponda. En el recuadro 6.8 se presenta un modelo de estado de resultados para una unidad habitacional, acompañado de notas orientativas.

El informe es útil, dado que permite comparar rubro por rubro los resultados reales con el presupuesto y con los resultados del año anterior. En el caso de las propiedades homogéneas (como los departamentos de alquiler), también debe elaborarse un estado de resultados para las carteras de activos.

Un problema común en muchos gobiernos locales es que los datos sobre desempeño financiero recogidos pocas veces se refieren a las propiedades en forma individual. Con mucha frecuencia, no se recopilan datos (especialmente sobre gastos) o estos solo se presentan en un nivel general (por ejemplo, los costos laborales, del combustible y de la electricidad). Por lo tanto, es esencial que los gobiernos introduzcan y utilicen constantemente formatos para los estados de resultados de las propiedades. Asimismo, deben incluirse todos los ingresos y gastos pertinentes relacionados con cada propiedad y, en particular, los costos administrativos y de gestión. En ocasiones, resulta difícil determinar los costos administrativos (denominados "gastos generales") de las propiedades. Una forma sencilla de superar esta dificultad es utilizar uno de los costos medidos, como la electricidad, o el total de los costos medidos, para distribuir los gastos generales en forma proporcional. El recuadro 6.9 arroja luz sobre un caso interesante de un centro de compras nepalí.

Nótese que los estados de resultados son útiles para todos los bienes inmuebles públicos, no solo para los que generan ingresos. En el caso de las propiedades que no generan ingresos, como una municipalidad o las escuelas, el flujo de caja siempre será negativo, pero aun así es importante conocer la información para compararla con la de otras propiedades, especialmente las del mismo tipo. Comparando costos de operación detallados, es posible identificar costos que pueden reducirse.

Análisis financiero

Puede utilizarse una variedad de indicadores para medir la eficacia de la gestión de una cartera de propiedades y las propiedades individuales de la cartera. Estos indicadores financieros, calculados por el administrador de activos o bajo su dirección, brindan ideas útiles sobre el desempeño de los activos y pueden sugerir oportunidades de mejoras (para mayores detalles, véase Urban Institute, 2012b).

Recuadro 6.8 Estado de rendimiento económico de activos para una unidad de gestión de la vivienda

Estado de rendimiento económico o de resultados para una unidad de gestión de la vivienda.

Ingresos	Miles de dólares
Ingresos brutos potenciales (1)	1000
Menos pérdida por el tiempo que la propiedad permanece desalquilada (2)	50
Gastos de operación (3)	950
Reparaciones	100
Calefacción	60
Electricidad	50
Agua	20
Recolección de residuos	20
Seguros	30
Impuestos	50
Tarifa comunitaria de propiedades	30
Cuota por administración	50
Varios (4)	10
Gastos de operación totales	420
Ingresos operativos netos	530
Costos de financiamiento	
Interés hipotecario	90
Gastos generales	
Tasación	10
Otros (5)	5
Total de gastos generales	15
Ingresos netos	425
Menos pagos del capital de las hipotecas (6)	100
Flujo de efectivo neto (7)	325

Notas

1. Los *ingresos brutos potenciales* incluyen los alquileres efectivos y otros ingresos más los montos que se habrían cobrado si los espacios vacantes estuvieran alquilados. Estos ingresos también pueden desglosarse en subtipos como alquileres, cargos por pagos atrasados, lo obtenido de las máquinas expendedoras, cargos de copiado, etc. Si los alquileres son artificialmente bajos para proporcionar un subsidio al inquilino, dicho subsidio también puede incluirse como un adicional al monto que efectivamente se cobra.
2. El monto de los alquileres perdidos, debido a las pérdidas que se generan cuando la propiedad permanece desalquilada y no se perciben alquileres, así como a los subsidios en forma de reducciones de alquiler. Al deducir estos conceptos de los *ingresos potenciales brutos*, se obtienen los *ingresos brutos efectivos*.
3. Las categorías que integran los *gastos de operación* deben modificarse para incluir otros tipos de gastos. En ocasiones, estas categorías resultan innecesarias y pueden eliminarse.
4. Los gastos *varios* son aquellos que no se encuadran en ninguna de las demás descripciones de gastos, pero son demasiado pequeños como para que se justifique que tengan su propia descripción como rubro autónomo.
5. La categoría *otros* puede incluir determinados cargos contables, jurídicos y de otro tipo que deben pagarse como resultado de los requisitos del propietario, pero que no son necesarios para que la propiedad pueda operarse satisfactoriamente.
6. Los *pagos del capital de las hipotecas* requieren dinero en efectivo, pero se suman al patrimonio del propietario, dado que reducen la deuda pendiente sobre la propiedad. Por el contrario, los pagos de intereses, si bien requieren efectivo, no reducen la deuda y, por lo tanto, no incrementan el patrimonio del propietario. La deuda es producto de las circunstancias particulares del propietario y la propiedad puede funcionar igualmente con o sin ella.
7. El *flujo de efectivo* es el monto de efectivo, positivo o negativo, que recibe el propietario como resultado de la inversión que realiza.

Para que resulte más sencillo, en este modelo la depreciación no se considera un gasto, sino que debe agregarse como tal si existiera un fondo de depreciación en el que esta se acumula para el futuro reemplazo de la propiedad.

Recuadro 6.9 ¿Son los gobiernos locales propietarios calificados de inmuebles que generan ingresos?

La inversión en propiedades que generan ingresos ha ganado aceptación entre los gobiernos locales de muchas regiones, desde Europa oriental hasta Asia meridional pasando por Oriente Medio, a pesar de que la mayoría de las inversiones generan un rendimiento real minúsculo o negativo. Las razones varían y pueden ser, entre otras, las siguientes: diseño ineficiente de los edificios; corrupción o malversación en varias etapas (desde la construcción hasta la gestión de alquileres); costos de construcción excesivos; precios de alquileres por debajo del mercado debido a políticas de fijación de precios poco claras (por ejemplo, ¿la ciudad posee esta propiedad para respaldar a determinados inquilinos a través de alquileres subsidiados o para generar ingresos?); cumplimiento deficiente de los contratos de alquiler, y simple falta de conocimientos especializados en la gestión de inmuebles comerciales.

Por ejemplo, en una ciudad de Nepal se construyó un complejo comercial y se alquilaron rápidamente sus locales por 10 años a precios inferiores a los de mercado y por debajo del nivel de recuperación de costos. Luego los inquilinos subalquilaron las unidades a precios 10 veces más elevados. Actualmente, la ciudad podría incumplir con el pago de su préstamo, debido a que no tiene dinero para el servicio de la deuda. Enseñanza: mucho antes de que se lleve a cabo la inversión, debe realizarse, con honestidad y profesionalismo, un análisis financiero de la posible operación; los precios deben fijarse en forma adecuada y deben cumplirse rigurosamente.

Una cuestión fundamental es que la mayoría de los gobiernos locales no están calificados para ser inversionistas inmobiliarios y no deben exponer fondos públicos a los riesgos inherentes a las inversiones en propiedades comerciales. En otras palabras, no es una buena política invertir en inmuebles comerciales.

La gestión de activos requiere experiencia, criterio y la capacidad para analizar e interpretar los datos. Estos datos son útiles solo si se comprenden debidamente; de lo contrario, podrían adoptarse decisiones inapropiadas. El administrador de activos debe ser juicioso a la hora de interpretar los resultados de los cálculos.

Indicadores para la comparación de inversiones

Las propiedades excedentes o que generan ingresos deben tratarse como propiedades de inversión y analizarse en comparación con otras inversiones factibles. La lógica subyacente es muy sencilla y directa: el gobierno local no necesita esta propiedad para desempeñar sus funciones esenciales. Las propiedades que posee deben generar rendimientos que compitan con los de otras inversiones disponibles, como depósitos bancarios o títulos públicos, teniendo en cuenta el nivel de riesgo. Si la propiedad no está generando suficiente rendimiento, debe analizarse su desempeño para determinar si es posible mejorarla y, en ese caso,

la manera de hacerlo. Si no se logra aumentar el rendimiento, el propietario debe considerar la posibilidad de vender la propiedad y reinvertir los fondos en otros activos (financieros o de infraestructura) o utilizarlos para pagar deudas a largo plazo. Antes de tomar estas decisiones, conviene reconsiderar el ciclo del mercado inmobiliario. Cuando se ponen propiedades en venta, es recomendable lanzar una buena campaña de comercialización.

Triángulo de capitalización de ingresos. El triángulo de capitalización de ingresos es la fórmula más simple para analizar inversiones:

$$T = I/V,$$

donde T = tasa de capitalización, I = ingresos y V = valor (contable).

El concepto es que cada una de estas tres características puede calcularse si se conocen las otras dos. En particular, la tasa de capitalización (tasa de rentabilidad) T puede calcularse si se conocen (se han estimado) los ingresos anuales y el valor de la propiedad. Puede utilizarse como una estimación aproximada del desempeño de la inversión correspondiente a un año. Para utilizar correctamente esta estimación aproximada, es imprescindible comprender que I (ingresos) deben ser los *ingresos operativos netos*, es decir, los ingresos que quedan una vez pagados todos los gastos con los ingresos obtenidos.

Cabe señalar que en la ecuación anterior T depende de V y de I. Si el valor estimado es demasiado alto, T probablemente sea demasiado bajo. El flujo de efectivo será demasiado bajo en relación con el valor, pero ello podría ser perfectamente aceptable si se utilizara un valor más bajo y más preciso. Del mismo modo, si el valor resulta demasiado bajo, T probablemente sea más atractiva de lo que se justifica. Por ello, es importante utilizar datos de valores realistas.

Ingresos operativos netos. Los ingresos operativos netos o el flujo de efectivo neto constituyen una característica básica necesaria para cualquier propiedad que genera ingresos, dado que muestran si esta genera ingresos netos o si, en realidad, genera una pérdida neta. ¿Qué se puede hacer cuando un administrador de activos observa que la propiedad generadora de ingresos no muestra un rendimiento satisfactorio? En primer lugar, se debe analizar la cadena de gestión de propiedades para tratar de encontrar cualquier oportunidad pasada por alto de mejorar los resultados financieros (véase el cuadro 6.6). O bien los ingresos deben incrementarse o bien los gastos deben reducirse, o ambas cosas.

Rendimiento de la inversión. El rendimiento de la inversión puede calcularse para cada propiedad o para tipos de propiedades, o para toda la cartera de propiedades. Este análisis resulta útil, dado que ofrece la oportunidad de comparar una propiedad individual con toda la cartera. Si una propiedad genera un rendimiento inferior al promedio de las propiedades comparables de la cartera, debe examinarse para determinar si podrían modificarse aspectos operacionales a fin de mejorar su desempeño. Si no es posible realizar mejoras, tal vez la propiedad deba venderse y el producto de la venta deba invertirse en otros activos.

Del mismo modo, una propiedad cuyo desempeño es superior al promedio puede mantenerse como un componente importante de la cartera. Sin embargo, puede suceder que esté funcionando de manera insostenible y que, por lo tanto, sea recomendable venderlo a pesar de su excelente posición.

Si la propiedad está sujeta a deudas, como una hipoteca, es importante ser prudente al calcular su rendimiento. Hay dos formas de hacerlo. En primer lugar, calculamos el *rendimiento de un activo*, es decir, los ingresos antes de deducir el interés pagado, en comparación con el valor del activo, dado que el desempeño de este no se ve modificado por el financiamiento. Los alquileres y los costos de operación serán los mismos con o sin deudas. En segundo lugar, calculamos el *rendimiento del capital*, es decir, los ingresos netos luego de deducir el interés pagado, divididos por el valor del capital (esto es, el valor del activo menos el monto de la deuda). El rendimiento del activo y el rendimiento del capital muestran el desempeño de la inversión de modo distinto, por lo que conviene observar y analizar ambos conceptos.

Por ejemplo, si una propiedad vale US$1 millón y tiene una deuda de US$400 000, el capital equivale a US$600 000. Si genera US$100 000 en concepto de ingresos antes de los gastos por intereses, el rendimiento de los activos es del 10 % (100 000/1 000 000).

Cuadro 6.6   Cómo incrementar los ingresos operativos netos

Aumentar los ingresos:	Reducir los gastos:
• Aumentar el alquiler al nivel del mercado real sometiendo el alquiler a licitación pública, al vencimiento del contrato, o renegociando el contrato actual.	• Ahorrar en MyR sin comprometer el valor de la propiedad.
• Reducir el tiempo que la propiedad permanece desalquilada.	• Reducir el valor de los servicios públicos.
	• Minimizar los gastos de gestión.
• Aumentar la tasa de cobro.	• Revisar las normas sobre las contribuciones en concepto de reserva o los fondos de reemplazo.

Si los gastos por intereses son el 8 % de la deuda de US$400 000, es decir, US$32 000, los ingresos después de los intereses son US$68 000 y, por lo tanto, el rendimiento del capital es 68 000/600 000, lo que equivale al 11,33 %.

Otros coeficientes. Los estados de resultados de cada propiedad permiten a los administradores de ingresos utilizar coeficientes sencillos para comparar una propiedad con otra dentro de la misma categoría e identificar propiedades con peor o mejor desempeño que otras. Los coeficientes que se suelen utilizar son los siguientes:

coeficiente de gastos de operación = gastos de operación totales/ingresos brutos efectivos,

o, como complemento de esa fórmula,

coeficiente de gastos de operación = gastos de operación netos/ingresos brutos efectivos.

Las comparaciones de rubros de ingresos y gastos por metro cuadrado también pueden resultar útiles para comparar departamentos, oficinas o negocios alquilados. Estos coeficientes pueden ubicarse en rangos distintos para distintos tipos de propiedades; por ejemplo, los ingresos por concepto de alquiler de propiedades residenciales suelen ser más bajos que los ingresos provenientes del alquiler de propiedades comerciales.

Análisis del flujo de caja descontado

El análisis del flujo de caja descontado es una técnica más integral que permite analizar los ingresos derivados de propiedades o inversiones. Brinda una estimación del valor de mercado de una propiedad o un proyecto basada en una proyección de ingresos y gastos futuros, que son diversos y se generan a través del tiempo. Resulta especialmente útil cuando existe la necesidad de elegir con fundamentos financieros sólidos entre dos o más usos alternativos de la misma propiedad o entre proyectos de inversión alternativos.

El gráfico 6.4 muestra un esquema que representa los beneficios, o flujo de ingresos, y los gastos, o el flujo de salida de dinero, de un relleno sanitario de Tanzania a lo largo de 20 años y los resultados del flujo de caja descontado. La inversión inicial t_0 es negativa (columna azul). El campo blanco muestra el creciente flujo de gastos de operación y las demás columnas ilustran

las refacciones periódicas. Los ingresos provenientes de las tarifas de vertido y el reciclaje de residuos comienzan desde cero, durante la construcción del relleno sanitario, y aumentan gradualmente a medida que las recolecciones cubren una parte más extensa de la ciudad y aumenta el número de hogares (campo negro).

La columna gris oscuro muestra el flujo de ingresos descontado; la de color gris claro, el flujo de gastos descontado. Se prevé que la inversión de 1100 millones de chelines generará un valor neto actualizado de 1200 millones de chelines, la diferencia entre los ingresos descontados y los gastos descontados. El proyecto tendrá una tasa interna de rentabilidad del 21 %, frente a una tasa de descuento de referencia del 12 %. El gráfico 6.4 puede ayudar a entender los dos términos importantes utilizados en el análisis del flujo de caja descontado, a saber, valor actualizado y tasa interna de rentabilidad.

Valor actualizado. El valor actualizado es la suma del flujo descontado de ingresos o gastos para la cual se utiliza una tasa de descuento (como la inflación, pero normalmente más alta); el valor neto actualizado de una inversión es la diferencia entre los valores actualizados de los ingresos y los flujos de gastos. Una fórmula simple muestra cómo calcular el valor neto actualizado de un activo o una inversión con un flujo diverso de ingresos y gastos, rasgo típico de los activos:

$$VNA = \frac{(I-G)_1}{(1+r)^1} + \frac{(I-G)_2}{(1+r)^2} + \ldots + \frac{(I-G)_n}{(1+r)^n} \text{ ,}$$

donde *VNA* = valor neto actualizado del activo;
I = flujo de ingresos (todos los tipos de ingresos en los años 1, 2, ...i, ..., n);
G = flujo de gastos (todos los tipos de ingresos en los años 1, 2, ...i, ..., n, incluidos el costo de operación, mantenimiento, y reemplazos o refacciones);
r = tasa de interés de referencia (como la tasa de rentabilidad de inversiones similares, la tasa de préstamos, o rendimiento de bonos públicos).

Tasa interna de rentabilidad. El valor neto actualizado conduce al cálculo de la tasa interna de rentabilidad, que es una tasa de interés que igualaría el flujo de ingresos descontado al flujo de gastos descontado. En otras palabras, es la tasa de interés de mercado más alta que permitiría pagar con la inversión todos los gastos sin pérdidas, pero no generaría ingresos netos.

Gráfico 6.4   Valor actualizado de los costos e ingresos de un relleno sanitario en Tanzanía

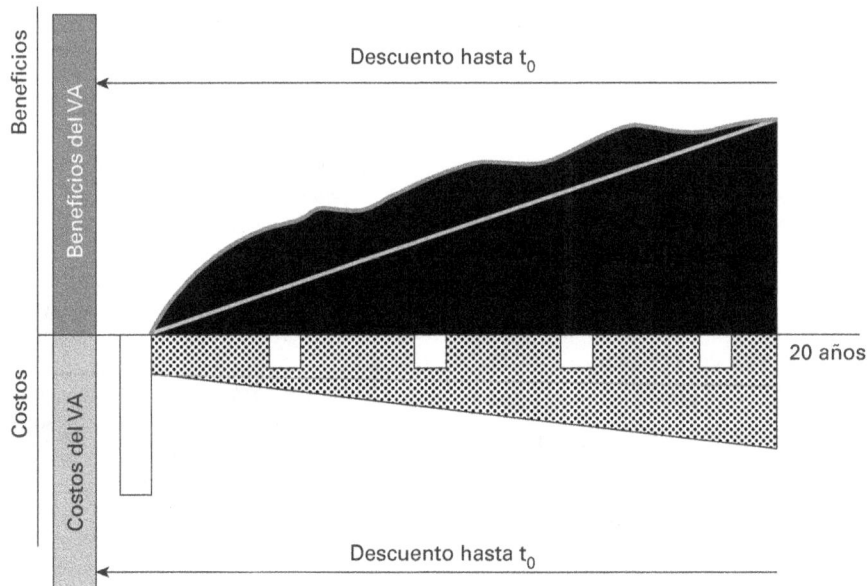

Nota: VA = valor actualizado; t_0 = inversión inicial.

El análisis del flujo de caja descontado se basa en la premisa de que el dinero vale más hoy que si uno tiene que esperar a una fecha posterior para recibirlo. Dicho de manera sencilla, ¿qué conviene más: recibir 1 millón de dinares hoy o dentro de un año? Sin dudas, conviene recibir ese dinero hoy e invertirlo durante el año para que genere rentabilidad. Así, los ingresos futuros valen menos que los ingresos actuales. La compra de un activo hoy (o la decisión de mantenerlo y recibir su valor hoy) faculta a su propietario a recibir el flujo de caja que produce y, con el tiempo, el producto de la venta. El flujo de caja descontado es el valor actualizado del flujo de ingresos futuros provenientes de la operación y la posible venta del activo. El monto del descuento es un porcentaje que debería reflejar el rendimiento en el mercado de inversiones. Una tasa de descuento más elevada significa que los ingresos futuros valen menos hoy, mientras que una tasa de descuento más baja se traduce en un valor actual más alto. Del mismo modo, los ingresos que se recibirán dentro de más tiempo valen menos hoy que los ingresos que se reciben antes.

Tasa de ocupación

La ocupación es un indicador del uso de los predios (por lo general, alquiler) durante un año. No mide lo que hace el inquilino al utilizar el espacio, sino que solo indica que un inquilino tiene derecho a usar el espacio en el marco de una locación. No mide si el inquilino paga la tasa convenida ni si lo hace a tiempo. Una variación es el tiempo que la propiedad está desalquilada, en la cual el *% que corresponde a ese período = 100 % del tiempo – % del tiempo que corresponde a la ocupación.* Puede medirse la ocupación de una propiedad, un grupo de propiedades o toda la cartera.

Indicadores para todos los tipos de propiedad

Los indicadores mencionados no son pertinentes en el caso de las propiedades que no generan ingresos, como los inmuebles administrativos. Se supone que dichas propiedades cumplen una función gubernamental o social necesaria. El administrador de activos debe asegurarse de que estas propiedades sean verdaderamente necesarias para el gobierno local y estén en pleno uso (se puede medir el tiempo que están desalquiladas). De lo contrario, se podrían eventualmente alquilar partes de ellas para generar ingresos adicionales y reducir la carga sobre presupuesto de la ciudad. Del mismo modo, el desarrollo de viviendas sociales está orientado a satisfacer una necesidad social y no a generar rendimientos en efectivo considerables, pero los estados de resultados son importantes en esta área. En el caso de las viviendas sociales y las propiedades administrativas, se utilizan otros indicadores, como se muestra a continuación.

Análisis de las operaciones. Se pueden crear muchos indicadores para comprender mejor las operaciones de un edificio, normalmente a partir de los costos (o ingresos) por metro cuadrado:

- costos de calefacción por metro cuadrado;

- costos de agua por metro cuadrado;

- costos de reparaciones por metro cuadrado;

- costos de electricidad por metro cuadrado;

- alquiler por metro cuadrado.

Los coeficientes de precio unitario resultan útiles para comparar las propiedades, siempre que estas sean comparables. Si bien las propiedades administrativas y de otros tipos pueden no generar rendimientos de inversión mensurable, sus costos de operación están sujetos al análisis y a mejoras. Esto es particularmente cierto si la propiedad es comparable a los activos de la cartera que generan ingresos. Las oficinas administrativas pueden ser comparables a oficinas excedentes alquiladas, por ejemplo, y se pueden comparar los costos de operación. Asimismo, el desarrollo de viviendas sociales puede no generar tasas de alquiler de mercado, pero los gastos no deberían exceder los de propiedades similares no subsidiadas.

Los coeficientes mencionados resultan útiles en las auditorías de energía, que son evaluaciones detalladas del uso energético en escuelas, oficinas, centros deportivos y de salud, entre otros. Permiten analizar el uso de la energía, las pérdidas y posibles ahorros, como el aislamiento de paredes, el reciclaje, etc. Como se mencionó en el capítulo 5, el análisis y la certificación de la ISO también respaldan los ahorros de energía y la reducción de costos, incluida la reducción de cuotas de los seguros de edificios.

Mantenimiento diferido. La subinversión en el mantenimiento de las propiedades y de la infraestructura suele conducir al deterioro y la devaluación de estas. Los gobiernos locales de todo el mundo, pero particularmente de los países en desarrollo, difieren el mantenimiento para equilibrar los presupuestos y destinar el dinero ahorrado a otros fines. La práctica de aplazar el mantenimiento en forma temporaria, si bien forma parte natural de la vida, tiene consecuencias profundas y de largo plazo cuando se generaliza. Se agrava aún más cuando no se llevan registros sobre los rubros de mantenimiento postergados o diferidos. Es importante supervisar el mantenimiento diferido. Se pueden obtener al menos estimaciones aproximadas comparando los gastos anuales planificados y efectivos en reparaciones de edificios e infraestructura. El mantenimiento diferido permanece oculto, a menos que en una evaluación y un plan de ingeniería se especifiquen los protocolos de mantenimiento, esto es, el cronograma y la naturaleza de un mantenimiento adecuado, como la repavimentación de las carreteras cada siete años, el reacondicionamiento de los motores de camiones luego de los 200 000 kilómetros o la renovación de los mercados de vegetales cada cinco años. Los registros analíticos de cada propiedad deben indicar tanto el tiempo de mantenimiento debido y real como los costos estimados y reales.

Cuantificación y gestión de subsidios relacionados con las propiedades

Los subsidios son habituales tanto en los gobiernos centrales como en los locales. Idealmente, deberían ser directos y tener un destinatario específico, lo que significa que el gobierno puede apoyar a un grupo social (familias extremadamente pobres, personas con discapacidades, adultos mayores), una cultura o una religión, o un evento deportivo, con un monto de dinero bien definido o beneficios en especie (como alimentos o el uso gratuito de un salón para un evento). Son asuntos sujetos a decisiones normativas e integran las funciones especiales de los gobiernos locales. Sin embargo, también pueden estar ocultos y pueden ser contraproducentes, por ejemplo, si el público en general, y no tan solo los adultos mayores o los estudiantes, se beneficia con el transporte público de costo reducido. A menudo, no están cuantificados ni se registran como una partida presupuestaria independiente, por lo que permanecen ocultos entre los costos de los prestadores de servicios, como las empresas de abastecimiento de agua o los departamentos de viviendas. Luego, esos mismos prestadores solicitan apoyo presupuestario para cubrir sus pérdidas anuales.

Los subsidios al alquiler también son comunes, como cuando los gobiernos locales otorgan en alquiler tierras o predios construidos a diversos inquilinos del sector privado u organizaciones no gubernamentales a valores inferiores a los del mercado. Mediante esta práctica, el gobierno local renuncia a ingresos potenciales (que podría percibir si alquilara los predios a precios de mercado). Estas tasas de alquiler preferenciales también son, en términos prácticos, subsidios indirectos a los inquilinos:

Subsidio indirecto al alquiler = (alquiler de mercado) – (alquiler real).

Sin embargo, las decisiones acerca de esos subsidios indirectos al alquiler son de naturaleza totalmente política. Los encargados de tomar las decisiones deben estar bien informados del volumen y los costos de los subsidios, y los administradores de activos deben suministrarles dicha información. En particular, los administradores de activos deben conocer al menos el alquiler de mercado estimado de cada propiedad. Ello permite calcular el tamaño del subsidio estimando el subsidio unitario (alquiler de mercado menos alquiler real por metro cuadrado) multiplicado por la superficie de alquiler. El modelo que se presenta en el cuadro 6.7 es una herramienta útil para resumir, analizar y comunicar a los

encargados de tomar las decisiones el subsidio encubierto otorgado a organizaciones en forma de descuentos a los alquileres.

Es importante ser consciente de que dichos subsidios no solo no se perciben, sino que además crean distorsiones en la economía local, dado que proporcionan una ventaja competitiva injusta a determinados inquilinos que pagan alquileres a precios inferiores a los del mercado. ¿Por qué, por ejemplo, debería una galería de arte privada estar en grave desventaja al tener que pagar un alquiler más caro que una galería inscripta como institución pública, que puede acceder a un espacio subsidiado? Si la reducción de estos subsidios se establece como un objetivo, la forma de lograrlo es evidente: los predios con alquiler subsidiado deberían ser aquellos cuyos alquileres de mercado son los más bajos; en otras palabras, los predios más modestos tanto en calidad como en ubicación. En particular, los predios subsidiados no deberían estar ubicados en zonas privilegiadas.

En resumen, las autoridades normativas (como el consejo) deben estar bien informadas de los ingresos no percibidos, dado que mediante la revisión de las políticas y prácticas existentes se pueden generar condiciones más justas para los inquilinos de propiedades municipales, más ingresos para los presupuestos municipales y mayor transparencia en la selección de los destinatarios de los subsidios públicos (directos o indirectos) y determinación de los montos respectivos. Los casos más complicados son aquellos en los cuales se otorga tierra a inversionista a precios reducidos para promover el desarrollo económico local y generar empleo[3].

Cuadro 6.7   Estimación de subsidios indirectos a inquilinos (en chelines)

Inquilino	Dirección	Superficie (m²)	Alquiler real por m²	Alquiler de mercado por m²	Subsidio por m²	Subsidio indirecto total a inquilinos
Sr. Smith	Main Street	45	50 chelines	90 chelines	40 chelines	1800 chelines
Sra. Brown	Post Street	38	50 chelines	70 chelines	20 chelines	760 chelines
ONG Aire Limpio	Broad Street	120	60 chelines	120 chelines	60 chelines	7200 chelines
Total de ingresos no percibidos						9760 chelines

Incentivos para los empleados de los gobiernos locales

Ejemplos de todo el mundo indican que los incentivos bien estructurados para empleados públicos y dependencias municipales pueden generar resultados positivos que de otro modo sería prácticamente imposible obtener. Por ejemplo, tras la crisis financiera municipal, el condado de Montgomery, Maryland, en Estados Unidos, introdujo un novedoso programa de incentivos para sus empleados. Se alienta a todos ellos a identificar y sugerir posibles ahorros relacionados con los activos municipales. Si se pone en práctica una sugerencia y los ahorros se materializan, el empleado que la presentó recibe una bonificación directa en dinero.

Planificación financiera

La planificación financiera asociada a los activos consta de dos elementos importantes. Uno de ellos se relaciona con el hecho de que los activos de capital tienen una larga vida útil. Por ejemplo, los edificios y las obras y redes de infraestructura duran entre 25 y 75 años, o incluso más. Por lo tanto, los gastos relacionados con estos activos deben planificarse y ejecutarse para su vida útil; esto se denomina "costos del ciclo de vida útil". El segundo elemento es que los gobiernos locales tienen siempre muchas necesidades de inversiones de capital, como la reparación y refacción de los edificios y las redes existentes, la adquisición de equipamiento nuevo, la construcción de nuevas carreteras, etc. Esto implica que dichos gastos de capital deben planificarse con una antelación de entre tres y cinco años, aproximadamente. Una herramienta útil para ello es la "planificación de inversiones de capital" (que también se analiza en los capítulos 5 y 7).

Costos del ciclo de vida

Los costos asociados a la vida útil de una propiedad incluyen los costos de adquisición (es decir, adquisición del terreno y construcción), los costos anuales y los costos de disposición. Los costos anuales, a su vez, comprenden rubros como MyR, costos de operación y gastos de restauración y modernización (o acumulación de fondos destinados al reemplazo al final de la vida útil del activo). Los costos anuales dependen, entre otras cosas, del tipo de construcción, los materiales y equipos utilizados, el clima, y el costo de la mano de obra. En la práctica, también dependen de las condiciones actuales de la construcción: si durante los últimos años se han diferido las tareas preventivas de MyR, los gastos de operación actuales podrían ser más elevados de lo que serían en otro caso. Asimismo, los costos anuales pueden diferir enormemente dentro de un sistema. Por ejemplo, en los sistemas hídricos, las operaciones más costosas suelen ser las de bombeo y tratamiento del agua. Como consecuencia, en el caso del servicio de abastecimiento de agua, la mayor parte de los costos anuales puede corresponder a electricidad para el bombeo de agua y a mano de obra para operar y mantener las instalaciones y la red. Una unidad encargada del alquiler de viviendas sociales paga únicamente la mano de obra y los materiales de las reparaciones y las tareas de mantenimiento, dado que los inquilinos se encargan de la mayor parte de los gastos de operación, como la electricidad, las telecomunicaciones o el agua.

Los costos de MyR se distribuyen irregularmente durante un ciclo de vida y dependen del tipo de activos. En el gráfico 6.5 se describen los costos de varios activos a lo largo de un ciclo de 50 años. Las barras pequeñas indican pequeñas instancias regulares de mantenimiento; las barras altas indican costos mayores o refacciones importantes y gastos considerables.

Del mismo modo, los costos de operación anuales, comparados con el costo de construcción inicial, varían sustancialmente según el tipo de activo y constituyen un monto significativo. Los costos totales de MyR y de operaciones a lo largo del ciclo de vida de un activo suelen ser mayores que el costo de construcción inicial (cuadro 6.8).

En ocasiones, el costo total a lo largo del ciclo de vida puede reducirse redistribuyendo los respectivos costos. Por ejemplo, un mayor gasto al momento de construir un predio podría significar un ahorro general en costos de operación y MyR. Lo mismo puede sostenerse en el caso de los costos de algunos tipos de reparaciones, reemplazos o refacciones. Por ejemplo, el reemplazo un sistema de aire acondicionado viejo por uno moderno y eficiente desde el punto de vista energético puede generar ahorros considerables en costos de energía anuales, de modo que en algunos años se recupera la inversión y comienza el ahorro dentro del ciclo de vida útil.

Para planificar los costos de operación y mantenimiento tanto de los activos municipales existentes como de los previstos se suelen utilizar tres métodos:

1. En el caso de la planificación aproximada o preliminar, se suelen estimar los costos anuales de operación y mantenimiento a partir de un porcentaje del costo de construcción estimado u original. Sin embargo, este método es el menos preciso y no puede recomendarse como buena práctica.

2. Otro método se basa en el uso de costos históricos. Para introducir adiciones o modificaciones en los predios existentes, la identificación de costos históricos y el ajuste de esos valores, basados en cambios exigidos o deseados al programa de operación y mantenimiento anterior, constituyen un enfoque eficaz para estimar costos de operación y mantenimiento.

3. El método más preciso exige la preparación de un plan de trabajo de operación y mantenimiento detallado para la obra o el sistema, incluida una descripción de todas las actividades de operación y mantenimiento previstas, una descripción de cada actividad de trabajo, un plan detallado de dotación de personal, costos de energía, costos de materiales, costos de reemplazo de equipos que tienen una vida útil limitada, etc.

Cabe señalar que el hecho de contar con planes de trabajo de operación y mantenimiento para obras de infraestructura y edificios, e implementar dichos planes, constituye un elemento central de la buena práctica en la gestión de los ciclos de vida.

Otro componente del costo anual son los gastos de restauración y modernización (RyM), también denominados de "recapitalización" o "depreciación". Los municipios que aplican la contabilidad de valores devengados computan el costo y registran la depreciación de los activos (véase también el capítulo 3). Sin embargo, en el caso de los que utilizan la contabilidad de caja, como es habitual en el mundo en desarrollo, también está permitido y es buena práctica presupuestar los costos de la depreciación en forma anual. Estos se acumulan entonces en un fondo especial de depreciación, destinado exclusivamente a la RyM de activos o su reemplazo al final de su vida útil. Los fondos de depreciación cubren toda la cartera (por ejemplo, todas las escuelas de una ciudad o la infraestructura hídrica y de alcantarillado).

Cuando el presupuesto local es limitado, los fondos destinados a RyM en algunos casos se consideran dinero desperdiciado. En particular, los políticos locales podrían considerar que la creación de un fondo de reserva dedicado a inversiones o refacciones futuras constituye un uso deficiente de recursos, cuando existen siempre necesidades inmediatas de otros gastos. No obstante, la falta de fondos para financiar los costos de MyR o de RyM da como resultado el aplazamiento de las tareas de reparación y mantenimiento, lo que reduce la vida útil de los activos.

Planificación de inversiones de capital

El plan de inversiones de capital es un plan renovable de entre tres y cinco años que resume el programa de desarrollo estratégico para el próximo período, lo que incluye una lista detallada e información acerca de los proyectos de inversión prioritarios planificados, el cronograma de su implementación, las fuentes de financiamiento identificadas y aprobadas, y las características técnicas principales. Los planes de inversiones de capital actúan de nexo entre las visiones a más largo plazo, los planes maestros o de desarrollo, y los presupuestos anuales de gastos de capital (Banco Mundial, 2011). El plan renovable de inversiones de capital es una evaluación sistemática y simultánea de posibles proyectos; debe revisarse anualmente transfiriendo el año actual al presupuesto de capital e incluyendo un año adicional. El proceso de planificación de inversiones de capital facilita la coordinación entre las entidades públicas locales que son responsables de la implementación de proyectos (en el capítulo 7 se presenta un análisis más detallado).

Adopción de una visión estratégica de los activos municipales

Al adoptar una visión estratégica de los activos municipales, se analiza toda la cartera y se extraen conclusiones sobre políticas para apoyar decisiones encaminadas a evitar el deterioro y maximizar el valor. La estrategia de gestión de activos forma parte de la estrategia general del municipio, que utiliza activos para desempeñar sus funciones y alcanzar sus objetivos. Desde esta perspectiva, el análisis de la cartera de activos apunta a identificar la manera de mejorar el desempeño de los activos para lograr los objetivos del municipio y las metas de corto y mediano plazo. Por ejemplo, en épocas de dificultades

Gráfico 6.5 Costos anuales de mantenimiento, gestión y reparación de instalaciones (Washington, DC)

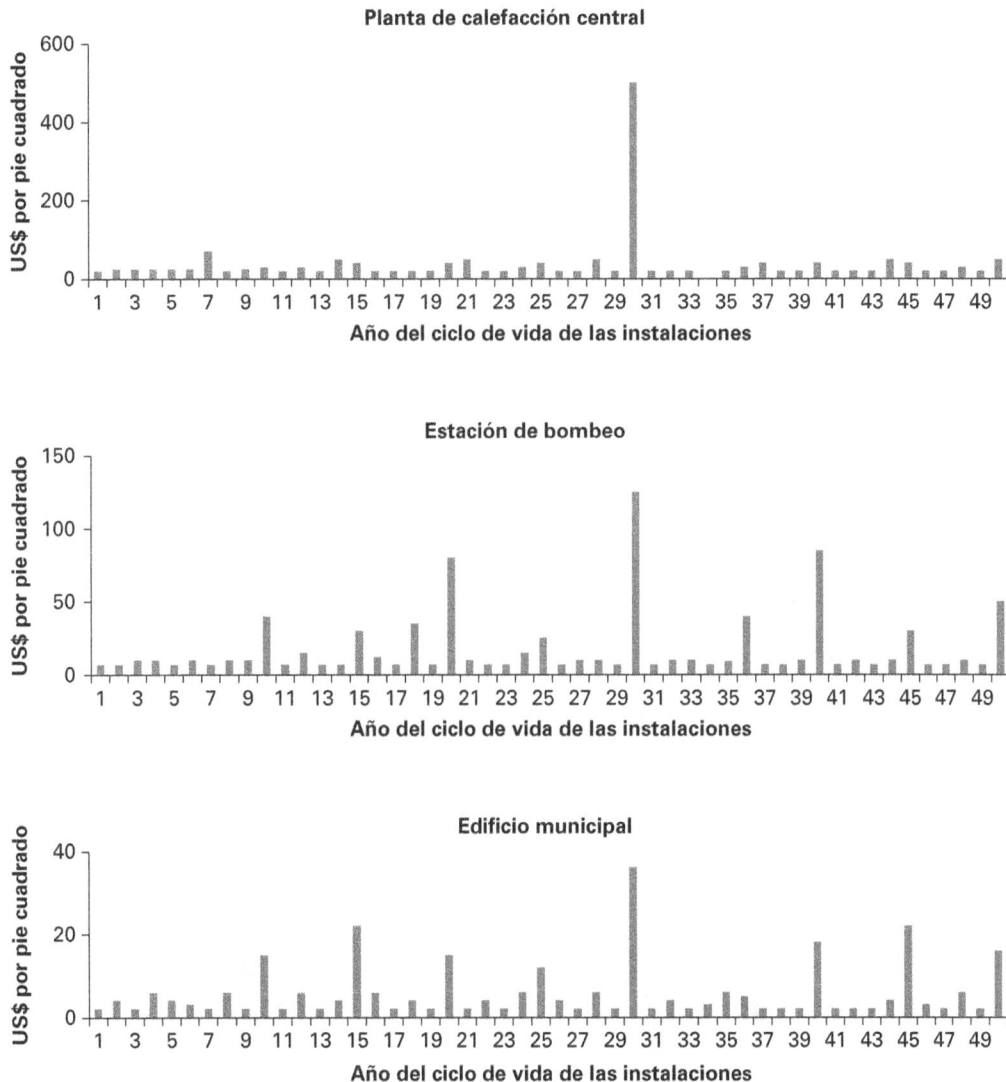

Planta de calefacción central

US$ por pie cuadrado

Año del ciclo de vida de las instalaciones

Estación de bombeo

US$ por pie cuadrado

Año del ciclo de vida de las instalaciones

Edificio municipal

US$ por pie cuadrado

Año del ciclo de vida de las instalaciones

Fuente: Los autores, a partir de datos extraídos de Whitestone Research, 2010.

financieras, la estabilidad financiera podría ser el objetivo principal. Para ello podría ser necesario vender activos que generan pérdidas o cuyo mantenimiento es demasiado costoso. Cuando las condiciones financieras son buenas, la pregunta es más bien cómo adquirir activos para servicios prioritarios, para mejorar su calidad o para promover el desarrollo económico local.

El análisis del desempeño de los activos es una parte importante de la planificación de la mejora del

Cuadro 6.8 Ejemplos de los costos de diferentes predios a lo largo de su ciclo de vida (Washington, DC)

Predio	Costo inicial o de reemplazo		Costos anuales de MyR (promedio) y operaciones		Costos de MyR y operaciones, en un ciclo de vida de 50 años
	US$ por pie cuadrado	%	MyR, % del costo de reemplazo	Operaciones, % del costo de reemplazo	% del costo de reemplazo
Planta de calefacción central	640	100	6,4	4,9	561
Estación de bombeo	640	100	3,0	19,4	1117
Edificio municipal	264	100	1,7	5,1	340
Biblioteca pública	230	100	1,7	5,1	338

Fuente: Whitestone Research, 2010.
Nota: MyR = mantenimiento y reparación.

capital, en la cual se toman en consideración las principales adquisiciones, renovaciones y desinversiones, y se da cuenta de ellas, en el plan renovable. En el gráfico 6.5 se muestra que, como parte del ciclo de vida de un activo, se necesitan inversiones adicionales algunos años después de la instalación. El análisis de las carteras de activos se centra en la eficacia, y las inversiones en títulos o propiedades comerciales podrían mostrar el rendimiento financiero más elevado. Sin embargo, debe tenerse en cuenta que, a menos que estas inversiones financieras se realicen para crear una reserva estratégica, no respaldan la función principal del municipio, que consiste en brindar buenos servicios a los ciudadanos. Las inversiones en propiedades comerciales conllevan múltiples riesgos que el gobierno no está capacitado para gestionar, por lo que no son recomendables.

¿Qué se puede aprender del balance general?

Un balance general puede brindar una perspectiva útil sobre la cartera de activos, puesto que da a conocer los activos y los pasivos (en el capítulo 3 se analiza en detalle el balance general). El cuadro 6.9 muestra las categorías clave de los activos y pasivos que se suelen encontrar en un balance general de los gobiernos locales. Una de las preguntas que cabe formular es si sería beneficioso reequilibrar y reestructurar los activos físicos, o los activos y los pasivos. Por ejemplo, ¿tiene sentido vender propiedades comerciales excedentes que posee el gobierno e invertir el producto

de dicha operación en infraestructura necesaria? ¿Deben venderse tierras y propiedades excedentes para pagar deudas?

Naturalmente, para obtener un panorama no distorsionado de los activos es necesario conocer el valor de mercado de la tierra, sobre todo de la parte que podría venderse. Del mismo modo, deben tasarse, al menos aproximadamente, las propiedades construidas que pueden clasificarse como excedentes.

Las herramientas de análisis financiero analizadas anteriormente, como la tasa de capitalización, el flujo de caja descontado y el análisis del valor neto actualizado, son métodos prácticos para comparar el valor de tierras y propiedades excedentes con el presupuesto anual total de inversiones de capital. La comparación de las alternativas es necesaria para tomar decisiones sobre enajenación o inversión de activos, esto es, para determinar si conviene vender activos que generan pocos ingresos o no generan ningún ingreso en efectivo, e invertir el dinero obtenido en acciones, bonos o sociedades en participación que parecen ofrecer mayores ganancias.

Empresas municipales

La creación de empresas municipales responde al hecho de que una administración independiente y focalizada puede ser más eficiente que las dependencias municipales de áreas específicas, que en general no están capacitadas para encargarse de la prestación de la mayoría de los servicios locales. Se

Cuadro 6.9   Balance general de activos y pasivos

Activos	Pasivos

Activos fijos
  • Tierra
  • Infraestructura
  • Edificios
  • Equipamiento
Activos financieros
  • Inversiones en empresas
  • Títulos, bonos, etc.
	• Deuda, incluidas aquellas garantizadas por propiedades municipales o por una corriente de ingresos generada por las propiedades
	• Garantías de terceros
	• Obligaciones en materia de jubilaciones y pensiones
	• Obligaciones de pago a largo plazo relacionadas con propiedades (alquileres, pago a APP)
	• Otros pasivos contingentes (por ejemplo, remediación de la contaminación de la tierra)

trata de entidades jurídicas independientes, que a menudo operan bajo la titularidad directa del municipio. Trabajan bajo la supervisión de un director designado. En ocasiones, son empresas corporativizadas gobernadas por un directorio. En el mundo en desarrollo, los municipios no son eficientes para controlar sus empresas, a pesar de que estas en algunos casos representan gran parte de su patrimonio (Kopanyi y Hertelendy, 2004). Los activos transferidos a las empresas ya no forman parte del balance general del municipio, pero desde una perspectiva estratégica y operativa es conveniente mejorar el control sobre ellos.

Cómo controlar a las empresas municipales

En muchos casos, las empresas municipales poseen grandes carteras de propiedades que originalmente eran municipales. Estos bienes pueden ser lucrativos (como en el caso de los terrenos baldíos y los alquileres que generan ingresos). A menudo, los gobiernos municipales transfieren estos activos a las empresas a título de donación en especie de participaciones accionarias, y su valor no se registra en el balance general del municipio ni se da a conocer al gobierno local. Por lo general, las empresas retienen los ingresos provenientes de esos activos y no los comparten con el presupuesto municipal. El municipio puede y debe fortalecer considerablemente su control sobre las empresas utilizando instrumentos de gestión como los que se utilizan en el sector privado:

• *Establecer relaciones contractuales* con las empresas respecto del uso que hacen estas de los activos que se les otorga (por ejemplo, un contrato de servicio basado en el desempeño con una empresa de abastecimiento de agua, de transporte o de residuos sólidos).

• *Mejorar la gestión* de las empresas para proteger activos (por ejemplo, contratar a profesionales que representen al municipio en el directorio de la empresa o como ejecutivos de empresas que pertenezcan total o mayoritariamente al municipio, y ejercer mayor supervisión en la gestión).

• *Someter nuevamente los activos* al control directo del gobierno local; volver a transferir tierras o propiedades que no son necesarias en las operaciones de las empresas. Ello es posible si el municipio es el único propietario de la empresa o tiene participación mayoritaria en ella. Aun así, para volver a transferir activos es necesario adoptar medidas legales, dado que se trata de un acto de disposición de la empresa y una reducción de su capital.

• *Mejorar la presentación de informes* mediante un riguroso examen de los informes y las auditorías de las empresas. Algunos municipios también preparan un informe anual consolidado que incluye informes sobre las inversiones y la cartera de la empresa, que se incluye como anexo en el informe financiero de cierre (presupuesto y balance general).

Luego de establecer una gestión y un control adecuados de las empresas municipales, los gobiernos locales pueden considerar la opción de crear un *holding* financiero que posea todas las empresas y participaciones accionarias municipales en nombre del municipio. Se trata de un modelo alemán (*stadtwerke*) que se sigue en algunos países europeos y es también similar a las autoridades en materia de desarrollo creadas en India y Pakistán. Los beneficios de este tipo de *holding*, si está bien administrado, incluyen capital sólido; buena garantía para obtener préstamos; posible agrupamiento de la demanda de deuda para obtener una mejor tasa de interés, y oportunidad de reequilibrar los activos para apoyar una estrategia para toda la cartera. Sin embargo, esta opción puede desalentar la participación directa del gobierno local a la hora de subcontratar al sector privado para la prestación de servicios mediante concesiones e instrumentos similares.

Este modelo también conlleva el riesgo de que el *holding*, cuyo balance general en algunos casos es mayor que el del municipio, pueda quedar fuera del control de este y buscar su propio beneficio, en lugar de responder a las necesidades locales. Más aún, debido a su tamaño ("demasiado grande para fracasar"), el *holding* podría resultar peligroso para el presupuesto municipal. Tal es el caso del *holding* de Debrecen en Hungría, que se creó en 2000 con excelentes augurios: grandes inversiones, grandes proyectos de desarrollo, préstamos independientes. Para 2010, sin embargo, su deuda se volvió inmanejable, las facturas impagas ascendían a unos €5 millones y, con el tiempo, el municipio se vio obligado a rescatarlo. Las enseñanzas sugieren que el *holding* financiero no es una herramienta adecuada de gestión de activos municipales para los países en desarrollo.

En los países en desarrollo, el gobierno y control de las empresas municipales suele estar en manos de órganos directivos ineficaces integrados por administradores y políticos municipales designados. Dichos miembros carecen de conocimientos técnicos o de motivación (o de ambos) para trabajar con eficacia para orientar y controlar a los ejecutivos y la operación. En muchos casos, los órganos directivos se parecen a los que se encuentran en los países desarrollados, pero son ineficaces, debido a las diferentes culturas corporativas y circunstancias locales.

Instrumentos de financiamiento basado en la tierra

El financiamiento basado en la tierra es un conjunto de instrumentos que los gobiernos locales de todo el mundo utilizan para convertir sus facultades regulatorias en materia de tierras o relacionadas con estas en fondos para infraestructura o prestación de servicios de infraestructura. Existen tres tipos de instrumentos bien diferenciados: la venta de tierra o edificios o la transferencia de tierra a emprendimientos de APP; el uso de instrumentos regulatorios para generar ingresos, y el cobro de impuestos o cargos a urbanizaciones. Más adelante se analizan casos de estos instrumentos.

Conversión de tierras y propiedades municipales en dinero o infraestructura

La propiedad pública puede transformarse en dinero o infraestructura mediante un acto de disposición o la participación en el capital de una empresa. La manera más sencilla es disponer de tierras o propiedades construidas excedentes y destinar los fondos obtenidos a inversiones de capital en otros lugares. El término "disponer" puede implicar la venta, es decir, la transferencia del dominio absoluto a un comprador o la transferencia de derechos temporarios, como un alquiler a largo plazo. Desde luego, para que este instrumento sea eficaz, la tierra o propiedad debe encontrarse en un lugar adecuado dentro de un mercado inmobiliario activo y la venta debe tener lugar en una época de fuerte demanda privada. Por ejemplo, en Estambul y El Cairo, en 2008 y 2009, antes de que colapsara el mercado, se llevaron a cabo impresionantes operaciones a los mejores precios del mercado:

- En Estambul, en 2007, la subasta de una vieja estación de ómnibus y antiguo sitio administrativo generó US$1500 millones, lo que equivale a una vez y media el gasto de capital municipal de la ciudad de 2005.

- En El Cairo, en 2007, una subasta de terrenos baldíos para ciudades nuevas generó US$3140 millones, monto equivalente a cerca del 10 % del total de los ingresos del gobierno nacional y 117 veces mayor que la (escasa) recaudación total en concepto de impuestos sobre las propiedades urbanas del país.

Sin embargo, la dependencia sistemática de los ingresos provenientes de las tierras municipales, especialmente de las ventas de tierras, entraña numerosos riesgos por varias razones. En primer lugar, la tierra es un recurso limitado y su venta no puede ser una fuente sostenible de recursos. Además, la dependencia de las ventas de tierras brinda incentivos convincentes para la expansión espacial y el crecimiento urbano desordenado, los cuales contribuyen a la futura insostenibilidad. Los mercados inmobiliarios también son volátiles y cíclicos, lo que hace que las ventas no sean una fuente de recursos estable. Para mitigar los riesgos, los ingresos provenientes de la venta de tierras deben colocarse en un fondo presupuestario multianual especial destinado a amortiguar las fluctuaciones del mercado inmobiliario.

Otro instrumento del mismo grupo es la contribución de un sitio del gobierno a una APP a cambio de obtener un predio público sin gastar dinero municipal. Los socios privados que integran dichas APP recuperan su gasto con las ganancias provenientes de una parte comercial del proyecto urbanístico. Dicho esquema de intercambio de terrenos por infraestructura depende de un emplazamiento, pero no se necesitan fondos públicos. Por ejemplo, en la ciudad de Kuwait la mayor parte de la infraestructura pública (estacionamientos públicos, estaciones de descanso en las autopistas, mercados) se construyó a través de estos mecanismos. Los urbanizadores privados construyeron estacionamientos públicos, con tiendas comerciales abajo y pisos de oficinas arriba, en sus rascacielos de uso mixto edificados en terrenos municipales. De modo similar, en Bethesda, Maryland, un urbanizador privado construyó un estacionamiento público debajo de un edificio de uso mixto a cambio de poder alquilar el sitio durante 99 años.

Conversión del poder municipal en dinero o infraestructura

Mediante otra herramienta de este grupo se convierte el poder municipal para definir los usos de la tierra y los parámetros de uso de la tierra (planificación y control del uso de la tierra) en dinero o infraestructura a través de la venta de derechos de urbanización. Es decir, el gobierno local vende a los urbanizadores el derecho de exceder los parámetros previstos para el uso de la tierra (por ejemplo, relación entre el piso y la superficie, número máximo de pisos, cobertura máxima de tierra) a cambio de dinero o la construcción de infraestructura pública. Este tipo de arreglo se ha venido utilizando ampliamente (por ejemplo, en São Paulo, Brasil; Lima, Perú; Stuttgart, Alemania; Bethesda, Maryland, Estados Unidos). También se utiliza en algunos estados de India como una forma de indemnizar a los propietarios privados de tierras cuando se expropian partes de sus parcelas para realizar obras de infraestructura pública.

Asimismo, es posible captar en el presupuesto municipal parte del aumento del valor de la tierra (instalaciones militares, ferrocarriles) que se genera con la reurbanización. Por ejemplo, en Estados Unidos y Serbia se han vendido propiedades militares excedentes al sector privado y los gobiernos han compartido los beneficios generados con la urbanización de las tierras, que pasaron de tener "uso especial" (militar) a ser de "uso comercial".

Uso de las facultades del gobierno para sacar provecho de los beneficios del sector privado

Por último, el gobierno local puede utilizar sus facultades legislativas o regulatorias para sacar provecho de los beneficios que generan las propiedades privadas mediante el cobro de impuestos, tarifas o contribuciones en especie. Esta herramienta se utiliza en sus distintas modalidades en varios países.

Se pueden cobrar *gravámenes por mejoras* a los dueños de propiedades cuyo valor se haya incrementado gracias a las obras de infraestructura pública o a las mejoras de dicha infraestructura realizadas en los alrededores. Sin embargo, las experiencias con este tipo de gravámenes en Australia, Polonia y el Reino Unido no tuvieron éxito y se interrumpieron formalmente o en la práctica. El único país que posee un historial de éxito sostenido en algunas ciudades es Colombia.

Las *exacciones a los urbanizadores* y las *áreas de cesión obligatoria* (Rusia, Serbia, Estados Unidos) y las tarifas de impacto (Serbia, Estados Unidos) exigen a los urbanizadores que destinen infraestructura o terrenos al uso público en el marco de sus proyectos de desarrollo inmobiliario. En Estados Unidos, las exacciones a los urbanizadores se relacionan con la infraestructura de la obra, mientras que las tarifas de impacto se relacionan con la infraestructura externa. En los Balcanes, este tipo de tarifa se denomina "tarifa de desarrollo urbanístico" y se refiere a la infraestructura externa, mientras que los urbanizadores pagan directamente las tarifas relacionadas con la infraestructura de la obra. Un buen sistema de tarifas de impacto requiere una base analítica sólida y un plan de inversiones a largo plazo para diferenciar con precisión el impacto de las nuevas obras en el costo de infraestructura, según la ubicación, el uso de la tierra, la parcela y el tamaño del edificio. En muchos países, como los de los Balcanes, dichas tarifas se fijan en forma arbitraria, sin tener en cuenta la relación con el costo de infraestructura, y se usan prácticamente como un impuesto general sobre los nuevos desarrollos inmobiliarios, en especial para uso no residencial.

Estos casos muestran que el uso de instrumentos de financiamiento basados en la transacción de tierras brinda uno de los siguientes beneficios principales, o ambos: ingresos inmediatos directos para financiar infraestructura o reducir deuda o la obtención de obras de infraestructura pública sin gastar dinero del municipio. Asimismo, muchos de estos instrumentos transfieren algunos riesgos al sector privado.

Aspectos específicos de la gestión y administración estratégica de tierras: "El problema son los detalles"

La tierra suele ser el activo más valioso de los gobiernos locales si se valora al precio de mercado (véase el ejemplo de Varsovia en el cuadro 6.1). Ello implica que la calidad de la gestión de la tierra es especialmente importante y, como ya se ha dicho, el primer paso consiste en realizar un inventario de tierras. Las próximas medidas en la gestión estratégica de tierras entrañan determinados aspectos específicos que resulta útil conocer.

Clasificación estratégica de la tierra

Los elementos básicos de la clasificación de la tierra se han delineado anteriormente. Es necesario identificar las parcelas necesarias para desempeñar las funciones obligatorias y discrecionales, y los terrenos excedentes. En el gráfico 6.6 se resumen el marco lógico y las medidas específicas.

Una de las preguntas que surgen inevitablemente es cuántos terrenos baldíos deberán utilizarse con fines públicos en el futuro. Ello depende del tipo de desarrollo urbano previsto. En el caso de las zonas en su mayoría residenciales, la norma general es que entre el 28 % y el 35 %, aproximadamente, del territorio debe ser de propiedad pública para utilizarse en la construcción de carreteras y en infraestructura social (escuelas, hospitales, etc.). Las zonas no residenciales pueden necesitar una proporción menor de tierras públicas. Si no se dispone de tierra suficiente para uso público en zonas destinadas a nuevos proyectos de urbanización, debe adquirirse la tierra que haga falta. No obstante, si el municipio posee tierras, pero no se prevén obras en el futuro inmediato, debe establecerse un curso de acción: ¿Es mejor vender la tierra ahora, atender las necesidades actuales con el producto de la venta y comprar tierra cuando avance el proyecto de urbanización? ¿O conviene conservar la propiedad de la tierra? Si bien no hay una respuesta universal, conviene recordar que, en muchas zonas urbanas en crecimiento, los valores de la tierra en general se incrementan más rápido que la inflación o el rendimiento de otras inversiones. Por lo tanto, la tierra, si ya es propia, puede ser una buena inversión.

Es necesario contar con un plan de desarrollo espacial, al menos uno básico, para saber exactamente dónde deben estar las calles, las carreteras y las instalaciones públicas del futuro. Este tipo de plan permite separar las tierras que se destinarán a uso público de otros terrenos baldíos, que se clasificarán como excedentes. El último tipo de tierra puede tener un valor elevado y también requiere una gestión estratégica. En el gráfico 6.7 se presenta un criterio posible para abordar esa clase de decisiones sobre tierras, en el que se clasifican los sitios baldíos en cuatro grupos (para más detalles, véase Urban Institute, 2012b).

Formas de mejorar el valor de las tierras municipales

Los gobiernos locales, como propietarios de tierras, tienen un poder único sobre el valor de la tierra que ofrecen a los inversionistas y los precios que estos están dispuestos a pagar. Los ingresos provenientes de las ventas de tierras, las APP y las ventas de derechos de urbanización pueden incrementarse de dos a cinco veces si los usos de la tierra más beneficiosos ("máximos y mejores usos") están permitidos en los planes y las regulaciones del uso de la tierra. Además, con el cambio de los parámetros para el uso de la tierra, el valor de esta puede pasar de ser negativo (lo que significa que el sector privado no estaría interesado si no recibe subsidios) a ser positivo.

Gráfico 6.6 Clasificación de todas las tierras controladas por el municipio

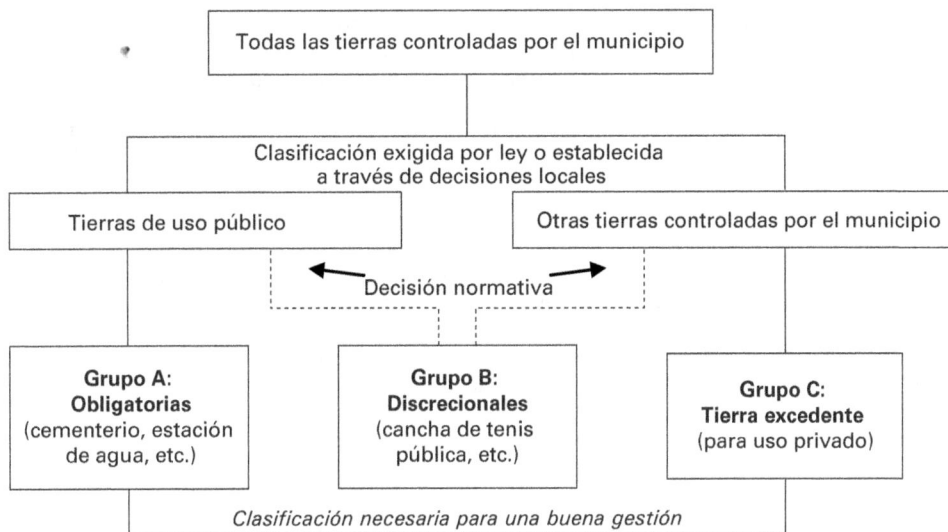

Si estos poderes se utilizan con inteligencia, los municipios pueden incrementar sus ingresos derivados de la asignación de tierras y volverse más atractivos a los inversionistas que otros municipios. Existen varias herramientas para mejorar el valor y el precio de la tierra:

- *Ofrecer un sitio preparado, no un terreno "en bruto", sino un sitio con subdivisiones e infraestructura básica.* El hecho de contar con carreteras internas y externas y conexiones externas a una red de agua y alcantarillado hace que la tierra esté lista para usar cuando se complete la construcción y elimina un importante factor de incertidumbre para los inversionistas. Sin embargo, al preparar la tierra para los inversionistas, el municipio debe tener en cuenta las repercusiones ambientales y sociales. Por ejemplo, debe contar con un plan de reasentamiento en el que se resuman los impactos sociales negativos, como la pérdida de viviendas y cosechas, y se describan medidas específicas para indemnizar a los ciudadanos y las entidades afectadas (para más detalles, véase English y Brusberg, 2002). En todo buen proyecto inmobiliario, es fundamental brindar un trato justo a las personas, aunque se trate de usurpadores.

- *Ampliar los usos permitidos de la tierra y los parámetros para el uso de la tierra.* El ejemplo del cuadro 6.10 muestra cómo los usos permitidos influyen en el valor y el atractivo de la tierra para posibles compradores. En particular, muestra un caso habitual de un plan de desarrollo detallado para una zona industrial no explotada en el que se establece que el sitio solo puede utilizarse para producción y almacenamiento. En estas condiciones, el precio de subasta esperado podría ser, en el mejor de los casos, €14,5 por metro cuadrado, en promedio. No obstante, si se ampliaran los usos de la tierra para permitir algunos servicios de almacenamiento minorista o relacionados con el comercio minorista, el precio promedio esperado podría aumentar a €21,6 por metro cuadrado. Ello se traduciría en ingresos adicionales por alrededor de €715 805 para el presupuesto municipal.

- *Reducir los riesgos relacionados con los gobiernos y los costos para los inversionistas.* Se pueden eliminar tres tipos de riesgos principales:

Gráfico 6.7 Clasificación de las tierras municipales excedentes

- Reserva dorada. Este es el nombre que reciben los sitios que tienen una ubicación privilegiada, cuya venta o alquiler está sometido a una moratoria de entre 10 y 15 años, como mínimo. La moratoria puede suspenderse cuando el gobierno necesita financiamiento para proyectos de infraestructura importantes. El consejo local debe aprobar la lista de sitios bajo moratoria y emitir un documento vinculante. Mientras tanto, estos sitios pueden utilizarse como espacios públicos o alquilarse a corto plazo, como en el caso de las playas de estacionamiento.

- Sitios de construcción grandes. Los sitios que son aptos para obras de infraestructura deben ponerse a disposición de los inversionistas a través de subastas u otras formas de adquisición competitiva. La asignación debe ser planificada y aprobada por el órgano electivo local (programa anual), y debe ajustarse a los tiempos del mercado inmobiliario (las ventas no deben ubicarse en la franja inferior del mercado).

- Lotes pequeños. Los terrenos pequeños que no pueden construirse como inmuebles independientes pueden ofrecerse a los propietarios de los sitios vecinos.

- Otros sitios. Los sitios que no son aptos para obras de infraestructura por varias razones (forma, ubicación, pendientes) pueden alquilarse para usos de construcciones temporarias ligeras.

Cuadro 6.10 Ejemplo de cómo los usos permitidos de la tierra influyen en el valor de la tierra

Escenario 1 (según el plan de desarrollo detallado):	Escenario 2 (según un estudio de mercado realizado por especialistas en bienes raíces):
Área de tierra no explotada, 10 hectáreas; la tierra puede utilizarse para construir una "zona industrial", definida como almacenes para la gestión de activos de producción; las oficinas auxiliares ocupan hasta el 14 % del total de espacio construido.	Área de tierra no explotada, 10 hectáreas; la tierra puede utilizarse para construir almacenes destinados a la gestión de activos de producción; oficinas; almacenes minoristas relacionados con la gestión de activos (como un salón de exposiciones, una tienda minorista de descuento, una mueblería o un centro de venta de artículos para el hogar).
Superficie construida:	Superficie construida:
Almacén para la gestión de la producción: 60 000 m^2	Almacén para la gestión de la producción: 40 000 m^2
Oficina: 10 000 m^2	Oficina: 10 000 m^2
Total: 70 000 m^2	Almacén minorista para la gestión de la producción: 20 000 m^2
	Total: 70 000 m^2
Precios que se espera obtener en la subasta:	Precios que se espera obtener en la subasta:
€14,5/m^2, en promedio	€15/m^2 (oficina/almacén), en promedio;
(o €1 448 272 por todo el sitio).	€37/m^2 (minorista/almacén), en promedio
	(o €2 164 077 por todo el sitio).

Fuente: Urban Institute, 2012a.

El riesgo jurídico: asegurarse de que la ciudad tenga derechos "claros" a los sitios que se ofrecen a los inversionistas.

Riesgos financieros: informar con antelación a los inversionistas de todos los costos relacionados con la adquisición y el desarrollo del sitio.

Riesgo asociado al tiempo: prever el tiempo que se dedicará a obtener permisos y conexiones a servicios de infraestructura.

Si estos riesgos no se eliminan, los inversionistas se protegerán de ellos reduciendo el precio que están dispuestos a pagar.

Procedimientos y contratos basados en la buena disposición: ¿Por qué son importantes?

Los procedimientos basados en la buena disposición son importantes porque indican el interés que tiene el gobierno local en ser un buen socio comercial para los inversionistas privados y lo calificado que está para ello. Cualquier incertidumbre en el proceso de adquisición de tierras o en el contrato de alquiler o venta de tierras aumenta los riesgos de los inversionistas y reduce la confianza de estos en que el proceso no es corrupto. En algunos países, los residentes y las empresas locales aún no tienen opción y aceptarían incluso derechos endebles sobre la tierra y contratos poco claros. Sin embargo, ello reduce la competitividad a largo plazo del municipio tanto en el mercado interno como en el internacional. A continuación se enumeran algunos elementos básicos que debe tener un proceso eficiente de adquisición y comercialización de tierras (para obtener más información, véase Urban Institute, 2012a).

- *Ordenanza local.* El proceso de adquisición debe definirse en un documento formal, preferentemente una *ordenanza local sobre asignación y disposición de tierras* aprobada por un órgano electivo local.

- *Competencia.* El proceso debe ser abierto y competitivo, con limitaciones mínimas (si las hubiera) a la participación.

- *Subastas o licitaciones a sobre cerrado.* En la mayoría de los sitios, el proceso debe consistir en una subasta abierta o una licitación pública a sobre cerrado; en ambos casos, el ganador se seleccionará teniendo en cuenta el precio o alquiler más alto ofrecido. La selección de ganadores a partir de otros criterios o de múltiples criterios solo debería permitirse en casos especiales, predefinidos en una ordenanza sobre asignación y disposición de tierras.

- *Anuncio público.* Un anuncio público de la subasta o licitación debería incluir información suficiente para licitadores potenciales.

- *Tiempo.* Luego del anuncio público, debe disponerse un período de comercialización suficientemente extenso. En el caso de los sitios sencillos y relativamente pequeños, por lo general, deben transcurrir al menos 45 días entre el anuncio y la subasta. En el caso de sitios más grandes o estratégicos, o cuando la demanda es escasa, deben transcurrir entre 90 y 120 días, como mínimo.

- *Informar al público.* Debe informarse al público sobre los resultados de la adquisición, incluida la identidad del ganador, el precio de compra o el alquiler, y las condiciones o limitaciones que afectan al sitio y las transacciones. La información debe suministrarse mediante notificación escrita publicada en lugares públicos y sitios web, y debe incorporarse en el registro local de propiedades públicas.

- *Delegar la tarea.* Los gobiernos locales deben tener el derecho de delegar, mediante acuerdo escrito, la responsabilidad de organizar y realizar la adquisición de tierra conforme a los procedimientos establecidos.

Participación de agentes inmobiliarios para enajenar tierras excedentes

Las compraventas inmobiliarias de gran magnitud requieren una campaña de comercialización bien orientada y de alta calidad para atraer a los inversionistas. La mejor solución es contratar a una empresa o agencia inmobiliaria profesional que tenga un buen historial de corretaje. Estas pueden distribuir la información sobre los terrenos a través de sus bases de datos de clientes y organizar la comercialización a los compradores potenciales. El agente de comercialización debe ser elegido a través del proceso de adquisiciones.

Si un gobierno local decide llevar a cabo la comercialización sin la participación de un agente inmobiliario privado, debe al menos consultar informalmente con agentes inmobiliarios locales. En cualquier caso, la publicación de un aviso en un periódico no es, en absoluto, suficiente. La campaña de comercialización debe incluir otros elementos, como un letrero que remita a la gente a sitios web en los que se brinde información sobre subastas relacionada con la gestión de activos; folletos, y publicaciones en línea. Debe brindarse información a todas las empresas inmobiliarias locales, la Cámara de Comercio, etc.

Alquiler o privatización de tierras municipales

¿Qué derechos debería otorgarse a los actores económicos privados (ciudadanos, empresas) cuando se les otorga tierras públicas para inversiones privadas? Hay dos casos principales en los que esta pregunta reviste suma importancia. El primero se presenta cuando en el país no se permite transferir tierras del dominio público al privado. Los inversionistas solo pueden obtener derechos temporarios, como los alquileres, pero el gobierno central puede estar interesado en analizar sus opciones. En el segundo caso, existe la propiedad privada, pero los gobiernos locales pueden decidir qué derechos desean transmitir a los inversionistas en un contexto específico.

La experiencia en ex países socialistas indica que la mayoría de los inversionistas, cuando tienen la posibilidad de elegir, prefieren claramente ser propietarios de la tierra antes que alquilarla (ver más abajo). Esto indica, por lo menos, dos cosas. En primer lugar, los países en los que no existe la propiedad privada de la tierra, pero que están rodeados de países en los que esta sí existe, perderán inversionistas, quienes irán a lugares que consideran más seguros. En segundo lugar, en países donde existen ambas opciones, las ciudades que otorgan la propiedad tendrán una ventaja competitiva respecto de sus vecinos en materia de inversiones.

Sin embargo, ambas opciones cuentan con defensores y detractores, cuyos argumentos suelen ser de naturaleza ideológica. Por un lado, prácticamente todas las sociedades prósperas del mundo contemporáneo han desarrollado un respeto fundamental por la propiedad privada de la tierra y otros bienes[4]. Por el otro, hay quienes creen que la tierra fue creada por Dios para uso de todos y no puede ser de dominio privado. En el nivel más pragmático, cada una de las opciones entraña costos y beneficios.

Argumentos a favor del alquiler a largo plazo y beneficios de dicha opción

- En el marco de un alquiler a largo plazo, el gobierno local puede ejercer un nivel de control sobre el ritmo de desarrollo, dado que en el respectivo contrato deben establecerse los plazos para construir en la tierra. Asimismo, puede disponerse la resolución si el inversionista no construye en el tiempo previsto. Estas cláusulas generan cierta protección contra los especuladores que compran la tierra para revenderla y obtener un beneficio, y no para explotarla en forma inmediata. (En los contratos de compraventa también se pueden incluir condiciones que exijan que la construcción se complete en cierto plazo).

- Tras el vencimiento del alquiler, la tierra y las mejoras introducidas volverán a manos del gobierno local. Cabe señalar que ello puede resultar más negativo que positivo, como han aprendido las ciudades de Chicago, Kuwait y Johannesburgo. En ellas, los inversionistas dejaron de mantener los edificios entre 10 y 15 años antes del vencimiento del respectivo contrato de alquiler, dado que carecían de incentivos. Al final de alquileres a largo plazo, los gobiernos de las ciudades se encontraron con predios comerciales de su propiedad que se estaban deteriorando y no guardaban relación alguna con las funciones gubernamentales.

Costos y riesgos del alquiler de tierra a largo plazo

- Los inversionistas prefieren ser propietarios de la tierra antes que alquilarla. La primera razón es que la tierra propia puede utilizarse como garantía para obtener préstamos que permitan financiar las construcciones. En segundo lugar, en muchos países, los inversionistas confían más en la ley y el Estado que en los gobiernos locales y los contratos de alquiler a la hora de proteger sus derechos de propiedad. En la mayoría de esos países, la calidad de los contratos de locación de tierras no ha sido suficiente para proteger los intereses privados ni públicos. Para los inversionistas, esto significa que están expuestos a riesgos elevados, entre los cuales se encuentran los de extorsión, de presión ejercida por funcionarios corruptos que aprovechan las deficiencias legales, y de incertidumbre en los contratos de alquiler.

- El modelo de alquiler de tierras es, asimismo, más costoso y complicado de administrar. En primer lugar, implica la necesidad de mantener sistemas paralelos para registrar derechos de locación de arrendatarios y sus derechos de propiedad sobre las mejoras. En segundo lugar, los gobiernos locales se convierten en titulares de grandes carteras de contratos de alquiler, las cuales deben monitorearse y gestionarse, lo que incrementa el costo de la gestión de la tierra. En tercer lugar, un solo impuesto a la propiedad no es aplicable, dado que la tributación de los edificios y los pagos de tierras deben administrarse en forma separada.

- El modelo de alquiler de tierras requiere un alto grado de conocimientos jurídicos por parte de los actores y puede brindar una ventaja imprevista a los inversionistas extranjeros por sobre los pequeños locatarios nacionales. El contrato de alquiler es vinculante y las partes deben estar plenamente conscientes de las obligaciones legales que este les impone. Esto no es algo que entiendan los pequeños terratenientes de la mayoría de los países en desarrollo, que no están en condiciones de contratar abogados calificados. La calidad del alquiler en sí mismo es indispensable. La omisión de disposiciones clave —por ejemplo, quién es propietario de qué a la fecha de vencimiento o las condiciones de renovación— puede dar lugar a diversos casos de litigios, como sucedió en Kuwait, o a protestas masivas, como ocurrió en la Región Administrativa Especial de Hong Kong (China). Se puede suponer que quienes corren el mayor riesgo dentro del modelo de alquiler son los pequeños locatarios locales, puesto que suelen no contar con buenos abogados ni negociadores avezados. En consecuencia, el sistema de alquiler de la tierra a menudo los discrimina sin intención y favorece a los participantes extranjeros experimentados. Esto debería reconocerse como una cuestión de políticas.

- El modelo de alquiler de la tierra se asocia con costos de transacción más elevados. La ejecución/ instrumentación de los alquileres de tierras generan mayores costos de transacción que la comercialización de tierras propias, dado que el inversionista debe vender el edificio y transferir en forma separada el alquiler a través del gobierno local, lo que insume tiempo y dinero adicionales, en comparación con la simple venta de una propiedad de la que se tiene el dominio pleno. Por esta misma razón, las propiedades ubicadas en tierras rentadas generan menor liquidez que las que se encuentran en terrenos propios. En su conjunto, estas complejidades hacen que la inversión en tierras alquiladas sea menos atractiva para los inversionistas.

Si los inversionistas consideran que los alquileres municipales son demasiado riesgosos o demasiado caros, debido a la cantidad de tiempo y dinero que se necesita para obtenerlos, recurrirán a vendedores privados o irán a otras ciudades o países.

Repercusiones en materia de políticas

¿Cuáles son, entonces, las principales repercusiones que tienen para los gobiernos locales las decisiones de vender o de alquilar?

- Los gobiernos locales que serían los primeros del país en comenzar a vender tierras al sector privado muy probablemente tendrán una ventaja a la hora de atraer inversionistas por sobre los gobiernos que prefieren el alquiler de tierras.

- Es imposible predecir si un inversionista comprará tierras para su desarrollo urbanístico inmediato o para revenderlas mediante una operación especulativa. Sin embargo, un gobierno, al seleccionar a un comprador, puede considerar si la persona o empresa cuenta con un plan de desarrollo urbanístico adecuado y sujeto a plazos concretos.

- Si existen dudas, una política local inteligente podría consistir en probar con ambas opciones en forma simultánea, seguir de cerca los resultados y corregir la política a partir de los datos empíricos. En términos prácticos, ello significa vender en subasta pública algunas parcelas y alquilar otras mediante contratos a largo plazo. Durante el seguimiento de los resultados, algunos indicadores permitirían responder preguntas básicas como las siguientes:

1. ¿Se pagan precios más altos por la propiedad (si las demás condiciones se mantienen iguales)?

2. ¿Varían en las dos opciones los intervalos entre la firma del contrato y la solicitud del permiso de construcción?

3. ¿Difieren los tiempos en que está previsto terminar la construcción?

4. ¿El monto de las inversiones depende de los derechos sobre la tierra?

¿Quién debe decidir y de qué manera? Dado que la decisión puede influir seriamente en la competitividad y la prosperidad del municipio, los encargados de formular las políticas a nivel local —el órgano electivo y el alcalde— deben asumir conjuntamente la responsabilidad por las decisiones que se adopten en materia de alquileres o venta.

Gestión avanzada de activos: APP y empresas de desarrollo urbanístico

La gestión de activos es un área sumamente técnica que, como se muestra en el gráfico 6.2, requiere conocimientos de profesionales especializados en bienes raíces. Cuando no se cuenta con esos conocimientos, se cometen muchos errores costosos, a menudo sin siquiera tener conciencia de ello[5]. Cuando las estructuras administrativas de gobierno son rígidas (en lo referido a niveles de pago y procesos decisorios), a menudo resulta imposible atraer a especialistas calificados para que administren grandes carteras de propiedades y permitirles actuar con eficiencia. Asimismo, la gestión racional de activos de capital requiere medidas y operaciones —como la de vender tierras excedentes al sector privado— que en algunos casos no están permitidas a los gobiernos locales. Por último, como ya se analizó, el sector privado puede aportar no solo conocimientos especializados y eficiencia, sino también financiamiento directo para inversiones de capital público. Estas son las razones principales por las que han surgido dos instrumentos avanzados de gestión de activos —las APP y las empresas de desarrollo urbanístico—, que han cobrado notoriedad en la gestión de activos.

Alianzas público-privadas

La forma predominante de APP se basa en una relación contractual entre el gobierno y el socio privado (que puede ser un consorcio de entidades privadas). Una forma menos común (y, en general, no recomendada para los gobiernos locales) es una entidad jurídica conjunta, establecida por el gobierno y el socio privado, cuyas acciones a menudo son propiedad de los socios iniciales o cotizan en bolsa. Las APP varían considerablemente. En un extremo del espectro se encuentran los simples contratos de gestión de tres a cinco años, en virtud de los cuales un

socio privado opera y mantiene un predio estatal (como un estacionamiento público) o presta un servicio del que normalmente se encarga el municipio (como la limpieza de la vía pública). Cabe mencionar que los acuerdos de APP suelen ser muy específicos de un sector y requieren una buena combinación de conocimientos técnicos, financieros y sobre gobierno institucional. Un contrato que resulta adecuado en el caso de una APP para el abastecimiento de agua no es aconsejable en el de una APP para la operación de un servicio de ómnibus o un centro comercial[6].

En el otro extremo se encuentran los mecanismos complejos de APP a largo plazo, como el esquema de diseño, financiamiento, construcción, operación y transferencia (que se suele denominar DFBOT). Por ejemplo, un socio privado que integra una APP puede diseñar, construir y operar varias escuelas públicas para el gobierno local (un acuerdo muy común en Reino Unido). El socio proporcionará financiamiento para la inversión de capital y el gobierno local pagará los costos (más una retribución) al socio privado durante los próximos 30 años a través de una tarifa anual convenida. Los socios privados que integran APP a largo plazo bien estructuradas pueden hacer varias cosas, entre ellas, otorgar financiamiento y conocimientos especializados y asumir determinados riesgos.

De todos los instrumentos que pueden usar los gobiernos locales, las APP a largo plazo para inversiones de capital son los más complejos, por lo que solo una minoría de dichos gobiernos suele recurrir a ellas. Además, como en el caso de la obtención de préstamos, las APP en general son posibles solo si el gobierno local cuenta con determinado nivel de autonomía financiera.

Ciertamente, se recomienda que los gobiernos locales participen gradualmente en las APP, empezando con formas a corto plazo más sencillas, como las operaciones de tercerización y la gestión de servicios o mecanismos municipales selectos. El gobierno puede ingresar en APP a largo plazo luego de adquirir experiencia con contratos sencillos (véase también el capítulo 7).

Empresas de desarrollo urbanístico

En algunos casos, los gobiernos locales establecen empresas de desarrollo urbanístico como entidades para fines especiales. Estas son bastante comunes en Asia meridional; por ejemplo, la autoridad en materia de desarrollo de Delhi en India y la de Lahore en Pakistán. Las experiencias internacionales con estas entidades varían ampliamente. Las empresas de desarrollo urbanístico suelen operar en el marco del código comercial, al igual que las empresas privadas, y tienen mayor independencia que los departamentos o las unidades pequeñas del gobierno local. Un rasgo central de este modelo corporativo es que permite combinar la eficiencia del sector privado con los objetivos que revisten importancia para la comunidad. En el plano de la eficiencia, el modelo corporativo brinda incentivos para que la empresa opere de manera autosuficiente y eficaz en función de los costos. Permite acelerar todos los procesos, promover la flexibilidad y el espíritu de empresa, y atraer y retener a especialistas del sector privado en finanzas y bienes raíces.

El alcance y las funciones de las empresas de desarrollo urbanístico varían considerablemente. Por ejemplo, pueden incluir la adquisición de tierras para proporcionar infraestructura y ofrecer tierras mejoradas en el mercado; la construcción de viviendas para familias de bajos ingresos, o la gestión de propiedades utilizadas para funciones gubernamentales. El modelo corporativo también puede brindar cierta protección a la gestión estratégica de la tierra y la planificación a largo plazo contra los caprichos de los políticos, que en algunos casos están interesados en interferir en las transacciones de tierras cuando el gobierno las administra directamente.

En lo que respecta al valor social, las empresas de desarrollo urbanístico pueden armonizar las relaciones con las comunidades locales en cuanto al proyecto que se está llevando a cabo, así como asegurar la sostenibilidad ambiental de los edificios y vecindarios comprendidos en el emprendimiento. También pueden estimular el desarrollo económico y la regeneración de las zonas de las ciudades que sufren deterioro a través de proyectos de desarrollo urbanístico focalizados.

Al mismo tiempo, las experiencias con empresas de desarrollo urbanístico del gobierno plantean varias inquietudes sobre la participación del gobierno en el desarrollo de tierras y viviendas, y los riesgos asociados. Así pues, existe el riesgo de que las empresas estatales adopten posiciones monopólicas en la oferta de tierras y de viviendas. Ello crea numerosas distorsiones de mercado, como las alzas de precios (Singapur), o lo contrario, el exceso de oferta (República de Corea), y puede generar una obligación directa del gobierno y una carga para las finanzas públicas (Dubaï).

En general, se subestiman los verdaderos costos de dichas empresas de desarrollo urbanístico municipales para los contribuyentes, incluso en economías de mercado totalmente desarrolladas como Canadá. En particular, varios gobiernos a menudo aportan tierras a sus empresas de desarrollo urbanístico (o las compran a otros organismos públicos) a precios históricos y no a valor de mercado; dicho subsidio público encubierto a los proyectos de las empresas no se contabiliza en ningún lugar.

Existe un riesgo muy alto (y una práctica común, al menos en muchos ex países socialistas) de que esas empresas, como lo ha hecho históricamente la mayoría de las empresas municipales, operen sin los niveles adecuados de gestión institucional, rendición de cuentas y transparencia. Asimismo, tienden a involucrarse en emprendimientos inmobiliarios especulativos, que no deberían integrar ni directa ni indirectamente las operaciones del gobierno. En muchos casos no es fácil determinar si estas empresas existen principalmente para generar ingresos al gobierno o para servir otros propósitos. Es común que estas consuman todos sus ingresos, a pesar de los subsidios encubiertos ya mencionados que obtienen del gobierno central o local. Por ejemplo, la autoridad en materia de desarrollo de Lahore maneja un presupuesto más importante que el gobierno de distrito local. Ha participado en transacciones de tierra de gran magnitud y cuenta con grandes reservas financieras, pero durante la última década no ha aportado dinero al presupuesto del gobierno de distrito local.

Estas experiencias sugieren que es imprescindible tratar de no conceder, al mismo tiempo, a las empresas de desarrollo urbanístico autoridad regulatoria y el derecho de operar como empresa en la misma jurisdicción. El hecho de que muchas autoridades en materia de desarrollo urbanístico operen de ese modo genera conflictos de intereses y hace que las transacciones de tierras sean aún menos mensurables, menos transparentes y más proclives a la corrupción. Dichos mecanismos también generan una ventaja competitiva injusta sobre los inversionistas privados.

Por último, al considerar la posibilidad de establecer una empresa municipal para administrar las tierras u otros activos municipales, las actividades de dicha empresa deben considerarse como parte de un panorama más amplio de gestión estratégica y bien concebida de activos de capital. Antes de que un gobierno local establezca una empresa de ese tipo, es necesario invertir tiempo, esfuerzo y conocimientos especializados en la etapa crítica de *diseño conceptual*. En particular, los principales contenidos organizativos, empresariales, de políticas y de gestión institucional deben formularse y convenirse en términos específicos antes de ser codificados en documentos jurídicos y traducidos en medidas adoptadas por las empresas[7].

Estrategia de gestión de activos: Cómo armar el rompecabezas

¿Cómo pueden los administradores de las ciudades asegurarse de que los instrumentos analizados en este capítulo formen parte de un programa integral y coherente y tengan un efecto duradero en el gobierno del municipio, especialmente si el alcalde y el consejo pueden cambiar en la próxima elección? La estrategia de gestión de activos es un documento especial e importante, así como una herramienta útil, cuyo propósito es resumir tanto los principios generales como las tareas específicas de la estrategia, incluido un plan de acción para mejorar la gestión de activos. Se recomienda elaborar este documento durante el período de entre 6 y 18 meses posteriores a la introducción de mejoras en la gestión de activos. Esto implica que la estrategia debe ser un verdadero documento de trabajo basado en los logros prácticos y las intenciones realistas relacionadas con la gestión de activos.

¿Quién debería elaborar la estrategia?

En el mejor de los casos, el grupo de estudio temporario dedicado a la gestión de activos debería estar facultado para redactar la estrategia de gestión de activos como parte de sus actividades. Un alcalde o tesorero debería llevar adelante su redacción y su presentación al consejo.

Una estrategia de gestión de activos incluye las siguientes secciones clave:

1. formulación de la misión, objetivos y principios de la gestión de activos;

2. compromiso de realizar un inventario y recuento completos de todas las propiedades a los fines de la gestión de activos;

3. resúmenes y revisiones de las carteras;

4. clasificación de todas las propiedades en los tres grupos funcionales —obligatorias, discrecionales y excedentes (generadoras de ingresos)— y formulación de objetivos financieros y una estrategia de gestión para cada grupo;

5. formulación de principios aplicables a las políticas sobre los activos, en la medida en que el gobierno local esté dispuesto a respetarlos, maximizar los ingresos y garantizar el mantenimiento adecuado;

6. identificación de las regulaciones locales que requieren algunos cambios para mejorar la gestión de activos y recomendaciones de cambios específicos (por ejemplo, la emisión de la ordenanza referida a los alquileres a empresas, y la modificación de la ordenanza referida a la asignación de tierras);

7. una lista de medidas específicas para cada grupo de propiedades y para propiedades separadas, cuando sea necesario (por ejemplo, cuando cambia el inquilino o el administrador; para mejorar el uso, o para recomendar la enajenación);

8. sugerencias de cambios organizativos en la gestión de activos para asegurar la coordinación interdepartamental eficaz;

9. identificación de la persona encargada de implementar la estrategia (por ejemplo, los miembros del grupo de estudios);

10. un mecanismo y un cronograma realistas para implementar la estrategia que reflejen las prioridades del gobierno local.

¿Quién debería adoptar la estrategia?

El mejor escenario sería que el consejo o la asamblea locales adoptaran la estrategia como un documento orientativo y vinculante, como una ordenanza local. Sin embargo, incluso si el documento no es vinculante, la estrategia será útil, siempre que se utilice como una guía en la práctica. La estrategia debe revisarse en forma periódica (anualmente) para medir los avances logrados, garantizar su vigencia y actualizarla en caso de ser necesario.

Conclusiones

Para los encargados de formular las políticas: En todo el mundo, los gobiernos municipales controlan grandes carteras de activos físicos (tierras, edificios, infraestructura, y vehículos y equipos), que suelen abarcar la mayor parte de los recursos públicos locales y que dichos gobiernos administran en nombre de los contribuyentes y los ciudadanos. La buena gestión de estos activos es imprescindible para el bienestar de las finanzas públicas y la calidad y sostenibilidad de los servicios locales. Contribuye al desarrollo económico local y a la calidad de vida.

La mejora en la gestión de activos genera múltiples beneficios: ahorros muy reales e ingresos adicionales para el presupuesto local; activos y servicios de mejor calidad para los ciudadanos, y mayor confianza entre estos y el gobierno.

Para el personal municipal y los especialistas técnicos: Cualquier gobierno, tenga poca o vasta experiencia en la materia, podrá encontrar en este capítulo ideas útiles, un marco general y herramientas prácticas para administrar mejor sus activos. Ello incluye, entre otras cosas, inventariarlos; utilizar procedimientos transparentes para asignar activos destinados al uso privado; alinear o clasificar los activos según el rol que cumplen en la prestación de servicios que el gobierno debe proporcionar; utilizar el valor de mercado de los activos para tomar decisiones; establecer un fondo de depreciación para financiar el reemplazo de activos; seguir de cerca los indicadores clave (por ejemplo, los costos e ingresos relacionados con los activos); introducir la gestión del ciclo de vida útil para infraestructura y los edificios, comenzando con la planificación de los gastos de operación y mantenimiento para los activos de capital existentes y nuevos, y utilizar instrumentos avanzados, como los planes estratégicos de gestión de activos.

Una conclusión clave es que la gestión de activos constituye un área técnica, por lo que los miembros del personal municipal deben adquirir conocimientos especializados y prestar atención a los detalles operativos relacionados con la reglamentación, los procedimientos, los bienes inmuebles y la infraestructura. También deben ser creativos e ingeniosos y tener incentivos para adoptar esas actitudes. Asimismo, puede justificarse la contratación de especialistas ajenos al gobierno que tengan conocimientos especializados en valuación inmobiliaria, gestión de propiedades y temas similares para ayudar a los gobiernos en cuestiones específicas.

Notas

1. Cuando se asignan propiedades públicas a varios usuarios en condiciones preferenciales (sin costo alguno o a precios inferiores a los del mercado), se suelen registrar casos de corrupción, favoritismo o conflicto de intereses. Difundir información sobre las condiciones permite reducir sustancialmente la corrupción.

2. El valor de mercado de la tierra es, por definición, el precio probable que esta debería registrar en una transacción justa, luego de haber estado en un mercado abierto y competitivo durante un tiempo razonable, en un contexto en el que el comprador y el vendedor actúan con prudencia y conocimiento, y suponiendo que el precio no se ve afectado por estímulos indebidos.

3. No existe una fórmula universal; para un análisis más exhaustivo, véase Urban Institute, 2012a y 2012b.

4. Existen raras excepciones. En Nueva Zelandia, la Corona es propietaria de la tierra y los privados poseen derechos perpetuos de libre y plena disposición sobre la tierra denominados "de pleno dominio". Estos derechos no difieren en ningún sentido de la propiedad privada.

5. En Hentschel y Utter, 2006, se ofrecen ejemplos fascinantes de la complejidad que revisten las decisiones "habituales" sobre bienes inmuebles que deben adoptar las ciudades.

6. El Servicio de Asesoramiento para Infraestructura Pública y Privada (PPIAF) es un fondo fiduciario de múltiples donantes administrado por el Banco Mundial que brinda asistencia técnica sobre la estructuración de APP en los países en desarrollo. Para obtener más detalles, visite http://www.ppiaf.org.

7. Para obtener más información sobre empresas de desarrollo urbanístico, véase http://www.urban.org/UploadedPDF/412299-Government-Land-Development-Companies.pdf.

Bibliografía

English, Richard, and. Frederick E. Brusberg. 2002. *Handbook for Preparing a Resettlement Action Plan.* Washington, DC: International Finance Corporation, World Bank.

Farvacque-Vitkovic, Catherine, Lucien Godin, Hugues Leroux, Florence Verdet, and Roberto Chavez. 2006. *Street Addressing and the Management of Cities.* Washington, DC: World Bank.

Hentschel, John, and Marilee Utter. 2006. "U.S. Cities—An Entrepreneurial Approach to Municipal Real Estate Asset Management." In *Managing Government Property Assets: International Experiences,* edited by Olga Kaganova and James McKellar. Washington, DC: UI Press.

Kaganova, Olga. 2008. "Integrating Public Property in the Realm of Fiscal Transparency and Anti-Corruption Efforts." In *Finding the Money: Public Accountability and Service Efficiency through Fiscal Transparency,* edited by Gábor Péteri, 209–22. Budapest: Local Government and Public Service Reform Initiative/Open Society Institute. http://cps.ceu.hu/publications/joint-publications /finding-the-money.

Kasso, Zsuzsa, and Piroska Pergerne-Szabo. 2004. "Asset Management in Secondary Cities." In *Intergovernmental Finance in Hungary—A Decade of Experience,* edited by M. Kopanyi, S. El Daher, and D. Wetzel, 381–403.Washington, DC: World Bank Institute.

Kopanyi, Mihaly, and Zsofia Hertelendy. 2004. "Municipal Enterprises in Hungary." In *Intergovernmental Finance in Hungary—A Decade of Experience,* edited by M. Kopanyi, S. El Daher, and D. Wetzel, 337–61. Washington, DC: World Bank Institute.

Managing Infrastructure Assets. 2005. National Guide to Sustainable Municipal Infrastructure, Canada, http://www.fcm.ca/Documents /reports/Infraguide/Managing_Infrastructure _Assets_EN.pdf.

Péteri, Gábor, and Michael Schaeffer. 2007. "Property Devolution and Local Government Asset Management." In *The Kosovo Decentralization Briefing Book,* edited by Robert D. Ebel and Gábor Péteri. Budapest: OSI.

Peterson, George E. 2009. *Unlocking Land Values to Finance Urban Infrastructure.* Washington, DC: World Bank and PPIAF.

Peterson, George E., and Olga Kaganova. 2010. "Integrating Land Financing in Subnational Fiscal Management." Policy Research Working Paper 5409, World Bank, Washington, DC.

Urban Institute. 2012a. *Guidebook on Packaging and Marketing Municipal Land to Investors.* Washington, DC: Urban Institute. http://www.urban.org/ publications/412532.html.

———. 2012b. *Guidebook on Real Property Asset Management for Local Governments.* Washington, DC: Urban Institute. http://www.urban.org/ publications/412531.html.

Whitestone Research. 2010. "Whitestone Facility Operations Cost Reference, 2010–2011." 15th annual ed. www.whitestoneresearch.com.

World Bank. 2011. *Guidebook on Capital Investment Planning for Local Governments.* Washington, DC: World Bank. http://web.worldbank.org.

CAPÍTULO 7

Gestión de recursos externos

Maria Emilia Freire

En respuesta a la rápida urbanización, los gobiernos locales de todo el mundo enfrentan el desafío de proporcionar infraestructura y servicios básicos nuevos y mejorados a grupos de representados cada vez más demandantes. El problema se ve exacerbado por la irreversible tendencia hacia la descentralización, por la cual se han delegado en los gobiernos locales la ejecución y el financiamiento de gran parte del programa de inversión municipal. En un marco institucional adecuado y con los controles financieros debidos, muchos países han permitido a los gobiernos locales movilizar financiamiento externo para infraestructura a través del acceso a mercados de deuda y la participación del sector privado, lo que ha dado como resultado un mejor aprovechamiento de los recursos y ahorros propios. Afortunadamente, el sector financiero de la mayoría de las economías emergentes se ha desarrollado con rapidez, y las autoridades locales ahora tienen acceso a diversas opciones de financiamiento y a información sobre lo que ha funcionado satisfactoriamente en el pasado y lo que se necesita para ingresar en los mercados financieros. Las experiencias de diversos gobiernos locales en el acceso a deuda externa han alertado a las autoridades locales y centrales sobre el posible sobreendeudamiento y han reafirmado la necesidad de contar con políticas prudentes y una supervisión atenta.

En este capítulo, se analiza cómo los gobiernos locales pueden movilizar y gestionar recursos externos para satisfacer la demanda de desarrollo de la infraestructura. Los recursos externos se definen como los recursos que recibe el gobierno local y que no provienen de sus propios ingresos (impuestos, aranceles y multas), transferencias intergubernamentales e ingresos de capital (lo que se analiza en los capítulos 1 y 4). Por ende, los *recursos externos* incluyen el financiamiento de mercado y la participación del sector privado, la ayuda filantrópica y las donaciones privadas, y la ayuda internacional y la asistencia para el desarrollo.

El capítulo comienza con un análisis de la importancia de que los municipios cuenten con un plan de inversiones de capital plurianual para orientar el uso del financiamiento externo. Se destacan las dificultades inherentes a la colaboración entre departamentos y la estandarización de los estudios de factibilidad. Se mencionan técnicas de selección de proyectos, tales como análisis de costos y beneficios y valor actual neto, como herramientas para asignar prioridad a las inversiones.

A continuación, se incluye una descripción de las características del endeudamiento y la emisión de bonos a nivel municipal, y se analizan diversos instrumentos que ayudan a los municipios a acceder a los mercados crediticios. En el análisis de las regulaciones de la deuda subsoberana, se señala que a los gobiernos nacionales a menudo les preocupa que las jurisdicciones locales se endeuden por encima de su capacidad de pago, no cumplan con el servicio de la deuda y, por lo tanto, obliguen al gobierno nacional a financiar esas deudas.

Luego de analizar el potencial de las APP para financiar las inversiones locales, en este capítulo se examinan los tipos de asistencia externa de que disponen los municipios, el surgimiento de nuevas esferas de inversión local (incluidos los préstamos para eficiencia energética) y la ayuda filantrópica para los municipios.

¿Por qué los gobiernos locales deben movilizar recursos externos?

Según las proyecciones, durante los próximos 20 años, será necesario destinar a infraestructura cientos de miles de millones de dólares por año en todo el mundo para fomentar el crecimiento y la prestación de servicios. Una parte considerable de la responsabilidad de reunir los fondos necesarios recae en las ciudades de los países en desarrollo, donde se producirá gran parte del crecimiento urbano previsto. El Banco Asiático de Desarrollo (BAsD) estima que solo en Asia se necesitarán nuevas infraestructuras urbanas por valor de casi US$100 000 millones por año para subsanar las deficiencias y mantenerse a la par de este crecimiento urbano sin precedentes. Las necesidades de financiamiento para abastecimiento de agua, saneamiento, manejo de residuos sólidos y mejora de barrios marginales en zonas urbanas se estiman en US$25 000 millones por año —US$50 000 millones si se incluyen las vías urbanas (Sood, 2004)— y se necesitarán otros US$32 000 millones para mantenimiento (BAsD, 2011). Las cifras correspondientes a otras regiones son similares. En China, los gobiernos subnacionales son responsables del 80 % del gasto público; en Francia, Indonesia y Turquía, más de la mitad de la inversión pública se realiza a nivel subnacional

(Canuto y Liu, 2010). Según estimaciones recientes, los recursos disponibles provenientes de los gobiernos locales cubren, cuanto mucho, el 10 % de las necesidades totales. Por lo tanto, la movilización y la gestión de recursos externos son tanto inevitables como estratégicas.

¿Cómo pueden los gobiernos locales financiar las inversiones de capital? Los gobiernos locales tienen diversas opciones. En primer lugar, pueden utilizar superávits ordinarios y transferencias de niveles más altos de gobierno. También pueden aprovechar los mercados locales de crédito y capital y las APP, o incluso atraer donaciones de organizaciones filantrópicas o benéficas o de donantes internacionales. En la sección siguiente, se brinda más información sobre estas opciones, antes de los análisis detallados que se incluyen en las secciones siguientes.

Inversiones provenientes de superávits de operación netos

Los gobiernos locales pueden utilizar sus superávits de operación netos para financiar inversiones *con cargo a los ingresos ordinarios*, lo que significa que los gastos se financiarán en consonancia con el superávit anual generado. El superávit de operación neto es la cantidad de ingresos de operación que puede utilizarse para financiar gastos de capital y que queda después de pagar salarios, gastos de operación y de mantenimiento, y el servicio de la deuda (lo que se analiza en los capítulos 3, 4 y 8). Esto implica que los proyectos de inversión se llevarán a cabo a partir del superávit de operación disponible, y al ritmo de este. Esto es diferente del método de *pago por uso* (común en el financiamiento de proyectos), en el que los fondos solicitados en préstamo se desembolsan y luego se reembolsan con los ingresos generados por el proyecto.

El financiamiento con cargo a los ingresos ordinarios, o el depender exclusivamente de un superávit de operación anual, limita la capacidad de los gobiernos locales, puesto que, en la mayoría de los casos, el superávit de operación es pequeño. Dado que muchos proyectos de infraestructura son de gran envergadura, limitar el gasto de capital a la corriente de ingresos anuales haría muy difícil financiar proyectos tales como un vertedero o una carretera principal. El financiamiento con cargo a los ingresos ordinarios generalmente da como resultado una gran cantidad de proyectos pequeños y efímeros, en lugar de grandes inversiones estratégicas. Dado que las grandes inversiones desempeñan un papel clave para generar actividad local y, con el tiempo, incrementar los ingresos de los gobiernos locales, la dependencia del financiamiento con cargo a los ingresos ordinarios para financiar proyectos de infraestructura redunda en la pérdida de oportunidades. Además, una ciudad en expansión con buenos servicios atrae negocios y desarrollos inmobiliarios que ayudan a generar nuevos ingresos de fuentes propias.

Donaciones de capital

En los países en desarrollo, los gobiernos locales a menudo dependen de las transferencias intergubernamentales de capital. En muchos municipios pequeños y de escasos recursos, las transferencias son la principal fuente de financiamiento a largo plazo para construir infraestructura básica. En el caso de los municipios en crecimiento con riqueza suficiente y proyectos independientes (por ejemplo, transporte urbano), las transferencias pueden ayudar a potenciar y movilizar financiamiento adicional. Las transferencias también pueden utilizarse como garantía del dinero solicitado en préstamo, lo que se traduce en menos riesgo y mejores condiciones.

Mercados locales de crédito y capital

Los gobiernos locales pueden acceder a los mercados locales de crédito y capital. El concepto económico que respalda dicho acceso es que el carácter de largo plazo de los proyectos de infraestructura justifica el financiamiento de largo plazo. Tomemos, por ejemplo, el caso de una planta de residuos sólidos. Probablemente

cueste mucho más de lo que un municipio mediano podría financiar en un solo año con su superávit ordinario. Además, incluso si el municipio pudiera financiar la planta con sus propios ingresos en un plazo de tres años, por ejemplo, quizá no sea justo hacerlo, ya que la planta será utilizada por las generaciones futuras durante alrededor de 20 años. Al financiar las inversiones de infraestructura de larga duración con deuda a largo plazo, el pago de la planta se distribuye a lo largo del tiempo, de modo que aquellos que se benefician con dicha obra en los últimos años también contribuyen al financiamiento. Las alternativas de financiamiento mediante deuda que se muestran en el gráfico 7.1 incluyen una amplia variedad de opciones, desde empréstitos de bancos públicos hasta la emisión de instrumentos de deuda en mercados de capital internacionales, según las circunstancias de cada gobierno local.

El uso de financiamiento mediante deuda también conlleva otros beneficios. Disciplina a los gobiernos locales al obligarlos a determinar las principales prioridades de inversión y reservar el financiamiento necesario, de modo que la decisión no deba revisarse cada año. Además, la capacidad de financiar la construcción de una instalación completa de forma oportuna permite ahorrar una gran cantidad de dinero, en algunos casos, mayor que el costo de los intereses del préstamo.

Alianzas público-privadas

Cuando los gobiernos locales se asocian con el sector privado para financiar y construir nuevas obras de infraestructura, crean una APP. Las APP han crecido

Gráfico 7.1   Fuentes de financiamiento externo para gobiernos locales

rápidamente en los últimos 30 años, y se han extraído muchas enseñanzas que pueden ayudar a los gobiernos locales a seleccionar el mejor tipo de APP para prestar servicios públicos en consonancia con sus propias capacidades técnicas y responsabilidades. La experiencia ha mostrado que la contribución de las APP en el ámbito municipal ha sido particularmente importante para lograr mayor eficiencia en la prestación de servicios, en especial, en sectores tales como el abastecimiento de agua y el manejo de residuos sólidos.

Donaciones

Los gobiernos locales también pueden beneficiarse de donaciones y financiamiento privado provenientes de organizaciones benéficas o donantes internacionales. Los patriotas locales (o expatriados), por ejemplo, pueden donar un establecimiento educativo, cultural o sanitario a cambio de que el edificio lleve su nombre. Organizaciones internacionales como la Agencia de Estados Unidos para el Desarrollo Internacional (USAID) pueden donar diversas obras de infraestructura. En algunos casos, estos fondos son gratuitos y no es necesario reembolsarlos; sin embargo, muchos pueden requerir cofinanciamiento extraído del presupuesto local o el cumplimiento de otras condiciones normativas.

Garantías

Las garantías tienen un papel que cumplir en el uso de recursos externos. Hay dos tipos de garantías: 1) un nivel más alto de gobierno puede proporcionar garantías como apoyo financiero para el gobierno local, lo que reduce el costo del financiamiento; en algunos casos, el financiamiento solo puede cerrarse con una garantía de un tercero (gobierno o banco privado); 2) los gobiernos locales también pueden requerir que entidades independientes, por ejemplo, empresas de servicios públicos, soliciten préstamos y pueden emitir una garantía municipal para respaldar la transacción. De este modo, el municipio ahorra dinero en efectivo del presupuesto, aunque asume un pasivo contingente, es decir, el riesgo de que la entidad prestataria no cumpla con el pago del servicio de la deuda y obligue al gobierno local a intervenir y pagar.

Condiciones para obtener recursos externos

Las condiciones para obtener recursos externos se analizarán detalladamente más adelante, pero conviene destacar algunos requisitos generales necesarios para obtener y utilizar eficazmente fondos externos. Un *programa de inversiones de capital* sólido, con proyectos de desarrollo bien definidos y evaluados, es un instrumento importante para atraer financiamiento en consonancia con los objetivos del municipio. También es importante demostrar que los fondos externos se utilizan para financiar proyectos específicos que son sostenibles a largo plazo y que tienen un presupuesto suficiente para la operación y el mantenimiento. Por último, la presentación oportuna y adecuada de informes financieros, un presupuesto claro y equilibrado, y un superávit de operación son fundamentales para convencer a los posibles proveedores de financiamiento o donantes acerca de la confiabilidad y la coherencia de los planes municipales.

Para lograr un endeudamiento prudente, el gobierno local debe tener una posición financiera sólida y la capacidad de pagar puntualmente el capital y los intereses futuros del préstamo. Es útil distinguir entre a) la deuda o los empréstitos del gobierno local utilizados para financiar sus propios proyectos, que se reembolsarán con el superávit de operación, y b) la deuda en que incurre el municipio en nombre de empresas de servicios públicos o inversiones particulares, que generarán ingresos y pagarán su propio servicio de la deuda. En el primer caso, se necesita contar con buenos informes financieros, con proyecciones claras que muestren superávit de operación en los ingresos municipales (es decir, capacidad crediticia), o disponer de una calificación crediticia emitida por un organismo pertinente, como Standard & Poor's. En el caso del endeudamiento dirigido a financiar proyectos (por ejemplo, una planta de agua), es necesario realizar un análisis financiero sólido del proyecto y de sus ingresos proyectados. Si el proyecto nuevo se beneficia de una garantía municipal implícita o explícita, se debe evaluar la capacidad crediticia tanto del municipio como del proyecto nuevo. La viabilidad financiera es fundamental para tomar empréstitos para proyectos que se prevé que generen un flujo de fondos suficiente para atender el nuevo servicio de la deuda. La falta de atención a estos aspectos y las proyecciones excesivamente optimistas han causado problemas financieros graves en muchos municipios. El caso de Harrisburg,

Recuadro 7.1 Harrisburg, Pensilvania: Una ciudad en quiebra

A mediados de octubre de 2011, Harrisburg, la capital de Pensilvania, se declaró en quiebra y solicitó protección contra los acreedores. Harrisburg es el municipio más grande que se declara en quiebra luego de que lo hiciera Vallejo, California, en 2008. La decisión fue motivada por dos factores que intensificaron las dificultades financieras que experimentaba la ciudad para pagar el servicio de la deuda a sus tenedores de bonos: el atraso en el servicio de la deuda había llegado a los US$60 millones.

El factor principal fue la garantía de US$320 millones que la ciudad había otorgado para un incinerador de residuos. Se suponía que el proyecto se autofinanciaría, pero debido a su fracaso, la ciudad debió hacerse responsable de la deuda. En muchos casos, las ciudades son demasiado optimistas acerca de la capacidad del proyecto para generar ingresos

suficientes y, cuando el incinerador no pagó su propia deuda, se exigió a Harrisburg que la afrontara.

El segundo factor fue el desacuerdo entre Harrisburg y el estado de Pensilvania, que le prohibió aplicar un impuesto a los habitantes de los suburbios que ingresaban a la ciudad para abordar sus problemas financieros. El estado sostuvo que, en lugar de cobrar el impuesto, la ciudad tendría que vender activos y, en última instancia, aumentar los impuestos aplicados a sus ciudadanos. La ciudad manifestó que la tasa de pobreza era de alrededor del 29 % y que el cobro de impuestos a los ciudadanos convertiría a Harrisburg en un "pueblo fantasma". El pedido de protección por quiebra proporcionó a la ciudad un conjunto más adecuado de herramientas.

Fuente: Tavernise, 2011.

Pensilvania (véase el recuadro 7.1), muestra la importancia de basarse en supuestos realistas al momento de decidir si se solicita un préstamo o se garantiza el empréstito de una entidad pública.

Estudios de factibilidad

Los estudios de factibilidad son instrumentos vitales y condiciones previas para el endeudamiento prudente. Los gobiernos locales de los países en desarrollo no suelen otorgarles la importancia suficiente. Pueden encargar un estudio de factibilidad que incluya varios cientos de páginas sobre el diseño técnico del proyecto, que es una parte crucial de un estudio de factibilidad, pero que destine apenas unas pocas páginas al análisis de las cuestiones financieras. En realidad, estos documentos no son estudios de factibilidad: los estudios de factibilidad deben incluir un análisis financiero detallado y exhaustivo, con supuestos realistas acerca de los futuros flujos de ingresos y los riesgos relacionados, análisis de

sensibilidad, e instrumentos y compromisos para la recaudación eficaz de los ingresos proyectados, todos los cuales son esenciales para evaluar la factibilidad financiera del proyecto. Asimismo, es fundamental involucrar a los clientes en forma oportuna y acordar aranceles factibles y asequibles en esta etapa.

Un programa sólido de inversiones de capital, con proyectos de desarrollo bien definidos y evaluados, ayuda a garantizar que el endeudamiento esté en consonancia con los objetivos del municipio (véanse los capítulos 5 y 6). A fin de mantener la congruencia del endeudamiento de los gobiernos locales con estos objetivos, la mayoría de los países tienen reglamentaciones específicas que indican el monto que las autoridades locales pueden solicitar en préstamo y los motivos por los cuales pueden hacerlo. Cuando el gobierno local tiene capacidad de endeudamiento y los proyectos lo justifican, el uso de deuda para financiar inversiones es una opción acertada desde el punto de vista económico.

| 1. Identificación de las necesidades de infraestructura y las prioridades (PIC) | → | 2. Evaluación de las necesidades de financiamiento y la capacidad de endeudamiento | → | 3. Elección de la mejor combinación de instrumentos de financiamiento |

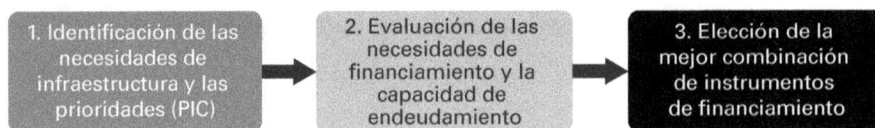

Planificación de la infraestructura: El plan de inversiones de capital

Si bien las inversiones municipales de largo plazo requieren instrumentos de financiamiento de largo plazo, tales inversiones también deben seleccionarse y diseñarse en el contexto de un plan de desarrollo más prolongado (de 3, 5 o 10 años). La *planificación de inversiones de capital* es un procedimiento y un instrumento para seleccionar, elaborar y ejecutar un programa de inversiones en un marco plurianual renovable que orienta el plan de desarrollo anual, se condice con dicho plan y se transforma en él. La preparación de un plan de mejora del capital local generalmente incluye tres etapas: a) la identificación y el establecimiento del orden de prioridad de las necesidades de infraestructura y los gastos de capital, b) la evaluación de los recursos externos necesarios, de las prioridades locales y de lo que es factible (dentro de las limitaciones legales y financieras actuales) y c) la determinación de la combinación más adecuada de recursos y financiamiento, como se muestra en el gráfico 7.2. Un plan aprobado de inversiones de capital suele ser un documento publicado que brinda información a los posibles proveedores de financiamiento y a las partes interesadas (ciudadanos, empresas, posibles inversionistas y entidades municipales). En el gráfico 7.3 se muestra la primera página del plan de inversiones de capital y el plan anual de inversiones estratégicas de la ciudad de Charlotte (Estados Unidos), publicados en un solo documento.

Identificación de las necesidades de infraestructura y selección de prioridades

Los gobiernos locales deciden —en diversas interacciones dentro de su propia administración y a través del diálogo con sus representados— qué inversiones tienen prioridad y cómo financiarlas. Durante la preparación del presupuesto (véanse los capítulos 3,

5 y 6), los departamentos técnicos u otras entidades y las partes interesadas evalúan las necesidades de la ciudad en materia de nuevas inversiones, expansión o reparación de la infraestructura existente. Esta lista inicial de proyectos prioritarios generalmente es larga e incluye muchas propuestas contradictorias. Se encarga entonces al departamento de planificación o a un comité de desarrollo del Consejo Municipal la tarea de evaluar, clasificar y preseleccionar las propuestas en función de las prioridades socioeconómicas y normativas, y de los fondos disponibles.

Evaluación de las necesidades de financiamiento y la capacidad de endeudamiento

El departamento de finanzas analiza las principales opciones de financiamiento y propone alternativas para cada proyecto prioritario, y se asegura de que todo el paquete se encuadre dentro de la capacidad de financiamiento total de la ciudad, incluido el endeudamiento. La capacidad de un gobierno local para endeudarse depende de dos factores: los ingresos locales proyectados que pueden utilizarse para pagar o cubrir el futuro servicio de la deuda, y el volumen y la estructura de la deuda existente (es decir, los vencimientos y las tasas de interés promedio, que, en conjunto, determinan el servicio de la deuda para los próximos años).

Los ingresos y los gastos futuros se proyectan como una función de variables internas (por ejemplo, el esfuerzo fiscal del municipio y sus políticas salariales) y variables externas (por ejemplo, el crecimiento económico). Se deben considerar también otros riesgos, como el riesgo político en las variables externas (por ejemplo, cambios en las transferencias o las tasas de coparticipación impositiva, o la posibilidad de que el gobierno de nivel más alto no cofinancie el proyecto según lo prometido inicialmente). Los cambios en los mecanismos de financiamiento intergubernamentales también pueden menoscabar la capacidad de

Gráfico 7.3 Plan de inversiones de capital de la ciudad de Charlotte

los gobiernos locales de proyectar adecuadamente su corriente de ingresos y su capacidad de inversión. Se deben tener en cuenta los proyectos en curso que han recibido financiamiento o transferencias de otros niveles de gobierno, ya que pueden necesitar una cierta asignación presupuestaria para el financiamiento de contrapartida. En el recuadro 7.2 se muestra la complejidad de las cuestiones que deben abordarse para definir las opciones y los límites de financiamiento en un plan de desarrollo de 10 años en San Francisco.

La evaluación de la capacidad de endeudamiento es una medida fundamental para los gobiernos locales.

Proporciona un valor concreto del monto que un gobierno local puede solicitar en préstamo sin perder el equilibrio fiscal durante todo el período de reembolso de la deuda. Asimismo, previene el sobreendeudamiento y reduce la posibilidad de que los gobiernos locales incurran en incumplimiento de su deuda. Los gobiernos nacionales o las reglas locales que procuran reducir el riesgo de incumplimiento por lo general limitan el endeudamiento local mediante el uso de parámetros simples, como el *saldo de la deuda* o el *flujo del servicio de la deuda* (la deuda como porcentaje de los ingresos netos). Por ejemplo, en Brasil, los municipios

Recuadro 7.2 San Francisco: El plan de inversiones de capital de 10 años, ejercicios de 2012 a 2021

En 2006, tras décadas de déficit en el financiamiento de infraestructura, el alcalde y la junta de supervisores aprobaron el primer plan de inversiones de capital de 10 años para toda la ciudad de San Francisco. Era la primera vez que San Francisco pensaba de manera integral en su infraestructura y elaboraba un plan para abordar los déficits más urgentes. Desde entonces, la ciudad ha recibido la aprobación de los votantes para realizar importantes mejoras antisísmicas y aumentar el financiamiento destinado a su programa vial; para una amplia variedad de bibliotecas, parques, hospitales, tuberías, líneas de transporte y museos nuevos, y para incrementar el apoyo a las necesidades de renovación tendientes a un "buen estado de conservación".

Los proyectos se seleccionaron en función de la disponibilidad de financiamiento y la prioridad de cada proyecto. Los departamentos con ingresos propios —por ejemplo, el Aeropuerto Internacional de San Francisco y la Comisión de Empresas de Servicios Públicos— financian la mayor parte de sus necesidades de capital con las tarifas que se cobran a los usuarios. Los programas que brindan servicios al público en general (como los cuarteles de bomberos) dependen principalmente del financiamiento del fondo general de la ciudad y del financiamiento mediante deuda.

El plan de inversiones de capital de los ejercicios de 2012 a 2021 tiene previsto un financiamiento de US$24 800 millones. Incluye gastos de capital que serán financiados por el gobierno local (lo que se denomina "el fondo general"): más de US$4800 millones para proyectos de sectores que financian sus gastos mediante la recuperación de los costos (transporte y empresas de servicios públicos) y proyectos especiales de gran envergadura que tienen financiamiento garantizado y se realizan sobre la base del financiamiento del proyecto. Los US$4800 millones costeados por el fondo general del gobierno local son, en realidad, la mitad del presupuesto propuesto de US$9800 millones que la ciudad tuvo que recortar debido a la falta de ingresos. El paquete total incluye US$1180 millones en ingresos ordinarios (financiamiento con cargo a los ingresos ordinarios), US$2400 millones en deuda nueva (en forma de bonos de obligación general) y US$1300 millones en bonos de obligación general previamente autorizados pero no emitidos. La capacidad de endeudamiento de la ciudad está determinada por dos limitaciones aprobadas: a) no se aumentarán los impuestos sobre la propiedad para cubrir la deuda nueva y b) el servicio de la deuda del gobierno local de San Francisco no será superior al 3,5 % de los ingresos (discrecionales) propios de la ciudad. Esta limitación implica que solo se puede emitir deuda nueva una vez que se ha pagado la anterior.

Fuente: Plan de Inversiones de Capital de San Francisco 2012-21, http://www.sfgov2.org/ftp/uploadedfiles/cpp/Final_FY09-18_Capital_Plan_All_Sections(1).pdf.

---

pueden solicitar préstamos si el saldo de su deuda se mantiene por debajo del 60 % de sus ingresos de operación, o si el servicio de su deuda (los pagos de interés sobre la deuda pendiente y la amortización) se mantiene por debajo del 15 % de los ingresos de operación. De este modo, los gobiernos locales pueden estimar el monto que pueden solicitar en préstamo en un año determinado y la cantidad de proyectos que pueden incluirse en la versión definitiva del plan plurianual de inversiones de capital.

Elección de la combinación más adecuada de financiamiento externo

Una vez que el gobierno local estime el monto que puede obtener en el mercado crediticio (y el monto de financiamiento en condiciones concesionarias que probablemente reciba), podrá elegir la combinación más adecuada de recursos externos que coincida con la duración de los proyectos y que dé como resultado un servicio total de la deuda más bajo.

Cuadro 7.1   Plan de inversiones de capital de 10 años de San Francisco, por departamento

Millones de US$

Sectores	Fondo general	Financiamiento externo y autofinanciamiento	Total
Seguridad pública	1777	0	1777
Servicios humanos y de salud	1129	565	1694
Infraestructura y calles	1033	6550	7582
Educación y cultura	678	778	1456
Renovación de vecindarios	92	4179	4271
Transporte	0	7842	7842
Gobierno general	165	0	165
Total	4873	19 914	24 787
Financiamiento con cargo a los ingresos ordinarios	1183	0	0
Deuda	3690	0	0

Fuente: Plan de Inversiones de Capital de San Francisco 2012–21, http://www.sfgov2.org/ftp/uploadedfiles/cpp/Final_FY09-18_Capital_Plan_All_Sections(1).pdf.

El alcalde y el Consejo Municipal revisan la lista de iniciativas preseleccionadas antes de determinar la prioridad de los proyectos. El documento resultante es un plan plurianual de inversiones de capital en el que se incluyen los proyectos prioritarios, se explica cómo estos se adecuan a la visión de la ciudad y se establece cómo se financiarán. Tanto el plan de inversiones de capital de 5 años de la ciudad de Charlotte (gráfico 7.3) como el plan de 10 años de San Francisco (cuadro 7.1 y recuadro 7.2) muestran cómo se organiza y se financia el plan de inversión, y cómo la ciudad intenta adecuar el plan de inversión a su capacidad de endeudamiento y sus recursos existentes.

Del plan de inversiones de capital al plan de financiamiento

Preparación de los planes de inversiones de capital

Muchos gobiernos locales preparan planes de inversiones de capital plurianuales renovables cada año, en los que se mencionan los proyectos de capital prioritarios para los cuales el financiamiento está garantizado (véanse también los capítulos 5 y 6).

La preparación del plan de inversiones de capital comienza con la identificación de las necesidades de infraestructura de la ciudad, lo que incluye las deficiencias de cobertura y la necesidad de ampliar o renovar la infraestructura existente. Si la ciudad ha elaborado una estrategia de desarrollo, es decir, una visión económica a mediano plazo de lo que la ciudad desea ser en el futuro, con toda seguridad la estrategia incluye un plan de inversiones de capital en el que se identifican las inversiones necesarias para hacer realidad esa visión (Banco Mundial, 2002).

Sin embargo, aunque una ciudad tenga una estrategia de desarrollo, necesita información más detallada para los proyectos concretos incluidos en el plan de desarrollo anual. Las propuestas provienen de cada departamento del municipio. Por ejemplo, el departamento de educación puede proponer la construcción de 2 escuelas nuevas y reparaciones en 13 aulas, y el departamento de transporte puede proponer la pavimentación de 6 calles que hacen un total de 16 kilómetros de carreteras.

La información proporcionada generalmente incluye los siguientes elementos:

- La *información municipal* incluye la visión y la estrategia de la ciudad, y el modo en que el proyecto se adecua a dicha visión, su demografía y sus necesidades comerciales o sociales.

- El *título y la descripción del proyecto propuesto* incluyen, por ejemplo, el tamaño, la ubicación y el costo de una escuela, y el tiempo necesario para finalizar el proyecto.

Recuadro 7.3 Participación ciudadana en los planes de inversiones de la ciudad

Los planes de inversiones de la ciudad generalmente se analizan con la comunidad y con una amplia variedad de partes interesadas. En muchas ciudades de Estados Unidos, se llevan a cabo reuniones abiertas específicas o audiencias públicas, y se utilizan medios electrónicos para recopilar las sugerencias de la comunidad acerca de las inversiones prioritarias. En algunos sistemas, se requieren referendos o el voto de una mayoría especial en los consejos para autorizar empréstitos de gran envergadura.

- El *financiamiento* incluye el financiamiento propuesto para el siguiente período de cinco años, así como el costo de finalización de cada etapa de la construcción y los costos de operación y de mantenimiento estimados después de la finalización.

- El *impacto ambiental* incluye cómo afectará el proyecto al medio ambiente, tanto de forma positiva (al reducir las emisiones de gases de efecto invernadero) como de forma negativa (al generar contaminación o tráfico).

- El *desempeño anterior* incluye el gasto municipal en infraestructura y en los sectores particulares (educación, carreteras) en los cinco años anteriores[1].

Una vez que la autoridad municipal define sus prioridades de inversión y selecciona los proyectos individuales (posiblemente en conjunto con representantes clave de empresas y de la sociedad civil), el próximo paso es decidir cómo se financiará el plan. Se trata, básicamente, de un proceso iterativo, ya que las opciones de financiamiento —financiamiento basado en proyectos, financiamiento presupuestario, bonos de obligación general o APP— influyen no solo en los fondos totales disponibles, sino también en la lista de proyectos prioritarios. Por ende, luego de considerar las opciones de financiamiento, la autoridad municipal puede revisar la lista de prioridades para evitar que queden proyectos de alta prioridad sin financiar y también para garantizar que las oportunidades de financiamiento se utilicen de la mejor forma posible.

En algunas ciudades, se han elaborado contratos municipales donde se reseñan un plan de inversiones prioritarias (basado en una auditoría urbana) y un

Cuadro 7.2 Financiamiento del plan de inversiones de la Ciudad de Charlotte, 2011-15

Fuentes de financiamiento	US$
Financiado por el fondo general	256,7
Bonos (bonos de participación)	203,6
Empresas de servicios públicos independientes	2131,2
Total	2591,5

Fuente: Plan de Inversiones de Capital de Charlotte 2011-15, http://charmeck.org/city/charlotte/Budget/Documents/FY2011 Strategic Operating Plan.pdf.

plan de mejoras municipales (basado en una auditoría financiera o en una autoevaluación financiera del municipio). En las ciudades que cuentan con contratos municipales, la selección de inversiones prioritarias se lleva a cabo de forma muy participativa (generalmente incluye a los ciudadanos y grupos de intereses; véase el recuadro 7.3), y la selección final se basa en la capacidad financiera del gobierno local. Este modelo ha sido muy eficaz en África, entre otros lugares, donde más de 200 municipios han implementado varias generaciones de contratos municipales, con lo que se introdujo la rendición de cuentas en el gasto público. La autoevaluación financiera del municipio se examina con más detalle en el capítulo 8.

Además de las opciones de financiamiento y la estructuración del plan de inversiones de capital, los gobiernos locales también deben examinar la manera de incluir las empresas de servicios públicos jurídicamente independientes —por ejemplo, las empresas de agua potable y de manejo de residuos sólidos— en el plan general de inversiones de capital con financiamiento independiente (posiblemente mediante el uso del financiamiento basado en proyectos y las tarifas impuestas a los usuarios), con la aprobación del consejo. Muy probablemente, el presupuesto de la ciudad incluirá sus propios ingresos, las transferencias del gobierno central y del estado, los impuestos y empréstitos locales, y los recursos externos. Las empresas de servicios públicos que generan ingresos normalmente se incluyen en el plan de inversiones de capital, y sus ingresos y gastos se informan de manera explícita, pero al margen del presupuesto municipal.

Veamos el plan de inversiones de la ciudad de Charlotte resumido en el cuadro 7.2. La ciudad dedicó dos años para elaborar el plan completo, sobre la base del diálogo con los círculos empresariales. Los objetivos eran promover el desarrollo económico y mejorar las condiciones de vida de los ciudadanos. El costo total para el período 2011-15 es de US$2500 millones, financiado por ingresos generales (10 %) y empréstitos y bonos especiales emitidos para el público en general (8 %); el resto es financiado por grandes empresas municipales que operan en sectores autofinanciados, como abastecimiento de agua y alcantarillado, aviación y aguas pluviales, cuyos planes de inversión de capital pueden costearse mediante los cargos por servicio.

Instrumentos para la selección de proyectos

A fin de elegir entre los proyectos de inversiones de capital, los gobiernos locales deben tener un claro sentido de prioridades y criterios que los ayuden a evaluar y comparar iniciativas. Una vez que se elabora la lista de posibles proyectos, el personal del gobierno local los evalúa de acuerdo con los criterios establecidos con anticipación y los clasifica en consonancia con tales criterios (por ejemplo, costos y beneficios) y según sus méritos o su rentabilidad relativa, su factibilidad y su grado de preparación. El análisis generalmente es realizado por el personal técnico del departamento de planificación, en ocasiones, en paralelo con el departamento del banco de desarrollo que se ocupa del proyecto o con una entidad del gobierno central. Esta tarea a menudo requiere mucho tiempo debido a que los departamentos del gobierno tienen diferentes formas de evaluar o preparar proyectos, y generalmente es difícil cuantificar los beneficios y los costos de las iniciativas.

Muchas veces, sin embargo, los proyectos se seleccionan por motivos políticos (por ejemplo, un proyecto para el cual el alcalde ha recibido una asignación especial) o porque son financiados por el gobierno central y no se los puede someter al esquema de prioridades. Lo ideal es que los proyectos del gobierno central se registren y se mencionen en el plan de inversiones de capital en la medida en que haya información razonable disponible. La falta de coordinación entre los niveles de gobierno no solo es inconveniente para los ciudadanos, sino que también genera costos adicionales (véase el recuadro 7.4).

Si bien se acepta generalmente que las preferencias políticas, el grado de preparación y la factibilidad son importantes para la elección de proyectos prioritarios, hay instrumentos analíticos e indicadores útiles que deben utilizarse siempre que sea posible para seleccionar o priorizar proyectos de inversiones de capital:

- análisis de costos y beneficios;

- tasa interna de rentabilidad (TIR);

- valor neto actualizado (VNA).

Recuadro 7.4 Falta de planes coordinados

En una ciudad de Pakistán, se recapó la calle principal en el marco de un proyecto financiado por donantes, pero unas pocas semanas después, el Departamento de Salud Pública comenzó a reemplazar la tubería principal del alcantarillado en la misma calle, por lo que se rompió la calle nueva y no se reparó la superficie de forma adecuada. Un plan plurianual aprobado y compartido con el gobierno habría permitido ahorrar tiempo y dinero.

Cuadro 7.3 Análisis de costos y beneficios de un proyecto de terminal de autobuses a lo largo de 10 años

Miles de US$

Costos y beneficios		Valor actualizado
Costos		
Costos directos del proyecto	Costo del diseño	100
	Obras civiles	2000
	Costos de financiamiento	300
	Operación y mantenimiento	5000
Otros costos	Ruido	200
	Contaminación	800
Total		8400
Beneficios		
Ingresos directos para el municipio inversionista	Tarifas de autobuses	4500
	Tarifas de estacionamiento (automóviles, motocicletas)	1500
	Tarifas de arrendamiento del café, restaurante	500
	Impuestos	1000
Beneficios indirectos	Ahorro de tiempo de desplazamiento	300
	Trabajos, sueldos, ganancias	1200
Total		9000

Estos instrumentos son indicadores fundamentales de la factibilidad. Indican cuánto vale un proyecto y ayudan a clasificar diferentes iniciativas desde el punto de vista técnico. En los capítulos 5 y 6 también se analizan estos instrumentos. A continuación se incluye un resumen breve de estos instrumentos desde la perspectiva del financiamiento. Sin embargo, la mayoría de los gobiernos locales no tienen capacidad interna para aplicar estos instrumentos y contratan consultores, especialmente para realizar análisis de costos y beneficios para los proyectos que quizá necesiten financiamiento de donantes o prestamistas. En el caso de los proyectos financiados con recursos propios de los gobiernos, se utilizan criterios de evaluación más simples.

Análisis de costos y beneficios

El análisis de costos y beneficios es un enfoque económico de toma de decisiones que se utiliza para evaluar si vale la pena encarar un proyecto, un programa o una política que se ha propuesto, o para elegir entre diversas opciones. En dicho análisis, se comparan los costos totales previstos de un proyecto con los beneficios totales previstos, y se determina si los beneficios exceden los costos y en qué medida. En un análisis de costos y beneficios, todas las clases de beneficios y costos directos e indirectos se expresan en términos de dinero y se ajustan según el valor temporal del dinero. Este proceso es por lo general muy complejo y demanda mucho tiempo, especialmente cuando se trata de monetizar beneficios y costos especiales. De este modo, todos los flujos de beneficios y todos los flujos de costos a lo largo del tiempo (que suelen ocurrir en diferentes magnitudes y en distintos momentos) se cuantifican y se expresan en valor actualizado. Los flujos futuros de costos y beneficios se convierten en un valor actualizado mediante una tasa de descuento. En el cuadro 7.3, se resumen los costos y los beneficios del proyecto de una terminal de autobuses, traducidos a valores actualizados, después de estimar también en términos financieros los costos no financieros (como ruido y contaminación) y los beneficios no financieros (ahorro de tiempo). Por ejemplo, para estimar el ahorro de tiempo se necesitan estudios especiales, como cómputos de tránsito, para cuantificar la cantidad de pasajeros en diversos días, medir el tiempo de desplazamiento entre la residencia y el trabajo antes y después del proyecto, y asignar valor al tiempo sobre la base de estimaciones de los ingresos.

Tasa de descuento

El primer desafío en el análisis de costos y beneficios es comparar diversos costos y beneficios independientemente del año en el que se producen; para este cálculo, es necesario traducir los valores nominales a valores actualizados. Para calcular el valor actualizado de ingresos futuros, utilizamos un factor de descuento d, que es el inverso de una tasa de interés de descuento r; por ende, $d_i = 1/(1+r)^i$ en cualquier año futuro (i). El d

descuenta el valor del dinero a lo largo del tiempo, en lugar de acumularlo. Por ejemplo, un valor nominal o futuro de 2 millones (en cualquier moneda) de ingresos durante tres años sería 2+2+2 = 6 millones. Sin embargo, si la tasa de descuento es del 5 %, las ganancias del primer año serían los 2 millones nominales, pero en el segundo año, el valor actualizado de las ganancias sería de solo 2/(1,05) = 1,82 millones, y en el tercer año sería de solo 2/(1,05)^2 = 1,65 millones. Al utilizar la fórmula $R*d_p$, 2*1+2*0,952+2*0,907 = 5,719 millones, el valor actualizado total de esta corriente de ingresos[2].

La elección de la tasa de descuento refleja el valor que le asignamos al tiempo, sobre la base de las circunstancias y las oportunidades locales. ¿Cómo elegimos una tasa de descuento? Podemos utilizar la tasa de los empréstitos a largo plazo, la tasa de inflación o el rendimiento de los mercados de capital, ya que estos suelen ser oportunidades reales. Podemos utilizar una tasa que refleje el rendimiento habitual en proyectos similares, servicios similares o inversiones similares. Pero debemos ser pragmáticos al elegir la tasa adecuada, y siempre es mejor comparar las diversas opciones de tasas de descuento:

- Una tasa de descuento baja implica que valoramos a las generaciones futuras de la misma forma que nos valoramos a nosotros mismos.

- Una tasa de descuento alta significa que valoramos a la generación actual más que a las futuras y que los costos impuestos a las generaciones futuras son menos importantes que aquellos que soportamos actualmente. La tasa elegida marca una gran diferencia en la evaluación de inversiones con efectos a largo plazo, como el cambio climático, y, por ende, las tasas de descuento generan mucha controversia.

El *valor neto actualizado* (VNA) es la diferencia entre la inversión inicial más los ingresos descontados y los costos descontados durante la vigencia del proyecto, evaluados a una tasa de descuento determinada. Para que los proyectos se justifiquen desde el punto de vista económico, el VNA debe ser superior a cero. Un VNA negativo indica que, con la inversión planificada, perderíamos en lugar de generar dinero en cifras reales.

La *tasa interna de rentabilidad* (TIR) es la tasa de descuento en la que los costos totales, incluida la inversión inicial, equivalen a los beneficios totales del proyecto. Si la TIR es superior a la tasa de interés a largo plazo comparable actual (por ejemplo, la tasa bancaria de interés sobre los depósitos), se considera que el proyecto se justifica desde el punto de vista

---

Recuadro 7.5 Análisis de costos y beneficios, tasa interna de rentabilidad y valor neto actualizado: Un ejemplo

A fin de introducir los conceptos de análisis de costos y beneficios, tasa interna de rentabilidad y valor neto actualizado, comenzaremos con un ejemplo simple. El gobierno local de Newville recibió la siguiente propuesta: un grupo de empresas minoristas desea construir un mercado cubierto. Proponen que el municipio invierta US$10 millones en infraestructura. A cambio, la comunidad comercial pagará un arrendamiento anual de US$2 millones durante los primeros seis años. El alcalde debe decidir si este negocio propuesto es conveniente.

¿Usted qué piensa?

El costo del proyecto para el municipio es de US$10 millones. Los ingresos son de US$12 millones en total. A primera vista, el proyecto compensará los gastos que conlleva y generará un valor neto de US$2 millones. Al parecer, el alcalde podría aprobar el proyecto.

(continúa en la página siguiente)

Recuadro 7.5 *(continuación)*

¿Es así? ¿Qué sucede con el valor de tiempo?

Al considerar el tiempo, vemos que US$2 millones en el segundo o el tercer año no es lo mismo que US$10 millones gastados en el primer año. El valor es menor a medida que pasa el tiempo. ¿Y qué sucede si un banco ofrece un interés anual del 8 % por el depósito a seis años?

Para ayudar al alcalde a tomar una decisión, mostramos los costos anuales y las ganancias anuales en una hoja de trabajo y utilizamos una tasa de descuento para hacer que los valores sean comparables a lo largo del tiempo (véase el cuadro R7.5.1).

Presentemos estos valores al alcalde. El costo sería de US$10 millones; la rentabilidad sería de US$2 millones por año y de US$12 millones en total. Por ende, tendríamos US$2 millones netos al final del período; parece muy conveniente.

Cuadro R7.5.1   Valores actuales
Millones de US$

Año	0	1	2	3	4	5	6	Total
Costo = C	10							10
Beneficios = B		2	2	2	2	2	2	12
Valor neto ($\sum B_i - C$)	−10	2	2	2	2	2	2	2

Ahora elijamos una tasa de descuento para convertir los valores nominales en valores actualizados. Elijamos la tasa del 8 % que el banco ha ofrecido al municipio por un depósito a plazo. ¿Cuál sería el resultado? Al utilizar la fórmula $VNA = \sum R_i / (1+r)^i - \sum C_i / (1+r)^i$, r sería del 8 %, y deberíamos calcular los valores actualizados de los ingresos y los costos de los seis años. En el cuadro R7.5.2, se muestran los resultados.

Lecciones

El valor actualizado del costo total no cambia, debido a que había un solo rubro de costos; sin embargo, el valor actualizado de la corriente de ingresos se ha modificado. El valor actualizado de los beneficios con la tasa de descuento del 8 % sería de apenas US$9,246 millones, monto que es, en realidad, inferior al costo del proyecto. El valor neto actualizado es de US$−0,754 millones. Por lo tanto, no es recomendable que la ciudad financie el proyecto en estas condiciones, dado que podría obtener más ganancias al depositar ese dinero en un banco. Pero además, según los cálculos, el gobierno local debe solicitar a la comunidad comercial que se comprometa o celebre un contrato para pagar una tarifa anual más alta, por ejemplo, de US$2,3 millones, lo que garantizaría una TIR más elevada y un VNA positivo.

Cuadro R7.5.2   Cálculo del valor neto actualizado con una tasa de descuento del 8 %

Año	0	1	2	3	4	5	6	Valor actualizado
(1) Tasa de descuento compuesta		1,08	1,166	1,26	1,36	1,469	1,587	
(2) Costo = C	10							10
(3) Beneficio = B	0	2	2	2	2	2	2	
(4) Factor de descuento $d_i = 1/(1+r)^i$		0,926	0,858	0,794	0,735	0,681	0,630	
(5) Beneficio neto $BN = R_i/(1+r)^i = d_i * B_i$		1,852	1,715	1,588	1,47	1,361	1,26	9,246
(6) Valor neto actualizado ($\sum BN_i - C$)	−10	1,852	1,715	1,588	1,47	1,361	1,26	−0,754

económico (es decir, ganaríamos más que simplemente depositando el dinero en un banco).

Para aplicar lo mencionado anteriormente, consideremos que C_i es el costo de un proyecto en el año i y R_i los beneficios en el año i. El costo total del proyecto será $\sum C_i$, la rentabilidad total será $\sum R_i$ y el valor neto total será $= \sum R_i - \sum C_i$. Al realizar el ajuste por tiempo, obtendríamos el VNA del siguiente modo:

$$VNA = \sum R_i/(1+r)^i - \sum C_i/(1+r)^i,$$

donde r es la tasa de interés e i sería los años 0, 1, 2, ..., n.

Cuando el VNA es superior a cero, los ingresos descontados son superiores a los costos descontados, lo que indica que el proyecto se justifica desde el punto de vista económico o comercial.

La TIR es la tasa de descuento en la que el VNA se hace igual a cero, es decir, la tasa de descuento más alta en la que los beneficios totales son equivalentes a los costos totales. Si la TIR es superior a las tasas de interés del mercado actuales (o el precio del capital para el gobierno), ciertamente vale la pena ejecutar el proyecto. Si la TIR es inferior al precio del dinero, no se debe seguir adelante con el proyecto. Cuanto más rentable sea el proyecto, más alta será la TIR.

Por lo general, utilizamos análisis de costos y beneficios para medir los beneficios de intervenciones alternativas o para calcular un efecto directo con una intervención y sin ella, como en el ejemplo del mercado cubierto propuesto en Newville, que se describe en el recuadro 7.5.

Alternativas de financiamiento: Préstamos o bonos

Los gobiernos locales de los países en desarrollo recurren principalmente a las transferencias para financiar la infraestructura; sin embargo, muchos han intentado expandir y diversificar su financiamiento movilizando opciones basadas en el mercado como alternativa. En general, estas opciones incluyen los siguientes recursos externos:

- préstamos de instituciones financieras o bancos de desarrollo especializados;

Recuadro 7.6 Endeudamiento de gobiernos locales de América del Norte y Europa occidental

El mercado de bonos municipales de Estados Unidos se originó en respuesta a la expansión urbana del país que tuvo lugar en la década de 1850. Las inversiones municipales en América del Norte fueron financiadas en gran medida por *bonos garantizados con ingresos para un fin específico* (emitidos para financiar un proyecto determinado), también llamados financiamiento para proyectos; otros preferían utilizar *bonos de obligación general* (véase a continuación la descripción de los tipos de bonos). El gobierno central respaldó el financiamiento descentralizado al exonerar de impuestos a los bonos municipales y al contribuir a los fondos rotatorios y los bancos de bonos estatales para que los municipios más pequeños pudieran beneficiarse con los bonos sin ser penalizados por su tamaño reducido.

Europa occidental aprovechó el acceso preferencial histórico a los depósitos de ahorro a largo plazo y las contribuciones gubernamentales para establecer bancos e instituciones financieras municipales. Algunos ejemplos de bancos municipales son Dexia Credit Local de Francia, BNG de los Países Bajos, Banco de Crédito de España y Credit Communal de Bélgica. La crisis financiera del período 2008-10 afectó a estos grandes bancos debido a que habían lanzado algunos productos atípicos para competir con otras instituciones financieras. En consecuencia, algunas entidades fueron nacionalizadas y sometidas a una revisión total, como ocurrió con el banco Dexia Credit Local, que fue rescatado por una enorme cantidad de capital público, y la administración cambió radicalmente. Sin embargo, todos han continuado trabajando con los municipios, aunque ahora están limitados a las autoridades locales nacionales.

- acceso a mercados de capital o emisión de bonos;

- participación del sector privado a través de contratos, arrendamientos y concesiones.

El éxito de los gobiernos locales en la movilización de fondos basados en el mercado para inversiones locales varía enormemente, según la complejidad de los mercados crediticios locales, la calidad del gobierno local y la forma en que los inversionistas privados perciben el riesgo de la autoridad local pertinente. Algunos países tienen una larga experiencia en la movilización de deuda privada para financiar infraestructura urbana (véase el recuadro 7.6). Las autoridades locales de América del Norte recurren principalmente a los bonos municipales, y en Europa occidental se han creado bancos municipales para ayudar a las autoridades locales. El financiamiento mediante la emisión de bonos no es necesariamente un complemento de otros instrumentos; puede ser muy significativo si el mercado de capital es sólido. Por ejemplo, el mercado para los bonos municipales en Canadá y Estados Unidos es más grande que el mercado para los bonos de empresas privadas.

En las economías emergentes o en desarrollo, el acceso de los gobiernos locales a los mercados crediticios se ve obstaculizado por varios factores:

- Los servicios locales como el abastecimiento de agua y las plantas de residuos sólidos no son atractivos para los inversionistas privados, quienes temen que los proyectos tengan una recuperación de costos limitada y un prolongado período de gestación.

- Los gobiernos locales a menudo tienen una posición fiscal débil con un superávit ordinario pequeño y transferencias impredecibles de los niveles más altos de gobierno.

- Están surgiendo mercados financieros y de capital locales, pero no ofrecen productos adecuados para los gobiernos locales.

Mercados de capital: Emisión de bonos municipales

Los bonos municipales han sido utilizados profusamente en América del Norte para financiar las inversiones de los gobiernos locales, pero son mucho menos populares en Europa, especialmente en Francia y Alemania, donde los gobiernos locales en general solicitan préstamos a bancos especializados como Dexia.

¿Qué es un bono municipal?

Un bono municipal es una obligación de deuda emitida por una autoridad local con la promesa de pagar el interés del bono (cupón) en un cronograma de pagos especificado y el capital al vencimiento. Por lo tanto, un bono funciona como un préstamo: el emisor es el prestatario (deudor), el titular es el prestamista (acreedor) y el cupón es el interés. El objetivo es similar al de un crédito bancario. El emisor (el gobierno local) vende bonos al público en general (a menudo, a través de un banco de inversiones) y utiliza los fondos provenientes de la venta para financiar proyectos de

Recuadro 7.7 Suscripción

El proceso más común para emitir bonos es través de la *suscripción*. En la suscripción, uno o más bancos compran la emisión completa de bonos de un emisor y los revenden a los inversionistas. De este modo, la empresa de valores asume el riesgo de no poder vender la emisión a los inversionistas finales.

El gobierno central y los gobiernos locales generalmente emiten bonos mediante licitaciones, en las que tanto el público como los bancos pueden presentar ofertas para adquirirlos. Sin embargo, los costos pueden ser demasiado altos para un préstamo más pequeño, en cuyo caso el bono se emite como un bono de colocación privada, que permanece en poder del prestamista y no ingresa en el mercado de bonos general; este proceso representa una forma especial de financiamiento de los bancos.

capital como escuelas, sistemas de alcantarillado, etc. (En el recuadro 7.7, se explica la suscripción, un proceso de emisión de bonos). Un bono puede imprimirse y comercializarse como un pagaré; sin embargo, los bonos se están emitiendo cada vez más solo de forma electrónica, sin un formulario impreso, lo que genera un ahorro considerable para los emisores.

Los bonos devengan intereses a una tasa fija o variable. La fecha en la que el emisor reembolsa el capital, es decir, la fecha de vencimiento del bono, puede ser varios años después. Los bonos a corto plazo vencen en un período de uno a tres años, mientras que los bonos a largo plazo generalmente vencen después de más de una década.

Recuadro 7.8 Bonos municipales en países en desarrollo o de ingreso mediano

- *Río de Janeiro* fue la primera ciudad de América Latina que emitió satisfactoriamente un bono en los mercados de capital internacionales. La ciudad emitió un bono en julio de 1996 para refinanciar su deuda existente (con una tasa de interés del 10,3 % por US$125 millones durante tres años). El bono estaba desprovisto de garantías, a pesar de que era la primera vez que la ciudad emitía deuda internacional. Desde entonces, la estricta reglamentación tributaria ha impedido las emisiones de bonos municipales en Brasil (Platz y Schroeder, 2007).
- *Bogotá* siguió el ejemplo de Río y emitió bonos internacionales en 2001; se vendieron US$100 millones a una tasa de interés del 9,5 % y por un período de cinco años a fin de recaudar fondos para financiar proyectos de infraestructura. Los bonos recibieron calificaciones globales de BB+ de Fitch Ratings y BB de Standard & Poor's. Los bonos de Bogotá de 2001 no tenían garantía soberana.
- *Zimbabwe* emitió bonos municipales con garantías soberanas, al igual que Sofía en Bulgaria y Moscú y San Petersburgo en la Federación de Rusia.
- Los emisores en *Asia* incluyen a Japón, la República de Corea, Malasia y Filipinas (Peterson, G. y P. Annez, 2008). Desde 1991, al menos 13 gobiernos locales de Asia han emitido bonos por un total de US$34,5 millones (Platz, 2009). Las emisiones han oscilado entre US$148 000 y US$500 000, con vencimientos de entre dos y tres años. China está revisando la legislación para permitir que los municipios accedan al mercado de bonos, en vista de la creciente presión de las ciudades chinas sobre el crédito bancario. China ha utilizado bonos de forma indirecta.
- En *India*, municipios como la Corporación Municipal de Ahmedabad han recaudado alrededor de US$290 millones, principalmente para financiar sistemas de abastecimiento de agua y alcantarillado. A fin de reducir el riesgo e incrementar la comercialización de estos bonos, la Junta de Bolsa y Valores de la India ha publicado directrices tendientes a aumentar la transparencia de las emisiones y proteger los intereses de los inversionistas.
- La ciudad de *Johannesburgo* es la única de Sudáfrica que ha emitido bonos municipales en los últimos años, aunque Kigali (Rwanda) también ha contemplado esta posibilidad. Johannesburgo ha emitido cuatro bonos institucionales por un valor total de US$506 millones. Sudáfrica es el único país africano que emite bonos municipales. En 2004, la ciudad de Johannesburgo compró al Banco de Desarrollo del África Meridional (DBSA) y a la Corporación Financiera Internacional (IFC) una garantía parcial para una emisión de bonos, con la que se garantizaba el 40 % de los fondos del bono.

Fuente: Ngobeni, 2008.

Los inversionistas individuales poseen alrededor de dos tercios de los aproximadamente US$2,8 billones de bonos municipales en circulación de Estados Unidos, ya sea directa o indirectamente a través de fondos mutuos y otras inversiones. Los inversionistas en bonos generalmente buscan una corriente continua de pagos de ingresos y, en comparación con los inversionistas bursátiles, pueden tener más aversión al riesgo y estar más interesados en preservar la riqueza que en acumularla, con rendimientos más seguros pero más bajos.

Los bonos municipales han sido extraordinariamente útiles para recaudar capital para inversiones en infraestructura en las ciudades de Estados Unidos, en parte porque el gobierno federal exonera de impuestos a dichos bonos. El mercado de bonos municipales de Estados Unidos aumentó de US$66 000 millones en 1960 a US$361 000 millones en 1981 y a US$2,8 billones en 2010 (Shapiro, 2010). En 2010, más de 50 000 entidades emitieron un monto sin precedentes de US$327 000 millones en bonos municipales (Platz, 2009).

Fuera de Estados Unidos, el mercado de la deuda subnacional ha crecido en los últimos 10 años de US$270 000 millones a US$396 000 millones, y el vencimiento medio se extendió de 7,14 años a 9,45 años. El financiamiento mediante la emisión de bonos municipales ya se ha puesto en práctica en varios países; en el recuadro 7.8 se incluyen ejemplos de África, América Latina, Asia meridional y oriental, y Europa. En el caso de América Latina, ciudades de Argentina, Brasil, Colombia

---

Recuadro 7.9 Emisión de bonos de obligación general en la ciudad de Novi Sad

La ciudad de Novi Sad (Serbia) emitió los primeros bonos municipales del país en 2011, por un valor total de €35 millones, a una tasa anual del 6,25 % y con un vencimiento a 12 años y un período de gracia de 2 años. Con los recursos, se financiará la terminación del Bulevar de Europa y la construcción de 100 kilómetros de redes de alcantarillado. El suscriptor era UniCredit Bank de Serbia. Algunos economistas consideran que el deseo de incluir a la ciudad en el mapa de los mercados de capital fue el principal motivo para emitir el bono, en lugar de consideraciones económicas o financieras.

Fuente: Novi Sad, 2011.

Recuadro 7.10 Emisión de bonos a largo plazo en la ciudad de Johannesburgo

En 2004, la ciudad de Johannesburgo intentó acceder al mercado de bonos con un bono de obligación general, a fin de reducir el costo general de la deuda. La emisión tenía varios objetivos: a) ampliar el plazo de vencimiento de la deuda existente; b) financiar proyectos de infraestructura a largo plazo; c) refinanciar la costosa deuda contraída con los bancos, y d) diversificar sus fuentes de financiamiento más allá de los créditos bancarios. La ciudad buscaba financiamiento a más de 10 años, pero para lograrlo a un precio razonable se necesitaba una mejora crediticia. IFC colaboró en la estructuración de la transacción y otorgó una garantía parcial de crédito (por el 40 % del total) compartida con el DBSA. Como resultado, en junio de 2004, Johannesburgo logró emitir un bono por valor de US$53 millones, con un cupón del 11,9 % y vencimiento a 12 años. Fitch Ratings otorgó a la ciudad la calificación A-. La suscripción fue 2,3 veces superior a lo previsto.

Fuentes: IFC, 2004; Platz, 2009; Amim, 2010.

y México han emitido bonos de ingresos generales y bonos para un fin específico. Aguascalientes fue la primera ciudad mexicana que emitió un bono municipal en 2001 por la suma de Mex$90 millones. Actualmente, otras tres ciudades mexicanas tienen emisiones de bonos en circulación por un valor total de US$1860 millones (Fitch Ratings, 2009).

Tipos de bonos

Existen varios tipos de bonos municipales, entre los que se incluyen bonos de obligación general, bonos garantizados con los ingresos y bonos estructurados.

Bonos de obligación general

El servicio de los bonos de obligación general se paga con los ingresos generales del gobierno local, como en el caso de Río de Janeiro, Buenos Aires o Johannesburgo (véanse los recuadros 7.9 y 7.10). El municipio utiliza todo el conjunto de sus fuentes de ingresos, incluidos los impuestos y las tasas, las transferencias intergubernamentales y los subsidios no condicionales, para atender el servicio de la deuda pendiente y los intereses. Si los gobiernos locales tienen deuda pendiente y el mercado duda que puedan generar ingresos suficientes para pagar el servicio de la deuda, una parte de esos ingresos se deposita en una cuenta de custodia para garantizar que se pague de forma oportuna el servicio de los bonos.

Bonos garantizados con los ingresos

Los bonos garantizados con los ingresos o para fines especiales están garantizados por los ingresos previstos del proyecto que se financia. Por ejemplo, en un proyecto de construcción de una autopista, los peajes se utilizarán para pagar los bonos; en un proyecto de abastecimiento de agua, las tarifas se utilizarán a tal fin. En el caso de la Corporación Municipal de Madurai (India), el gobierno local emitió un bono garantizado con los ingresos para financiar 27 kilómetros de la carretera de circunvalación interna de Madurai. El bono generó US$23 millones, con un vencimiento a 10 años y una tasa de interés del 12 %. Un plan de mejora especial y un fondo de garantía permitieron que la emisión recibiera la calificación AA+. Los bonos se reembolsarían con los peajes cobrados por el uso de esa carretera.

Bonos estructurados

Los bonos estructurados están garantizados por fuentes de ingresos que no son los que el propio proyecto genera. Por ejemplo, la provincia de Mendoza, en Argentina, emitió bonos internacionales para reestructurar su deuda interna. El gobierno provincial utilizó las regalías del petróleo previstas de la provincia para garantizar el pago de los bonos, tanto para atender el servicio de los bonos como para rescatarlos a su vencimiento.

En los países en desarrollo, los inversionistas preocupados por la capacidad crediticia de los gobiernos locales suelen preferir los bonos estructurados, dado que el gobierno local garantiza que los bonos se pagarán, independientemente de cualquier acontecimiento interno o externo. Esto se logra mediante la interceptación de las transferencias intergubernamentales y los ingresos provenientes del petróleo; es decir, antes de que las transferencias o las regalías se depositen en la cuenta del gobierno local, se retira (intercepta) una suma para pagar el servicio de la deuda.

Recuadro 7.11 Calificaciones en las economías emergentes

Las calificaciones tienen carácter obligatorio para los gobiernos locales de India cuando el vencimiento de la emisión es superior a 18 meses. Entre las economías emergentes que tienen calificaciones de los gobiernos locales, se incluyen Argentina, Brasil, Bulgaria, la Federación de Rusia, India, Kazajstán, Malasia, México, Marruecos, Polonia, Rumania, Sudáfrica, Turquía y Ucrania. México ha promovido con especial interés la preparación de calificaciones crediticias de los gobiernos locales como base para los créditos bancarios y la emisión de bonos.

Calificaciones crediticias y del riesgo

Las calificaciones crediticias son evaluaciones de la capacidad crediticia de un gobierno local o de una emisión de bonos, y son realizadas por organismos de calificación crediticia reconocidos. Básicamente, la calificación indica el riesgo de que un gobierno determinado no pague puntualmente los intereses y el capital del bono. En el recuadro 7.11, se resumen las calificaciones en evolución de las economías emergentes (para obtener más detalles, véase Peterson, 1998).

La evaluación del riesgo se basa en las condiciones económicas y financieras del gobierno local, los indicadores fiscales anteriores, la estructura de la deuda y los pagos pendientes, y los factores futuros que pueden afectar la capacidad crediticia de los gobiernos locales. Una calificación alta (de apto para la inversión) otorgada por un organismo de calificación crediticia confiable es especialmente útil. En general, las compañías de seguros y los fondos de previsión (fondos financiados con contribuciones de miembros) son los principales compradores de bonos municipales, y necesitan tener la certeza de que dichos bonos están garantizados. Sin embargo, las calificaciones crediticias son costosas, y los municipios quizá deban evaluar si las ventajas relacionadas con la calificación son inferiores al beneficio que se prevé obtener con la calificación del bono.

Organismos de calificación crediticia

Los organismos de calificación crediticia cumplen una función clave al brindar al mercado información sobre la capacidad de una autoridad local determinada para emitir deuda y pagarla puntualmente. Los municipios calificados deben compartir sus datos financieros principales con el público y aplicar su propia disciplina fiscal.

Tres importantes organismos de calificación crediticia de bonos municipales representan el 95 % de todas las calificaciones internacionales a nivel mundial:

- Moody's Investors Service;
- Standard & Poor's;
- Fitch Ratings.

Las calificaciones combinan análisis cuantitativos y opiniones acerca de la capacidad del municipio para pagar puntualmente la deuda; los resultados se publican con puntuaciones específicas (grados de calificación). A fin de asignar una calificación a los bonos de obligación general, los organismos de calificación crediticia evalúan los siguientes factores:

- la economía local y nacional;
- la estructura de la deuda;
- la situación financiera;
- factores demográficos;
- las prácticas de gestión del gobierno local y el marco jurídico.

Los organismos de calificación crediticia utilizan coeficientes matemáticos para comparar un emisor con otros. Sin embargo, una calificación no es una evaluación científica, y las opiniones subjetivas desempeñan un papel fundamental en la puntuación asignada. En el caso de la calificación de Moody's, por ejemplo, la anotación varía de Aaa (la capacidad crediticia más sólida) a Baa (la capacidad crediticia promedio). En el cuadro 7.4, se resumen las diferentes anotaciones de los tres organismos de calificación crediticia. También existen los grados C y D, pero es recomendable que los clientes eviten someterse

Cuadro 7.4   Calificaciones de apto para la inversión de tres organismos de calificación crediticia

Calificación	Moody's	Standard & Poor's	Fitch Ratings
Mejor calidad	Aaa	AAA	AAA
Alta calidad	Aa1, Aa2, Aa3	AA+, AA, AA−	AA+, AA, AA−
Grado medio-alto	A1, A2	A+, A	A+, A
	A3	A−	A−
Grado medio	Baa1, Baa2, Baa3	BBB+, BBB, BBB−	BBB+, BBB, BBB−

Cuadro 7.5   Comparación entre bonos y financiamiento de bancos

	Bonos	Financiamiento de bancos
Costo	Costos de transacción altos con preparación costosa.	Transacción simple y rápida sin costos, excepto en el caso de los préstamos sindicados.
Vencimiento	Plazo relativamente más prolongado.	Corto plazo.
Tasas de interés	Tasas fijas.	Tasas flotantes.
Pago	Rescate al vencimiento.	En cuotas.
Méritos y deméritos	Recaudación de fondos de numerosos inversionistas; se requiere una calificación crediticia alta para la emisión.	No se requiere la calificación crediticia; los bancos pueden ofrecer "financiamiento relacional" basado en la confianza generada en las interacciones previas con el banco, y no en función de indicadores de riesgo claros específicos (sin embargo, las ventajas y desventajas siguen existiendo).

Recuadro 7.12 Comparación entre bonos y financiamiento de bancos

- *A largo plazo o a corto plazo.* Los bonos pueden utilizarse para inversiones a corto plazo y a largo plazo, y cubren diversas necesidades, incluido el desarrollo de infraestructura. En términos generales, un bono tiene como objetivo financiar una inversión a largo plazo, mientras que un préstamo bancario es más adecuado para atender las necesidades a corto plazo.
- *Acceso al mercado.* El préstamo bancario está disponible para la mayoría de los municipios (siempre que dispongan de una corriente regular de ingresos), mientras que el mercado de bonos implica obstáculos costosos y engorrosos para la autoridad local que desea emitir un bono. Solamente aquellos que han llevado a cabo el proceso pueden operar en el mercado de bonos, pero una vez que el gobierno local es aceptado en el mercado, los costos administrativos y de búsqueda de capital en préstamo se reducen considerablemente.
- *Flexibilidad e información.* La mayoría de los gobiernos locales utilizan créditos bancarios. Los bancos locales satisfacen las necesidades de liquidez y proporcionan diariamente un conjunto de servicios bancarios. Con el tiempo, los bancos establecen una larga relación con los municipios que beneficia a estos últimos cuando surge la necesidad de obtener capital. La relación entre el banco y el

gobierno local posibilita la flexibilidad en las condiciones de los préstamos. Los prestatarios pueden devolver el préstamo en parte o totalmente en cualquier momento, con escaso o ningún aviso previo. Una desventaja, sin embargo, es que los prestamistas también pueden cambiar las condiciones del acuerdo, aunque los prestatarios pueden (en teoría) transferir sus cuentas a otro sitio, suponiendo que existe otro prestamista disponible. De todos modos, los bancos tienen derecho a manipular las condiciones de los préstamos prácticamente con total libertad.
- *Reputación en el mercado de bonos.* Los gobiernos locales deben forjarse una reputación. El gobierno local está mejor protegido del cambio unilateral de las condiciones, ya que la emisión de bonos implica términos y condiciones estandarizados, según las condiciones en las que se presta el capital. Si bien la *estandarización* fortalece la capacidad de llegar a una variedad más amplia de inversionistas, ayuda a reducir los costos de búsqueda y reconoce la liquidez (el prestatario dispone de los fondos de los bonos de forma inmediata, sin condiciones e independientemente del calendario de ejecución del proyecto), también hace que la renegociación en caso de dificultades sea prácticamente imposible.

Fuente: Platz, 2009.

a una calificación de su desempeño si es probable que reciban un grado tan bajo.

La calificación de un bono cumple la función de una evaluación del riesgo crediticio. No constituye una recomendación para invertir en un bono y no tiene en cuenta las preferencias de riesgo del inversionista. Sin embargo, el mercado sigue de cerca las calificaciones de riesgo crediticio y, en el caso de los bonos, la calificación suele ser el factor que más afecta el costo de los intereses. Si bien los municipios son calificados sobre la base de sus méritos, la calificación del país se considera como un límite máximo para las entidades subnacionales; por ende, la calificación de una ciudad no puede ser mejor que la del país al que pertenece.

Comparación de bonos y créditos bancarios

¿Todos los gobiernos locales pueden emitir bonos? No. Solo los gobiernos locales con programas de inversión considerables, buenas calificaciones y necesidades financieras de largo plazo pueden hacerlo. Para los gobiernos locales pequeños, solicitar financiamiento a bancos comerciales o bancos de bonos u obtener un préstamo a través de un consorcio pueden ser mejores opciones, dadas las ventajas de emitir bonos. ¿Cómo se pueden comparar las alternativas de préstamos o bonos? Las ventajas y las desventajas de los bonos y los préstamos se explican a continuación y se resumen en el cuadro 7.5 y el recuadro 7.12.

Los bonos tienen ventajas

Entre los beneficios de los bonos, se incluyen el hecho de que los gobiernos locales reciben todo el dinero que necesitan por adelantado, en lugar de gradualmente, como ocurre con el proceso de desembolso habitual de los bancos, y que los fondos generalmente se obtienen a un costo menor que a través de un

---

Recuadro 7.13 Calificación nacional en México

México promovió el uso de calificaciones crediticias de los gobiernos locales con las reglamentaciones introducidas en 2004 por la Comisión Nacional Bancaria y de Valores. Dichas reglamentaciones exigen que los bancos tomen precauciones (es decir, que asignen fondos de reserva para posibles incumplimientos) que deben aumentar conforme al plazo de vencimiento de la deuda pendiente y en proporción al nivel de riesgo determinado por la calificación crediticia asignada por un organismo externo de calificación. Si la entidad del gobierno local no está calificada, los bancos asignan el nivel de riesgo más alto, y su motivación para otorgar financiamiento a dicha entidad claramente disminuye.

Fuente: Annez y Peterson, 2008.

Recuadro 7.14 Modernización del financiamiento de las inversiones locales en México

Las autoridades mexicanas locales no tenían acceso directo a los mercados de capital. La mayor parte del financiamiento se obtenía a través del banco oficial (Banobras) en forma de créditos de corto y mediano plazo. La adopción de la obligación de la calificación nacional que utilizaron primero los bancos tuvo importantes repercusiones para el desarrollo de los mercados de deuda locales. Los gobiernos locales de México ahora pueden obtener acceso a fondos de compañías de seguros y bancos de inversión. Las emisiones de deuda están aumentando, con fondos de reserva que exigen que el emisor deposite tres años de pago de la deuda como garantía para los inversionistas.

Fuente: Annez y Peterson, 2008.

crédito bancario, a menudo en dos o tres puntos porcentuales. Las condiciones de los fondos también son fijas para todo el período de la emisión y no pueden modificarse ni rescatarse.

Los bonos tienen deficiencias

A continuación, se incluyen algunas de las deficiencias de los bonos:

- *La preparación de una emisión de bonos es compleja.* Se requieren datos adecuados, comprensión y divulgación de información financiera y económica sobre el gobierno local, y conocimiento del mercado para garantizar que la emisión se realice en términos favorables.

- *La emisión de bonos es costosa.* Los gobiernos locales (emisores) deben pagar aranceles al organismo de calificación crediticia, aranceles al banco que vende los bonos al público (suscriptor), aranceles por las operaciones en el mercado de capital, y financiar el costo de la comercialización y la publicidad. Por ejemplo, el arancel que Fitch Ratings cobra por calificar bonos municipales puede alcanzar hasta US$750 000 por emisión (véase www.fitchratings.com). El costo depende del tiempo y el esfuerzo que se necesiten para evaluar al emisor de los bonos. Dada la falta de datos sobre los municipios pequeños, su calificación puede resultar muy costosa. Los municipios pequeños o medianos rara vez pueden emitir bonos debido al costo elevado de tales emisiones y a que los posibles inversionistas no se interesan por las emisiones pequeñas.

Varios países han tomado medidas para fortalecer la capacidad de calificación local, a fin de ayudar a los municipios a mejorar sus datos y aumentar su capacidad de obtener préstamos en el mercado. En el recuadro 7.13, se resume el caso de México y las medidas implementadas por el gobierno central para establecer una cultura de calificación de los gobiernos locales que pueda ser utilizada por todo el sistema bancario al momento de otorgar financiamiento a dichos gobiernos.

Condiciones para una emisión de bonos exitosa

El éxito de los mercados de bonos municipales depende del tamaño y la deuda del mercado financiero interno, y de la legislación que regula el endeudamiento de los gobiernos locales. Los mercados internos de capital se desarrollan con el crecimiento de los fondos de pensiones nacionales (como en Chile y México; véase el recuadro 7.14), la descentralización de los servicios e ingresos hacia los gobiernos locales, y el fortalecimiento de las instituciones locales, incluida la mejora de la capacidad para elaborar informes financieros de acuerdo con las prácticas estándares. En los países donde los fondos de pensión y las compañías de seguros están autorizados a invertir en deuda de gobiernos locales, aumenta considerablemente la capacidad del gobierno local de emitir bonos.

También se necesitan leyes para autorizar expresamente a los gobiernos locales a emitir bonos, lo que incluye la publicación de la información que debe facilitarse y la manera en que la emisión es compatible con el marco institucional existente. La deuda de las autoridades locales siempre está reglamentada por una ley sobre la deuda pública, seguida de una reglamentación especial sobre la deuda local. Esta ley reglamenta, al menos, tres aspectos: a) la autorización de deudas para cada tipo de gobierno local; b) los tipos de deudas autorizadas (a corto plazo, a largo plazo, préstamos y bonos), y c) el establecimiento de un límite de deuda.

A lo largo de toda la historia de Estados Unidos, los medios impresos han proporcionado activamente información fundamental para los inversionistas. Los organismos de calificación crediticia surgieron en 1909 y, desde entonces, han desempeñado una función importante en los mercados emergentes y establecidos. En los últimos 60 años, las calificaciones se han convertido en una condición indispensable para la mayoría de los emisores privados o públicos que intentan movilizar grandes sumas de capital. Las calificaciones pueden ser especialmente importantes para los emisores menos conocidos que procuran instalarse en el mercado interno o acceder a mercados internacionales (Platz, 2009). Lamentablemente, la crisis financiera del período 2008-09 y la función que cumplieron algunos organismos de calificación crediticia han afectado gravemente la confianza en estos organismos.

Regulaciones de la deuda subsoberana

Si bien muchos gobiernos locales han accedido al financiamiento a largo plazo, algunos no han pagado puntualmente sus deudas, lo que ha generado un aumento de los costos, vergüenza para el gobierno central y, en ocasiones, la quiebra. Varios de estos casos, principalmente, en la década de 1990, han desprestigiado a los gobiernos locales en los mercados financieros y explican por qué los bancos comerciales se resisten a prestar a las autoridades locales sin garantías adecuadas de los niveles más altos de gobierno. En la década de 1990, se produjeron famosas quiebras locales, como la del condado de Orange, en California, la ciudad de Nueva York y la ciudad de Washington. En la actualidad, una nueva oleada de gobiernos locales se ha declarado en quiebra, debido a que la deuda emitida para financiar inversiones (como alcantarillados e incineradores) ha aumentado rápidamente y los gobiernos locales están en mora y cerca de incurrir en incumplimiento de los pagos. En el recuadro 7.1, se resume la situación de Harrisburg, Pensilvania, ciudad que ha incurrido en incumplimiento de los pagos porque había emitido una garantía para el constructor de un incinerador.

Motivos y reglas de la regulación de la deuda

A fin de restituir la confianza del sector privado en los municipios y evitar que la deuda de los gobiernos locales exceda su capacidad de pago, la mayoría de los países ha aprobado leyes que establecen límites y condiciones para el endeudamiento de los gobiernos locales. Algunos prohíben el endeudamiento municipal (por ejemplo, Chile, China y Pakistán). Sin embargo, en la mayoría de los casos, los controles se aplican al monto máximo que los gobiernos locales pueden solicitar en préstamo (o tope de la deuda), al tipo de endeudamiento permitido (en general, no se permite que los gobiernos municipales obtengan préstamos externos) o a los tipos de gastos que se pueden financiar con los fondos obtenidos en empréstito (en general, gastos de capital).

Brasil ha introducido límites de deuda estrictos para evitar que se repita la crisis de la deuda de la década de 1990, cuando grandes municipios como Río de Janeiro y São Paulo tuvieron que ser rescatados varias veces, y el gobierno nacional absorbió su deuda subnacional. Cuando los gobiernos nacionales permiten que los locales o de los estados pidan préstamos en moneda extranjera, asumen implícitamente la responsabilidad de rescatarlos en caso de que no paguen puntualmente su deuda. De hecho, la reputación de una nación en los mercados internacionales puede verse gravemente afectada cuando un gobierno local grande incurre en incumplimiento de los pagos.

La Ley de Responsabilidad Fiscal de Brasil exigió disciplina fiscal a los gobiernos locales, un paso importante que señaló una clara ruptura con el sobreendeudamiento del pasado (véase el recuadro 7.15). Dado que la mayoría de los 5560 municipios brasileros se había acercado a los límites de su deuda, el gobierno nacional prohibió la emisión de deudas municipales nuevas en el año 2000. Al mismo tiempo, México fomentó el desarrollo de mercados internos para la deuda de los gobiernos locales y promovió el uso de calificaciones crediticias de los gobiernos locales (Platz, 2009).

Recuadro 7.15 Ley de Responsabilidad Fiscal de Brasil

La Ley de Responsabilidad Fiscal de mayo del año 2000 rige los gastos y la deuda de los municipios. Incluye fuertes restricciones presupuestarias: límites a los montos que un municipio puede solicitar en préstamo y límites a determinados gastos. Por ejemplo, el servicio de la deuda no puede ser superior al 25 % de los ingresos ordinarios, los gastos de personal no pueden ser inferiores al 60 % de los ingresos ordinarios netos, y la relación entre el saldo total de la deuda y los ingresos netos no puede ser superior al 100 %. Si un municipio no respeta los límites de gastos, no se le permite celebrar contratos ni realizar operaciones de crédito. Además, los municipios elaboran informes trimestrales que deben presentar al gobierno central. Los alcaldes no están autorizados a incurrir en nuevos gastos durante los seis meses anteriores al final de su mandato.

Fuentes: Platz, 2009; Melo, 2005; Banco Mundial, 2002.

Recuadro 7.16 Controles de la deuda municipal en países seleccionados

- *Alemania*. Cada gobierno local tiene límites de endeudamiento, y se requiere la aprobación expresa del estado.
- *Austria*. Criterios individuales; no hay una regla general para los gobiernos locales, y los límites absolutos o relativos son diferentes.
- *Brasil*. No se permite la deuda externa; el servicio de la deuda debe ser, como máximo, del 15 % de los ingresos netos; el saldo de la deuda debe ser, como máximo, del 100 % de los ingresos netos. Está prohibido solicitar préstamos al Banco Central y a los niveles superiores de gobierno.
- *Dinamarca*. No se permite el endeudamiento municipal, con pocas excepciones. Se otorga permiso automáticamente para el endeudamiento basado en tarifas para las empresas de servicios públicos.
- *España*. La deuda municipal total no puede superar el 110 % de los ingresos anuales.
- *Francia*. Los superávits de operación de años previos deben superar los pagos del servicio de la deuda. No se aplican otras restricciones.
- *Irlanda*. Cada endeudamiento municipal debe ser aprobado por el Ministerio de Hacienda.
- *Italia*. Los municipios deben tener cuentas equilibradas. Los pagos del servicio de la deuda no pueden superar el 25 % de los ingresos ordinarios. Los préstamos deben tener plazos de 10 años, como mínimo. La Tesorería del Estado establece la tasa de interés legal máxima.
- *Noruega*. Se permite el endeudamiento solo para realizar inversiones.
- *Reino Unido*. Cada año, el gobierno le indica a cada gobierno local los límites máximos para la aprobación de créditos.
- *República Checa y Polonia*. El servicio de la deuda debe ser inferior al 15 % de los ingresos. Se requieren proyecciones del servicio de la deuda a cinco años.

Las reglamentaciones sobre el endeudamiento de los gobiernos locales suelen centrarse en cuatro reglas:

- *El uso de los fondos del préstamo*. Con el préstamo se deben financiar proyectos de infraestructura a largo plazo, no los gastos ordinarios.

- *El límite de la deuda*. El saldo de la deuda (el total de la deuda que está pendiente) o el servicio de la deuda (el pago de intereses y la amortización del saldo de la deuda) deben limitarse a un cierto porcentaje de los ingresos.

- *Fuentes de financiamiento*. En general, no se permiten los préstamos externos.

- *En caso de incumplimiento de pago*. Se debe especificar quién paga si se produce un incumplimiento de pago, o qué ingresos pueden interceptarse para pagar la deuda.

La mayoría de los Estados miembros de la OCDE y de la Unión Europea permiten el endeudamiento local para inversiones de capital y los préstamos de liquidez (a corto plazo), pero exigen que sean reembolsados dentro del ejercicio presupuestario. Algunos de los controles que se utilizan en los Estados miembros de la OCDE se aplican al saldo de la deuda, las garantías, los ingresos para garantizar la deuda, los fines y los intermediarios (véase el recuadro 7.16 para conocer una lista detallada de las reglas de países seleccionados):

- *Los controles sobre el saldo de la deuda o el servicio de la deuda* (es decir, la amortización más los intereses) establecen límites para el monto de la deuda, generalmente definidos como un porcentaje de los ingresos anuales. En Brasil, el saldo de la deuda no puede ser superior al 60 % de los ingresos ordinarios y el servicio de la deuda debe ser inferior al 25 % de los ingresos ordinarios.

- *Los controles sobre las garantías* se aplican al otorgamiento de garantías y a los tipos de caución que un gobierno local puede ofrecer a un prestamista. Las garantías municipales se consideran justificadas cuando respaldan proyectos de servicios esenciales, pero no se deben utilizar para apoyar inversiones comerciales o generadoras de ingresos.

- *Los controles sobre los ingresos para garantizar deuda* se aplican al tipo de ingreso que se puede o no se puede utilizar para atender el servicio de la deuda.

- *Los controles sobre los fines* se aplican a los tipos de proyectos para los cuales un municipio puede endeudarse. La mayoría de los países permiten el endeudamiento municipal únicamente para proyectos de infraestructura a largo plazo.

- *Los controles sobre los intermediarios* son restricciones referidas a los tipos de instituciones de crédito, e incluyen la moneda, las tasas de interés, las comisiones y otras condiciones de los préstamos.

Prácticas de endeudamiento informales o excepcionales

A pesar de la legislación que establece claramente el monto que se puede solicitar en préstamo, los gobiernos locales a menudo eluden los límites de endeudamiento. Esto ocurre especialmente cuando los sistemas de gestión no son estrictos, y los gobiernos locales pueden suponer que no se los descubrirá por algún tiempo. Durante las décadas de 1980 y 1990, esto era lo habitual en la mayoría de los municipios de Argentina, Bolivia y Brasil. ¿Cómo pueden estos gobiernos eludir los límites sin consecuencia alguna?

- En primer lugar, los gobiernos locales pueden optar por ignorar u *ocultar los límites*. Pueden aceptar préstamos de bancos locales y no registrarlos en los documentos del presupuesto oficial. Cuando los préstamos vencen, los gobiernos locales deben realizar el pago o solicitar al gobierno central del estado que los rescate.

- En segundo lugar, los gobiernos locales pueden tomar un préstamo de un proveedor en forma de *pago diferido*, en general con una tasa de interés mucho más alta que la del mercado, o simplemente demorar el pago de las facturas a los proveedores. Esta práctica es a menudo perjudicial para el sector privado, ya que a los proveedores puede resultarles difícil sobrevivir si no les pagan. En Grecia y Portugal, las dificultades financieras recientes han obligado a algunos proveedores a cesar sus actividades, debido a que no han podido recibir los pagos de los gobiernos locales.

Préstamos a través de entidades especiales

Los municipios prefieren solicitar préstamos a través de sus emprendimientos, algunos de los cuales se denominan entidades con fines especiales (SPV, por su sigla en inglés), o a través de las empresas de servicios públicos, las cuales son de propiedad absoluta del municipio. Este es el caso más común en China. La ley prohíbe a los gobiernos locales de China solicitar préstamos a bancos internos o externos, o emitir deuda. A fin de eludir esta restricción, los gobiernos

---

Cuadro 7.6   Lista de comprobación para administradores de deuda

Indicador	¿Qué se debe hacer?
Estructura de la deuda: largo plazo o corto plazo, interna o externa, tasas de interés flexibles o fijas.	Comprobar si es sostenible y si existe disparidad o agrupamiento de pagos (pagos globales).
Servicio de la deuda: % de ingresos netos.	Debe ser, como máximo, del 15 % por encima del horizonte previsto.
Deuda total: saldo de la deuda como % de ingresos netos.	Debe ser, como máximo, del 60 %; un valor más alto dará lugar a un servicio de la deuda alto y ocasionará problemas en el futuro.
Deuda total per cápita.	Comprobar con ciudades que tengan el mismo nivel de desarrollo.
Decidir entre los programas de deuda.	• Utilizar el VNA de perfiles de deuda alternativos a fin de elegir el mejor enfoque para la estructura de la deuda prevista.
	• Modelar y simular flujos de ingresos y gastos.
	• Definir el valor de referencia y las situaciones alternativas.
	• Elegir el valor de descuento.

Gráfico 7.4   Ejemplo de fluctuaciones del servicio de la deuda de un municipio, 2012-17
(millones en cualquier moneda)

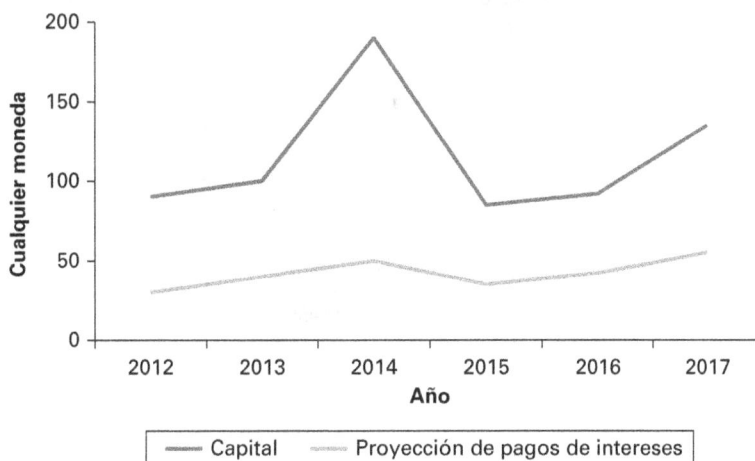

locales utilizan sus entidades especiales (o empresas financiadas en su totalidad con capital municipal), que tienen autorización para solicitar préstamos. Las grandes áreas metropolitanas como Beijing y Shanghái han utilizado SPV en reiteradas oportunidades a fin de obtener préstamos para financiar proyectos de desarrollo de gran envergadura. Esto representa un grave problema en materia de transparencia y control presupuestario. El tamaño de la deuda de los gobiernos locales se desconoce, ya que las autoridades locales no están obligadas a informar la deuda de sus SPV. En consecuencia, las autoridades chinas están considerando la posibilidad de flexibilizar las restricciones anteriores y permitir que los gobiernos locales accedan a los mercados de capital de conformidad con reglas claras y transparentes.

Lista de comprobación para administradores de deuda

A fin de cumplir con las restricciones y los marcos jurídicos impuestos por el gobierno central, es útil que los funcionarios públicos locales apliquen algunas mediciones y reglas empíricas para garantizar que su deuda siga siendo manejable; de esa forma, se puede pagar la deuda sin alterar la provisión de otros servicios. En el cuadro 7.6, se incluye una lista de comprobación simple para los administradores de deuda.

Dado el tamaño desigual del servicio de la deuda, el funcionario responsable deberá analizar cuidadosamente la fluctuación de los pagos de intereses y la amortización de la deuda (reembolso del capital). Por este motivo, es importante evitar el uso de tendencias simples para proyectar el servicio de la deuda, ya que puede ser sorprendentemente alta en los años futuros, en especial si una parte del saldo de la deuda está en bonos, que exigen el reembolso del capital en un solo pago al vencimiento. Para evitar problemas con el servicio de la deuda y crisis de liquidez graves, los gobiernos locales quizá deban crear un fondo de reserva, a fin de garantizar su capacidad de pagar puntualmente las deudas. En el gráfico 7.4, se presenta un ejemplo de fluctuaciones inestables del servicio de la deuda. En ese caso, el municipio debe elaborar un presupuesto adecuado para evitar problemas en 2014, cuando el servicio anual de la deuda aumentará de 90 millones (en cualquier moneda) a 190 millones; otro reto se presentará en 2017.

Las turbulencias del mercado financiero de 2009 parecen haber contaminado a los gobiernos locales. Las emisiones de bonos se tornaron demasiado complicadas y repletas de cláusulas poco claras que, con el tiempo, tuvieron consecuencias negativas para los gobiernos locales y los dejaron con pocas alternativas para refinanciar la deuda. Las proyecciones excesivamente optimistas sobre los proyectos generadores

Recuadro 7.17 El condado de Jefferson solicita la protección por quiebra

El condado de Jefferson, Alabama, siguió los pasos del condado de Orange, California, cuya quiebra fue provocada por una inversión en riesgosos instrumentos derivados de tasas de interés a través de la incentivación de un banco de inversión. En 1994, el condado de Orange solicitó la protección por quiebra, y declaró un pasivo de US$1700 millones. Fue la quiebra municipal más grande de la historia de Estados Unidos hasta noviembre de 2011, cuando el condado de Jefferson declaró un pasivo de US$4230 millones, que incluía US$3140 millones de deuda por un sistema de alcantarillado, US$800 millones por construcción de escuelas y US$305 millones por garantías generales.

Los problemas del condado de Jefferson están vinculados con dos cuestiones: a) la inversión en un sistema de alcantarillado costoso para el condado, y b) la estructura financiera del bono con el que se financió esa inversión. Al igual que en el caso del condado de Orange, se afirma que parte del desastre del condado de Jefferson fue causado por el asesor financiero que estructuró y vendió la mayoría de los bonos para el alcantarillado, por valor de US$3100 millones, que ocasionaron la quiebra,

junto con riesgosos canjes financieros que no protegieron al condado de los cambios en las tasas de interés, sino todo lo contrario. Los bonos vendidos a los inversionistas para financiar el trabajo contenían cláusulas que aceleraban los pagos y las tasas de interés si se producían ciertas condiciones en el mercado de bonos. Esas condiciones se consideraban poco probables en ese momento, y se explicó que las cláusulas permitirían al condado ahorrar dinero en el largo plazo. Sin embargo, las cláusulas entraron en vigencia debido a las condiciones extraordinarias del mercado de bonos en 2008, lo que dio lugar a calendarios de pagos acelerados y tasas de interés punitorias. La deuda inicial de US$1000 millones aumentó a más del triple.

La gota que colmó el vaso de los problemas financieros del condado de Jefferson cayó cuando su impuesto profesional fue declarado inconstitucional en 2011, lo que redujo en US$66 millones sus ingresos anuales. La decisión de declarar la quiebra se basó en la creencia de que sería más fácil obtener una reducción de la deuda de los tribunales que negociar con los titulares de los bonos.

Fuente: Church, Selway y McCarty, 2011.

---

de ingresos, junto con los debates en curso entre las ciudades y los estados acerca de los impuestos que deben aplicarse y los activos que deben venderse, han dado lugar a una situación difícil. Finalmente, tanto la ciudad de Harrisburg (véase el recuadro 7.1) como el condado de Jefferson (recuadro 7.17) solicitaron la protección por quiebra[3].

El endeudamiento no solo amplía la capacidad de financiamiento de los gobiernos locales, sino que también conlleva el riesgo de insolvencia. Entre los motivos, se incluyen las proyecciones de ingresos excesivamente optimistas, los ciclos económicos que reducen la recaudación de ingresos propios, la inestabilidad de las transferencias, la falta de eficiencia en la recaudación y el desempeño deficiente de los proyectos generadores de ingresos. Por lo tanto, los

oficiales financieros locales y los dirigentes políticos deben ser conscientes del riesgo de insolvencia y de las posibles consecuencias del incumplimiento del servicio de la deuda. Algunos países, como Hungría, Sudáfrica y Estados Unidos, siguen procedimientos legislativos en los que un administrador fiduciario designado por un tribunal (Estados Unidos) o un administrador designado por un nivel superior de gobierno (Sudáfrica) se hace cargo del control financiero del municipio en dificultades. El administrador fiduciario restringe los gastos y paga a los acreedores con fondos procedentes de la venta de activos comercializables y de los ahorros en los ingresos, con una distribución equitativa de las pérdidas entre las partes interesadas. El objetivo preponderante es mantener las funciones y los servicios mínimos del gobierno,

Gráfico 7.5   Marco lógico de garantías de crédito

pagar a los acreedores en un grado aceptable e implementar medidas para restablecer la sostenibilidad financiera (Canuto y Liu, 2013).

La mayoría de los países en desarrollo implementan intervenciones especiales, pues carecen de reglas para abordar la situación de insolvencia. Las medidas incluyen la venta de algunos activos, la interceptación de ingresos provenientes de un nivel superior de gobierno y, a menudo, rescates de un nivel superior de gobierno. Estas medidas tienen el mismo objetivo principal (mantener los servicios), pero generalmente son ineficaces, reducen la responsabilidad de los funcionarios locales, suavizan las limitaciones presupuestarias y plantean el problema de la equidad. La interceptación de los ingresos se utiliza profusamente pero, en general, es ineficaz, ya que solo se puede interceptar una parte de los ingresos y, por ende, no se puede eliminar deudas grandes. El rescate suele ser injusto, ya que los municipios bien administrados no reciben nada, mientras que aquellos que gastan de forma irresponsable pueden recibir una transferencia especial enorme del gobierno central debido a su necesidad de pagar salarios o servicios de agua o energía. En resumen, los procedimientos en materia de insolvencia basados en reglas son más eficaces, están en armonía con el mercado y respaldan de forma más adecuada el financiamiento externo basado en el mercado.

Mejora crediticia y garantías de préstamos

Las mejoras crediticias son instrumentos para mitigar o reducir los riesgos en las transacciones de deuda. El principal riesgo que se corre al prestar dinero a los gobiernos locales es el de incumplimiento, es decir, el riesgo de que el gobierno local no tenga dinero suficiente para pagar los intereses y la amortización de la deuda a su vencimiento. Ese incumplimiento puede ser producto de los recursos limitados del gobierno local, de la recaudación deficiente de ingresos, de algún acontecimiento extraordinario e imprevisto como un desastre natural, o incluso de modificaciones en las reglamentaciones del gobierno central.

En los países en los que el endeudamiento municipal no está suficientemente desarrollado, los bancos insisten en diversos mecanismos de garantía, como hipotecas, derechos sobre bienes inmuebles municipales o interceptación de ingresos. La deuda puede verse influida por las propiedades que los municipios pueden ofrecer legalmente como garantía. Si solo se dispone de unas pocas propiedades para ofrecer como garantía, los bancos y los municipios deberán elaborar otras estructuras de crédito que se apoyen en los flujos de caja provenientes de ingresos generales o especiales. A fin de reducir el riesgo percibido del endeudamiento municipal,

Recuadro 7.18 Préstamos a un gobierno local sin garantía soberana

La Corporación de Garantías de Unidades de Gobiernos Locales (UGC) de Filipinas se creó en 1998 como institución privada de garantías de créditos financieros. Es propiedad de la Asociación de Bancos de Filipinas (38 %), el Banco de Desarrollo de Filipinas (37 %) y el BAsD (25 %). La UGC tiene un acuerdo de otorgamiento de garantías conjuntas con la USAID para cubrir proyectos de infraestructura de unidades de gobiernos locales. Su objetivo es poner recursos financieros privados a disposición de los gobiernos locales con capacidad crediticia; estos recursos mejorarán la capacidad de las autoridades locales para presentar proyectos de infraestructura en los mercados de capital y recibir préstamos de bancos comerciales. Las garantías de la UGC cubren hasta el 85 % del capital y los intereses; en el caso de los bonos, se garantiza el 100 % del capital y los intereses, con sujeción a un tope de la tasa de interés. La comisión de garantía oscila entre el 1 % y el 2 % por año. Para los prestatarios que no tienen una corriente de ingresos identificada, se crea un fondo de reserva a partir de los ingresos brutos mensuales del prestatario.

Fuente: Alam, 2010.

---

los gobiernos locales pueden acceder a varios tipos de instrumentos de mejora crediticia o garantía de préstamos. En el gráfico 7.5, se resume el marco lógico y el impacto positivo de los instrumentos de garantía. Por ejemplo, el gobierno local puede comprar una garantía mediante el pago de una comisión y obtener mejores condiciones de la deuda. O bien, el garante puede intervenir y continuar pagando el servicio de la deuda en nombre del gobierno local en caso de que este sea incapaz de hacerlo. El garante puede pagar solo una parte (por ejemplo, la mitad) de los intereses pagaderos, y el deudor puede absorber la pérdida (lo que se denomina "garantía de crédito"), o bien puede pagar todo el servicio de la deuda hasta que el gobierno local recupere su posición financiera (lo que se denomina "garantía financiera total").

Interceptación de ingresos

La disposición de interceptación de ingresos significa que los pagos de niveles más altos del gobierno (transferencias) pueden asignarse al reembolso de la deuda. Esta disposición se utiliza ampliamente como un mecanismo adecuado de garantía, en especial cuando los gobiernos locales solicitan préstamos al sector privado. Sin embargo, cabe mencionar que la interceptación de ingresos tiene varios efectos potencialmente negativos: los prestamistas pueden dejar de lado la diligencia debida, la interceptación puede transferir todo el riesgo comercial al municipio prestatario o al gobierno central, y puede plantear problemas de equidad debido a que algunos municipios se benefician con ella mientras que otros cumplen con sus responsabilidades fiscales. La interceptación de ingresos se tornó inmanejable en Argentina y Brasil en la década de 1990, lo que dio lugar a restricciones legales estrictas.

Garantías y mejora crediticia

Las garantías y la mejora crediticia ofrecen un mayor margen de confianza a los prestamistas que quizá se resistan a prestar a los gobiernos locales cuando no hay suficiente información y transparencia financiera. Un buen ejemplo es la Corporación de Garantías de Unidades de Gobiernos Locales de Filipinas, que proporciona garantías de crédito a los municipios que intentan financiar proyectos de infraestructura a través de emisiones de deuda (véase el recuadro 7.18). Sin embargo, los gobiernos locales deben tener en cuenta que, cuando otorgan una garantía para un proyecto o una empresa pública, deben asegurarse de que el proyecto pueda generar ingresos suficientes para pagar su propia deuda. Los casos de Harrisburg, Pensilvania (recuadro 7.1), y Johnsville, condado de Jefferson, Alabama (recuadro 7.17), han demostrado el efecto negativo de garantizar proyectos de rentabilidad incierta.

Recuadro 7.19 El Fondo de Abastecimiento de Agua y Saneamiento de Tamil Nadu

El Fondo Conjunto de Abastecimiento de Agua y Saneamiento del estado de Tamil Nadu (India) fue el primer bono de financiamiento conjunto de Asia meridional. Se estableció en agosto de 2002 como un SPV. Mediante dicho fondo, se mancomunaron los requisitos de abastecimiento de agua y saneamiento de 13 municipios y ciudades, y se recaudaron 301 millones de rupias a través de la emisión de un bono municipal sin garantía, en diciembre de 2002. Con un vencimiento a 15 años, es el único instrumento de financiamiento a largo plazo

verdadero de India. El bono se basó en varias mejoras crediticias, incluida una garantía del 50 % del monto del capital otorgada por la DCA de la USAID. Las emisiones de bonos del Fondo Conjunto de Abastecimiento de Agua y Saneamiento están sujetas a la aprobación previa del gobierno del estado. El estado ha movilizado casi 3000 millones de rupias en un período de cinco años a través del primer bono de India mediante una inversión conjunta del sector público y el sector privado con el Fondo de Desarrollo Urbano de Tamil Nadu.

Fuente: OCDE, 2010.

El Fondo de Garantía para Créditos de Infraestructura de Corea y Findeter de Colombia cumplen la misma función: proteger a los prestamistas municipales y garantizar que los gobiernos locales paguen sus deudas. A nivel multinacional, la USAID ha establecido una entidad, la Autoridad de Créditos para el Desarrollo (DCA), a fin de promover el desarrollo de mercados crediticios en las economías emergentes. Actualmente, la DCA está presente en la mayoría de los países en desarrollo.

Desde la creación de la DCA a fines de 1999, más de 267 garantías parciales de crédito han facilitado el suministro de más de US$2300 millones de financiamiento mediante deuda con capitales privados en más de 64 países. A través del mecanismo de garantía de la DCA, la USAID puede movilizar un promedio de 28 dólares en fondos del sector privado por cada dólar que gasta el Gobierno de Estados Unidos. Las reclamaciones relativas a la cartera de la DCA son de alrededor del 1 %, lo que demuestra que los prestatarios seleccionados son una fuente de negocios rentable y con capacidad crediticia (para obtener más información, véase http://www.usaid.gov/our_work/economic_growth_and_trade/development_credit).

Entidades con fines especiales y mecanismos de financiamiento conjunto

Si bien los grandes municipios pueden acceder a recursos de bancos o del mercado de capital, los gobiernos locales pequeños probablemente no posean los conocimientos especializados o los recursos necesarios para financiar los costos de transacción que conlleva la emisión de bonos. Al combinar la deuda y los proyectos de los municipios, se pueden reducir los costos y los riesgos de la operación. Ciertos mecanismos especiales pueden resultar útiles para los mercados emergentes que tienen grandes necesidades de financiamiento para proyectos de infraestructura. Los bancos de bonos municipales y las entidades con fines especiales están bien desarrolladas en América del Norte, especialmente en Canadá y Estados Unidos. En Asia también se han utilizado entidades con fines especiales. En el recuadro 7.19, se describe el caso del Fondo de Abastecimiento de Agua de Tamil Nadu.

Entidades con fines especiales

Las entidades con fines especiales (SPV) son entidades jurídicas creadas para cumplir objetivos concretos, específicos o temporales. Son utilizados por el sector privado cuando una empresa desea realizar una inversión pero no quiere arriesgar sus activos no relacionados. Del mismo modo, un gobierno local transfiere activos a un SPV (por ejemplo, "Desarrollo de Viviendas Ltda.") para su gestión, o bien, puede utilizar un SPV para financiar un proyecto grande, poniendo en riesgo solamente los activos invertidos, y lograr un conjunto reducido de objetivos sin arriesgar toda su riqueza. Los SPV establecidos como emprendimientos conjuntos de un gobierno local y asociados privados para financiar proyectos son una parte integral de las APP comunes en toda Europa.

Los SPV también se utilizan en el sector público para separar la naturaleza pública del municipio de las iniciativas rentables. Un SPV es similar a una empresa específica con un mandato muy claro de cumplir una función determinada. Puede pertenecer a una compañía privada, a un municipio o a una APP. La característica de un SPV es que no pone en riesgo el capital de sus accionistas principales. En este sentido, los municipios de China han creado y utilizado SPV a fin de obtener fondos para financiar proyectos de infraestructura y eludir la prohibición de endeudarse directamente. En tales casos, los gastos y los ingresos del SPV no se incluyen en el presupuesto de los gobiernos locales y no están sometidos al examen público. Los municipios de China han utilizado frecuentemente SPV y compañías pertenecientes a gobiernos locales para emitir bonos municipales,

ya que tienen prohibido hacerlo por sí mismos. El escrutinio del mercado respecto de las condiciones financieras subyacentes es reducido, y la información disponible acerca del volumen pendiente de este tipo de deuda es escasa. La Corporación de Inversiones para el Desarrollo Urbano de Shanghái ha emitido bonos para ayudar a financiar las inversiones en transporte, y muchas otras localidades de China han emitido bonos a través de los SPV y de sus compañías, utilizando el modelo de bonos emitidos por empresas.

Formas híbridas de préstamos

En los países pobres, el préstamo híbrido (una combinación de préstamos del mercado y transferencias) es un instrumento importante para acceder a recursos. El préstamo híbrido reduce el servicio de la deuda del préstamo y lo vuelve asequible para la autoridad local. Un buen ejemplo de esto es el financiamiento híbrido de Uagadugú (recuadro 7.20).

Gestión de la deuda y marco institucional

La gestión de las deudas de un gobierno local es una tarea difícil. Requiere atención permanente y el uso de instrumentos sofisticados para medir la capacidad de endeudamiento teniendo en cuenta los ingresos y los pasivos futuros previstos, y también debe cumplir con la reglamentación nacional. Dado que los municipios parecen tener dificultades para controlar su endeudamiento, muchos gobiernos nacionales imponen reglas y límites con el objetivo de restringir la deuda municipal. Por otro lado, los prestamistas a menudo no aplican sus propios procesos de diligencia debida porque suponen que los municipios no pueden quebrar o que existe una garantía soberana implícita, o porque no comprenden la diferencia entre las finanzas públicas y las operaciones del mercado.

¿Cuánto financiamiento puede obtener un gobierno local?

La capacidad de endeudamiento es la cantidad máxima de deuda nueva que un gobierno local puede contraer sin perjudicar su capacidad de prestar servicios y atender el servicio de la deuda existente y la deuda nueva. Esto depende del dinero con el que cuenta actualmente para reembolsar y atender el servicio de la deuda nueva, reducido por sus compromisos pagaderos en el futuro, pero incrementado por sus probables ingresos futuros.

Por lo general, las restricciones legales y los topes de deuda imponen límites adicionales, pero lo más importante es si el gobierno local tendrá la capacidad de pagar puntualmente la deuda pendiente y la deuda nueva. Tener una idea clara de cuánto financiamiento puede solicitar un gobierno local o cuánta deuda puede emitir es fundamental para garantizar que una inversión prevista se implementará sin perjudicar la estabilidad fiscal del gobierno local a largo plazo.

La capacidad de endeudamiento de un gobierno local depende de cuatro factores:

- *Las perspectivas económicas y financieras del municipio.* Cuando las perspectivas de actividad económica e ingresos tributarios del municipio son buenas, la capacidad de endeudamiento es mayor que en una época de crisis económica e ingresos escasos. En un sistema de transferencias intergubernamentales, también se debe tomar en cuenta el riesgo relacionado con la política de transferencias del gobierno central.

- *Las características de los nuevos préstamos o bonos, las tasas de interés y los vencimientos.* Si la ciudad puede emitir deuda con plazos de vencimiento largos y tasas de interés bajas o en condiciones concesionarias, la capacidad de endeudamiento será mayor que si el municipio no tiene otra alternativa que obtener financiamiento en condiciones de mercado.

- *La estructura y el tamaño del saldo de la deuda.* Si un gobierno local tiene una deuda pendiente con plazos de vencimiento cortos y tasas de interés elevadas, y si diversas deudas coinciden e inducen un conjunto de pagos al mismo tiempo, es probable que el servicio de la deuda absorba una parte importante de los ingresos ordinarios del gobierno local. En ocasiones, un gobierno local obtiene una deuda nueva para reestructurar el saldo de la deuda, ampliar los plazos promedio y reducir la carga anual del servicio de la deuda.

- *El marco institucional y los límites impuestos por el gobierno nacional, por un nivel más alto de gobierno o por los grupos de representados locales.*

El riesgo de los pagos globales

La capacidad de endeudamiento es una cuestión importante que puede ponerse a prueba mediante indicadores obligatorios simplificados, por ejemplo, el saldo de la deuda o la deuda nueva como porcentaje de los ingresos de operación netos. Sin embargo, en el caso de los endeudamientos más grandes, se requiere un análisis de flujo de caja más detallado que abarque todo el período de reembolso de la deuda nueva. Los gobiernos locales del mundo en desarrollo generalmente calculan la tendencia histórica de sus servicios de deuda y sus ingresos netos, así como los indicadores obligatorios mencionados, para justificar la capacidad de endeudamiento. Estas proyecciones pueden ignorar u ocultar posibles pagos globales, que pueden producirse porque los períodos de gracia de los diversos préstamos o el pago final del capital de los bonos coinciden y provocan un gasto extraordinario unos años más tarde. Por lo general, se trata de errores involuntarios, pero muchos gobiernos locales ocultan intencionalmente los pagos globales porque desean ejecutar un proyecto determinado. Para evitar o mitigar los pagos globales es fundamental realizar estudios de factibilidad adecuados, con análisis financieros y análisis de flujo de caja minuciosos que abarquen todo el período del préstamo. Los acreedores también pueden mitigar estos riesgos al exigirle al prestatario que cree un fondo de reserva para el servicio de la deuda en el que se depositen gradualmente los fondos correspondientes a entre 6 y 12 meses de servicio de la deuda. Además, en el caso de los proyectos que generan ingresos, los acreedores pueden exigir que el prestatario establezca una cuenta de custodia y deposite en ella todos los ingresos recaudados a partir del proyecto, y que desembolse el servicio de la deuda antes que venzan otros pagos.

Estrategias de gestión de la deuda

Una estrategia de gestión de la deuda es un plan que el gobierno local tiene previsto ejecutar a mediano plazo para lograr una composición deseada de la cartera de deuda (Banco Mundial, 2009). Con dicha estrategia, se garantiza que las necesidades de financiamiento y las obligaciones de pago del gobierno se cumplan al menor costo posible, en forma compatible con un nivel prudente de riesgo. Las estrategias de gestión de la deuda ayudan a los gobiernos locales a decidir cuánto financiamiento obtener, cuál es la mejor combinación de instrumentos de deuda y qué medidas se deben tomar para garantizar que el saldo de la deuda y su servicio no se tornen demasiado voluminosos y puedan pagarse puntualmente. Cuando hablamos de estrategia de gestión de la deuda, generalmente nos referimos a los siguientes objetivos y procesos:

- elegir instrumentos y condiciones para la deuda nueva, tomando en cuenta el saldo del endeudamiento existente;

- garantizar que la deuda del gobierno local esté en consonancia con la capacidad de reembolso estimada mediante un análisis detallado de flujo de caja;

Recuadro 7.21 Los problemas que conlleva el endeudamiento en moneda extranjera

A fines de la década de 1990, la ciudad argentina de Mendoza y las ciudades brasileñas de Río de Janeiro y São Paulo solicitaron préstamos en moneda extranjera para refinanciar su deuda interna, porque las tasas de interés externas eran considerablemente más bajas que las internas. Si bien al principio las ciudades se beneficiaron de las importantes reducciones del servicio de la deuda, la exposición a la devaluación de la moneda se tornó muy riesgosa. Los gobiernos centrales aprendieron de sus experiencias, y tanto Argentina como Brasil han prohibido a los gobiernos subnacionales que soliciten préstamos en moneda extranjera.

La historia suele repetirse: a principios de la década de 2000, un grupo de municipios húngaros solicitaron con gran entusiasmo préstamos en francos suizos con bajas tasas de interés; posteriormente, después de 2010, muchos de ellos se declararon en quiebra. La crisis avivó el debate acerca de si los prestamistas compartían la responsabilidad.

Recuadro 7.22 La experiencia de San Petersburgo con la gestión de la deuda

A fin de resolver sus problemas de endeudamiento, San Petersburgo ha centralizado la gestión de su deuda y ha adoptado una estrategia centrada en cuatro objetivos:

- minimizar el costo del endeudamiento mejorando la calificación crediticia de la ciudad;

- reducir la exposición al riesgo cambiario;
- disminuir la carga de endeudamiento interno extendiendo los vencimientos;
- asegurar el uso eficaz de las garantías para promover las inversiones de capital.

Fuente: Platz, 2009.

- crear fondos de reserva para el servicio de la deuda a fin de garantizar que el prestatario pueda cumplir con varios meses de pagos de servicio de la deuda, tal como los acreedores exigen generalmente;

- seleccionar alternativas de deuda aplicando enfoques de VNA para comparar los diversos tipos de deudas a mediano y largo plazo.

La elección de instrumentos de deuda puede parecer simple para la mayoría de los gobiernos locales, pero en el caso de las ciudades grandes, el titular del Tesoro o el director financiero enfrenta decisiones difíciles al optar entre los instrumentos alternativos. Por ejemplo, si las tasas de interés externas son más bajas que las internas, la deuda en moneda extranjera puede parecer atractiva. Sin embargo, la decisión se hace menos clara una vez que se tiene en cuenta el riesgo cambiario, el cual determinará el costo eventual de la deuda en moneda extranjera luego de posibles devaluaciones de la moneda local. Dado que los gobiernos locales no tienen ingresos en moneda extranjera, su exposición al riesgo cambiario es muy alta. Por esa razón, la mayoría de los países no autorizan a los gobiernos locales a pedir préstamos en moneda extranjera. En el recuadro 7.21, se describe la crisis que provocó el cambio de la reglamentación en Argentina.

Armonización de la deuda local con la capacidad

Garantizar que la deuda local esté en consonancia con la capacidad de reembolso es una parte del análisis de la capacidad de endeudamiento ya descrito. Sin embargo, gestionar la exposición al riesgo implícita en la cartera de la deuda y verificar que la ciudad pague lo menos posible por el saldo de una deuda determinada son partes importantes de una estrategia de gestión de la deuda. Por ejemplo, los préstamos a corto plazo y los préstamos con tasas de interés flexibles presentan mayor riesgo, son más inestables y, habitualmente, más costosos que los préstamos a largo plazo. La reestructuración de las carteras de deuda de ciudades con dificultades fiscales generalmente comienza con el refinanciamiento de la deuda a corto plazo y la obtención de garantías del gobierno federal para lograr vencimientos más prolongados y tasas más bajas, si es posible. La elección entre los instrumentos de deuda (bonos y créditos bancarios) también es fundamental. Las tasas de interés de los bonos, en general, son más bajas, pero conllevan ciertos costos, incluido el costo

Gráfico 7.6 Marco lógico de los instrumentos de deuda

Proyectos generadores de ingresos

Proyectos con fines sociales

de la transparencia financiera y la difusión de la información pertinente. Por otro lado, los préstamos pueden renegociarse, mientras que renegociar bonos es prácticamente imposible, en parte debido a la gran cantidad de tenedores de los bonos.

San Petersburgo es un buen ejemplo de una ciudad que, después de atravesar momentos difíciles durante la transición a una economía de mercado, logró reducir el vencimiento promedio de sus préstamos, su deuda pendiente y el servicio de su deuda (recuadro 7.22). San Petersburgo ha crecido con mayor rapidez que el promedio nacional, y recibe más del 15 % de la inversión extranjera directa en el país. La ciudad ha solicitado numerosos préstamos en mercados internos y externos, y posteriormente ha sufrido varios reveses. Tras una importante reestructuración, la ciudad centralizó la gestión de su deuda, que actualmente está en manos del Comité de Finanzas. La unidad de deuda emite informes periódicos y controla y gestiona activamente el riesgo.

Comparación de alternativas de deuda

El VNA es un instrumento útil para comparar préstamos con diferentes vencimientos y condiciones, teniendo en cuenta las tasas de mercado actuales u otras tasas de descuento pertinentes. Los bancos generalmente cuentan con mejor información y son más sofisticados que los municipios, y ofrecen complejas propuestas alternativas, con diferentes tasas de interés, calendarios de reembolso y condiciones. El análisis del valor neto actualizado ayuda a comparar distintas ofertas al mostrar su verdadero costo. (Los perfiles de vencimientos también son factores importantes para identificar el costo de la deuda). La comparación de préstamos y bonos es especialmente interesante, ya que los préstamos generalmente se desembolsan de forma gradual y también se reembolsan a lo largo del tiempo, mientras que los bonos se pueden desembolsar en su totalidad en un mismo momento y el pago se puede retrasar hasta el fin del período del bono (bonos de pago único). Los bonos también se pueden emitir en tramos y reembolsarse a intervalos regulares, sin un pago único final. Organizar los datos de modo de poder determinar fácilmente el servicio de la deuda y el perfil de vencimientos es una función importante del funcionario encargado de la gestión de la deuda[4].

Creación de instituciones que reducen las deficiencias del mercado en el endeudamiento municipal

Intermediarios financieros

A fin de reducir los impedimentos en el endeudamiento local, los gobiernos centrales, a menudo con la colaboración de organizaciones internacionales, han creado intermediarios financieros para mejorar la capacidad de los gobiernos locales de acceder a los mercados de deuda. Para ayudar a identificar la mejor opción para los diferentes gobiernos locales, el Gobierno de Filipinas utiliza el marco lógico que se muestra en el gráfico 7.6. En el caso de los gobiernos locales que son pobres y financian proyectos con fines sociales, el mejor financiamiento es una transferencia del gobierno o una donación de donantes. Si la inversión genera ingresos, se pueden utilizar préstamos, independientemente de la riqueza de la comunidad. Sin embargo, la emisión de bonos se debe reservar para los gobiernos locales ricos que financian proyectos generadores de ingresos.

Entre las instituciones que ayudan a los gobiernos locales a acceder al mercado crediticio, se encuentran las siguientes:

- bancos de inversiones para el desarrollo;

- instituciones especializadas, como los fondos de desarrollo municipal (FDM) que canalizan el dinero de préstamos y transferencias hacia los gobiernos locales (por ejemplo, la Oficina

Municipal de Fondos para el Desarrollo de Filipinas, el Fondo de Desarrollo Municipal de Nepal, el Fondo de Desarrollo Urbano de Tamil Nadu de India y el Fondo de Desarrollo Municipal de Georgia);

- mecanismos de mejora crediticia, como la Corporación de Garantías de Unidades de Gobiernos Locales de Filipinas y el Fondo de Garantía para Créditos de Infraestructura de Corea;

- entidades con fines especiales, como los Fondos Conjuntos de Abastecimiento de Agua y Saneamiento de Tamil Nadu y Karnataka, de India, que recaudan financiamiento para municipios pequeños; el Fondo de Inversión para el Desarrollo Urbano de Viet Nam, y las Corporaciones de Inversiones para el Desarrollo Urbano de China.

Restablecimiento del financiamiento bancario para los gobiernos locales

La resistencia inicial de los bancos a prestar dinero a los gobiernos municipales se ha reducido con el tiempo debido a que los bancos han tenido algunas experiencias satisfactorias. Por ejemplo, en Sudáfrica, algunos bancos comerciales están preparados para contribuir a los programas de inversión de ciudades grandes. En Marruecos, algunos años los bancos comerciales han proporcionado un volumen importante de fondos para refinanciar programas de inversiones públicas. En Cabo Verde (al igual que en muchos otros países), un donante internacional utiliza los bancos comerciales para asignar sus recursos a las autoridades locales y aplica directrices claras sobre el riesgo y las condiciones de reembolso. Un ejemplo similar es Findeter, institución financiera de dos niveles de Colombia, que se estableció para orientar al mercado y promover el financiamiento en condiciones de mercado en los municipios.

Nuevos instrumentos

Se han creado nuevos instrumentos de acuerdo con las necesidades y las características de las autoridades locales. Por ejemplo, en Estados Unidos se han utilizado con gran éxito los fondos rotatorios estatales, financiados parcialmente por el gobierno federal, a fin de movilizar recursos del estado para financiar sectores prioritarios, como el abastecimiento de agua y el saneamiento. Asimismo, se crearon los denominados instrumentos de financiamiento verde para alentar a las economías emergentes a invertir en actividades que reducirán las emisiones de gases de efecto invernadero y de dióxido de carbono.

Préstamos de bancos de desarrollo e instituciones financieras

En las economías en desarrollo, los municipios generalmente trabajan primero con los bancos comerciales para gestionar sus flujos de caja, y en ocasiones solicitan préstamos para gestionar sus responsabilidades en materia de gastos ordinarios. Sin embargo, no es tan frecuente que soliciten préstamos de gran volumen para financiar proyectos de inversión de capital de larga gestación y larga duración. Las razones son varias. En primer lugar, las reglamentaciones de los bancos, en general, limitan su capacidad de otorgar préstamos para proyectos a largo plazo debido a que sus obligaciones por concepto de depósitos son, en su mayoría, inestables y a corto plazo. En segundo lugar, los bancos comerciales no suelen poseer los conocimientos especializados necesarios para evaluar los proyectos municipales o sus riesgos. En este contexto, dichos bancos se niegan a financiar inversiones municipales, cobran altas tasas de interés o bien exigen garantías considerables para asegurarse contra el riesgo percibido del gobierno local.

En vista de estas limitaciones, muchos países han establecido instituciones financieras especializadas para otorgar créditos a largo plazo para proyectos municipales de infraestructura:

- En 1997, se estableció la Compañía de Financiamiento para el Desarrollo de Infraestructura, en India, a fin de ofrecer financiamiento privado a largo plazo para proyectos de infraestructura y brindar asistencia técnica. Inicialmente la institución estaba patrocinada por el Gobierno de India, pero posteriormente fue adquirida por el sector privado.

- En 2001, el DBSA estableció un fondo de desarrollo dirigido a ofrecer donaciones y asistencia técnica a los municipios para la ejecución de proyectos de infraestructura. El banco obtiene fondos de mercados de capital nacionales e internacionales, inversionistas institucionales, e instituciones bilaterales y multilaterales de financiamiento para el desarrollo. Otorga préstamos para infraestructura municipal, renovación urbana, abastecimiento de agua, saneamiento, atención médica, transporte y educación, por ejemplo.

- La Caixa Econômica Federal de Brasil gestiona varios programas y brinda asistencia técnica a los municipios que reúnen las condiciones para recibir financiamiento a precios subvencionados.

Recuadro 7.23 La formación de un consorcio y el acceso al mercado: Fondo Conjunto de Abastecimiento de Agua y Saneamiento

El Fondo Conjunto de Abastecimiento de Agua y Saneamiento es un fondo común de ciudades pequeñas del estado de Tamil Nadu que se ha establecido para financiar proyectos de abastecimiento de agua y saneamiento. En 2003, este fondo común emitió un bono por valor de US$6 millones que se reembolsaría con las tarifas de agua de un grupo de municipios.

Para tener éxito, la emisión necesitó tres niveles de garantías:

- *Cuenta de custodia.* Los municipios depositan sus pagos en una cuenta de custodia.

Fuente: USAID, 2003.

- *Fondo de reserva.* Este fondo tiene 1,5 veces el servicio anual de la deuda.

- *Garantía parcial de crédito.* Una garantía (otorgada por la DCA de USAID) cubre el 50 % del préstamo.

La tasa final fue un 3 % inferior a la de mercado cobrada por el Fondo de Desarrollo Urbano de Tamil Nadu. Además del financiamiento, el fondo conjunto también ofrece asesoramiento a los municipios miembros.

Bancos de bonos

Dado que muchos préstamos para gobiernos locales son pequeños, resulta beneficioso combinar créditos o bonos individuales, en especial, para los grandes prestamistas. Los bancos de bonos, establecidos por los gobiernos federales, reúnen todas las necesidades de financiamiento de los municipios y emiten una sola clase de bono respaldada por una cartera diversificada de prestatarios. Este mecanismo reduce el riesgo de los inversionistas y disminuye los costos del financiamiento de los gobiernos locales; un ejemplo de esto es el Fondo Conjunto de Abastecimiento de Agua y Saneamiento de India, que se describe en el recuadro 7.23.

Los bancos de bonos se utilizan ampliamente en Canadá y Estados Unidos desde la década de 1970. Los bancos especiales de bonos sectoriales establecidos mediante la Ley Federal de Agua Limpia de 1984 ayudaron a los municipios a emitir bonos respaldados por transferencias federales y contribuciones paralelas de los estados. Fuera del continente norteamericano, algunos ejemplos de bancos de bonos incluyen al Kommunalbanken de Dinamarca, el Kommunivest de los Países Bajos y la Infrastructure Finance Corporation de Sudáfrica.

Instituciones especializadas: Fondos de desarrollo municipal

Los fondos de desarrollo municipal (FDM) han sido fundamentales para crear mercados internos de créditos municipales y a la vez fortalecer la capacidad de los gobiernos locales para elaborar y evaluar proyectos y canalizar los fondos a las entidades subnacionales en nombre de los otorgantes (Clark et ál., 2008). Esto permite abarcar y financiar subproyectos pequeños especialmente apropiados para las necesidades de las ciudades más pequeñas. Los gobiernos centrales han creado los FDM como una forma de ofrecer a los municipios créditos a largo plazo con tasas de interés más bajas que las que se ofrecen en el mercado interno. Al mismo tiempo, generalmente ofrecen asistencia técnica para el diseño y la estructuración de proyectos, y capacitación del personal municipal acerca del financiamiento y la ejecución de proyectos.

Los FDM son estructuras financieras conjuntas que combinan donaciones de capital de los gobiernos de los estados y del gobierno central, y préstamos de donantes. De este modo, se ofrecen créditos subsidiados a los gobiernos locales para financiar proyectos de infraestructura. Las autoridades locales son evaluadas en función de su capacidad de reembolsar los préstamos. Los FDM han funcionado como fondos rotatorios en la mayoría de los casos. Recientemente, algunos FDM han accedido a mercados de deuda y han emitido bonos a fin de aumentar su base financiera para ayudar a los gobiernos locales.

Los FDM pueden actuar como un banco de primer piso y prestar dinero directamente a los gobiernos locales, o bien, pueden funcionar como un banco de segundo piso al otorgar préstamos a bancos comerciales e incentivarlos para que los representen a los gobiernos locales. Los préstamos a los gobiernos locales generalmente van acompañados de asistencia técnica y apoyo para el diseño y la selección de proyectos. Además de otorgar préstamos, los FDM ofrecen a los municipios capacidad técnica, la evaluación inicial de proyectos, y la supervisión de la preparación y la creación de proyectos locales (Banco Mundial, Grupo de Evaluación Independiente, 2009).

Más de 60 países han establecido FDM, generalmente con el respaldo de organismos internacionales. Los siguientes son algunos ejemplos de FDM:

- *Bolivia:* Servicio Nacional de Desarrollo Urbano.

- *Colombia:* Findeter.

- *Estado de Paraná (Brasil):* Paranacidade.

- *Filipinas:* Oficina del Fondo de Desarrollo Municipal.

- *Georgia:* Fondo de Desarrollo Municipal.

- *Jordania:* Banco de Desarrollo de Ciudades y Aldeas.

- *Letonia:* Fondo de Desarrollo Municipal de Letonia.

- *Marruecos:* Fonds d'Équipement Communal.

- *Nepal:* Fondo de Desarrollo Municipal.

- *Panamá:* Fondo de Desarrollo Municipal.

- *República Checa:* Compañía de Financiamiento Municipal.

- *Senegal:* Fondo de Comunidades Locales.

- *Sri Lanka:* Fondo de Préstamos para Gobiernos Locales.

- *Tamil Nadu (India):* Autoridad de Desarrollo Urbano de Tamil Nadu.

Recuadro 7.24 Fondos de desarrollo municipal exitosos

Bangladesh. El Fondo de Desarrollo Municipal de Bangladesh inició sus operaciones en 2002 como compañía estatal dirigida a brindar apoyo financiero a los gobiernos locales para el financiamiento de la infraestructura urbana. El fondo estaba respaldado por una línea de crédito del Banco Mundial por valor de US$78 millones. Admitía todo tipo de proyectos urbanos; la tasa de interés se fijó en un 9 %. El proyecto ha tenido resultados muy satisfactorios: 113 municipios han utilizado créditos provenientes del fondo. Debido a que todos los municipios deben depositar el 10 % de sus préstamos en una cuenta de custodia (para garantizar el reembolso adecuado y puntual), el efecto secundario del fondo ha sido un aumento generalizado de los ingresos de fuentes propias. Los gobiernos locales también han mejorado sus sistemas de gestión de activos y sus procedimientos contables.

Brasil. En 1998, se creó en el estado de Paraná el Fondo de Desarrollo Urbano del Estado (FDU), financiado primero con el presupuesto del estado y un préstamo del Banco Mundial y posteriormente, con un préstamo del BID y utilidades no distribuidas. Se prevé que los activos del FDU aumenten de US$311 millones en 2001 a US$1000 millones en 2015. El FDU otorga préstamos a municipios de Paraná y a empresas urbanas de servicios públicos. Las tasas de interés varían según el programa, pero han tenido un alto nivel de subsidios. Los préstamos están garantizados en un 100 % por las transferencias del estado a los municipios, o por los ingresos provenientes de las empresas de servicios públicos. El FDU fue el primero de numerosos fondos de desarrollo urbano de Brasil. Su función principal fue capacitar a los municipios de Brasil para ingresar en el mercado crediticio y mejorar la selección y la supervisión de los proyectos.

India. El Fondo de Desarrollo Urbano de Tamil Nadu (FDUTN) se estableció en el marco del Proyecto de Desarrollo Urbano de Tamil Nadu financiado por el Banco Mundial, e inicialmente se denominó Fondo de Desarrollo Urbano Municipal (FDUM). Hasta 1996, mediante el FDUM perteneciente al gobierno, se habían financiado más de 500 subproyectos en 90 de 110 municipios de Tamil Nadu. Sobre la base de ese éxito, el FDUM se convirtió en un intermediario financiero autónomo, con participación de capital y gestión privados, y se cambió su nombre por el de FDUTN1. Una firma de gestión de activos (una empresa conjunta entre el gobierno de Tamil Nadu y compañías de inversiones privadas) ahora gestiona el FDUTN1. A través del nuevo mecanismo, se han incorporado los conocimientos especializados de gestión del sector privado en la selección y el financiamiento de los subproyectos patrocinados por organismos públicos o privados, y se ha facilitado el acceso de los municipios con capacidad crediticia al mercado de capital privado. Se ha creado un servicio de transferencias separado para las inversiones orientadas a combatir la pobreza, como la mejora de barrios marginales y los costos relacionados con el reasentamiento. Este servicio es administrado por una firma de gestión de activos que también brinda asistencia técnica a los municipios para la preparación de inversiones y la mejora de su gestión financiera.

Senegal. El Fondo de Comunidades Locales de Senegal, creado en el marco del Programa de Desarrollo Urbano y Descentralización, desempeñó un papel fundamental en el fortalecimiento de la capacidad de las autoridades locales para gestionar recursos de inversión, generar ingresos, acatar las limitaciones de endeudamiento y priorizar gastos. Con la ayuda de los contratos municipales (introducidos al mismo tiempo), el fondo fue un componente clave de la consolidación del proceso de descentralización en Senegal.

Sudáfrica. La Infrastructure Finance Corporation tiene una estructura similar a la del FDU de Paraná. Otorga préstamos a municipios, especialmente de grandes áreas metropolitanas, para financiar proyectos de infraestructura y abastecimiento de agua. Entre las fuentes de fondos, se incluyen los mercados nacionales e internacionales, a través de la emisión de bonos y los préstamos a largo plazo otorgados por instituciones financieras internacionales. Los préstamos otorgados a municipios generalmente tienen una tasa fija y vencimientos a hasta 20 años.

Fuente: Sood, 2009; Alam, 2010; Freire y Petersen, 2004.

- *Túnez:* Caisse des Prêts et de Soutien des Collectivités Locales.

- *Viet Nam:* Fondos de Inversiones para el Desarrollo Local.

La experiencia con los FDM ha sido dispar, con algunos resultados buenos y otros no tan buenos. Es crucial preguntarse si a) se supone que los FDM deben ser intermediarios temporales que ayudan a los municipios a obtener experiencia en el financiamiento mediante deuda, lo que incluye las condiciones previas, la selección de instrumentos y el diseño y la ejecución de proyectos de gran envergadura, o b) se supone que deben ayudar a los municipios a avanzar de forma gradual hacia los mercados financieros y de capital locales para obtener acceso directo a los fondos. Los FDM parecen ser muy eficaces en la primera función, pero no tanto cuando se trata de llevar a los municipios a los mercados. En el recuadro 7.24, se describen brevemente algunos FDM que han tenido resultados satisfactorios.

El Banco Mundial y el Banco Interamericano de Desarrollo (BID) se han comprometido especialmente con la creación de FDM. Entre 1998 y 2008, el Grupo Banco Mundial financió 190 proyectos de desarrollo municipal. La cuarta parte de estas iniciativas ayudó a crear FDM. Los proyectos se centraron en cuatro prioridades principales: a) el mejoramiento de la gestión financiera, por ejemplo, la integración de cuentas municipales y la capacitación del personal financiero; b) la mejora de los registros tributarios; c) el acceso a los mercados crediticios, y d) el apoyo a la creación de calificaciones crediticias y el fortalecimiento de la capacidad de supervisión.

No todas las experiencias han tenido resultados satisfactorios. En África, cinco FDM fracasaron, debido a que se sobrestimaron los ingresos municipales y los préstamos no se reembolsaron (por ejemplo, en Zimbabwe y Nigeria), o debido a que los bancos comerciales que se suponía que participarían se rehusaron a hacerlo por temor a la falta de capacidad financiera del sector municipal. En Asia, los FDM tuvieron un buen comienzo con Tamil Nadu, pero posteriormente, el mercado financiero de India se desarrolló, las tasas de interés disminuyeron, y el atractivo de estos fondos se vio considerablemente debilitado. En Pakistán, los FDM se centraron principalmente en el financiamiento mediante transferencias.

Los FDM continúan funcionando y ayudando a los gobiernos municipales a mejorar su capacidad de obtener préstamos directamente del mercado. Cuando los municipios o los mercados crediticios están preparados para trabajar en forma directa entre sí, es posible que se pierda el interés en los FDM. Los FDM quizá carezcan de las herramientas necesarias para competir con los bancos comerciales fuertes, que ya han comprendido las características de los gobiernos locales, conocen el marco jurídico y están dispuestos a otorgar préstamos a tasas competitivas. En estas condiciones, es posible que los FDM tengan fondos suficientes para otorgar préstamos, pero carezcan de posibles clientes (Túnez y Marruecos). En tal caso, se necesita suficiente flexibilidad para permitir que esos fondos se utilicen para fortalecer proyectos o gobiernos locales más pequeños o menos competitivos.

Asistencia externa disponible para las autoridades locales

Las instituciones multilaterales y bilaterales participan desde hace mucho tiempo en el financiamiento de gobiernos locales y los ayudan a mejorar su capacidad de ingresar en el mercado para recaudar fondos para sus proyectos. Como se señaló anteriormente, el Banco

---

Recuadro 7.25 Condiciones del financiamiento de la AIF y el BIRF

- Las condiciones del BIRF incluyen el vencimiento a 20 años y la tasa LIBOR a 6 meses, más un margen del 0,5 %.
- Las condiciones de la AIF incluyen el vencimiento a 40 años, un período de gracia de 10 años y una comisión del 0,75 %.

Mundial y la USAID han promovido los FDM y los bonos municipales. En India, por ejemplo, la promoción del mercado de bonos municipales formó parte del Proyecto de Reforma y Expansión de Instituciones Municipales de la USAID.

A fin de obtener apoyo externo oficial, los gobiernos locales se comunican directamente con los representantes de tales instituciones —por ejemplo, el BID, el Grupo Banco Mundial, el BAsD, el Banco Africano de Desarrollo y el Banco Europeo de Reconstrucción y Desarrollo (BERD)—, o bien utilizan la información emitida regularmente por el Ministerio de Planificación o el Ministerio de Desarrollo cuando se preparan los denominados "proyectos mayoristas" para ayudar a los gobiernos locales. En general, las instituciones financieras internacionales y los gobiernos nacionales aplican ciertos criterios de inclusión para seleccionar a los gobiernos locales que se beneficiarán con el préstamo. Entre los criterios, se incluyen indicadores fiscales (como valores representativos de la capacidad del gobierno local de pagar la deuda y financiar los fondos de contrapartida), el desempeño anterior en la ejecución de proyectos, y prácticas presupuestarias y contables. Además, es posible que los gobiernos locales tengan que demostrar que sus estrategias están en consonancia con el objetivo principal del programa mayorista, por ejemplo, la reducción de la pobreza, la competitividad o la extensión de los servicios básicos.

Banco Mundial: Asistencia del Banco Internacional de Reconstrucción y Fomento y la Asociación Internacional de Fomento para el desarrollo municipal

El respaldo multilateral puede brindarse en forma de donaciones o préstamos. La mayor parte de la asistencia multilateral se brinda en forma de préstamos subsidiados, especialmente a los países pobres que reúnen los requisitos para recibir créditos de la Asociación Internacional de Fomento (AIF), con asistencia en condiciones muy favorables. En el recuadro 7.25, se muestran las condiciones de los préstamos del Banco Internacional de Reconstrucción y Fomento (BIRF), o Banco Mundial, y los créditos de la AIF. En cualquiera de los dos casos, los gobiernos locales afrontan importantes costos de transacción relacionados con las donaciones o los préstamos subsidiados. Antes de que una ciudad o un gobierno central reciba la asistencia, se deben realizar mejoras

considerables a nivel institucional, operativo y de elaboración de informes.

Los gobiernos locales rara vez reciben préstamos directos de organizaciones internacionales. En el caso más común, el proyecto se prepara y se negocia con el gobierno local, pero el gobierno central o del estado asume la función de prestatario y represta los fondos al gobierno local, con o sin un cargo adicional por el desembolso. Los fondos se desembolsan a través de un mecanismo central, un FDM o un mecanismo de segundo piso, y luego se asignan a los gobiernos locales específicos de conformidad con un acuerdo previo o una fórmula de asignación. La excepción corresponde a los préstamos para ciudades grandes, como El Cairo, Ciudad de México, Mumbai, Río de Janeiro, São Paulo y Shanghái, donde el Banco Mundial ha financiado proyectos de forma directa, aunque en muchos casos con una garantía soberana.

Mecanismo de Financiamiento Municipal de la Unión Europea y el BERD

El Mecanismo de Financiamiento Municipal fue una iniciativa del BERD y la Comisión Europea tendiente a desarrollar e incentivar el financiamiento de bancos comerciales dirigido a municipios pequeños y medianos y a sus empresas de servicios públicos en los países que se incorporaron a la Unión Europea en 2004. Entre ellos se incluían Eslovenia, Estonia, Hungría, Letonia, Lituania, Polonia, la República Checa y la República Eslovaca, seguidos de Bulgaria y Rumania. En el mecanismo, se combina el financiamiento del BERD, en forma préstamos a largo plazo o distribución de riesgos, con donaciones del programa Phare de la Unión Europea, en forma de una comisión por la mejora del vencimiento y cooperación técnica para los bancos asociados o las empresas de servicios públicos.

Objetivos

A través del mecanismo, se procura incentivar a los bancos comerciales a otorgar préstamos a municipios pequeños y medianos, mejorar la capacidad de dichos bancos para evaluar los riesgos de los municipios y gestionar sus préstamos en el sector, permitir el acceso de los gobiernos locales al financiamiento a mediano y largo plazo, y ayudarlos a preparar y ejecutar inversiones en infraestructura factibles y sólidas desde el punto de vista financiero que puedan costearse a través de créditos.

El BERD proporcionó hasta €75 millones de líneas de crédito a largo plazo de 10 años y 15 años a los bancos asociados para que estos otorgaran préstamos a los gobiernos locales, en euros o en la moneda local. Los bancos asociados otorgan préstamos de hasta €5 millones, cada uno con un vencimiento de 5 a 15 años, disponibles para inversiones en infraestructura de los gobiernos locales. El BERD ofrece mecanismos de distribución de riesgos de hasta el 35 % del riesgo del banco asociado sobre una cartera de préstamos para gobiernos locales. El apoyo del BERD funciona como una garantía, y el banco interviene con el financiamiento para riesgos solo si no se cumple con el pago del préstamo municipal. En el caso de los municipios, mediante los fondos de la Unión Europea, se brinda apoyo para la preparación de proyectos, la solicitud de préstamos y la ejecución de proyectos.

Criterios

Los municipios participantes deben brindar servicios a una población de menos de 100 000 personas. Deben tener una gestión financiera sólida y un flujo de caja adecuado. Las inversiones pueden destinarse a proyectos de infraestructura, por ejemplo, transporte local, calefacción municipal, abastecimiento de agua, alcantarillado, manejo de residuos sólidos y calles públicas y estacionamiento.

El BID y el Banco Mundial han creado sus propios mecanismos de financiamiento municipal subsoberano que proporcionan fondos para infraestructura a municipios con capacidad crediticia, sin garantía del gobierno central.

Préstamos y créditos para la protección ambiental y la eficiencia energética

La eficiencia energética y el cambio climático han adquirido gran importancia en los últimos 10 años, lo que ha dado lugar a la creación de programas específicos para ayudar a los gobiernos locales y las entidades nacionales en estas áreas. Diversas instituciones financieras internacionales, donantes bilaterales e instituciones privadas han creado productos específicos para

---

Recuadro 7.26 Proyecto de Financiamiento del Carbono para Compostaje de Lahore

Saif Group, a través de Lahore Compost (Pvt.) Ltd., ha establecido su primera planta de compostaje en Mahmood Booti (Pakistán), en virtud de un acuerdo con el gobierno de la ciudad de Lahore. El proyecto se estableció en el marco de un proceso de construcción-operación-transferencia, según el cual la planta se transferirá a la ciudad después de 25 años. Esta es la primera APP de Pakistán de semejante envergadura en el ámbito del reciclaje de residuos sólidos municipales.

La iniciativa fue validada y registrada como un proyecto del MDL, en la Convención Marco de las Naciones Unidas sobre el Cambio Climático, en abril de 2010. Mediante el proyecto, se producen hasta 150 toneladas de compost diariamente a partir de 1000 toneladas de residuos sólidos municipales que proporciona la ciudad.

Lahore Compost utiliza un proceso aeróbico con una tecnología de hileras abiertas para lograr el nivel máximo de producto maduro y un entorno seguro, y para reducir a la mitad la eliminación de residuos. El proceso de compostaje lleva normalmente alrededor de 60 días con el procesamiento regular (véanse los gráficos R7.26.1 y R7.26.2).

El proyecto fue verificado en 2011 por la Autoridad del Carbono de las Naciones Unidas, y desde entonces, se valida cada año el volumen de reducción de los niveles de carbono. Por ende, el proyecto se ha beneficiado de los créditos de carbono que, según se prevé, generarán alrededor de US$6 millones en ingresos totales durante cinco años y que respaldan la viabilidad financiera de la iniciativa. Además de los beneficios financieros y ambientales, a través del

(continúa en la página siguiente)

Recuadro 7.26 *(continuación)*

proyecto se crearon alrededor de 50 puestos de trabajo, entre los que se incluyen más de 20 empleos para trabajadores no calificados, la mayoría de los cuales eran personas que rebuscaban en la basura.

El crédito del carbono es dinero gratis, pero el costo de la transacción es importante. La verificación del proyecto requiere que se planifique la gestión para proporcionar pruebas de calidad de laboratorio y se establezca un sistema de frenos y contrapesos para demostrar la reducción de las emisiones, que, con el tiempo, será beneficiosa también para el público en general.

Gráfico R7.26.1   Mezclado de las hileras de compostaje

Su reutilización debe contar con la debida autorización.

Gráfico R7.26.2   Validación

Su reutilización debe contar con la debida autorización.

capacitar a las autoridades locales y preparar proyectos que se autofinancien. Una iniciativa típica es la renovación de un edificio público para que haga un uso más eficaz de la energía. Por ejemplo, en Los Ángeles, se pudo financiar la renovación de las oficinas centrales de la ciudad con tres años de ahorro en las facturas de electricidad. Rusia también está avanzando con rapidez en este plano. En noviembre de 2009, se adoptó la Ley Federal 261-FZ ("Sobre la Mejora de la Eficiencia Energética y el Ahorro de Energía") con el objetivo de ayudar al país a reducir la intensidad del uso de la energía en un 40 % para 2020. Estos cambios normativos tienen consecuencias importantes para los gobiernos locales y las ciudades, como la creación de nuevas competencias y responsabilidades en materia de eficiencia energética, entre las que se incluyen el sostenimiento de los resultados logrados en los edificios y las empresas de servicios públicos locales, la supervisión de la instalación de los medidores, y el mantenimiento de los sistemas locales de información sobre la eficiencia energética en los edificios (por ejemplo, resultados de las auditorías de energía, pasaportes de energía, medidas orientadas al uso eficiente de la energía e informes sobre el ahorro). El Banco Mundial e IFC han creado una amplia variedad de programas que generan un financiamiento sostenible para las ciudades rusas.

El cambio climático está provocando un calentamiento global y, en consecuencia, graves dificultades económicas y el desplazamiento de millones de personas. Entre las políticas formuladas para controlar las emisiones y la contaminación, se incluyen reglamentaciones y normas, además de instrumentos económicos como impuestos y gravámenes, permisos negociables, acuerdos voluntarios, subsidios e incentivos financieros.

Un creciente número de ciudades han obtenido un financiamiento considerable para los servicios locales esenciales a través del Mecanismo para un Desarrollo Limpio (MDL). El mecanismo proporciona un vínculo entre la reducción del impacto de las emisiones de carbono de una ciudad y los cambios de conducta necesarios para efectuar dicha reducción (véase el ejemplo de la ciudad de Lahore, Pakistán, en el recuadro 7.26). Esos cambios se logran mediante incentivos en forma de créditos de carbono que se proporcionan a las ciudades por reducir sus emisiones de gases de efecto invernadero. En 2007, la Corporación Municipal de Mumbai financió un proyecto de cierre de vertedero y captación de gas en el vertedero Gorai, con fondos de créditos del carbono. El BAsD financió el proyecto a través de un fondo de créditos del carbono de reducciones certificadas de emisiones (RCE). Una RCE equivale a un ahorro de 1 tonelada de dióxido de carbono.

Jordania

El municipio del Gran Ammán maneja la mitad de los residuos sólidos que se generan en Jordania. Con US$25 millones de financiamiento del Banco Mundial,

la ciudad de Ammán ha ampliado los sitios de transferencia existentes y su vertedero actual (Banco Mundial, 2010). El diseño del vertedero incluye disposiciones para el reciclaje de los materiales recuperables y la recuperación de gas de vertedero. Este último se capta para generar electricidad "verde" en un volumen de 160 000 megavatios-hora que se enviarán a la red nacional de electricidad. Además, se estima que las RCE que se obtendrán gracias al proyecto serán de 950 000 toneladas de CO_2, las cuales generarán otros US$15 millones por concepto de RCE para 2014, mientras que la venta de electricidad producirá ingresos que, según las estimaciones, ascenderán a US$25 millones en 2019.

Marruecos

En 2006, Marruecos sancionó su primera ley de manejo de residuos sólidos. En 2007, el país lanzó un programa de 15 años para el manejo de residuos sólidos municipales en zonas urbanas. Entre los objetivos, se incluían una cobertura del 90 % en 2021, vertederos sanitarios en todas las zonas urbanas, el cierre y la rehabilitación de 300 vertederos abiertos existentes, y la promoción de la reducción y la recuperación de los residuos sólidos. Mediante el programa, se procura mejorar las prácticas de gestión de residuos sólidos en Marruecos, que se encontraban entre las peores de los países del norte de África, con un gasto del 0,05 % del PIB por año, en comparación con el 0,2 % de la República Árabe de Egipto y el 0,1 % de Líbano, Siria y Túnez. A través de los proyectos de captación de gas, se captará y se quemará metano de los vertederos, con lo que se reducirán las emisiones entre 0,7 millones de toneladas y 1 millón de toneladas de CO_2 equivalente por año, y se obtendrán ingresos para Marruecos mediante la venta de reducciones de emisiones de carbono en el marco del MDL. La generación de ingresos para el sector a través del mercado del carbono es un incentivo adicional para que los municipios aborden los problemas en materia de residuos sólidos y, a la vez, mitiguen el cambio climático (Banco Mundial, 2010).

Bolivia

La ciudad de Santa Cruz (Bolivia) tiene alrededor de 1,3 millones de habitantes, y su población aumenta un 6 % cada año. Los servicios de saneamiento son provistos de forma adecuada por 10 cooperativas, pero la cobertura se limita al 32 % de la población.

Entre los proyectos tendientes a mejorar la situación, se encuentran cuatro plantas de tratamiento de aguas residuales, cuyo gas metano se transporta a un sistema de quema a través de un conjunto de tuberías. Este proyecto está financiado con la compra de reducción de emisiones por valor de US$2,09 millones realizada por el Fondo del Carbono para el Desarrollo Comunitario y el Fondo del Biocarbono. La cooperativa local SAGUAPAC recibe los fondos de esta compra y es responsable de la ejecución del proyecto, cuyos costos se estiman en US$1,48 millones para la instalación y US$24 000 por año para la operación y el mantenimiento (Jaguari, 2007).

India

Los 18 millones de habitantes de las zonas urbanas de Karataka (India) reciben abastecimiento de agua durante menos de cuatro horas por día. A fin de aumentar la eficacia del servicio, el gobierno ha lanzado un programa tendiente a mejorar la eficiencia energética y reducir las emisiones de gases de efecto invernadero. Mediante el programa, que se ha ejecutado en seis ciudades, se ha logrado un ahorro de energía de 16 millones de kilovatios-hora y una reducción de las emisiones totales equivalente a 13 620 toneladas de CO_2. Las reducciones de las emisiones resultantes —alrededor de 60 000 unidades de reducción de emisiones— serán compradas por el Fondo del Carbono para el Desarrollo Comunitario. Los ingresos brutos serán de entre US$600 000 y US$900 000, y se distribuirán entre los municipios participantes.

Participación del sector privado

Las APP han adquirido importancia como una forma alternativa que los gobiernos locales pueden adoptar para financiar proyectos de infraestructura y brindar servicios públicos eficientes. El sector privado no solo aporta capital y conocimientos, sino también acceso a tecnologías y prácticas de gestión que se traducen en una mayor eficiencia. La característica distintiva de las APP radica en que los socios comparten la inversión, el riesgo, la responsabilidad y la recompensa. La

Cuadro 7.7   Tipología de la prestación de servicios urbanos

Servicio urbano	Tipo de bien	Función del sector público	Función del sector privado
Transporte urbano	Bien privado (con externalidades positivas), de interés social.	Garantizar soluciones eficientes y brindar servicios a las personas de ingresos bajos.	Operar y construir sistemas.
Sistemas de tuberías de alcantarillado	Bien público; monopolístico; externalidades positivas.	Prestación pública directa.	Se lo puede contratar para obras específicas.
Abastecimiento de agua	Bien cuasipúblico; tiene externalidades positivas.	Se requieren reglamentaciones para garantizar la salud pública.	Puede prestar el servicio, pero está regulado.
Servicios terrestres, infraestructura y conexiones domiciliarias	Todos los bienes son privados y pueden ser entregados por el sector privado.	Reglamentaciones para abordar consideraciones ambientales y de seguridad; zonificación.	Presta servicios de infraestructura, financia el desarrollo, cobra al consumidor.
Mejora de barrios marginales	Un componente importante de bien público.	Financia un bien público: agua y saneamiento.	La comunidad puede brindar y fortalecer una gran parte de los servicios.
Recolección de residuos sólidos	Bien privado (externalidades positivas).	El sector público garantiza la prestación y la cobertura.	El sector privado presta el servicio.
Eliminación de residuos	Bien cuasipúblico.	Prestación pública directa.	El servicio se brinda por contrato.

Fuente: Batley, 2001.

Cuadro 7.8 Tipos de alianzas público-privadas

Tipo de APP	¿Qué hacen?	Características
Contratos de gestión y COT	Transfieren la responsabilidad de la operación y el mantenimiento de una empresa local de propiedad del gobierno al sector privado, generalmente, durante cinco años.	El gobierno local conserva la propiedad y el financiamiento del proyecto. Ofrece algunos objetivos de desempeño según los cuales se juzga la efectividad de la empresa responsable del mantenimiento y la operación.
		Ejemplos: el proceso de COT de la planta de compostaje de Lahore; el servicio de transporte de autobuses de Hanói.
Arrendamientos	La autoridad local es la propietaria de los activos, pero el sector privado arrienda el activo y se ocupa del mantenimiento y la operación.	Los riesgos se comparten; el plazo de los arrendamientos puede ser de 5 años a 20 años.
Concesiones	El sector privado asume la responsabilidad del mantenimiento y la operación, y de la inversión en la instalación.	El plazo de las concesiones puede ser de 25 años a 30 años. Los contratos son muy detallados e incluyen los estándares de desempeño, las inversiones necesarias y los mecanismos de ajuste de precios y tarifas.
		El sistema de autobuses TransMilenio; la concesión de abastecimiento de agua en zonas urbanas de Senegal.
Empresas conjuntas	El sector privado tiene acciones en esta estructura. Con el tiempo, el gobierno local puede vender las otras acciones al sector privado.	La autoridad local puede delegar la gestión diaria al socio privado.
Propiedad total o parcial	El sector privado es propietario de la totalidad o de una parte del servicio o la estructura.	Con la enajenación completa, el sector privado asume la responsabilidad total de las operaciones, el mantenimiento y las inversiones. Todos los activos también se tornan privados.

Fuente: Delmond, 2009.
Nota: COT = construcción, operación, transferencia.

responsabilidad compartida permite que el proyecto pueda atender mejor las necesidades de los consumidores. En el contexto de este capítulo, la cuestión más relevante es que muchos mecanismos de APP ofrecen alternativas de financiamiento a los municipios. Las ciudades pueden ahorrar fondos públicos al participar en una APP con una empresa privada, y pueden utilizar tales fondos para otros proyectos que no atraerían a los inversionistas privados. Al entregar activos públicos a operadores privados, los municipios pueden ahorrar en los costos de las operaciones, siempre que la empresa privada sea más eficiente y ejecute el servicio con la misma calidad a un costo menor.

Prestación de servicios privada o pública

En principio, debería ser normal que el sector privado prestara los servicios locales, como agua, energía, etc., que son considerados bienes privados. La competencia entre las empresas garantizaría que los servicios se brinden al menor costo posible. Sin embargo, en algunos casos, la competencia no surte efecto. Un ejemplo de esto son los bienes públicos como el alumbrado público, la policía y la seguridad, por los cuales las ciudades no pueden cobrarle al usuario, ya que no se puede excluir a las personas de la prestación de tales servicios. Un segundo ejemplo corresponde a los casos en los que están en juego grandes inversiones y se genera un monopolio natural de facto, por ejemplo, el servicio local de abastecimiento de agua. En este caso, es posible que la operación del sector privado por sí misma (en una situación de monopolio) no procure el menor precio posible. En el cuadro 7.7, se resume la forma en que los sectores público y privado pueden operar en varios servicios urbanos.

Formas de alianzas público-privadas

La forma contractual de una APP varía según el tipo de servicio, quién es el propietario de los activos (el gobierno local o el socio privado), quién asume el riesgo y la duración del contrato. En el cuadro 7.8 se muestran los principales tipos de APP. En su forma más simple, tenemos contratos de gestión para la prestación de servicios con plazos de entre uno y tres años, en los que los activos pertenecen al sector público. En los acuerdos de COT, en los arrendamientos y en las concesiones, los activos son públicos, pero el riesgo es privado o compartido, al igual que la inversión que ha de realizarse. Las concesiones pueden tener un plazo de hasta 25 años. La enajenación es el caso más extremo de privatización. Esto ocurre cuando el sector privado compra todos los activos y el sector público ya no tiene intervención alguna (por ejemplo, el sistema ferroviario del Reino Unido en la década de 1980).

Las alianzas público-privadas tienen beneficios importantes y cuantificables

Entre los principales beneficios de las APP, se incluyen los siguientes:

- *Ahorro de costos.* Los gobiernos locales obtendrán un ahorro de costos tanto en la construcción de proyectos de capital como en la operación y el mantenimiento del servicio.

- *Distribución de riesgos.* El gobierno local puede compartir los riesgos con el socio privado. Tales riesgos incluyen sobrecostos, dificultades para cumplir con las reglamentaciones ambientales y la posibilidad de que los ingresos no sean suficientes para pagar los costos de operación y de capital.

- *Mejora del servicio.* Las APP pueden introducir innovación en la empresa que organiza y lleva a cabo la prestación del servicio. También pueden incorporar nuevas tecnologías y economías de escala que, a menudo, reducen los costos.

Varias décadas de APP han proporcionado pruebas empíricas que confirman los efectos positivos de incluir a socios privados en la prestación de servicios. La participación del sector privado en la mayoría de los ámbitos de infraestructura genera más eficiencia y satisfacción del consumidor. Los precios se reducen considerablemente, la calidad de los servicios mejora, y el servicio se extiende a la comunidad destinataria. Este resultado queda particularmente en evidencia en el caso de los servicios de telefonía, energía y abastecimiento de agua. La productividad laboral aumenta notablemente, a veces en un 50 %. En el sector de la electricidad, la cantidad de conexiones por trabajador ha aumentado de menos de 500 por empleado antes de la privatización a 750 luego de la privatización. Las pérdidas en la distribución también han disminuido considerablemente: en algunos casos, tras la privatización, pasaron del 20 % en electricidad y el 40 % en agua al 10 % y 20 %, respectivamente (Andrés et ál., 2008).

Las alianzas público-privadas también conllevan riesgos

La privatización suele relacionarse con algunas imágenes negativas. Los primeros contratos se basaron en un optimismo injustificado y muestran cierta falta de atención en los criterios de diseño y desempeño. El gobierno local no tenía información suficiente sobre el sector en cuestión o influencia suficiente sobre el socio privado, lo que dificultó la supervisión del desempeño de la alianza y la adopción de medidas correctivas. Un efecto de los contratos deficientes es la alta tasa de renegociación y cancelación de las APP. En América Latina, en la década de 1990, los contratos de APP del sector de abastecimiento de agua se renegociaron en el 74 % de los casos en los primeros 18 meses (Batley, 2001).

No obstante, en la actualidad, la tasa de cancelaciones es especialmente baja, lo cual sugiere que, una vez que se solucionan los detalles técnicos, el gobierno local y el socio del sector privado están conformes con el acuerdo. Al parecer, los puntos más controvertidos de los contratos renegociados son el nivel de la tarifa más baja, los requisitos de inversión y las deficiencias de los organismos de reglamentación. En algunas ocasiones, los contratos iniciales se ven perjudicados debido a la falta de comunicación con el público en general, la ausencia de programas sociales, los incumplimientos contractuales, y los mecanismos de solución de diferencias ineficaces e impredecibles.

Entre los principales riesgos de las APP, se incluyen los siguientes:

- El riesgo principal es la pérdida de control. Las APP que implican inversiones considerables por parte del socio privado por lo general permiten que este intervenga directamente en las decisiones sobre la forma en que se prestarán los servicios y se determinará su precio, en contra de los intereses de los clientes.

- Los riesgos políticos también son comunes. Un entorno normativo incompleto y la corrupción pueden transformar las APP en una oportunidad para cometer abusos y generar conmoción política.

A pesar de que se observa cierta preocupación acerca de la falta de conocimientos técnicos especializados locales, las APP se utilizan en todos los países en desarrollo. Por ejemplo, en Uganda, los gobiernos locales pueden subcontratar la prestación de servicios, y se los

---

Recuadro 7.27 Análisis de factibilidad de un vertedero sanitario

Cada vez más, las ciudades de Asia recurren al sector privado para obtener inversiones de capital en el sector de los residuos sólidos. En la etapa de la evaluación, se necesitará un conjunto de diferentes tipos de análisis y datos para un posible proyecto de APP en este sector. En vista de que en los vertederos sanitarios se generan considerables economías de escala (los costos por tonelada disminuyen a medida que aumenta el tamaño de las instalaciones), el sector privado procurará asegurar un cierto flujo de residuos para la plata, a fin de garantizar los ingresos para las operaciones de reciclaje y eliminación. Por ende, una parte de la etapa de factibilidad consistirá en recopilar datos sobre las cantidades de residuos y las densidades de residuos existentes y previstas de diferentes fuentes.

Para determinar qué opciones de servicios podrían ser viables, se deben llevar a cabo análisis de costos de distintas opciones de eliminación. Esto incluye un examen de los requisitos de capital y proyecciones de los costos de operación y mantenimiento, y la plena amortización de cada uno de ellos. También será necesario evaluar y tasar las tierras que han de asignarse a las nuevas instalaciones.

El análisis de la demanda requerirá un estudio de la disposición y la capacidad de los residentes para pagar los servicios mejorados. Se consultará la opinión de los posibles beneficiarios de los servicios acerca de las opciones, los costos y los métodos de pago de los servicios.

También se debe analizar la factibilidad de utilizar el reciclaje de residuos como fuente de ingresos, junto con las actividades de reciclaje y compostaje in situ, que minimizan la generación de residuos, como alternativa voluntaria al pago del cargo por el servicio completo.

Fuente: Organismo Canadiense de Desarrollo Internacional, 2011.

Recuadro 7.28 Alianzas público-privadas para el abastecimiento de agua en Argentina

En el caso de Aguas de Tucumán, Argentina, cuando las tarifas aumentaron de la noche a la mañana y la calidad no mejoró como se esperaba, el sector público intentó activar algunas de las cláusulas del contrato, con poco impacto. La compañía internacional de abastecimiento de agua terminó demandando al gobierno estatal por incumplimiento del contrato.

Fuente: Andrés et ál., 2008.

incentiva para que lo hagan. Se han celebrado contratos para la gestión de residuos sólidos, el mantenimiento vial, los mercados minoristas, los estacionamientos e incluso la recaudación del impuesto a la propiedad. En el caso de los desarrollos inmobiliarios, la propiedad se arrienda a contratistas privados por 15 años.

Casos satisfactorios de alianzas público-privadas

La cantidad de casos satisfactorios de APP en municipios continúa en aumento. Cuatro de ellos son especialmente interesantes: el contrato de concesión del sistema de autobuses TransMilenio de Bogotá, el servicio de transporte de autobuses de Hanói, el proceso de COT de la planta de compostaje de Lahore y la concesión del sector de abastecimiento de agua de zonas urbanas de Senegal. En todos los casos, los contratos fueron muy claros, las cláusulas que abordaban los problemas se definieron con precisión y las contribuciones del sector privado en materia de inversión, tarifas y tasa de rentabilidad se negociaron de forma acertada. Asimismo, el proceso de preparación fue riguroso y tuvo en cuenta la demanda de los servicios que se prestaban, las corrientes de ingresos, los costos de la inversión, la probabilidad de que el

---

Recuadro 7.29 Dar es Salaam: Una fallida alianza público-privada de abastecimiento de agua

Muchas ciudades han tenido dificultades con las primeras APP, pero aprendieron de ellas. Eso ocurrió con los servicios de abastecimiento de agua y saneamiento en Dar es Salaam. El sector estuvo limitado durante 30 años por la falta de inversiones. En 2002, una empresa conjunta del Reino Unido, Alemania y Tanzanía, City Water Services, ganó una licitación y se le adjudicó un contrato de arrendamiento de 10 años para gestionar las operaciones técnicas y comerciales del sistema de abastecimiento de agua y saneamiento de la ciudad. Tres años después, en mayo de 2005, el gobierno acusó al operador de fallas y rescindió su acuerdo

contractual. Los motivos aparentes eran que no se había extendido la cobertura acordada, no se habían cumplido las reglas de adquisiciones y no se había pagado el rendimiento acordado a la ciudad.

Diez años más tarde, la ciudad está revisando su estrategia y da la bienvenida a las APP: tiene previsto invitar a inversionistas privados a participar en proyectos de transporte público y desarrollo inmobiliario. Tras una década de aprendizaje práctico, se han elaborado excelentes directrices sobre la forma de establecer una APP que respete y acate los principios del gobierno local.

Fuente: Sway, 2011.

Recuadro 7.30 Alianzas público-privadas de "concesiones urbanas" de Brasil

En São Paulo (Brasil), se han establecido nuevas APP, denominadas "concesiones urbanas", mediante las cuales las partes empobrecidas de la ciudad pasarán a ser administradas por el sector privado, a cambio de la ejecución de un plan de infraestructura. Los concesionarios recuperarán su inversión y obtendrán ganancias a partir de la reconversión de las propiedades expropiadas durante el período de la concesión. Se prevé que los propietarios reciban una compensación de acuerdo con criterios previamente definidos, y que los inquilinos legales sean reubicados en viviendas de interés social u obtengan subsidios para el alquiler.

---

sector privado mostrara interés y el formato de APP adecuado para el proyecto. Como principio básico, se debe elaborar un análisis de prefactibilidad antes de presentar el proyecto a licitación en el sector privado. Las APP satisfactorias cumplen con esta norma, y es posible que las alianzas fallidas hayan omitido el estudio de prefactibilidad. En los recuadros 7.27 y 7.28, se incluye más información sobre estas cuestiones.

Si bien las ventajas de las APP para las ciudades están bien establecidas, los gobiernos locales deben examinar atentamente la necesidad de contar con conocimientos especializados, tanto técnicos como financieros, de modo que puedan negociar los contratos con pleno control. Las renegociaciones de las APP, como ya se ha mencionado, han sido habituales en el sector del agua de América Latina. También ha habido APP con problemas en África; en el recuadro 7.29, se describe una situación producida en Dar es Salaam (Tanzanía). Estas experiencias no invalidan los beneficios de las APP, pero muestran la necesidad de realizar una preparación adecuada y mejorar las capacidades técnicas. Afortunadamente, las instituciones financieras internacionales y los organismos bilaterales de ayuda ofrecen gran variedad de opciones de asistencia técnica para garantizar que las alianzas se diseñen con rigor, reflejen las incertidumbres del sector y contemplen medidas para regularizar el contrato cuando sea necesario.

Las alianzas público-privadas y los pobres

Una buena oportunidad para que el sector privado participe de manera rentable en los proyectos municipales y, a la vez, beneficie a los pobres es a través de productos innovadores diseñados específicamente para satisfacer las necesidades de los pobres, a precios que estos puedan pagar y suministrados de una forma que se adapte a sus estilos de vida (en el recuadro 7.30, se describen las dificultades que supone cumplir con estos requisitos). Las posibles áreas incluyen los servicios financieros, como en el caso de Kuyasa Fund de Ciudad del Cabo. Otro ejemplo es SKS Microfinance de India, en el sector de la vivienda. En el área de manejo de residuos sólidos y reciclaje, se incluyen los Centros de Recuperación de Materiales de la Ciudad Quezón, de Filipinas, y el Consejo Municipal de Nueva Delhi, India. Este último otorga subsidios a los recuperadores informales de residuos (habitualmente, los pobres), quienes recogen los desechos de las puertas de las casas de los residentes y contribuyen a la tasa de recuperación de residuos del 33 % de recicladores privados independientes.

Cada vez más, se utiliza la ayuda en función de los resultados (OBA) para estructurar los subsidios otorgados al sector privado, a fin de garantizar que se cumplan de forma adecuada los objetivos de desempeño, en particular, aquellos relacionados con la prestación de servicios a los pobres. En la OBA básicamente el pago de subsidios depende de que se demuestre la prestación de servicios o el logro de resultados específicos; por ejemplo, la conexión de una cantidad especificada de clientes a la red eléctrica o a la red de distribución del agua. Por lo tanto, los proveedores privados deben asumir sus propios riesgos de incumplimiento y proporcionar su propio financiamiento inicial (en la mayoría de los casos) para cumplir los objetivos de desempeño y obtener el subsidio de la OBA. La OBA ha demostrado ser especialmente eficaz para extender las conexiones de agua a los barrios marginales a través de subsidios de pago único para la ampliación de la red y las conexiones, como en ciudades de Etiopía, Indonesia, Mozambique y Filipinas (Asociación Mundial para la Ayuda en Función de los Resultados, 2008; Banco Mundial, 2005).

Algunas lecciones aprendidas

Las APP tienen un gran potencial para permitir que los gobiernos locales amplíen los servicios a un costo reducido y con mayor eficiencia. Sin embargo, para hacer el mejor uso de las APP, los gobiernos locales necesitan conocer mejor los sectores específicos en los que trabajan y las cláusulas legales que pueden necesitar en caso de desacuerdos con sus socios privados. El éxito depende de la visión a largo plazo de la localidad, de su capacidad para regular los proveedores y la calidad de los servicios, y de su capacidad para aplicar los controles reglamentarios. En adelante, los gobiernos locales deben prestar atención al diseño de los contratos, los métodos para solucionar controversias y los detalles técnicos, tanto antes como después de firmar un contrato de APP.

En el contrato, se deben incluir normas claras para supervisar la prestación del servicio. Si los gobiernos locales no poseen los conocimientos y las aptitudes necesarios para establecer una APP por cuenta propia, no deben dudar en solicitar asistencia externa, siempre que comprendan la visión general y los principios rectores del mecanismo de APP. Los responsables locales de las decisiones también deben tener una sólida comprensión de los riesgos que asumirán en el marco de una APP, y de su responsabilidad contingente si las cosas no resultan según lo previsto.

Contribuciones filantrópicas y personales

Además de las otras opciones de financiamiento, los municipios deben procurar obtener ayuda filantrópica. Desde fines de la década de 1990, la ayuda filantrópica ha aumentado considerablemente. El monto total asciende a alrededor de US$5000 millones por año a nivel mundial, del cual el 75 % proviene de fundaciones de Estados Unidos. Las contribuciones de estas entidades han aumentado a más del triple durante los últimos 10 años, y durante este período ascendieron a un total de US$44 000 millones en 2007 (Paulais, 2013; Foundation Center, 2009). La Fundación Bill y Melinda Gates es la fundación mundial más importante. La mayor parte de los fondos se canalizan a través de ONG, generalmente europeas (por ejemplo, Suiza es sede de numerosas fundaciones, como el Fondo Mundial de lucha contra el sida, la tuberculosis y la malaria; la Cruz Roja, y otras).

Las autoridades locales rara vez tienen acceso directo a la ayuda filantrópica, salvo a través del gobierno estatal o nacional. En 1995, la Fundación Soros (Open Society Institute) ayudó a establecer el Organismo Nacional de Reconstrucción Urbana y Vivienda en Sudáfrica, y también brindó ayuda a fin de subsidiar hipotecas para grupos de bajos ingresos. En 2007, con una contribución de la Fundación Gates se reforzó la capacidad de los gobiernos locales en el sector de abastecimiento de agua y saneamiento.

Sin embargo, los gobiernos locales solicitan al público en general que realice contribuciones específicas para financiar proyectos de desarrollo. Por ejemplo, en la ciudad de Uzgen (República Kirguisa), el gobierno local solicitó la participación de la población a fin de recaudar fondos para mejorar el sistema de abastecimiento de agua. La ciudad había crecido muy rápidamente, y el suministro de agua no evolucionó al mismo ritmo. La ciudad no estaba en condiciones de solicitar un préstamo del Banco Mundial, ya que no contaba con los fondos de contrapartida necesarios (el 3 % del costo total). El gobierno de la ciudad diseñó e implementó una exitosa campaña de relaciones públicas para convencer a los residentes de realizar una contribución por única vez para recaudar los fondos. A fin de solicitar los fondos para la primera etapa, el gobierno local movilizó a los estudiantes con el objetivo de generar conciencia acerca de la importancia del agua potable y convencer a sus padres de que realizaran una contribución. Posteriormente, se llevó a cabo un proceso similar, que permitió a la ciudad ampliar la cobertura del suministro de agua del 35 % al 65 % de los residentes (Kaganova, 2011).

Los fondos comunitarios son cada vez más importantes, especialmente para ayudar a las familias de ingresos bajos a abordar sus necesidades de vivienda. Mediante estos fondos, se establecen y se fortalecen agrupaciones de ahorro locales que proporcionan financiamiento colectivo para la mejora de viviendas, movilizan recursos del gobierno nacional y de donantes extranjeros, y pueden ser útiles para promover el desarrollo comunitario.

También pueden contribuir a la infraestructura con un ahorro importante (Mitlin y Muller, 2004). Un ejemplo es Slum Dwellers International, red que incorpora ahorros y actividades de financiamiento para la mejora de viviendas. Durante los últimos 15 años, la organización se ha convertido en un movimiento internacional con filiales en más de 12 países. Ha ayudado a millones de familias a obtener acceso a tierras y mejores viviendas con pequeñas donaciones. Otros ejemplos incluyen el Fondo de Desarrollo para Pobres de Zonas Urbanas de Camboya, el proyecto Baan Mankong (vivienda segura) de Tailandia, el Programa de Hipotecas Comunitarias de Filipinas, el Programa de Desarrollo Local de Nicaragua y el Esquema de Viviendas de Bajo Costo de Jamii Bora Trust de Kenya.

Jamii Bora ha creado un exitoso programa de viviendas de bajo costo de alrededor de US$12,5 millones (comerciales y residenciales). La organización adquirió 293 acres de tierras de propiedad privada y construyó viviendas con una combinación de ahorros de los miembros, financiamiento de mercado y donaciones de personas de buena voluntad. Los miembros financian las unidades habitacionales (alrededor de US$3000 cada una) con préstamos del fondo fiduciario, alrededor de US$45 mensuales por unidad familiar. Los costos de mantenimiento se cubren con cuotas mensuales de aproximadamente US$7 que se cobran a las unidades familiares (Programa de las Naciones Unidas para los Asentamientos Humanos, 2005). En India y Tailandia, los fondos comunitarios han crecido considerablemente con la ayuda del gobierno central y de donantes extranjeros.

Capitalizado por donantes, el Servicio de Financiamiento de Infraestructura Liderada por la Comunidad es un fondo para los pobres de zonas urbanas que respalda proyectos de vivienda e infraestructura impulsados por la comunidad con potencial de proyección en mayor escala. Esta entidad trabaja con la National Slum Dwellers Federation y otras organizaciones comunitarias importantes para proporcionar enfoques uniformes y el máximo nivel posible de movilización. El objetivo es aumentar el acceso de las comunidades urbanas pobres al financiamiento del sector comercial y público para iniciativas de infraestructura y vivienda de mediana a gran escala. La organización ofrece préstamos puente, garantías y asistencia técnica; lleva a cabo proyectos de rehabilitación, y atrae financiamiento de los sectores comercial, local y público para nuevos programas (http://www.homeless-international.org).

Conclusiones

Muchos gobiernos locales tienen la necesidad imperiosa de ampliar la infraestructura y prestar servicios básicos. Dado que la infraestructura municipal tiene una duración prolongada, es posible y eficiente utilizar fondos de largo plazo para financiar tales proyectos. Esto garantiza que las generaciones que disfrutarán de los beneficios del proyecto también sean quienes paguen por ellos.

Sin embargo, se necesita tiempo y experiencia para que los gobiernos locales y las instituciones financieras conozcan y comprendan el funcionamiento del otro. Hasta que lo logren, los gobiernos centrales intervienen para regular el monto que los gobiernos locales pueden solicitar en préstamo, los proyectos para los cuales pueden hacerlo y los ingresos que pueden ofrecer en garantía. En muchos países (como Chile), los gobiernos locales no están autorizados a solicitar préstamos. En otros, los gobiernos centrales solicitan préstamos en nombre de las autoridades locales.

Los gobiernos locales que tienen interés en el financiamiento externo y pueden acceder a él deben seguir algunos pasos fundamentales:

- Seleccionar proyectos que valga la pena financiar con recursos (costosos) del mercado.

- Asegurarse de tener una buena situación financiera (medida por la presencia de un superávit de operación neto).

- Proyectar sus balances generales y determinar si el nuevo endeudamiento está en consonancia con las limitaciones impuestas por la legislación nacional.

- Comparar formas alternativas de endeudamiento, incluidos los bancos y los mercados de capital.

- Comprender en qué casos las APP son maneras eficientes de financiar obras de infraestructura costosas y qué disposiciones relativas a la ejecución se necesitan para garantizar que el sector público obtenga la parte que le corresponde.

- En el caso de los municipios que no suelen solicitar préstamos en el mercado, algunas instituciones, como los bancos de inversiones públicas y los fondos de desarrollo municipal, pueden ayudarlos a familiarizarse con el rigor del financiamiento en condiciones de mercado.

Los instrumentos de mejora, como las garantías, también se utilizan para reducir el riesgo que los proyectos municipales conllevan para los acreedores y atraer posibles inversionistas.

En ocasiones, un gobierno local enfrentará una crisis financiera y, eventualmente, la quiebra. Siempre es útil comprender lo que puede salir mal cuando se solicita un préstamo para financiar un proyecto y cómo el gobierno local puede solucionar los problemas o tomar medidas en caso de que los ingresos sean inferiores a lo previsto, los costos sean superiores a lo planificado, o algún otro factor haya empeorado (como cuando el préstamo es en moneda extranjera y se produce una devaluación de la moneda nacional).

Notas

1. En la mayoría de los procesos de planes de inversiones de capital, se requiere que quienes presentan propuestas identifiquen no solo los beneficios y el costo (desglosados por etapas de ejecución), sino también una lista de todos los permisos, licencias y documentos de propiedad o derecho de paso necesarios para recibir la aprobación de un proyecto, obtener financiamiento o comenzar la construcción.

2. Cálculo del valor actualizado: Ejemplo

Tasa de interés de descuento $r = 5\%$	Año base	Año 1	Año 2	Año 3
Tasa de interés compuesto $(1 + r)^i$	1,000	1,050	1,103	1,158
Factor de descuento en año i $d_i = 1/(1 + r)^i$	1,000	0,952	0,907	0,864
Valor actualizado del flujo de caja $VA = FC_i{}^* d_i$	2,000	1,905	1,814	5,719

3. Los municipios pueden declararse en quiebra en algunos países, por ejemplo, Hungría y Estados Unidos. A diferencia de la quiebra de las empresas, que puede finalizar con la liquidación, la quiebra municipal es un procedimiento de protección en el que se procura mantener los servicios básicos, mientras que los activos no esenciales y las inversiones comerciales se venden, y quizá se reducen los servicios y el personal, a fin de pagar a los acreedores, quienes también comparten el riesgo de que solo se les pague parcialmente.

4. Para obtener más detalles y orientación acerca de la estructura de endeudamiento municipal, véase Petersen y Crihfield (2000).

Bibliografía

ADB (Asian Development Bank). 2011. *Urban Infrastructure Financing*. http://www.adb.org/documents/periodicals/intersections/2011/Urban_Infrastructure_Financing.asp.

Amim, Munawwar. 2010. "Municipal Infrastructure Financing: Innovative Practices from Developing Countries." Commonwealth Secretariat Local Government Reform Series, No. 2, Marlborough House, London.

Andres, Luis A., L. Guasch, T. Haven, and Vivian Foster. 2008. *The Impact of Private Sector Participation in Infrastructure: Lights, Shadows and the Road Ahead*. Washington, DC: World Bank.

Annez, P., and G. Peterson. 2008. *Lessons for the Urban Century: Decentralized Infrastructure Finance in the World Bank*. Directions in Development Series. Washington, DC: World Bank Institute.

Batley, Richard. 2001. "Public-Private Partnerships for Urban Services." In *The Challenge of Urban Government*, edited by Mila Freire and Richard Stren. Washington, DC: World Bank.

Canuto, Otaviano, and Lili Liu. 2013. *Until Debt Do Us Part: Subnational Debt, Insolvency, and Markets*. Washington DC: The World Bank.

Church, Steven, William Selway, and Dawn McCarty. 2011. "Jefferson County Files for Bankruptcy." *Bloomberg News*, November 9. http://www.bloomberg.com/news/2011-11-10/alabama-s-jefferson-county-declares-biggest-municipal-bankruptcy.html.

CIDA (Canadian International Development Agency). 2011. "PPP Guide for Municipalities: Cities Development Initiative for Asia." CIDA. http://www.cdia.asia/wp-content/uploads/PPP-Guide-for-Municipalities2.pdf.

Delmond, Jeff. 2009. *Private Sector Investment in Infrastructure–Project Finance, PPP Projects and Risks*. 2nd ed. Alphen aan den Rijn, Netherlands: Wolters Kluver.

Foundation Center. 2009. *Philanthropy Annual: 2009 Review*. http://foundationcenter.org/philanthropyannual.

Freire, Mila, and John Petersen. 2004. *Access to Sub-National Credit*. Oxford: Oxford Press; Washington, DC: World Bank.

GPOBA (Global Partnership on Output-Based Aid). 2008. "GPOBA Activities." Global Partnership on Output-Based Aid. www.gpoba.org.

IFC (International Finance Corporation). 2004. *Structured Finance: The City of Johannesburg*. Washington, DC: IFC.

Jaguari, Sergio. 2007. *Contribution of CDM Projects to Sustainable Development Case Study: Bolivia*. Washington, DC: World Bank.

Kaganova, Olga. 2011. *Guidebook on Capital Investment Planning for Local Governments*. Washington, DC: World Bank.

Melo, Luis. 2005. "Financial Decentralization and the Law of Fiscal Responsibility in Brazil." In *City Finance*, edited by George Peterson and Patricia Clarke Annez. Washington, DC: World Bank.

Mitlin, Diana, and Anna Muller. 2004. "Windhoek, Namibia: Towards Progressive Urban Land Policies in Southern Africa." *International Development Planning Review* 26 (2):167–86.

Ngobeni, Jason. 2008. "Asking the Right Questions: Johannesburg Completes a Groundbreaking Municipal Bond Issue." PPIAF Gridlines 22 (Public-Private Infrastructure Advisory Facility). World Bank, Washington, DC.

Novi Sad. 2011. "Information Memorandum for the Issue of the City of Novi Sad Long-Term Debt Securities." Novi Sad, Serbia.

OECD (Organisation for Economic Co-operation and Development). 2010. *Innovative Financing Mechanisms for the Water Sector.* Paris: OECD.

Paulais, Thierry. 2013. "Financing African Cities—The Imperative of Local Investments." AfD and World Bank, Washington, DC.

Petersen, John, with John Crihfield. 2000. "Linkages between Local Governments and Financial Markets: A Tool Kit to Developing Sub-Sovereign Credit Markets in Emerging Economies." Working paper, World Bank, Washington, DC.

Peterson, George. 1998. "Measuring Local Government Credit Risk and Improving Creditworthiness." World Bank Working Paper 37855, World Bank, Washington, DC.

Peterson George and Annez P. 2007. Financing Cities. Fiscal Responsibility and Urban Infrastructure in Brazil, China, India, Poland and South Africa. World Bank and Sage Publications, Delhi.

Platz, Daniel. 2009. "Infrastructure Finance in Developing Countries: The Potential of Sub-Sovereign Bonds." United Nations Department of Economic and Social Affairs, Working Paper 76, New York. http://www.un.org/esa/desa/papers/2009/wp76_2009.

Platz, Daniel, and Frank Schroeder. 2007. *Moving beyond the Privatization Debate: Different Approaches to Financing Water and Electricity in Developing Countries: Dialogue on Globalization.* New York: Friedrich-Ebert Stiftung. http://library.fes.de/pdf-files/iez/04877.pdf.

Shapiro, Mary. 2010. Speech of Mary L. Schapiro, Chairman of the Securities and Exchange Commission, at the SEC Open Meeting on Municipal Securities Disclosure. Washington, DC. May 26. http://www.sec.gov/news/speech/2011/spch012011mls.htm.

Sood, Pryanka. 2004. "India: Experiments in Local Governments Accessing the Private Capital Markets Provide Promising Results." In *Subnational Capital Markets in Developing Countries: From Theory to Practice,* edited by Mila Freire and John Petersen, 413–42. Washington, DC: Oxford University Press and the World Bank.

Sway, Idda L. 2011. *The Failure of Public Private Partnerships in Water Delivery Services: A Case of Dar-es Salaam City, Tanzania.* Saarbrücken, Germany: LAP Lambert Academic Publishing. http://www.cdia.asia/wp-content/uploads/PPP-Guide-for-Municipalities2.pdf.

Tavernise, Sabrina. 2011. "City Council in Harrisburg Files Petition on Bankruptcy." *New York Times.* October 21.

UN-HABITAT. 2005. *Financing Urban Shelter: Global Report on Human Settlements.* London: Earthscan and UN-HABITAT.

USAID (U.S. Agency for International Development). 2003. "Pooled Finance Model for Water and Sanitation Projects: The Tamil Nadu Water and Sanitation Pooled Fund (WSPF)." USAID Note, USAID, Washington, DC.

World Bank. 2002. *Cali: A City Development Strategy.* Washington, DC: World Bank.

——. 2005. "Output-Based Aid: Supporting Infrastructure Delivery through Explicit and Performance-Based Subsidies." OBA Approaches Note 5, World Bank, Washington, DC.

——. 2009. *Improving Municipal Management for Cities to Succeed.* Washington, DC: World Bank.

——. 2010: *The Cost of Environmental Degradation: Case Studies from the Middle East and North Africa.* Washington, DC: World Bank.

World Bank–IEG. 2009. "Improving Municipal Management for Cities to Succeed." Internal Evaluation Group Special Study, World Bank, Washington, DC.

World Bank and IMF (International Monetary Fund). 2009. *Developing a Medium-Term Debt Management Strategy: Guidance Note for Country Authorities.* Washington, DC: World Bank and IMF. http://www.idfc.com/.

Logro de una mayor transparencia y rendición de cuentas: Medición del desempeño de las finanzas municipales y cimiento de las bases para las reformas

Catherine Farvacque-Vitkovic y Anne Sinet

A raíz de la rápida urbanización que se está registrando en países de todo el planeta, los gobiernos locales enfrentan el desafío de proporcionar servicios básicos y de infraestructura para satisfacer las crecientes demandas de la ciudadanía. Esta situación se agrava debido a la tendencia irreversible hacia la descentralización, en cuyo marco los gobiernos centrales han delegado en los gobiernos locales la ejecución y el financiamiento de una gran parte de los programas de inversión locales. La mayoría de los municipios está sometida a grandes presiones fiscales y, a menudo, debe obtener más resultados con menos recursos para satisfacer las necesidades de los habitantes. Para medir el grado al que los gobiernos locales logran este

cometido, se suelen utilizar métodos elaborados inicialmente por administraciones nacionales o subnacionales para controlar a las entidades locales, o por bancos para analizar el riesgo financiero.

La medición del desempeño debe diseñarse para evaluar no solo la eficiencia y la eficacia de los servicios municipales en forma específica sino también la productividad de los departamentos municipales. El desempeño se puede medir en función de varias dimensiones: la *eficiencia*, que es la relación entre los servicios o los productos y los recursos necesarios para generarlos; la *eficacia*, que indica la calidad del desempeño municipal o el grado al que se alcanzan los objetivos de un departamento, y la *productividad*, en la que se combinan los componentes de eficiencia y eficacia en un único indicador que generalmente se refiere al personal municipal y al desempeño interno de la organización.

En síntesis, la medición del desempeño es un concepto amplio que intenta dar una respuesta más adecuada a dos preguntas importantes:

1. ¿Estamos haciendo lo correcto?

2. ¿Lo estamos haciendo bien?

¿Por qué es fundamental la autoevaluación de las finanzas municipales?

La medición del desempeño de las finanzas municipales es importante porque brinda la oportunidad de obtener un panorama claro de la situación financiera del municipio y de respaldar el diálogo con las principales partes interesadas (el gobierno central, los asociados financieros, los ciudadanos), así como la posibilidad de realizar comparaciones (razones), y permite evaluar el grado de eficacia y eficiencia en el uso de los fondos públicos.

El mundo anglosajón ha impulsado la formulación de nuevas metodologías para abordar estas cuestiones. En Canadá, Reino Unido y Estados Unidos, hace tiempo que los municipios usan la medición del desempeño. En esos países, la cultura de la medición del desempeño se ha difundido ampliamente durante varios decenios. Sin embargo, la eficacia de esos métodos es objeto de debate en forma periódica, y el panorama no es uniforme: en la mayoría de los países, las administraciones públicas no están acostumbradas a pensar en términos de resultados, por el contrario, piensan en términos de volumen. Por otra parte, en el marco de la medición del desempeño también es necesario evaluar la manera en que se perciben los esfuerzos del gobierno local y contribuir a establecer un curso de acción. Este proceso es complejo, difícil y costoso.

A pesar de los mencionados obstáculos, la cultura de la medición del desempeño financiero se está expandiendo fuera de los países de habla inglesa. Asimismo, el concepto adquiere un nuevo significado en los países en desarrollo, donde los ingresos locales suelen ser insuficientes para atender las necesidades

básicas y donde la eficacia del gasto público es aún más crucial.

Por último, la crisis económica mundial y su impacto en las finanzas públicas contribuyeron marcadamente a promover la medición del desempeño de las finanzas municipales (Paulais, 2009). El objetivo primordial es incrementar la rendición de cuentas y la transparencia en un contexto en el que la distribución de los recursos financieros es asimétrica.

Del análisis de las finanzas municipales a la evaluación del desempeño

El análisis de la situación financiera de un municipio es el primer paso para medir el desempeño. El cálculo de la situación financiera depende de los datos y procedimientos contables del país en cuestión y de los sistemas genéricos de ingresos y gastos adaptados al nivel del gobierno local (incluidos los organismos municipales que se dedican a prestar servicios de abastecimiento de agua, gestión de residuos sólidos, etc.). Las razones y los indicadores clave se basan directamente en métodos elaborados por entidades externas, como las administraciones centrales o subnacionales, para el control y la supervisión, y también por el sistema bancario y los organismos de calificación crediticia, para el análisis del riesgo, y no contienen ningún elemento elaborado por los gobiernos locales.

La evaluación de la eficacia, eficiencia y calidad de la planificación y ejecución del presupuesto (medición del desempeño) plantea más dificultades. Estas evaluaciones se centran en la eficacia de los gastos o los recursos utilizados; concretamente, se procura establecer qué hizo el municipio con su presupuesto que fue visible o útil para la población y si se optimizaron los recursos al prestar los servicios. ¿La manera en que la población percibe la optimización de los recursos coincide con el esfuerzo del municipio?

Los gobiernos centrales han tenido que reducir gradualmente sus iniciativas de análisis comparativo debido a la alta complejidad de los sistemas descentralizados que se utilizan actualmente, el financiamiento de las inversiones locales (APP y mecanismos de financiamiento cruzado) y la distribución de la responsabilidad entre el municipio y sus departamentos y organismos. Asimismo, a raíz de la diversidad de circunstancias de los gobiernos locales (magnitud de los municipios, posibilidades económicas, acuerdos intercomunales existentes y otras cuestiones), cada vez es más difícil establecer valores de referencia financieros que permitan comparar municipios, inclusive en el caso de los gobiernos locales de un mismo país.

Todas estas razones han contribuido a la elaboración de la autoevaluación de las finanzas municipales (AEFM) como un medio confiable para realizar un seguimiento de los procesos internos de planificación y presupuestación de las inversiones y para lograr que los asociados externos consideren que las finanzas y la gestión financiera de una determinada ciudad son sostenibles.

La autoevaluación de las finanzas municipales

Las plantillas de AEFM, que se incluyen al final de este capítulo, se centran en cinco grandes temas: a) cómo calcular la situación financiera de un municipio; b) qué razones financieras deben elegirse; c) cómo realizar proyecciones financieras; d) cómo evaluar la gestión financiera, y e) cómo resumir las enseñanzas aprendidas de los pasos anteriores e incorporarlas a un plan de mejora de las finanzas municipales.

Así pues, el capítulo está dividido en tres grandes secciones:

- En la primera se analizan las enseñanzas aprendidas de las prácticas y las experiencias en materia de medición del desempeño en los países desarrollados y se evalúa cómo adaptar la medición del desempeño a las circunstancias de las ciudades en desarrollo.

- En la segunda se examinan los cuatro mecanismos principales de presentación de informes que se usan habitualmente para medir el desempeño de las finanzas municipales: a) supervisión del Estado, b) análisis del riesgo por parte de los asociados financieros, c) seguimiento financiero interno por parte de los funcionarios municipales y d) presentación de informes a los ciudadanos.

- En la tercera se presenta la AEFM y se imparten orientaciones para su uso y aplicación.

Sección 1. Medición del desempeño de las finanzas municipales: Enseñanzas aprendidas

Existen tres sistemas importantes que pueden considerarse representativos de una tipología de situaciones genéricas, a saber:

- *El sistema para medir el desempeño municipal en Canadá y Estados Unidos.* A través de este sistema se introdujo la cultura de medición del desempeño en los gobiernos locales y el sector público en general. Sin embargo, aunque su uso se ha generalizado en Estados Unidos y en algunos otros países, la mayoría de los municipios tiene poca capacidad para medir su desempeño debido a cuestiones relativas al volumen de trabajo, y con frecuencia no se puede establecer con claridad si la calidad y la eficiencia de los servicios se corresponde con los recursos necesarios para lograrlas.

- *El enfoque europeo para medir el desempeño de las finanzas municipales.* Un buen ejemplo de este enfoque es el modelo francés, que se centra en un análisis sólido de la situación financiera del municipio y en establecer si el monto de los ingresos permite un grado de flexibilidad suficiente al momento de tomar decisiones. La cultura de aplicar la evaluación del desempeño a las finanzas comenzó a partir del debate que se llevó a cabo con el objeto de establecer el grado al que las responsabilidades municipales básicas, como los servicios ambientales y de abastecimiento de agua, se estaban gestionando de manera adecuada, y de determinar cuáles eran las "responsabilidades sociales" de los municipios.

- *La medición del desempeño en las economías que no aplican un régimen de mercado.* Los países que no tienen una economía de mercado también han elaborado una evaluación integrada de las finanzas municipales, pero sus sistemas están orientados a la consecución de las metas nacionales estratégicas a las que todos los gobiernos locales deben contribuir. Los recursos financieros de los municipios se distribuyen a través de complejos mecanismos de equiparación en consonancia con los objetivos cuantitativos asignados. Este sistema genera auditorías y actividades de supervisión concretas para verificar si se han alcanzado las metas cuantitativas de desempeño y, en caso de ser necesario, ajustar los recursos financieros proporcionados a los gobiernos locales por la administración central. Si bien la mayoría de estos países ha puesto en marcha un proceso de transición, todavía existen procedimientos engorrosos debido a que los cambios en los sistemas intergubernamentales son un poco más lentos que en otros componentes de la economía nacional.

La mencionada clasificación no es, en modo alguno, exhaustiva: es un panorama general de los principales sistemas y resulta útil para determinar las principales enseñanzas y las mejores prácticas que pueden contribuir a promover procesos de gestión financiera más adecuados y a mejorar la situación financiera de los municipios.

Enseñanzas derivadas de Canadá y Estados Unidos: La necesidad de mediciones avanzadas del desempeño

En Estados Unidos, los municipios han usado autoevaluaciones financieras en forma regular durante mucho tiempo. Podría decirse que la medición del desempeño municipal nació en Estados Unidos al comienzo de la década de 1930. La aplicación temprana de este sistema está relacionada con la gran responsabilidad asumida históricamente por los funcionarios locales en lo referente a las decisiones fiscales y la prestación de servicios a sus habitantes y con la anterior adopción de la gestión orientada a los resultados por parte del sector público (el recuadro 8.1 contiene una descripción de la evolución de este proceso).

Tradicionalmente, los funcionarios locales estaban obligados por ley a presentar periódicamente al gobierno de nivel superior las estadísticas sobre el desempeño de la prestación de servicios y la contabilidad de los costos. Esta obligación se justificaba a raíz del número de transferencias que realizaba el estado a los presupuestos locales[1] y dado que la administración del estado debía controlar los desembolsos con cargo a esas transferencias.

A partir de los años ochenta, se renovó el interés por medir el desempeño municipal, en particular tras

la generalización de los bonos municipales como principal mecanismo de los gobiernos locales para financiar proyectos de inversión (esta cuestión también se analizó en el capítulo 7). Además de presentar las razones tradicionales que se utilizan para calcular la capacidad del municipio para reembolsar sus deudas, este tiene que demostrar que está bien gestionado. Las razones y los indicadores se centran en los costos de inversión y de operación y en la calidad y la cantidad de los servicios suministrados.

De acuerdo con la mayoría de los datos, más de la mitad de todas las ciudades estadounidenses estaban aplicando algún tipo de indicadores del desempeño a fines de la década de 1990 (GASB, 1997; Poister y Streib, 1999). La Junta de Normas de Contabilidad Gubernamental, creada en 1984 con el acuerdo de la Fundación de Contabilidad Financiera y las 10 asociaciones nacionales de funcionarios de los gobiernos de los estados y locales, promovió el uso de indicadores del desempeño local con el objeto de establecer y mejorar las normas de contabilidad y la presentación de informes financieros por parte de los gobiernos de los estados y locales de Estados Unidos.

La situación financiera y las prácticas de gestión de los gobiernos locales son ahora componentes clave del análisis para fines de calificación que realizan organismos concretos y, por consiguiente, de la capacidad del municipio para lograr que sus bonos se suscriban al menor costo posible.

En la actualidad, por lo tanto, la mayoría de los municipios estadounidenses adhiere firmemente al uso eficaz de indicadores del desempeño, al menos para estar preparados para dar una respuesta específica al auditor del Estado y a los organismos de calificación crediticia que intervienen en el proceso de emisión de bonos. No obstante, también desean mejorar su gestión interna (sistemas orientados a los resultados), sus prácticas de presupuestación y sus procesos de planificación estratégica en el mediano y largo plazo.

Todo el mecanismo está respaldado por encuestas de la población y políticas de comunicación focalizadas en comunidades de ciudadanos y en clientes. En el recuadro 8.2 se describe la función que desempeña la medición del desempeño en las comunicaciones con los ciudadanos. Inicialmente, estas políticas formaron parte de la implementación de la autoevaluación del desempeño municipal, lo que

Recuadro 8.1 Experiencia de Estados Unidos en materia de medición del desempeño municipal

La medición del desempeño público se remonta por lo menos a los años treinta, cuando Herbert Simon elaboró el concepto de eficiencia y estudió mediciones del desempeño en municipios de Estados Unidos (Simon, 1947-97) (véase Ridley y Simon, 1938).

Un hito importante en los primeros días de la medición del desempeño fue el auge de la investigación gubernamental en la Oficina de Investigación Municipal de Nueva York, que se centró principalmente en la presupuestación basada en el desempeño o la contabilidad de costos, a partir de la pregunta: ¿es posible que el Poder Ejecutivo actúe con amplia discrecionalidad y, al mismo tiempo, esté sujeto a la supervisión del Poder Legislativo?

En tiempos más modernos, la inquietud de medir el desempeño de las entidades públicas surgió junto con el interés en la presupuestación por programas en los años sesenta y la evaluación de programas en los años setenta. En algunos estudios se ha promovido el uso de las mediciones del desempeño y se han impartido instrucciones para elaborarlas y usarlas (Hatry y Fisk, 1971; Hatry et ál., 1988), mientras que otros autores han puesto el acento en la manera de incorporarlas en procesos de gestión más amplios (Epstein, 1984).

Aunque muchos suponen que la gestión pública se basa principalmente en importar ideas y modelos del sector privado, existe una larga tradición y amplia experiencia en materia de medición del desempeño en el sector público, en particular en Estados Unidos y en otros países anglosajones.

La medición del desempeño en el sector público consiste en la medición de indicadores del desempeño en términos de eficiencia (reducir al mínimo los insumos para un determinado producto), eficacia y equidad, con el objeto de usarlos en procesos administrativos y políticos para mejorar la toma de decisiones racionales.

Sin embargo, los resultados de una encuesta de gobiernos municipales en Canadá y Estados Unidos indican un uso limitado del cuadro de mando integral. No obstante, la mayoría de los gobiernos municipales han elaborado indicadores para evaluar el desempeño financiero de su organización, la satisfacción de los clientes, la eficiencia operativa, la innovación y el cambio, y el desempeño de los empleados. Los administradores que respondieron a la encuesta, en general, confían en la calidad de los indicadores del desempeño, y alrededor de la mitad indicó que esos indicadores se usaban para respaldar varias funciones de administración. Estos administradores, además, tienen un buen conocimiento del cuadro de mando integral, y los que lo aplicaron consideran que su experiencia es positiva.

Fuente: Williams, 2004.

contribuyó a crear una verdadera cultura de medición del desempeño en la administración pública local[2].

El formato de la medición del desempeño debe incluir una combinación de aspectos presupuestarios y físicos, relacionados principalmente con el desarrollo de la infraestructura y los servicios y sus costos de implementación. Cada municipio elabora su propia presentación sin un formato obligatorio, y en la actualidad hay muchos ejemplos y aplicaciones que ilustran los esfuerzos realizados por los municipios de Canadá y Estados Unidos en la esfera de la medición del desempeño[3].

Los informes, que se generan a nivel local, se complementan con auditorías independientes periódicas reguladas por una ley y centradas principalmente en los principios de contabilidad generalmente aceptados. Durante varias décadas, la medición del desempeño municipal ha formado parte integral del sistema y los procedimientos de la gestión municipal en su conjunto.

Recuadro 8.2 Vancouver: Comunicación de las prioridades y el desempeño del municipio

Las siguientes imágenes son ejemplos de los instrumentos de comunicación creados por la ciudad de Vancouver y sirven para ilustrar la presupuestación y el gasto. Cada dos años, la ciudad lleva a cabo una encuesta de la comunidad, que consta de dos pasos, con el objeto de conocer las prioridades y las opiniones de los ciudadanos respecto de los servicios públicos. Los resultados ayudan a los funcionarios municipales a determinar qué cuestiones revisten la mayor importancia para los residentes y cómo se está desempeñando la ciudad, y proporcionan información para el proceso de planificación del presupuesto.

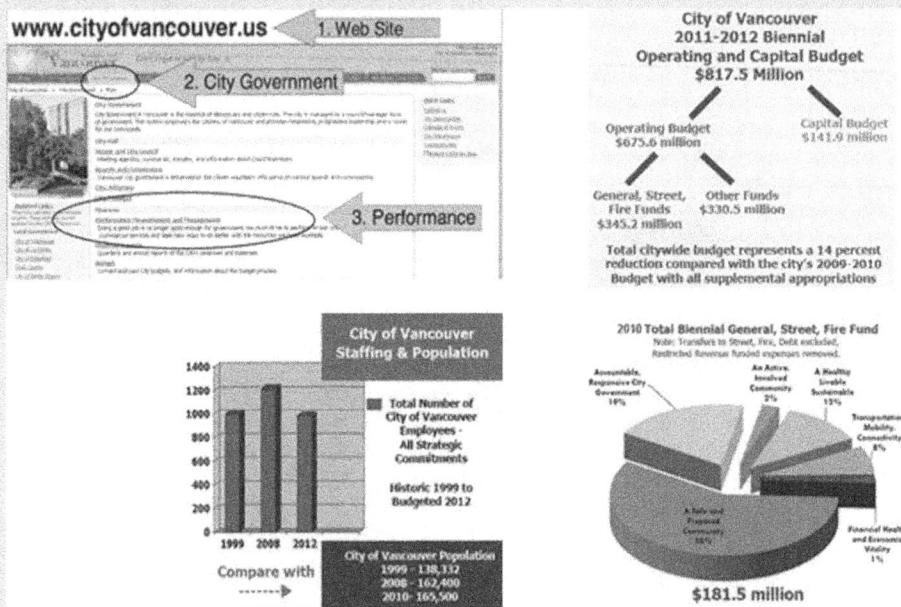

Cabe preguntarse, sin embargo: ¿con qué se compara el desempeño? Una medición del desempeño prácticamente carece de valor si no se compara con datos de referencia pertinentes. El primer paso desarrollado por los municipios estadounidenses ha sido establecer un indicador interno y comparar los resultados de un año al siguiente o de un servicio o departamento a otro y señalar las principales tendencias.

Las comparaciones externas (es decir, las comparaciones entre municipios), sin embargo, aún no se han desarrollado completamente debido a varias razones técnicas y políticas. El recuadro 8.3 contiene dos ejemplos de mediciones del desempeño: el Programa de Medición del Desempeño Municipal de Ontario (Canadá) y los informes del desempeño de toda la ciudad de Nueva York.

Cuadro 8.1 Perspectivas respecto del desempeño

Prestación de servicios	Gestión financiera	Gestión de recursos humanos
Indicadores básicos del desempeño relacionados con los objetivos del gobierno que se centran en cuestiones tales como la capacidad en materia de infraestructura, los niveles de alfabetización y de conocimientos básicos de aritmética, las tasas de delincuencia y la calidad del agua. El objetivo es elaborar indicadores basados en los resultados para proporcionar información sobre los avances en la consecución de metas a largo plazo. Las necesidades y los avances se publican en informes de situación difundidos a la comunidad. Se presentan en forma de porcentajes de consecución.	*Indicadores de nivel relacionados con la gestión de recursos.* Tienen por objeto realizar un seguimiento del uso eficaz y eficiente de los recursos financieros en áreas tales como los impuestos locales y el pago de facturas. Los indicadores incluyen el gasto per cápita (población) correspondiente a los principales servicios suministrados a los habitantes: policía, servicios ambientales, protección contra incendios, transporte y otros. Se indica el cambio en el curso de 1, 5 o 10 años. Se puede distinguir entre gastos de operación y gastos de inversión.	*Indicadores que proporcionan información sobre cuestiones estratégicas relacionadas con los recursos humanos, como las reducciones del personal, el grado de diversidad en el lugar de trabajo y la rotación del personal.* Algunos municipios llevan a cabo amplias encuestas de empleados para medir su grado de satisfacción e identificar problemas incipientes. El objetivo es elaborar procesos de planificación empresarial y formular descripciones de cada puesto de trabajo orientadas a los resultados a fin de que todos los empleados conozcan la manera en que su trabajo contribuye a la consecución de los objetivos de toda la ciudad.

Fuente: Boyle, 2004.

Recuadro 8.3 Indicadores del desempeño municipal en Ontario y Nueva York

Indicadores de la eficiencia del servicio en los municipios de Ontario (Canadá). En el marco del Programa de Medición del Desempeño Municipal del Gobierno de Ontario se exige que los municipios presenten a la provincia y al público los datos financieros y los datos relacionados con el desempeño de los servicios que proporcionan (incluidos los de gobierno general, protección contra incendios, policía, carreteras, tránsito, aguas residuales, aguas pluviales, agua potable, residuos sólidos, parques y recreación, bibliotecas y planificación del uso de la tierra). El programa tiene varios objetivos, a saber:

- promover servicios locales más adecuados y la constante mejora de la prestación de servicios y la rendición de cuentas del gobierno;
- lograr que los contribuyentes tengan un mayor grado de conocimientos acerca de los servicios que presta el municipio;
- comparar los costos y el nivel de desempeño de los servicios municipales tanto en forma interna (año a año) como externa entre municipios.

La lista de indicadores incluye:

- los costos de operación del gobierno general y el total de costos de gestión de gobierno y gestión institucional como porcentaje del total de costos de operación del municipio;

- los costos de operación y el total de costos de los servicios de policía per cápita;
- los costos de operación y el total de costos de carreteras pavimentadas por kilómetro de canal de desagüe pluvial, y el total de costos de operación y el total de costos de recolección y conducción de aguas residuales por kilómetro.

Informes sobre el desempeño de la ciudad de Nueva York. El sitio web de la ciudad de Nueva York, http://www.nyc.gov, es un ejemplo bueno y novedoso de la política de medición del desempeño implementada por los municipios de Estados Unidos y de la política de comunicación como componente de su sistema interactivo (flexible, fácil de usar). El sistema de evaluación del desempeño, que está orientado principalmente a los ciudadanos y usuarios, proporciona en forma periódica información sobre el gasto y los fondos asignados a las partidas de gastos primarios: se proporcionan indicadores fundamentales del desempeño para todos los organismos de la ciudad, con actualizaciones mensuales y evaluaciones automáticas de las tendencias en las áreas programáticas especificadas.

Se basa en un marco interno formal de recopilación y procesamiento de datos (informes sobre el desempeño de toda la ciudad), con datos operacionales integrados que se almacenan en distintas bases de datos elaboradas y mantenidas por diversos organismos.

Gráfico 8.1 Ejemplos de medición basada en el desempeño en dos jurisdicciones de Canadá

a) Medición del desempeño vial en Durham (Ontario)

COSTOS DE OPERACIÓN/COSTOS TOTALES DE CARRETERAS PAVIMENTADAS (SUPERFICIE DURA) POR KILÓMETRO DE CARRIL		
	Durham, resultado de 2009	**Durham, resultado de 2010**
Costos de operación de carreteras pavimentadas (superficie dura) por kilómetro de carril	US$6053,91 por kilómetro de carril pavimentado	US$7034,05 por kilómetro de carril pavimentado
Costos totales* de carreteras pavimentadas (superficie dura) por kilómetro de carril	US$19 019,01 por kilómetro de carril pavimentado	US$23 876,73 por kilómetro de carril pavimentado
La siguiente parte narrativa es un componente integral de los resultados de la medición del desempeño antes señalados. Estos resultados no se deben usar para comparar datos entre municipios a menos que también se tengan en cuenta los factores determinantes analizados en la parte narrativa. *Por **costos totales** se entiende los costos de operación como se definen en el Programa de Medición del Desempeño Municipal más los intereses de la deuda a largo plazo y la amortización de los activos de capital tangibles como se consignan en la declaración de información financiera.		
Comentarios generales	Los siguientes factores pueden influir en los costos de las carreteras pavimentadas: • frecuencia de los procesos de congelamiento y descongelamiento; • frecuencia y gravedad de las precipitaciones; • antigüedad y condición de la red; • la proporción de camiones pesados en la corriente de tránsito; • las normas de pavimentación del municipio; • el volumen y el tipo de tráfico que transita por las carreteras.	
Comentarios detallados	El sistema vial de la región de Durham está integrado totalmente por carreteras arteriales. En comparación con los caminos locales y las calles residenciales, las carreteras arteriales sufren un impacto mayor a raíz del elevado volumen de tráfico (en particular, de camiones) y, por lo tanto, tienen un ritmo de deterioro más veloz y, además, requieren un nivel de servicio mayor que el de las otras carreteras.	

b) Indicadores de la medición del desempeño en municipios de Ontario

Área de servicio	Medición
Gobierno general	Los costos de operación de la gestión de gobierno y la gestión institucional como porcentaje del total de costos de operación del municipio.
Protección contra incendios	Costos de operación de los servicios de protección contra incendios por cada US$1000 del monto de la estimación.
Protección policial	Costos de operación de los servicios de policía por persona.
	Tasa de delitos violentos por cada 1000 personas.
	Tasa de delitos contra la propiedad por cada 1000 personas.
	Tasa total de delincuencia por cada 1000 personas.
	Tasa de delincuencia juvenil por cada 1000 jóvenes.
Carreteras	Costos de operación de carreteras pavimentadas (superficie dura) por kilómetro de carril.
	Costos de operación de caminos no pavimentados (superficie floja) por kilómetro de carril.
	Costos de operación del mantenimiento de carreteras en temporada invernal por kilómetro de carril en el que se realizaron trabajos de mantenimiento del invierno.
	Porcentaje de kilómetros de carril pavimentado cuyo estado se considera bueno o muy bueno.
	Porcentaje de fenómenos atmosféricos invernales en los que la respuesta alcanzó o superó los niveles de servicios municipales establecidos localmente para el mantenimiento vial.
Tránsito	Costos de operación del tránsito convencional por viaje de pasajero en servicio normal.
	Número de viajes de pasajero en tránsito convencional por persona en el área de servicio durante un año.
Aguas residuales	Costos de operación de la recolección de aguas residuales por kilómetro de tubería principal.
	Costos de operación del tratamiento y la eliminación de aguas residuales por megalitro.
	Costos de operación de la recolección, el tratamiento y la eliminación de aguas residuales por megalitro (sistema integrado).
	Número de obstrucciones de la tubería principal de aguas residuales por cada 100 kilómetros de tubería durante un año.
	Porcentaje aproximado del caudal de aguas residuales que no se depuró.
Aguas pluviales	Costos de operación de la gestión de aguas pluviales urbanas (recolección, tratamiento, eliminación) por kilómetro de sistema de drenaje.
	Costos de operación de la gestión de aguas pluviales rurales (recolección, tratamiento, eliminación) por kilómetro de sistema de drenaje.

El gráfico 8.1 muestra indicadores específicos de medición del desempeño por principales servicios municipales y evaluaciones de los costos de operación de carreteras. En el gráfico se observa que los indicadores son simples, prácticos y específicos de cada sector.

Principales enseñanzas aprendidas en Canadá y Estados Unidos

La evaluación de las finanzas municipales que se aplica en Canadá y Estados Unidos se centra en el nivel de los servicios suministrados a la población a través de indicadores de servicio y razones de volumen de trabajo o de resultados. El principal objetivo de la medición consiste en ayudar a determinar los gastos a través de un enfoque de presupuestación basada en los resultados que conecta la asignación de recursos con resultados concretos y cuantificables que reflejan las prioridades concertadas.

Una enseñanza extraordinaria derivada de la medición del desempeño municipal en Estados Unidos es la importancia que se asigna a la comunicación de los indicadores del desempeño a las comunidades y los ciudadanos, con el claro objetivo de aumentar la confianza del público en el gobierno. La confianza nace cuando se demuestra la capacidad de gastar el dinero en forma acertada. Con frecuencia, sin embargo, los presupuestos están llenos de detalles administrativos que aparentemente no tienen conexión alguna con la visión y la orientación estratégica del municipio. El objetivo es conectar los recursos con los resultados de manera que la presupuestación sea un instrumento estratégico de gestión y comunicación para los legisladores y los responsables de la gestión de la ciudad.

En los hechos, sin embargo, la medición del desempeño que se aplica en la mayoría de los municipios estadounidenses se limita a mediciones del volumen de trabajo o del producto y no brinda al público información sobre la eficiencia, la eficacia o la productividad del municipio (véase Ammons, 2001). A pesar de la expansión general de los sistemas de medición del desempeño en los gobiernos locales de Estados Unidos, es difícil, inclusive hoy, obtener datos comparables. Las administraciones actúan con mucha cautela a la hora de publicar valores de referencia y puntajes del desempeño debido a los numerosos factores externos que influyen en los resultados (véase supra) o las diferencias en las prácticas contables que utilizan los distintos municipios para registrar los costos generales, las prestaciones laborales, la adquisición de capital, la depreciación y otras cuestiones. Esta situación también ocurre en muchos otros países y pone en evidencia los límites de un sistema de medición del desempeño excesivamente ambicioso.

En consecuencia, es importante diseñar un sistema que permita medir el desempeño financiero en forma congruente con el objetivo y la capacidad del propio municipio.

La experiencia europea

Con la salvedad del Reino Unido, en Europa no existe una tradición de medición interna del desempeño ni tampoco una cultura de medición del desempeño de las finanzas municipales a través del esfuerzo en materia de prestación de servicios y la eficiencia en función de los costos. No obstante, las razones financieras y la situación financiera general de los municipios, por lo general, son objeto de un estricto control por parte del alcalde y su personal, la administración del gobierno central y, ahora, inclusive de la Comisión Europea[4]: el volumen de las finanzas, su aumento año en año, el equilibrio entre el presupuesto ordinario y el presupuesto de inversiones de capital y las razones de deuda son conceptos comunes que utilizan muchos funcionarios locales. El uso de la evaluación de las finanzas municipales se ha generalizado pero esta se centra principalmente en lograr un equilibrio entre las razones y las tendencias.

Los organismos estatales (el Ministerio de Finanzas o el Ministerio del Interior), o inclusive las asociaciones nacionales de gobiernos locales (gráfico 8.2), publican las razones financieras en forma anual. En la mayoría de los países europeos se dispone de una cantidad razonable de información sobre las finanzas locales, si bien, en este caso también, esta se refiere primordialmente a la situación financiera y los ingresos. Los asociados que participan en el sector de desarrollo local y los expertos o las empresas consultoras son los únicos que usan esta información.

Gráfico 8.2   Deuda municipal, por ciudadano, y total de deuda en 10 ciudades de Francia

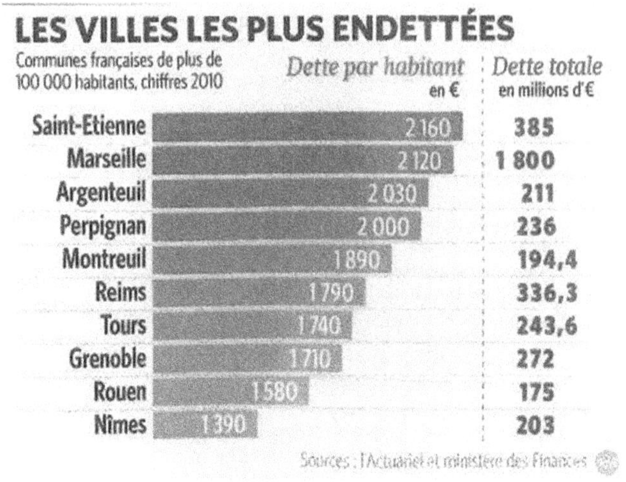

LES VILLES LES PLUS ENDETTÉES

Communes françaises de plus de 100 000 habitants, chiffres 2010

	Dette par habitant en €	*Dette totale* en millions d'€
Saint-Etienne	2 160	385
Marseille	2 120	1 800
Argenteuil	2 030	211
Perpignan	2 000	236
Montreuil	1 890	194,4
Reims	1 790	336,3
Tours	1 740	243,6
Grenoble	1 710	272
Rouen	1 580	175
Nîmes	1 390	203

Sources : l'Actuariel et ministère des Finances

Fuente: Agence Française de Notation, 2010.

Por lo general, los presupuestos de servicios no se evalúan pues las decisiones sobre las prioridades son prerrogativa de los consejos municipales, que generalmente las toman sobre la base del programa o el temario por el cual fueron elegidos[5]. Por consiguiente, las mediciones del desempeño se centran en la sostenibilidad financiera más que en la eficiencia y la política en materia de presupuesto.

Sin embargo, a raíz de las limitaciones impuestas por la crisis financiera, se han puesto en marcha iniciativas más agresivas para renovar la evaluación de los municipios y, en particular, de su situación financiera. El objetivo es, generalmente, reclamar un margen de acción a nivel presupuestario que al mismo tiempo permita mantener un alto compromiso con el bienestar social. Las personas perciben cada vez con más claridad que la medida más eficaz para alcanzar este objetivo es modernizar la administración del Estado y lograr que sea más eficaz. Como en el caso del proceso de descentralización, los gobiernos locales suministran ahora la mayoría de los servicios y, por lo tanto, los municipios se ven afectados directamente por la necesidad de modernización y profesionalización.

Los ciudadanos y los contribuyentes también demuestran gran interés en la manera en que las decisiones de los gobiernos locales y de los estados afectan el medio ambiente, la calidad general de los servicios y, en última instancia, la calidad de vida.

Esta tendencia se ha confirmado a través de varias clasificaciones que obligan a las autoridades locales a ampliar el alcance de su evaluación financiera a fin de incluir la evaluación de la cantidad y la calidad de los servicios suministrados en el marco del presupuesto municipal o en asociación con el sector privado (gráfico 8.3). Estas clasificaciones han ejercido una influencia visible para mejorar la gestión de las ciudades, al menos en el caso de las ciudades grandes (es decir, las que tienen más de 100 000 habitantes). El gráfico 8.3 muestra el grado de satisfacción de la población con los gastos incluidos en el presupuesto municipal en sectores tales como los servicios urbanos, el desarrollo económico, la policía y la seguridad, las escuelas, la cultura y los deportes.

Los índices de satisfacción de la ciudad proporcionan valores de referencia comparativos sobre las condiciones de vida, los impuestos locales, el nivel de los servicios, los incentivos comerciales y el atractivo para la inversión privada; gradualmente, se convierten en metas que los funcionarios locales elegidos por voto popular y su personal procuran alcanzar. Aun cuando su mandato no abarca todas las

Gráfico 8.3 Gastos municipales en sectores seleccionados y satisfacción ciudadana

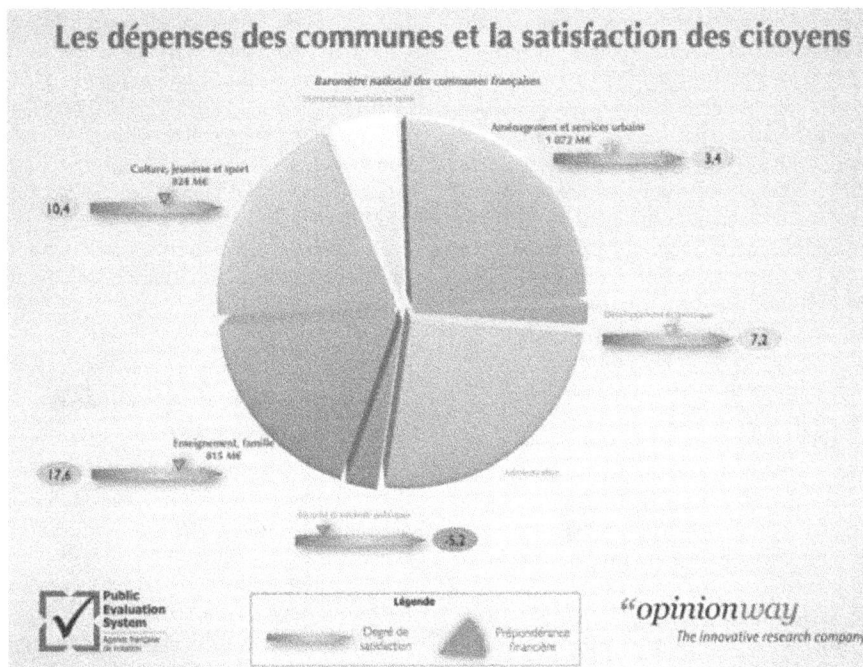

Les dépenses des communes et la satisfaction des citoyens

Fuente: Agence Française de Notation, 2010.

funciones de la prestación de servicios públicos, los gobiernos municipales han incluido la movilidad demográfica y la globalización en sus políticas y saben que, para garantizar el desarrollo de su ciudad, deben competir con otras ciudades. La mayoría de las ciudades grandes y medianas de Europa asignan alta prioridad a la calidad de los servicios proporcionados a la población, el bienestar social, la vivienda, la protección del medio ambiente y el clima para la inversión.

Este cambio en la evaluación de las finanzas municipales, sin embargo, exige superar varias dificultades técnicas: a) con frecuencia, la clasificación de las cuentas no es un medio eficaz para calcular el costo de un servicio o un proyecto de inversión; b) el municipio solo ejerce un control parcial de los numerosos asociados o proveedores que intervienen en la prestación de servicios, y c) los resultados del desempeño pueden variar marcadamente de un año a otro, lo que plantea dificultades para evaluar una

situación en forma equitativa, en particular en el caso de los municipios pequeños o medianos que tienen el mismo monto de inversiones cada año.

El análisis financiero tradicional no permite abordar estas cuestiones en forma adecuada. La encuesta de satisfacción ciudadana es uno de los instrumentos más poderosos para cubrir estas deficiencias. Dado que en estos países todos los servicios básicos se proporcionan de manera adecuada, en las encuestas se asigna más importancia a las tarifas y las políticas y a los aspectos relacionados con el medio ambiente y la sostenibilidad.

La adaptación de la medición del desempeño en el contexto de las ciudades en desarrollo: Condiciones clave para el éxito

En la mayoría de los países en desarrollo, la medición de las finanzas municipales es una actividad nueva y forma parte del proceso de gestión del cambio. Estos países cuentan con pocas experiencias y prácticas en la materia y el desafío es promover su desarrollo como un componente integrado de buen gobierno y gestión idónea de la ciudad.

Los municipios pueden adaptar los métodos existentes y demostrar que tienen la capacidad necesaria para evaluar su propia situación y también para adoptar medidas sobre la base de las principales conclusiones. La autoevaluación no será un impedimento para que los auditores estatales lleven a cabo el proceso institucionalizado de auditoría ni tampoco reemplazará las evaluaciones financieras que realizan los asociados financieros, como los bancos, quienes también intervendrán para sus propios fines y de acuerdo con sus procedimientos. Sin embargo, resulta muy claro que los municipios que puedan realizar una autoevaluación estarán en una situación mucho mejor para presentar informes a su gobierno central y a sus ciudadanos y para elaborar proyectos financiables por un banco, lo que generará un mayor grado de confianza por parte de sus asociados, tanto internos como externos.

Algunas condiciones pueden ser útiles para difundir y ampliar la medición del desempeño, a saber: a) el nivel de descentralización o la importancia asignada al proceso de reforma en esa materia, inclusive si no se resuelven todas las cuestiones; b) las presiones para aumentar la inversión local y movilizar recursos con ese fin, y c) la transparencia en la comunicación de los datos financieros y las medidas en apoyo del fortalecimiento de la capacidad municipal.

Primera condición: La magnitud de la descentralización

Según se prevé, el aumento de la descentralización y el énfasis en la reforma ejercerán presión en los gobiernos nacionales y locales para que difundan la información sobre su situación financiera y sobre la eficiencia en la gestión financiera.

El margen de acción que tienen los gobiernos locales para tomar decisiones financieras y el grado al que los municipios contribuyen a las finanzas públicas nacionales permiten establecer en forma aproximada la magnitud de la descentralización. Sobre esta base, las contribuciones municipales al esfuerzo nacional en materia de inversión pública de capital a través de impuestos y otras corrientes de ingresos, y a las condiciones de vida de su población, aparecen con frecuencia como requisitos previos para instituir mediciones del desempeño de las finanzas municipales. En la mayoría de los países en desarrollo, los gobiernos locales realizan una pequeña contribución al esfuerzo nacional de inversión pública (menos del 10 % del total de inversión pública), o esa contribución está bajo el control directo del gobierno central y guarda poca relación con cuestiones relativas al desempeño de las finanzas municipales.

Segunda condición: La participación de los asociados financieros

La participación de asociados financieros (bancos, instituciones financieras especializadas, o el mercado financiero) en el financiamiento de los programas de inversión de los gobiernos locales proporciona, generalmente, un incentivo eficaz para mejorar las finanzas municipales: para tener acceso al crédito y adquirir la capacidad crediticia necesaria para asumir compromisos a mediano y largo plazo, los municipios deben exhibir razones financieras satisfactorias que generen confianza a sus asociados financieros.

En la mayoría de los países en desarrollo, la contribución del sector bancario al financiamiento del sector del gobierno local es limitada (al menos sin una garantía del Estado). La medición del desempeño financiero será un aliciente para que los bancos, las instituciones especializadas o el mercado financiero aporten financiamiento para inversiones locales, y de esa manera contribuirá a un círculo virtuoso de mejor desempeño.

Los donantes y los organismos de desarrollo son una fuente importante de financiamiento externo. En ocasiones, sin embargo, los gobiernos locales no cuentan con los medios necesarios para elaborar programas de inversión financieramente sólidos, o los donantes carecen de los instrumentos que les darían confianza para proceder a financiar un proyecto o programa. Este problema se repite en todas partes. En los países balcánicos, por ejemplo, existe una gran necesidad de inversiones, pero la Unión Europea alega que no puede realizar desembolsos porque los municipios no presentan buenas propuestas de proyectos. El Banco Mundial viene ejecutando proyectos de desarrollo municipal durante los últimos 30 años, y sin embargo parece que tiene que reinventar la rueda y las reglas del juego cada vez que aparece un nuevo proyecto. En muchos casos, además, las donaciones vinculadas al desempeño, que se suelen recomendar o implementar, no alcanzan para las grandes reformas transformadoras en las finanzas y las prácticas municipales. El financiamiento de subproyectos municipales de infraestructura brinda la oportunidad de promover una comprensión común de la evaluación de las finanzas municipales y del camino hacia las reformas.

Tercera condición: Recopilación y difusión de los datos

Toda persona que haya trabajado en una ciudad en desarrollo confirmará que la disponibilidad de datos plantea un problema en la mayoría de los casos. Sin embargo, cada vez que se prepara un proyecto financiado por donantes se pone en marcha un gran esfuerzo de recopilación de datos. En este respecto, existen varios interrogantes: ¿qué datos y para qué fin?, ¿los datos son confiables y pertinentes?, ¿quién debe usar y mantener los datos?, ¿por qué se pierden los datos o estos dejan de utilizarse una vez que ha finalizado el financiamiento externo del proyecto?, ¿qué medidas deben adoptarse para que los datos sean abiertos y estén a disposición del público y otras partes interesadas? En el caso de los datos sobre las finanzas municipales, el punto de partida clave es la definición de los términos. En muchos casos, las deficiencias en la clasificación de las cuentas pueden constituir una limitación. El uso indebido de los datos y los errores de interpretación que podrían enviar señales normativas equívocas son otras de las razones que generan dificultades para establecer la medición del desempeño en los países en desarrollo.

Aunque esas condiciones son difíciles, ya se están observando cambios en algunos países en desarrollo, en particular cuando las ciudades se clasifican de acuerdo con las condiciones de vida y la competitividad, que reflejan claramente las políticas aplicadas por los municipios en materia de servicios básicos, vivienda y políticas sociales, calidad del espacio urbano, empleo y otras cuestiones similares.

Todas esas políticas están relacionadas, en diverso grado, con las finanzas y la gestión municipal: aun en los casos en que la principal responsabilidad por la prestación de estos servicios está en manos de organismos centrales o concesiones otorgadas al sector privado, los municipios cumplen una función y contribuyen en mayor o menor medida a la imagen de las ciudades. Su capacidad para programar las prioridades, ejecutar y coordinar los proyectos y pagar el mantenimiento es fundamental para mejorar las condiciones de vida urbanas. Así pues, las finanzas municipales se encuentran en un punto de inflexión estratégico.

En el gráfico 8.4 se resume el esfuerzo de Marruecos para vincular las mejoras en las finanzas municipales con el proceso de desarrollo urbano. En ambos ejemplos se asigna mayor responsabilidad a los gobiernos locales en lo referente a aumentar el desempeño de los servicios públicos, bajo estricto control del gobierno del Estado. En ambos casos, se considera que la situación financiera municipal es fundamental para mejorar la eficacia, la eficiencia y la productividad de la contribución del municipio al desarrollo urbano.

En Marruecos, las clasificaciones de las ciudades incluyen una selección de dimensiones para evaluar la calidad de vida y la competitividad de los servicios que son responsabilidad directa de los municipios y las provincias (*wilayas*), como la salud, la educación, la vivienda y los servicios básicos, la infraestructura, los bienes raíces y los servicios civiles. La guía de admisibilidad para empréstitos de la Institución de Crédito Municipal de Marruecos (Fonds d'Equipement Communal) contiene los criterios de admisibilidad para los municipios: a) una tasa de endeudamiento que sea inferior al 40 % (del total de reembolsos anuales a los recursos mundiales); b) un superávit de operación neto que permita al municipio pagar su deuda total (los préstamos obtenidos anteriormente más los préstamos nuevos); c) una contribución en efectivo al proyecto de, como mínimo, el 20 % de su costo, y d) recursos humanos, materiales e institucionales adecuados para completar el proyecto.

Varios proyectos del Banco Mundial en África incluyen actividades de medición del desempeño. El Programa de Desarrollo Urbano y Descentralización de Senegal, ejecutado en los años noventa, abrió el camino para numerosos proyectos similares en África, donde el modelo fue copiado y aplicado. En este programa se aplicó por primera vez en África el

Gráfico 8.4 Ejemplo de medición del desempeño y criterios para la clasificación de ciudades en Marruecos

Attractivité

Qualité de vie
- Santé
- Education
- Climat et environnement
- Culture
- Logements et services de base
- Développement social

Compétitivité
- Poids économique
- Infrastructures et accessibilité
- Ressources humaines
- Attractivité foncière
- Présence administrative

La qualité de vie évaluée selon 6 sous thèmes (Coef.1)

❶ Santé (Coef.2)
- Nombre de lits pour 10 000 habitants (coef.1)
- Nombre de CHU (coef.2)
- Nombre de médecins pour 10 000 habitants (coef.3)
- Nombre de personnel paramédical pour 10 000 habitants (coef.1)

❷ Education (Coef.2)
- Scolarisation primaire et secondaire (coef.3)
- Etudiants du supérieur (coef.2)
- Réussite au baccalauréat (coef.2)
- Infrastructures scolaires (coef.3)

❸ Climat et environnement (Coef.2)
- Climat (coef.3)
- Proximité de la mer (coef.1)
- Proximité de la montagne (coef.1)
- Environnement (coef.1)

❹ Culture (Coef.2)
- Patrimoine culturel (coef.1)
- Nombre d'écrans de cinéma (coef.1)
- Nombre de bibliothèques (coef.1)
- Nombre de festivals nationaux (coef.1)
- Nombre de festivals d'envergure internationale (coef.3)

❺ Logements et services de base (Coef.2)
- Disponibilité du logement (coef.1)
- Prix de l'habitat (coef.2)
- Équipements (eau et d'électricité) (coef.3)

❻ Développement social (Coef.2)
- Indice de Développement humain (coef.2)
- Emploi : évolution de l'emploi (coef.2)
- Sécurité (coef.3)
- Pauvreté (coef.3)

La compétitivité évaluée selon 5 sous thèmes (Coef.2)

❶ Poids économique (Coef.2)
- Marché de consommation local (coef.1)
- Marché de consommation étranger (coef.1)
- Développement industriel et commercial (coef.1)

❷ Infrastructures et accessibilité (Coef.2)
- Accessibilité aérienne (coef.2)
- Accessibilité ferroviaire (coef.2)
- Accessibilité routière (coef.3)
- Accessibilité portuaire (coef.1)
- Capacité hôtelière (coef.2)
- Capacité de restauration (coef.1)

❸ Ressources humaines (Coef.2)
- Taux d'analphabétisme (coef.1)
- Taux de réussite au baccalauréat (coef.1)
- Taux de diplômés des études supérieures (coef.1)
- Coût de la main-d'œuvre (coef.1)

❹ Attractivité foncière (Coef.2)
- Prix du foncier (coef.3)
- Présence de services de conservation et de cadastre (coef.3)
- Existence de P2I (coef.2)

❺ Présence administrative (Coef.2)
- Présence d'un CRI (coef.2)
- Présence d'un consulaire (coef.1)
- Présence d'une Cour d'appel (coef.2)
- Présence d'un tribunal de commerce (coef.1)
- Présence d'une wilaya (coef.1)
- Présence d'un chef-lieu de province (coef.2)

Fuente: La Vie éco, 2011 (diario marroquí).

concepto de auditorías municipales y contratos municipales. La Agencia de Desarrollo Municipal (ADM) proporcionó apoyo a 67 municipios para la implementación de un programa de inversiones prioritarias sostenibles y les concedió un plan de financiamiento que combinaba préstamos en condiciones concesionarias, donaciones y ahorros. El plan incluía: a) planes de mejoras de la infraestructura física y el desempeño financiero como parte de los contratos municipales celebrados entre los municipios y la ADM; b) financiamiento de inversiones físicas, un incentivo para mejorar el desempeño de las finanzas municipales, en cuyo marco el reembolso del préstamo actúa como fuerza impulsora del aumento de los ingresos, y c) el estricto seguimiento de las tendencias en consonancia con la *Guía de razones financieras* (gráfico 8.5) publicada por la ADM.

Sección 2. Medición del desempeño de las finanzas municipales: Principales mecanismos tradicionales de presentación de informes

A continuación se describen cuatro metodologías diferentes para medir el desempeño de las finanzas municipales: a) supervisión del Estado; b) análisis de riesgos por parte de los asociados financieros; c) seguimiento financiero interno por parte del personal y los funcionarios municipales, y d) difusión

Gráfico 8.5 Guía de razones de Senegal

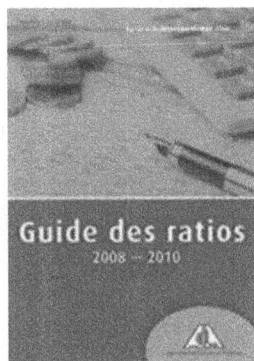

Guide des ratios
2008 – 2010

Fuente: Agence de Développement Municipal (ADM).

democrática. Las primeras dos metodologías son impulsadas por los asociados externos de los municipios y tienen por objeto emitir un juicio respecto de la situación financiera del municipio en cuestión. Las otras dos se implementan y usan generalmente en forma interna para mejorar la gestión de la situación financiera y como un medio de comunicación con el mundo exterior (ciudadanos y asociados). El objetivo de esta sección es presentar estas metodologías diferentes y demostrar su utilidad como guía para medir el desempeño municipal.

De la supervisión del Estado a la difusión democrática: Panorama general

Los instrumentos y los procedimientos que usan los gobiernos centrales para cumplir su función de supervisión, si bien numerosos, son muy similares en todo el planeta. En el marco de la administración gubernamental del Estado se aplica una matriz de indicadores de seguimiento con el objeto de determinar si el presupuesto o las cuentas municipales se ajustan a las normas de contabilidad pública y a los objetivos enunciados en las políticas nacionales que regulan el volumen y la asignación.

El *análisis de riesgos* de las finanzas municipales que llevan a cabo los asociados financieros (por ejemplo, entidades bancarias y organismos de calificación crediticia) se ajusta a las normas internacionales y tiene en cuenta los requisitos específicos del país, que pueden ser más o menos detallados según la naturaleza y la magnitud del proyecto o del programa para el cual se suministrará financiamiento.

El *seguimiento financiero interno* se centra en la gestión financiera municipal y complementa la evaluación y el análisis financieros. En el caso de los municipios, si bien la metodología no se ajusta a las normas internacionales, en términos generales está influenciada por las metodologías empleadas en el sector empresarial.

La *difusión democrática* abarca varias iniciativas que ayudan a los municipios a comunicar su desempeño financiero de una manera más adecuada a sus ciudadanos. El principal objetivo es demostrar a la ciudadanía que el municipio cumple sus promesas y pone todo su empeño en mejorar la prestación de servicios y la calidad de vida de los habitantes.

Presentación de informes y rendición de cuentas al gobierno central y supervisión y seguimiento del Estado

En todo el planeta, los gobiernos centrales supervisan y realizan un seguimiento de las finanzas de los gobiernos locales. En la mayoría de los casos, las finanzas de los gobiernos locales representan menos del 5 % al 10 % de las finanzas públicas totales, y la medición del desempeño se centra principalmente en la supervisión o el control administrativo de los presupuestos locales y el proceso de toma de decisiones (véase más abajo la sección sobre control presupuestario).

Cuando el porcentaje de las finanzas de los gobiernos locales supera el habitual 5 % al 10 %, la supervisión y el seguimiento del Estado se transforman en una cuestión económica. La medición es diferente y se pone un mayor acento en aumentar la transparencia de las finanzas de los gobiernos locales para propiciar el crecimiento económico, desarrollar el crédito municipal y aumentar la competitividad regional. Los instrumentos y los métodos son necesariamente más sofisticados e involucran en forma directa al conjunto de los gobiernos locales con el gobierno central a través de sistemas verticales de seguimiento del desempeño subnacional.

Control presupuestario

Hay tantas plantillas de indicadores presupuestarios como países. Por lo general, el Ministerio de Finanzas o el Ministerio del Interior se encargan de completar esas plantillas. El auditor o el tesorero estatal preparan estados de situación basados en gran medida en las cuentas y los saldos de caja, con el objetivo de confirmar si el presupuesto del municipio se ajusta a las normas de contabilidad pública y los objetivos de política nacional correspondientes, por ejemplo, al volumen y la asignación.

En consonancia con el avance de la descentralización, las administraciones del gobierno central han elaborado un conjunto de razones para incorporar metas y análisis comparativos en la gestión financiera de los gobiernos locales y para evitar posibles excesos en materia de gastos o empréstitos que probablemente desestabilizarían las finanzas públicas. Por lo general, las razones se centran en las siguientes cuestiones y objetivos (véase también el cuadro 8.2):

- ¿El presupuesto está equilibrado adecuadamente?

- ¿Es suficiente la asignación correspondiente a gastos preceptivos, como los salarios y el servicio de la deuda?

- ¿Las inversiones de capital (el presupuesto de desarrollo) superan el 40 % del presupuesto total?

- ¿Es suficiente la autonomía fiscal del gobierno local? ¿Las transferencias intergubernamentales son inferiores a un determinado porcentaje de los ingresos corrientes?

- ¿La formulación y la aprobación del presupuesto se realizan en la fecha prevista?

Los principales indicadores usados en África occidental y central brindan un ejemplo útil de metas y análisis comparativo:

- Fecha de la aprobación del presupuesto.

- ¿El presupuesto está equilibrado adecuadamente y es veraz?

- ¿Se enumeran los gastos preceptivos?

- ¿El presupuesto del primer año es inferior al 5 % de los ingresos de operación?

- ¿Los sueldos y salarios son inferiores al 20 % de los ingresos corrientes?

- ¿El presupuesto de inversiones de capital supera el 40 % del gasto total?

- ¿El servicio de la deuda es inferior al 12 % de los ingresos corrientes?

La eficacia del seguimiento depende de varios factores:

- La disponibilidad de datos y la calidad de la gestión contable, que con frecuencia se limita a la gestión de caja.

- La capacidad del gobierno central para gestionar la información y reaccionar en forma adecuada frente a las dificultades.

- La capacidad del gobierno local para abordar los desafíos técnicos relativos al suministro de datos y la adopción de medidas para implementar las

Cuadro 8.2   Principales razones preceptivas en materia de finanzas municipales

Información sobre los impuestos locales				
	Potencial impositivo	Presión fiscal	Per cápita	Promedio (franja)
Tres impuestos (impuesto sobre la propiedad, impuesto territorial, impuesto a la vivienda o la residencia local)				
Impuesto sobre las empresas				
Total de los cuatro impuestos				

Principales razones preceptivas	Monto	Promedio (franja)
1 Gastos de operación efectivos per cápita		
2 Ingresos fiscales locales per cápita		
3 Ingresos corrientes efectivos per cápita		
4 Total de gastos de inversión de capital per cápita		
5 Deuda pendiente per cápita		
6 Transferencias intergubernamentales de operación per cápita *(dotation globale de fonctionnement)*		
7 Salarios/total de gastos de operación		
8 Presión fiscal (real o potencial)		
9 Gastos de operación + reembolso de la deuda/ingresos corrientes efectivos		
10 Gastos de inversión de capital/ingresos de operación efectivos		
11 Deuda pendiente/ingresos de operación efectivos		

recomendaciones. Esta capacidad reviste especial importancia en los países donde los gobiernos locales implementan una parte del presupuesto nacional a través de funciones delegadas con ingresos que provienen principalmente de transferencias intergubernamentales.

En el marco de la legislación financiera sancionada por Francia en 1999 se establece que, aunque ya no exista el control previo de los presupuestos municipales, los municipios deben calcular 11 razones clave cada año y comunicar los resultados al gobierno central. El Ministerio del Interior publica estas razones, que brindan un claro panorama de las tendencias en las finanzas locales. El cuadro 8.2 contiene una lista de razones preceptivas típicas que se basan en las prácticas francesas e internacionales.

Recopilación y difusión de los datos financieros por parte del gobierno local

Cuando las finanzas del gobierno local aportan una proporción mayor del PIB y las finanzas públicas, el gobierno central desea tener un conocimiento más cabal de lo que sucede en el municipio y compartir esa información con otros gobiernos locales para lograr que contribuyan en mayor medida a mejorar los objetivos nacionales en materia de finanzas públicas.

Las administraciones centrales publican anuarios estadísticos o manuales de razones cada vez más sofisticados que contienen una síntesis del desempeño financiero de los gobiernos locales e incluyen los datos del presupuesto local en las cuentas del Estado.

Este tipo de seguimiento del desempeño de las finanzas subnacionales requiere exactitud y, con frecuencia, se lleva a cabo en departamentos especializados del gobierno central. En Francia, por ejemplo, al menos dos ministerios (el de Finanzas y el del Interior) y el Instituto Nacional de Estadística publican cada año estadísticas detalladas de cuestiones relativas a las finanzas y los presupuestos subnacionales. Al mismo tiempo, las asociaciones nacionales de gobiernos locales publican sus propias estadísticas.

El grafico 8.6 muestra dos páginas de un informe oficial que publica anualmente el Ministerio de Asuntos Internos y Comunicaciones de Japón. En él se evalúa el estado de los ingresos, los gastos, la flexibilidad de la estructura financiera (razón de resultado ordinario, razón de servicio de deuda real y razón de pago del servicio de deuda), los empréstitos pendientes de pago de los gobiernos locales, los datos sobre las empresas públicas locales y la información sobre las medidas para promover la solidez de las finanzas públicas locales.

Presentación de informes y rendición de cuentas a los asociados financieros

Además de la supervisión y el seguimiento del Estado, las orientaciones que los asociados financieros imparten a los gobiernos locales son fundamentales para mejorar la medición del desempeño de las finanzas municipales.

Por regla general, se sabe que los fondos públicos no serán suficientes para cubrir el déficit de financiamiento para gran parte de las inversiones más necesarias, y que se requerirá financiamiento externo de bancos nacionales o de mercados de capitales. Los asociados financieros necesitan un mayor grado de información sobre los indicadores del desempeño financiero:

- *Condiciones para obtener transferencias intergubernamentales del Estado central.* Estas condiciones dependen de criterios de asignación (transferencias operativas o corrientes, subsidios para proyectos de inversión concretos, etc.) y reglas. Las administraciones centrales exigen que los gobiernos locales cumplan normas de desempeño financiero cada vez más estrictas, incluidas las establecidas para obtener la asignación automática de transferencias.

- *Condiciones para obtener crédito bancario (comercial o de donantes).* En estas condiciones se pondrá el acento en las razones que demuestran la capacidad crediticia del gobierno local a través de lo que generalmente se denomina "análisis de riesgos".

Gráfico 8.6　Imágenes del informe oficial de Japón sobre las finanzas públicas locales, 2011

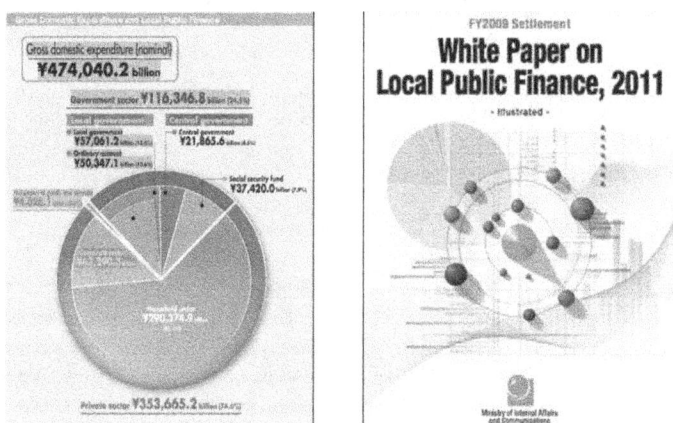

Fuente: MIAC, Japón.

Si el banco o el donante requieren una garantía del Estado, el gobierno estatal aplicará sus propios procedimientos para evaluar la capacidad crediticia del gobierno local.

- *Condiciones para emitir bonos municipales.* Estas condiciones exigen llevar a cabo una clasificación y un análisis comparativo del cliente (el gobierno local) y un análisis de la sostenibilidad financiera del proyecto.

Los asociados financieros tienen una responsabilidad crucial en la promoción de la medición del desempeño de las finanzas municipales que se suma al seguimiento por parte del Estado y a los pedidos de rendición de cuentas que formulan los ciudadanos.

Las transferencias intergubernamentales como incentivo para aumentar la medición del desempeño de las finanzas municipales

Las transferencias son el medio primordial que utilizan los gobiernos centrales para orientar y modificar el volumen de los recursos remitidos a los presupuestos municipales. Muchas ciudades de todo el planeta dependen marcadamente de esas transferencias, que aún representan una gran proporción de sus ingresos.

Las *transferencias de igualación fiscal* se utilizan con frecuencia tanto en los países desarrollados como en los países en desarrollo. Sin embargo, pueden tener efectos negativos en el desempeño financiero de los municipios y deben implementarse cuidadosamente. En general, los efectos negativos de esta categoría muy común de transferencias intergubernamentales son los siguientes: primero, la prestación del servicio a numerosos gobiernos locales pequeños y medianos tiene un costo muy elevado; segundo, los municipios que reciben estas transferencias pueden dejar de realizar esfuerzos para movilizar recursos locales en forma más adecuada y, tercero, las transferencias benefician a las ciudades desfavorecidas a expensas de las más ricas.

Las *transferencias basadas en el desempeño* promueven prácticas eficientes de gestión de las finanzas locales a través de criterios concretos, como el "esfuerzo fiscal", es decir, por ejemplo, el monto de los ingresos recaudados por el gobierno local como porcentaje de su potencial fiscal, o el porcentaje de los ingresos asignados en el presupuesto a inversiones sociales y prioritarias.

No obstante, las transferencias intergubernamentales basadas en incentivos y las transferencias basadas en el desempeño suelen entrañar muchos requisitos y no es fácil ponerlas en marcha: requieren una base de datos a nivel nacional compleja y detallada e información confiable sobre el desempeño financiero de los gobiernos locales que permitan realizar comparaciones nacionales, clasificar las ciudades y elaborar índices. Con frecuencia, las autoridades locales critican la manera en que los gobiernos centrales realizan los cálculos y la falta de transparencia del proceso.

En el caso de las transferencias intergubernamentales aplicadas en Francia, las asignaciones anuales (*dotation globale de fonctionnement*) se calculan utilizando 65 números y datos sobre cada municipio, que incluyen distintas categorías de datos demográficos y también muchos datos sobre la política tributaria aplicada por el gobierno local (base fiscal bruta y neta, exenciones, tasas fiscales, etc.).

En los criterios relativos a las asignaciones de transferencias se suele poner énfasis en la distribución óptima de los fondos y la corrección de los desequilibrios fiscales estructurales o a largo plazo entre un gran número de gobiernos locales (en ocasiones, varios niveles de los gobiernos subnacionales), y se dedica poca atención al desempeño de las finanzas municipales. Existe una extensa bibliografía sobre estas cuestiones, con ejemplos positivos como los de Brasil, México y Sudáfrica, y también con experiencias más cuestionables en lugares como Túnez o Viet Nam (véase el capítulo 1).

Medición del desempeño de las finanzas municipales y análisis del riesgo bancario

La evolución del crédito subsoberano sin garantía del gobierno del Estado ha ejercido presión en los gobiernos locales para mejorar la información financiera y para implementar mediciones del desempeño financiero interno.

El análisis del riesgo bancario se centra en la sostenibilidad financiera del prestatario y en su capacidad para reembolsar el préstamo. En este contexto, se reconoce que las siguientes razones clave son válidas en la mayoría de las situaciones:

- deuda existente y futura como porcentaje de los ingresos corrientes;

- superávit de operación como porcentaje de los ingresos corrientes;

- saldo de caja a principios y a fin del ejercicio;

- proyecciones de los recursos (potencial de crecimiento).

Los criterios varían en consonancia con el monto del préstamo, la categoría del financiamiento (de un proyecto o presupuestario) y el contexto institucional y económico del país y de la ciudad.

La principal característica del análisis del riesgo en comparación con los enfoques anteriores es que incluye proyecciones financieras basadas en la duración de la amortización del préstamo (la depreciación financiera y física de los activos que se financian), un ejercicio poco usual en la mayoría de los municipios de los países en desarrollo. Puede incluir un análisis más amplio de los riesgos, como el análisis del riesgo país, las características del sistema de gobierno local, el grado de descentralización, el entorno fiduciario y reglas: ¿quién es responsable?, ¿quién fija las tarifas?, ¿quién establece la política tributaria?, ¿el reembolso anual es un gasto preceptivo en el procedimiento contable? El cuadro 8.3 contiene las orientaciones para el análisis del riesgo financiero impartidas por la red de asociaciones de entes locales de Europa sudoriental (NALAS, por sus siglas en inglés) a los municipios asociados.

Las organizaciones internacionales de donantes son firmes partidarias de ayudar financiera y profesionalmente a los municipios a fortalecer su capacidad crediticia y su capacidad para llevar a cabo análisis del riesgo.

Medición del desempeño de las finanzas municipales y acceso a los mercados de capitales y las alianzas público-privadas

Los procedimientos de calificación se centran en criterios relativos al desempeño financiero y no financiero de los gobiernos locales y pueden incluir la evaluación de la viabilidad y la sostenibilidad de los proyectos concretos que se financiarán (es decir, el riesgo relativo al proyecto). Los tres principales

organismos internacionales de calificación crediticia —Moody's, Standard & Poor's y Fitch Ratings (véase el capítulo 7)— publican sus principales esferas de evaluación pero no divulgan los procedimientos detallados ni los puntajes internos. Los organismos nacionales de calificación crediticia (que a menudo son socios de los tres mencionados) son cada vez más importantes como instrumentos de apoyo para las calificaciones municipales y las evaluaciones financieras. Asimismo, el número de autoevaluaciones municipales realizadas va en aumento y generalmente se usan normas internacionales que son idénticas o similares a las que aplican los grandes organismos internacionales de calificación crediticia.

Las seis áreas analíticas más significativas, que en cada caso se refieren a varios criterios, son las siguientes:

- marco jurídico y económico;

- base económica del área de servicios;

- finanzas municipales;

- operaciones existentes del municipio;

- evaluación administrativa;

- cuestiones específicas del proyecto.

Con frecuencia, los organismos de calificación crediticia llevan a cabo evaluaciones crediticias de referencia; en el recuadro 8.4 se explican los cuatro factores principales.

Muchos gobiernos centrales no permiten que sus gobiernos subnacionales recurran a los mercados de capitales mediante la emisión de bonos municipales. En África, solo Johannesburgo y Lagos han emitido bonos municipales. En Marruecos, la institución de crédito municipal tiene una larga experiencia en materia de consolidación de bonos municipales a través de la *Caisse des Dépôts et de Gestion*.

Presentación de informes y rendición de cuentas a los ciudadanos (responsabilidad social)

¿Qué es la responsabilidad social? En la práctica, es una estructura general y en constante evolución que abarca varios componentes y un menú de opciones,

Cuadro 8.3 Orientación sobre el análisis de riesgos y las razones

Análisis de riesgos financieros			
Generación de superávit y capacidad para atender el servicio de la deuda	Suficiencia del flujo de caja	Estructura de capital	Liquidez y flexibilidad financiera
• Diferencias analíticas con rentabilidad	• Acento en la capacidad para atender el servicio de la deuda	• Movilización	• Fuentes de liquidez
• Tipo y estructura de la deuda	• Diferencias analíticas con rentabilidad	• Tipo y estructura de la deuda	• Necesidades potenciales de liquidez
• Análisis de la cobertura del flujo de caja y capacidad para generar efectivo	• Tipo y estructura de la deuda	• Mecanismos de cobertura	• Vencimiento de la deuda a corto plazo
	• Análisis de la cobertura del flujo de caja y capacidad para generar efectivo	• Obligaciones extrapresupuestarias	• Líneas de crédito bancarias
		• Valor de los activos	• Activos no gravados y capacidad para contraer deuda

Razones	Definiciones	Interpretación
Ingresos ordinarios/total de ingresos	Mide el grado al que el gobierno local depende de los ingresos ordinarios.	Una razón del 100 % o cercana a ese porcentaje puede ser inadecuada para un gobierno local que está financiando la adquisición de importantes activos no financieros.
Ingresos ordinarios per cápita	Mide la carga relativa de impuestos y cargos a los usuarios que soportan los contribuyentes y los usuarios de servicios locales.	Un nivel más alto de ingresos de operación per cápita indica una carga relativamente alta de impuestos y cargos.
Ingresos propios/total de ingresos	Mide los ingresos propios del gobierno local en comparación con su total de ingresos.	Un porcentaje relativamente alto de ingresos propios (indicador máximo: 100 %) señala que el gobierno local depende en mayor medida de los ingresos ordinarios previsibles para financiar sus actividades.

Fuente: Josifov, Pamfil y Comsa, 2008.

a saber: 1) el seguimiento y la supervisión del desempeño del sector público y comentarios al respecto por parte de los ciudadanos; 2) el acceso y la difusión de la información pública centrados en los usuarios; 3) mecanismos públicos de resolución de quejas y reclamos; 4) la participación de los ciudadanos en las decisiones relativas a la asignación de los recursos, por ejemplo, en el proceso participativo para la elaboración del presupuesto. ¿Cómo definiríamos un gobierno abierto? La Iniciativa de Transparencia y Rendición de Cuentas (que cuenta con varios asociados, entre ellos, la Fundación Ford,

Recuadro 8.4 Evaluación crediticia de referencia

Hasta finales de 2006, Moody's había calificado a 249 gobiernos locales y regionales en 30 países de todo el planeta, además de Estados Unidos. El número de calificaciones de gobiernos locales se había duplicado con creces desde 1998.

Moody's usa dos factores explícitos para determinar la calificación: a) la solidez crediticia intrínseca del gobierno local y b) la probabilidad de que otra entidad proporcione un apoyo extraordinario para evitar un incumplimiento de pago. Los cuatro tipos de información analítica son:

- la evaluación crediticia de referencia del gobierno local;
- la calificación del gobierno que proporciona el apoyo;
- un cálculo aproximado del grado de dependencia entre las dos entidades en caso de un incumplimiento de pago;
- un cálculo aproximado de la probabilidad de que la otra entidad proporcione apoyo extraordinario para evitar un incumplimiento de pago por parte del gobierno local.

Fuente: Rubinoff, Bellefleur y Crisafelli, 2008.

la Fundación Open Society y el Departamento para el Desarrollo Internacional del Reino Unido) propone la siguiente definición: un gobierno abierto se asienta en tres principios clave: a) la transparencia, es decir, brindar al público la información esencial acerca de las actividades del gobierno; b) la participación cívica, que permite a los miembros del público aportar ideas y conocimientos especializados para que su gobierno pueda formular políticas teniendo en cuenta la información suministrada por integrantes de la sociedad ampliamente dispersos, y c) la rendición de cuentas, que permite garantizar que los gobiernos sean responsables ante el público por sus decisiones y acciones.

Comunicación y difusión de la información: Datos abiertos, gobierno abierto

En los últimos años se ha elaborado un amplio menú de instrumentos y métodos para abordar el programa de gobierno abierto. La mayoría se ha focalizado en los gobiernos centrales pero se han realizado algunos intentos de trabajar con gobiernos locales. Los esfuerzos que se han centrado en los gobiernos locales incluyen actividades de seguimiento del gasto, seguimiento por terceros, comentarios de beneficiarios y el proceso participativo para la elaboración del presupuesto.

Seguimiento del gasto (BOOST). La herramienta BOOST ayuda a realizar un seguimiento del gasto público utilizando datos desagregados de los sistemas de gestión de la información financiera y de tesorería, incluida la información sobre el gasto a nivel subnacional. La herramienta se comenzó a usar en Kenya, Moldova y Togo, donde los gobiernos centrales aceptaron publicar en línea sus datos de tesorería. Se están elaborando plataformas BOOST en varios países. En algunos casos, pueden usarse técnicas de elaboración de geomapas dentro de BOOST para realizar un seguimiento de los fondos públicos. Otro instrumento es el Programa de Gasto Público y Rendición de Cuentas (PEFA), respaldado por el Banco Mundial. Se trata de una asociación de múltiples donantes formada por siete organismos donantes e instituciones financieras internacionales —incluido el Banco Mundial— para evaluar la situación de los sistemas de gasto público, adquisiciones y rendición de cuentas de un determinado país y elaborar una secuencia práctica de actividades de reforma y de fortalecimiento de la capacidad (http://www.pefa.org/en/content/resources). Puede aplicarse tanto a nivel nacional como municipal; no obstante, pocas ciudades lo han aplicado: Dakar, en 1990, y Uagadugú, en 2010, y se han llevado a cabo actividades experimentales en Kosovo.

Seguimiento por terceros. Cada vez se dedica más atención a proporcionar a las organizaciones de la sociedad civil los instrumentos adecuados para brindar una perspectiva externa de los asuntos públicos. Un problema importante que se plantea es que, con frecuencia, estas organizaciones no son entidades independientes y es posible que no proporcionen la perspectiva más imparcial.

Comentarios de los beneficiarios. Las tarjetas y los sistemas de calificación ciudadana, las solicitudes electrónicas y la presentación de informes basados en tecnologías de la información y la comunicación son instrumentos que permiten a los ciudadanos expresarse y manifestar su descontento acerca de la calidad y la cobertura de los servicios municipales. En muchas ciudades de todo el mundo se están llevando a cabo encuestas de beneficiarios y se están generando espacios, tanto a través de una plataforma electrónica como mediante reuniones presenciales, más estructuradas, de la comunidad, donde los ciudadanos pueden plantear sus inquietudes y formar parte del proceso de toma de decisiones.

Proceso participativo para la elaboración del presupuesto. Este proceso es, tal vez, el mejor ejemplo de participación ciudadana. La elaboración participativa del presupuesto se aplicó por primera vez en 1989, en el municipio de Porto Alegre, la capital de Río Grande do Sul, el estado más austral de Brasil, con el objeto de lograr que los ciudadanos y los barrios más pobres recibieran una proporción mayor del gasto público (véase el recuadro 8.5). Durante los años noventa, el proceso se propagó a otros municipios de Brasil y de otros países de Sudamérica, entre ellos, Bolivia, Guatemala, Nicaragua y Perú, y se han establecido diversas formas de presupuestación participativa en otras partes del mundo. Esos programas brindan acceso al proceso de toma de decisiones a ciudadanos de grupos pobres e históricamente excluidos. Sin embargo, la mayoría de las veces solo una pequeña proporción del presupuesto total destinado a inversiones en barrios pequeños está realmente abierta a la participación ciudadana. La mayor parte del presupuesto que incluye las principales inversiones de capital no está abierta al público por lo cual se han levantado voces críticas que sostienen que, en muchos casos, la participación es, en realidad, ficticia.

Responsabilidad social: ¿Una solución mágica o solo un mito?

¿Qué revelan las pruebas del impacto de la responsabilidad social? Se han publicado varios estudios excelentes y en muchos de ellos las pruebas, hasta el momento, no son concluyentes. La pregunta "¿y ahora qué?" es fundamental para abordar con éxito la próxima generación de desafíos. Es necesario a) imponer rigor en el proceso y los instrumentos; b) evitar la confrontación, y c) entender más cabalmente la delgada línea entre la demanda y la oferta. En muchos aspectos, los mecanismos de responsabilidad social generan numerosas expectativas del lado de la demanda pero no proporcionan las respuestas del lado de la oferta. Los gobiernos locales no son necesariamente malos ejemplos, ni están inmersos en un mar de corrupción y de culpa por las deficiencias de su gestión. En realidad, muchos gobiernos locales desearían proporcionar mejores servicios pero deben hacer frente a numerosas demandas contrapuestas en un marco de recursos financieros muy limitados y escasa capacidad. Es muy importante entender las limitaciones del lado de la oferta. Por consiguiente, las auditorías y las autoevaluaciones revisten suma importancia, y la combinación de auditorías complementarias es fundamental pues permite obtener un panorama completo y crear una coalición entre las principales partes interesadas. Es interesante señalar que los instrumentos de responsabilidad social se han aplicado predominantemente en proyectos comunitarios y de desarrollo social por lo general pequeños. Su aplicación en proyectos en gran escala en ciudades ha sido limitada. Se dispone de una gran oportunidad para fusionar las auditorías sociales con las auditorías urbanas y financieras, lo que permitiría profundizar el programa de rendición de cuentas y transparencia.

Sección 3. Hacia un marco genérico de medición del desempeño de las finanzas municipales: La autoevaluación de las finanzas municipales

Con el tiempo, el Banco Mundial ha desarrollado un marco para la evaluación de los gobiernos municipales (auditorías municipales) que se ha comprobado, aplicado y adaptado en un número creciente de municipios. La AEFM (denominada también "auditoría financiera") forma parte de ese marco y ha quedado demostrado que es un poderoso instrumento para mejorar la gestión de gobierno y la rendición de cuentas,

Recuadro 8.5 Participación ciudadana: Presupuestación participativa en Porto Alegre (Brasil)

- La primera ciudad que puso en marcha un proceso participativo de formulación de presupuestos fue Porto Alegre (Brasil), que introdujo esta práctica en 1989. La presupuestación participativa se implementó, en parte, como medio para abordar las graves desigualdades en los servicios (especialmente de abastecimiento de agua y saneamiento) y la calidad de vida en el ámbito de la ciudad.

- La presupuestación participativa proporciona a los residentes un cierto grado de control respecto de la asignación anual de los gastos de capital. Los residentes pueden tomar decisiones relacionadas con asuntos locales, como el lugar donde se llevarán a cabo mejoras viales o se instalará un parque, y también con cuestiones que afectan a toda la ciudad,

como los programas para ayudar a los habitantes sin hogar.

- Se han creado foros periódicos de adopción de decisiones, integrados por representantes elegidos por voto popular, en varios niveles: 16 foros regionales con participantes de diversas partes de la ciudad; 5 foros temáticos (por ejemplo, sobre salud, educación, vivienda y saneamiento) con participantes de toda la ciudad, y 1 consejo de presupuesto municipal integrado por representantes de los foros regionales y temáticos.

- El proceso abarca todos los gastos de capital que representan del 5 % al 15 % del presupuesto total de los municipios de Brasil. En Porto Alegre, más de 14 000 personas participan cada año en el proceso presupuestario.

Fuente: Goldsmith y Vainer, 2002.

---

modernizar las prácticas de gestión y sentar las bases para el cambio y las reformas (recuadro 8.6).

La AEFM tiene por objeto evaluar la salud financiera de la ciudad e identificar las medidas específicas destinadas a mejorar la movilización de ingresos locales, el gasto público, la gestión y el mantenimiento de los activos públicos, la programación de inversiones y el acceso al financiamiento externo (empréstitos y financiamiento de donantes).

Esta autoevaluación cumple varias funciones pues abarca lo siguiente: a) el examen de los presupuestos municipales (ingresos y gastos), las prácticas de gestión financiera, la capacidad de ahorro, los esfuerzos de inversión y las proyecciones financieras para los siguientes cinco años; b) un breve análisis comparativo a través de un conjunto de indicadores y razones clave, simples y comparables, y c) la especificación de las principales actividades que se incluirán en un plan de mejora de las finanzas municipales,

con una clara descripción de las medidas concretas que se incluirán, la manera en que se implementarán y quienes tendrán a su cargo esa labor, el calendario para la implementación y el costo de esta última (si corresponde).

En ocasiones, la AEFM se lleva a cabo en forma simultánea con una auditoría urbana que proporciona una reseña de la cantidad y la calidad de los servicios y la infraestructura de la ciudad e identifica un programa de inversiones municipales (recuadro 8.7). El Banco Mundial también ha elaborado un marco para la auditoría urbana que, así como en el caso de la auditoría financiera, se ha comprobado, aplicado y adaptado en un número creciente de municipios. El principal objetivo de la auditoría urbana consiste en recopilar información de referencia sobre la condición existente de la infraestructura y los servicios, la identificación de los modelos de urbanización y los focos de pobreza,

Recuadro 8.6 Mejora de la capacidad de los gobiernos locales: La experiencia en materia de autoevaluación de las finanzas municipales en Europa sudoriental

El Banco Mundial elaboró la metodología de AEFM y, con apoyo de expertos internacionales y locales, la adaptó a los países de Europa sudoriental. Para esta adaptación fue necesario lograr una comprensión común de la terminología y una clara definición de las partidas presupuestarias (categorías) tanto de los ingresos como de los gastos. La plantilla o marco de análisis fue validada por todas las partes interesadas.

1. Una enseñanza importante derivada del proceso de AEFM es que los municipios participantes reconocieron la necesidad de que los departamentos municipales y su personal difundan la información y los datos a los departamentos técnicos, las empresas de servicios públicos encargadas de prestar servicios, las agencias tributarias, la tesorería estatal y otras entidades. Por regla general, esto no ha sucedido. Para las evaluaciones de la capacidad crediticia, las proyecciones de las finanzas municipales y las estrategias de financiamiento se necesitan datos provenientes de diversas fuentes que no se incluyen en ninguno de los típicos informes contables obligatorios. La AEFM proporciona una plataforma para consolidar y conciliar estas fuentes de información.

2. Los diálogos entre ciudades y la incorporación del proceso de AEFM permitieron realizar una conexión de vital importancia entre el financiamiento, la planificación urbana, la gestión de la tierra y, en última instancia, la programación de las inversiones y la prestación de servicios. La serie de siete diálogos entre ciudades se estructuró de manera que contribuyera a cerrar ese círculo. Varios factores tienen un impacto fundamental en la manera en que las ciudades llevan a cabo la urbanización y en el futuro de las inversiones urbanas: el hecho de que una gran proporción de los ingresos locales provenga de la urbanización, de que estos ingresos sean muy volátiles y estén sujetos a la tensión financiera mundial, de que se ejerza presión para vender y aprovechar las tierras, y de que las funciones de planificación urbana y la emisión de permisos de construcción se hayan delegado rápidamente en gobiernos locales que en gran medida no tienen la preparación necesaria. Es fundamental entablar una conversación a nivel regional sobre estas importantes cuestiones; una conversación en la que deberían participar todos los niveles del gobierno, los ciudadanos, los proveedores de servicios, el sector privado y la comunidad de donantes. La serie de diálogos entre ciudades ha permitido poner en marcha esta conversación en un foro donde existe la posibilidad de analizar las cuestiones abiertamente, de desentrañar los problemas y de identificar las soluciones. El proceso de AEFM ha dejado en claro que se necesita un enfoque más global e integrado en el que se combine la AEFM con auditorías urbanas (autoevaluación de terrenos, infraestructura y servicios), enfoque que varios municipios ya han comenzado a aplicar.

3. Los debates que se llevaron a cabo como parte de la AEFM y la auditoría urbana, así como las conclusiones del estudio sobre descentralización fiscal, realizado por la NALAS, y el examen de las finanzas municipales, elaborado por el Banco Mundial, subrayan la necesidad de evaluar los avances en materia de descentralización fiscal en la región.

4. El personal municipal de unas 25 ciudades y municipios de la región (incluidas las ciudades capitales) participó en esta experiencia y otros municipios han expresado el deseo de hacerlo. La ampliación e institucionalización de estos instrumentos son los próximos pasos que se adoptarán en colaboración con partes interesadas regionales, nacionales y locales.

Fuente: Farvacque-Vitkovic, C., S. Palmreuther, T. Nikolic, A. Sinet.

y la ubicación espacial y la cuantificación de las deficiencias, a fin de identificar un programa de inversiones prioritarias y un programa de mantenimiento prioritario.

Innovaciones de la autoevaluación de las finanzas municipales

La AEFM ha incorporado algunos elementos novedosos. Primero, el propio personal municipal aplica un enfoque integrado para evaluar la situación financiera de su municipio. Segundo, los funcionarios de la ciudad tienen la facultad de determinar qué acciones son las más adecuadas y realistas a los efectos de su inclusión en los planes de mejoras. Tercero, brinda a los funcionarios de la ciudad un aliciente para compartir sus resultados con otros municipios de la región. Cuarto, permite establecer en qué medida ese instrumento de seguimiento o tablero de mando puede integrarse en las operaciones de gestión de la ciudad. Generalmente, se contratan auditores externos para esta labor a fin de que los gobiernos locales no sean propietarios directos del proceso. Asimismo, las evaluaciones se llevan a cabo, por lo general, en forma ad hoc en vez de usarse como un instrumento regular de seguimiento. Así pues, la AEFM se aparta radicalmente de las prácticas normales y promueve los siguientes objetivos que se refuerzan en forma recíproca:

- Promover la autoevaluación financiera a nivel municipal como parte del proceso de cambios en la gestión de las administraciones públicas locales: **Rendición de cuentas**.

- Instar a los gobiernos locales a compartir la información con otros municipios y a presentar informes sobre su situación actual al gobierno central, las asociaciones de gobiernos locales y los ciudadanos: **Visibilidad del uso de los fondos públicos**.

- Instar al departamento de finanzas y a otros departamentos municipales pertinentes —gestión de activos, planificación urbana y estratégica y el gabinete del alcalde— a colaborar en la formulación de planes de inversiones de capital y programas municipales asentados firmemente en la viabilidad financiera: **Asignación de prioridades**.

- Realizar un seguimiento de la situación financiera y adoptar medidas en el marco de un conjunto de iniciativas clave para mejorar la movilización de recursos locales, racionalizar el gasto público y mejorar las prácticas de gestión financiera: **Eficiencia y transparencia**.

- Concertar un conjunto común de ideas, metodologías e indicadores aceptados a nivel internacional, y mejorar las comunicaciones y las negociaciones con las instituciones bancarias y los donantes: **Acceso a financiamiento externo**.

La autoevaluación de las finanzas municipales: Descripción de la plantilla

La plantilla de AEFM, que se describe en detalle en las páginas siguientes, brinda un marco para el análisis y la toma de decisiones que los gobiernos locales pueden usar y adaptar a su situación concreta. Una plantilla en formato Excel está disponible en http://siteresources. worldbank.org/EXTURBANDEVELOPMENT/ Resources/MFSA-Template.xlsx. Los usuarios potenciales pueden descargar esta plantilla y usarla directamente.

Los principales módulos de la AEFM son los siguientes (véase el gráfico 8.7):

- *Módulo 1.* Recopilar y organizar la información pertinente sobre las finanzas de la ciudad y cuestiones de gestión urbana (perfil de la ciudad; primero y segundo pasos).

- *Módulo 2.* Realizar un análisis histórico y crear cuadros resumidos (ingresos, gastos y situación financiera; tercero a quinto pasos).

- *Módulo 3.* Elaborar proyecciones financieras (sexto paso).

- *Módulo 4.* Evaluar los instrumentos y los procesos de gestión financiera y preparar un plan de mejora de las finanzas municipales (séptimo y octavo pasos).

Los principales resultados de la AEFM arrojarán luz sobre varios aspectos de las finanzas municipales:

- La sostenibilidad financiera del gobierno local, teniendo en cuenta el superávit de operación, la

Recuadro 8.7 Auditorías urbanas y financieras: Una combinación potencialmente eficaz

Auditorías urbanas y financieras integradas en Senegal. A mediados de los años noventa, el Banco Mundial puso en marcha un programa de desarrollo municipal interesante y novedoso —el Programa de Desarrollo Urbano y Descentralización— en Senegal. Este programa, que se basa en el concepto de auditorías municipales y contratos municipales, tiene por objeto impulsar a los gobiernos locales a asumir una mayor responsabilidad en la planificación y el financiamiento de inversiones y les proporciona los instrumentos necesarios para evaluar mejor sus necesidades y gestionar sus funciones cotidianas. Las auditorías municipales, que incluyeron una auditoría financiera y una auditoría urbana, permitieron elaborar un programa municipal y un contrato municipal. A la fecha, todos los municipios de Senegal han concertado y ejecutado varias generaciones de contratos municipales. Luego de su implementación en Senegal, el modelo se ha aplicado en muchos países de África y hoy más de 200 municipios distribuidos en 10 países han concertado uno o varios contratos municipales o urbanos (Burkina Faso, Camerún, Côte d'Ivoire, Guinea, Madagascar, Malí, Mauritania, Níger, Senegal, Rwanda). El gráfico R8.7.1 muestra los pasos fundamentales para implementar autoevaluaciones y auditorías financieras y urbanas.

Análisis de riesgos y solución innovadora para el análisis financiero en Túnez. Túnez también ha sido un precursor en el área de las auditorías municipales y los contratos municipales. El Tercer Proyecto de Desarrollo Municipal en Túnez, respaldado por el Banco Mundial, comenzó en 2002. De un total de 260 municipios, alrededor de 132, incluida la ciudad de Túnez, afrontaban problemas financieros de una gravedad tal que generaban retrasos en los reembolsos de los préstamos al Fondo Nacional de Desarrollo Municipal. La situación era crítica para los 71 municipios que no tenían capacidad de ahorro y para los 61 municipios cuyos ahorros no eran suficientes para atender el servicio de la deuda o para movilizar recursos del Programa de Inversiones Municipales.

El principal objetivo del proyecto, que fue financiado por el Banco Mundial y la Agence Française de Développement, consistía en reestructurar los 132 municipios con mayores dificultades financieras. Para alcanzar este objetivo se adoptaron las siguientes medidas:

* *planes de ajuste* específicos de cada municipio para lograr que recuperaran su situación financiera normal;
* "*contratos urbanos*" que incluían los objetivos, las condiciones y los métodos para ejecutar y supervisar el plan de inversiones municipales, así como las respectivas obligaciones del gobierno central y los gobiernos locales.

Los planes de ajuste se formularon sobre la base de auditorías de las circunstancias financieras e institucionales y de las prácticas de gestión (objetivos, actividades de ajuste, recursos y calendarios, indicadores del desempeño y procedimientos de seguimiento). El Ministerio del Interior, las autoridades de cada ciudad y el Fondo Nacional de Desarrollo Municipal suscribieron "contratos en el marco de un programa de ajuste estructural". Esto puso en marcha varias generaciones de planes de mejoras municipales para los municipios del país.

(continúa en la página siguiente)

Recuadro 8.7 *(continuación)*

Gráfico R8.7.1   Pasos fundamentales para la implementación de auditorías urbanas y financieras integradas

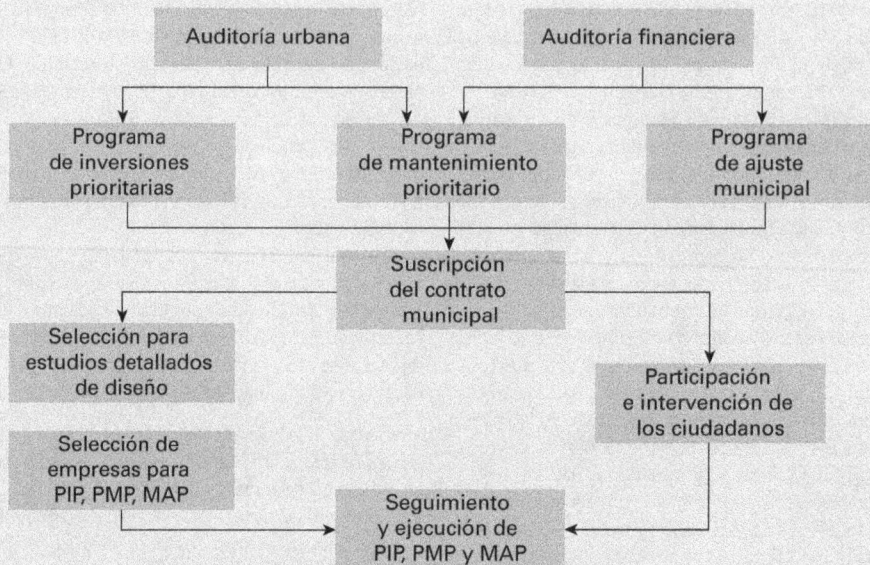

Nota: PIP = programa de inversiones prioritarias; PMP = programa de mantenimiento prioritario; MAP = programa de ajuste municipal (plan de mejora de las finanzas municipales).

capacidad para contraer empréstitos, y la posibilidad de aumentar sus inversiones de capital.

- La calidad de la gestión de gobierno y la gestión financiera, teniendo en cuenta la credibilidad del presupuesto y su exhaustividad y transparencia.

- La eficiencia en la prestación de los servicios, teniendo en cuenta el análisis de costos y tarifas, además de otras razones que miden el desempeño físico.

A continuación, se explica cada paso en forma detallada con plantillas de cuadros que muestran el proceso de completar una AEFM con datos efectivos. Las planillas de Excel son el mejor instrumento para llevar a cabo un ejercicio real. Estos modelos de plantillas de cuadros pueden adaptarse al contexto local concreto.

Primer paso: Perfil de la ciudad

El perfil de la ciudad está compuesto de tres componentes:

1. organización institucional y territorial, demografía y economía de la ciudad;

2. organización municipal;

3. principales problemas y desafíos urbanos que enfrenta la ciudad en el curso de los siguientes tres a cinco años.

Gráfico 8.7 Módulos de la autoevaluación de las finanzas municipales

Pasos	Objetivos

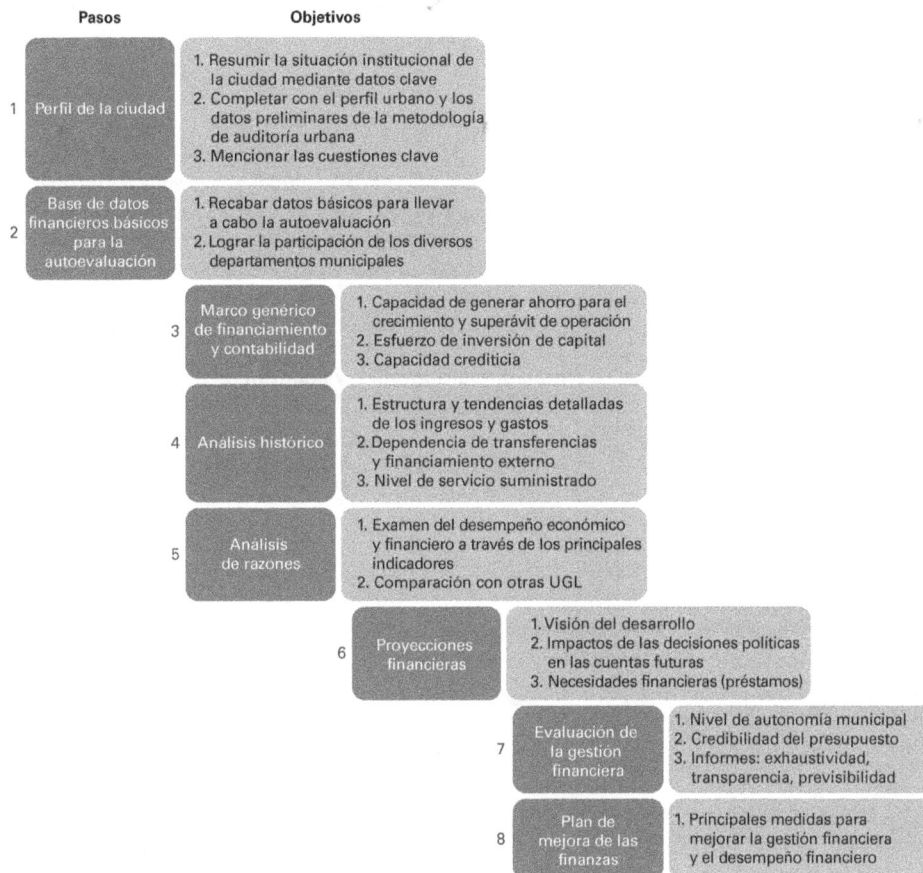

1 Perfil de la ciudad
1. Resumir la situación institucional de la ciudad mediante datos clave
2. Completar con el perfil urbano y los datos preliminares de la metodología de auditoría urbana
3. Mencionar las cuestiones clave

2 Base de datos financieros básicos para la autoevaluación
1. Recabar datos básicos para llevar a cabo la autoevaluación
2. Lograr la participación de los diversos departamentos municipales

3 Marco genérico de financiamiento y contabilidad
1. Capacidad de generar ahorro para el crecimiento y superávit de operación
2. Esfuerzo de inversión de capital
3. Capacidad crediticia

4 Análisis histórico
1. Estructura y tendencias detalladas de los ingresos y gastos
2. Dependencia de transferencias y financiamiento externo
3. Nivel de servicio suministrado

5 Análisis de razones
1. Examen del desempeño económico y financiero a través de los principales indicadores
2. Comparación con otras UGL

6 Proyecciones financieras
1. Visión del desarrollo
2. Impactos de las decisiones políticas en las cuentas futuras
3. Necesidades financieras (préstamos)

7 Evaluación de la gestión financiera
1. Nivel de autonomía municipal
2. Credibilidad del presupuesto
3. Informes: exhaustividad, transparencia, previsibilidad

8 Plan de mejora de las finanzas
1. Principales medidas para mejorar la gestión financiera y el desempeño financiero

Nota: UGL = unidad del gobierno local.

1. Organización institucional, plano de la ciudad, demografía, economía

Objetivo: Proporcionar un panorama general de la situación demográfica y económica del municipio a través de unos pocos indicadores resumidos, y describir con claridad la composición de la organización territorial de la entidad, que algunas veces suele ser muy compleja (ciudad, municipio, área metropolitana).

Inserte un plano de la ciudad (A4) que indique los límites administrativos del municipio. En caso de existir subdivisiones (submunicipios) o entidades metropolitanas, indique los distintos niveles de administración.

Inserte un breve resumen de cada uno de los componentes —organización territorial, demografía, economía— que contenga una descripción de la manera en que afectan o se ven afectados por la situación financiera. Por ejemplo, el modo en que la organización territorial tiene un efecto directo en la distribución del presupuesto y el desempeño de las funciones públicas; el modo en que la población aumenta o disminuye o en que su composición incide en el presupuesto, o el modo en que el sistema tributario local afecta la economía local y viceversa.

2. Finanzas locales y gestión

Objetivo: Proporcionar un conjunto preliminar de datos resumidos que describan, entre otras cosas, el volumen de las finanzas locales, la gestión de los servicios públicos, el número y la composición del personal municipal.

Inserte un breve resumen descriptivo de los diversos componentes.

Marco temporal: El marco temporal para el análisis puede abarcar los tres o cuatro años anteriores para proporcionar un panorama más adecuado de las tendencias.

Servicios públicos: Indique si los presupuestos de las empresas de servicios públicos se incluyen y se adjuntan como anexos en los informes del presupuesto municipal.

Impuestos: Complete los datos correspondientes al impuesto sobre la propiedad y el impuesto local sobre las empresas e incluya los otros dos impuestos locales que revistan mayor importancia.

Cuadro 1   Indicadores resumidos de la situación demográfica y económica de los municipios

	Ciudad	Ciudad con submunicipios	Ciudad con nivel superior intercomunal	
I Organización territorial				
Número y denominación de las entidades subnacionales y metropolitanas				
Submunicipios o entidades metropolitanas financiados por la ciudad		*Sí/No*	*Sí/No*	
Ciudad financiada por submunicipio y/o área metropolitana		*Sí/No*	*Sí/No*	
Superficie del municipio y aglomeración en kilómetros cuadrados				
	Año N-3	**Año N-2**	**Año N-1**	**Año N**
II Demografía				
Población del país				
Total de población residente				
Crecimiento anual				
Rango de la ciudad en el país (según el número de habitantes)				
III Economía				
PIB per cápita (a nivel nacional), en USD o euros				
PIB per cápita de la ciudad (si se dispone de este dato), en USD o euros				
Mediana de ingresos familiares anuales disponibles, en USD o euros				
Tasa de actividad				
Tasa de desempleo (porcentaje de la población activa)				

		Año N-3	Año N-2	Año N-1	Año N
IV	**Total de ingresos presupuestarios municipales**				
	Total de ingresos				
	Ingresos per cápita				
	Inversión de capital anual de la ciudad				
	Deuda pendiente				

		Denominación	**¿Anexo al presupuesto municipal? (Sí/No)**	**Tarifa (corriente)**	
V	**Gestión de los servicios públicos**				
	Abastecimiento de agua				
	Aguas residuales				
	Electricidad				
	Sistema urbano de calefacción				
	Otros servicios				

		Tasa	**Último aumento**	**Fijada a nivel local**	
VI	**Política tributaria**				
	Impuesto sobre la propiedad				
	Impuesto local sobre las empresas				
	Impuesto 3				
	Impuesto 4				

		Número	**Porcentaje**		
VII	**Funcionarios municipales** (personal de plantilla)				
	Total		100 %		
	Administración general				
	Educación				
	Servicios sociales				
	Unidades de servicio técnico				
	Medio ambiente (incluidos los desechos sólidos)				
	Total de personal contratado				

		Año N-3	Año N-2	Año N-1	Año N
VIII	**Informes financieros (Sí/No)**				
	Programa de inversiones a largo plazo				
	Presupuesto anual				
	Estado financiero anual				
	Cuentas auditadas				

3. Problemas y desafíos urbanos

Objetivo y contenido: Explicar e ilustrar la política de desarrollo del municipio utilizando el siguiente marco:

- *¿Existe una visión estratégica para el desarrollo de la ciudad?* En caso afirmativo, consigne los principales componentes, como, por ejemplo, la estrategia de desarrollo de la ciudad y el plan de desarrollo a largo plazo, e indique los niveles de aprobación requeridos, por ejemplo, la asamblea municipal o el gobierno central.

- Consigne los principales componentes del plan de desarrollo económico local necesario para concretar la visión, incluidas las inversiones de capital, el desarrollo institucional y otros elementos.

- *Si existe un plan de inversiones de capital, descríbalo sucintamente* utilizando la siguiente sección:

IX	Plan de inversiones de capital		
Nombre del proyecto	Plazo	Total de costos	Fuente de financiamiento

Incluya un breve resumen del programa plurianual de desarrollo aprobado por el consejo de la ciudad. Enumere todos los proyectos prioritarios; en caso de ser necesario, agregue más renglones.

Segundo paso: Base de datos contables y financieros básicos

Objetivo y contenido: Recopilar los datos y la información en los que se basarán el análisis histórico y las proyecciones y calcular razones de desempeño y deficiencias. Consiste en organizar los datos, no en los formatos contables habituales, que pueden variar de un país a otro o inclusive entre los municipios de un mismo país, sino en un formato financiero más genérico.

Recomendamos crear una base de datos (en planillas de Excel) con cinco cuadros principales:

- presupuesto municipal/de la ciudad + anexo con presupuestos de las empresas de servicios públicos;

- saldo de caja y atrasos;

- deuda;

- inversiones de capital;

- potencial impositivo y recaudación de impuestos.

Cada uno de estos cinco cuadros incluirá los datos históricos de tres años (datos efectivos) y los datos planeados correspondientes a un año. Se debe indicar claramente las fuentes, incluido el título del documento y la entidad emisora, como, por ejemplo: el departamento de presupuestos, el departamento de tributación, el departamento de economía, entidades distintas del municipio, el ministerio de finanzas y otras entidades.

Base de datos del presupuesto general:

- Debido a que todos los sistemas y las clasificaciones contables utilizados son diferentes (clasificación funcional, clasificación por categoría, etc.), la base de datos del presupuesto deberá ajustarse de manera que los datos sean coherentes. Los gastos y los ingresos deben consignarse por tipo (ingresos fiscales, transferencias, tasas, préstamos, etc.) y por la manera en que se usarán (nómina, operación y mantenimiento, servicio de la deuda). La enumeración lisa y llana de una larga lista desorganizada de ingresos y gastos debe evitarse.

- Los *datos efectivos* son preferibles a las cifras presupuestarias planeadas. Pueden ser transacciones contables de valores en caja (pagos y entradas) o transacciones contables de compromisos (contrato firmado y entradas validadas mediante una factura o su equivalente).

- Los *gastos ordinarios y de capital* deben diferenciarse claramente, inclusive cuando no se establece en el formato contable. Normalmente, los gastos se consideran gastos de capital cuando contribuyen a ampliar los activos públicos del municipio.

- Los *gastos exigidos por el Estado* deben separarse de los gastos propios del municipio. De igual modo, deben identificarse los ingresos provenientes del gobierno central del Estado y reservados para gastos específicos.

- Deben incluirse los diversos *tipos de subsidios o transferencias intergubernamentales*, marcando una distinción entre las transferencias que el municipio *puede y no puede reasignar*.

- El presupuesto general debe analizarse en forma separada de los presupuestos de las *empresas de servicios públicos* independientes. Solo se debe tener en cuenta las transacciones financieras entre el presupuesto de la ciudad y los otros presupuestos incluidos en este. Por ejemplo, las transferencias del presupuesto general al presupuesto de las empresas de servicios públicos deben contabilizarse como gastos en el presupuesto de la ciudad y como ingresos en el de las empresas, y de igual modo en el caso de los dividendos o el efectivo que se transfieren del presupuesto de las empresas al de la ciudad. Si es posible, posteriormente debe formularse un presupuesto consolidado.

Saldo de caja y atrasos:

- El objetivo es completar el panorama de datos contables y presupuestarios mediante información sobre las *transacciones en efectivo*. Proporcione un resumen mensual.

- Identifique el volumen de los atrasos (gastos realizados que permanecen impagos), separados por proveedores públicos y privados.

Cuadro 2   Segundo paso: Base de datos financieros básicos para la autoevaluación

1. PRESUPUESTO GENERAL (cuadro simplificado)					
En millones de...	Año N-3	Año N-2	Año N-1	Año N	Año N+1
	CE	CE	CE	E	P

TOTAL DE INGRESOS

I   INGRESOS DEL ESTADO (INTERGUBERNAMENTALES)

1   Coparticipación de impuestos   Coparticipación de la ciudad

    - Impuesto al valor agregado (IVA) e impuestos sobre las ventas   ... %

    - Impuesto sobre la renta de las personas físicas   ... %

    - Impuesto sobre la renta de las sociedades (impuesto sobre los beneficios de las empresas)   ... %

    - Impuesto sobre el traspaso de los derechos de propiedad   ... %

    - Impuesto sobre vehículos automotore   ... %

    - Otros impuestos   ... %

2   Transferencias incondicionales

    - Transferencias operativas

    - Donaciones para inversión

                    Rehabilitación vial

                    Educación

    ...

3   Transferencias condicionales (intermediación)

    - Para salarios   del Ministerio ...

    - Para la política social (hogares pobres)   del Ministerio ...

    - ....   del Ministerio ...

(continúa en la página siguiente)

II INGRESOS LOCALES

1 Gravámenes e impuestos locales

- Impuestos sobre la propiedad
  (independientemente de que
  se recauden a nivel central)

- Impuestos sobre las empresas

2 Tasas locales

- Licencias

- Permisos

- Derechos de desarrollo locales

- Autorizaciones y emisiones

- Otras tasas (multas…)

3 Producto de activos locales

- Rentas

- Ventas

- Cargos

- Gravámenes a la explotación de los recursos
  naturales (forestales, minerales, hídricos, etc.)

…Otros

4 Dividendos, fondos o activos de empresas de
servicios públicos

Servicios públicos 1

Servicios públicos 2

Servicios públicos 3

5 Donaciones

6 Producto de los préstamos

7 Ingresos devengados por bonos municipales

Nota: CE = cifras efectivas; E = cifras estimadas; P = cifras previstas.

Al completar los datos sobre los dividendos, fondos o activos de las empresas de servicios públicos, agregue el valor combinado de toda la riqueza transferida de esas empresas al municipio, si hubo alguna durante el año especificado. Esto puede incluir dinero en efectivo, tierras o equipos.

Cuadro 3   Total de gastos

En millones de la moneda local	Año N-3	Año N-2	Año N-1	Año N	Año N+1
	CE	CE	CE	E	P

I   GASTOS POR CONCEPTO DE FUNCIONES DELEGADAS

1   Educación preescolar

Salarios

Gastos de operación

Gastos de mantenimiento

(Construcción) Inversiones de capital

2　Escuela primaria y secundaria

> Salarios
>
> Gastos de operación
>
> Gastos de mantenimiento
>
> Inversiones de capital

3　Atención sanitaria

4　Asistencia social y reducción de la pobreza

5　Orden público y protección civil

> Salarios
>
> Gastos de operación
>
> Gastos de mantenimiento
>
> Inversiones de capital

6　Protección del medio ambiente

> Aguas residuales
>
> Desechos sólidos

7　Otros

II　GASTOS PROPIOS

1　Infraestructura y servicios públicos

- Gastos ordinarios

> Gastos directos
>
> Subcontratos

- Gastos de capital

> Gastos directos
>
> Subcontratos

2　Gastos sociales, culturales, recreativos

3　Desarrollo económico local

4　Vivienda social

5　Urbanización

6　Seguridad civil

7　Transferencias a entidades del gobierno local

8　Respaldo de las empresas de servicios públicos (subvenciones, donaciones o transferencias, o en especie)

> Servicios públicos 1
>
> Servicios públicos 2
>
> Servicios públicos 3

9　Reembolso de préstamos

10　Cargos por concepto de intereses

11　Garantías reclamadas (pagadas por el municipio)

En el renglón *Respaldo de las empresas de servicios públicos (subvenciones, donaciones o transferencias, o en especie)*, consigne el valor combinado total de todo el respaldo suministrado a esas empresas (por sectores o servicios) tanto en efectivo (transacciones, subvenciones) y participaciones de capital como en activos en especie (tierras, estructuras o equipos) transferidos por el municipio.

Base de datos sobre la deuda:

- Reúna datos útiles sobre los *préstamos y bonos* emitidos y suscritos que no se hayan reembolsado totalmente.

- Diferencie entre la deuda a *mediano y largo plazo* y la deuda a corto plazo (líneas de crédito y sobregiro).

- Complete el cuadro con las *cifras de amortización* de cada préstamo, que pueden usarse para nuevos análisis y proyecciones financieras.

Base de datos de inversiones de capital:

- Proporcione una cifra para el gasto en inversiones de capital, *por año* (históricas y proyectadas) y *por sector* (los sectores se pueden ajustar a fin de reflejar la política específica).

- Proporcione un *plan provisional de financiamiento* simplificado.

Potencial impositivo y recaudación de impuestos:

- El objetivo es obtener de la administración tributaria información pertinente acerca del potencial impositivo de la ciudad.

- Las partidas (impuesto sobre la propiedad, impuesto sobre las empresas, etc.) pueden ajustarse de conformidad con las disposiciones locales en materia de

---

Cuadro 4   2. Saldo de caja y atrasos

I   Saldo de caja

	Ingresos en efectivo	Pagos en efectivo	Entradas acumuladas	Salidas acumuladas	Variación neta de las existencias de efectivo
Enero					
Febrero					
Marzo					
Abril					
Mayo					
Junio					
Julio					
Agosto					
Septiembre					
Octubre					
Noviembre					
Diciembre					

II   Atrasos (obligaciones en mora de la ciudad o sus entidades)

	Año N-3	Año N-2	Año N-1	Año N
Partes interesadas públicas				
- Empresa de servicios públicos de abastecimiento de agua				
- Empresa de servicios públicos de electricidad				
- Bienestar social				
- …				
Montos por pagar por la ciudad a contratistas privados				
Deudas laborales en mora (salarios, sueldos)				

Cuadro 5   3. Base de datos de deuda

	Banco o institución	Año de suscripción del préstamo	Monto inicial	Duración	Moneda	Vencimiento	Período de gracia	Tasa de interés (fija, variable)	Tasa (%)
I DEUDA A MEDIANO Y LARGO PLAZO									
1 Représtamos (del Estado central)									
2 Préstamos directos									
- Bancos comerciales									
- Banco estatal de desarrollo									
3 Bonos municipales									
II DEUDA A CORTO PLAZO									
1 Mecanismo de financiamiento de la Tesorería del Estado									
2 Mecanismo de financiamiento de bancos comerciales									

+ gráfico de amortización para cada préstamo a mediano y largo plazo

Cuadro 6   4. Base de datos de inversiones de capital

	Año N-3	Año N-2	Año N 1	Año N	Año N+1	Año N+2	Año N+3	Año N+4
	CE	CE	CE	E	P	P	P	P

Población

Tasa de inflación (anual)

I   TOTAL DE INVERSIONES   100 %

Porcentaje de crecimiento

Inversiones delegadas   ... %
(a partir de transferencias
con fines específicos)

- Educación

- Atención sanitaria

- Vivienda

- ...

Inversiones municipales   ... %

- Rehabilitación vial

- Alumbrado público

- Adquisición de equipos para
  el manejo de residuos sólidos

- Renovación urbana

- ...

Inversiones en empresas de   ... %
servicios públicos (activos,
donaciones o transferencias
para estas empresas, o
participaciones de capital en
ellas, en efectivo o en especie)

- Abastecimiento de agua

- Aguas residuales

- Transporte

- Sistema urbano de calefacción

- Otras inversiones

II   TOTAL DE FINANCIAMIENTO

- Transferencias con fines   ... %
  específicos

- Ingresos presupuestarios   ... %
  propios

- Préstamos o bonos   ... %
  municipales

- Participaciones de capital de   ... %
  empresas de servicios
  públicos

tributación: por ejemplo, el nombre del impuesto y las reglamentaciones impositivas conexas.

- Es importante obtener información sobre el número de contribuyentes y hacer la distinción entre hogares y sociedades, especialmente en el caso de los impuestos sobre la propiedad.

Tercer paso: Marco genérico de financiamiento

Objetivo y contenido: Aunque la base de datos de cada municipio sea diferente, el marco genérico de financiamiento debe ser igual. El objetivo es poder

Cuadro 7 Potencial impositivo y recaudación de impuestos

	Año N-3		Año N-2		Año N-1		Año N	
	Número de contribuyentes	Monto	Número de contribuyentes	Monto	Número de contribuyentes	Monto	Número de contribuyentes	Monto
I IMPUESTO SOBRE LA PROPIEDAD								
Base imponible (sujeta a impuesto)								
Hogares								
Empresas								
Otras bases imponibles								
Tasa del impuesto								
Hogares								
Empresas								
Otras tasas del impuesto								
Exenciones								
Hogares								
Empresas								
Otras exenciones								
Impuestos recaudados								
Hogares								
Empresas								
Otras tasas del impuesto								
II IMPUESTO SOBRE LAS EMPRESAS								
Base imponible								
Tasa								
Exención								
Producto del impuesto recaudado								
III Derechos de desarrollo (cuasimpuestos)...								

evaluar los datos básicos de la situación financiera del municipio y establecer lo siguiente:

- La capacidad de generar ahorro para el crecimiento y superávits de operación como un medio para financiar el presupuesto de inversiones de capital: evalúe el margen o el superávit de operación y establezca cómo contribuye al autofinanciamiento del presupuesto de inversiones de capital. Esto indicará la capacidad financiera del municipio, a fin el año, para autofinanciar una parte de su presupuesto de inversiones de capital, directamente o a través de deuda adicional (empréstitos).

Gráfico 8.8   Estructura del presupuesto ordinario y del presupuesto de capital

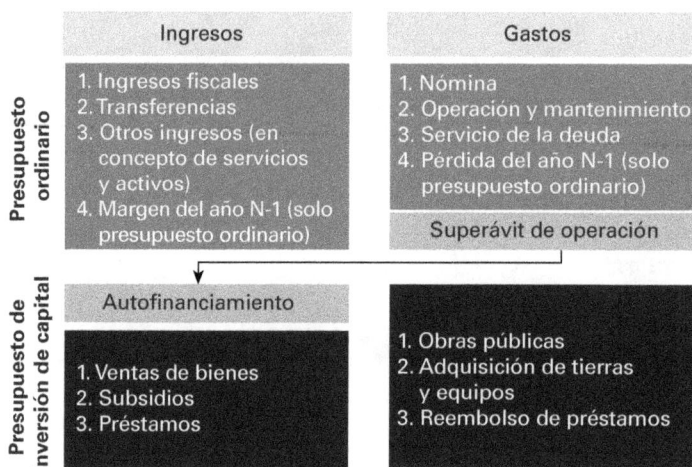

Ingresos	Gastos
Presupuesto ordinario 1. Ingresos fiscales 2. Transferencias 3. Otros ingresos (en concepto de servicios y activos) 4. Margen del año N-1 (solo presupuesto ordinario)	1. Nómina 2. Operación y mantenimiento 3. Servicio de la deuda 4. Pérdida del año N-1 (solo presupuesto ordinario)
	Superávit de operación
Presupuesto de inversión de capital Autofinanciamiento 1. Ventas de bienes 2. Subsidios 3. Préstamos	1. Obras públicas 2. Adquisición de tierras y equipos 3. Reembolso de préstamos

- Capacidad crediticia: el nivel de servicio de la deuda en relación con la solidez de la situación financiera del municipio.

- El nivel de inversiones de capital en comparación con el presupuesto operativo.

- El grado de dependencia de transferencias del gobierno del Estado.

- El superávit general a fin de año: teniendo en cuenta el superávit o el déficit general del año N-1 en el presupuesto real del año N.

El gráfico se deberá complementar con un gráfico en el que se compare el superávit o el margen de operación con los ingresos corrientes y los gastos en inversiones de capital.

Recuadro 8.8 Principales definiciones

- El *presupuesto ordinario* u operativo debe incluir los gastos y los ingresos necesarios para la operación cotidiana. Con frecuencia, se consideran preceptivos y son relativamente previsibles.

(continúa en la página siguiente)

Recuadro 8.8 *(continuación)*

- Los *ingresos corrientes* incluyen los ingresos fiscales, las transferencias del Estado o de otros niveles de gobierno y los recursos que recuperan las autoridades locales en forma de precios, tasas, derechos, tarifas, etc., generados por los activos locales pertenecientes al municipio (por ejemplo, arrendamiento de tierras y empresas e instalaciones de servicios públicos).
- Los *gastos ordinarios* incluyen principalmente los salarios (nómina con inclusión del seguro social y otros cargos conectados a la gestión del personal), gastos de funcionamiento, operación y mantenimiento, cuya identificación plantea dificultades con frecuencia debido a los subsidios pagados por las autoridades locales para ayudar a otras estructuras (asociaciones, presupuestos conexos, etc.), y el servicio de la deuda a cargo de las autoridades locales.
- Los *ingresos y gastos de capital* son operaciones que acrecientan o reducen los activos de las autoridades locales (adquisiciones o ventas, obras civiles). En la mayoría de los sistemas locales de contabilidad pública se aplica la contabilidad según registro de caja y, por lo tanto, no se incluye la depreciación o la amortización física de los activos pertenecientes al municipio. Estos son sistemas

contables administrativos. En consecuencia, los ingresos y gastos de capital se registrarán como operaciones anuales.
- Generalmente, los gastos de capital se ejecutan en el curso de más de un año (12 meses) y deben distribuirse en varios ejercicios fiscales. Los montos pueden variar de un año a otro.
- El *servicio de la deuda* debe dividirse entre el presupuesto ordinario, en concepto de intereses de préstamos, y el presupuesto de capital, en concepto de reembolso de préstamos. En un enfoque más prudente, el superávit de operación debe cubrir todo el servicio de la deuda (incluido el reembolso del principal del préstamo), como prueba de la capacidad para atender dicho servicio.
- El *presupuesto total,* o cuenta anual, puede ser equilibrado, positivo o negativo (déficit): posición neta.
- Para realizar un análisis presupuestario más preciso es necesario tener en cuenta (incluir en el informe presupuestario o adjuntar a este en forma de un anexo) los gastos que permanecen impagos y tienen como efecto un aparente superávit a fin del año; lo mismo sucede en el caso de los ingresos que se facturan o gravan pero no se recuperan durante el año.

Cuarto paso: Análisis histórico y cuadro resumen

Objetivo y contenido: Examinar el presupuesto del año anterior e identificar las tendencias y el desempeño en el nivel de los servicios públicos suministrados, la eficiencia en materia de tributación y otras cuestiones.

El objetivo es entender la manera en que está estructurado el presupuesto e identificar las principales tendencias y el modo en que se producen. El análisis se basa principalmente en el autofinanciamiento bruto (o los ahorros) calculado como la diferencia positiva entre las entradas y los gastos de operación. El autofinanciamiento permite pagar una parte de las inversiones; es un indicador fundamental de la calidad de la gestión por parte de las autoridades locales y es un tema predominante en los diálogos con los asociados financieros:

ningún asociado financiero desea que sus recursos se utilicen para financiar un déficit de operación.

Después del examen del autofinanciamiento, el análisis se centra en las características de la deuda ya asumida por las autoridades locales:

- ¿El nivel de deuda es aceptable?
- ¿Quiénes son los prestamistas?
- ¿Cuál es el costo de la deuda?
- ¿Cuánto tiempo se tardará en reembolsarla, etc.?

La capacidad de las autoridades locales para elaborar un cuadro resumen, como el que se recomienda en este manual, basado en una metodología transparente y fácil de controlar, refuerza la credibilidad de la gestión financiera por parte del municipio.

Principales productos: Deben elaborarse 10 cuadros:

- Cuadro 1: Situación financiera
- Cuadro 2: Principales fuentes de ingresos
- Cuadro 3: Potencial impositivo y recaudación de impuestos
- Cuadro 4: Previsibilidad de las transferencias y dependencia de la ciudad
- Cuadro 5: Principales partidas de gastos de operación, por categoría
- Cuadro 6: Activos municipales y gastos de mantenimiento

- Cuadro 7: Situación de la deuda
- Cuadro 8: Financiamiento del presupuesto de inversiones de capital
- Cuadro 9: Saldo de caja
- Cuadro 10: Mora

Estos cuadros y gráficos deben elaborarse a partir de la base de datos (cinco cuadros) preparada en el segundo paso. En esta etapa, no se han incorporado las vinculaciones entre los dos archivos debido a las diferencias en la presentación contable de los diversos países.

Cuadro 1   1. Situación financiera

Partidas	Cálculo	Año N-3 Cifras efectivas	Año N-2 Cifras efectivas	Año N-1 Cifras efectivas	Año N Cifras estimadas	Crecimiento medio anual	Porcentaje de la estructura
1 Total de ingresos corrientes							
2 Saldo N-1 (en caso de superávit)							
3 Ingresos corrientes del año N	(1 – 2)						
4 Gastos de operación							
5 Margen de operación	(1 – 4)						
6 Reembolso de la deuda							
7 Margen neto	(5 – 6)						
8 Gastos de capital							
9 Necesidades de financiamiento	(8 – 7)						
10 - Ingresos de capital propios							
11 - Donaciones para inversión							
12 - Préstamos	(9 – (10+11))						
13 Saldo para inversión	(8 – (7+10+11+12))						
14 Saldo de cierre total	(1+10+11+12) – (4+6+8)						

Inserte un breve resumen y comentarios sobre las principales enseñanzas derivadas de los datos sobre la situación financiera (sobre la base de razones) incluidos en el análisis de razones (quinto paso).

Cuadro 2   2. Principales fuentes de ingresos

Partidas	Cálculo	Año N-3 Cifras efectivas	Año N-2 Cifras efectivas	Año N-1 Cifras efectivas	Año N Cifras estimadas	Crecimiento medio anual	Estructura (% del total)
TOTAL DE INGRESOS CORRIENTES							
1 Transferencias del Estado	Remitirse a la base de datos						
- Coparticipación de impuestos							
- Transferencias incondicionales/donaciones							
- Transferencias operativas condicionales							
2 Ingresos propios							
- Gravámenes e impuestos locales							
- Tasas locales							
- Producto de activos locales							
3 Otros ingresos							
- Superávit A-1							
- Ingresos recibidos de empresas de servicios públicos							
TOTAL DE INGRESOS NO PERIÓDICOS							
1 Transferencias del Estado y donaciones	Remitirse a la base de datos						
- Transferencias incondicionales para fines de desarrollo							
- Transferencias condicionales para fines de desarrollo							
2 Ingresos propios							
- Venta de bienes							
- Arrendamientos a largo plazo							
3 Ingresos externos							
- Fondos de préstamos							
- Bonos municipales							
- Donaciones							
TOTAL DE INGRESOS							
1 Transferencias del Estado	Remitirse a la base de datos						
2 Ingresos propios							
3 Ingresos externos							

Inserte un breve resumen y comentarios sobre las principales enseñanzas derivadas de los datos sobre las fuentes de ingresos: analice las principales fuentes de financiamiento municipal (impuestos, transferencias, impuestos locales, etc.); evalúe los ingresos y el potencial del sistema impositivo local, y calcule los ingresos provenientes de instalaciones comerciales.

Cuadro 3   3. Potencial impositivo y análisis de resultados

Partidas	Fuente	Año N-3 Cifras efectivas	Año N-2 Cifras efectivas	Año N-1 Cifras efectivas	Año N Cifras estimadas	Creci- miento (N-2)/ (N-3)	Creci- miento (N-1)/ (N-2)
1 **Impuesto sobre la propiedad (vivienda)**							
- Número de unidades							
- Número de contribuyentes							
- Monto imponible							
- Monto recaudado							
- Tasa de recaudación							
2 **Impuesto sobre la propiedad (comercial y empresarial)**							
- Número de unidades							
- Número de contribuyentes							
- Monto imponible							
- Monto recaudado							
- Tasa de recaudación							
3 **Impuesto sobre las empresas**							
- Número de unidades							
- Número de contribuyentes							
- Monto imponible							
- Monto recaudado							
- Tasa de recaudación							
Principales contribuyentes							
Lista de los principales 10 a 50 contribuyentes							

Inserte un breve resumen y comentarios sobre las principales enseñanzas derivadas de los datos anteriores, incluido un análisis del potencial impositivo y la presión para aplicar impuestos territoriales, sobre la propiedad y sobre las empresas: a) actividad económica y potencial impositivo (potencial impositivo de los sectores modernos e informales); b) tasa de estimación; c) tasa de recaudación, en total y por categoría del impuesto pagado (concentración).

Cuadro 4   4. Previsibilidad de las transferencias y dependencia de la ciudad

Partidas	Criterios de asignación	Año N-3 Cifras efectivas	Año N-2 Cifras efectivas	Año N-1 Cifras efectivas	Año N Cifras planeadas	Crecimiento medio anual	Estructura (% del total de ingresos)
1 **Transferencias incondicionales**							
- Transferencia 1							
- Transferencia 2							
- ...							
2 **Transferencias condicionales**							
- Transferencia 1							
- Transferencia 2							
- ...							

Inserte un breve resumen y comentarios sobre las principales enseñanzas derivadas de los datos anteriores sobre previsibilidad de las transferencias y el nivel de dependencia de la ciudad: porcentaje de transferencias en comparación con los ingresos totales.

Proporcione información sobre los criterios de asignación para las transferencias, y establezca el grado al que los gobiernos locales pueden afectar el volumen que se les asignó (criterios de desempeño, en caso de haberlos).

Cuadro 5   5. Principales gastos de operación, renglones por categoría (más adecuado que la clasificación funcional)

Partidas	Año N-3 Cifras efectivas	Año N-2 Cifras efectivas	Año N-1 Cifras efectivas	Año N Cifras planeadas	Crecimiento medio anual	Estructura (% del total de ingresos)
GASTOS ORDINARIOS						
1 Nómina (incluidas las prestaciones de los empleados y conceptos varios)						
- Personal administrativo						
- Personal del departamento técnico						
- Otro tipo de personal (contratistas)						
2 Costos de operación						
- Suministros de oficina						
- Electricidad						
- Comunicaciones (teléfono, etc.)						
- Combustible y gas						
- ...						
3 Costos de mantenimiento						
...						
4 De los cuales se destinan al mantenimiento de activos del Estado						
Total						

Inserte un breve resumen acerca de las principales partidas de gastos de operación. Evalúe gastos específicos, entre otros, el mantenimiento de la infraestructura y las instalaciones.

Cuadro 6 6. Activos municipales y gastos de mantenimiento

Partidas	Inventario provisional de activos	Año N-3 Cifras efectivas	Año N-2 Cifras efectivas	Año N-1 Cifras efectivas	Año N Cifras planeadas	Crecimiento medio anual	Mecanismo de ejecución predominante (1)
Carreteras, calles							
Carreteras principales de dirección única (km)							
Calles residenciales (km)							
Total de carreteras pavimentadas (km)							
Alumbrado público (número de postes de alumbrado)							
Abastecimiento de agua, redes (km)							
Número de plantas de depuración de agua							
Red de alcantarillado (km)							
Número de plantas de tratamiento de aguas residuales							
Camiones de las instalaciones de gestión de residuos sólidos							
Residuos sólidos (estaciones de transferencia, capacidad total de los vertederos en toneladas por día)							
Otros equipos y obras de infraestructura pública (parques, cementerios, estacionamientos y garajes, etc.) (m^2)							
Instalaciones educativas (número de aulas o m^2)							
Instalaciones de salud (m^2)							
Instalaciones administrativas (m^2)							
Instalaciones culturales (m^2)							
Instalaciones deportivas (m^2)							
Instalaciones comerciales (m^2)							
Instalaciones ambientales							
Viviendas públicas (número de departamentos y demás unidades, m^2)							
Patrimonio cultural							
Terrenos municipales baldíos (hectáreas)							

(1) directo por personal municipal, por contratistas, por los residentes…

Inserte un breve resumen acerca de la composición y la gestión de los activos, en particular si existen viviendas sociales y terrenos públicos. Proporcione una breve descripción de la manera en que se llevan a cabo las actividades de mantenimiento: directamente por personal municipal, por empresas municipales, por contratistas privados y por los propios residentes.

No se requiere información sobre la valuación de los activos debido a la complejidad del cálculo. Si el municipio ya ha llevado a cabo una evaluación de sus activos, incluya los principales resultados y análisis.

Cuadro 7   7. Situación de la deuda

Partidas	Donantes/bancos y condiciones	Año N-3 Cifras efectivas	Año N-2 Cifras efectivas	Año N-1 Cifras efectivas	Año N Cifras planeadas
Préstamo 1					
- Monto pendiente de reembolso					
- Reembolso de capital					
- Intereses					
Préstamo 2					
- Monto pendiente de reembolso					
- Reembolso de capital					
- Intereses					
Préstamo 3					
- Monto pendiente de reembolso					
- Reembolso de capital					
- Intereses					
Bonos municipales					
- Monto pendiente de reembolso					
- Reembolso de capital					
- Intereses					
Línea de crédito en efectivo (corto plazo)					
…Préstamo					
Sobregiro					
Crédito de proveedores					

Inserte un breve resumen de la deuda existente del municipio: a) número de préstamos u otro tipo de financiamiento externo, b) perfil de estos préstamos, y c) contribución al servicio anual de la deuda. Los cuadros de amortización serán útiles para realizar proyecciones para los siguientes 5 a 10 años.

Cuadro 8   8. Financiamiento de las inversiones de capital

Partidas	Año N-3 Cifras efectivas	Año N-2 Cifras efectivas	Año N-1 Cifras efectivas	Año N Cifras planeadas	Creci-miento medio anual	Estructura (% del total de ingresos)
Total de costos de las inversiones de capital						
- Obras civiles						
- Adquisición de equipos						
- Otras inversiones de capital						
Financiamiento						
- Transferencias del Estado						
- Ingresos por concepto de inversiones (ventas de activos, etc.)						
- Autofinanciamiento (A1 o -1)						
- Préstamos						

Inserte un breve resumen acerca de la estructura del presupuesto de capital del municipio y su financiamiento.

Cuadro 9   9. Saldo de caja

	Entradas	Cifras acumuladas	Salidas	Cifras acumuladas	Saldo
Enero					
Febrero					
Marzo					
Abril					
Mayo					
Junio					
Julio					
Agosto					
September					
Octubre					
Noviembre					
Diciembre					

Gráfico

Inserte un breve resumen sobre el saldo de caja a fin de año y sobre el flujo mensual de caja. Incluya las dificultades que pudieran haberse planteado durante el año en relación con las fluctuaciones entre las tasas mensuales de ingreso de fondos (por ejemplo, la tasa de pago de transferencias o la tasa de recaudación de impuestos) y las tasas de salida de fondos. Si corresponde, mencione cualquier acuerdo concreto con la Tesorería o los bancos (línea de crédito).

Cuadro 10   10. Mora

	Partidas	Cálculo	Año N-3 Cifras efectivas	Año N-2 Cifras efectivas	Año N-1 Cifras efectivas	Año N Cifras planeadas	Crecimiento medio anual	Porcentaje de salidas en inversiones corrientes y de capital
PRESUPUESTO ORDINARIO								
Energía	-							
Materiales	-							
Sueldos u otros costos de la mano de obra	-							
Aportes a la seguridad social								
PRESUPUESTO DE CAPITAL								
Instituciones públicas	-							
Entidades privadas	-							
TOTAL								

Inserte un breve resumen respecto de las facturas impagas y los montos comprometidos del municipio; haga una distinción entre los gastos ordinarios y los gastos de capital. En el análisis también se puede marcar la diferencia entre la deuda o los atrasos institucionales y los montos por pagar a contratistas privados.

Quinto paso: Análisis de razones

Objetivo y contenido: El objetivo del análisis de razones consiste en crear valores de referencia de las finanzas municipales para fines internos (tablero de mando de la gestión financiera), así como para fines de comparación regional.

Las siguientes razones y valores de referencia se basan en las normas internacionales usadas en los países de Europa occidental y en Estados Unidos.

La participación en la AEFM ayudará a cada municipio a entender mejor su situación en comparación con la de otros municipios de la región y del mundo y también pondrá de relieve sus posibilidades y sus deficiencias principales. Los cuadros del análisis de razones pueden completarse vinculando los casilleros pertinentes a los cuadros del análisis histórico.

Es importante trabajar en estrecha colaboración con el Ministerio de Finanzas para publicar anualmente esas razones a nivel nacional para todos los municipios como un instrumento para la comparación y la autosuperación.

Se recomienda hacer referencia a las razones que ya usa el Ministerio de Finanzas o el Ministerio del Interior, o inclusive a las razones calculadas por asociaciones regionales de gobiernos locales.

Por último, si bien en esta etapa no se sugiere el uso de razones que comparan el desempeño de las finanzas municipales con el PIB, podría ser útil incorporarlas si se dispone de datos sobre el PIB local. La siguiente comparación es habitual a nivel nacional: ponderación de los gastos locales y los impuestos locales/PIB.

Quinto paso: Análisis de razones (tablero de mando de las finanzas municipales)

Criterios	Indicador (definición)	Objetivo	Índice comparativo (valor de referencia)	Índice municipal			Gráfico con indicación del valor de referencia (en lo posible)
				Año N-3	Año N-2	Año N-1	
RAZÓN DE ACCIONES							
Capacidad crediticia							
	Ahorros de operación antes de deducir los intereses/ingresos efectivos corrientes	El gobierno local tiene capacidad para contraer empréstitos y para invertir	> 0,3				Gráfico con indicación del valor de referencia en lo posible
	Superávit de operación neto (una vez deducido el servicio de la deuda incluido el reembolso de capital)/ingresos efectivos corrientes	El gobierno local tiene capacidad para contraer más empréstitos	> 0,2				Gráfico con indicación del valor de referencia en lo posible
	Efectivo (fin de año)/pasivo corriente (dividido por 365 días)	Capacidad del gobierno local para cumplir con sus obligaciones a corto plazo	90 días				Gráfico con indicación del valor de referencia en lo posible
Deuda							
	Deuda pendiente/superávit de operación (capacidad para liquidar su deuda)	Capacidad del gobierno local para liquidar su deuda con el superávit de operación	< 10 años				Gráfico con indicación del valor de referencia en lo posible
	Servicio de la deuda/total de ingresos corrientes	La carga de la deuda anual es correcta con respecto a los ingresos corrientes	< 10 %				Gráfico con indicación del valor de referencia en lo posible
Autonomía fiscal							
	Ingresos fiscales propios + transferencias incondicionales/ingresos efectivos corrientes	El gobierno local tiene la capacidad para aumentar sus ingresos	> 80 %				Gráfico con indicación del valor de referencia en lo posible
	Presión fiscal (ingresos fiscales/potencial de recaudación fiscal)		< 70 %				

Indicador	Valor	Interpretación	Gráfico
Esfuerzo de inversión de capital			
Gastos de inversión de capital/ ingresos efectivos corrientes	> 40 %	El gobierno local está a favor de los gastos de desarrollo	Gráfico con indicación del valor de referencia en lo posible
Gastos de inversión de capital delegados por el Estado/total de gastos de inversión	> 50 %	Las funciones del gobierno local aún son deficientes	Gráfico con indicación del valor de referencia en lo posible
Nivel de servicio			
Gastos en obras de mantenimiento/gastos de operación	> 30 %	El gobierno local tiene activos fijos importantes que mantener con carácter prioritario	Gráfico con indicación del valor de referencia en lo posible
Otros criterios			
Número total de empleados municipales/población	> 25 empleados por cada 1000 habitantes	El gobierno local tiene limitaciones para financiar el mantenimiento y las inversiones de capital	Gráfico con indicación del valor de referencia en lo posible
Sueldos y salarios/gastos efectivos de operación	> 40 %		Gráfico con indicación del valor de referencia en lo posible
Ingresos efectivos/ingresos estimados	> 95 %	El gobierno local tiene buena visibilidad y el presupuesto es confiable	Gráfico con indicación del valor de referencia en lo posible
Monto de atrasos/efectivo neto (fin de año)	> 1	El gobierno local acumula deuda a corto plazo y reduce su credibilidad frente a los contratistas	Gráfico con indicación del valor de referencia en lo posible

(continúa en la página siguiente)

Criterios	Indicador (definición)	Objetivo	Índice comparativo (valor de referencia)	Índice municipal			Gráfico con indicación del valor de referencia (en lo posible)
				Año N-3	Año N-2	Año N-1	
RAZÓN DE FLUJO							
1	Razón de margen: Total de recursos financieros (efectivo)/ total de obligaciones financieras (pagos + atrasos)	La ciudad vive o no con sus medios financieros	1,02				Gráfico con indicación del valor de referencia en lo posible
RAZÓN DE COMPARACIÓN							
	Total de ingresos/cápita	Comparación con un gobierno local del mismo tamaño en el país o en el extranjero (UE): lista por establecer					Gráfico con indicación del valor de referencia en lo posible
	Total de gastos/cápita						
	Ingresos efectivos corrientes/cápita						
	Deuda pendiente/cápita						
	Gastos de inversión de capital/cápita						

Inserte un breve resumen acerca de las enseñanzas derivadas del análisis de razones.

Sexto paso: Proyecciones financieras

Objetivo y contenido: Las proyecciones financieras para un período de cinco años son útiles para llevar a cabo un examen de la situación financiera del municipio poniendo el acento en la capacidad crediticia. El principal objetivo es demostrar el impacto de las decisiones en materia de política (gastos, empréstitos, presión fiscal, etc.) y los supuestos subyacentes sobre la situación financiera del municipio. Generalmente, se comprueban varios conjuntos de supuestos y escenarios: proyecciones basadas en las tendencias pasadas y que también tienen en cuenta los cambios significativos. La metodología debe adaptarse a la magnitud del municipio y los problemas que afronta en la actualidad, como determinados programas de futuras inversiones, situaciones de deuda concretas que deben abordarse y otras cuestiones.

Los siguientes cuadros proporcionan un marco preliminar y simplificado para las proyecciones. Inserte un breve resumen acerca de las enseñanzas derivadas de los resultados preliminares obtenidos.

Sexto paso: Proyecciones financieras a cinco años

En moneda corriente

Partidas	Tendencias de los últimos 3 años	Principales supuestos	Índice	Cálculo específico	Año N-1	Año N	Año N+1	Año N+2	Año N+3	Año N+4	Año N+5
					Cifras efectivas	Cifras estimadas	Proyección	Proyección	Proyección	Proyección	Proyección
A TOTAL DE INGRESOS CORRIENTES											
Ingresos fiscales propios											
- Impuestos sobre la propiedad											
- Impuesto sobre las empresas											
- Otros ingresos (derechos de desarrollo)											
Transferencias del Estado											
- Coparticipación de impuestos											
- Transferencias incondicionales											
- Transferencias condicionales											
Otros ingresos											
- Renta de activos, intereses											

B TOTAL DE GASTOS DE OPERACIÓN

Nómina (incluidas las prestaciones de los empleados y conceptos varios)

- Personal administrativo

- Personal del departamento técnico

- Otro tipo de personal (específicamente...)

Costos de operación

- Suministros de oficina

- Electricidad

- Comunicaciones (teléfono, etc.)

- Combustibles y gas

- Costos de mantenimiento

- Otros

(continúa en la página siguiente)

Partidas	Tendencias de los últimos 3 años	Principales supuestos	Índice	Cálculo específico	Año N-1 Cifras efectivas	Año N Cifras estimadas	Año N+1 Proyección	Año N+2 Proyección	Año N+3 Proyección	Año N+4 Proyección	Año N+5 Proyección
C AHORROS BRUTOS DE OPERACIÓN (A - B)											
D SERVICIO DE LA DEUDA											
Deuda existente											
- Cargos por concepto de intereses											
- Reembolso de préstamos											
Deuda nueva (préstamos > año N-1)											
- Cargos por concepto de intereses											
- Reembolso de préstamos											
Total de servicio de la deuda											
- Cargos por concepto de intereses											
- Reembolso de préstamos											
E AHORROS NETOS (C - D)											
F GASTOS DE CAPITAL											
G FINANCIAMIENTO DE INVERSIONES (F - E)											
Transferencias para inversión											
Ingresos de capital propios, excluido el superávit de operación											
Préstamos											
H BALANCE GENERAL DE CIERRE (FLUJO DE CAJA) (A+G)–(B+D+F)											

Séptimo paso: Evaluación de la gestión financiera

Objetivo y contenido: El objetivo es evaluar el grado de solidez de la gestión financiera del municipio.

Un municipio que tiene una buena situación financiera puede tener una gestión financiera deficiente; de igual modo, un municipio que tiene poca capacidad financiera puede tener un sistema adecuado de gestión financiera.

Esta sección se basa en la metodología del Programa de Gasto Público y Rendición de Cuentas (PEFA), elaborada también por el Banco Mundial, y se proporciona una lista de comprobación de seis indicadores clave de una gestión financiera racional.

Inserte comentarios sobre los diversos elementos y proponga medidas concretas para mejorarlos.

Evaluación de la gestión financiera

	Disciplina fiscal agregada	Asignación estratégica de recursos	Prestación eficiente de servicios
1. Credibilidad del presupuesto	Previsiones excesivamente optimistas del ingreso fiscal; subpresupuestación de gastos no discrecionales; incumplimientos en materia de ejecución presupuestaria.	Insuficiencia de ingresos; subestimación del costo de prioridades de políticas; incumplimiento de normas de uso de recursos.	Eficiencia de los recursos utilizados en el nivel de prestación de servicios; intercambios de categorías de gastos que reflejen preferencias personales, en lugar de encaminarse a una prestación más eficiente de los servicios.
2. Exhaustividad y transparencia	Es improbable que las actividades cuya gestión e información no se realicen a través de adecuados procesos presupuestarios estén sujetas al mismo tipo de examen y controles (incluso de los mercados financieros) que las operaciones previstas en el presupuesto.	Fondos extrapresupuestarios; afectación específica de algunos ingresos fiscales a determinados programas...; limita la capacidad del poder legislativo, la sociedad civil y los medios de difusión para evaluar en qué medida el gobierno hace efectivas sus prioridades de políticas.	Falta de exhaustividad; aumento del derroche de recursos; detrimento de la prestación de servicios; reduce la competencia en el proceso de examen de la eficiencia y eficacia de los diferentes programas y sus insumos; puede facilitar el surgimiento de prácticas de clientelismo o corrupción.
3. Presupuestación basada en políticas	Proceso de planificación deficiente; no adhesión al marco fiscal y macroeconómico; puede dar lugar a políticas insostenibles.	Proceso de asignación del presupuesto general de recursos acorde a las prioridades del gobierno local; presupuesto anual demasiado escaso como para introducir cambios importantes en los gastos; subestimación sistemática de los costos de la nueva política.	La falta de una perspectiva plurianual puede contribuir a una planificación inadecuada de los costos ordinarios de las decisiones sobre inversiones y del financiamiento de las adquisiciones plurianuales.
4. Previsibilidad y control de la ejecución del presupuesto	Impacto en la gestión fiscal; política de la deuda inadecuada; exceso de gastos	Reasignaciones planeadas; gastos autorizados; pagos fraudulentos.	Planificar y usar los recursos de manera oportuna y eficiente; prácticas competitivas en los procesos de licitación; control de las nóminas.

(continúa en la página siguiente)

| 5. Contabilidad, registro y presentación de informes | Para permitir la gestión con miras a la sostenibilidad fiscal a largo plazo y la accesibilidad de las políticas: información oportuna y adecuada sobre previsiones y recaudación del ingreso fiscal; niveles de liquidez y corrientes de gastos existentes; niveles de deuda, garantías; pasivos contingentes y costos futuros de los programas de inversión. | La información periódica sobre la ejecución del presupuesto permite realizar el seguimiento del uso de los recursos, pero también facilita la identificación de obstáculos y problemas que pueden conducir a cambios importantes en la ejecución del presupuesto. | Un nivel inadecuado de información y registro reduciría la disponibilidad de pruebas necesarias para una eficaz auditoría y supervisión del uso de los fondos y podría dar cabida a filtraciones de recursos, prácticas de corrupción en materia de adquisiciones y uso no previsto de recursos. |
| 6. Verificación y auditoría externas | Considerar las cuestiones de sostenibilidad fiscal a largo plazo y la adhesión a sus metas. | Presión sobre el gobierno local para que asigne los recursos presupuestarios y ejecute el presupuesto conforme a las políticas que ha enunciado. | El gobierno local es responsable por la administración eficiente de los recursos, basada en normas, a falta de la cual es probable que disminuya el valor de los servicios. La contabilidad y el uso de los fondos están sujetos a examen y verificación minuciosos. |

Séptimo paso: Evaluación de la gestión financiera

Criterios	Indicador	Indicador
A. Credibilidad del presupuesto		
	Gasto agregado en comparación con el presupuesto original aprobado	
	Composición del gasto en comparación con el presupuesto original aprobado	
	Ingresos agregados en comparación con el presupuesto original aprobado	
	Saldo y seguimiento de los atrasos de pagos de gastos	
B. Exhaustividad y transparencia		
	Clasificación del presupuesto	
	Exhaustividad de la información incluida en la documentación presupuestaria	
	Magnitud de las operaciones no declaradas del gobierno	
	Transparencia de las relaciones fiscales intergubernamentales	
	Supervisión del riesgo fiscal agregado provocado por otras entidades del sector público	
	Acceso del público a información fiscal clave	

C. Ciclo presupuestario

Presupuestación basada en políticas

Carácter ordenado y participativo del proceso presupuestario anual

Perspectiva plurianual en materia de planificación fiscal, política del gasto y presupuestación

Previsibilidad y control de la ejecución del presupuesto

Transparencia de las obligaciones y pasivos del contribuyente

Eficacia de las medidas de registro de contribuyentes y estimación de la base impositiva

Eficacia en materia de recaudación de impuestos

Previsibilidad en cuanto a disponibilidad de fondos para comprometer gastos

Registro y gestión de los saldos de caja, deuda y garantía

Eficacia de los controles de la nómina

Competencia, precio razonable y controles en materia de adquisiciones

Eficacia de los controles internos del gasto no salarial

Eficacia de la auditoría interna

Contabilidad, registro e información

Oportunidad y periodicidad de la conciliación de cuentas

Disponibilidad de información sobre los recursos recibidos por las unidades de prestación de servicios

Calidad y puntualidad de los informes presupuestarios del ejercicio en curso

Calidad y puntualidad de los estados financieros anuales

Verificación y auditoría externas

Alcance, naturaleza y seguimiento de la auditoría externa

Examen de la ley de presupuesto anual por parte del consejo municipal

Examen de los informes de los auditores externos por parte del consejo municipal

D. Prácticas de donantes

Previsibilidad del apoyo directo al presupuesto

Información financiera proporcionada por los donantes para la presupuestación y presentación de informes acerca de la ayuda para proyectos y programas

Proporción de la ayuda administrada mediante el uso de procedimientos nacionales

Previsibilidad de las transferencias de un nivel superior de gobierno

Octavo paso: Plan de mejora de las finanzas municipales

Objetivo y contenido: El objetivo es traducir las enseñanzas derivadas de los diversos pasos de la AEFM en un número limitado de acciones para mejorar la situación financiera y la gestión financiera del municipio. La siguiente plantilla indica en forma muy preliminar e incompleta qué acciones pueden incluirse y, en consecuencia, debe ampliarse teniendo en cuenta los resultados de la AEFM. El municipio tiene total libertad para incluir cualquier acción que considere prioritaria. También se pueden incluir acciones que no están totalmente bajo el control del municipio si son parte de las reformas del Estado que son objeto de análisis en ese momento o si están incluidas en el programa vigente de las asociaciones nacionales de gobiernos locales. En otras palabras, deben contar con un cierto grado de aceptación para su efectiva implementación y deben indicar en términos precisos qué se espera del gobierno central.

El plan de mejora de las finanzas municipales puede dividirse del siguiente modo:

– Acciones a corto plazo: un año.

– Acciones a mediano plazo (uno a tres años).

En todas las acciones se debe incluir una descripción específica de aquello que debe hacerse y por qué; metas cuantificadas, cuando corresponda, y un calendario, y debe indicarse cómo se llevarán a cabo y quién lo hará. También debe indicarse si tienen, o no, un costo.

Objetivo 1: Mejorar la situación financiera del municipio

Objetivo específico	Partidas	Acción prioritaria	Resultado previsto	Plan corto plazo/largo plazo CP/LP	Estimación de costos, en su caso	Entidad/ persona responsable
Acción bajo control del Estado						
Aumento de la autonomía fiscal	*Reemplazar las transferencias condicionales con transferencias incondicionales o participación en los impuestos*					
	Dar más flexibilidad en la política tributaria local					
...						
Acción para implementar a nivel del gobierno local						
Aumento de la autonomía fiscal	*Aumentar la recaudación impositiva local*					
	Reconsiderar la tasa de impuestos sobre la propiedad para los hogares					
...						

Objetivo 2: Mejorar la gestión financiera del municipio

Objetivo específico	Partidas	Acción prioritaria	Resultado previsto	Plan corto plazo/largo plazo CP/LP	Estimación de costos, en su caso	Entidad/ persona responsable
Credibilidad del presupuesto	*Mejorar la confiabilidad de las previsiones*					
Presupuestación basada en políticas	*Mejorar el análisis de costos del gasto principal*					
Mejora de la ejecución del presupuesto	*Mejorar el control del gasto*	Por ejemplo, licitación pública, contratos de resultados				

Notas

1. Con la salvedad del impuesto sobre la propiedad, la mayoría de los ingresos de los presupuestos locales provienen de impuestos distribuidos por el estado o inclusive por el gobierno nacional en forma de coparticipación de impuestos o transferencias.

2. Para obtener más información sobre la eficacia de la medición del desempeño en los municipios y condados de Estados Unidos, véanse los modelos de medición del desempeño que utilizan los gobiernos locales. Véase, también, Melker y Willoughby, 2005.

3. Cabe señalar, sin embargo, las iniciativas estatales o provinciales para establecer algunas normas a través de un programa obligatorio de medición del desempeño municipal con el objetivo de normalizar la recopilación de datos y generar valores de referencia y, potencialmente, comparaciones. En cuanto a esta última cuestión, se requiere mucha prudencia debido a los numerosos factores externos que influyen en los resultados, que incluyen, entre otros, la geografía, la población, las prioridades de la comunidad, las formas organizativas, las prácticas contables y de presentación de informes y la antigüedad de la infraestructura.

4. La primera medida tomada en el marco de las reformas de descentralización implementadas en Francia, por ejemplo, fue la derogación del control previo de las decisiones adoptadas por los consejos municipales. Sin embargo, las cuentas financieras del sector público están consolidadas (gobierno central y gobiernos locales) y en conjunto contribuyen al cálculo de las razones de desempeño económico del país. En consecuencia, se asigna especial importancia al resultado de las cuentas y al nivel de deuda como principales indicadores de riesgos. En Francia, el cálculo está respaldado por el sistema nacional de tesorería y por el principio de unidad de las transacciones de caja. Por lo general, la presión fiscal también se determina sobre la base de un análisis consolidado que incluye los impuestos nacionales y locales.

5. Los consejos municipales tienen total libertad para decidir el uso de los recursos proporcionados en el presupuesto. Este principio básico de autonomía municipal está reforzado por el sistema de financiamiento cuando más del 50 % de los ingresos del municipio se recuperan localmente a través de impuestos locales.

Bibliografía

Abers, R. 2001. "Learning Democratic Practice: Distributing Government Resources through Popular Participation in Porto Alegre, Brazil." In *The Challenge of Urban Government: Policies and Practices*, edited by M. Freire and R. Stren, 129–43. Washington, DC: World Bank Institute.

ADM (l'Agence de Développement Municipal). 2008. *Guide de Ratios* 2008–2011. Senegal: l'Agence de Développement Municipal.

Agence Française de Notation. 2010. *Rapport de l'Observatoire des Finances Locales*. Paris: Agence Française de Notation.

Ammons, D. N. 2001. *Municipal Benchmarks: Assessing Local Performances and Establishing Community Standards*. Thousand Oaks, CA: Sage Publications Inc.

Boyle R. 2004. "Assessment of Performance Reports: A Comparative Perspective." In *Quality Matters: Seeking Confidence in Evaluation, Auditing and Performance Reporting*, edited by R. Schwartz and J. Mayne,. New Brunswick, N.J.: Transaction Publishers.

Epstein, P. D. 1984. *Using Performance Measurement in Local Government: A Guide to Improving Decisions, Performance and Accountability, with Case Examples Contributed by 23 Government Officials from across the Country*. Council on Municipal Performance Series. New York: Van Nostrand Reinhold.

Farvacque-Vitkovic C., A. Sinet, and L. Godin. *Municipal Self-Assessments, A Handbook for Local Governments*. World Bank publication (forthcoming).

Farvacque-Vitkovic C., A. Sinet, and S. Palmeuther, T. Nikolic, 2014. *Improving Local Governments Capacity, The Experience of Municipal Finances Self-Assessment (MFSA) in South East Europe*. World Bank publication.

Farvacque-Vitkovic C. and S. Palmeuther. 2014: *Improving Local Governments Capacity, City to City Dialogues on Municipal Finances, Urban Planning and Land Management in South East Europe*. World Bank publication (forthcoming).

GASB (Governmental Accounting Standards Board). 1997. "Analysis of State and Local Government Performance Measurement Applications." http://www.seagov.org.

Goldsmith, W.W., and C. B. Vainer. 2001. "Participatory Budgeting and Power Politics in Porto Alegre." *Land Lines* 13 (1):

Hatry, H., and D. Fisk. 1971. "Improving Productivity and Productivity Measurement." In *Local Governments*. Washington, DC: Urban Institute Press and National Commission on Productivity.

Hatry H., D. Fisk, M. D. Kimmel, and H. Blair. 1988. *Program Analysis for State and Local Governments*. 2nd ed. Lanham, MD: University Press of America.

International Centre for Local Credit. 2008. International Survey on the Impact of the Financial Crisis on the Public Finances (conducted October 2008–July 2009).

Josifov G., C. Pamfil, and R. Comsa. 2011. *Guidelines on Local Government Borrowing and Recent Developments in South East Europe*. Skopje, Macedonia: Network of Associations of Local Authorities of South-East Europe (NALAS).

Melker, S. J., and K. Willoughby. 2005. "Models of Performance-Measurement Use in Local Governments: Understanding Budgeting Communication and Lasting Effects." *Public Administration Review* 65 (2).

MIAC (Ministry of Internal Affairs and Communication). 2011. "White Paper on Local Public Finance." Tokyo: Ministry of Internal Affairs and Communication.

NALAS. 2011. Report on Fiscal Decentralization Indicators in South East Europe.

Paulais T. 2009. *Local Governments and the Financial Crisis: An Analysis*. Washington, DC: Cities Alliance and Agence Française de Développement.

Poister, H. T., and C. Streib. 1999. "Performance Measurement in Municipal Government:

Assessing the State of the Practice." *Public Administration Review* 59: 325–35.

Ridley, Clarence E., and Simon A. Herbert. 1938. *Measuring Municipal Activities: A Survey of Suggested Criteria and Reporting Forms for Appraising Administration.* Chicago: International City Managers' Association.

Rubinoff D., A. Bellefleur, and M. Crisafulli. 2008. "Regional and Local Governments outside the US."

Moody's International Public Finance. http://www.moodys.com.

Serageldin, M., D. Jones, F. Vigier, and E. Solloso. 2008. *Municipal Financing and Urban Development.* Human Settlements Global Dialogue Series 3. New York: UN-Habitat.

Williams, Daniel W. 2004. "Evolution of Performance Measurement until 1930." *Administration and Society* 36 (2): 131–65.

Lecturas adicionales: Capítulo 8

Sobre la medición del desempeño

All American City: History. 2004. http://www.ncl.org/aac/information/history.html.

Allecian, S., and Foucher, D. 1994. *Guide du Management dans le Service Public*. Paris: Editions d'Organisations.

Allegre, H., and Mouterde, F. 1989. *Le Contrôle de Gestion dans les Collectivités Locales: Méthodes, Outils, Tableaux de Bord*. Paris: Editions du Moniteur.

Ammons, D. N., C. Coe, and M. Lombardo. 2000. "Performance Comparison Projects in Local Governments: Participants' Perspective." *Public Administration Review* 61: 89–99.

Ammons, D. N. 1994. "The Role of Professional Associations in Establishing and Promoting Performance Standards for Local Government." *Public Productivity and Management Review* 17: 281–98.

Anthony, R. N. 1965. *Planning and Control System, A Framework for Analysis*. Division or Research, Harvard Business School (180 p).

Arrow, K. J. 1997. *Choix collectifs et Préférences Individuelles (traduction française de Social Choice and Individual Value, 1951)*. Diderot Editeur, Paris.

Bessire, D. 1999. "Définir la Performance." *Comptabilité Contrôle Audit* 5 (1): 416–24.

Bouquin, H. 1991. *Le Contrôle de Gestion*. Paris: PUF.

Bourguignon, A. 2000. "Performance et contrôle de gestion." In *Encyclopédie comptabilité contrôle Audit*. 931–41. Paris: Economica.

Bruder, K. A., and Gray, E. M. 1994. "Public Sector Benchmarking: A Practical Approach." *Public Management* 76: S9–S14.

Brule, J. 1997. "Contribution à l'Elaboration d'un Contrôle de Gestion dans les Collectivités Locales." Thèse de Doctorat en Sciences de Gestion, CENAM, Paris (344 p).

Carles, J. 1999. *Management Stratégique et Renouveau du Projet Politique*. La lettre du cadre territorial (400 p).

Coe, C. 1999. "Local Government Benchmarking: Lessons from Two Major Multi-Government Efforts." *Public Administration Review* 59: 110–23.

Crowel, A., and S. Sokol. 1993. "Playing in the Gray: Quality of Life and the Municipal Bond Rating Game." *Public Management* 75: 2–6.

Demeestere, R. 2002. *Le Contrôle de Gestion dans le Secteur Public. Paris LGDJ* (196 p).

Downs, A. 1957. *An Economic Theory of democracy*. New York: Harper.

Victor, D. A., and K. Kaiser. *Sub-National Performance Monitoring Systems – Issues and options for higher levels of Government*.

Dupuis, F., and Thoening, J. C. 1985. *L'Administration en Miettes*. Paris Ed. Fayard (316 p).

Gibert, P. 1980. *Le Contrôle de Gestion dans les Organisations Publiques*. Editions d'organisations, Paris.

Grizzle, G. A. 1987. "Linking Performance to Funding Decisions: What is the Budgeter's Role." *Public Productivity Review* 10: 33–44.

Guenguant, A. 1995. "Equilibre Budgétaire et Diagnostic Financier Global." *In Analyse Financière des Collectivités Locales*. Paris: PUF.

Hofstede, G. 1981. "Management Control of Public and Not-For-Profit Activities." *Accounting, Organizations and society* 6(3): 193–211.

ICMA (International City/County Management Association). www.icma.org.

Jensen, M. C., and W. H. Meckling. 1976. "Theory of the Firm: Managerial Behavior, Agency Costs and Ownership Structure. *Journal of Financial Economics* 3 (October): 305–60.

Joncour, Y. 1993. "Moderniser la gestion et les financements publics: des priorités à contresens." *Pol et Management* 2 (June).

Morin, E. M., A. Savoie, and G. Beaudin. 1994. *L'Efficacité Organisationnelle: Théories, Représentations et Mesures*. Gaétan Morin Editeur, Québec.

Kaplan, R., and Norton, D. 1998. *Le tableau de bord prospectif*. Paris: les éditions d'organisations.

Kaplan, R., and Norton, D. 2004. *Strategy Maps: Converting Intangible Assets into Tangible Outcomes*. Harvard Business School Press.

Duff, R. L., and J.-C. Papillon. 1988. Gestion Publique. Editions d'organisations, Vuibert, Paris.

Lorino, P. 2003. *Méthodes et Pratiques de la Performance. Le Pilotage par les Processus et les Compétences*. Les Editions d'Organisations, Paris.

Meyssonier, F. 1992. *Stratégie et Style de Contrôle de Gestion dans les Communes*. 13ème Congrès de l'AFC Bordeaux mai (31 p).

Morin, E., M. Guindon, E. Boulianne. 1996. *Les Indicateurs de Performance*. Editeur Guérin Montréal.

Performance des Services Publics Locaux. 1989. *Colloque Paris IX 24 avril 1989*. Litec, Paris.

Poincelot, E., and Wegmann, G. 2007. "What Are the Motives of the Managers Using Non-Financial Indicators: An Empirical Study." Working Papers, FARGO (Research Center in Finance, Organizational Architecture and Network).

Poister, H. T. 2003. *Measuring Performance in Public and Nonprofit Organizations*. John Wiley & Sons–Jossey-Bass.

Rey, J. P. 1991. *Le Contrôle de Gestion des Services Publics Communaux*. Editions Dunod.

Roussarie, O. 1994. "Les Outils de Contrôle de Gestion Utilisés dans les Services Publics Urbains." Thèse de Doctorat Sciences de Gestion, Université de Poitiers.

Schmitt, D. 1988. "Le Contrôle Budgétaire Interne." *Politiques et Management* 3 (September).

Thiebout, C. M. 1956. "A Pure Theory of Local Expenditures." *Journal of political Economy* 64 (October): 416–24.

UN-Habitat. 2009. *Guide To Municipal Finance*. UN-Habitat.

Manuales de autoevaluación

Almy, R. R., R. J. Gloudemans, and G. E. Thimgan. 1991. *Assessment Practices: Self-Evaluation Guide*. Chicago: International Association of Assessing Officers.

Shah, A. 2007. *Local Budgeting, Public Sector Governance and Accountability Series*. The World Bank. http://www.worldbankinfoshop.org/ecommerce/catalog/product?item_id=6355058.

Fund for Moroccan Township Facilities and Infrastructure. (Fonds d'Equipement Communal du Maroc). 2008. *Handbook for Participatory Planning in Local Development*. DGCL, Ministry of Interior. www.fec.org.ma.

Groupe de Travail Financement des Investissements des Collectivités Locales. 2005. *Financer les Investissements des Villes en Développement—Notes & Douments nº23—*Agence Française de Développement. http://www.afd.fr/jahia/webdav/site/myjahiasite/users/administrateur/public/publications/notesetdocuments/ND-24.pdf.

Groves, S. M., and M. G. Valente. 2003. *Evaluating Financial Condition: A Handbook for Local Government.* Washington, DC: International City/County Management Association.

Hatry, H. P., D. Fisk, E. R. Winnie. 1973. *Practical Program Evaluation for State and Local Government Officials.* Urban Institute Press.

Partenariat Pour le Développement Municipal, L'Emprunt des Collectivités Locales D'Afrique Sub-Saharienne (PDM). 2008. *Revue Africaine des Finances Locales.* juin. http://www.pdm-net.org/PDM_final_130608_web.pdf.

SNV Mali (Organisation Néerlandaise de Développement). 2004. *Outil d'Auto-évaluation des Performances des Collectivités Territoriales.* MATCL SNV Helvetas. http://www.snvmali.org/publications/outilautoeval.pdf.

Southwestern Pennsylvania Regional Planning Commission. 1990. *Standards for Effective Local Governments: A Workbook for Performance Assessment.* Pittsburgh, PA.

El camino a seguir

Catherine Farvacque-Vitkovic

La tarea de poner en orden las finanzas municipales es formidable, aunque puede llevarse a buen término. No cabe duda de que el mundo se está volviendo más complejo. Los funcionarios municipales no solo encaran las actividades cotidianas que entraña la administración de una ciudad, sino que cada vez más tienen que abordar cuestiones de inclusión social, desarrollo económico local, creación de empleo, delitos y violencia, cambio climático, inundaciones, sequías, desastres naturales y desastres causados por el hombre. También se espera que reciban un número creciente de población urbana, hagan frente a cada vez más asentamientos informales, y cubran el costo de proporcionar infraestructura y servicios en ciudades que se expanden cada vez más.

No hay soluciones rápidas ni únicas para todos los casos. Empero, lo expuesto en los ocho capítulos de este libro permitirá a los lectores alcanzar un mayor entendimiento de lo que da resultado y lo que no lo da:

Reviste importancia la existencia de buenas relaciones intergubernamentales.
En muchas partes del mundo se ha observado una ola de políticas de descentralización, lo que se debió, en parte, al reconocimiento de que los gobiernos locales están más cerca de sus representados y, por lo tanto, tienen más en cuenta sus necesidades. La tendencia no siempre se ha visto acompañada de buenas prácticas. Las políticas fiscales y las fórmulas de las transferencias no siempre han sido tan equitativas como debían haberlo sido. Por lo tanto, la medición de los impactos positivos de la delegación de funciones y recursos en el nivel local continuó siendo un desafío para las autoridades y los círculos académicos. Este libro ayuda a intercambiar experiencias sobre las transferencias intergubernamentales. Promueve la asignación basada en fórmulas, en lugar de la asignación específica de

transferencias del gobierno central, así como mecanismos de incentivos para garantizar que las transferencias no excluyan la recaudación de ingresos de fuentes propias locales, sino que la estimulen. Las relaciones financieras intergubernamentales generan el marco de gestión de gobierno, las reglas de juego, y el mecanismo básico de incentivos para el funcionamiento de los sistemas de gestión de ingresos, gastos, activos y recursos externos y de medición del desempeño.

Revisten importancia las finanzas metropolitanas. Con la urbanización constante en todo el mundo, las ciudades se vuelven cada vez más interdependientes desde el punto de vista económico con los asentamientos circundantes y el interior; en consecuencia, las áreas metropolitanas constituyen una sola economía y un mercado laboral único, una comunidad con intereses comunes y de acciones conjuntas. Dichas áreas necesitan algún grado de gestión que las abarque totalmente, que surja ya sea de abajo arriba a instancias de los gobiernos locales, o por una decisión de arriba abajo a instancias del gobierno de un nivel superior. Hay una gran variedad de modelos y modalidades de gobierno metropolitano, y cada uno de ellos tiene sus ventajas y desventajas. Dicha variedad comprende la cooperación sencilla de los gobiernos locales; autoridades regionales (o distritos para fines especiales) organizadas voluntariamente; gobiernos de nivel metropolitano, y gobiernos locales consolidados. Las principales áreas de cooperación financiera y beneficios en las regiones metropolitanas comprenden la participación en los impuestos para evitar la competencia tributaria y para armonizar los ingresos; la participación en los costos o un presupuesto común para las iniciativas y los servicios de nivel metropolitano; la movilización coordinada de ingresos a través de tasas aplicables a los usuarios, impuestos sobre la propiedad e impuestos con afectación específica, y la movilización conjunta de fuentes de financiamiento para obras grandes de infraestructura con beneficios para toda el área. Las principales razones para formar un gobierno metropolitano son el aumento de la eficiencia, las economías de escala, la solución de los efectos secundarios y las disparidades, y la mejora de los servicios. Empero, con frecuencia es la política, y no la eficiencia y la equidad, la que determina la formación del gobierno metropolitano y los sistemas financieros a ese nivel.

Revisten importancia las prácticas de gestión financiera. Las ideas y las técnicas de gestión financiera ayudan a los gobiernos locales a usar sus recursos financieros escasos de manera eficiente y transparente, lo que les permite funcionar de manera responsable. La preparación del presupuesto, la contabilidad y los informes financieros son los pilares de la buena gestión financiera. La tecnología moderna de la información, la introducción de sistemas informatizados de gestión financiera y el uso de otras herramientas de tecnologías de la información y la comunicación han acelerado los flujos de información y la seguridad de los datos. Lo más importante es que en virtud de ello se han desplazado las funciones de los tres pilares, del simple registro de datos a la gestión estratégica cotidiana de las ciudades y la fundamentación oportuna de las decisiones estratégicas de largo plazo. La gestión financiera tiene instrumentos y técnicas múltiples, pero es importante reconocer que solo son pertinentes si los gobiernos locales los usan para cumplir su mandato básico de prestar servicios de manera eficiente, eficaz y sostenible. Aunque todas las ideas y los instrumentos de gestión financiera son importantes, es mejor que los administradores de los gobiernos locales primero adopten instrumentos y técnicas sencillos pero fundamentales y que dominen su práctica antes de pasar a usar instrumentos y sistemas más refinados y complejos.

Revisten importancia los ingresos. Los gobiernos locales deben aprender a hacer más con menos. En muchos países, los ingresos locales ascienden a menos del 10 % de los ingresos públicos, y muchos gobiernos centrales no son partidarios de empoderar a los gobiernos locales con fuentes adicionales de ingresos o de prestar mucha atención a la administración y la recaudación de ingresos fiscales municipales. Independientemente de las políticas centrales, en muchos países en desarrollo los gobiernos locales podrían recaudar ingresos considerablemente mayores si mejoraran las políticas de ingresos en materia de impuestos, tasas y cargos y si centraran sus esfuerzos en unas pocas fuentes principales posibles de ingresos y, al mismo tiempo, prestaran atención a la administración tributaria, la recaudación de ingresos y la base imponible. El principal mensaje que puede aprovecharse es que la mejora de los ingresos locales depende de la situación local. Sin embargo, siempre hay oportunidad de recaudar ingresos: ampliando la base de impuestos y tasas, recaudando rigurosamente tasas por servicios de mercado, estableciendo la cultura de aplicar impuestos o cargos a beneficiarios del desarrollo de obras nuevas de infraestructura, recaudando ingresos basados en la transacción de tierras, o usando activos para la generación estratégica de ingresos y el desarrollo. La introducción de nuevos instrumentos de ingresos o de tasas más altas no resultará eficaz si no se establecen bases de datos confiables y se incrementa la capacidad de gestión de ingresos. Para la recaudación de más ingresos es preciso establecer una buena comunicación con los ciudadanos e informar a estos cómo y dónde se gastarán los ingresos; también hace falta establecer mecanismos equitativos de aplicación de las normas y de tramitación de reclamaciones.

Revisten importancia los gastos. La gestión de gastos debería considerarse como un ciclo impulsado por las políticas que el gobierno local tiene por objetivo aplicar. Después de lograr un acuerdo sobre el programa final de políticas y las estrategias, es esencial movilizar y asignar recursos suficientes para proceder entonces a poner en práctica las actividades planeadas. Los últimos pasos del ciclo son hacer el seguimiento y evaluar objetivamente los resultados para ver si se están logrando los productos y resultados acordados. Los resultados de estas evaluaciones proporcionarán información crucial para la política y el programa anuales siguientes. Hay varias formas de analizar una actividad en lo que respecta al desempeño tanto financiero como operacional, pero puede afirmarse que el análisis de las diferencias entre lo que se planeó o previó en el presupuesto y el resultado efectivo es uno de los mejores métodos. El ahorro de gastos exige un control estricto y diario de los gastos operativos (sueldos y contratación de personal), la adquisición por licitación de productos y servicios en grandes cantidades (combustible, energía, mantenimiento, banca), la adquisición por licitación del diseño y la ejecución de proyectos de inversión de capital, y la gestión eficaz de contratos. Los gobiernos locales del mundo en desarrollo suelen tratar de evitar el uso de las licitaciones porque este proceso suele ser prolongado y difícil. Sin embargo con mejores conocimientos técnicos y capacidad humana, la gestión de las adquisiciones por licitación se torna más rápida y menos complicada. La armonización entre la planificación financiera, la planificación de los gastos y la programación de las inversiones es fundamental para la mejora de la gestión de gastos. Para ello es preciso que varias dependencias municipales que comúnmente no se comunican entre sí empiecen a trabajar juntas con miras al logro de un mismo objetivo. También debería haber debates más abiertos para analizar las prioridades más importantes y la selección de las inversiones.

Reviste importancia la gestión de los activos públicos. Los gobiernos municipales en todas partes tienen control de grandes carteras de activos físicos (tierras, edificios, infraestructura, y vehículos y equipos), que constituyen la mayor parte de la riqueza pública local. La buena gestión de estos activos es crucial para la calidad y la sostenibilidad de los servicios locales (por ejemplo, carreteras, abastecimiento de agua, escuelas); para el desarrollo económico local (por ejemplo, tierras para la producción y las empresas privadas), y para la calidad de vida de los ciudadanos. La buena gestión de activos genera múltiples beneficios: ahorros o ingresos adicionales para el presupuesto local, mejor calidad de activos y servicios, y más confianza entre la población y el gobierno. Los principales instrumentos y procedimientos de gestión de activos son los siguientes: realización de inventarios de activos; uso de procedimientos transparentes de asignación de activos para uso privado; armonización o clasificación de activos de acuerdo con su función en la prestación de servicios; uso del valor de mercado de los activos para la toma de decisiones; establecimiento de un fondo de depreciación para la financiación de la sustitución de bienes; seguimiento de los principales indicadores del desempeño como los costos y los ingresos, y planificación anticipada de los gastos operativos y de mantenimiento cuando se adquieren activos de capital nuevos. Por último, los funcionarios municipales deben dominar el marco reglamentario, los procedimientos, los indicadores analíticos y los mercados inmobiliarios, y prestarles atención.

Reviste importancia el financiamiento externo. Las necesidades de inversión de los gobiernos locales suelen ser mucho mayores que las que pueden financiarse con sus superávits operativos anuales. En consecuencia, necesitan financiamiento externo, que puede obtenerse mediante empréstitos, la emisión de bonos, alianzas público-privadas, y donaciones o transferencias no reembolsables o la ayuda filantrópica. Los municipios obtienen fondos directamente contrayendo empréstitos de los bancos o indirectamente mediante la emisión de bonos. La capacidad de los municipios para contraer empréstitos está en función de su solvencia, que depende de la situación económica y financiera y de las garantías u otros instrumentos de mejora crediticia. El análisis de la solvencia y las clasificaciones crediticias son instrumentos valiosos para demostrar que el municipio tiene la capacidad de reembolso puntual de un préstamo o bono. El uso de recursos externos con disciplina y control es fundamental porque, sin él, puede ponerse en riesgo la situación fiscal de la ciudad en los años venideros. Los recursos externos deberían utilizarse para financiar los proyectos prioritarios identificados en el plan de mejoras de una ciudad, y los pasivos nunca deberían ser superiores al nivel de los flujos previstos de ingresos. Si bien la selección de proyectos siempre es un proceso político, el diálogo participativo y los buenos estudios de viabilidad basados en técnicas analíticas cumplen una función importante en la clasificación de los proyectos y el respaldo de decisiones fundadas.

Reviste importancia la medición del desempeño de las finanzas municipales. La razón es que dicha medición permite obtener un panorama claro de la situación financiera y sirve de respaldo al diálogo con los interesados (gobierno central, asociados financieros o ciudadanos). Esa medición proporciona datos y relaciones que son útiles para asignar prioridad a las inversiones. Por último, ayuda a evaluar la eficiencia y la eficacia con que se usan los fondos públicos. En una sociedad democrática, en que el gobierno abierto y los datos de libre acceso se han convertido en normas aceptadas, se dispone de muchas herramientas y muchos instrumentos de redes sociales para captar la voz de los ciudadanos que exigen rendición de cuentas y transparencia a su gobierno. Es esencial que los gobiernos locales estén preparados para presentar y explicar, de la mejor manera posible, su situación corriente, sus obstáculos y sus perspectivas (proyecciones) para el futuro. Eso también ayudará a los municipios a fijar su posición ante los gobiernos centrales en lo que respecta a la asignación de transferencias y garantías, a preparar proyectos financiables bien organizados y a rendir cuentas del uso de los fondos ante sus representados. Teniendo presente estos objetivos, la autoevaluación de las finanzas municipales brinda una oportunidad única de dotar a los gobiernos locales de un instrumento que les facilite hacer las conexiones necesarias entre la disciplina fiscal y financiera responsable, la gestión racional de las finanzas, y la capacidad para financiar gastos ordinarios y de capital, así como de atraer financiamiento privado con la clara visión de un rumbo encaminado a la reforma.

Poner en orden las finanzas municipales debería convertirse en nuestro mantra colectivo. En un mundo en constante urbanización, las ciudades y los poblados tienen una gran incidencia en las economías nacionales y en la prosperidad y la estabilidad. Hay mucho en riesgo como para darse por satisfechos ¿Cómo queremos que sean las ciudades del mañana? ¿Qué legado queremos dejar a la próxima generación y a las generaciones que le sigan? Las finanzas municipales son parte crucial tanto del problema como de la solución.

ÍNDICE

Los recuadros y las notas se señalan con una r y una n, respectivamente, después del número de página.

Chile
    aranceles y subsidios en, 236
    autoridad fiscal, 155
    endeudamiento local prohibido en, 348
    gobierno metropolitano en, 90
    impuestos a las empresas locales en, 173r
    transferencias basada en los resultados en, 19–20
China. *Véase también ciudades específicas*
    bonos municipales en, 341r
    datos fiscales en, 25
    endeudamiento local prohibido en, 348
    gobierno metropolitano en, 48, 50, 61, 62, 64r,
        85–87, 91
    igualación fiscal en, 23, 25
    impuesto a la tierra, la historia de, 159r
    necesidades de financiación en, 326
    promoción del desarrollo en, 182
    propósito especial en, 350–351, 356, 360
    sistemas uniterios y descentralización en, 7
Chiniot, Pakistán, sistema de información
        de gestión en, 250, 251
ciclo de presupuesto de ingresos, 195–205
ciclo de vigencia del costo, 307–308
ciclo presupuestario, 98–101, 195–196
cinturón, metropolitano, 42, 43, 45–46r
Circonscription Urbaine (Benin), 208r
circular presupuestaria, 99
ciudadanos
    como usuarios de los informes financieros, 136
    información para (*Véase* transparencia)
    participación en el proceso de presupuestación,
        94–95, 101–104, 401, 402r
    participación en la medición del desempeño,
        382–387, 384r, 388–389, 393–394, 400–401
    participación en la planificación de las inversiones
        de capital, 334, 334r
    rendición de cuentas a, 400–401
ciudad central, gobierno metropolitano en, 42
Ciudad del Cabo, Sudáfrica
    amalgama de, 83, 89
    evaluación de la contribución territorial, 168
    gobierno metropolitano en, 83, 84, 84r, 89
    los ingresos locales en, 153
    presupuesto de, 83, 85
    servicios privados que se benefician
        los pobres en, 371
    ventas de tierras públicas en, 182
Ciudad de México, México
    financiamiento del Banco Mundial en, 365
    gobierno metropolitano en, 50, 82, 88

Ciudad de Nueva York, Nueva York
    gobierno metropolitano en, 67
    medición del desempeño en, 385r
    quiebra de, 348
Ciudades Gemelas Gobierno Metropolitana, 57–58r
ciudad-región. *Véase* áreas metropolitanas
Colombia
    alianzas público-privadas en, 373
    autoridad fiscal, 154
    bonos municipales en, 341b, 342
    fondo de desarrollo municipal en, 362
    garantías de crédito en, 355
    gobierno metropolitano en, 51, 74
    impuestos a las empresas locales en, 173r
    impuestos de propiedad en, 159, 160–61r, 167, 169, 170
    impuestos sobre la plusvalía en, 313
    ingresos terrestres en, 182
    préstamos bancarios en, 361
    transferencias basadas en los resultados en, 20
colonialismo y centralización, 9
comisiones de finanzas de los estados (India), 22
comité de auditoría, 279
comités de desarrollo de aldeas (CDA), en Nepal, 3r
Communauté Urbaine of Marseille (CUM), 70
communauté urbaine (UC), en Francia, 69–70
communes
    en Côte d'Ivoire, 77
en Francia, 69
comparabilidad, de la información financiera, 137
comparación de las ventas, 298, 298r
compensar errores, en la contabilidad, 119
competitividad de la prestación
        de servicios, 388–389, 391–393
comprensibilidad, de la información financiera, 137
compromiso cívico, 400
compromisos, financiero, 110–111, 112r
computerized accounting systems, 119, 145
Comunidad Autonóma de Madrid
        (CAM, España), 58–59, 91n2
Comunidad Metropolitana de Montreal (CMM), 65–67
Conakry, Guinea, gestión de residuos en, 237, 238r
concesiones, en alianzas público-privadas, 371, 373r
concesiones urbanas, 373r
Condado de Alameda, California, recargos de servicios
        públicos en, 177, 178r
Condado de Fairfax, Virginia
    financiamiento de la educación en, 170
    gestión del gasto en, 225
    recargos de servicios públicos en, 177, 178r
    transparencia en, 233, 270

multas y sanciones en, ingresos procedentes de, 180
transferencias intergubernamentales en, 22
Junta de Demarcación Municipal (Sudáfrica), 83, 91n6
Junta Gubernamental de Normas Contables (GASB), 113, 139–141, 382

K

Kabul, Afganistán, asentamientos informales en, 91n1
Kampala, Uganda
    asentamientos informales en, 91n1
    autoridad fiscal, 155
    gastos de presión política en, 271
    Plan de Acción para la Recuperación
        Financiera en, 192r, 194
Karachi, Pakistán
    gestión de activos en, 282
    tarifa del agua en, 176r
Karnataka, India
    esfuerzos de eficiencia energética en, 369
    propósito especial en, 360
Kathmandu, Nepal, gestión de activos en, 287, 288r
Katowice, Polonia, la gestión de activos en, 293
Kenya
    autoridad fiscal, 154
    estrategia de movilización de ingresos en, 206, 206r
    fondo comunitario en, 375
    gestión del gasto en, 400
    gobierno metropolitano en, 81–82, 89
    impuestos a las empresas locales en, 173r, 174
    impuestos de propiedad en, 170
    ingresos locales en, 153
Kerala, India
    datos fiscales en, 29
    presupuesto participativo en, 102r
    transferencias intergubernamentales en, 22, 26, 29
Kigali, Rwanda, bonos municipales en, 341r
Kommunalbanken (Dinamarca), 362
Kosovo
    evaluación de la contribución territorial, 168–169
    gestión del gasto en, 401
Kummunivest (Países Bajos), 362
Kuwait, ciudad de, Kuwait, gestión de los activos
    de la tierra de, 313, 318, 319

L

La Caixa Econômica Federal de Brasil, 361
La Región ABC de São Paulo, 63–64, 66b, 90, 91n4
lado de crédito (H), de cuenta T, 115
lado de débito (D), de cuenta T, 115

lado de los gastos, del presupuesto municipal, 105–106, 402, 410–413
lado de los ingresos, del presupuesto municipal, 104–105, 410–413
Lagos, Nigeria
    bonos municipales en, 398
    crecimiento de, 48
Lahore, Pakistán
    alianzas público-privadas en, 373
    aranceles y subsidios en, 237
    asentamientos informales de, 46
    corporación tierra en, 320–322
    presupuesto de gastos de, 225
    proyecto ambiental (compostaje) en, 366–367r, 368
legislatura
    aprobación del presupuesto por, 101, 195–196, 203–204
    responsabilidades de gasto de, 216
    responsabilidades de los activos de, 284–285, 322
    responsabilidades de planificación
        de capital de, 332
    responsabilidades presupuestarias de, 99, 284–285, 322
    supervisión por, 269–270
Letonia
    financiar de EU-BERD en, 365
    fondo de desarrollo municipal en, 362
Ley de Aldeas de 1956 (Nepal), 3r
Ley de Autogobierno Local de 1999 (LSGA, Nepal), 3r
Ley de Comité para el Desarrollo de Aldeas of 1991
    (Nepal), 3r
Ley de Descentralización de 1981-82 (Nepal), 3r
Ley de Gobiernos Locales de 1990 (Polonia), 4r
Ley del Comité para el Desarrollo del Distrito de 1991
    (Nepal), 3r
Ley de Municipios de 1953 (Nepal), 3r
Ley de Municipios de 1991 (Nepal), 3r
Ley de Responsabilidad Fiscal de mayo del 2000
    (Brasil), 348, 348r
Ley n.º 56 de Gestión Financiera Municipal
    de 2003 (Sudáfrica), 140r
Ley Panchayat de Aldeas 1962 (Nepal), 3r
Ley Panchayat de Ciudades de 1962 (Nepal), 3r
libro de caja, 122–123
libro de caja manual, 233
libros de contabilidad, 114, 115, 121–123
    balance de comprobación y, 124, 125
    libro de caja, 122–123
libros de entrada final, 114
libros de entrada original, 114

enfoque Europeo, 381, 387–389
en gestión del gasto, 254–256, 380
en la gestión de ingresos, 204
en la gestión de recursos
    humanos, 385
en la prestación de servicios, 385
en las economías no de mercado, 381–382
en los países en desarrollo, 380, 389–393
Estados Unidos/sistema canadiense de, 380, 381,
    382–387, 383r, 384r, 385r
evaluación comparativa en (*Véase* evaluación
    comparativa)
formatos para, 383–384
importancia de, 450–451
indicadores en, 384–387
la información y la participación ciudadana en,
    393–394, 400–401
la participación ciudadana en, 382–387,
    384r, 388–389
lecciones aprendidas en, 381–393
métodos y herramientas para, 393–402
normas para, precaución en, 439n3
objetivo de, 380
presupuestario, 380, 394–395
    (*Véase también* presupuestos
    basados en el desempeño)
rendición de cuentas en, 380, 394–402, 450
retroalimentación en, 401
seguimiento financiero interno en, 393
socios financieros y, 390–391, 396–498
supervisión del Estado (gobierno
    central) en, 393–398
supervisión por terceros en, 400–401
medidas de calidad de vida, 391–393
medidas de desempeño financiero. *Véase* medición
    del desempeño
medios masivos de comunicación, la divulgación
    de información a través de, 296
megaciudades, 46–49
mejora crediticia, 353–355, 360
mejoras, crédito, 353–355, 360
mejores prácticas, 266–269. *Véase también*
    evaluación comparativa
Melbourne, Australia, gobierno metropolitano en, 89
Mendoza, Argentina
    bonos municipales en, 343
    gestión de la deuda en, 358r

mercado laboral, de áreas metropolitanas, 41–42
mercados de crédito locales, 327
metrópoli, 42r
México. *Véase también* Ciudad de México
    autoridad fiscal, 154
    bonos municipales en, 341r, 343
    calificaciones crediticias en, 346r, 347, 348
    tarifa del agua en, 176r
    transferencias basada en rendimiento en, 397
Milán, Italia, impuestos congestión
    (vehículo) en, 175, 212
Ministère des Finances et de l'Economie (Benin), 208r
modelo de separación, 9
modelo inicial de gestión de activos, 284, 285r
Moldova
    gestión del gasto en, 400
    valoración de la propiedad/imposición en, 159–162
Montreal, Canadá, gobierno metropolitano en, 65–67
Moody's Investors Service, 344–346, 398, 400r
Moscú, Rusia, bonos municipales en, 341r
movilización de ingresos
    conexión recaudación de ingresos para la prestación
        de servicios de, 205–207, 206r
    descentralización y, 208r, 209
    estrategias para, 205–208
    mejora de la eficiencia de recogida para, 208
    metropolitano, 58r
Mozambique
    alianzas público-privadas en, 374
    ingresos de fuentes propias en, 189, 189r
Multan, Pakistán, presupuesto de, 217
multas, ingresos procedentes de, 180
Mumbai, India
    financiamiento del Banco Mundial en, 365
    ingresos locales, 153
    programas de energía/ambientes en, 368
    ventas de tierras públicas en, 182

N

Nairobi, Kenya, gobierno metropolitano en, 81–82, 89
NALAS, 398, 403r
National Slum Dwellers Federation, 376
Nepal
    aranceles y subsidios en, 241–242, 241r
    economía política de la descentralización en, 3r
    fondo de desarrollo en, 59
    fondo de desarrollo municipal en, 362

Reino Unido. *Véase también ciudades específicas*
  asociaciones público-privadas en, 320
  contratos municipales en, 30
  Departamento para el Desarrollo Internacional, 400
  gobierno metropolitano en, 48, 53, 67, 76,
      76r, 82, 89
  impuestos de propiedad en, 152, 157, 159
  impuestos sobre la plusvalía en, 313
  medición del desempeño en, 380, 386
  regulación de la deuda en, 349r
  tarifa del agua en, 176r
relación de comparación, 430
relación de flujo, 430
relaciones financieras, en medición
    del desempeño, 394
relaciones intergubernamentales, 447–448
relación mandante-mandatario, en delegación, 6–7
rendimiento del capital, 302
rendimiento de un activo, 302
rentabilidad contabilidad promedio, 257
renta potencial bruto, 300r
reporte financiero, 93–94, 135–141, 145.
    Véase también estados financieros
  al gobierno central, 394–396
  beneficios y costos de, 137
  buenas características de, 136–138
  comparabilidad de, 137
  comprensibilidad de, 137
  conceptos y la práctica de, 135–136
  ejemplos de buenas prácticas de, 139, 140r
  exhaustividad de, 137
  formatos para, 139–141
  gestión/interna, 138
  informes de rendimiento y, 139, 140–141
  materialidad de, 137
  neutralidad de, 137
  presupuestario, 138–139
  puntualidad de, 136
  relevancia de, 136
  representación fiel en, 136–137
  requisitos para GASB, 139
  transparencia y rendición de cuentas en, 138r, 139
  usuarios potenciales de los informes, 135–136
  verificabilidad de, 137
representación fiel, en la información financiera, 136–137
República Checa
  financiar de EU-BERD en, 365
  fondo de desarrollo municipal en, 362
  gobierno metropolitano en, 89
  impuestos de propiedad en, 164

ingresos locales en, 152, 153
  regulación de la deuda en, 349r
  transferencias intergubernamentales en, 152
República de Corea
  bonos municipales en, 341r
  corporaciones de desarrollo de la tierra en, 321
  fondo de garantía, 355, 360
  gobierno metropolitano en, 50
República Kirguisa
  contribuciones públicas en, 375
  gestión de activos en, 284, 295r
requisitos de contrapartida, de transferencias
    condicionales, 14
reserva dorada, de tierra, 316
residuo sólido. *Véase* gestión de residuos
responsabilidad
  en asignación de subsidios, 241
  en autoevaluación de las finanzas municipales, 404
  en gestión del gasto, 224–225, 232, 254–255, 400–401
  en impuestos sobre la propiedad, 158
  en información financiera, 138r, 139
  en la medición del desempeño, 380, 394–402, 450
  en la planificación de la inversión de capital, 334
  en la recaudación de ingresos, 158, 183, 193–194
  en las ventas de tierras públicas, 183
  en obtención, 247
  en pequeña escala vs de gran envergadura, 401
  en presupuestos basada en rendimiento, 262
  en transferencias intergubernamentales, 24–25
  en un gobierno abierto, 400–401
responsabilidad social, 400–401
resultados comparaciones, 267
resultados operativos, 302
retorno de la inversión, 302–303
retraso en la auditoría, 142–143
retroalimentación, en medición del desempeño, 401
revistas, 114, 115, 121
Ribera Occidental
  contribución territorial, 170r
  recargos de servicios públicos en, 177–178
Rijeka, Croacia, presupuesto de, 218
Río de Janeiro, Brasil
  bonos municipales en, 341r, 343
  crisis de la deuda en, 348
  financiamiento del Banco Mundial en, 365
  gestión de la deuda en, 358r
  gobierno metropolitano en, 50
riqueza, activos como, 279–280
Roanoke, Virginia, informe de auditoría para, 142

Rotterdam, Países Bajos, gobernanza
metropolitana en, 82, 90
RPA. *Véase* Asociación del Plan Regional
Rumania, financiar de EU-BERD en, 365
Rusia. *Véase* Federación de Rusia
Rwanda
bonos municipales en, 341*r*
contratos municipales en, 30

S

sacando provecho, impuesto, 154*r*, 171, 172
saldo de caja y los atrasos, 410, 411, 422, 426–427
saldo de la cuenta, 114
sanciones, ingresos procedentes de, 180
San Francisco, California, plan de inversión
de capital en, 331, 332, 332*r*, 333
San Petersburgo, Rusia
bonos municipales en, 341*r*
gestión de la deuda en, 359, 359*r*
Santa Cruz, Bolivia, gestión de residuos en, 368–369
Santiago, Chile, gobierno metropolitano en, 90
São Paulo, Brasil
alianzas público-privadas en, 212
concesiones urbanas en, 373*r*
crisis de la deuda en, 348
derechos de desarrollo en, 313
financiamiento del Banco Mundial en, 365
gestión de la deuda en, 358*r*
gobierno metropolitano en, 50, 63–64,
66*r*, 90, 91*n*4
sector privado, la financiación de, 325, 327–328, 369–374.
Véase también asociaciones público-privadas
Segundo Proyecto de Administración de la Tierra
(Ghana), 207*r*
Segundo Proyecto Urbano (Ghana), 207*r*
Sen, Amartya, 8
Senegal
auditoria urbana en, 405*r*–406*r*
auditoría urbana en, 291*r*
contratos municipales en, 30, 32, 32*r*, 256, 256*r*
en autoevaluación de las finanzas municipales,
405*r*–406*r*
fondo de desarrollo municipal en, 362, 363*r*, 391–393
gestión del gasto en, 401
medición del desempeño en, 393, 401
sistema fiscal en, 190, 190*r*
Serbia
bonos municipales en, 342*r*
gestión de activos en, 284

programa de mejora de los ingresos en, 194
propiedades militares excedentes en, 313
Servicio de Asesoramiento para Infraestructura Publica
y Privada, 234
Servicio de Asesoramiento para Infraestructura Pública
y Privada (PPIAF), 323*n*6
servicio de la deuda, 349, 351, 352, 419*r*
Shanghái, China
financiamiento del Banco Mundial en, 365
gobierno metropolitano en, 48, 61, 62, 64*r*, 86, 91
municipio y el área metropolitana de, 85–86, 87
promoción del desarrollo en, 182, 211
propósito especial en, 351, 356
sistema de eliminación de residuos
sólidos en, 61, 64*r*
SIA. *Véase* sistema de información para la
administración
SIG. *Véase* sistemas de información geográfica
Simon, Herbert, 383*r*
síndrome de dependencia, 25
Singapur
corporaciones de desarrollo de la tierra en, 321
impuestos congestión (vehículo) en, 175, 212
sistema de contabilidad de responsabilidad, 133–134
sistema de información para la administración (SIA),
108–109, 189, 250, 251
sistemas de contabilidad manuales, 119, 145
sistemas de gobierno, 7–8
sistemas de información geográfica (SIG), 289
sistemas de pago, 233
sistemas federales, 7–8
sistemas informáticos de valuación masiva (CAMA), 162,
162*r*, 168–169, 168*r*
sistemas integrados de información financiera, 114
sistemas unitarios, 7
situación financiera, 420. *Véase también* hoja de balance
SKS Microfinance (India), 371
Slack, Enid, 91n5, 164
Slum Dwellers International, 375
sobretasa, 14
socios
financiera, la rendición de cuentas a, 396–498
público-privada (*Véase* asociaciones
público-privadas)
Sofía, Bulgaria, bonos municipales en, 341*r*
solvencia, 328, 344–346, 398, 418, 428, 450
sostenibilidad
en autoevaluación de las finanzas municipales, 404
en transferencias intergubernamentales, 25

ÍNDICE

Los recuadros y las notas se señalan con una r y una n, respectivamente, después del número de página.

en empresas municipales, 311
en la disposición de la tierra, 317
en proceso de adquisición, 247, 248–250, 249*r*
entre los gobiernos locales, 54, 60–61, 62*r*
contratos, municipal. *Véase* contratos municipal
contratos municipales, 29–30, 30*r*, 31*r*, 34,
256, 256*r*, 334
contribuciones filantrópicas, 181, 328, 375–376
contribuciones públicas (donaciones), 181, 325, 369–374
contribución territorial. *Véase* impuestos a la propiedad
conurbación, 42*r*
Copenhagen, Dinamarca, tarifa del agua en, 176*r*
Corporación de Garantías de Unidades (Filipinas),
354, 354*r*, 360
Corporación Municipal de Ahmedabad (India), 341*r*
Corporación Municipal de Madurai (India), 343
corredor, metropolitano, 42, 43, 45–46*r*
corrupción
alianzas público-privadas y, 371
cambios en el contrato y, 250
entorno de control interno y, 250–251, 252*r*
gestión de activos y, 280, 294–296, 323*n*1
costos de mantenimiento, 129–132, 422, 424
costos fijos, 134
costo ciclo de vida, 308, 310
costo de reposición, 298
costo(s)
análisis del punto de equilibrio de, 134–135
ciclo de vida, 307–308, 310
controlable, 133–134
fijo, 134
incontrolable, 133
variable, 134
costos administrativos, 233
costos de mantenimiento y reparación, 307–308
costos de operación, 307–310
costos de restauración y modernización (RyM), 307
costos variables, 134
Côte d'Ivoire
contratos municipales en, 30
gobierno metropolitano en, 77, 78*r*, 88
impuesto sobre actividades económicas
(patente) en, 173*r*
crecimiento desordenado, 43, 44, 183*r*
crecimiento económico, descentralización y, 11, 34
Credit Communal (Belgium), 339*r*
crédito bancario (préstamos), 339–340
análisis de riesgos para, 397–398, 399
bonos vs, 345*r*, 346–347, 360
condiciones de ejecución de, 396–397
garantías para, 328, 348, 349, 353–355, 354*r*, 360

mercados locales de, 327
reanudación institucional de, 361
crédito(s), 114
de carbono/fondos, 361, 366–369
crisis de la deuda, 347–353
crisis/estrés financiera, copiando con, 192*r*, 212
Croacia
gestión de activos en, 284, 285*r*
ingresos locales en, 152, 153
presupuestos equilibrados vs déficits fiscales en, 217
subsidios en, 234, 235*r*
Cuba, tarifa del agua en, 176*r*
cuenta anual, 419*r*
cuenta de resultados. *Véase* declaraciones de
funcionamiento; estado de cobros y pagos
cuentas definitivas, 114, 116, 120
cuentas T, 114, 121
CUM. *Véase Communauté Urbaine* of Marseille
cumplimiento
buenas prácticas en, 188
en la recaudación de ingresos locales, 184,
186–188, 209
en la recolección de impuestos a la propiedad,
169–171, 212*n*4
cuota(s), 157, 178–179
cuotas de inscripcion, vehículo, 174
cuotas de permisos, 178–179
cuotas de urbanización, 179, 313
cupón, bonos, 340

D

Dakar, Senegal, gestión del gasto en, 401
Dana *Alokasi Khusus* (DAK, Indonesia), 23–24
Dana *Alokasi Ummum* (DAU, Indonesia), 23
Dar es Salaam, Tanzanía
alianzas público-privadas en, 248–249, 373*r*, 374
asentamientos informales en, 91*n*1
crecimiento de, 48
gobierno metropolitano en, 72, 73–74*r*, 89
datos fiscal
abrir, por un gobierno abierto, 400–401
colección gobierno central y la difusión de, 395–396
en programas basada en rendimiento, 27–29,
391–393, 395–396
en transferencias de igualación fiscal, 25–26
real, en la base de datos de presupuesto, 410
DAU. *Véase Dana Alokasi Ummum*
de arriba hacia abajo proceso de
en descentralización, 2
en la evaluación comparativa, 267

asignación del gasto en, 12, 13
asignación de los ingresos en, 12, 13
aumento de bienestar, 10
crecimiento económico en, 12, 34
definición de, 2
delegación en, 5, 6–7
delegación en, 33
descentralización, 33
desconcentración en, 5–6, 6r
desconcentración en, 33
desequilibrio horizontal en, 5, 12
desequilibrio vertical en, 5, 12
deuda en, 2, 5, 12
devolución en, 5, 6
eficiencia económica en, 6, 10, 12, 33
estabilidad macroeconómica en, 12
las tres D de, 5–7
nuevas enseñanzas y resultados de, 11–12
preguntas en, 33
preguntas para, 2–5
principio de correspondencia, 10
principio de subsidiariedad, 2–4, 10
tamaño del sector público en, 12
transferencias intergubernamentales en, 2, 5,
    12, 13–30, 34 (*Véase también*)
tres D de, 33
descentralización política, 2, 3r, 4r, 32
desconcentración, 5–6, 6r, 33
desequilibrio horizontal, 5, 12, 33
desequilibrio vertical, 5, 12, 17, 22, 33
despojo, 371
deuda, 377n3. *Véase también* bonos municipales;
    crédito bancario (préstamos)
    administración de (*Véase* gestión de la deuda)
    amortización de, 351
    análisis de la relación de, 428
    autoevaluación de, 410, 414, 422, 425
    capacidad local para, 357–358
    condiciones para incurrir, 328–329
    de propósito especial para, 351, 355–356, 355r, 361
    en descentralización fiscal, 2, 5, 12
    en financiación de las inversiones
        de capital, 58–59, 181
    en finanzas metropolitanas, 58–59
    existente, 330
    garantías para, 328, 348, 353–355, 354r, 360
    gestión de la deuda (*Véase* regulación de la deuda)
    incumplir y quiebra, 328, 329r, 348, 351–355, 352r
    marco lógico para, 360
    a mediano y largo plazo, 414
    moneda extranjera, 358r, 359
    nuevos instrumentos de, 361

pagos diferidos en, 350–351
puesta en común de, 355, 361b, 362–364
viabilidad financiera y, 328, 329
deuda existente, 330
deudor
    en la contabilidad, 115–116
    en la emisión de bonos, 340
devolución, 5–6, 33
Dexia Credit Local (Francia), 339r, 340
Dhaka, Bangladesh, gestión de activos en, 282
dictamen de auditoría adversa, 142, 145
dictamen de auditoría sin salvedades, 142, 145
dictámenes de auditoría, 141–142, 145
difusión democrática, 393–394
Dinamarca
    banco de bonos en, 362
    gastos locales en, 148, 218
    impuesto sobre la renta local en, 172
    ingresos locales en, 153
    regulación de la deuda en, 349r
    tarifa del agua en, 176r
Dirección de Aeropuertos del Area Metropolitana
    de Washington (MWAA), 59, 60r
direcciones de propiedad, en presupuestación, 99
direcciones futuras, en las finanzas
    municipales, 447–451
directorio de propiedades públicas, 322
disciplina fiscal, 215–216, 220, 254. *Véase también*
    gestión del gasto
disciplina fiscal agregada, 220
discusión y el análisis a cargo de la administración
    (DAA), 139
disposiciones de las transferencias condicionales, 34
distribución del ingreso, política de ingresos
    municipales y, 210
distribución de los costos, 49, 52r, 53–57
Distrito Metropolitano de Portland, 77
Distrito Metropolitano de Quito (DMQ), 72–74, 90
Distrito Regional del Gran Vancouver (GVRD), 68–69, 88
distritos con propósitos especiales.
    Véase autoridades regionales
dominio privado, 277, 277r
dominio público, 277, 277r
donaciones, 181, 328, 375–376
donaciones de capital, 327
donaciones de caridad, 181, 328, 375–376
Dubai, corporaciones de desarrollo de la tierra en, 321
dueda
    capidad local para, 330–332
    necesidad de, evaluar, 330–332
Durham, Canadá, medición del desempeño en, 386

multas y sanciones en, ingresos procedentes de, 180
transferencias intergubernamentales en, 22
Junta de Demarcación Municipal (Sudáfrica), 83, 91n6
Junta Gubernamental de Normas Contables (GASB), 113,
139–141, 382

K

Kabul, Afganistán, asentamientos informales en, 91n1
Kampala, Uganda
asentamientos informales en, 91n1
autoridad fiscal, 155
gastos de presión política en, 271
Plan de Acción para la Recuperación
Financiera en, 192r, 194
Karachi, Pakistán
gestión de activos en, 282
tarifa del agua en, 176r
Karnataka, India
esfuerzos de eficiencia energética en, 369
propósito especial en, 360
Kathmandu, Nepal, gestión de activos en, 287, 288r
Katowice, Polonia, la gestión de activos en, 293
Kenya
autoridad fiscal, 154
estrategia de movilización de ingresos en, 206, 206r
fondo comunitario en, 375
gestión del gasto en, 400
gobierno metropolitano en, 81–82, 89
impuestos a las empresas locales en, 173r, 174
impuestos de propiedad en, 170
ingresos locales en, 153
Kerala, India
datos fiscales en, 29
presupuesto participativo en, 102r
transferencias intergubernamentales en, 22, 26, 29
Kigali, Rwanda, bonos municipales en, 341r
Kommunalbanken (Dinamarca), 362
Kosovo
evaluación de la contribución territorial, 168–169
gestión del gasto en, 401
Kummunivest (Países Bajos), 362
Kuwait, ciudad de, Kuwait, gestión de los activos
de la tierra de, 313, 318, 319

L

La Caixa Econômica Federal de Brasil, 361
La Región ABC de São Paulo, 63–64, 66b, 90, 91n4
lado de crédito (H), de cuenta T, 115
lado de débito (D), de cuenta T, 115

lado de los gastos, del presupuesto municipal,
105–106, 402, 410–413
lado de los ingresos, del presupuesto municipal,
104–105, 410–413
Lagos, Nigeria
bonos municipales en, 398
crecimiento de, 48
Lahore, Pakistán
alianzas público-privadas en, 373
aranceles y subsidios en, 237
asentamientos informales de, 46
corporación tierra en, 320–322
presupuesto de gastos de, 225
proyecto ambiental (compostaje) en, 366–367r, 368
legislatura
aprobación del presupuesto por, 101,
195–196, 203–204
responsabilidades de gasto de, 216
responsabilidades de los activos de, 284–285, 322
responsabilidades de planificación
de capital de, 332
responsabilidades presupuestarias de, 99,
284–285, 322
supervisión por, 269–270
Letonia
financiar de EU-BERD en, 365
fondo de desarrollo municipal en, 362
Ley de Aldeas de 1956 (Nepal), 3r
Ley de Autogobierno Local de 1999 (LSGA, Nepal), 3r
Ley de Comité para el Desarrollo de Aldeas of 1991
(Nepal), 3r
Ley de Descentralización de 1981-82 (Nepal), 3r
Ley de Gobiernos Locales de 1990 (Polonia), 4r
Ley del Comité para el Desarrollo del Distrito de 1991
(Nepal), 3r
Ley de Municipios de 1953 (Nepal), 3r
Ley de Municipios de 1991 (Nepal), 3r
Ley de Responsabilidad Fiscal de mayo del 2000
(Brasil), 348, 348r
Ley n.° 56 de Gestión Financiera Municipal
de 2003 (Sudáfrica), 140r
Ley Panchayat de Aldeas 1962 (Nepal), 3r
Ley Panchayat de Ciudades de 1962 (Nepal), 3r
libro de caja, 122–123
libro de caja manual, 233
libros de contabilidad, 114, 115, 121–123
balance de comprobación y, 124, 125
libro de caja, 122–123
libros de entrada final, 114
libros de entrada original, 114

P

PAC de Senegal, 291*r*
Pacioli, Luca, 112*r*
pago diferido, 350–351
pago global, 357–358
pagos de capital, 300*r*, 351
pagos del principal de la hipoteca, 300*r*
pagos en caja, 233
Países Bajos
    banco de bonos en, 362
    contratos municipales en, 29
    endeudamiento de los gobiernos locales en, 339*r*
    gobierno metropolitano en, 82, 90
países de los Balcanes. *Véase también países específicos*
    la medición del desempeño en, 391
países en desarrollo. *Véase también países específicos*
    bonos municipales en, 341*r*, 342–343
    cargos a los usuarios (aranceles) en, 233–234,
        236–237, 237*r*
    contabilidad en, 111, 127–132
    endeudamiento de los gobiernos locales en, 339–340
    gastos locales en, 218
    gestión de activos en, 282
    gestión del gasto en, 232
    impuestos de propiedad en, 159–162,
        160–161*r*, 164–165
    ingresos locales en, 151–152
    insolvencia local en, 353
    medición del desempeño en, 380, 389–393
países nórdicos. *Véase también países específicos*
    descentralización y los gastos en, 217–218
    impuesto sobre la renta local en, 157, 172
    ingresos locales en, 212*n*2
países OCDE
    descentralización en, 33–34
    ingresos locales en, 152, 159, 212*n*2
    regulación de la deuda en, 349
    tarifa del agua en, 176*r*
Pakistán. *Véase también ciudades específicas*
    alianzas público-privadas en, 373
    aranceles y subsidios en, 237
    asentamientos informales en, 46
    capacidades de construcción en, 250
    cargos a los usuarios en, 175
    contabilidad manual en, 118*r*
    corporaciones de desarrollo de la tierra en, 321
    desequilibrios verticales en, 13
    empresas municipales, 287
    endeudamiento local prohibido en, 348
    falta de planificación coordinada en, 335b

    financiera de cartera, 312
    impuestos de propiedad en, 165–167, 169
    ingresos locales en, 151
    libro de caja manual en, 234
    participación en los recursos naturales en, 29
    presupuesto participativo en, 103
    presupuestos equilibrados vs déficits fiscales en, 217
    sistema de información de gestión en, 250, 251
    tarifa del agua en, 176*r*
    transferencias intergubernamentales en, 22, 29
Panamá, fondo de desarrollo municipal en, 362
Paranacidade (Brasil), 362, 363*r*
París, Francia, gobierno metropolitano en, 48
participación en la recaudación de ingresos, 17–18
participación en los impuestos, 34, 148
    dependencia local en, 152
    en finanzas metropolitanas, 57–58*r*
    en las economías en transición, 18
    ingresos de fuentes propias vs, 155–156
    presupuesto municipal, 105
    principio de derivación en, 18
participación en los ingresos, 17–18, 34, 148
    dependencia local en, 152
    en finanzas metropolitanas, 57–58*r*
    en las economías en transición, 18
    en presupuesto municipal, 105
    inclusión en los documentos financieros, 17
    ingresos de fuentes propias vs, 17, 155–156
    principio de derivación en, 18
participación en los recursos naturales, 29
pasivo
    asociado a los activos, 280
    en la ecuación contable, 115, 125
pasivo contingente, 328
PEFA. *Véase Programa de Gasto Público
    y Rendición de Cuentas*
Pennsylvania
    anexión por Pittsburgh en, 83
    quiebra por Harrisburg en, 328–329, 329*r*,
        348, 352, 354
perfil de la ciudad, 404–410
periferia, de área metropolitana, 42
permisos de construcción, 178–179
pertinencia, de los informes financieros, 136
Perú
    derechos de desarrollo en, 313
    participación en los ingresos en, 17
    presupuesto participativo en, 401
PIPs. *Véase programa de inversiones prioritarias*
Pittsburgh, Pennsylvania, anexión por, 83

www.ingramcontent.com/pod-product-compliance
Lightning Source LLC
Chambersburg PA
CBHW082118210326

41599CB00031B/5802